Udo Reinhardt
Hundert Jahre Forschungen zum antiken Mythos (1918/20–2018/20)

Mythological Studies (MythoS)

Herausgegeben von
Annette Zgoll und Christian Zgoll

Wissenschaftlicher Beirat
Heinrich Detering, Angela Ganter, Katja Goebs, Wilhelm Heizmann,
Katharina Lorenz, Martin Worthington

Band 5

Udo Reinhardt

Hundert Jahre Forschungen zum antiken Mythos (1918/20–2018/20)

Ein selektiver Überblick
(Altertum – Rezeption – Narratologie)

DE GRUYTER

ISBN 978-3-11-153604-0
e-ISBN (PDF) 978-3-11-078654-5
e-ISBN (EPUB) 978-3-11-078658-3
ISSN 2626-9163

Library of Congress Control Number: 2022932626

Bibliografische Information der Deutschen Nationalbibliothek
Die Deutsche Nationalbibliothek verzeichnet diese Publikation in der Deutschen
Nationalbibliografie; detaillierte bibliografische Daten sind im Internet über
http://dnb.dnb.de abrufbar.

© 2024 Walter de Gruyter GmbH, Berlin/Boston
Dieser Band ist text- und seitenidentisch mit der 2022 erschienenen
gebundenen Ausgabe.

www.degruyter.com

Für Gebhard Kurz und Peter Riemer

als Dank
für manche Bestärkung und Ermutigung
während des letzten Jahrzehnts
sowie für die kritische Revision des Gesamtprojekts
und dieses abschließenden Forschungsberichts

Im Gedenken
an die Archegeten der deutschen Mythosforschung

Christian Gottlob Heyne (1729–1812)
Friedrich Gottlieb Welcker (1784–1866)
Karl Otfried Müller (1797–1840)
Wilhelm Heinrich Roscher (1845–1923)
Carl Robert (1850–1922)
Otto Gruppe (1851–1921)

Redaktionelle Vorbemerkung

Dieser umfangreiche, in einer neuen fachspezifischen Reihe erstmals vorgelegte Forschungsbericht stellt den Versuch dar, einem **Desiderat** gerecht zu werden, das schon seit langer Zeit und nicht nur für die altertumswissenschaftliche Forschung bestand. Sein Gegenstand, die internationale Forschungsliteratur zum antiken Mythos immerhin aus den letzten hundert Jahren, lässt sich allerdings nur in einem selektiven Überblick unter Berücksichtigung der wichtigsten Teilaspekte vorstellen. Dabei steht die weitergehende Perspektive im Hintergrund, dass die bibliographischen Zusatzangaben, die in der berücksichtigten Literatur enthalten sind, jedem fachlich interessierten Benutzer einen ausreichenden Ansatzpunkt für ergänzende eigene Recherchen bieten werden. Aus diesem Gesamtkonzept ergibt sich als notwendige Konsequenz, dass die Ausführungen im Ganzen wie im Einzelnen **keinerlei Anspruch auf Vollständigkeit** erheben können.[1]

Angesichts dieser Voraussetzungen ist dem Verfasser bewusst, mit der getroffenen Lösung in wissenschaftlichen Kreisen nicht nur allgemeine Zustimmung, sondern auch manche Kritik zu finden. So entsprechen z. B. die Gesamtdisposition und auch manche Formalia im Detail nur teilweise dem Standard, der bei traditionellen altertumswissenschaftlichen Forschungsberichten über einen kürzeren Zeitraum und einen begrenzten Gegenstand zu erwarten wäre.[2] Andererseits kommt der inhaltlich umfassende Neuansatz entschieden einem absehbar breiteren Zielpublikum entgegen, das neben Klassischen Philologen und Archäologen auch viele Rezeptions- und Erzählforscher umfassen dürfte.[3]

Ein grundlegender Überblick über einen derart komplexen Gegenstand und einen so großen Zeitraum sollte dem unterschiedlichen Interessentenkreis den Zugang zum jeweils ganz persönlichen Zielpunkt seiner fachlichen Interessen bieten, ohne dass er dabei den Gesamtkontext aus dem Auge verliert. Diesem Ziel dient neben den durchgehenden Hinweisen auf den jeweiligen Unterabschnitt in

---

[1] Im Fachinteresse wird darum gebeten, Hinweise auf vorliegende Versehen und wünschenswerte Ergänzungen direkt an den Verfasser zu richten (Email: ugreinhardt@t-online-de).
[2] So kam eine Veröffentlichung des Berichts im ‚Lustrum' nicht zustande, da die von den aktuellen Herausgebern geforderten Umarbeitungen (z. B. Zusatzhinweise auf Rezensionen, Streichung aller Bemerkungen zur kulturellen Gesamtentwicklung im Berichtszeitraum) dem Verfasser mit seiner Zielvorstellung eines ebenso knappen wie repräsentativen Gesamtüberblicks nicht vereinbar schienen.
[3] Deshalb wurde z. B. auf spezielle Abkürzungen bei Periodica weitgehend verzichtet. Für Abkürzungen bei Corpora wie RE, DNP, LIMC oder EM vgl. jeweils die Hauptseitenangabe zum Stichwort im Forschungsregister S. 343 ff.

den **Seitenobertiteln** vor allem die dem Bericht zugrunde liegende zweifache **triadische Gesamtdisposition.**

Diese enthält einerseits eine chronologische Aufteilung der behandelten Forschungsliteratur in ‚**Frühphase**', ‚**Mittelphase**' und ‚**aktuelle Phase**', andererseits eine sachliche Scheidung in ‚**Altertumswissenschaftlicher Kernbereich**', jeweils ergänzt um drei zugehörige Sonderbereiche, weiterhin in ‚**Rezeptionsgeschichtlicher Ergänzungsbereich**', jeweils unterteilt nach Gesamtzeitraum und Einzelperioden, sowie schließlich in ‚**Narratologischer Gesamtbereich**', jeweils unterteilt in Erzählforschung allgemein und Motivforschung.

Zur Gesamtorientierung bietet das Inhaltsverzeichnis am Anfang (S. XI-XII) die grundlegende Disposition auf einen Blick. Um den Berichtstext im Einzelnen noch übersichtlicher zu gestalten, werden übergeordnete Sachaspekte vielfach mit **Dickdruck** hervorgehoben. Bei Namen von Forschern bzw. Institutionen, die im Text durch ***Dickkursivdruck*** herausgehoben sind, bezeichnet ein Sternchen *(*)* bzw. Doppelsternchen *(**)* ihre besondere Bedeutung. Die umfangreichen **Register** am Schluss, unterteilt in das Forschungsregister (S. 343 ff.) und die vier Ergänzungsregister (Personen/Namen S. 359 ff., Autoren/Werke S. 364 ff., Künstler/Kunstwerke S. 368 ff., Sachbegriffe S. 371 ff.), erschließen das behandelte Gesamtmaterial, ob es sich nun um altertumswissenschaftliche, rezeptionsgeschichtliche oder narratologische Stichwörter handelt.

Der primär altertumswissenschaftlichen Grundintention des Berichts entsprechend, werden die drei Teilabschnitte zum **Kernbereich** (spez. Klassische Philologie und Klassische Archäologie) jeweils erheblich ausführlicher gestaltet als die entsprechenden Teilabschnitte zum Ergänzungs- bzw. Gesamtbereich. Zugunsten der Aktualität des ganzen Berichts wird der Umfang der in Auswahl herangezogenen Literatur von der Früh- über die Mittel- bis zur aktuellen Phase jeweils zunehmend breiter. Da die Fortschritte der Forschung im Bereich der Klassischen Philologie stark von begrenzten Neufunden und vollständigeren neuen Fragmentsammlungen abhängen, werden spez. für die Mittel- und die aktuelle Phase ausführliche Angaben zu Erweiterungen und Verbesserungen der textlichen Gesamtbasis vorgelegt, ebenso wie genauere Hinweise zum Schicksalsdenken, das schon im frühgriechischen Mythos einen entscheidenden Basisfaktor bildete.

Angesichts der Tatsache, dass der antike Mythos schon seit seiner Entstehung in der griechisch-römischen Antike und später in der europäischen Gesamtentwicklung einen der grundlegenden Kulturfaktoren darstellte, dürften gelegentliche Zusatzbemerkungen über die Kultur- und Geistesgeschichte des jeweils behandelten Berichtszeitraums nicht als unangemessen empfunden werden. Grundsätzlich streben die Ausführungen eine **ausgewogene Sachlichkeit** an, im Detail nicht ohne fachspezifische Stellungnahme, mit einer von der Kenntnis der bisherigen Mythosforschung stark geprägten und somit eher konservativen Grundeinstellung. Wenn zur Früh- und auch noch zur Mittelphase die eine oder andere persönliche Reminiszenz des Verfassers hinzukommt, so in der Absicht, damit nicht nur die Lesbarkeit, sondern auch die Authentizität des Berichts zu erhöhen.

Für den Verfasser steht dieser Forschungsbericht am Ende seiner langjährigen ‚Arbeit am Mythos', die nach frühen Beiträgen zu Kernbereich und Rezeptionsgeschichte im letzten Jahrzehnt ein umfangreiches, im internationalen Rahmen kaum beachtetes **Gesamtprojekt** hervorbrachte (die Einzeltitel in Kurzform mit den im Bericht verwendeten Abkürzungen):[4] (1) **MH 2011:** Der antike Mythos. Ein systematisches Handbuch. Freiburg/Br. 2011; Näheres im Bericht auf S. 175 ff./ 326 ff. (2) **MSM 2012:** Mythen – Sagen – Märchen. Eine Einführung mit exemplarischen Motivreihen. Freiburg/Br. 2012; Näheres auf S. 306 ff./330 ff. (3) **MH Ntr. 2018:** Definitive Nachträge (2018) zur Erstauflage von *Der antike Mythos* (2011). Mainz 2019; Näheres auf S. 177/330. (4) **MSM Ntr. 2018:** Definitive Nachträge (2018) zur Erstauflage von *Mythen – Sagen – Märchen* (2012). Ebd. 2019; Näheres auf S. 308/332. (5) **Ergänzungen 2020:** Ausgewählte Kleinere Schriften. Ebd. 2020; Näheres auf S. 333.

Ohne diese Voraussetzungen wäre der nunmehr vorliegende Forschungsbericht nicht zustande gekommen; in welchem Umfang er auf den genannten Vorarbeiten beruht, lässt schon seine Disposition mit der grundlegenden Scheidung zwischen den drei Hauptbereichen Altertumswissenschaft, Rezeption und Narratologie erkennen. Deshalb schien es nicht nur vertretbar, sondern auch sachdienlich, sich im weiteren Verlauf immer wieder auf diese breite Arbeitsbasis zurückzubeziehen, zumal aufgrund der Tatsache, dass das Gesamtprojekt zugleich weitgehend dem aktuellen Stand der Forschung entspricht (Weiteres in der kurzen Bilanz auf S. 326 ff.).

Nach mehr als fünfjähriger ‚Galeerenarbeit' ist dem Verfasser bewusst, dass er sich mit dem Forschungsbericht gleichsam an der ‚Quadratur des Kreises'

---

4 Druckexemplare von Nr. 1/2 sind weiterhin über den Buchhandel zu beziehen (Nomos-Verlag Baden-Baden, ISBN 978-3-96821-383-5 bzw. ISBN 978-3-96821-392-7), von Nr. 3 – 5 über die auf S. VII, Anm. 1 angegebene Mailadresse. Zusätzlich sind von Nr. 3 – 5 verbesserte Fassungen auf der Homepage des Verlags Walter de Gruyter (www.degruyter.com/document/isbn/9783110786545/ html) zum Download verfügbar, ebenso wie eine Neufassung der Corrigenda zu MH 2011/MSM 2012 (urspr. Mainz 2016). – Besprechungen von MH/MSM (Auswahl): Willy Höfig in: IFB 12 – 4, ifb.bsz-bw.de/bsz340069767rez-1.pdf (MH) bzw. IFB 12 – 4, ifb.bsz-bw.de/bsz363865713rez-1 (MSM); Peter Riemer in: Gymnasium 120, 2013, 199 – 201 (MH) bzw. Gymnasium 121, 2014, 422 – 424 (MSM); Krešimir Matijević in: fera-journal.eu 35, 2014, 71 – 75 (MH/SMS); Kurt Franz in: Märchenspiegel 1/2017, 54 – 55 (MSM).

versucht hat. Angesichts der erdrückenden Aufgabe und seiner altersgemäß begrenzten Arbeitskraft war die kontinuierliche Ermutigung von Gebhard Kurz (Mainz) und Peter Riemer (Saarbrücken) ebenso wichtig wie die Unterstützung durch Johannes Breuer (Mainz) und die gleichbleibende Gewissheit von Bernhard Zimmermann (Freiburg/Br.) als Initiator, dem Verfasser sei aufgrund seines breiten fachlichen Spektrums die Erarbeitung dieses Basisberichts zuzutrauen. Umso mehr ist den beiden Initiatoren des Göttinger Mythosprojekts, Annette und Christian Zgoll, sowie dem renommierten Verlag Walter de Gruyter (Projektmanagerin: Carla Schmidt) für ihre Entscheidung zu danken, dass dieser Bericht nun im Rahmen der neuen Reihe ‚Mythological Studies (MythoS)' erscheinen kann. Persönlich verdankt der Verfasser dies vor allem der digitalen Kompetenz seines Freundes Axel Korn und der liebevollen Begleitung seiner Frau Gisela.

Im Blick auf das höchst unterschiedliche Zielpublikum war bei dem Forschungsbericht für den Verfasser von Anfang an die Abwägung entscheidend, entweder zu einem zentralen Teilbereich der Altertumswissenschaften weiterhin keinen halbwegs repräsentativen neueren Forschungsbericht vorliegen zu haben oder immerhin einen ersten Überblick, der allerdings aufgrund seiner Begrenztheit im Detail nach Möglichkeit in nächster Zukunft durch weitere spezielle Teilforschungsberichte zur Gesamtthematik ergänzt werden sollte. Das gilt in besonderem Maße für die Hauptautoren der antiken Mythentradition, zumal dann, wenn der letzte fachspezifische Forschungsbericht über sie schon einige Zeit zurückliegt.

Entsprechend diesem Gesamtkonzept geht es also im vorliegenden Bericht nicht primär um die neuesten Forschungen zu Homer, Hesiod und den attischen Tragikern oder zu Vergil und Ovid. Vielmehr steht **im Zentrum der antike Mythos insgesamt** mit den Haupttendenzen seiner Erforschung in den letzten hundert Jahren. Dabei erfolgte die Präsentation dieses Berichtsgegenstandes von vornherein mit der Zielsetzung, nicht nur über die wichtigste frühere Forschungsliteratur zu berichten, sondern auch abschließend einige persönliche Anregungen für die künftige Mythosforschung zu geben (S. 333 ff.). In diesem Sinne hofft der Verfasser, mit seinem Bericht die weiteren Arbeiten über eine so bedeutende und komplexe geisteswissenschaftliche Thematik nachhaltig zu fördern.

Bad Kreuznach, im Sommer 2021   Udo Reinhardt

Inhalt

Redaktionelle Vorbemerkung —— VII

Einführung zu Anliegen und Gesamtkonzept —— 1
1. Zum weitgehenden Fehlen von neueren Forschungsberichten —— 3
2. Zu Gesamtspektrum und Einzelphasen der Forschung —— 5
3. Ergänzende Ausgangsüberlegungen —— 8

A. Abriss zur Frühphase der modernen Mythosforschung —— 12
1. Altertumswissenschaftlicher Kernbereich 1920–1960 —— 14
a. Klassisch-philologische Mythosforschung —— 14
b. Klassisch-archäologische Mythosforschung —— 32
c. Zugehörige Sonderbereiche —— 36
(1) Mythische Vorstufen (spez. Altorientalisches) —— 37
(2) Römischer Mythos —— 40
(3) Heidnische Mythen und christliche Spätantike —— 41
2. Rezeptionsgeschichtlicher Ergänzungsbereich 1920–1960 —— 41
a. Forschungsansätze zur Mythosrezeption insgesamt —— 42
b. Forschungsansätze zu Einzelperioden der Mythosrezeption —— 44
3. Narratologischer Gesamtbereich 1920–1960 —— 50
a. Forschungsansätze zum Mythos als Erzählkomplex —— 50
b. Forschungsansätze zum Mythos als Erzählmotiv —— 54

B. Überblick zur Mittelphase der modernen Mythosforschung —— 57
1. Altertumswissenschaftlicher Kernbereich 1960–2000 —— 57
a. Klassisch-philologische Mythosforschung —— 58
b. Klassisch-archäologische Mythosforschung —— 92
c. Zugehörige Sonderbereiche —— 108
(1) Mythische Vorstufen (spez. Altorientalisches) —— 109
(2) Römischer Mythos —— 112
(3) Heidnische Mythen und christliche Spätantike —— 115
2. Rezeptionsgeschichtlicher Ergänzungsbereich 1960–2000 —— 117
a. Mythosrezeption insgesamt —— 117
b. Mythosrezeption in der Bildenden Kunst —— 127
c. Mythosrezeption in den kulturellen Einzelperioden —— 132
(1) Byzantinische Kultur —— 133
(2) Westliches Mittelalter —— 135
(3) Renaissance/Humanismus und Manierismus —— 139
(4) Barock und Rokoko —— 149

(5) Aufklärung, Klassizismus, Romantik und 19. Jahrhundert —— 156
(6) Moderne und Postmoderne —— 162
3. Narratologischer Gesamtbereich 1960–2000 —— 168
a. Forschungen zum Mythos als Erzählkomplex —— 168
b. Forschungen zum Mythos als Erzählmotiv —— 171

C. Überblick zur aktuellen Phase der Mythosforschung —— 174
1. Altertumswissenschaftlicher Kernbereich 2000–2020 —— 174
a. Klassisch-philologische Mythosforschung —— 174
b. Klassisch-archäologische Mythosforschung —— 221
c. Zugehörige Sonderbereiche —— 241
(1) Mythische Vorstufen (spez. Altorientalisches) —— 241
(2) Römischer Mythos —— 247
(3) Heidnische Mythen und christliche Spätantike —— 248
2. Rezeptionsgeschichtlicher Ergänzungsbereich 2000–2020 —— 251
a. Mythosrezeption insgesamt —— 251
b. Mythosrezeption in der Bildenden Kunst —— 262
c. Mythosrezeption in den kulturellen Einzelperioden —— 270
(1) Byzantinische Kultur —— 271
(2) Westliches Mittelalter —— 272
(3) Renaissance/Humanismus und Manierismus —— 276
(4) Barock und Rokoko —— 284
(5) Aufklärung, Klassizismus, Romantik und 19. Jahrhundert —— 290
(6) Moderne und Postmoderne —— 296
3. Narratologischer Gesamtbereich 2000–2020 —— 306
a. Forschungen zum Mythos als Erzählkomplex —— 309
b. Forschungen zum Mythos als Erzählmotiv —— 313

Exkurs: Mythos und moderne Mythostheorie —— 317

Epilog aus persönlicher Sicht: Bilanz und Perspektiven —— 326
1. Nachlese zum Gesamtprojekt des Verfassers —— 326
2. Anregungen zur künftigen Mythosforschung —— 333
a. Hauptaufgaben —— 334
b. Weitere Teil- und Einzelaufgaben —— 336

Register —— 343
1. Forschungsregister —— 343
2. Ergänzungsregister —— 359

Zum Abschluss ein Blick zurück —— 375

Einführung zu Anliegen und Gesamtkonzept

Die letzte Gesamtdarstellung zum Themenkomplex im renommierten ‚Handbuch der Klassischen Altertumswissenschaft' verfasste einer der Archegeten der deutschen Mythosforschung, der Berliner Gymnasiallehrer Otto **Gruppe**** (1851–1921), mit der mehrbändigen, aufgrund ihrer unglaublichen Materialfülle und der erschöpfenden Indices für den Fachmann als Nachschlagewerk nach wie vor unverzichtbaren Publikation ‚Griechische Mythologie und Religionsgeschichte' (München 1906; HbKlAW V,2). Danach wurde zwar die griechische Religionsgeschichte im ‚Handbuch' durch Martin P. **Nilsson*** in zwei Bänden grundlegend neu behandelt (V,2,1–2; 1. Aufl. München 1941–50, 3. Aufl. 1967–74), hingegen nicht mehr der ebenso umfangreiche wie wirkungsmächtige Nachbarbereich der griechisch-römischen Mythologie. Eine Verlagsanfrage des Verfassers noch während der Entstehung seines systematischen Handbuchs (2010), ob mit dieser neuen Konzeption nicht irgendwann die alte Lücke im ‚Handbuch' geschlossen werden könne, fand ebenso wenig Gegenliebe wie eine spätere Sondierung (2012), ob nicht eine Kurzfassung seines Handbuchs die längst überfällige Neubearbeitung des vielfach nachgedruckten Klassikers ‚Griechische Mythologie. Ein Handbuch' von Herbert J. Rose (London 1928, dt. Erstausgabe 1955) bilden könne.

Den bisher letzten Forschungsbericht zur griechisch-römischen Mythologie in der seinerzeit grundlegenden Reihe ‚Jahresberichte über die Fortschritte der Klassischen Altertumswissenschaft' brachte ebenfalls der Mythenspezialist Otto Gruppe mehr als ein Jahrzehnt nach seinem Handbuch heraus unter dem Titel ‚Literatur zu Religionsgeschichte und antiker Mythologie aus den Jahren 1906–17' (Bd. 186, 1921, 235–262). Abgesehen von einem späteren Kurzbericht (Richard Newald, Nachleben der Antike. In: Supplementband 250, 1935, 1–144, spez. 13–19 zum Mythos), fehlte es seither an übergreifenden Forschungsberichten zu dieser Thematik nicht nur in den ‚Jahresberichten' (bis Bd. 285, 1944/1955, Göttingen 1956) und in dem von Andreas Thierfelder und Hans-Joachim Mette initiierten Nachfolgeorgan ‚Lustrum' (Göttingen ab Bd. 1ff., 1956ff.), sondern weitgehend auch sonst in der nationalen und internationalen Forschung. Ein großer Forschungsbericht zur modernen Mythosforschung ist also schon seit langem ein dringendes Desiderat. Die hier vorgelegte Fassung versucht, eine erste Orientierung über die Gesamtentwicklung seit etwa 1920 bis zur Gegenwart zu geben.

Das Defizit an neueren Forschungsberichten überrascht umso mehr, weil sich die Mythosforschung insgesamt in diesem Zeitraum geradezu explosionsartig entwickelt hat. Das gilt weniger für den traditionellen **Kernbereich der griechisch-römischen Mythologie** als für die **altorientalischen Vorstufen**, vor allem aber für das weite Feld der späteren, vorwiegend europäischen **Rezepti-**

onsgeschichte und jenen erst relativ neuen Forschungsbereich über die **narratologische Stellung** des antiken Mythos im Gesamtrahmen der europäischen Erzählkultur. Das Schließen dieser beträchtlichen Berichtslücke liegt nicht nur im Interesse der traditionellen Mythosforschung, sondern auch der immer intensiveren rezeptionsgeschichtlichen und narratologischen Aktivitäten.

Doch stößt dieses Vorhaben schnell an Grenzen allein schon angesichts jener unglaublichen Ausweitung im Bedeutungsspektrum des Kernbegriffs ‚Mythos', der inzwischen nicht nur in der Öffentlichkeit vielfach i.S. von ‚Legende', ‚Kultfigur', ‚Ikone' oder ‚Idol' verwendet wird. Neuerdings erscheint er auch in der Wissenschaft, je nach Standpunkt des Betrachters als intellektuelles Konstrukt oder eine Art von akademischer Leerformel, ganz selbstverständlich in Verbindung mit Hitler und Mao, Cassius Clay und Usain Bold, James Dean und Lady Diana, ‚Ente' und ‚Käfer', Globalisierung, Finanzkrise und Klimawandel.[1] Im Blick auf diesen für manche konservative Mythosforscher eher irritierenden Aspekt gilt ebenso das eher distanzierte *statement* von Geoffrey Stephen Kirk: „‚Myth' is such a general term, and its etymology and early application are so unspecific, that one is compelled to take some notice of contemporary usage" (Kirk 1974, wie S. 61, 1) wie das fast schon resignierende Fazit von Lowell Edmunds: „The definition of ‚myth' has changed again and again as theories of myth have come and gone' (Edmunds 1990, wie S. 53, 1).

Deshalb sollte sich ein neuer Forschungsbericht erst einmal auf den antiken Kernbereich (inkl. altorientalische Vorgaben) konzentrieren, aber auch die spätere Rezeption und die narratologische Einordnung in angemessenem Umfang berücksichtigen, ebenso wie die erhebliche Bedeutung des Mythos im Zusammenhang mit Nachbardisziplinen wie Religionswissenschaft, Ethnologie, Soziologie und Psychologie (bis hin zur strukturalistischen, ritualistischen oder psychoanalytischen Betrachtungsweise i.S. des grundlegenden Überblicks von Csapo 2005, wie S. 175). Demgegenüber sollte die Ausweitung des modernen Mythosbegriffs ebenso wie die in der Moderne immer weiter ausufernde, sich zunehmend verselbständigende Mythostheorie zunächst einmal nur eine eher begrenzte Rolle spielen.

Allerdings stellt allein schon der ganz und gar ungewöhnliche Umfang von Berichtsgegenstand und Berichtszeitraum ein nahezu unlösbares Problem für jeden Berichterstatter dar. Doch ist es wohl eine Frage der Verantwortung um das kulturelle Erbe, nicht einfach vor einem neuen Zeitgeist zu kapitulieren, der im-

---

[1] Aktueller Überblick zu Beispielen aus der Alltagspraxis in MH 2011, 16–19. Näheres zu Roland Barthes' Bestseller ‚Mythologies' (Paris 1957, dt. Ausgabe: ‚Mythen des Alltags', Frankfurt/M. 1964) in MH 2011, 16 und MH Ntr. 2018, 104.

mer stärker geprägt ist vom Verlust an historischem Bewusstsein und geisteswissenschaftlicher Substanz. Gerade die breite fächerübergreifende rezeptionsgeschichtliche Gesamttradition des antiken Mythos stellt eine Herausforderung für jede neue Generation dar. Zudem bietet sich hier die Chance, durch das Erarbeiten einer gewissen ‚Topographie' zu den wichtigsten ‚Archipelen' in diesem weiten ‚Ozean' von internationalen Forschungen allein schon zum traditionellen Kernbereich des antiken Mythos, aber auch zu seiner beträchtlichen rezeptionsgeschichtlichen und narratologischen Bedeutung einige wesentliche Orientierungspunkte für die künftige Forschung zu gewinnen.

1. Zum weitgehenden Fehlen von neueren Forschungsberichten

Wie selten und rudimentär neuere Forschungsberichte zu den verschiedenen Teilbereichen des antiken Mythos sind, ergibt sich aus der folgenden vorläufigen Kurzliste, die überhaupt erst ab den **sechziger Jahren** einige erwähnenswerte Titel enthält. Dazu gehörten: (1) Albin Lesky, Der Mythos im Verständnis der Antike. I. Von der Frühzeit bis Sophokles. In: Gymnasium 73, 1966, 27–44 = GSchr 1966, 422–438. (2) Heinrich Dörrie, Der Mythos im Verständnis der Antike. II. Von Euripides bis Seneca. In: Gymnasium 73, 1966, 44–62. Beide forschungsgeschichtliche Beiträge enthalten allerdings nur ganz allgemeine Kurzübersichten ohne genauere Literaturangaben. (3) Lloyd N. Jeffrey, The Teaching of Classical Mythology. A Recent Survey. In: Classical Journal 64, 1969, 311–323: Spezialbericht mit Literaturübersicht vor allem zur anglo-amerikanischen Mythosforschung.

In den **siebziger Jahren** entstand eine erste umfangreiche Zusammenstellung mit durchgehender Kommentierung: (4) John **Peradotto***, Classical Mythology. An Annotated Bibliographical Survey. Urbana/Illinois 1973; 76 S. – *Disposition:* (I.) Dictionaries, Encyclopedias, Handbooks; Systematic Surveys (4–16). (II.) Comparative Mythology (16–21). (III.) Myth and Art, Literature, Psychology, Anthropology, Structuralism (21–47). (IV.) Mythic Thought, Myth and Religion (48–56). (V.). General Studies and Collections of Essays; Specialized Studies (62). (VI.). Translations (63f.). Index: Authors, Titles, Publishers (65–76). – *Résumé:* Instruktiver Überblick zu verschiedensten Bereichen der Mythosforschung vor allem im Blick auf die anglo-amerikanische Fachliteratur entsprechend dem damaligen Forschungsspektrum.

Schon in die **achtziger und neunziger Jahre** fallen die nächsten kleineren Zusammenstellungen: (5) Walter Burkert, Griechische Mythologie und die Geistesgeschichte der Moderne (1980). In: Kleine Schriften IV (2011), 66–95: Anspruchsvoller Überblick zur modernen Gesamtentwicklung. (6) Paul Ellinger, Vingt ans de recherches sur les mythes dans le domaine de l'antiquité grecque. In: Revue des Études Anciennes 86, 1984, 7–29: Bericht zur internationalen und vorwiegend französischsprachigen Forschung, mit allgemeinem Überblick (7–22) und bibliographischen Auswahllisten (23–29). (7) Fritz Graf, Die Neuansätze der Mythendeutung im 20. Jahrhundert. In: Graf 1987, wie S. 62, 39–57: Knappe Übersicht im Rahmen der allgemeinen Einführung mit schwerpunktmäßiger Behandlung der neueren Forschungsentwicklung in der Mythologie und ihrer einzelnen Schulen. (8) Thomas Blisniewski, Auswahlbibliographie zur antiken Mythologie und ihrem Fortleben. Köln 1992; 22 S.: Knappe Liste mit Blick auch auf die Mythosrezeption.

Einen instruktiven Überblick zur archäologischen Forschungsliteratur bis 1990 bot eine kommentierende Monographie: (9) Frances **Van Keuren***, Guide to Research Classical Art and Mythology. Chicago/London 1991; X, 307 S. – *Zur Autorin:* Ausbildung an der Brown University 1968–73; Tätigkeit an der Univ. of Georgia 1980–2010. – *Disposition:* Introduction (1–5). I. General Research (9–67). 1. Greek Art and Architecture (9–28). 2. Etruscan Art and Architecture (29–44). 3. Roman Art and Architecture (45–67). II. Mythology (69–143). 4. Classical Mythology in Ancient and Later Literature (71–87). 5. Classical Mythology in Ancient Art (88–101). 6. Greek Gods and Heroes in Ancient Art (102–117). 7. Greek Drama in Ancient Art (118–126). 8. Classical Mythology in Art after Antiquity (127–143). III. Media Studies (145–262). 9. Greek Sculpture (147–156). 10. Athenian Vases (157–168). 11. South Italian and Sicilian Vases (169–187). 13. Ancient Engraved Gems (188–201). 14. Greek Coins (202–214). 15. Roman Republican Coins (215–223). 16. Roman Imperial Coins (224–235). 17. Greek and Roman Interieur Decoration (236–262). Author-Title Index (263–300; ausführliche Bibliographie). Subject Index (301–207). – *Résumé:* Instruktiver Überblick vorwiegend zur antiken Kunst (mit Defiziten z. B. bei etruskischen Bronzespiegeln und Aschenurnen sowie römischen Sarkophagen), weiterhin zum mythologischen Kernbereich insgesamt (Kap. 4) und ansatzweise auch zur Mythosrezeption in der späteren europäischen Kunst (Kap. 8). Insgesamt wertvolles Hilfsmittel für die praktische ‚Arbeit am Mythos'.

Seit der Jahrtausendwende entstanden die um neueste Literatur ergänzten Artikel aus DNP 8 (2000) s.v. Mythologie/Mythos, 611–650 (Fritz Graf u. a.), Literatur 648–650 und DNP 15/1 (2001) s.v. Mythologie, I. Literatur: 611–632, Literatur 631f. (Bodo Guthmüller); s.v. Mythologie, II. Alltagswelt: 632–636, Literatur 635f. (Manuel Baumbach); s.v. Mythos, I. Begriff: 636–643, Literatur 642f. (Robert Matthias Erdbeer); s.v. Mythos. II. Deutungsgeschichte: 643–646, Literatur 648 (Fritz Graf). Ein weiterer Teilbericht: (10) Robert Alan Segal, From Nineteenth- to Twentieth-Century Theorizing about Myth in Britain and Germany. In: Rüdiger

Görner/Angus Nicholls (Hrsg.), In the Embrace of the Swan. Anglo-German Mythologies in Literature, the Visual Arts and Cultural Theory. Berlin u.a. 2010 (Spectrum Literaturwissenschaft 18), 41–64.

Bereits in Richtung eines umfassenden Gesamtberichts gingen in jüngster Zeit mehrere **Beiträge des Verfassers:** (11) Vf., Zur Neubearbeitung von Herbert Hungers Lexikon der griechischen und römischen Mythologie: Wert und Defizite rezeptionsgeschichtlicher Handbücher. In: mythos no. 3: Mythos in Medien und Politik. Würzburg 2011, 274–279: Kritischer Vergleich von verschiedenen wichtigen neueren Arbeitsmitteln zur Mythologie (1993–2006). (12) Vf., Das erste systematische Handbuch zum antiken Mythos. Zur Entstehung des Gesamtprojekts und seiner Bedeutung für die Fachwissenschaften. In: Freiburger Universitätsblätter 194, 2011, 17–31 = Ergänzungen 2020, 96–107: Knapper Überblick zu MH 2011/MSM 2012; Weiteres hier im Epilog auf S. 326 ff. (13) Vf., Neues von Mythen, Sagen und Märchen (2019). In: Ergänzungen 2020, 108–114: Knapper Überblick zu MH Ntr. 2018/MSM Ntr. 2018. – Das im Gesamtprojekt erfasste Material, spez. der Vorentwurf eines Forschungsberichts in MH Ntr. 2018, 4–103, bildete die Grundlage für die hier vorgelegte Übersicht zur modernen Mythosforschung.

2. Zu Gesamtspektrum und Einzelphasen der Forschung

Dass es in den letzten hundert Jahren so wenige Forschungsberichte und bibliographische Zusammenstellungen gab, mag auch daran liegen, dass die Mythosforschung dank ihrer rasanten Entwicklung für die zunehmend spezialisierten Einzelforscher immer weniger überschaubar wurde. Dabei ruhte der **altertumswissenschaftliche Kernbereich** der griechisch-römischen Mythologie (mit den traditionellen Hauptfächern ‚Klassische Philologie' für die literarische Tradition und ‚Klassische Archäologie' für die bildliche Tradition) zunächst noch eher in sich, mit Ausnahme der Erschließung der **altorientalischen Vorstufen** seit Ende der fünfziger Jahre und einem größeren Interesse auch für das **Nachleben in der christlichen Spätantike.**

Viel stärker war die Entwicklung im **rezeptionsgeschichtlichen Ergänzungsbereich** des vorwiegend europäischen Nachlebens der antiken Mythentradition speziell in Kultur, Literatur und Bildender Kunst vom frühen Mittelalter bis hin zu neuen Rezeptionsvarianten in der Gegenwartskultur. Noch stärker waren die Fortschritte vor allem in jüngster Zeit für den **narratologischen Gesamtbereich** mit den beiden Schwerpunkten Erzählforschung allgemein und Motivforschung. Aus diesen Vorüberlegungen ergibt sich als vorläufiges **Dispositionsschema für das breite Gesamtspektrum der Mythosforschung** das folgende Grundmodell (Matrix):

(A) Altertumswissenschaftlicher Kernbereich:
(1) Klassische Philologie
(2) Klassische Archäologie
(3) Sondergebiete über den engeren Kernbereich hinaus: (a) Altorientalische Vorstufen; (b) Römischer Mythos; (c) Christliche Spätantike

(B) Rezeptionsgeschichtlicher Ergänzungsbereich:
(1) Rezeptionsgeschichte insgesamt
(2) Teilbereich der Bildenden Kunst
(3) Einzelperioden: (a) Byzanz (b) Westliches Mittelalter; (c) Renaissance/ Humanismus und Manierismus; (d) Barock und Rokoko; (e) Aufklärung, Klassizismus, Romantik und 19. Jahrhundert; (f) Moderne und Postmoderne, inkl. Neue Medien
(4) Wichtige Sachaspekte: (a) Allegorisierung; (b) Historisierung; (c) Mythos, Philosophie und Aufklärung in Mittelalter und Neuzeit; (d) Mythos, Ethnologie und Soziologie; (e) Mythos, Psychologie und Psychoanalyse; (f) Mythos, Politologie und Macht; (g) Mythos, Strukturalismus und die komparatistische Methode; (h) Der antike Mythos als Teil des europäischen folktale (vgl. Teil C).
Anhang: Zur modernen Mythostheorie

(C) Narratologischer Gesamtbereich:
(1) Erzählforschung (spez. Gattungen, Stoffe, Rahmenbedingungen)
(2) Motivforschung

Als Basis für differenziertere künftige Teilforschungsberichte bietet sich speziell zur **Unterteilung des altertumswissenschaftlichen Kernbereichs** folgende Matrix an:

I. Übergreifende Literatur zum antiken Mythos
a. Forschungsberichte und Bibliographien (inkl. Forschungsgeschichte)
b. Handbücher und andere größere Überblickswerke
c. Wichtige Einführungen und andere kleinere Überblickswerke
d. Enzyklopädische Kompendien und größere Lexika
e. Weitere wichtige Monographien (Auswahl)
Anhang: Beiträge zu Grundbegriffen wie ‚Mythos', ‚Mythologie' u. Ä.

II. Literatur zu den Hauptkomplexen des antiken Mythos
a. Göttermythen als Keimzelle des mythischen Denkens
b. Die Heroenmythen als Zentrum des griechischen Mythos

c. Gründermythen und frühe Heroen (Kadmos, Perseus, Bellerophontes)
d. Die Zeit der großen Heroen (Herakles, Theseus, Oidipous)
e. Die großen Unternehmungen (Argonauten, Kalydonischer Eber, Sieben gegen Theben)
f. Der Troianische Mythenkreis von den *Kýpria* bis zu den *Nóstoi*
g. Weitere griechische Einzelmythen (inkl. hellenistische Mythennovellen)
Anhang: Der römische Mythos: Begrenztheit und Bedeutung

III. Literatur zu den Hauptentwicklungsphasen des Mythos in der Antike
a. Altorientalische Vorstufen und früheuropäische Mythentradition
b. Der Basisbereich der frühgriechischen Epik
c. Die Fortsetzung in der frühgriechischen Lyrik
d. Die Vollendung in der Attischen Tragödie
e. Mythenburleske und Mythentravestie
f. Mythographie und Mythologie in der Antike
g. Kultur und Dichtung des Hellenismus
h. Römische Republik und frühe Kaiserzeit
i. Zweite Sophistik und spätere Kaiserzeit
Anhang: Heidnischer Mythos und christliche Spätantike

IV. Literatur zu weiteren wichtigen Sachaspekten des antiken Mythos
a. Mythische Kosmogonie und Theogonie
b. Das mythische Weltbild: Themis, Schicksal und Verantwortung
c. Das soziale Substrat: Patriarchat und Ordnungssystem
d. Das Heldenbild der Heroenmythen
e. Heroinen zwischen Typisierung und Individualität
f. Mythische Mischwesen und Ungeheuer
g. Gewalt und Grausamkeit im Mythos

V. Literatur zu grundsätzlichen Abgrenzungsfragen des antiken Mythos
a. Mythos und Religion/Ritus/Ritual in der Antike
b. Mythos und Bildende Kunst in der Antike
c. Mythos, Mythographie und Realhistorie in der Antike
d. Mythos, Philosophie und Aufklärung in der Antike

Im Blick auf die genauere Abgrenzung der **Entwicklungsphasen in der neueren Mythosforschung** ergab sich nach gründlicher Sichtung der Gesamtliteratur unter Berücksichtigung der kulturhistorischen Gesamtentwicklung im Berichtszeitraum für diesen Forschungsbericht als sachlich angemessene Lösung ein **Drei-Phasen-Modell**:

(1) **Frühphase (1920–1960):** Konzentration auf die antike Mythostradition
(2) **Mittelphase (1960–2000):** Innovative Ausweitung des Forschungsspektrums
(a) Antike Tradition von altorientalischen Vorgaben bis zur christlichen Spätantike
(b) Die kontinuierliche Erschließung von Rezeptionsgeschichte und *folktale*
(3) **Aktuelle Phase (2000–2020):** Wesentliche Abrundung des Forschungsspektrums
(a) Ergänzungen zur antiken Tradition (inkl. Ansätze zur Systematisierung)
(b) Erweiterungen zu Rezeptionsgeschichte und *folktale*

3. Ergänzende Ausgangsüberlegungen

Schon die vorangehenden Grundschemata machen klar, dass für einen einzelnen Berichterstatter eine solche Aufgabe nur zu leisten ist in einem **selektiven Überblick** mit dem Vorsatz, zugunsten von Übersichtlichkeit und Lesbarkeit starke Reduzierungen in der Materialbasis vorzunehmen. Denn ein Forschungsbericht über einen so großen Berichtszeitraum sollte sich von vornherein von einfachen Bibliographien oder auch kürzeren Teilberichten durch folgende Kriterien unterscheiden:

(1) **Konzentration auf die wichtigste Forschungsliteratur** mit dem Ziel, den Überblick überschaubar zu halten und für den Forschungsertrag ein möglichst knappes nachvollziehbares Fazit herauszuarbeiten. Dazu sollte auch der weitgehende Verzicht auf Zusatzangaben wie Rezensionen beitragen, zumal sie durchweg schon in größeren bibliographischen Periodicals (z. B. Marouzeau, L'année philologique) verzeichnet sind.

(2) **Konzentration beim Kernbereich des antiken Mythos** auf seine Hauptbereiche (wie Götter- und Heroenmythen) und wichtige Teilaspekte (z. B. altorientalische Vorstufen; mythengenetische Unterschiede); Behandlung nur der größeren Mythenkomplexe (z. B. Urgötter/Titanen/Olympier; Gründungsmythen; Zyklen um große Heroen wie Herakles und Theseus und große Unternehmungen wie Argonautenfahrt, Sieben gegen Theben und Troianischer Krieg) ohne erschöpfende Berücksichtigung der erstaunlichen Vielzahl von Einzelmythen; Behandlung von literarischen Hauptgattungen des Mythos (z. B. Epischer Kyklos, monodische Lyrik und Chorlyrik, Attische Tragödie und Satyrspiel; hellenistische Mythentradition usw.) ohne Berücksichtigung aller zugehörigen Einzelautoren; Behandlung von wesentlichen Nachbarbereichen (z. B. Religion/Ritus, Bildende

Kunst, Realhistorie/Mythographie, Aufklärung/Philosophie; Spätantike und Christentum; anhangweise auch römischer Mythos).

(3) **Konzentration beim rezeptionsgeschichtlichen Ergänzungsbereich** auf die Grundfragen europäischer Mythenrezeption und die Hauptphasen der historischen Entwicklung bis zur Gegenwart ohne eingehende Berücksichtigung von Einzelautoren bzw. Einzelkünstlern; Behandlung von wesentlichen Teilaspekten (z. B. Rezeptionstypen wie Allegorisierung/Historisierung; Bedeutung von Mythenstoffen in der neueren literarischen und bildlichen Tradition bis zu den neuen Alltagsmedien der Moderne wie Film, Karikatur, Werbung); am Rande auch Berücksichtigung von wichtigen Nachbarbereichen (z. B. Stellung zu Philosophie, Psychologie etc.).

(4) **Konzentration beim narratologischen Gesamtbereich** auf das Verhältnis des antiken Mythos zum übrigen europäischen *folktale* (inkl. Sagen, Märchen und weitere Kleingattungen) sowie im Rahmen der Stoff- und Motivforschung auf seine Stellung als entscheidender Basisfaktor der weiteren Erzähltradition.

Die im Verlauf der Forschung gegebene **Unterschiedlichkeit der Schwerpunkte in den einzelnen Berichtsphasen** erfordert eine differenzierte, den besonderen Voraussetzungen angemessene Disposition. Die Ausführungen zur Frühphase sollten dem Vorsatz folgen, das Material nur in einem knappen Abriss zu behandeln, mit Berücksichtigung vorwiegend von Publikationen, deren bleibender Wert sich im weiteren Verlauf der Forschung erwiesen hat. Bei der Begrenztheit rezeptionsgeschichtlicher und narratologischer Ansätze in der ersten Berichtsphase liegt es nahe, beide in unmittelbarem Anschluss an den traditionellen Kernbereich nur kurz zu behandeln.

Aufgrund der zunehmenden Bedeutung von Rezeptionsgeschichte und Narratologie in der zweiten und dritten Berichtsphase bietet sich eine Aufteilung in drei Sektionen an. Dass in der ersten Sektion der antike Kernbereich (inkl. altorientalische Vorgaben) als vorrangiger Forschungsgegenstand behandelt werden sollte, entspricht der altertumswissenschaftlichen Grundintention des Gesamtberichts wie auch den Erwartungen des Fachpublikums.

Ungeachtet der notwendigen Tendenz zum selektiven Überblick könnten allerdings manche nicht oder nicht ausreichend herangezogene Forschungstitel dem Verfasser den Vorwurf einer gewissen Willkür bei der Auswahl einbringen. Doch mögen solche Defizite gerechtfertigt erscheinen, wenn, aufs Ganze gesehen, ein angemessener Überblick zu einem zentralen Forschungsgegenstand herauskommt, der wie kaum ein anderer Themenkomplex der Antikentradition sowohl die traditionellen Altertumswissenschaften wie auch zahlreiche andere an der weiteren Nachwirkung des Mythos und an der Erzähltradition insgesamt interessierte Fachgebiete betrifft.

An dieser Stelle noch weniges **persönliche Bemerkungen** zum Verfasser, der seit seiner Studienzeit in den sechziger Jahren den Berichtszeitraum zu mehr als der Hälfte überschaut und dies in den letzten Dezennien zunehmend bewusst. Aus langjährigen Forschungen gingen zunächst mehrere Beiträge zum literarischen Kernbereich hervor (spez. zu frühgriechischem Epos, Attischer Tragödie und Augusteischer Dichtung), später auch zur Nachwirkung spez. in der Bildenden Kunst Europas bis zur Gegenwart (darunter die Ersterschließung des Bereichs mythischer Themen in der Bildenden Kunst der Moderne 1997–2008). Grundlegende Voraussetzungen für den aktuellen Bericht boten das im letzten Jahrzehnt sukzessiv erarbeitete Gesamtprojekt (2011 ff.; vgl. schon S. IX) sowie die ergänzende Rezeptionsstudie zum Einzelstoff ‚Arachne' und dem Einzelmotiv ‚Liebschaften der Götter' (2014). In jüngster Zeit kamen verschiedene rezeptionsgeschichtlich-narratologische Beiträge vorwiegend zur literarischen Relevanz des antiken Mythos im europäischen *folktale* sowie in der orientalischen Erzähltradition hinzu.[2]

Insgesamt war für den Verfasser das Hauptziel, für diesen großen Zeitraum eine erste Übersicht vorzulegen, unabhängig von der Möglichkeit, dass sich für weitere ergänzende Spezialbeiträge etwa zu Göttermythen oder Heroenmythen, zu altorientalischen Vorlagen und römischem Mythos, in Zukunft kompetente Nachfolger finden werden. Auch beim Zielpublikum dürfte ein berechtigtes Interesse bestehen, für die künftige ‚Arbeit am Mythos' erst einmal wenigstens einen **Überblicksbeitrag** verfügbar zu haben.

Im Verlauf der Arbeit ergab sich der Anspruch, mit dem Forschungsbericht zugleich einen begrenzten **Einblick in die geistesgeschichtlichen Voraussetzungen** der Früh- und Mittelphase des Berichtszeitraums zu geben. Zusammen mit der Mythologie war auch die Altertumswissenschaft seit Christian Gottlob Heyne (1729–1812) und Karl Philipp Moritz (1757–1793), Wilhelm von Humboldt (1767–1835) und Friedrich Creuzer (1771–1858) einer der entscheidenden Faktoren für die Entwicklung der neueren Geisteswissenschaften, nicht nur zu Zeiten von Friedrich Gottlieb Welcker, Wilhelm Heinrich Roscher, Carl Robert und Otto Gruppe, sondern auch noch bis in die moderne Mythosforschung. Bedeutende Klassische Philologen und Archäologen, doch nicht nur sie, gaben die entscheidenden Impulse für die Ausweitung über den Kernbereich hinaus zunächst in das weite Feld der Rezeptionsforschung (mit Leitfiguren wie Erwin Panofsky und Ernst H. Gombrich, Kurt Weitzmann und Manfred Fuhrmann), schließlich in die

---

2 Gesamtüberblick zu den Publikationen (1971–2020) in: Ergänzungen 2020, 244–256.

3. Ergänzende Ausgangsüberlegungen — 11

ganze Dimension der Erzählforschung (mit Hauptvertretern wie André Jolles und Vladimir Propp, Stith Thompson und Hans-Jörg Uther).

Die kulturelle Gesamtentwicklung scheint in jüngster Zeit zunehmend bestimmt von Technologie und Naturwissenschaften; umso mehr hatte der Verfasser bei der Arbeit an diesem Bericht Anlass, auch die geisteswissenschaftliche Seite zu würdigen, auf der ein über mehr als zweieinhalb Jahrtausende prägender Faktor wie der antike Mythos seine ganze Kraft entfaltete. Das vorgelegte Gesamtprojekt zum antiken Mythos suchte den Weg zurück zu den Wurzeln der abendländischen Kultur in dem Bewusstsein, dass der zentrale Gegenstand dieses Berichts, das ‚Gesamtgebäude' des frühgriechischen Mythos, nicht nur „das Ergebnis eines multikulturellen Glücksfalls, einer ersten Sternstunde der europäischen Geistesgeschichte" ist (MH 2011, 30), sondern auch „das erste große Gesamtkonzept eines archaisch-aristokratisch-patriarchalischen Weltbildes zum denkbar weitgehenden Erfassen von Lebenswirklichkeit mit hohem Anspruch auf religiös-theologische und soziokulturelle Verbindlichkeit in der Frühphase seiner Entstehung" (247).

Im Blick auf die Bedeutung des antiken Mythos im Rahmen der kulturprägenden Rolle von Altertums- und Geisteswissenschaften schließt diese Einleitung mit dem Zitat von zwei programmatischen Abschnitten aus einer früheren ‚Vorbemerkung zu Anliegen und Gesamtkonzeption' (MH 2011, 5):

> Im Mythos, wie in jeder vergleichbaren Form literarischer Fiktion, steht uns wie in einem Spiegel der jeweilige fiktionale Inhalt als Abbild jener Lebenswirklichkeit vor Augen, die zum Zeitpunkt der Entstehung gerade diesen Inhalt hervorrief, aber auch als Vorbild (i.S. von Orientierungspunkt und Identifikationsmuster) für die Lebenswirklichkeit, aus der heraus wir heute in diesen Spiegel hineinschauen. Gerade in dem fruchtbaren Wechselverhältnis zwischen vergangener Realität, fiktiver Vorzeit (als Spiegelung dieser Realität) und aktueller Gegenwart zum Zeitpunkt der Rezeption liegt das Geheimnis jener Vitalität, mit der speziell der antike (vorwiegend frühgriechische) Mythos hineinwirkt in die mehr als 2500 Jahre europäischer Kulturentwicklung bis zu Moderne und Postmoderne.
>
> Aus diesem unbestreitbaren ‚Wirkungspotential des Mythos' (Hans Blumenberg) resultiert aber auch die historisch-sachliche Berechtigung und m. E. innere Notwendigkeit, sich weiterhin an Schule, Universität und sonstwo mit diesem Gegenstand zu befassen. Denn so sehr Mythos den Zeitgeist zum Zeitpunkt seiner Entstehung widerspiegelt, so sehr stellt er zugleich eine ständige geistige Herausforderung für jede neue Rezeptionsgeneration dar, ob es nun um höhere göttliche Gerechtigkeit (Themis) oder menschliche Rechtssatzung (Dike), patriarchalische Grundhaltung oder zunehmende Emanzipation, systemkonformes Denken oder kritische Aufklärung geht, ganz zu schweigen von **Gewissen, Rechenschaft und Verantwortung** – Fremdwörtern in Zeiten von Finanzkrise und Klimawandel. Im Spiegelbild des Mythos erscheinen ganz im Hintergrund auch wir selbst. Soviel zu Sinn und Legitimation der ‚Arbeit am Mythos' (Hans Blumenberg), ob nun wissenschaftlich oder poetisch-kreativ.

A. Abriss zur Frühphase der modernen Mythosforschung

Insgesamt war die Mythosforschung vom Ende des Ersten Weltkriegs bis zum Ende der fünfziger Jahre und letztlich auch noch bis heute geprägt durch die **Leistungen der wissenschaftlichen Archegeten aus dem 19. Jahrhundert.** Im Anschluss an den bahnbrechenden Basisentwurf ‚Prolegomena zu einer wissenschaftlichen Mythologie' (Göttingen 1825) von Karl Otfried **Müller** (1797–1840) legte Friedrich Gottlieb **Welcker**** (1784–1866) die weiteren Grundlagen der mythologischen Forschung mit den gattungsspezifischen Hauptwerken ‚Die griechischen Tragödien, mit Rücksicht auf den epischen Cyclus geordnet' (I-III, Bonn 1839–41) und ‚Der epische Cyclus oder die Homerischen Dichter' (I-II, Bonn 1849–65), dem archäologischen Erstansatz ‚Griechische Vasengemälde' (Göttingen 1851), dem religionswissenschaftlichen Erstansatz ‚Griechische Götterlehre' (I-III, Göttingen 1857–63) und der Spezialmonographie ‚Die hesiodeische Theogonie' (Elberfeld 1865). Die Ganzheitlichkeit des Gesamtwerkes unterstreicht der Titel seiner Collectanea: ‚Kleine Schriften zu Mythologie, Kunst- und Litteraturgeschichte' (Elberfeld 1867). Sein Zeitgenosse Ludwig **Preller*** (1809–1861) schuf als Alterswerke die klassischen Handbücher ‚Griechische Mythologie' (I-II, Berlin 1854; I 2. Aufl. 1860) und ‚Römische Mythologie' (Berlin 1858).

Ein altes Standardwerk aus der französischen Mythosforschung ist heute leider fast vergessen: Paul **Decharme***, Mythologie de la Grèce antique. Paris 1879. Deshalb ist die Bedeutung der Mythentradition nicht nur im deutschsprachigen Raum, sondern auch im übrigen Europa umso mehr hervorzuheben. Ohne dieses seinerzeit tief in Bildungstradition und Volkskultur verwurzelte Substrat wäre wissenschaftliche Mythosforschung damals kaum denkbar gewesen. Für breitere Bevölkerungskreise in Deutschland erschloss etwa das Werk des Pfarrers und Gymnasialprofessors Gustav **Schwab*** (1792–1850) dieses gemeinsame kulturelle Erbe: ‚Sagen des Klassischen Altertums, nach seinen Dichtern und Erzählern' (Bd. 1–3; Stuttgart 1838–40, mit vielen Nachdrucken). Grundlegend für die Gymnasialtradition wurde das reich illustrierte Kompendium von Hermann Göll, Illustrirte Mythologie. Göttersagen und Kultusformen der Hellenen, Römer, Aegypter, Inder, Perser und Germanen. Nebst der gebräuchlichsten Symbole und allegorischen Bilder. Leipzig 4. Aufl. 1878.

Internationale Entsprechungen zum ‚Bestseller' von Gustav Schwab waren zwei Frühwerke des amerikanischen Literaten Nathaniel Hawthorne (1804–1864) mit mythischen *highlights:* ‚A Wonder-Book for Boys and Girls' (1851) und ‚Taglewood Tales. Another Wonder-Book für Boys and Girls' (1853). In England kam das ‚Pendant' des anglikanischen Geistlichen Charles Kingsley (1819–75) hinzu:

,The Heroes. Greek Fairy Tales' (1856); zum ‚Klassiker' wurde das Buch auch dank seiner attraktiven kolorierten Abbildungen nach Kupferstichen von John Flaxman (1755–1826) zu Homers *Ilias* (1793), *Odyssee* (1793) und Tragödien des Aischylos (1795). Diese Illustrationszyklen wurden durch Hans Friedrich Schnorr von Carolsfeld (1876–1841) auch in Deutschland bekannt, ergänzt durch Bonaventura Genelli (1798–1868) mit seinen umfangreichen Illustrationszyklen zu Homers *Ilias* und *Odyssee* (Stuttgart 1844). Nicht weniger relevant war die internationale Mythenrezeption in frühen Karikaturen z.B. der Engländer Thomas Rowlandson (1756–1827) und James Gillray (1757–1815) sowie des Franzosen Honoré Daumier (1808–1879; z.B. mit seiner legendären Serie *Histoire Ancienne* in der satirischen Zeitschrift *Charivari* 1841/42).

Eine Generation später wurde in der deutschsprachigen Forschung Wilhelm Heinrich **Roscher**** (1845–1923) zum Erstherausgeber des monumentalen Werkes ‚Ausführliches Lexikon der griechischen und römischen Mythologie' (Bd. 1,1ff. Leipzig 1884–86ff.). Sein Altersgenosse Carl **Robert**** (1850–1922) veröffentlichte zunächst die für das Verhältnis literarischer Quellen und bildlicher Belege grundlegende Monographie ‚Bild und Lied. Archäologische Beiträge zur Geschichte der griechischen Heldensage' (Berlin 1881) und begründete das archäologische Corpus ‚Die antiken Sarkophagreliefs' [**ASR***] mit dem Eröffnungsband ‚Die mythologischen Cyklen' (Berlin 1890). Dann überarbeitete er Prellers ‚Römische Mythologie' (3. Aufl. Berlin 1883) in engem Anschluss an seine Vorlage, danach den ersten Teil von Prellers ‚Griechische Mythologie' unter weitgehender Beibehaltung von Disposition, Inhalt und auch Text in ‚Theogonie und Goetter' (3. Aufl. Berlin 1894), schließlich auch den zweiten Teil in seinem gewaltigen Alterswerk ‚Die griechische Heldensage' (Berlin 1920–26; Näheres auf S. 15f.) mit ähnlicher Disposition, doch großer inhaltlicher Eigenständigkeit. Sein Altersgenosse Otto **Gruppe**** (1851–1921) verfasste das überaus materialreiche Riesenwerk ‚Griechische Mythologie und Religionsgeschichte' (München 1906; HbKlAW V, 2) und ging in weiteren Publikationen bereits über den traditionellen Kernbereich hinaus. Der frühe Entwurf ‚Die griechischen Culte und Mythen in ihren Beziehungen zu den orientalischen Religionen. 1. Einleitung' (Leipzig 1887) galt den religionsgeschichtlichen Beziehungen zum Vorderen Orient während des griechisch-römischen Altertums. Die späte forschungsgeschichtliche Studie ‚Geschichte der Klassischen Mythologie und Religionsgeschichte während des Mittelalters im Abendland und während der Neuzeit' (Leipzig 1921) reichte noch in den Berichtszeitraum (dazu S. 15).

Der wissenschaftliche Wert dieser alten ‚Klassiker' der Mythosforschung erscheint dem Verfasser nach wie vor beträchtlich. Doch trotz der scheinbar unbegrenzten digitalen Verfügbarkeit von Literatur gibt es neuerdings gewisse Defizite beim genauen Bibliographieren als Voraussetzung jeder Forschungsarbeit.

So berücksichtigen selbst neueste Überblicksdarstellungen zum Kernbereich die bewährten Standardwerke der älteren Forschung oft nur noch am Rande oder überhaupt nicht mehr.

Aus der lebhaften Auseinandersetzung mit älteren Forschern wie Herbert J. Rose, Frank Brommer, T.B.L. Webster und Herbert Hunger, später Geoffrey S. Kirk, Walter Burkert und Martin West sowie Manfred Fuhrmann entwickelte sich beim Verfasser bis hin zur aktuellen Tätigkeit an diesem Forschungsbericht ein tiefer Respekt für ihre ‚Arbeit am Mythos'. Beeindruckend speziell an den älteren Vorgängern war die Selbstverständlichkeit, mit der sie das breite Spektrum der Altertumswissenschaften als Einzelforscher abdeckten, ob es nun um griechische und römische Mythologie, um Klassische Philologie, Archäologie und altorientalische Vorgaben oder auch schon um die rezeptionsgeschichtliche Dimension ging.

1. Altertumswissenschaftlicher Kernbereich 1920–1960

Die folgende Darstellung konzentriert sich vor allem auf Publikationen, deren bleibender wissenschaftlicher Wert sich bis heute erwiesen hat. Für den **Kernbereich des antiken Mythos** stellten die literarischen Quellen (**Klassische Philologie**) und die bildlichen Quellen (**Klassische Archäologie**) den bis heute vorrangigen Forschungsgegenstand dar. So unterschiedlich die Handbücher z. B. von Carl Robert (1920–1926) und Timothy Gantz (1996) auch im Einzelnen ausfielen, letztlich zielten beide auf eine angemessene Darstellung dieser beiden zentralen Teilbereiche.

Für die Gesamtentwicklung in der Frühphase spielten allgemeine Rahmenbedingungen eine wesentliche Rolle. Die einschneidenden Zäsuren des Ersten Weltkriegs (Ende 1918), des Weggangs bedeutender jüdischer Gelehrter (ab 1933) und des Zweiten Weltkriegs (Ende 1945) führten bei gleichbleibend hohem Standard zu einer gewissen Stagnation; die Erweiterung der Forschung spätestens ab Ende der fünfziger Jahre wurde überwiegend von anderen Fächern initiiert. Beeinträchtigend war die Belastung mancher älteren deutschen Mythosforscher durch ihre Tätigkeit im ‚Dritten Reich'.

a. Klassisch-philologische Mythosforschung

Was die weitere Aufarbeitung der **Geschichte der Mythologie** betrifft, so stand am Beginn der Frühphase ein ‚Klassiker', der, wohl auch wegen seines Supplementcharakters inzwischen weitgehend vergessen, die forschungsgeschichtliche

Gesamtentwicklung von den Anfängen des Westlichen Mittelalters bis zum Beginn des 20. Jahrhunderts umfasste: Otto **Gruppe***, Geschichte der Klassischen Mythologie und Religionsgeschichte während des Mittelalters im Abendland und während der Neuzeit. Leipzig 1921 (Supplement 4 zu RML); VI, 248 S. – *Disposition:* I. Mythologische Studien im Abendland während des Mittelalters (1–26; spez. 13./14. Jh. von Johann von Salisbury bis Boccaccio). II. XV. und XVI. Jh. (26–44; Humanisten von Giovanni Pico bis Natale Conti). III. XVII. Jh. (45–58; Barockzeit). IV. Die Aufklärungszeit (58–95). V. Die Neuzeit (96–245), mit Unterteilung: A. Theorien und Systeme (96–193; Neubegründung von Herder bis Heyne 96–126, Symbolisten, spez. Creuzer 126–153, Mythos als Stammsage, spez. Brüder Grimm 153–172, Vergleichende Mythologie 172–193). B. Handbücher der Mythologie (193–200). C. Quellen der Mythologie (200–213). D. Religionsgeschichte (214–246). – *Résumé:* Geschichtliche Vorstufen der Wissenschaft (Teil I-IV), Forschungsbericht zur Neuzeit (Teil V). Substantieller Gesamtüberblick und wesentliche Voraussetzung für die spätere Monographie von Jan de Vries (1961; dazu S. 58); allerdings nur mit geringen rezeptionsgeschichtlichen Ansätzen.

Im Blick auf **handbuchartige Übersichtswerke** war der markante altertumswissenschaftliche Ausgangspunkt in der Frühphase ein umfangreiches, bis heute wertvolles Standardwerk: Carl **Robert****, Die griechische Heldensage. Berlin 1920–26 (Ndr. 1967); XII, 1532 S. – *Disposition:* 1. Buch: Die landschaftlichen Sagen. 1920; XII, S. 1–420. 2. Buch: Die Nationalheroen. 1921; VII, S. 421–756. 3. Buch: Die großen Heldenepen. 1. Die Argonauten. Der Thebanische Kreis. 1921; VI, S. 757–968. 2,1. Der Troische Kreis bis zu Ilions Zerstörung. 1923; VII, S. 769–1289. 2,2. Der Troische Kreis. Die Nosten. 1926; S. VII. 1291–1532. Aus der grundlegenden Neubearbeitung von Ludwig Preller, Griechische Mythologie. II. Die Heroen. 3. Aufl. von E. Plew, Berlin 1875 (VI, 537 S., inkl. Register I/II) wurde die antiquierte Gliederung nach Landschaften für die älteren Heroenmythen aus Bd. II/1 im Wesentlichen übernommen (Thessalien/Nordboiotien 4–84 von den Lapithen/Kentauren bis Peleus/Achilleus; Aitolien 85–100 von Oineus bis Meleagros; Theben 100–135 von Kadmos bis Oidipous, Attika 135–174 von Kekrops bis Daidalos; Korinth 174–189 von Sisyphos bis Medeia; Pylos/Pisa/Elis 189–221 mit Nestor, Salmoneus und Oinomaos; Argos 221–306 von Perseus bis Diomedes; Lakonien/Messenien 306–344 von den Tyndariden bis Helena; Kreta/Karien 345–380 von Minos bis Pandareos; Aiolis/Troas 380–398 von Makareus über die Dardaniden bis Teukros; Thrakien 398–419 von Orpheus bis Harpalyke). Im weiteren Werk wurde die später übliche Gliederung nach Mythenzyklen verwendet (II/2 Herakles und Theseus; 3,1: Argonauten und thebanischer Mythenkreis; II/3,2–3: Troianischer Mythenkreis). Dabei wurde Prellers problematische Unterscheidung von ‚Heldensage' und ‚Heldendichtung' durch ‚Nationalheroen' (II/2) und ‚Heldenepen' (II/3) ersetzt und sein kurzer Anhang ‚Die Heroen der Kunst'

(z. B. Melampous, Orpheus, Thamyris) aus Teil I/1 in Bd. II/1 übernommen. – *Résumé:* Gemäß der Zielsetzung „Meine Hauptaufgabe habe ich darin gesehen, die literarische und bildliche Überlieferung in möglichster Vollständigkeit vorzulegen und zugleich ihre Verzweigung und ihr Abhängigkeitsverhältnis voneinander zu zeigen" (Vorrede zu II/1, VIII) entspricht die literarische Basis in Text und Anmerkungen durchaus noch heutigen Erwartungen an ein ‚Handbuch'. Das seither erheblich vermehrte archäologische Material findet sich neuerdings in LIMC. Ein Defizit für die praktische Arbeit bildet das nicht mehr erstellte Gesamtregister zu II/1–3; einen gewissen Ersatz bieten die lückenlosen Verweise zu Einzelmythen in den Fußnoten von MH 2011. Aufgrund der seinerzeit überragenden Qualität der Neubearbeitung zählt das Werk noch heute zu den wenigen älteren Standardwerken, die allgemein bei der ‚Arbeit am Mythos' als unverzichtbar gelten. – Gewidmet war das Handbuch dem legendären Ulrich von Wilamowitz-Moellendorff (1848–1931), der allerdings auch in seinem Spätwerk keinen wesentlichen Spezialbeitrag zur Mythosforschung vorlegte.[3]

Nach Roberts frühem Standardwerk, das letztlich noch in die Tradition des 19. Jahrhunderts gehörte, gab es in der Folgezeit keine **Übersichtswerke** vergleichbarer Qualität mehr bis zu der trotz einigen Einschränkungen durchaus gelungenen ‚Kompilation' eines zwischen deutscher und englischer Forschungstradition stehenden Kulturwissenschaftlers gegen Ende der Frühphase: Robert von **Ranke-Graves***, The Greek Myths. 1–2. London 1955 (Pelican Books 508/509), mit Nachdrucken; dt. Ausgabe: ‚Griechische Mythologie. Quellen und Deutung', Bd. 1.2. Reinbek 1960 (rde 113/114, 115/116); Neuausgabe in einem Band Reinbek 1987 (re 404); 758 S. – *Zum Autor:* Lebenszeit 1895–1985; Schriftsteller, seit 1929 auf Mallorca. Lit.: Martin Seymour-Smith, Robert Graves. His Life and Works.

---

[3] Die Widmung quittierte er im Beitrag ‚Die griechische Heldensage I/II' (SB PreußAkWiss, PHK 1925, 41–62, 214–242) mit der ambivalenten Einschätzung: „Carl Roberts letztes Werk, das die Heldensage im Titel trägt, wird als Stoffsammlung dauernd viele dankbare Benutzer finden, die allerdings die Folgerungen und Hypothesen des Verfassers niemals ungeprüft hinnehmen dürften" (41). Was er mit dem Ansatz „Allein wenn der Rahmen immer noch so weit gespannt wird wie in den alten Mythologien, so trifft der Name Heldensage nicht zu" (42) selbst vorlegte, war weniger eine Skizze dessen, was er unter „Heldensage" verstand (41–43, 57–62), als unter der Rubrik „Quellenkunde der Sage" (57) ein konventioneller Abriss der literarischen (und bildlichen) Medien des Mythos von den Anfängen bis zu den späten Mythographen (42–57) sowie kommentierende Bemerkungen zu Meleagros, Atalante, Andromeda und weiteren mythischen Einzelgestalten (214–242). Auch sein letztes Standardwerk ‚Der Glaube der Hellenen' (Bd. 1–2. Berlin 1931–32, Ndr. Darmstadt 1984) würdigte bei primär religionswissenschaftlicher Ausrichtung die beträchtliche Schnittmenge zwischen Gottheiten und deren Mythen spez. in den Kapiteln ‚Homerische Götter' (I 317–378) und ‚Panhellenische Götter (II 1–260) nur am Rande; bezeichnend die Behandlung der zentralen Schicksalsgöttin Themis in ganzen sechs Zeilen (II 139).

London u.a. 1982; Alisdair G.G. Gibson (Hrsg.), Robert Graves and the Classical Tradition. Oxford 2015. – *Disposition* (nach dt. Ausgabe 1987): Vorwort (7–9), Einleitung (11–21). Weltentstehung und Göttermythen (Kap. 1–42); Stoffe vorwiegend der frühen Heroenmythen (43–94), Mythen um Theseus (95–104), Oidipous (105–107), Tantaliden (108–117), Herakles (118–147), Argonauten (148–157); Troianischer Mythenkreis (Kap. 158–168), inkl. *Nóstoi* (169–171). Genealogische Tafeln (697–728); sehr knappe Literaturnachweise (729–731), gründliches Namensregister (732–758). – *Résumé:* Der Autor, kein Fachwissenschaftler oder gar Mythenspezialist, legte eine umfassende mythenchronologische Gesamtdarstellung vor, allerdings oft ohne ponderierende Differenzierung der Quellen (z.B. zwischen Homer, *Ilias/Odyssee* und mittelalterlichen Troiaromanen), als relativ breite Nacherzählung mit zusätzlichen, durchweg genauen Quellenangaben, allerdings auch mit z.T. spekulativen Ergänzungen vorwiegend matriarchalischer Tendenz. Außer den Literaturhinweisen finden sich keine Referenzen zur neueren Literatur. Die Benutzung als Nachschlagewerk ist für Anfänger schwierig; für Fortgeschrittene bietet das Werk ein praktisches Arbeitsmittel als materialreiche Ergänzung zum ‚Handbook' von Herbert J. Rose (s. im Folgenden), allerdings lediglich auf dem Stand der Forschung von etwa 1955.

Die nächste wichtige Wegmarke war als beste unter den **kürzeren Einführungen** ein ursprünglich für die Universitätspraxis konzipiertes, bis heute klassisches Arbeitsmittel: Herbert J. **Rose****, A Handbook of Greek Mythology, Including its Extension to Rome. London 1928; IX, 363 S., 5. überarb. Aufl. 1953; 6. Aufl. 1960, IX, 365; mit Reprints ab 1965; dt. Ausgabe: ‚Griechische Mythologie. Ein Handbuch'. München 1955; VI, 364 S.; 2. Aufl. 1961; 3. durchges. Aufl. mit neuem Satz 1969, VI, 441 S., zahlreiche Nachdrucke. – *Zum Autor:* Spezialist für knappe instruktive Einführungen, z.B. zur griechischen bzw. römischen Religion (London 1946 bzw. 1948), zur griechischen bzw. lateinischen Literatur (London 4. Aufl. 1950 bzw. 3. Aufl. 1954) und zur klassischen Literatur der Antike (London 1959); Herausgeber des Mythographen Hygin (Leiden 1933, Ndr. 1963). – *Disposition:* Einleitung: ‚History of Mythology' (Kap. I: engl. Ausgabe 1928, 1–16 = dt. Übers. 1955, 1–11); Göttermythen (Kap. II-VII: 17–191 = 1–177); Zyklen der Heroenmythen (Kap. VIII, 1–2: 182–153 = 178–252); ‚The Legends of Greek Lands' (Kap. IX: 254–285 = 253–286), ‚*Märchen* in Greece and Italy' (Kap. X: 286–304 = 287–306, ‚Italian Pseudo-Mythology' (Kap. XI: 305–334 = 307–334); Bibliography/Indices (335–363 = 339–364). – *Preface* (1. Aufl 1928, VII): Zielvorstellung war „a book of moderate length, containing an accurate account of Greek mythology, in accordance with the results of modern research." Zu Vorlagen: „This work ... claims no originality, being frankly a compilation from such standard works as Roscher's *Lexikon*, Preller-Robert, and others named in the Bibliography". Breites Zielpublikum („I have had in mind three classes of readers ... Whether I have chosen judiciously is for those versed in the subject to decide, or perhaps rather for those who use the book as a source of information"); bewusste Reduzierung des Stoffes („The great problem in such a work as this is one of omission"). – *Résumé:* Dank hoher inhaltlicher Qualität und Prägnanz der Darstellung beste internationale Einführung für Anfänger und Fortgeschrittene, allerdings zunehmend problematisch wegen des Fehlens späterer Überarbeitungen (erst Hard 2004, wie S. 177) und Nichtberücksichtigung neuerer Literatur (bis auf geringe Nachträge); also definitiv auf dem Forschungsstand von 1928. Entsprechend dem Zeitpunkt des Erscheinens noch ohne Würdigung der altorientalischen Vorstufen, ohne Bewusstsein für die Bedeutung der Rezeptionsgeschichte und ohne Interesse an übergreifenden Grundstrukturen (inkl. Systematik). Immerhin wesentliche Voraussetzung für MSM 2012 durch Behandlung des Nachbarbereichs ‚Märchen' in Kap. X (nicht übernommen von Hard 2004, wie S. 177).

Im Folgenden wird eine Auswahl von weiteren **wichtigen Übersichtswerken** zu Götter- bzw. Heroenmythen aus der deutschsprachigen und internationalen Forschung vorgelegt:

(1) Jane Ellen **Harrison**, Mythology. Boston/Mass. 1924 (Ndr. New York 1963); XX, 155 S. – *Disposition:* Introduction (IX-XVIII); Hermes (3–13), Poseidon (14–58), ‚Mountain-Mother' (59–78; Gorgonen/Erinyen), Demeter/Kore (79–88), ‚Maiden-Goddesses' (89–111; Hera, Athene, Aphrodite/Eros), Artemis (112–127), Apollon (128–133), Dionysos (134–138), Zeus (139–141). Conclusion (142–147). – *Résumé:* Kompetenter Abriss zu wichtigen olympischen Hauptgottheiten seitens der nach grundlegender Monographie über Themis (Cambridge 1912, 2. Aufl. 1927; Weiteres auf S. 22) und als Mitbegründerin der ‚Cambridge Ritual Theory' bekannten Klassischen Philologin.

(2) Walter F. **Otto***, Die Götter Griechenlands. Das Bild des Göttlichen im Spiegel des griechischen Geistes. Bonn 1929; Frankfurt/M. 3. Aufl. 1947, 286 S., Ndr. 1987. – *Disposition:* I. Einführung (9–18). II. Religion und Mythos der Vorzeit (19–42). III. Olympische Göttergestalten (43–126; Begrenzung auf Athene, Apollon und Artemis, Aphrodite, Hermes). IV. Das Wesen der Götter (127–166). V. Sein und Geschehen im Lichte der Götteroffenbarung (167–226). VI. Gott und Mensch (227–256). VII. Das Schicksal (157–281). – *Résumé:* Anregende religions- und geisteswissenschaftliche Einführung zu Hauptgestalten und Grundaspekten der Göttermythen.

(3) André **Bonnard**, Les Dieux de la Grèce. Mythologie classique. Lausanne 1944; 189 S.: Nach knapper Einleitung (9–19) konventionelle Behandlung der Olympier (20–157; ohne Hestia, doch mit Hades) mit kurzer Zusammenfassung (158–169) und Dictionnaire mythologique (170–186). Knappe, weniger wissenschaftliche als essayistische Einführung ohne Textstellen.

(4ab) Karl **Kerényi***, Die Götter- und Menschheitsgeschichten. Zürich 1951/Die Heroen der Griechen. Zürich 1958: Etwas disparate religionswissenschaftliche Disposition (Rez. von Frank Brommer, Gnomon 21, 1959, 737–738); Neuausgabe unter dem Gesamttitel: Die Mythologie der Griechen. Bd. 1.2. München 1966 (dtv 1345/1346, mit Ndr.); 243 S./341 S.: Gründliche populärwissenschaftliche Aufarbeitung des Gesamtmaterials (inkl. genauer Nachweis der Textstellen und größere Register).

(5) Friedrich **Pfister**, Götter- und Heldensagen der Griechen. Heidelberg 1956; 312 S. – *Disposition:* Einleitung (11–21). I. Weltentstehung und Götter (23–79). II. Die Heroen (81–236; darin u.a.: Herakles/Hesperiden 91–107, Kreta 108–111, Theben 112–123, Iapetiden und Tantaliden 129–149, Argonauten 150–159, Troianischer Mythenkreis 166–223, Attika/Theseus 224–236). Quellenkunde (237–255; Anmerkungen (257–283), Anhang (284–288; weitere Einzelmythen); Stammtafeln (289–299); Register (300–309). – *Résumé:* Instruktiver wissenschaftlicher Abriss des mythischen Gesamtkomplexes mit durchweg mythenchronologischer Disposition und soliden ergänzenden Anhängen.

(6) Angelo **Brelich***, Gli eroi greci. Un problema storico-religioso. Roma 1958 (Nuovi saggi 21); XII, 410 S. – *Disposition:* Introduzione (5–22). (1.) Il problema della mitologia greca (23–77). (2.) Caratteri degli eroi nel mito e nel culto (79–185). (3.) Primi risultati (187–224). (4.) L'eroe nel mito (225–283). (5.) Caratteri, temi, miti, figure, strutture (285–312). (5. L'eroe ed altri esseri (313–372). Epilogo e prospettive (373–389). Indice dei nomi (391–401). Indice degli argomenti (403–410). – *Résumé:* Ansatzweise systematische Behandlung der übermenschlichen Handlungsträger in den Heroenmythen mit ihrer spezifischen Stellung zwischen Mythos und Kult.

(7) Joseph **Wiesner**, Olympos. Götter, Mythen und Stätten von Hellas. Topographisch-mythologischer Führer durch das klassische Griechenland. Darmstadt 1960; 255 S. – *Disposition:* I. Epochen, Schichten und Kräfte der Frühzeit (7–17). II. Von der Herkunft der Götter (18–75; Olympier ohne Hestia und Hades). III. Von Stätten und Mythen (76–252; alphabetische Liste von Amyklai bis Samos). Knappe Bibliographie (253). – *Résumé:* Primär topographisch-archäologische Zuordnung der göttlichen Hauptgestalten innerhalb der griechischen Göttermythen.

Was lexikographische Publikationen zum antiken Mythos in der Frühphase betrifft, so sind in erster Linie zwei große **enzyklopädische Lexika** zu nennen: (1) Heinrich Wilhelm **Roscher**, Ausführliches Lexikon der griechischen und römischen Mythologie [**RML****]. Bd. 1–6. Leipzig/Berlin 1884–1937; Ndr. Hildesheim 1965). Grundlegendes älteres Gesamtlexikon und Standardwerk. (2) Paulys Real-Encyclopädie der classischen Altertumswissenschaften [**RE****]. Reihe 1 (A-Q).

Bd. 1–24. Stuttgart 1893–1963; Reihe 2 (R-Z). Bd. 1–10. Stuttgart 1914–1972; Supplemente. Bd. 1–15. Stuttgart 1903–1995; Gesamtregister. Bd. 1–2. Stuttgart 1997–2000: Neubearbeitung mit vielen qualitativ herausragenden Einzelbeiträgen zu mythischen Themen, z. B. RE 23,1 (1957) s.v. Prometheus, 653–702 (Walther Kraus). Die neueren Beiträge gingen durchweg deutlich über den Stand der älteren Lemmata aus RML hinaus und wurden in ihrer ausführlichen Erfassung des literarischen Gesamtmaterials durch die Beiträge des Nachfolge-Corpus DNP (1996–2003) nur teilweise ersetzt.

Unter den **kleineren Lexika** war die wichtigste Publikation in der Frühphase: Pierre **Grimal***, Dictionnaire de la mythologie grecque et romaine. Préface de Charles Picard. Paris 1951; IX, 577 S. (2. édition Paris 1958; 11. édition Paris 1994; XXXI, 574 S.; engl. Ausgabe ohne Fußnoten unter dem Titel: The Dictionary of Classical Mythology. Oxford 1987; IX, 603 S. – *Disposition* (nach 1. Aufl.): Introduction (XI-XXV); Lemmata in alphabetischer Abfolge (1–480; jeweils mit Basisfakten im Text und z.T. ausführlichen Angaben zu Basisquellen sowie Einzelliteratur in den Fußnoten, mit zahlreichen genealogischen Schemata, nahezu ohne Illustrationen); Index I (559–559; Namen), Index II (561–576; Sachthemen). – *Résumé:* Für die praktische Arbeit bewährtes und fundiertes älteres wissenschaftliches Standardwerk.[4]

Kurz vor Ende der Frühphase erschien ein erstes populäres, reich bebildertes Überblickswerk zum Oberthema ‚**Mythologie der Völker**': New Larousse Encyclopedia of Mythology. Introduction by Robert Graves. London u.a. 1959 (mit zahlreichen Ndr.); XII, 500 S.: In einem breiten Beitragsspektrum themenspezifisch sind die beiden Überblicke ‚Greek Mythology' (85–198) und ‚Roman Mythology' (199–221). – Als kombinierte Darstellung zu Kernbereich und Rezeption bahnbrechend wurde das mythologische Lexikon von Herbert Hunger (Wien 1. Aufl. 1953; Näheres auf S. 44).

Unter den vielen bemerkenswerten **Monographien** der Frühphase sind zunächst zwei Werke hervorzuheben, die jeweils die frühe Mythenrezeption bis zum 5./4. Jahrhundert behandelten:

(1) Wilhelm **Nestle***, Vom Mythos zum Logos. Die Selbstentfaltung des griechischen Denkens von Homer bis auf die Sophistik und Sokrates. Stuttgart 1940, 2. Aufl. 1941; 580 S. – *Vorwort* (V-VI; zur Zielsetzung): „…. wie in einer überraschend kurzen Zeitspanne, im 6. und 5. Jahrhundert v.Chr., das mythologische Denken der Griechen Schritt für Schritt durch das rationale Denken ersetzt, ein

---

[4] Hingegen enthielt der ‚Dictionnaire illustré de la mythologie et des antiquités grecques et romaines' von Pierre Lavadan (Paris 3. Aufl. 1952) mit erheblich breiterer Ausrichtung knappe Lemmata weniger zum Mythos als zur gesamten griechisch-römischen Antike.

Gebiet um das andere für eine natürliche Erklärung und Erforschung erobert und daraus die Folgerungen für das praktische Leben gezogen werden" (V). – *Einleitung* („Mythos und Logos' 1–20): „Mythos und Logos – damit bezeichnen wir die zwei Pole, zwischen denen das menschliche Geistesleben schwingt. Mythisches Vorstellen und logisches Denken sind Gegensätze" (1); „Sobald einmal die Wahrheitsfrage gestellt ist, die schon als solche einen Zweifel in sich schließt, dann beginnt die Auseinandersetzung von Mythos und Logos, dann schickt sich der Logos an, die Gebilde der Phantasie auf ihren Wirklichkeitswert zu prüfen" (2); „Es kann nicht ausbleiben, daß das erstarkende Denken, in der Regel Hand in Hand mit tiefgreifenden geschichtlichen Veränderungen, äußeren oder inneren Kämpfen im Staatsleben, auch an diese Dinge rührt und altgeheiligte Sitte und Gewohnheit in Frage stellt" (4); „Der Mythos als Schöpfung der Griechen ist also nur die eine Hälfte ihrer Leistung; die andere, der Logos, ist seine notwendige Ergänzung" (9); „Die Durchdringung von Logos und Mythos stellt sich in doppelter Weise dar: das einemal steht der Verstand im Dienste der mythenbildenden Phantasie, das anderemal die Phantasie im Dienste des verständigen Denkens" (17); „Trotz dieser vielfachen gegenseitigen Durchdringung ist aber doch ein allmähliches Auseinandertreten von Mythos und Logos unverkennbar, seit einmal das kritische Denken bei den Griechen erwacht ist, d.h. seit dem 6. Jahrhundert v.Chr." (18f.). – *Disposition:* 1. Vorboten des Logos im Epos: Homer, Hesiod (21–52). 2. Die religiöse Krise des 7. und 6. Jahrhunderts (58–80). 3. Ionische Philosophie bis auf Heraklit (81–104). 4. Der griechische Westen von Pythagoras bis auf Empedokles und Epicharmos (105–125). 5. Allegorische und rationalistische Mythendeutung. Ionische Historie (126–152). 6. Die jüngere Chorlyrik: Simonides und Bakchylides. Pindar und Aischylos (153–180). 7. Ionische Philosophie in Attika (181–192). 8. Die Atomistik und die Anfänge der wissenschaftlichen Medizin (193–248). 9. Die Sophistik (249–447; u.a. Protagoras 264–306, Gorgias 306–332, Prodikos 349–360). 10. Gegenströmungen (448–485; u.a. Sophokles 448–455, Komödie 455–476). 11. Verbreitung und Wirkung der philosophischen und sophistischen Aufklärung (486–528; u.a. Die Tragödie: Euripides 486–503, Die Geschichtsschreibung: Herodot 503–514, Thukydides 514–528). 12. Sokrates (529–538). Ausblick (539–550). – *Résumé:* Grundlegendes Standardwerk zur Entwicklung des frühgriechischen Mythos in Richtung Philosophie und Aufklärung, allerdings ohne den Aspekt, dass die weitere europäische Geistesgeschichte ein dialektisches Wechselspiel zwischen Mythos und Aufklärung aufweist (MH 2011, 414f.).

(2) Mario **Untersteiner***, La fisiologia del mito. Milano 1946, 2. Aufl. Firenze 1972; XXXII, 520 S. – *Introduzione:* ‚Concetto del mito' 1–8; Thema: „il fascino del mito greco" (inkl. Grundbegriffe); ‚Il logos nel mito' 9–11; Gesamtkonzept „Si tratta pertanto di ricostruire, risalendo alle piú lontane origini degli Elleni, quelle

concezioni che, ricche di contenuto, dovevano svilupparsi refrangendosi in mille aspetti fecondi di problemi e delle relative soluzioni. L'opera del logos fu quella di discernere gli uni ed escogitare le altre" (9). Zielrichtung über den Nestleschen Ansatz hinaus: „Che l'evoluzione del pensiero greco, dalle sue piú remote origini alla sofistica, si possa definire come un graduale trapasso dal mito al logos", einerseits mit Blick auf „gli spunti genetici nel loro formarsi e negli interni sviluppi progressivi", andererseits mit dem Ziel „a imporre i grandi problemi del pensiero filosofico e a suggerirne le soluzioni" (9/10). – *Disposition:* I. Gesamtrahmen der ‚civiltà indo-mediterranea' (13–46). II. Voraussetzungen der mykenisch-minoischen Kultur (47–92). III. Mythische Grundlagen bei Homer und Hesiod (93–146). IV. Krise der frühgriechischen Kultur bis zum 6. Jh. (147–284). V. Kulturelle Probleme der Mythentradition im 5. Jh. (285–467). V. Ausblick auf den Hellenismus (469–500). – *Résumé:* Kritische Überprüfung des Ansatzes von Nestle im größeren kultur-, philosophie- und geistesgeschichtlichen Rahmen auf der Höhe der seinerzeitigen Forschung (,Bibliografia' XV-XXXII).

Unter den vielen weiteren **Monographien zu Einzelfragen** sind im Anschluss an ältere, heute zu Unrecht nahezu vergessene Standardwerke wie Edwin Sidney **Hartland***, The Legend of Perseus. A Study of Tradition in Story, Custom and Belief. Vol. 1–3. London 1894–1896; Georges **Lafaye***, Les métamorphoses d'Ovide et leurs modèles grecs. Paris 1904, Ndr. Hildesheim 1971, und Carl **Robert***, Oidipus. Geschichte eines poetischen Stoffes im griechischen Altertum. Bd. 1.2. Berlin 1915, Ndr. 2003, einige herausragende Werke der Frühphase hervorzuheben, auch als Belege für den hohen Standard der internationalen Mythosforschung:

(1ab) Jane Ellen **Harrison***, Themis. A Study of the Social Origins of Greek Religion. With an Excursus on the Ritual Forms Preserved in Greek Tragedy... Cambridge 2. Aufl. 1927 (1. Aufl. 1912; Ndr. London 1963/1977); XXXIII, 559 S. – **Ds.***, Epilegomena to the Study of Greek Religion and Themis. A Study of the Social Origins of Greek Religion. Cambridge 1922 (Ndr. New York: University Books 1962/1966); LVI, 600 S.: Wegweisende Studien zur überragenden Bedeutung dieser im mythischen Gesamtsystem an oberster Stelle stehenden Schicksalsgottheit und Vertreterin des göttlichen Rechts. Vgl. auch die Angaben zu weiteren Vorarbeiten der Frühphase zum in frühgriechischen Mythen zentralen Schicksalsdenken auf S. 31 f.

(2) Arthur Bernard **Cook***, Zeus. A Study in Ancient Religion. Vol. I: Zeus God of the Bright Sky. 1914. XLIII, 885 S.; Ndr. 1964. Vol. II: Zeus God of the Dark Sky (Thunder and Lightning). 1925. Part I: Textes and Notes. Part II: Appendices and Index. XLIII, 1391 S. Vol. III: Zeus God of the Dark Sky (Earthquakes, Clouds, Wind, Dew, Rain, Meteorites). 1940. Part I: Text and Notes. Part II: Appendices and Index.

XXIX, 1299 S. Cambridge 1914–40, Ndr. 1964: Für die weitere Forschung grundlegende Behandlung des Gesamtmaterials zu dieser dominierenden olympischen Hauptgottheit in einer auch noch für die späteren RE-Artikel von Hans Schwabl (RE 19/1972 bzw. RE Suppl.15/1978) konstitutiven Weise. Vgl. auch Hans Schwabl, A.B. Cook, Zeus. A Study in Ancient Religion. Nachdenkliches über Plan und Aussage des Werkes. In: W.M. Calder III (Hrsg.), The Cambridge Ritualists Reconsidered. Atlanta 1991, 227–249.

(3abcd) Paula **Philippson**, Genealogie als mythische Form: Studien zur Theogonie des Hesiod. Oslo 1936 (Symbolae Osloenses. Supplement 7); 37 S.; Griechische Gottheiten in ihrer Landschaft. Oslo 1939 (Symbolae Osloenses. Supplement 7); 83 S.; Thessalische Mythologie. Zürich 1944; 195 S.; Untersuchung über den griechischen Mythos: Genealogie als mythische Form. Die Zeitart des Mythos. Zürich 1944; 56 S.: Spätschriften der jüdischen Religionswissenschaftlerin (1874–1949), sachlich nur noch von geringem Interesse, allerdings mit ersten Ansätzen, im mythentopologischen und mythengenealogischen Aspekt zwei konstitutive Grundkategorien des frühgriechischen Mythos zu verbinden.

(4) Joseph **Fontenrose***, Python. A Study of Delphic Myth and its Origins. Berkeley/Los Angeles 1959; XVIII, 616 S.: Fast vergessenes Hauptwerk des amerikanischen Ritualforschers (1903–1986) mit Delphi als zentralem Schnittpunkt im frühgriechischen Mythos (z.B. Apollon/Python 13–22, Kyknos/Herakles 28–34, Zeus/Typhon 70–76, Themis 395–397, Apollon/Herakles 401–405); zugleich Basismonographie zum Motiv ‚Drachenkämpfer' (z.B. ‚Dragones and Lamia' 94–120, Perseus/Kadmos 274–320, Herakles und Ungeheuer 321–364) mit breiter Berücksichtigung der altorientalischen Vorstufen (z.B. Kleinasien 121–145, Mesopotamien 146–176). – Spätere Ergänzungen desselben Gelehrten zum Thema: The Cult and Myth of Pyrrhus at Delphi. Berkeley 1960 (University of California Publications in Classical Archaeology 4,3); The Delphic Oracle. Its Response and Operations. With a Catalogue of Responses. Berkeley 1978.

Bedeutende Fachvertreter der anfangs noch führenden deutschsprachigen, speziell nach 1945 zunehmend internationalen Mythosforschung waren im deutschsprachigen Raum vor allem Albin **Lesky** und Wolfgang **Schadewaldt**, Karl **Reinhardt** und Bruno **Snell**, weiterhin Hans Herter, Herbert Hunger, Karl Kerényi, Wilhelm Nestle, Walter F. Otto, Friedrich Pfister, Paula Philippson und Joseph Wiesner; in England/USA/Skandinavien vor allem Jane Allen **Harrison**, Martin P. **Nilsson**, Robert von **Ranke-Graves** und Herbert J. **Rose**, in der Anfangszeit Arthur B. Cook, James G. Frazer und Joseph Fontenrose, später vor allem Cecil M. **Bowra** und T.B.L. **Webster**; in Frankreich/Benelux Pierre **Grimal** und André Bonnard; in Italien Max **Untersteiner** und Angelo Brelich.

Da ein summarischer Abriss die Vielzahl von Monographien, Einzelaufsätzen und Artikeln in größeren Corpora wie RML und RE kaum berücksichtigen kann, konzentriert sich das Folgende exemplarisch auf die mythologischen Beiträge weniger herausragender Einzelforscher. Der Österreicher Albin **Lesky*** (1896– 1981; ab 1932 Gräzist an der Universität Wien, ab 1936 in Innsbruck, 1949–1967 wieder in Wien) wurde weithin bekannt durch seine große ‚Geschichte der griechischen Literatur' (Bern 1958, 2. Aufl. 1963, 3. Aufl. 1971) sowie die fundierten Einführungen ‚Die griechische Tragödie' (Stuttgart 1938; 2. Aufl. 1958, 5. erw. Aufl. 1984) und ‚Die tragische Dichtung der Hellenen' (Göttingen 1956; 3. völlig neubearb. Aufl. 1972). Einen knappen Überblick zum griechischen Mythos gab der schon zitierte Beitrag ‚Der Mythos im Verständnis der Antike. I. Von der Frühzeit bis Sophokles' (1966; wie S. 3).

Die Auswahlliste seiner Publikationen aus fünf Jahrzehnten (1922–1973) gibt im Spektrum behandelter Themen auch einen repräsentativen Eindruck von den Forschungsintentionen der damaligen Zeit. Dabei finden sich zunächst einige übergreifende Beiträge spez. zu Epos und Tragödie: z. B. Die griechische Tragödie in ihren jüngsten Darstellungen (NJbbWJ 7, 1931, 343–355); Motivkontamination (1937 = GSchr 1966, 327–334;[5] zu Hesiod, Apollodor, Petronius); Thalatta. Der Weg der Griechen zum Meer (Wien 1947); Zum Problem des Tragischen (1953 = GSchr 1966, 213–219); Göttliche und menschliche Motivation im homerischen Epos (Heidelberg 1961, SB Heidelberg PHK 1961, 4); Die Griechen lachen über ihre Götter (Wiener Humanistische Blätter 4, 1961, 30–40); Der Kampf um die Rechtsidee im griechischen Denken (Athen 1968); Mensch und Gottheit in der Tragödie der Griechen (Festschrift Akademisches Gymnasium Graz 1973, 99–107); Vom Eros der Hellenen (Göttingen 1976, = Kleine Vandenhoeck-Reihe 1422).

Die Mehrzahl der Beiträge galt mythischen Einzelgestalten bzw. Einzelautoren: z. B. Die griechischen Pelopidendramen und Senecas Thyestes (1922/23 = GSchr 1966, 519–540); Alkestis, der Mythus und das Drama (Wien/Leipzig 1925, SbAkWiss Wien. PHK 203,2); Das Rätsel der Sphinx (1928 = GSchr 1966, 318–326); Sphinx (RE 3 A 2 1928), Medeia (RE 15,1 1931); Die *Orestie* des Aischylos (1931 = GSchr 1966, 92–110), Zum *Phaethon* des Euripides (1932 = GSchr 1966, 111–130), Grundfragen der Sophoklesdeutung (NJbb 8, 1932, 400–413), Thanatos (RE 5 A 1 1934); Die *Niobe* des Aischylos (WSt 52, 1934, 1–18); Zum *Orestes* des Euripides (1935 = GSchr 1966, 131–138; Dionysos und Hades (1936 = GSchr 1966, 461–467), Niobe (RE 17,1 1936); Peleus (RE 19,1 1936); Troilos (RE VII A 1 1938); Der Kommos der *Choephoren* (Wien 1943, SbAkWiss Wien. PHK 221,3); *Thálassa* (1943 = GSchr

---

5 Albin Lesky, Gesammelte Schriften. Aufsätze und Reden zur antiken und deutschen Dichtung und Kultur. Bern, München 1966.

1966, 468–478); Der Ablauf der Handlung in der *Andromache* des Euripides (1947 = GSchr 1966, 144–155); Wertdenken in der frühen griechischen Dichtung. Der Rechtsgedanke bei Hesiod (1948 = GSchr 1966, 479–492); Aia (1948 = GSchr 1966, 26–62); Amphiaraos (RhM 93, 1949, 54–58); Sophokles und das Humane (Almanach ÖAW 101, 1951, 222–247); Die Homerforschung der Gegenwart (Wien 1952); Zwei Sophokles-Interpretationen (1952 = GSchr 1966, 176–189); Amor bei Dido (1953 = GSchr 1966, 593–601); Die Datierung der Hiketiden und der Tragiker Mesatos (1954 = GSchr 1966, 220–232); Mündlichkeit und Schriftlichkeit im homerischen Epos (1954 = GSchr 1966, 63–71); Aischylos, *Septem* 576 ff. (1955 = GSchr 1966, 233–238); Peleus und Thetis im frühen Epos (1956 = GSchr 1966, 401–409); Aithiopika (1959 = GSchr 1966, 410–421); Zur Problematik des Psychologischen in der Tragödie des Euripides (1960 = GSchr 1966, 247–263); Psychologie bei Euripides (Entretiens sur l'Antiquité Classique 6, 1960, 125–168); Zwei Kataloge der *Aeneis* (1960 = GSchr 1966, 602–608); Eteokles in den *Sieben gegen Theben* (1961 = GSchr 1966, 264–280); Zur Eingangsszene der Patroklie (1961 = GSchr 1966, 72–80); Kosmos (1963 = GSchr 1966, 508–516); Der angeklagte Admet (1964 = GSchr 1966, 281–294); Homeros (RE Suppl. 11 1968); Herakles und das Ketos (Wien 1967, Anzeiger ÖAW PHK 1967,1). Zu Leskys Beiträgen zu Altorientalischem auf S. 37 f.

Nicht weniger beeindruckend waren die ‚Mythologica' des etwas jüngeren Wolfgang **Schadewaldt*** (1900–1974; von 1950–1972 Gräzist in Tübingen), die einen gewichtigen Anteil in seinem breiten Gesamtwerk ausmachten:[6] z. B. Zum *Phrixos* des Euripides (1928 = HuH I 505–515, Die *Niobe* des Aischylos (1934 = HuH I 284–308); Hektor und Andromache (1935 = HWW 207–233); Die Entscheidung des Achilleus (1936 = HWW 234–267), Aischylos' Achilleis (1936 = HuH I 308–354); Der Schild des Achilleus (1938 = HWW 352–374), Homer und sein Jahrhundert (1942 = HWW 87–129), Iliasstudien (Leipzig 2. Aufl. 1943, Ndr. Berlin 1966); Hektors Tod (1944 = HWW 268–351); Sophokles und das Leid (1944 = HuH I 385–401), Die Heimkehr des Odysseus (1946 = HWW 375–412); Die Wandlung des Homerbildes in der Gegenwart (1950 = HuH I 9–16); Einblick in die Erfindung der Ilias: Ilias und Memnonis (1951/52 = HWW 155–202; faszinierend); Zu einem Florentiner Papyrusbruchstück aus dem *Alkmaion in Psophis* des Euripides (1952 = HuH I 516–534); Hektor in der Ilias (1956 = HuH I 21–38); Der *König Ödipus* des Sophokles in neuer Deutung (1956 = HuH I 466–476); Der Prolog des Odyssee (1958 = HuH I 42–58), Neue Kriterien zur Odyssee-Analyse: Die Wiedererkennung

---

[6] Wolfgang Schadewaldt, Hellas und Hesperien. Gesammelte Schriften zur Antike und zur neueren Literatur. I/II. Zürich/Stuttgart 2. Aufl. 1970 (Gesamtbibliographie: II 829–848); Ds., Von Homers Welt und Werk. Aufsätze zu Auslegungen der Homerischen Frage. Stuttgart 4. unv. Aufl. 1965; Ds., Goethestudien. Natur und Altertum. Zürich/Stuttgart 1963.

des Odysseus und der Penelope (1959 = HuH I 58–77); Der Helioszorn in der Odyssee (1960 = HuH I 93–104), Die Wappnung des Eteokles. Zu Aischylos' *Sieben gegen Theben* (1961 = HuH I 357–367); Goethes *Achilleis*. Rekonstruktion der Dichtung (1964 = GS 301–395); Der harte Kern des Epos = Zur Geschichtlichkeit des Troischen Krieges (1969 = HuH I 38–42); weiterhin die seinerzeit bahnbrechende Übersetzung der *Odyssee* in rhythmisierter Prosa (Hamburg 1958) und die spätere Übersetzung der *Ilias* (Frankfurt/M. 1975); schließlich als späte Studie: Der Aufbau der Ilias. Strukturen und Konzeptionen. Frankfurt/M. 1975; 95 S.

Eine ähnliche Bedeutung hatten die substantiellen Beiträge zum griechischen Mythos von Karl **Reinhardt*** (1886–1958, Gräzist in Frankfurt 1923–1942 und 1945–1951), z. B. Platons Mythen (1927 = VdA 219–295);[7] Zur *Niobe* des Aischylos (1934 = TuG 136–166); Personifikation und Allegorie (1937 = VdA 7–40, spez. 26–32 zu Themis); Das Parisurteil (1938 = TuG 16–36; faszinierende Studie); Die Abenteuer der Odyssee (1942 = TuG 47–124); Homer und die Telemachie (1946 = TuG 37–46); Tod und Held in Goethes Achilleis (1944 = TuG 283–308); Tradition und Geist im homerischen Epos (1951= TuG 5–15); Vorschläge zum neuen Aischylos (1957 = TuG 167–190); Prometheus (1957 = TuG 191–226); Die Sinneskrise bei Euripides (1958 = TuG 227–236); schließlich seine große, posthum von Uvo Hölscher herausgegebene Monographie: Die Ilias und ihr Dichter. Göttingen 1961; 540 S.

Ebenso bedeutend waren die Publikationen von Bruno **Snell*** (1896–1986; nach Habilitation 1925 von 1931–1959 Gräzist an der Universität Hamburg; zum Alterswerk vgl. S. 85 f.).[8] Nach der Habilitationsschrift (Aischylos und das Handeln im Drama. Leipzig 1928, = Philologus Supplementband 20,1) folgte neben neuen Ausgaben zu den Chorlyrikern Bakchylides (Leipzig 1934, 7. Aufl. 1958, 8. Aufl. 1961, 10. Aufl. 1970) und Pindar (Carmina cum fragmentis. Leipzig 1953; 9. Aufl. in zwei Teilen 1959/1964) eine wichtige literarisch-papyrologische Arbeit: Euripides, Alexandros und andere Straßburger Papyri mit Fragmenten griechischer Dichter. Berlin 1937 (Hermes Einzelschriften 5); VI, 111 S. In der Mittelphase hingen die neuartige Monographie ‚Scenes from the Greek Drama' (Berkeley 1964, = Sather Classical Lectures 34; VI, 147 S.; dt. Ausgabe: Göttingen 1971; VI, 210 S.) und der

---

[7] Karl Reinhardt, Tradition und Geist. Gesammelte Essays zur Dichtung. Göttingen 1960; Ds., Vermächtnis der Antike. Gesammelte Essays zur Philosophie und Geschichtssschreibung. Göttingen 1960.

[8] Zahlreiche weitere Beiträge zum griechischen Mythos in Snells Sammelschriften: (1) Die Entdeckung des Geistes. Studien zur Entstehung des europäischen Denkens bei den Griechen. Hamburg 3. Aufl. 1955; Göttingen 4. Aufl. 1975, Ndr. 1986. (2) Festschrift Bruno Snell zum 60. Geburtstag am 18. Juni 1950 von Freunden und Schülern überreicht. München 1955. (3) Gesammelte Schriften. Göttingen 1966.

wichtige Beitrag ‚Zu den Urkunden dramatischer Aufführungen' (Göttingen 1966, = NGG PHK 1966,2, 12–37) bereits zusammen mit dem Nachdruck von Naucks TGF (Hildesheim 1964; XXIII, 1022; mit 44 Seiten Nachträgen zu Euripides-Fragmenten und Adespota) und der Herausgeberschaft des neuen Corpus TrGF (Göttingen 1977–2004, wie S. 86).

Zwei ganz unterschiedliche Persönlichkeiten sind aus dem englischsprachigen Bereich hervorzuheben. Die in Deutschland vorherrschende Konzentration auf die traditionellen Mythen-Klassiker der frühgriechischen Dichtung war spezifisch für Cecil M. **Bowra*** (1898–1971; von 1938–1970 Gräzist und Literaturwissenschaftler am Wadham College in Oxford, schon seit 1938 Mitglied der British Academy). Seine größeren Publikationen zu mythischen Themen bezogen sich auf die Großepen Homers (Tradition and Design in the Iliad. Oxford 1930, Ndr. 1963; Homer. London 1972), auf den seinerzeit angesehensten Tragiker (Sophoclean Tragedy. Oxford 1944, Ndr. 1952) und auf den wichtigsten Chorlyriker (Pindar-Ausgabe Oxford 1935, mit Ndr.; Pindar-Monographie Oxford 1964), andererseits auf bestimmte Gattungen (z. B. Greek Lyric Poetry. From Alcman to Simonides. Oxford 1936, Ndr. 1961) und Einzelaspekte der frühgriechischen Dichtung und Prosa (z. B. Problems in Greek Poetry. Oxford 1953; Homer and His Forerunners. Edinburgh 1955, im Anschluss an Martin P Nilsson und Milman Parry). Die rezeptionsgeschichtliche Studie ‚From Virgil to Milton' (London 1945) und das Standardwerk zur Heldendichtung (London 1952) sind an späterer Stelle zu erwähnen.

Viel innovativer entwickelte sich Thomas Bertram Lonsdale **Webster*** (1905–1974; Schüler des großen Archäologen John Beazley, bereits seit 1931 Professor an der University of Manchester, von 1948–1968 am renommierten University College London, schließlich als Emeritus 1968–1974 an der Stanford University). In der Tradition von Friedrich Gottlieb Welcker war er vielleicht der letzte Forscher, der Klassische Philologie und Archäologie kongenial miteinander verband. Mit seiner spezifischen Methode, aus literarischen Fragmenten und bildlichen Belegen verlorene epische und tragische Werke zu rekonstruieren[9], wurde er für den Verfasser schon früh ein wesentlicher Orientierungspunkt. Seine philologischen Arbeiten zum Mythos reichten von seinem Erstlingswerk ‚An Introduction to Sophocles' (Oxford 1936, Ndr. London 1969) bis zum bedeutenden Spätwerk ‚The Tragedies of Euripides' (London 1967; VI, 316 S.; erster Gesamtüberblick, inkl. fragmentarisch erhaltene Dramen, 31–277) und dem kurzen Abriss ‚Greek Tra-

---

[9] Musterbeispiele: (1) The Andromeda of Euripides. In: BICS University of London 12, 1965, 29–33; Euripides' Trojan Tragedies. In: For Service to Classical Studies. Essays in Honour of Francis Letters. Melbourne 1966, 207–213. (2) Three Plays of Euripides. In: The Classical Tradition. Literary and Historical Studies in Honour of Henry Caplan. Ithaca/N.Y. 1966, 83–97.

gedy' (Oxford 1971 = New Surveys in the Classics 5; 39 S.). Seinem archäologischen Erstlingswerk ‚Der Niobidenmaler' (Leipzig 1935, = Forschungen zur antiken Keramik. Reihe 1: Bilder griechischer Vasen 8) folgten die grundlegenden Monographien ‚Greek Theater Production' (London 1956; XV, 206 S., spez. Kap. I: Athens, 1–96; Kap. II: Sicely and Italy, 97–127) und ‚Art and Literature in Fourth Century Athens' (London 1956; XVI, 156, 16 S.; Ndr. New York 1969; spez. zur späten Attischen Tragödie, 62–69/111–116).[10]

Da sich die klassisch-philologische Mythosforschung in Deutschland und darüber hinaus vorwiegend auf das frühgriechische Epos und die attischen Tragiker konzentrierte, ergab sich bis zum Ende der fünfziger Jahre das Problem, dass, abgesehen von gewichtigen Ausnahmen (z. B. Lesky 1922/23, 1932, 1934; Schadewaldt 1928, 1934, 1936, 1951/52, 1952, 1964; Reinhardt 1934, 1938, 1944, 1957; Snell 1937, 1954; Webster 1965/66), insgesamt nur ein begrenztes Interesse an einer **Verbreiterung der literarischen Interpretationsbasis** bestand. Konsequenz war die Vernachlässigung der längst verfügbaren oder auf Papyri neu erschlossenen Fragmente zum Epischen Kyklos (z. B. Bethe 1929) und zur Attischen Tragödie (August Nauck in TGF Leipzig 1889). Von den Homerischen Großepen und Hesiods *Theogonía* abgesehen, wurde der übrige Epische Kyklos durchweg entsprechend dem alexandrinischen Klischee der *neōteroi* behandelt. Die unter Hesiods Namen tradierten, aus Papyrusneufunden zunehmend fassbaren *Ēhoîai* waren noch weitgehend unterschätzt.

Ergänzend folgt im Anschluss an Welckers Basiswerk ‚Der epische Cyclus oder die Homerischen Dichter' (Bonn 1865–1882) der Hinweis auf die weiteren wichtigen Wegmarken der **Eposforschung** in der Frühphase: (1) Albert **Severyns***, Le cycle épique dans l'école d'Aristarque. Liège/Paris 1928 (Bibliothèque de la Faculté de Philosophie et Lettres de l'Université de Liège 40); XVI, 458 S. – *Disposition:* Introduction. Les Sources (1–28). I. Coup d'œil sur l'exégèse d'Aristarque (29–159). II. Les légendes cycliques (160–425). 1. La geste mythique (165–209). 2. La geste Thébaide (211–243). 3. La geste Troyenne (245–425). Index (427–454). – *Résumé:* Gründliche Aufarbeitung des Gesamtmaterials spez. für den Kyklos der Troiaepen. (2) Erich **Bethe***, Der Troische Epenkreis. In: Ds., Homer. Dichtung und Sage. II,2,4. Leipzig/Berlin 1929; Ndr. Darmstadt 1966 (Reihe Libelli 157); IV, 149 S.: Ebenso knappe wie instruktive Übersicht zum Gesamtmaterial. (3) Charles **Vellay***, Les Légendes du Cycle Troyen. Tome 1.2. Monaco 1958; XX, 376 S.; S. 377–672: Zunächst mythenchronologische Disposition von der troianischen Vorgeschichte (Kap. 1–2) über die Voraussetzungen des Krieges (Kap. 3–5: Paris, Helena, Achilleus) und seinen weiteren Verlauf (Kap. 6–9: Palamedes, Hektor/

---

[10] Vgl. auch S. 40 (erste Beiträge zu Vorlagen des frühgriechischen Mythos).

Andromache, *Aithiopís*; Diomedes) bis zu Odysseus/*Odyssee* (Kap. 10); dann weitere Einzelepisoden der Troiamythen (Kap. 11: ‚L'Épopée Achéenne': spez. Themen aus *Kýpria* und *Aithiopís/Iliàs mikrā*); anschließend die Schlussphase des Krieges mit *Ilioupérsis* (Kap. 12), den übrigen *Nóstoi* (Kap. 13) und Orestie (Kap 14); Einzelnachtrag zum Palladion (Kap. 15); schließlich zwei ganz heterogene Schlussabschnitte: ‚Anecdotes et Épisodes' (Kap. 16), ‚Survivances et Traditions' (Kap. 17). Sehr gründliche Register (Autoren und Themen 505–550, Namen und einige Sachbegriffe 551–660). Insgesamt ein in der Forschung aufgrund seines Materialreichtums zu wenig beachteter Gesamtüberblick zum Thema, allerdings durchweg mit vorwiegend nacherzählenden Abschnitten, doch gründlichen Quellenangaben jeweils am Schluss, sowie nur begrenzter Berücksichtigung der wissenschaftlichen Literatur.

Nahezu unbeachtet blieb bis zur grundlegenden Sammlung ‚Poetae Melici Graeci' von D.L. Page (1962) noch die frühe monodische **Lyrik** (spez. die Fragmente zu Stesichoros und Ibykos). Im Bereich der Chorlyrik gab es immerhin neue Ausgaben zu Pindar (Carmina cum fragmentis ed. Bruno Snell, Leipzig 1953) und Bakchylides (Bruno Snell, Leipzig 1958, inkl. Papyrusfragmente), während Bruno Snells neue zweibändige Pindarausgabe (Pars Prior: Epinicia. Leipzig 1959; Pars altera: Fragmenta/Indices. Leipzig 1964) bereits in die Mittelphase reichte.

Im Grenzbereich zur Mittelphase erschienen zwei bahnbrechende Publikationen mit den Fragmenten aus Naucks TGF und neu gefundenen Papyrusfragmenten zu einem der großen attischen **Tragiker** von Hans Joachim *Mette**: (1) Die Fragmente der Tragödien des Aischylos. Berlin 1959 (Schriften der Sektion für Altertumswissenschaft 15); IX, 307 S. (2) Der verlorene Aischylos. Berlin 1963 (Schriften der Sektion für Altertumswissenschaft 35); VI, 256 S. Beide Publikationen sowie Mettes spätere Berichte im 1956 neu begründeten ‚Lustrum' zur römischen Tragödie (1964), zu Euripides (1967/68; bahnbrechend) und zu Aischylos (1968; Näheres auf S. 87 f.) sollten zusammen mit dem Nachdruck von Naucks TGF (Hildesheim 1964; ergänzt durch Bruno Snells Supplement) zur Keimzelle des neuen Corpus der Tragikerfragmente werden (TrGF; Göttingen 1977–2004; Näheres auf S. 86).

Was schließlich die **Mythographen** betrifft, so galt in der Frühphase das Interesse der Forschung noch vorwiegend den späten Hauptquellen (Apollodor, Diodor, Hygin), so dass gegen Anfang der Mittelphase eine praktische Übersetzungssammlung nicht nur wegen der instruktiven Einleitung lebhaft begrüßt wurde: Griechische Sagen. Apollodoros, Parthenios, Antoninus Liberalis, Hyginus. Eingeleitet und übertragen von Ludwig Mader. Zürich 1963 (Ndr. Düsseldorf 2003); XXXII, 452 S. Für die fragmentarisch überlieferten frühen Vertreter der Gattung wurde im Anschluss an die Erstauflage (Leiden 1923) gegen Ende der Frühphase eine mustergültige Neuausgabe und ergänzende Kommentierung auf dem aktuellen Stand der Forschung vorgelegt: Die Fragmente der griechischen Historiker [**FGrHist****]. Hrsg. von Felix *Jacoby*. 1,1–2. Genealogie und Mythographie. Neudruck vermehrt um Addenda zum Text, Nachträge zum Kommentar, Corrigenda und Konkordanz. A. Vorrede, Text, Addenda, Konkordanz. Leiden 1957; X, 313, 52 S.; B. Kommentar, Nachträge. Leiden 1957; S. 315–563: Fragmentsammlung zu den wichtigsten frühen Mythographen, z. B. Hekataios (Nr. 1; 1–47 bzw. 317–375), Akusilaos (Nr. 2; 47–58 bzw. 375–396), Pherekydes (Nr. 3; 58–102 bzw. 396–430), Hellanikos (Nr. 4; 104–152 bzw. 430–475); im Weiteren spez. Asklepiades von Tragilos (Nr. 12; 166–176 bzw. 484–489 und Konon (Nr. 26; 190–211 bzw. 499–500): Aufgrund der Aufarbeitung des Gesamtmaterials Standardwerk der Forschung bis zur den aktuellen Ergänzungen von Robert L. Fowler (2000–2013; wie S. 217).

Aufs Ganze gesehen, war die Frühphase der Forschung im klassisch-philologischen Bereich bestimmt durch **konsolidierende Konzentration** auf den Hauptgegenstand der antiken Mythentradition. Demgegenüber gab es, nachträglich betrachtet, in dieser Phase ein gewisses **Defizit an innovativen Neuansätzen**, wie sie in den Anfängen der neueren Mythosforschung im 19. und beginnenden 20. Jahrhundert, speziell von Friedrich Gottlieb Welcker bis Otto Gruppe, noch so ausgeprägt gewesen waren.

Besonders deutlich wurde dies im Festhalten an dem traditionell begrenzten Basismaterial. Beispielhaft lässt sich diese Tendenz erkennen in der noch vorliegenden Mitschrift zur Vorlesung ‚Die Sagen der Griechen' (Mainz SS 1961) des Mainzer Gräzisten und damaligen Gnomon-Herausgebers Walter Marg. Für das Epos beschränkte sich dieser Gelehrte im Wesentlichen auf Hesiods *Theogonía* sowie Homers *Ilias* und *Odyssee*, für die Frühzeit des Mythos auf Nilssons Hypothese ‚The Mycenaean Origin of Greek Mythology' (1932) nahezu ohne Berücksichtigung der *oral poetry*-Forschung. Zum Epischen Kyklos gab es z. B. keine Verweise auf Welckers ‚Klassiker' (1865–1882), die Nachfolgewerke von Severyns (1928) und Bethe (1929), Vellays Neuerscheinung (1958) und die bahnbrechende Publikation von Wolfgang Kullmann (1960). Immerhin galt ein besonderer Einzelverweis dem zitierten Beitrag von Wolfgang Schadewaldt zu *Ilias* und *Memnonis* (1951/52). Hingegen spielten Ps.-Hesiods ‚Frauenkataloge' (*Ēhoîai*) kaum eine Rolle, ebenso wenig die mythischen Gedichte des Stesichoros oder die ersten Mythentravestien der ‚dorischen Komödie' Epicharms. Für die attischen Tragikerfragmente gab es einen Rückverweis auf Naucks TGF, doch keinen Hinweis auf die genannten Pionierbeiträge z. B. von Lesky, Reinhardt und Schadewaldt oder die aktuelle Aufarbeitung der Aischylosfragmente durch Mette (1959). Dafür war Marg mit Recht des Lobes voll für die akribische Überarbeitung des ersten Bandes von Jacobys FGrHist (1957).

Was in der Frühphase gegenüber den Archegeten der Mythosforschung im 19. Jahrhundert manchmal fehlte, waren ergebnisoffene Arbeiten auch zu Grundsatzfragen des Mythos. So forderte Marg immer wieder ein neues ‚Handbuch' als Ersatz für das auf dem Stand von 1928 verbliebene ‚Handbook' von Herbert J. Rose. Doch war für ihn etwa die zeitliche Priorität von Homer gegenüber Hesiod nicht diskutabel, auch nicht, nachdem einer seiner Schüler sie angezweifelt hatte: Heinz Munding, Hesiods Epen in ihrem Verhältnis zur Ilias. Frankfurt/M. 1959; 179 S.[11]

Insgesamt gab es bei der Konzentration auf die frühgriechischen Epen und die attischen Tragiker sowie ergänzend Leskys *oral-poetry*-Ansatz (1954; nach Milman Parry ab 1928) bzw. seine Altorient-Studien (ergänzend zu Franz Dornseiff ab 1934) allgemein manche **Defizite** im Blick auf die Erschließung der schon vorliegenden Fragmente aus indirekter Überlieferung und der begrenzten Neufunde. Dieser nachträgliche Einblick in bestimmte Voraussetzungen der Frühphase dürfte mehr über die Mythosforschung vor 1960 aussagen als eine detaillierte Auflistung der weiteren Spezialliteratur zu wichtigen Teilbereichen und wichtigen Sachaspekten des antiken Mythos.

Angesichts der weitergehenden Ergebnisse aus der späteren Systematisierung des Forschungsgegenstandes in MH 2011, vor allem was das **Schicksalsdenken** als zentralen konstitutiven Bestandteil der Gesamtkonzeption frühgriechischer Mythen betrifft, mag es immerhin von Interesse sein, nach Verweis auf die schon hervorgehobenen Basisstudien von Jane Allen Harrison (Cambridge 1922–27, wie S. 22) zur obersten Schicksalsgöttin **Themis** ergänzend weitere Vorarbeiten aus der Frühphase zu dieser zentralen Einzelgestalt zu nennen (Auswahl): (1) Karl Reinhardt, Personifikation und Allegorie (1937). In: Ds., Vermächtnis der Antike. Göttingen 1960, 7–40, spez. 26–32. (2) Kurt Latte, Der Rechtsgedanke im archaischen Griechentum. In: Antike und Abendland 2, 1946, 63–70. (3) Albin Lesky, Wertdenken in der frühen griechischen Dichtung. Der Rechtsgedanke bei Hesiod. In: Universitas 3, 1948, 161–173 = Lesky, GSchr 1966, 479–492, spez. 486–489. (4) Harm Vos, ΘΕΜΙΣ. Assen 1956 (Biblioteca Classica Vangorcumiana 7); 83 S.: Grundlegendes zum Sachbegriff (1–38) und zur Göttin (39–78; spez. Homer, Hesiod, *Kýpria*, Pindar, Aischylos; inkl. Kultorte).

Literatur zu weiteren **Schicksalsgöttinnen** wie Nemesis, Moiren und Atē (Auswahl): (1) Samson Eitrem in: RE 15,2 (1922) s.v. Moira, 2449–2497, spez. 2459 ff. (2) Eckhard Leitzke, Moira und Gottheit im altgriechischen Epos. Sprachliche

---

11 Mundings Neuansatz: „Denn das besagen ja eben die antiken Zeugnisse, angefangen mit Xenophanes, einstimmig, daß Hesiod nicht in der Gefolgschaft Homers, sondern *neben* ihm, in voller Selbständigkeit, steht" (8); „Tatsächlich gibt es historisch-chronologisch nichts, was der Annahme einer Gleichzeitigkeit *(synakmázein)* Homers und Hesiods widerspräche" (178 f.).

Untersuchungen. Diss. Göttingen 1930; 82 S. (3) Hans Herter in: RE 16,2 (1935) s.v. Nemesis, 2338–2380. (4) William C. Greene, Moira. Fate, Good and Evil in Greek Thought. Cambridge/Mass. 1944 (Ndr. New York 1963); VIII, 450 S. (5) Wilhelm Krause, Zeus und Moira bei Homer. In: Wiener Studien 64, 1949, 10–52. (6) Ugo Bianchi, ΔΙΟΣ ΑΙΣΑ. Destino, uomini e divinità nell'epos, nelle teogonie e nel culto dei Greci. Roma 1953 (Studi pubblicati dall'Istituto Italiano per la Storia Antica 11); VIII, 233 S. (7) Gerhard Müller, Der homerische Ate-Begriff und Solons Musenelegie. In: Navicula Chiloniensis (Festschrift Felix Jacoby). Leiden 1956, 1–15.

Auf die frühgriechische **Schicksalskonzeption** insgesamt und wesentliche Sachaspekte wie Aidōs und Hybris bezogen sich in der Frühphase folgende Publikationen (Auswahl): (1) Samson Eitrem, Schicksalsmächte. In: Symbolae Osloenses 13, 1934, 47–64. (2) Wilhelm Krause, Die Ausdrücke für das Schicksal bei Homer. In: Glotta 25, 1936, 143–152. (3) Leiva Petersen, Zur Geschichte der Personifikation in griechischer Dichtung und bildender Kunst. Würzburg-Aumühle 1939, 23–24 (zu Aidōs). (4) Jozua Johan Fraenkel, Hybris. Utrecht 1941; 81 S. (5) Carlo del Grande, Hybris. Colpa e castigo nell'espressione poetica e letteraria degli scrittori della Grecia antica da Omero a Cleante. Napoli 1947; 560 S. (6) Greene 1944, wie voriger Abschnitt (4), passim. (7) Otto 1947, wie S. 18, 157–281. (8) Eric Robertson **Dodds***, The Greeks and the Irrational. Berkeley/Los Angeles 1951 (Sather Classical Lectures 25; XI, 327 S.; dt. Übersetzung 1971), spez. 5–8, 28–63. (9) Concetto B. Pistorio, Fato e divinità nel mondo greco. Palermo 1954; 526 S.

Was die Aufarbeitung der deutschsprachigen und internationalen Spezialliteratur zu weiteren wichtigen Teilbereichen und Sachaspekten des antiken Mythos betrifft, muss die restliche Arbeit späteren Einzelforschungsberichten überlassen bleiben. Wenn in diesem Abriss weitere Monographien, Aufsätze und Einzelartikel aus größeren Corpora, die auf dem Stand der Forschung von 1960 noch durchaus der Erwähnung wert gewesen wären, nicht mehr berücksichtigt sind, dann auch angesichts der Tatsache, dass die weitere Entwicklung der Mythosforschung speziell in der Mittelphase eine ungleich größere Berücksichtigung in diesem Forschungsbericht verdient.

b. Klassisch-archäologische Mythosforschung

Ein ähnliches Gesamtbild ergibt sich für die **klassisch-archäologische Forschung.** Auch hierzu konzentriert sich der Abriss auf eine begrenzte Anzahl von Publikationen, die heute noch zu den Standardwerken gehören. Im 19. und beginnenden 20. Jahrhundert hatten noch weitgehend deutschsprachige Archäologen den Gang der Forschung bestimmt, z. B. mit zahlreichen Lemmata zu den

Eröffnungsbänden von **RML**** und **RE**** als den seither dominierenden Enzyklopädien, aber auch als Begründer und Herausgeber großer **Corpora** zu mythenreichen Einzelgattungen, z. B. zu etruskischen Bronzespiegeln (Eduard Gerhard, Bd. 1–4, Berlin 1843–1897), etruskischen Urnen (Heinrich von Brunn/ Gustav Körte, Bd. 1–3, Roma 1870–1916) und römischen Sarkophagreliefs (Carl **Robert**, ab Bd. 2. Mythologische Cyklen. Berlin 1890, als Eröffnungsband des bis heute grundlegenden Corpus ‚Die antiken Sarkophagreliefs' [**ASR***]), aber auch zur griechischen Vasenmalerei (Adolf Furtwängler/Karl Reichhold, Serie 1–3. München 1904–1932). Im Ausland entstanden gleichzeitig nur relativ wenige entsprechende Corpora, z. B. in Frankreich das ‚Répertoire' von Salomon Reinach (Vases peints grecs et étrusques. Vol. 1–2. Paris 1899–1900; Statuaire grecque et romaine. Vol. 1–3. Paris 2. Aufl. 1906–1930; Reliefs grecs et romains. Vol. 1–3. Paris 1909–1912; Peintures grecques et romaines. Paris 1922). Eine ganz neue Dimension für die Forschung erschloss das damals begründete, bis heute bestehende internationale Großprojekt ‚Corpus Vasorum Antiquorum' (**CV****; Bd. 1ff., Paris u. a. 1923ff.).

In den Anfängen ab 1920 gab es neben der Weiterführung älterer Corpora (spez. zu römischen Sarkophagen und etruskischen Aschenurnen) eine beträchtliche Anzahl neuer Corpora und entsprechender Überblickswerke in Deutschland zu unterschiedlichen mythenaffinen Gattungen der antiken Kunst (Auswahl): (1) Georg Lippold, Gemmen und Kameen des Altertums und der Neuzeit. Stuttgart 1922; XII, 191 S. (2) Andreas Rumpf, Chalkidische Vasen. 1–4. Berlin 1927. (3) Paul Jacobsthal, Die melischen Reliefs. Berlin 1931; 219 S.: Zusammenstellung zu einer wichtigen Kleingattung des 5. Jh.s v. Chr. (4) Paul Herrmann/Reinhard Herbig (Hrsg.), Denkmäler der Malerei des Altertums. Serie 1–2. München 1931–1950: Überblick zu dieser weitgehend verlorenen Großgattung.

Die entsprechende Zusammenstellung zu mythenaffinen Gattungen aus der Nachkriegszeit: (1) Emil Kunze, Archaische Schildbänder. Ein Beitrag zur frühgriechischen Bildgeschichte und Sagenüberlieferung. Berlin 1950; XVI, 261, 75 S.: Basismaterial zu einer an mythischen Darstellungen reichen Kleingattung des 7./ 6. Jh.s. (2) Georg Lippold, Antike Gemäldekopien. München 1951 (Abhandlungen der Bayerischen Akademie der Wissenschaften PHK N.F. 33); 134 S. (3) Ulrich Hausmann, Hellenistische Reliefbecher aus attischen und böotischen Werkstätten. Stuttgart 1959; 148 S.: Erste Zusammenstellung zu dieser an verlorene frühe Papyrusillustrationen anschließende Kleingattung des 3./2. Jh.s. (4) Klaus Parlasca, Die römischen Mosaiken in Deutschland. Berlin 1959 (Römisch-Germanische Forschungen 23); VII, 156 S.

Umso bemerkenswerter war der enorme gleichzeitige und spätere Zuwachs an Corpora allein schon zur mythenreichen griechischen, unteritalischen und etruskischen Vasenmalerei durch zwei Forscher des englischsprachigen Raums, den Schotten John D. **Beazley** (1885–1970; University Oxford 1925–1956) und den Neuseeländer Arthur B. **Trendall** (1909–1995; University Sidney 1939–1956, University Canberra 1956–1969):

(A 1) John D. **Beazley****, Attic Vase-Painters. 1–5. Oxford 1942; XII, 1186 S.: Erste grundlegende Erfassung des Basismaterials durch Zuweisung zu Malerschulen und Einzelmalern. (2) Etruscan Vase Painting. Oxford 1947 (Oxford Monographs on Classical Archaeology 1); XVI, 351 S.: Erschließung des wichtigen italischen Teilbereichs. (3) Attic Black-Figure Vase-Painters. Oxford 1956; XVI, 851 S.: Erste grundlegende Erfassung des mythenreichen Basismaterials nach derselben Methode wie bei ARV. In der Mittelphase folgte eine monumentale Neuauflage zu den attisch rotfigurigen Vasen und ein Nachtragsband zu ABV/ARV (Weiteres auf S. 100).

(B 1) Arthur D. **Trendall****, Paestan Pottery. A Study on the Red-Figure Vases of Paestum. London 1936; XIV, 141 S.: Erste Erschließung eines wichtigen Teilbereichs der unteritalischen Keramik. (2) Frühitaliotische Vasen. Leipzig 1938; 42 S.: Erster Zugang zu den Anfängen der unteritalischen Keramik des 5. Jh. (3) Phlyax Vases. London 1959 (BICS Supplement 8); 77 S., 2. Aufl. London 1967: Erste Erschließung einer kleinen Teilgattung, die enge Beziehungen zur Mythentravestie aufweist. Weitere große Corpora zur unteritalischen Vasenmalerei und ergänzende Sammlungen legte derselbe Gelehrte in der Mittelphase vor (Weiteres auf S. 100).

In Richtung der späteren ‚Archaeologia Homerica' (Göttingen 1967 ff.) wies eine Basismonographie zu den spez. auf Handelsverbindungen der späten Bronze- und frühen Eisenzeit zurückgehenden archäologischen Realien: Hilda L. **Lorimer**, Homer and the Monuments. London 1950; XXIII, 552 S.: Überblick zu den wichtigsten Objekten der Frühzeit (spez. Waffen, Kleidung; inkl. Folgerungen für die beiden homerischen Großepen, 452–528).[12]

Wenn man sich an den einleitenden Bibliographien in Frank Brommers ‚Vasenlisten zur griechischen Heldensage' (3. Aufl. 1973) und ‚Denkmälerlisten zur griechischen Heldensage' (1971–1978) orientiert, so zählte zu den **wichtigen Monographien** mit Überblickscharakter oder exemplarischer Behandlung von Einzelmythen zu Anfang der Frühphase eine erste substantielle Studie zum Bereich der ‚Theatervasen': Louis **Séchan***, Études sur la tragédie grecque dans ses

---

[12] Vgl. auch die fachübergreifenden frühen Forschungsberichte zu diesem Themenbereich: (1) T.B.L. Webster, Greek Archeology and Literature 1951–1955. In: Lustrum 1, 1956, 87–120, spez. 88–95 (Homer), 95–102 (Epic and Lyric Poetry), 103–113 (Drama). (2) Ds., Greek Archeology and Literature 1956–1960. In: Lustrum 6, 1961, 5–37, spez. 6–13 (Homer), 13–20 (Epic and Lyric Poetry), 20–30 (Drama).

rapports avec la céramique. Paris 1926, VIII, 642 S.; Ndr. 1964: Nach grundlegenden einleitenden Ausführungen zur Text-Bild-Thematik (1–60) drei fundamentale Abschnitte zu Aischylos (61–138), Sophokles (139–230) und Euripides (231–518) sowie eine gehaltvolle Zusammenfassung (519–579), ergänzt durch verschiedene Appendices (593–606) und ausführliche Indices (607–632). Das für die weitere Entwicklung der Forschung bahnbrechende Standardwerk galt weniger den in der direkten Textüberlieferung vorliegenden ‚Schuldramen' als zahlreichen der nur noch fragmentarisch erhaltenen weiteren Tragödien.

Weitere Stationen in der Folgezeit waren zwei seitherige Standardwerke: (1) Frank **Brommer***, Satyrspiele. Bilder griechischer Vasen. Berlin 1944; 2. Aufl. 1959; 92 S.: Knapper Abriss zum Bildmaterial dieser wichtigen, weitgehend verlorenen literarischen Teilgattung des 5./4. Jh.s. (2) **Ds.***, Herakles. Die zwölf Taten des Helden in antiker Kunst und Literatur. Münster/Köln 1953; 103, 32 S.; 2. Aufl. 1972: Wegweisender Überblick zu diesem Zentralbereich der Heroenmythen, mit dem Hauptergebnis, dass der große ‚Dodekathlos' nicht auf frühe literarische Quellen, sondern erst auf den berühmten Metopenzyklus am Zeustempel von Olympia (um 460 v. Chr.) zurückgeht.

Gegen Ende der Frühphase entstand eine wichtige Einführung zu Mythenthemen in späterer Vasenmalerei: Henri **Metzger***, Les représentations dans la céramique attique du IVe siècle. Paris 1951 (Bibliothèque des Écoles Françaises d'Athènes et de Rome 172); 469 S. – *Disposition:* Introduction (13–40). I. Les cycles de représentations (39–364; Eros, Aphrodite/Adonis, Dionysos/Ariadne, Apollon; Herakles, 191–230; Eleusinische Gottheiten; Troianischer Mythenkreis, 267–298; Kleinere Themen). II. L'Imaginerie céramique (367–422; Zusammenfassung zur Ikonographie). – *Résumé:* Erste Aufarbeitung des seinerzeit bekannten Gesamtmaterials.

Wenig später erschien in der deutschsprachigen Forschung zu der an Mythenbildern überreichen pompejanischen Malerei ein neuer ikonographischer Überblick: Karl **Schefold***, Die Wände Pompejis. Topographisches Verzeichnis der Bildmotive. Berlin 1957; XV, 378 S.: Im Anschluss an die grundlegende Vorarbeit von Wolfgang Helbig (Leipzig 1868) aktuelle Präsentation des Gesamtmaterials (8–297), ergänzt um den für die praktische Arbeit unentbehrlichen Index der Bildmotive (366–373). – Frühschriften desselben Gelehrten mit ähnlicher Thematik: (1) Pompejanische Malerei. Sinn- und Ideengeschichte. Basel 1952; 207 S. (2) Vergessenes Pompeji. Unveröffentlichte Bilder römischen Wanddekorationen in geschichtlicher Folge. Bern 1962 (Schriften der Schweizer Geisteswissenschaftlichen Gesellschaft 4); 218 S.

Zu den in der Frühphase noch eher seltenen exemplarischen Darstellungen wichtiger Einzelmythen gehörten folgende internationale Titel (Auswahl): (1) Juliette Davreux, La légende de la prophétesse Cassandre d'après les textes et les monuments. Liège/Paris 1942; XI, 238 S., LVII, 10 S. (2) Lilly Ghali-Kahil, Les enlèvements et le retour d'Hélène dans les textes et les documents figurés. 1. Textes. 2. Planches. Paris 1955; 364 S., CIV Pl. (3) Dietrich von Bothmer, Amazons in Greek Art. Oxford 1957 (Oxford Monographs on Classical Archeology 5); XXVII, 252 S. – Wichtige weitere deutschsprachige Einzelmonographien: (1) Christoph Clairmont, Das Parisurteil in der antiken Kunst. Diss. Zürich 1951; 143 S. (2) Erika Simon, Opfernde Götter. Berlin 1953. (3) Konrad Schauenburg, Helios. Archäologisch-mythologische Studien über den antiken Sonnengott. Berlin 1955; 83, 16 S. (4) Erika Simon, Die Geburt der Aphrodite. Berlin 1959; 116 S. (5) Konrad Schauenburg, Perseus in der Kunst des Altertums. Bonn 1960 (Antiquitas Reihe 3,1); VII, 151, 44 S.: Grundlegende Basismonographie für die antike Bildtradition zu dieser Hauptgestalt der frühen Heroenmythen.

Ikonographische Überblickswerke zur antiken Kunst insgesamt oder zu speziellen Einzelgattungen wie griechischer Vasenmalerei, etruskischen Spiegeln oder römischen Sarkophagen bzw. speziellen Einzelphasen wie frühgriechischen ‚Sagenbildern' waren in der Frühphase noch selten. Als Voraussetzung für eine anhaltende Intensivierung der archäologisch-mythologischen Forschung wurde in der Mittelphase das internationale Großprojekt LIMC geschaffen. So war es sicher kein Zufall, dass die für die **Erfassung des Gesamtmaterials** bahnbrechenden ‚Vasenlisten zur griechischen Heldensage' von Frank **Brommer*** (Marburg 1956; XIV, 190 S.; 2. erw. Aufl. 1960; XII, 417 S.; 3. erw. Aufl. 1973; XI, 646 S.) als wesentliche Vorarbeit zum späteren LIMC den wegweisenden Schlusspunkt in der Frühphase bildeten.

Bedeutende **Mythenspezialisten** in der anfangs noch überwiegend deutschsprachigen Forschung mit einem z.T. beachtlichen Gesamtumfang von Einzelbeiträgen waren Frank **Brommer** und Erika **Simon**, später Karl **Schefold** und Konrad **Schauenburg**, in der zunehmend an Gewicht gewinnenden internationalen Forschung vor allem John A. **Beazley** und Arthur D. **Trendall**, daneben T.B.L. Webster und Lilly Ghali-Kahil. – Zum einzigen wichtigen neueren Nachschlagewerk und einem gewissen Vorläufer des LIMC entwickelte sich gegen Ende der Frühphase das Corpus ‚Enciclopedia dell'arte antica classica e orientale' (***EAA****; Vol. 1– 7. Roma 1958– 66, mit Supplementen).

c. Zugehörige Sonderbereiche

Traditionell dem Altertumswissenschaftlichen Kernbereich zugehörig sind in der modernen Mythosforschung drei Randbereiche, die sich einerseits mit den **altorientalischen und indogermanischen Voraussetzungen** des frühgriechischen Mythos und seiner weiteren Entwicklung beschäftigen, andererseits mit den erst zwischen 300/250 v.Chr. und der frühen bis mittleren Kaiserzeit entstandenen Sekundärbildungen des vorwiegend national bestimmten **römischen Mythos**, schließlich mit der schon ab dem 2. Jahrhundert n.Chr. einsetzenden Auseinandersetzung zwischen den alten paganen Mythen und der neuen Heilslehre spez. in der **christlichen Spätantike**.

(1) Mythische Vorstufen (spez. Altorientalisches)

Im Anschluss an wenige Behandlungen der **altorientalischen Vorstufen** schon in der Forschung des 19. Jahrhunderts beschränkten sich die ersten Studien zu dieser Thematik in der Frühphase der modernen Mythosforschung zunächst auf Beiträge überwiegend deutschsprachiger Fachvertreter (Auswahl): (1) Walter Porzig; Illujankas und Typhon. In: Kleinasiatische Forschungen 1, 1930, 378–386. (2) Franz **Dornseiff***, Die Sichel des Zeus und Typhon. In: Archäologischer Anzeiger 1933, 754–757. (3) Ds., Altorientalisches zu Hesiods Theogonie. In: L'Antiquité Classique 6, 1937, 231–258. Gegen Ende der Frühphase erschienen diese und spätere Studien in Dornseiffs Sammelband: Antike und alter Orient. Interpretationen. Leipzig 1956 (= Kleine Schriften 1). VIII, 444 S. 2. Aufl. 1959. VIII. 451 S.: Breites Spektrum von Beiträgen zur frühgriechischen Kultur sowie altorientalischen und alttestamentlichen Parallelen (spez. Nr. 4, 6, 7, 21–29).

Weitere wichtige Einzelwerke entstanden in der deutschsprachigen und internationalen Forschung der Nachkriegszeit (Auswahl): (1) Hans Gustav Güterbock, Kumarbi. Mythen vom churritischen Kronos, aus den hethitischen Fragmenten zusammengestellt, übersetzt und erklärt von H.G.G. Zürich, New York 1946 (Istanbuler Schriften 16); VIII, 128 S.: Basisbeitrag zum altorientalischen Sukzessionsmythos (spez. *Gesang von Ullikummi*). (2) Alexander Heidel, The Gilgamesh Epos and Old Testament Parallels. Chicago 2. Aufl. 1949; IX, 269 S., Ndr. 1963. (3) Heinrich Otten, Mythen vom Gotte Kumarbi. Neue Fragmente. Berlin 1950 (DAW Berlin, Institut für Orientforschung 3); 39 S., 11 Tf. (4) Hans Gustav Güterbock, The Song of Ullikummi. Revised Text of the Hettite Version of a Hurrian Myth. In: Journal od Cuneiform Studies 5, 1951, 135–161. (5) Alexander Heidel, The Babylonian Genesis. The Story of the Creation. Chicago 2. Aufl. 1951; XI, 153 S.: Basisbeitrag zum akkadischen Epos *Enûma Elish* und alttestamentlichen bzw. antiken Parallelen. (6) Jacqueline Duchemin, Les sources grecques et orientales de la *Théogonie* hésiodique. In: L'Information littéraire 4, 1952, 146–151 [= Mythes Grecques et orientales 1995, wie S. 110, 1–12]. (6) Fontenrose 1959, wie S. 23, spez. 77–93 (Typhon und Python), 121–216 (altorientalische Vorgaben zum Motiv ‚Drachenkämpfer').

Nachdem auch der Klassische Philologe Albin **Lesky*** schon mehrere Beiträge zu dieser Thematik vorgelegt hatte (z.B. Hethitische Texte und griechischer Mythos 1950 = GSchr 1966, 356–371; Zum hethitischen und griechischen Mythos 1952 = GSchr 1966, 372–378; Griechischer Mythos und Vorderer Orient 1955 = GSchr 1966, 379–400; vgl. auch Alfred Heubeck, Mythologische Vorstellungen des Alten Orients im archaischen Griechentum. In: Gymnasium 62, 1955, 508–525), konzentrierte sich die Forschung gegen Ende der Frühphase auf die mythologischen Vorstufen zu Hesiods *Theogonía:* (1) Peter Walcot, The Text of Hesiod's Theogony and the Hittite Epic of Kumarbi. In: Classical Quarterly N.S. 6, 1956, 198–206. (2) Gerd Steiner, Der Sukzessionsmythos in Hesiods ‚Theogonie' und ihren orientalischen Parallelen. Diss. Hamburg (mschr.) 1958; X, 115 S.: Basisbeitrag zur vergleichenden Mythosforschung, angeregt von Bruno Snell.

Wichtig für die weitere Entwicklung der internationalen Forschung wurde ein wegweisendes Kolloquium: **Éléments orientaux dans la religion grecque ancienne*.** (Kongressakten Strasbourg 1958). Paris 1960; 180 S.: Sammlung wichtiger Einzelbeiträge, z. B. Otto Eissfeldt, Phönikische und griechische Kosmogonie, 1–15; Francis Vian, Le mythe de Typhée et le problème de ses origines orientales, 17–37; Hans Schwabl, Die griechischen Theogonien und der Orient, 39–56; Hans Herter, Die Ursprünge des Aphroditekultes, ebd. 61–76; Ernest Will, Aspects du culte et de la légende de la Grande Mère dans le monde grec, 95–111; Emmanuel Laroche, Koubala, déesse anatolienne, et le problème des origines de Cybèle, 113–128; R. D. Barnett, Some Contacts between Greek and Oriental Religions, 143–153; André Dessenne, Le Sphinx, d'après l'iconographie jusqu'à l'archaïsme grec, 155–161; Charles Picard, La formation du polythéisme hellénique et les récents problèmes relatifs au linéaire B, 163–177.

Bereits in den Anfängen der Frühphase entstanden zwei wichtige Monographien eines bedeutenden schwedischen Religionswissenschaftlers zu vorausgesetzten Zusammenhängen zwischen der **minoisch-mykenischen Vorphase** und der frühgriechischen Kulturtradition, die in der Mythosforschung bis heute stark weiterwirkten:

(1) Martin P. **Nilsson**, The Minoan-Mycenaean Religion and its Survival in Greek Religion. Lund 1927 (Srifter utgivna av Kungl. Humanistiska Vetenskapssamfundet i Lund 9); XXIII, 582 S., 2. Aufl. 1950; XXIV, 656 S., Ndr. 1968. – *Disposition* (nach 1. Aufl. 1927): Introduction (1–46). I. The Minoan-Mycenaean Religion According to the Monuments (47–381). II. Minoan-Mycenaean Religion in its Relations to Greek Religion (383–560). – *Résumé:* Gesamtüberblick zur vorgriechischen und griechischen Frühkultur auf dem damaligen Stand der Forschung; einleitende Behandlung des Themas mit dem Zielpunkt „Account of the different views of the Hero Cult and the mythology" (XI; 43–46) und der These „… that Greek heroic mythology has its origin in the Mycenaean age and more particulary that the great mythological cycles were evolved in their main outlines in this age" (44), allerdings mit der Einschränkung: „Mythological names of Minoan

origin are exceedingly scarce and even those whose origin is dubious are rare; the great majority consists of evidently Greek names" (45).

(2) **Ds.***, The Mycenaean Origin of Greek Mythology. Berkeley/Calif. 1932 (Sather Classical Lectures 8); 258 S.; Ndr. mit Einleitung/Bibliographie von Emily Vermeule 1972; XV, 258 S. – *Disposition* (nach Ndr. 1972): I. How Old is Greek Mythology? (1–34). II. Mycenaean Centers and Mythological Centers (35–186). III. Heracles (187–220). IV. Olympus (221–251). – *Résumé:* Über die Monographie 1927 hinaus Präzisierung der Grundthese mit dem Zielpunkt „Mycenaean origin of Greek epics. Its development. Mycenaean origin of myths. Myths in Mycenaean art" (V; nähere Ausführungen in 21–34) und der These „Like epics, mythology, too, would consequently originate among the Minoan people" (21) bzw. „...that the development of epics lasted much longer and that epics go back into an early period of the Mycenaean age. ... Thus we have a great general probability that the myths occuring in Homer go back into the Mycenaean age, though nothing is proved in detail for specific myths" (24), wiederum mit der Einschränkung: „But this seems to be disproved through the fact that almost all mythical names are clearly Greek; those which are certainly Minoan are extremely few" (21). Ausweitung der Grundthese auf mythologische Zyklen (24–27; vgl. 187–220 zu Herakles); Begründung mit den minoisch-mykenischen Zentren als Schauplätzen des frühgriechischen Mythos (35 ff.) und (angeblichen) Mythenbelegen in der mykenisch-minoischen Kunst (31–34) entgegen der Einschränkung: „...mythical scenes seemed to be wanting in these works. They have been eagerly sought for, but those representations which until lately were claimed to have mythical contents are very doubtful" (31 f.). Gleichwohl grundlegende Studie für die seitherige *communis opinio* einer mykenischen Mythentradition als Vorstufe zum frühgriechischen Mythos (weitere Ausführungen zur Thematik in der persönlichen Bilanz auf S. 328 f.).

Eine zweite *communis opinio* der neueren Mythosforschung gründete auf den zahlreichen Beiträgen zum Thema **oral poetry** eines amerikanischen Philologen und Erzählforschers: (1) Milman **Parry***, L'epithète traditionnelle dans Homère. Essai sur un problème de style homérique. Paris 1928; VIII, 242 S. (engl. Übersetzung in: Adam Parry 1971, wie unten, 1–196): Basisbeitrag zum epischen Formelschatz. (2) Ds., Studies in the Epic Technique of Oral Verse-Making. In: Harvard Studies in Classical Philology 41, 1930, 1–50; 43, 1932, 30–43 (= Adam Parry 1971, 266–324, 325–364). (3) Ds., Whole Formulaic Verses in Greek and Southslavic Heroic Song. In: TAPhA 64, 1933, 130–144 (= Adam Parry 1971, 376–390). – Zusammenstellung dieser und weiterer Beiträge von Milman Perry zum Thema von 1928 bis 1937: Adam Parry (Hrsg.), The Making of Homeric Verse. The Collected Papers of Milman Parry. Oxford 1971, Ndr. 1987; 483 S.

Parrys Konzeption wurde fortentwickelt durch weitere Feldforschungen seines Schülers: Albert Bates Lord, Homer, Parry, and Huso. In: TAPhA 52, 1948, 34–44; Ds., The Singer of Tales. Cambridge/Mass. 1960 (Harvard Studies in Comparative Literature 24; dt. Ausgabe: Der Sänger erzählt. Wie ein Epos entsteht. München 1965; 429 S. Vgl. auch Albin Lesky, Mündlichkeit und Schriftlichkeit im homerischen Epos (1954) = GSchr. 1966, 63–71. – Aktuelle Relativierung dieser Einschätzung in der Bilanz des Epilogs auf S. 328.

Gegen Ende der Frühphase verfasste T.B.L. Webster zu den altorientalischen Vorstufen (spez. Akkader, Hethiter und Phoiniker) einen Erstüberblick in seinem Kurzbeitrag ‚Homer and Eastern Poetry' (In: Minos 4, 1956, 104–116). Wenig später setzte er in seiner Monographie ‚From Mycenae to Homer' (London 1958; XVI, 311 S.; dt. Ausgabe: Von Mykene bis Homer. Anfänge griechischer Literatur und Kunst im Lichte von Linear B. München u. a. 1960; 403 S., 13 Bl.) im Anschluss an Martin P. Nilsson, den Sprachwissenschaftler Michael Ventris (Linear-B) und die Archäologin Hilda L. Lorimer eine weitreichende Kontinuität zwischen altorientalischen Vorstufen, mykenischen Texten und der frühgriechischen Epik nicht nur für literarische Texte voraus (dt. Ausgabe 1960, 38–41), sondern auch für eine mykenische Dichtung (127–184; Zusammenfassung zur Methodik 371 ff., spez. 373: „Die Zeugnisse für die mykenische Dichtung müssen wir aus der mykenischen Kunst, den Täfelchen, den Überresten bei Homer und aus der Analogie der zeitgenössischen und früheren orientalischen Dichtung nehmen").

(2) Römischer Mythos
Nach Ludwig Prellers für die Erforschung des **römischen Mythos** grundlegendem Standardwerk ‚Römische Mythologie' (3. Aufl. Berlin 1883) gab es in der Frühphase nur ein mäßigers Interesse für diese Thematik; bezeichnend die knappe Behandlung in Kap. XI des ‚Handbook' von Herbert J. Rose (London 1928, wie S. 17 f.) unter dem Titel ‚Italische Pseudomythologie' (dt. Ausgabe 1955, 307). Interessante Mythenaspekte berührten in den dreißiger Jahren eine religionswissenschaftliche Studie von Franz Altheim, Griechische Götter im Alten Rom. Giessen 1930 (Religionsgeschichtliche Versuche und Vorarbeiten 22,1); 216, 160 S. und eine literaturgeschichtliche Dissertation von Volker Niebergall, Griechische Religion und Mythologie in der ältesten Literatur der Römer. Gießen 1937; 46 S. Erst im weiteren Verlauf entstand die neue grundlegende Aufarbeitung der gesamten frühen griechisch-römischen Literaturtradition bis zum Ende der Republik durch Jacques **Perret***, Les origines de la légende troyenne de Rome (281–31). Paris 1942; XXX, 678 S. Einen substantiellen Abriss zum römischen Nationalmythos verfasste schließlich Franz Bömer, Rom und Troia. Untersuchungen zur

Frühgeschichte Roms. Baden-Baden 1951; 127 S. (spez. Kap. I. ‚Aeneas und die Römer', 11–49).

(3) Heidnische Mythen und christliche Spätantike

Der Kontinuität der antiken Mythostradition in der **christlichen Spätantike** galt die bahnbrechende Monographie des deutschen Jesuiten, Religionswissenschaftlers und Archegeten dieser neuen Forschungsrichtung: Helmut **Rahner***, Griechische Mythen in christlicher Deutung. Zürich 1957, Neuausgabe Freiburg 1984; engl. Ausgabe London 1963); 396 S. – *Disposition:* I: Mysterion (17–158; Kreuz, Taufe, Sonne und Mond). II. Seelenheilung (159–238; Moly, Mandragore). III. Heiliger Homer (239–332; Weidenzweig vom Jenseitstor, Odysseus am Mastbaum). – *Zielsetzung* (Vorwort): „Wir möchten Wege weisen für einen christlichen Humanismus, für die ungeheure Möglichkeit jedes ‚neuen Menschen', von dem Paulus nach Kolossai schrieb, in dem sich Barbar und Hellene [ver]einen durch Christus, den menschgewordenen Gott, der da ist alles in allem" (8). – *Résumé:* Ein aus dem Geist der Nachkriegszeit entstandenes Werk; eigenständige Zusammenstellung verschiedenster Teilaspekte; starke Nachwirkung des letzten Beitrags mit dem Parallelismus Odysseus am Mastbaum – Christus am Kreuz.

Da in der Nachkriegszeit die finanziellen Förderungsmittel kaum für die bestehenden Großprojekte (spez. RE) ausreichten, war die frühe Gründung des Corpus ‚Reallexikon für Antike und Christentum' (**RAC***; Stuttgart ab 1950) umso bemerkenswerter (mit der Konsequenz, dass dort seither eine Vielzahl einschlägiger Lemmata gerade zu den Voraussetzungen in der antiken Kultur und der Frühentwicklung des Christentums in römischer Kaiserzeit und Spätantike erschien).

Den noch erhaltenen Bildern aus einer der seltenen illustrierten Handschriften der schon christlichen Spätantike galten zwei frühe Publikationen: (1) Ilias Ambrosiana: Cod. F. 205 P.Inf. Bibliothecae Ambrosianae Mediolanensis. Bern 1953 (Fontes Ambrosiani 28); LVII, 79 Ill. (2) Ranuccio Bianchi Bandinelli, Hellenistic-Byzantine Miniatures of the Iliad: Ilias Ambrosiana. Bern, Olten 1953; 182 S.

2. Rezeptionsgeschichtlicher Ergänzungsbereich 1920–1960

Nach ersten **rezeptionsgeschichtlichen Ansätzen** im 19. Jahrhundert folgten nur wenige Arbeiten in der Frühphase der modernen Mythosforschung. So spielte in Otto Gruppes forschungsgeschichtlichem Überblick (1921; wie S. 15) die weitere Mythenrezeption noch kaum eine Rolle. Nach der Zäsur des verlorenen Ersten

Weltkriegs begründete zwar Otto Immisch eine neue Folge der Reihe ‚Das Erbe der Alten. Schriften über Wesen und Wirkung der Antike' (Leipzig 1919 ff.); doch im Eröffnungsbändchen ‚Das Nachleben der Antike' (Leipzig 1919; X; 64 S.) hatte der Mythos weder im Einleitungskapitel (19) noch in den Folgekapiteln über Sprache, Schrift, Staat/Recht, Religion, Kunst/Rhetorik oder in der Zusammenfassung eine wesentliche Bedeutung.

Erst seit Beginn der dreißiger Jahre unterschied man zunehmend zwischen dem Kernbereich der antiken Mythostradition und dem Ergänzungsbereich der späteren Mythosrezeption, mit einer bemerkenswert schnellen Aufwärtsentwicklung bis zur erneuten Zäsur des Zweiten Weltkriegs und dann wieder in der Nachkriegszeit. Bezeichnend für die künftige Bedeutung der Rezeptionsforschung war die Neugründung der bis heute renommierten Zeitschrift ‚Antike und Abendland. Beiträge zum Verständnis der Griechen und Römer und ihres Nachlebens' durch Bruno Snell (Berlin, de Gruyter; Bd. 1, 1945 ff., seit Bd. 12, 1966, jährlich erscheinend).

a. Forschungsansätze zur Mythosrezeption insgesamt

Die ersten Impulse zur Rezeptionsforschung kamen weniger von Klassischen Philologen und Archäologen als von Byzantinisten, Mediävisten, Kunsthistorikern sowie Vergleichenden Literatur- und Kulturwissenschaftlern. Eine entscheidende Rolle für diese innovative Entwicklung spielten deutsch-jüdische Wissenschaftler wie die Archegeten der **Warburg-Schule** (Aby Warburg, Fritz Saxl, Erwin Panofsky, Ernst H. Gombrich), die nach der NS-bedingten Verlegung des ‚Warburg-Instituts' (Hamburg) nach London (1933) in der Folgezeit fast alle nach England bzw. in die USA emigrierten.

Bahnbrechender Wegbereiter wurde der herausragende Kunsthistoriker Erwin ***Panofsky**** (seit 1918 an der Univ. Hamburg, nach Emigration seit 1934 an der New York University, seit 1935 Leiter des Institute for Advanced Studies in Princeton/N.J.). Der spätere Begründer der ‚Ikonologie' begann mit der neue Maßstäbe setzenden Einzelstudie ‚Hercules am Scheidewege und andere antike Bildstoffe in der neueren Kunst' (Leipzig/Berlin 1930 = Studien der Bibliothek Warburg 18; Neuaufl. Berlin 1997; XIX, 216 S., 57 Bl.). Nach dem Krieg entstand eine weitere maßgebliche Monographie: Dora und Erwin Panofsky, Pandora's Box. New York 1956 (Bollingen Series 52); XIV, 158 S.; dt. Ausgabe Frankfurt/M. 1991.

Schon weitaus früher hatte ein zweibändiges Sammelwerk eine breitere Untersuchung zu verschiedenen Einzelthemen der literarischen Mythenrezeption vorgelegt: Karl Heinemann, Die tragischen Gestalten der Weltliteratur. Bd. 1/2.

Leipzig 1920 (Das Erbe der Alten N.F. 3–4); IX, 163 S./142 S. Wichtige komparatistische bzw. kunsthistorische Arbeiten zu Einzelmythen in der neueren Literatur- bzw. Bildtradition waren z. B. Hans Wolfgang Singers knapper Überblick ‚Das Parisurteil' (Dresden 1925), Marc Rosenbergs Spezialstudie ‚Von Paris von Troia bis zum König von Mercia' (Darmstadt 1930) und ein seither stoffgeschichtliches Standardwerk: Wolfgang Stechow, Apollo und Daphne. Leipzig/Berlin 1932 (Studien der Bibliothek Warburg 23); XIII, 76 S., XXXIV Taf.; Neuausgabe 1965.

Einige weitere, seinerzeit wichtige Titel aus der internationalen Rezeptionsforschung (Auswahl): (1) John George Robertson, The Gods of Greece in German Poetry. Oxford 1924; 32 S. (2) The Warburg Institute (Hrsg.), A Bibliography of the Survival of the Classics. Vol. 1, 1931. 2, 1932/33. London 1934–38. (3) Charles Mills Gayley, The Classic Myths in English Literature and in Art. Boston 2. Aufl. 1939; XLI, 597 S.: Älteres Standardwerk (1. Aufl. Boston 1898). (4) Henri Peyre, L'Influence des littératures antiques sur la littérature française moderne. État des travaux. New Haven 1941 (Yale Romanic Studies 19); 106 S., Ndr. 1973. (5) Cecil Bowra, From Virgil to Milton. London 1945, VII, 246 S., Ndr. 1961: Überblick zur episch-literarischen Tradition mit den Stationen Vergil, Camões, Tasso und Milton. (6) Guy de Tervarent, Les énigmes de l'art. III. L'héritage antique. Paris 1946; 75 S.: Substantieller Gesamtüberblick zur neueren Kunsttradition vom Spätmittelalter über Renaissance/Manierismus bis zum Barock anhand von zwölf antiken Themen (darunter Parisurteil, Raub der Helena, Odysseus und Sirenen, Argonauten, Psyche). (7) James A.K. Thomson, The Classical Background of English Literature. London 1948; 272 S. (8) Dan S. Norton/Peters Rushdon, Classical Myths in English Literature. New York 2. Aufl. 1952; XVI, 444 S. – Ein wichtiges Sammelwerk auch mit Lemmata zu Stoffen des antiken Mythos wurde das von Otto Schmitt begründete ‚Reallexikon zur deutschen Kunstgeschichte' [RDK]. München, Beck 1937 ff. (Bd. 1–8 und Bd. 10, Fasc. 1 ff.).

Das für die weitere Forschungsentwicklung im anglo-amerikanischen Raum maßgebliche rezeptionsgeschichtliche Standardwerk zur europäischen Kultur und Literatur entstand gegen Ende der Frühphase: Gilbert **Highet***, The Classical Tradition. Greek and Roman Influences on Western Literature. Oxford 1949; XXXVIII, 763 S., Ndr. 1959/1964, Paperback 1967, Ndr. New York/Oxford 2015: Nach knapper Einleitung (Kap. 1; 1–21) umfassender Überblick zu Mittelalter (Kap. 2–5; 22–103), Renaissance (Kap. 6–14; 104–288, Schwerpunkt des Buches; inkl. ‚Shakespeare's Classics', 194–218), Barock (Kap. 15–18; 289–354), Aufklärung, 19. Jahrhundert und Moderne (Kap. 19–23; 355–540; inkl. ‚The Reinterpretation of the Myths', 520–540). Im Anhang: ‚Brief Bibliography' (550–555; mit instruktivem Überblick zur internationalen Forschung über das Nachleben der Antike ab 1880); umfangreiche Anmerkungen (556–705); gründliches Register (707–763). Beste ältere Studie zur literarischen Gesamtrezeption.

Die ganze rezeptionsgeschichtliche Dimension erschloss aber erst das ‚Lexikon der griechischen und römischen Mythologie mit Hinweisen auf das Fortwirken antiker Stoffe und Motive in der bildenden Kunst, Literatur und Musik des Abendlandes bis zur Gegenwart' des österreichischen Byzantinisten Herbert **Hunger**** (Wien 1953; XI, 372 S.; 5. erw. Aufl. 1959; XII, 387 S.; 8. erw. Aufl. 1988; XI, 557 S.). Angeregt u. a. durch Walter Raymond Agard, ‚The Greek Tradition in Sculpture' (Baltimore 1930) und ‚Classical Myths in Sculpture' (Madison 1951), behandelte das bahnbrechende Standardwerk die wichtigsten Einzelmythen nach den Kategorien ‚Referat' (M = Mythographie), ‚Deutung' (R = Religionsgeschichte) und ‚Rezeption' (N = Nachwirkung). Die von Neuauflage zu Neuauflage erweiterten Beleglisten aus neuerer Literatur, Musik und Bildender Kunst, verbunden mit ausgewählten Illustrationen, standen am Anfang der langen Forschungsentwicklung, die von Andor Piglers ikonographischen Verzeichnissen ‚Barockthemen' (Budapest 1956) über die erheblich erweiterte Neuauflage (Budapest 1974) bis zu den Listen des rezeptionsgeschichtlichen Sammelwerks OGCM (Oxford/New York 1993) und der strukturell vergleichbaren Einführung ‚Lexikon der antiken Gestalten. Mit ihrem Fortleben in Kunst, Dichtung und Musik' von Eric M. Moormann/Wilfried Uitterhoeve (Stuttgart 1995) reichen sollte.

b. Forschungsansätze zu Einzelperioden der Mythosrezeption

Was die erst allmählich einsetzende Forschungstätigkeit zu den verschiedenen Einzelperioden betrifft, so entstand für den Teilbereich **Byzanz** schon früh eine wichtige Basispublikation: Adolph Goldschmidt, Die byzantinischen Elfenbeinskulpturen des X.-XIII. Jahrhunderts. 1. Kästchen/2. Reliefs. Berlin 1930 – 1934; 73 S., 76 Tf./ 95 S., 80 Tf. – Entscheidender Archeget der Forschung wurde der deutsch-jüdische Kunsthistoriker Kurt **Weitzmann*** (nach Emigration 1935 lange Jahrzehnte an der University of Princeton): (1) Die byzantinische Buchmalerei des 9. und 10. Jahrhunderts. Berlin 1935; XV, 93, XCIII S. (2) Greek Mythology in Byzantine Art. Princeton 1951; XII, 218, LX S. (3) The Survival of Mythological Representations in Early Christian and Byzantine Art and their Impact on Christian Iconography. In: Dumbarton Oaks Papers 15, 1960, 43 – 68. – Erste Arbeiten zur Thematik in der Nachkriegszeit: (1) Endre von Ivánka, Hellenisches und Christliches im frühbyzantinischen Geistesleben. Wien 1948; 119 S. (2) Alexander Turyn, The Byzantine Manuscript Tradition of the Tragedies of Euripides. Urbana/Ill. 1957 (Illinois Studies in Language and Literature 43); X, 415 S.

Die wesentlich umfangreicheren Forschungen zum **Westlichen Mittelalter** brachten zunächst eine erhebliche Erweiterung der in Basisausgaben vorliegenden mythenrelevanten **Primärliteratur** als notwendiger Voraussetzung für alle weitergehenden Studien. Im Anschluss an die zahlreichen grundlegenden Publikationen aus dem Historismus des 19. Jahrhunderts entstand nun eine Vielzahl von Ausgaben zu weiteren Autoren und Werken (z. B. zur allegorisierenden Ausdeutung Bernardus Silvestris, Berchorius/Pierre Bersuire und Johannes Ridevall; weiterhin der *Roman de la Rose*; zur historisierenden Darstellung Benoît de Sainte-Maure, *Roman de Troie*; Iosephus Iscanus, *Frigii Daretis Ilias*; Heinrich von Veldeke, *Eneit*; Konrad von Würzburg, *Trojanerkrieg*; Guido de Columnis, *Historia destructionis Troiae*; Raoul Lefèvre, *Recueuil des Histoires de Troie*; Christine de Pizan, *Épistre d'Othéa*; weiterhin *Roman d'Énéas*, *Roman de Thèbes* und als zusammenfassender Quellentext die *Histoire Ancienne*). Dabei standen neben den mittellateinischen Texten zunehmend die altfranzösischen und mittelhochdeutschen ‚Klassiker' sowie weitere volkssprachliche Versionen im Vordergrund; als Konsequenz nahm die Zusammenarbeit innerhalb der rezeptionsgeschichtlichen Forschung erheblich zu.

Zu dieser Thematik sind zwei Neupublikationen hervorzuheben. Für den **Ovide moralisé** als altfranzösischen ‚Paradetext' der allegorisierenden Mytheninterpretation aus der *aetas Ovidiana* wurde die erste große Gesamtausgabe weitergeführt und abgeschlossen: „Ovide moralisé". Poème du commencement du quatorzième siècle. Publié d'après tous les manuscrits connus par C. de Boer. Tome I (Livres I-III) 1915; Tome II (Livres IV-VI) 1920; Tome III (Livres VII-IX) 1931; Tome IV (Livres X-XIII) 1936; Tome V (Livres XIV-XV. Avec deux appendices) 1938. Amsterdam 1915 – 1938 (Verhandelingen der koninklijke Akademie van Wetenschappen te Amsterdam. Afdeeling Letterkunde. N.R. 15; 21; 30,3; 37; 43). Ein zweiter Schritt war die Neupublikation von Boccaccios **Genealogiae deorum gentilium** als wichtigstem mythographischem Basistext aus der Frührenaissance: Giovanni Boccaccio, Genealogiae deorum gentilium libri. A cura di Vincenzo Romano. Vol. 1.2. Bari 1951 (Scrittori d'Italia 200/201); 431 S./S. 434 – 908.

Die mythenspezifische **Sekundärliteratur** begann u.a. mit Friedrich von Bezolds Studie ‚Das Fortleben der antiken Götter im mittelalterlichen Humanismus' (Bonn 1922; 113 S., Ndr. Aalen 1962), dem rezeptionsgeschichtlichen Standardwerk von Johan Huizinga, Herbst des Mittelalters. Studien über Lebens- und Geistesformen des 14. und 15. Jahrhunderts in Frankreich und in den Niederlanden. München 1924; 3. Aufl. Stuttgart 1930; VIII, 556 S.; Ndr. 1975, Neuaufl. 1987 (spez. Kap. XX-XXII); weiterhin Konrad Burdachs Aufsatz ‚Nachwirken des griechisch-römischen Altertums in der mittelalterlichen Dichtung und Kunst' (Halle 1925) sowie einer für die allegorische Deutung antiker Götter im Mittelalter wichtigen Spezialstudie: Hans Liebeschütz, Fulgentius Metaforalis. Ein Beitrag zur Geschichte der antiken Mythologie im Mittelalter. Leipzig 1926 (Studien der Bibliothek Warburg 4); 140 S., XXXII Tf.; schließlich einem noch recht rudimentären Abriss: Alma Frey-Sallmann, Aus dem Nachleben antiker Göttergestalten.

Die antiken Gottheiten in der Bildbeschreibung des Mittelalters und der italienischen Frührenaissance. Leipzig 1931; XI, 46 S. Eine grundlegende Spezialstudie, die bereits in Richtung späterer Forschungen von Erwin Panofsky ging, legte ein englischer Kulturwissenschaftler vor: Charles H. Haskins, The Renaissance of the Twelfth Century. Cambridge/Mass. 1927; X, 437 S., Ndr. New York 1957 u. a.: Umfassende kulturgeschichtliche Übersicht; zum Thema vor allem Kap. 4: ‚The Revival of the Latin Classics', 93–126 (zum Mythos spez. 102–115).

Weitere Wegmarken seitens der **Warburg-Schule** wurden eine Spezialstudie von Max Dietmar Henkel, Illustrierte Ausgaben von Ovids Metamorphosen im XV., XVI. und XVII. Jahrhundert. In: Vorträge der Bibliothek Warburg 7, 1926/27, 58–144; ein Basisbeitrag von Erwin **Panofsky***/Fritz **Saxl**, Classical Mythology in Mediaeval Art. In: Metropolitan Museum Studies 4, 1932/33, 228–280, sowie Spezialstudien zur handschriftlichen Rezeption antiker Sternmythen: Verzeichnis astrologischer und mythologischer illustrierter Handschriften des lateinischen Mittelalters. 1. Fritz Saxl, Handschriften in römischen Bibliotheken. SB Heidelberger AW PHK 1915. 2. Ds., Handschriften in der Nationalbibliothek Wien. SB Heidelberg AW PHK. 1925/26. 3. Ds./ Hans Meier/ Harry Bober, Handschriften in den Bibliotheken von London, Oxford und Cambridge. London (Warburg Institute) 1953. 4. Patrick McGurk, Handschriften in italienischen Bibliotheken außerhalb Roms. London (Warburg Institute) 1966.

Unmittelbar vor dem Zweiten Weltkrieg entstand ein erstes Standardwerk zur Mythosrezeption im Westlichen Mittelalter: Jean **Adhémar***, Influences antiques dans l'art du Moyen âge français. Recherches sur les sources et les thèmes d'inspiration. London 1939 (Studies of the Warburg Institute 7); XVI, 344 S., Ndr. mit Préface von Léon Pressouyre und Bibliographie Paris 1996; XXVIII, 463 S. – *Disposition* (nach 1. Aufl.): I. Les études classiques et l'humanisme du Moyen Âge (1–39; erster Überblick von Spätantike bis Renaissance). II. La connaissance de l'art antique (41–127; Überblick zu Texten und bildlicher Hinterlassenschaft im Westlichen Mittelalter). III. Les sources et les thèmes des influences (129–307; Hauptstück des Werkes), mit dem Schwerpunkt Romanik (Kap. 3: Les sources antiques de la sculpture, 156–214; Kap. 4: Les thèmes antiques de la sculpture, 217–269) und ergänzenden Ausführungen zu Gotik (Kap. 6, 270–299) und ‚Préhumanisme' (Kap. 7, 300–307). – *Résumé*: Kulturhistorische Gesamtübersicht vorwiegend zur mittelalterlichen Plastik/Skulptur mit ausführlichen Registern (315–333) und reichem Bildmaterial (Pl. I-XL; 345–424).

Vorläufige Schlusspunkte einer inzwischen zunehmend internationalen mediävistischen Rezeptionsforschung waren dann die für die historisierende Buchmalerei wichtige Monographie ‚Miniature Painting in the Latin Kingdom of Jerusalem' (Oxford 1957; XXXIV, 163, 155 S., Ndr. London 1986) von Hugo Buchthal, die instruktive Studie ‚Classical Inspiration in Medieval Art' von Walter Oakeshott

(London 1959; IX, 146, 143 S.) und ein später maßgebliches rezeptionsgeschichtliches Standardwerk: Erwin **Panofsky***, Renaissance and Renascences in Western Art. København 1960; 2. Aufl. Stockholm 1960; 210 S.; dt. Ausgabe: ‚Die Renaissancen der europäischen Kunst' erst Frankfurt/M. 1979; 463 S. – *Disposition* (nach dt. Ausgabe): 1. „Renaissance" – Selbstbezeichnung oder Selbsttäuschung? (15–54). 2. Renaissance und „Renaissancen" (55–117). 3. *I Primi Lumi*: die Malerei des 14. Jahrhunderts in Italien und ihr Anstoß für das übrige Europa (119–165). 4. Renaissance der Antike im 15. Jahrhundert (167–215). – *Résumé*: Hauptergebnis, „dass die Renaissance durch tausend Bande mit dem Mittelalter verknüpft ist; daß das Erbe der klassischen Antike nie völlig verloren ging, obwohl die Fäden der Überlieferung gelegentlich sehr dünn wurden; und daß es kraftvolle kleinere Wiederbelebungen gab vor der ‚großen Wiederbelebung', die im Zeitalter der Medici gipfelte" (21; im Blick die Vorstufen der karolingischen, ottonischen und staufischen ‚Renaissancen'). Das Buch wurde für diese mittelalterlichen Vorstufen und die Erforschung der ‚großen' italienischen Renaissance gleichermaßen wichtig.

Noch in die Anfänge der Rezeptionsforschung zu **Renaissance und Manierismus** gehörte das bis heute nicht ersetzte zweibändige Sammelwerk ‚Cassoni. Truhen und Truhenbilder der italienischen Frührenaissance' von Paul **Schubring*** (Leipzig 2. Aufl. 1923; XII, 492 S., 16 Bl./10 S., CCX Bl.), das die wohl mythenreichste Einzelgattung in der Bildenden Kunst der Frührenaissance erschloss. Eine erste Spezialstudie zu Mythenthemen im italienischen Manierismus legte ein später führender Vertreter der Warburg-Schule vor: Fritz Saxl, Antike Götter in der Spätrenaissance. Ein Freskenzyklus und ein Discorso des Jacopo Zucchi. Leipzig 1927 (Studien der Bibliothek Warburg 8); 138 S. Die literarische Mythenrezeption in der englischen Literatur des 16. Jahrhunderts behandelte Douglas Bush, Mythology and the Renaissance Tradition in English Poetry. Minneapolis u. a. 1932; VIII, 360 S., Ndr. New York 1957/1963; XIII, 372 S.

Eine grundlegende Studie zur Kultur von Mittelalter und Renaissance entstand ebenfalls im Umfeld des Warburg Institute: Jean **Seznec***, La survivance des dieux antiques. Essai sur le rôle de la tradition mythologique dans l'humanisme et dans l'art de la Renaissance. London 1939 (Studies of the Warburg Institute 11); 371 S.; engl. Ausgabe New York 1953; frz. Neuaufl. Paris 1980; dt. Neuausgabe: Das Fortleben der antiken Götter. München 1990; VIII, 288 S. – *Disposition* (nach dt. Ausgabe): I,1,1. Die historische Tradition (13–30). 2. Die naturwissenschaftliche Tradition (31–63). 3. Die moralische Tradition (65–94). 4. Die enzyklopädische Tradition (95–112). I,2,1. Die Metamorphosen der Götter (115–138). 2. Die Erneuerung der Götter (139–160). II,1. Das mythologische Wissen im 16. Jahrhundert (163–183). 2. Die Theorien über den Gebrauch der Mythologie (195–213). 3. Der Einfluß der Handbücher (215–249). Bibliographie (251–264). Register (275–288).

– *Résumé:* Das Standardwerk zum Weiterleben der antiken Gottheiten in Mittelalter und Renaissance folgt der Leitlinie, „daß die Götter im Mittelalter in gedanklichen Systemen überlebten, die sich bereits am Ende der heidnischen Welt herausgebildet hatten" (3), und arbeitet vorbildhaft die diversen ‚Metamorphosen der Götter' von der Frührenaissance (z. B. Boccaccio, *Genealogiae deorum gentilium*) bis zu mythologischen Handbüchern der Hochrenaissance heraus (z. B. Natale Conti, Vincenzo Cartari). – Ergänzend ist ein fast gleichzeitig entstandener erster Spezialbeitrag zu Mythenthemen bei einem bedeutenden venezianischen Maler des Cinquecento zu nennen: Ludwig Curtius, Zum Antikenstudium Tizians. In: Archiv für Kulturgeschichte 28, 1938, 233–241.

Das für die Rezeptionsforschung bahnbrechende Standardwerk kam ebenfalls aus dem Umfeld des Warburg Institute: Erwin **Panofsky****, Studies in Iconology. Humanistic Themes in the Art of the Renaissance. Oxford 1939; XXXIII, 262 S.; Ndr. New York 1962; XLIII, 262 S.; dt. Übersetzung Köln 1980; 362 S. – *Disposition* (nach dt. Ausgabe): ‚Studien zur Ikonologie nach vierzig Jahren' (Einführung von Jan Białstocki, 7–16). Vorwort zur Paperback-Ausgabe (17–25). ‚Studien zur Ikonologie' (29–326). – *Résumé:* Kunsttheoretisch neuartiger methodischer Dreierschritt von ‚Bildbetrachtung' („Primäres oder natürliches Sujet, unterteilt in tatsachenhaftes und ausdruckshaftes" 32) über ‚Bildthema = Ikonographie' („Sekundäres oder konventionales Sujet" 32) zu ‚Bildbedeutung = Ikonologie' („Eigentliche Bedeutung oder Gehalt" 33) sowie seiner Explizierung in exemplarischen Studien zu den Einzelstoffen Chronos (Kap. III: 109–152) und Amor (Kap. IV: 153–202), den Einzelkünstlern Piero di Cosimo (Kap. II: ‚Frühgeschichte des Menschen', 62–108), Bandinelli/Tizian (Kap. V: 203–250) und Michelangelo (Kap. VI: 251–326) sowie dem Neoplatonismus als Sachthema (203–326).

Eine Frühschrift Panofskys zu Mythenthemen bei einem Hauptvertreter der ‚Deutschen Renaissance' war der grundlegende Beitrag ‚Dürers Stellung zur Antike' (1921/22; in: Ds., Deutschsprachige Aufsätze, Bd. 1. Berlin 1989, 247–310). – Eine methodische Abrundung bot aus dem Umfeld des Warburg Institute eine ergänzende Monographie: Edgar **Wind***, Pagan Mysteries in the Renaissance. London 1958; 230 S.; dt. Übersetzung erst Frankfurt/M. 1981; 483 S.: Grundlegende Behandlung des Themas (Einleitung: ‚Die Sprache der Mysterien', 11–27) auf der Basis weiterer wesentlicher Einzelthemen und Einzelwerke mit mythischer Thematik.

Ein ausführlicher Bericht könnte für die fünfziger Jahre die zunehmende Dichte rezeptionsgeschichtlicher Forschung auch zu Literatur und Geistesgeschichte herausarbeiten. Hier sollen wenige Titel aus der zunehmend breiten Rezeptionsforschung dieser Zeit genügen: (1) Helmut Hatzfeld, The Role of Mythology in Poetry During the French Renaissance. In: Modern Language Quarterly 13, 1952, 392–404. (2) Diego Angulo Iñiguez, La mitologia y el arte español del renacimiento [1952]. In: Ds., La mitologia en el arte español: Del Renaciemento a Velázquez. Madrid 2010, 27–160. Überblick zur spanischen Kunst von der Frührenaissance bis um 1700. (3) Douglas Bush, Classical Influence in Renaissance Literature. Cambridge/Mass. 1952 (Martin Classical Lectures 13); 60 S.: Knapper Überblick zu dieser vom antiken Mythos stark bestimmten Rezeption. (4) DeWitt T. Starnes/Ernest W. Talbert, Classical Myth and Legend in Renaissance Dictionaries. A Study of Renaissance Dictionaries in their Relation to Classical Learning of Contemporary English Writers. Chapel Hill 1955; VI, 517 S.: Umfassende Würdigung dieses wesentlichen Teilaspekts der Renaissancekultur.

Gegenüber den Forschungsfortschritten zur antiken Mythentradition und Renaissancekultur standen die nicht weniger wichtigen Verbindungen zur Kultur des **Barock**, spez. im Rahmen des Neustoizismus (z.B. Justus Lipsius als Lehrer von P. P. Rubens), zunächst noch im Hintergrund[13], was mit dem seinerzeit geringeren Interesse für diese Stilphase zusammenhing. Die große Ausnahme bildete das dreibändige ikonographische Sammelwerk ‚Barockthemen. Eine Auswahl von Verzeichnissen zur Ikonographie des 17. und 18. Jahrhunderts' von Andreas **Pigler***, in dessen zweitem Band (‚Profane Darstellungen'. Budapest u. a. 1956. 621 S.; 2. erw. Aufl. Budapest 1974; 650 S.) die Mythenrezeption in der Barockkunst listenmäßig aufgearbeitet wurde, während der dritte Band zahlreiche zugehörige Abbildungen enthielt. Als Initiative des Warburg Institute entstand eine wichtige Spezialsammlung: Ellis K. Waterhouse/Jane Costello, The Drawings of Nicolas Poussin. Part 3: Mythological Subjects. London 1953 (Studies of the Warburg Institute 5,3); 183 S.

Auch die spätere Kultur- und Kunstrezeption des antiken Mythos in europäischer **Aufklärung/Klassizismus** sowie dem zunehmenden Stilpluralismus im **19. Jahrhundert** fand in der Frühphase noch kaum Beachtung. Zu den Ausnahmen gehörte im Anschluss an Fritz Strichs älteres Standardwerk ‚Die Mythologie in der deutschen Literatur von Klopstock bis Wagner' (Bd. 1–2. Halle/Saale 1910) die wichtige kleine Studie zur deutschen Literatur des 18./19. Jahrhunderts von Rudolf Sühnel, Die Götter Griechenlands und die deutsche Klassik. Würzburg 1935; 77 S. Die Mythosrezeption in der englischen Literatur um 1800 behandelte Douglas Bush, Mythology and the Romantic Tradition in English Poetry. New York 1957, XII, 647 S., Ndr. 1963: Umfassender Überblick zu dieser wichtigen englischen Literaturphase.

Einen ersten Akzent zum Nachleben der alten Mythen in der Bildenden Kunst der **Moderne** setzte eine Ausstellung der Kestner-Gesellschaft mit dem Titel ‚Der

---

[13] Zur Intensität der Einzelforschung zu Barockkünstlern (Velázquez, Rembrandt, Rubens) schon seit den zwanziger Jahren (Warburg-Schule) vgl. Hellwig 2015 auf S. 289 f.

antike Mythos in der neuen Kunst' (AK Hannover, Kestner-Museum 1950; Hrsg.: Alfred Hentzen; 12 Bl.). Sonst wurde die konstitutive Bedeutung antiker Mythen für die moderne Literatur (z. B. James Joyce, *Ulisses*; inkl. Film, z. B. Jean Cocteau, *Orphée*) und die Kunst der ‚Klassischen Moderne' (spez. späte Historienmaler wie Lovis Corinth, Max Slevogt und Franz von Stuck, Giorgio de Chiricos *pittura metafisica*, Surrealisten wie André Masson, Expressionisten wie Max Beckmann) von der damals vorwiegend auf den altertumswissenschaftlichen Kernbereich fixierten Mythosforschung kaum gewürdigt.

3. Narratologischer Gesamtbereich 1920–1960

Forschungen zum **narratologischen Gesamtbereich**, in dem es vor allem um den Stellenwert der antiken Mythen im Rahmen des europäischen *folktale* ging, begannen erst gegen Ende des europäischen Historismus, als in der Kultur des *fin-de-siècle* der Symbolismus über die traditionellen Grenzen literarischer Einzelkomplexe bzw. Einzelgattungen hinaus die Frage nach dem ‚gemeinsamen Nenner' stellte, und verstärkt in der kulturellen Umbruchsituation zu Beginn des 20. Jahrhunderts, als die große Traditions- und Sinnkrise auch die bisherigen Fachgrenzen des universitären Bildungssystems zunehmend zur Disposition stellte.

a. Forschungsansätze zum Mythos als Erzählkomplex

Als Archeget der neuen Forschungsrichtung behandelte ein Klassischer Philologe und Epenforscher die Abgrenzung von Mythos gegen Fabel, Märchen, Legende und Sage im Anschluss an seine Erstfassung ‚Mythus, Sage, Märchen' (Gießen 1905; 46 S.) in erweiterter Neufassung: Erich **Bethe***, Märchen, Sage, Mythus. Leipzig 1922. X, 132 S. – *Disposition:* Vorwort (1–15), ‚Märchen' (19–34), ‚Sage' (37–92; inkl. ‚Heldensage' = Heroenmythen), ‚Mythus' = Göttermythen (95–122). – *Grundbegriffe* (Einleitung): Keine Trennung von ‚Volkssage' und ‚Heldensage' (VIII); ‚Mythus' und ‚Volkssage' eher von sekundärer Bedeutung gegenüber ‚Märchen' und ‚Heldensage' (IX); bei ‚Heldensage' geschichtliche Variante („künstlerische Umbildung wirklicher Geschichte wie Ilias, Nibelungenlied") und ‚phantastische' Variante („deren Kern Wunder und Zauber sind ... wie Odyssee, Brunhildsage"; X). Unterschied von ‚Sage' (inkl. ‚Heldensage') und ‚Märchen': „Das Märchen erzählt von ‚einem König', die Sage dagegen von dem König Gunther und dem König Priamos; das Märchen weiß von ‚einem Schlosse', die Sage von Worms und Ilion" (37; entsprechend 41 zu Orten, 42 ff. zu realhistorischen Persönlichkeiten, z. B. Kyros; 63 ff. zur Alexandersage, 64–70 zu Herzog Ernst von Schwaben, 77 ff. zu älteren Heldensagen, z. B. Theoderich, *Nibelungenlied*, 85 f. zur *Ilias*). Ausführungen zu ‚Mythus' (95 ff., = Göttermythen) mit der Theorie ‚gesunkener Gottheiten' (Erwin Rohde/Hermann Usener): „Und in Kadmos, Perseus, Bellerophon hat man längst alte Götter erkannt ... Versuche, die ganze Heldensage fast, griechische wie germanische, als ‚gesunkene Göttermythen' zu erweisen" (95 f.). Inhalte von ‚Göttermythus': „Kämpfe gegen Titanen und Giganten, Riesen und Ungeheuer, auch gegeneinander, dazu Geburten der Götter und ihre Liebesvereinigungen" (107). Zu gemeinsamen ‚Motiven' (118 ff.): „Wie das Märchen auch aus Sage und Mythus neben vielen andern Quellen schöpft, so haben auch umgekehrt Mythus und Sage den Märchenschatz benutzt und sich mit seinen Kleinoden geschmückt. Auch Mythus und Sage strömen nicht immer in getrennten Betten. In diesen Vermischungen, diesem Hin und Her, diesem Geben und Nehmen und Nehmen und Geben liegt die erste große Schwierigkeit der Forschung" (118). – *Résumé:* Noch recht rudimentäre Begriffsscheidungen; Begrenzung auf Grimmsche Märchen (ohne frühere Märchentradition); keine Abgrenzung zwischen mittelalterlichen Sagen (christliches Substrat) und antiken Mythen (heidnisches Substrat); dafür Scheidung zwischen antiken Götter- und Heroenmythen (entgegen dem gemeinsamen polytheistischen Substrat).

Entsprechende Ansätze boten auch schon die Monographie ‚Odyssee und Argonautika. Untersuchungen zur griechischen Sagengeschichte und zum Epos' von Karl Meuli (Berlin 1921; 121 S.; Ndr. 1974) sowie als erste Materialsammlung zur außerepischen antiken Erzähltradition die Studie ‚Volksmärchen, Sage und Novelle bei Herodot und seinen Zeitgenossen. Eine Untersuchung über die volkstümlichen Elemente der altgriechischen Prosaerzählung' von Wolf Aly (Göttingen 1921; VII, 313; Ndr. mit Nachträgen, Nachwort von L. Huber und Bibliographie. Göttingen 1969; 341 S.) mit einem einleitenden Kurzvergleich von Märchen, Mythos, Sage, Legende, Novelle, Schwank und Fabel (9–10) und grundlegenden Ausführungen zu den betreffenden Erzählelementen bei Herodot (31–207) und in weiteren frühgriechischen Prosaerzählungen (208–301) sowie gründlichen Registern (302–312). Wertvolle themenspezifische Beiträge legte auch Herbert J. Rose vor mit der Zusammenstellung ‚Märchen in Griechenland und Italien' (1928; als Kap. X im ‚Handbook', dt. Ausgabe München 1955, 287–306) und dem knappen Abriss ‚Mythology, History and Folklore' (in: Ds., Modern Methods in Classical Mythology. Three Lectures. St. Andrews 1930, 20–35) zum Mythos von Oidipous (24–30), römischen Sagen der frühen Republik (30–33) und Übergängen zwischen Märchen und *folklore* (33–35).

Literaturtheoretisch einige Fortschritte bot das Standardwerk eines belgischen Literaturtheoretikers: André **Jolles***, Einfache Formen. Legende, Sage, Mythe, Rätsel, Spruch, Kasus, Memorabile, Märchen, Witz. Tübingen 1930 (Ndr.

Darmstadt 1958 u.a.) VI, 272 S. – *Disposition:* Einführung (1–22), Legende (23–61), Sage (62–90), ‚Mythe' (91–125), Rätsel (126–149), Spruch (150–170), Kasus (171–199), Memorabile (200–217), Märchen (218–246), Witz (247–261), Ausblick (262–268). – *Zu ‚Mythe':* I. Definitionen; Jacob Grimms Begriff (91–95). II. Mythologie und Mythus; Orakel; Mythe und Mythus; Beschaffenheit: Schöpfung (96–101). III. Mythe – Erkenntnis – *mythos* (102–104). IV. Der Aetnamythus bei Pindar; Mythologie (105–107). V. Die bezogene Form; Beispiel; Platons Mythen (108–112). VI. Geschehen in der Mythe; Besonderheit der Sprachgebärde (113–116) VII. Tell; Wandermythen; Mythen vom rettenden Wesen (117–123); VIII. Untergangsmythe; Symbol (124–125). – *Résumé:* Breites Spektrum eigenständiger, z.T. recht willkürlicher Gattungsdefinitionen. Obwohl die antiken Mythen (mehr noch als z.B. mittelalterliche Sagen) einen gattungsübergreifenden Komplex bilden, wird die ‚Mythe' mit den Einzelgattungen Legende und Märchen auf das Grundschema ‚Einfache Form' reduziert, während Novelle und Fabel ganz außerhalb des Blickfelds bleiben.

Erste Materialsammlungen weniger zu ‚Märchenelementen' in antiken Mythen als zu ‚Mythenelementen' in der neueren Märchentradition stammten von dem Klassischen Philologen und Kulturhistoriker Eduard Stemplinger, Antike Motive in deutschen Märchen (1922). In: Ds., Die Ewigkeit der Antike. Gesammelte Aufsätze. Leipzig 1924, 31–44, und von dem Märchenforscher Lutz Mackensen mit seiner Zusammenstellung gleichen Titels (in: Handwörterbuch des Deutschen Märchens 1, 1930/33, 81–90). Dieses auch für mythische Stichwörter wichtige Corpus (Berlin, de Gruyter) kam leider nicht über Bd. 1, 1930/33 (A-E) und Bd. 2, 1934/40 (F/G) hinaus.

Die wichtigste Veröffentlichung zum Themenkomplex in der Frühphase ist einem österreichischen Klassischen Philologen zu verdanken: Ludwig **Radermacher***, Mythos und Sage bei den Griechen. Brünn/München/Wien 1938; 2. Aufl. 1943, Ndr. Darmstadt 1968; 403 S.: Widmung an Erich Bethe (5); dann knappe Einführung (7) zur Scheidung von Mythos und Sage. – *Disposition:* Teil I. Vorfragen (11–153; theoretische Grundansätze, spez. zur Entwicklung der mythologischen Forschung): 1. Symboliker und Rationalisten (11–26). 2. Die Vergleicher (27–46, z.B. Herder). 3. Philologen und Archäologen: Die historisch-kritische Methode (47–66; zur historischen Entwicklung der Forschung seit Karl Otfried Müller 1825). 4. Mythos, Sagen, Märchen (67–88; wichtiger grundlegender Vergleich mit wertvollen Ergebnissen). 5. Zur Technik des Vergleichs (89–117). 6. Herkunft und Alter (118–136). 7. Altertümliche Form und ihre Dauer (137–153). Teil II. Versuche (154–306; praktische Fallstudien): 1. Iason (154–240). 2. Theseus (241–306). Exkurse (307–324). Anmerkungen (325–384), Nachträge (385–387). Register (388–399). – *Résumé:* Forschungsgeschichtliche Ausrichtung in Teil I, systematische Konzeption anhand praktischer Fallstudien in Teil II; insgesamt eigenständiger Basisbeitrag im Anschluss an die frühere Studie ‚Die Erzählungen der Odyssee' (Wien, SB ÖAW 1915) mit ersten Ansätzen in Richtung einer Einordnung des antiken Mythos in den Gesamtrahmen des europäischen *folktale*; wesentliche Anregung und Ausgangspunkt für MSM 2012.

In den fünfziger Jahren bezog sich Karl Meuli in der Studie ‚Herkunft und Wesen der Fabel' (Bern 1954; 28 S.) auf die kleine literarische Einzelgattung, ohne allerdings auf die interessante antike Mischform der ‚Mythenfabel' einzugehen (dazu MSM 2012, 213–215). Fast gleichzeitig entstand ein seinerzeit wichtiges Standardwerk zur Heldendichtung allgemein: Cecil **Bowra**, Heroic Poetry. London 1952; 589 S.; Ndr. 1978; dt. Ausgabe: Heldendichtung. Eine vergleichende Phänomenologie der heroischen Poesie aller Völker und Zeiten. Stuttgart 1964; 656 S.: Behandlung konstitutiver Faktoren und Aspekte zum Thema weltweit (Heldengedicht, Poesie der Tat, Held, Hintergrund, Erzählmittel; Kompositionstechnik, Sprache/Erzählmuster, Besonderheiten der Komposition, Umfang und Entwicklung, Tradition und Weitergabe, Sänger, ‚Innerhalb der Tradition', Arten heldischer Geisteshaltung; Heldendichtung und Geschichte, Niedergang der Heldendichtung) mit der vorgenommenen Scheidung einer älteren Phase (von Homers *Ilias* bis zum spanischen *Poema del Cid*) und einer neueren Phase (spez. 19./20. Jh.), allerdings weitgehend ohne systematische Erfassung des Verhältnisses zum Mythos.

Unabhängig von Bowras Vorgaben und Voraussetzungen behandelte wenige Jahre später der niederländische Literaturwissenschaftler Jan de **Vries*** dasselbe Thema im gattungsgeschichtlichen Abriss ‚Heldenlied en Heldensage' (Utrecht 1959; 269 S.; dt. Ausgabe unter dem Titel ‚Heldenlied und Heldensage', München/Bern 1961 = Sammlung Dalp 78; 376 S.) mit einer ähnlichen Konzeption: (I.) Präsentation des Gesamtmaterials (dt. Ausgabe 9–223; darin: Das Homerische Epos, 9–26; Das altfranzösische Epos, 27–60, Die germanischen Heldenlieder, 61–97; weiterhin Prosasagen aus Irland/Island, Epen der Inder und Perser, Slavische Volksepik, Epen nichtindogermanischer Völker). (II.) Konstitutive Faktoren und Aspekte (224–354; darin als Hauptaspekte: Dichter und Vortragende, 224–242; Der Held und die heroische Zeit, 243–259; Der historische Hintergrund, 260–280; Das Modell des Heldenlebens, 281–301; Anfang und Vollendung des Heldenepos, 321–354). Lediglich das vorletzte Kapitel ‚Der mythische Hintergrund der Heldensage' (302–320) bezog sich auf den Grenzbereich zu Mythos, Ritus und Heroenkult in einem Vergleich der polytheistisch bestimmten homerischen Epen (306–311) mit der weitgehend christianisierten Epik des westlichen Mittelalters (311 ff.), ohne allerdings weitere Unterscheidungskriterien herauszuarbeiten.

Den Schlusspunkt vergleichender Forschungen in der Frühphase hatte bereits eine frühere zusammenfassende Monographie desselben Autors gebildet: Jan de **Vries***, Betrachtungen zum Märchen, besonders in seinem Verhältnis zu Heldensage und Mythos. Helsinki 1954 (FF Communications 63=150); 184 S. – *Disposition:* Widmung für André Jolles. I. Einleitende Bemerkungen (1–7). II. Aspekte der Forschung (8–70; Überblick zu früheren Märchentheorien; Zwischenergebnis: „...dass weder über den Ort, noch über die Zeit des Ursprungs des Märchens etwas mit Sicherheit gesagt werden kann" 70). III. Das Märchen und die Heldensagen (71–135; z. B. mit so heterogenen Abschnitten wie Argonautensage 84–98 und Sigfridsagen 98–125). IV. Märchen – Heldensage – Mythos (136–179; zu Heldensage und Mythos 136–165, zu Märchen und Mythos im Anschluss an die ‚Märchenästhetik' von Max Lüthi 165–179). – *Résumé:* Die Ausführungen lassen über wichtige Teilergebnisse hinaus eine differenzierte Systematisierung der Nachbarbereiche noch weitgehend vermissen. Der bipolare Ansatz des „grundsätzlichen Charakterunterschieds" zwischen „todernstem Mythos" und „spielerischem Märchen" (171–179) wurde für den Vf. zu einer wesentlichen Herausforderung bei der späteren Arbeit an MSM 2012.

Unter psychoanalytischem Blickwinkel legte ein bedeutender Freudschüler bereits in den fünfziger Jahren einen Basisbeitrag zu Mythen und Märchen vor: Erich Fromm, The Forgotten Language. An Introduction to the Understanding of Dreams, Tales and Myths. New York 1951; VI, 263 S.; dt. Ausgabe Zürich 1957; 247 S.; Neuausgabe Stuttgart 1980; 208 S. Ein aktuelles Résumé zu dieser Abgrenzungsfrage zog der wichtige Beitrag von Friedrich von der Leyen, Mythus und Märchen. In: Deutsche Vierteljahreszeitschrift für Literaturwissenschaft und Geistesgeschichte 33, 1959, 343–360. Ein Signal für die künftige Ausweitung der Erzählforschung allgemein war schließlich die Begründung eines neuen Publikationsorgans durch Kurt Ranke: ‚Fabula. Zeitschrift für Erzählforschung' (Berlin; Bd. 1 ff., 1958 ff.).

b. Forschungsansätze zum Mythos als Erzählmotiv

Bemerkenswert im Zusammenhang mit den weiteren Fortschritten der Erzählforschung war die Tatsache, dass es in der Frühphase zunächst noch relativ wenig **Motivforschung** mit **Überblicksdarstellungen** zu den wichtigsten Standardmotiven in der europäischen Erzähltradition und darüber hinaus gab. Zunächst erschien als Ersatz für den knappen früheren Abriss ‚Verzeichnis der Märchentypen' von Antti Aarne (Helsinki 1910 = FF Communications 3; X, 63 S.) eine stark erweiterte Fassung: The Types of the Folk Tale. A Classification and Bibliography. Translated and Enlarged by Stith **Thompson***. Helsinki 1928 (FF Communications 74=25); 279 S.

Wenige Jahre später legte derselbe Gelehrte ein monumentales Corpus zur Thematik vor, das sich seit seinem Erscheinen als grundlegendes Standardwerk erweisen sollte: Stith **Thompson****, Motif-Index of Folk-Literature. A Classification of Narrative Elements in Folk-Tales, Ballads, Myths, Fables, Medieval Romances, Exempla, Fabliaux, Jest-Books, and Local Legends. 1. A-C. 1932; 427 S. 2. D-E. 1933; 435 S. 3. F-H. 1934; 411 S. 4. I-K. 1934; 501 S. 5. L-Z. 1935; 486 S. 6. Alphabetical Index. 1936; 647 S. Helsinki 1932–1936 (FF Communications 106–109 = 39–42, 116–117 = 46–47). Den nachhaltigen Erfolg dieses Forschungsprojekts bestätigte gegen Ende der Frühphase eine z.T. beträchtlich erweiterte Neuauflage (1. A-C. 1955; 554 S. 2. D-E. 1956; 517 S., 3. F-H. 1956; 519 S. 4. I-K. 1957; 499 S. 5. L-Z. 1958; 567 S. 6. Alphabetical Index. 1958; 892 S. Kobenhavn 1955–1958).

Wie weit dieses wegweisende Corpus seiner Zeit voraus war, bestätigte auch die Tatsache, dass **Spezialbeiträge zu Einzelmotiven** des europäischen *folktale* zunächst noch relativ selten waren. Zu den wenigen Ausnahmen zählten zwei frühe Studien eines bekannten Schülers von Sigmund Freud: (1) Otto **Rank**, Der Mythus von der Geburt des Helden. Versuch einer psychologischen Mythendeutung [1909]. Leipzig/Wien 2. erw. Aufl. 1922 (Schriften zur angewandten Seelenkunde 5); VII, 160 S.; Ndr. Wien 2000, engl. Übers. Baltimore 2015: Psychoanalytische Interpretation eines traditionellen Standardmotivs. (2) **Ds.**, Das Inzest-Motiv in Dichtung und Sage. Grundzüge einer Psychologie des dichterischen Schaffens [1912]. Leipzig/Wien 2. erw. Aufl. 1926; VII, 652 S.; Ndr. Darmstadt 1974, engl. Übers. Baltimore 1992: Materialreiches Pendant zu einem weiteren psychoanalytischen Kernbegriff.

Außerdem sind im Blick auf die in MSM 2012 behandelten Standardmotive (inkl. Sondermotive) vor allem folgende Titel zu nennen: **(Motivreihe 1)** C.G. Jung, Das göttliche Kind in mythologischer und psychologischer Beleuchtung. Amsterdam 1940; 124 S. (vgl. auch C.G. Jung/Karl Kerényi, Einführung in das Wesen der Mythologie. Das göttliche Kind. Das göttliche Mädchen. Zürich 4. Aufl. 1951; 260 S.; amer. Ausgabe: Essays on a Science of Mythology. Princeton 1963); M. Isenberg, Geburt und Tod im Europäischen Volksmärchen. Diss. Bonn (mschr.) 1948; Jacques Laager, Geburt und Kindheit des Gottes in der griechischen Mythologie. Diss. Zürich 1957; 215 S. **(Motivreihe 3)** Frank Brommer, Die Königstochter und das Ungeheuer. Marburg 1955; Fontenrose 1959, wie S. 23 (zum Standardmotiv ‚Drachenkämpfer'). **(Motivreihe 4)** Friedmar **Geißler***, Brautwerbung in der Weltliteratur. Halle/Saale 1955; XX, 260 S.: Wertvolle, bis heute unverzichtbare Materialsammlung zum Standardmotiv ‚Freierprobe' mit ausführlichem Literaturverzeichnis (IX-XVII), instruktiver Einleitung (1–7) und Gliederung nach sachlichen Teilaspekten (z.B. Aufgaben, Proben, Prüfungen, 118–152; Helfer und Hilfen bei der Werbung, 153–182). **(Motivreihe 7)** Hans Priebatsch, Die Josephsgeschichte in der Weltliteratur. Eine legendengeschichtliche Studie. Breslau 1937; XVIII, 197 S. **(Motivreihe 8)** Johannes Tolstoi, Einige Märchenparallelen zur Heimkehr des Odysseus. In: Philologus 89, 1934, 261–274. **(Motivreihe 9)** Wilbur

Owen Sypherd, Jephthah and his Daughter. A Study in Comparative Literature. Newark 1948. **(Uriabrief)** Joseph Schick (Hrsg.), Corpus Hamleticum. Hamlet in Sage und Dichtung, Kunst und Musik. Erste Abteilung: Sagengeschichtliche Untersuchungen. Bd. 2. Das Glückskind mit dem Todesbrief. Leipzig 1932, spez. 215 ff.

B. Überblick zur Mittelphase der modernen Mythosforschung

Die folgende Einführung zur Mittelphase wird sich ebenfalls auf die großen Leitlinien in der Gesamtentwicklung der Forschung sowie die wichtigsten Standardwerke konzentrieren, denen entscheidende Fortschritte über den jeweiligen Stand der Forschung hinaus zu verdanken waren. Bei der Fülle des Materials allein schon zum altertumswissenschaftlichen Kernbereich werden vor allem die Hauptwerke der klassisch-philologischen und klassisch-archäologischen Forschung näher behandelt, zum rezeptionsgeschichtlichen Ergänzungsbereich und zum narratologischen Gesamtbereich vorwiegend nur die wichtigsten Überblickswerke.

Bereits gegen Ende der Frühphase zeichnete sich ab, dass auf der zunächst noch stabilen Basis humanistischer Bildungssubstanz in Schule, Universität und Gesellschaft eine neue Generation von durchweg hoch motivierten, vielfach auch breiter orientierten Wissenschaftlern die Mythosforschung weniger im traditionellen Kernbereich als in Richtung Rezeptionsgeschichte und *folktale* weiterbringen werde. Nachträglich gesehen, entwickelte sich diese **Mittelphase** dank einer noch beachtlichen mythischen Vorbildung der Fachwissenschaftler mit einem bis dahin einmaligen Umfang mythologischer Studien und seither unübertroffener Intensität wie Qualität der Gesamtforschung zu einem Höhepunkt der wissenschaftlichen Studien zur antiken Mythentradition und ihrem breiten Nachleben. Zweifellos trugen auch die erheblichen Förderungsmittel, die durch den wirtschaftlichen Aufschwung während der späteren Nachkriegszeit zusätzlich für Forschung und Bildung zur Verfügung standen, entscheidend zu dieser Entwicklung bei.

1. Altertumswissenschaftlicher Kernbereich 1960 – 2000

Markante Wegmarken während der Mittelphase im altertumswissenschaftlichen Kernbereich waren der vorläufige Abschluss des altertumswissenschaftlichen Jahrhundertprojekts RE (Reihe 2 1972, Supplemente 1995) und das grundlegende neue mythologisch-archäologische Handbuch von Timothy Gantz (1996), die epochale Aufarbeitung des archäologischen Gesamtmaterials im monumentalen Corpus des LIMC (1981–1997) und das fünfteilige Corpus der ‚Sagenbilder' (SB; München 1978–1993) von Karl Schefold, weiterhin die bleibenden Verdienste von Martin L. West um die Erschließung der altorientalischen Vorlagen vom *Theogo-*

nie-Kommentar (1966) bis zu seinem zusammenfassenden Standardwerk ‚The East Face of Helicon' (1997).

a. Klassisch-philologische Mythosforschung

Zur umfangreichen klassisch-philologischen Forschungsliteratur der Mittelphase zählte letztlich nur eine begrenzte Zahl von seitherigen Standardwerken. Im Folgenden werden zunächst neue Überblickswerke zur Geschichte der Mythologie behandelt, dann ausführlicher die wenigen neuen Handbücher und einige ebenso substantielle wie innovative wissenschaftliche Einführungen (mit einem kurzen Seitenblick auf den Strukturalismus) sowie ergänzende Hinweise auf einige weitere m. E. bemerkenswerte Monographien, abrundend eine begrenzte Auswahl größerer und kleinerer Lexika.

Zur **Geschichte der Mythologie** gab es gleich am Anfang der Mittelphase eine neue Gesamtdarstellung: Jan de **Vries***, Forschungsgeschichte der Mythologie. Freiburg/München 1961; IX, 382 S.: Als Fortsetzung der Publikation von Otto Gruppe (1921, wie S. 15) enthält das Werk einen repräsentativen wissenschaftlichen Überblick von der Antike über christliche Apologeten und das Mittelalter bis zum 18. Jahrhundert; dann schwerpunktmäßig zur neueren Entwicklung der Mythosforschung von 1780/1800–1960, mit ergänzenden Quellennachweisen (369–375) und kurzem Register (376–382), natürlich noch ohne Berücksichtigung von späteren Strömungen wie Strukturalismus etc. Als konsequente Fortsetzung zu Beginn der aktuellen Phase ist die Publikation von Eric Csapo anzusehen (2005, wie S. 175).

Eine ergänzende Neuerscheinung vereinigte in einer instruktiven Zusammenstellung wichtige Textzeugnisse zur Geschichte der Mythentheorie im 19. und 20. Jahrhundert: Karl **Kerényi*** (Hrsg.), Die Eröffnung des Zugangs zum Mythos. Ein Lesebuch. Darmstadt 1967 (Wege der Forschung 20); XVI, 291 S.; Ndr. 1976 u. a. – Auf die mythologische Forschung der frühen Neuzeit konzentrierte sich eine Spezialuntersuchung: Burton **Feldman***/Robert D. **Richardson**, The Rise of Modern Mythology (1680–1860). Bloomington/Ind. 1972; XXVII, 564 S., Ndr. 2000: Teilüberblick zur Frühentwicklung in drei Zeitabschnitten vom Barock bis zum 19. Jahrhundert, jeweils mit Liste der wichtigsten Autoren und repräsentativen Textausschnitten.

Im Verlauf der gesamten Mittelphase gab es nur ein **größeres neues Handbuch** zum Kernbereich: Mark P.O. **Morford***/Robert L. **Lenardon**, Classical Mythology. New York 1971; 2. erw. Aufl. 1977; XVI, 524 S.; 3. erw. Aufl. 1985; XVI, 576 S. – *Disposition* (nach 3. Aufl.): Introduction (1–25). Part I. The Myths of Creation. The Gods (29–292). Part II: The Greek Sagas: Greek Local Legends (293–461; mit nicht durchgehend mythenchronologischer Darstellung und dem eher heterogenen Schlussabschnitt ‚Local Legends' 444–461). III. The Survival of Classical Mythology (463–539): zunächst ‚Roman Mythology' (465–498), dann die spätere vorwiegend literarische Rezeptionsgeschichte (499–521) inkl. ‚Classical Mythology in Music and Film' (522–539). Select Bibliography (541–544; mit erheblichen Defiziten gegenüber einem handbuchartigen Standard). Indexes (545–576). – *Résumé:* Seither das populärste Standardwerk der anglo-amerikanischen Forschung, allerdings mit eher konventioneller Ausrichtung, ohne gleichrangige Würdigung der literarischen und bildlichen Quellen in der Antike, ohne Behandlung der altorientalischen Vorgaben und ohne Ansätze von Systematisierung. Vgl. auch die aktuellen Bemerkungen zur 9. Aufl. 2011 auf S. 178 f.

Gegen Ende der Mittelphase kam dann doch das von der Forschung längst erwartete **neue große Handbuch** zum Altertumswissenschaftlichen Kernbereich heraus: Timothy *Gantz***, Early Greek Myth. A Guide to Literary and Artistic Sources. Vol. 1.2. Baltimore, London 1996;[14] XXI, 476 S., XXV-CXV; XIII, S. 467–873. – *Disposition:* (I.) Ursagen/Göttermythen bis zur Erschaffung der Menschen (1–166: 1. The Early Gods, 1–56. 2. The Olympians, 57–119. 3. Olympos, the Underworld, and Minor Divinities, 120–151. 4. Prometheus and the First Men, 152–166). (II.) Ältere Heroenmythen (167–556: 5. The Line of Deukalion, 167–197. 6. Other Early Families, 198–232. 7. The Royal House of Athens, 233–258. 8. Minos and Krete, 259–275. 9. Theseus' Later Exploits, 276–298. 10. Perseus and Bellerophontes, 299–316. 11. The Daughters of Thestios, 317–339. 12. Iason and the Argo, 340–373. 13. Herakles, 374–466. 14. Thebes, 467–530. 15. The Line of Tantalos, 531–556). (III.) Troianischer Mythenkreis bis zu den *Nóstoi* (557–717: 16. The Trojan War, 557–661. 17. The Return from Troy, 662–717). (IV.) 18. Other Myths (718–737). Appendixes (739–822; u.a. Textausgaben, Auswahlkatalog bildlicher Darstellungen, genealogische Schemata). Bibliographie (847–853; Überblickswerke ohne Berücksichtigung von Einzelmythen). Index (855–873; ohne Unterteilung). – *Konzept:* „I have tried to determine where each such detail first appears in our literary or artistic sources" (Preface XVI). Zwar erweiterter Blick auf die gesamte griechisch-römische Literatur (inkl. Apollodor/Hygin); doch letztlich Konzentration auf frühgriechische Mythen: „By ‚earlier times', I continue to mean basically the Archaic period; I am interested above all in the versions of myths which would have been known to people like Aischylos and Pherekydes" (XVII). Deutliche Abgrenzung: „What the reader will not find is any systematic treatment of a myth's development in later times for its own sake, for example, how motifs fully attested earlier are reworked or manipulated by Kallimachos and Ovid" (XVII/

---

14 In der Bibliographie MH 2011, 467 noch fälschlich mit Erscheinungsdatum 1993 geführt.

XVIII). Gleichwertige Behandlung des Bildmaterials (XIX-XX) mit der Intention: „What I have tried to do rather is to select out those artifacts that attest for the first time to the presence of a myth" (XIX). Hauptziel: „... which is to refer Greek myths, where we can, back to the specific writers, taletellers, and artists who gave them to us, and to reconsider what part of our world of Greek myth each of those sources knew" (XX). – *Résumé:* Grundlegendes Handbuch und Standardwerk, das sich in seiner konsequenten Erschließung der literarischen wie bildlichen Belege des frühgriechischen Mythos philologisch an den großen Vorgängern des 19. und frühen 20. Jahrhunderts (Ludwig Preller, Carl Robert, Otto Gruppe) orientierte, archäologisch auf dem seinerzeit neuesten Stand der Forschung kurz vor dem Abschluss des epochalen LIMC (Bd. 1–8. Zürich, München 1981–97). Gesamtüberblick zur Frühphase der literarischen und bildlichen Mythentradition, als Leitlinie der Darstellung durchweg dem traditionellen mythenchronologischen Grundschema folgend (mit kleinen Inkonsequenzen, z. B. einer disparaten Sammlung von Restthemen in Kap. 18). Nach der Zielsetzung der Vorrede ganz bewusste Begrenzung auf den (früh)griechischen Bereich unter Verzicht auf altorientalische Vorgaben, die Spätbildung des römischen Mythos, die weitere antike Mythosrezeption, die Grundstrukturen des mythischen Weltbilds (inkl. Ansätze zur Systematisierung) sowie dessen geistesgeschichtliche Bedeutung für die griechisch-römische Antike und darüber hinaus; jedenfalls seit dem Erscheinen für die ‚Arbeit am Mythos' unverzichtbar.

Unter den **wissenschaftlichen Einführungen** zum antiken Mythos in der Mittelphase ist eine ganze Anzahl von Einzelwerken bemerkenswert aufgrund ihrer Qualität, Eigenständigkeit und Originalität der Konzeption:

(1) Geoffrey Stephen *Kirk**, Myth. Its Meaning and Functions in Ancient and Other Cultures. Cambridge, Berkeley, Los Angeles 1970 (Sather Classical Lectures 40), Ndr. 1971; XII, 299 S. – *Disposition:* I. Myth, Ritual and Folktale (1–41). II. Lévi-Strauss and the Structural Approach (42–83). III. The Nature of Myths in Ancient Mesopotamia (84–131). IV. Nature and Culture: Gilgamesh, Centaurs and Cyclopes (132–171). V. The Qualities of Greek Myths (172–251). VI. Tales, Dreams, Symbols: Towards a Fuller Understanding of Myths (252–286). Index (287–299). – *Konzept:* „This book attempts to come to grips with a set of widely ranging but connected problems concerning myths: their relation to folktales on the one hand, to rituals on the other; the validity and scope of the structuralist theory of myth; the range of possible mythical functions; the effects of developed social institutions and literacy; the character and meaning of ancient Near-Eastern myths and their influence on Greece; the special forms taken by Greek myths and their involvement with rational modes of thought; the status of myths as expressions of the unconscious, as allied with dreams, as universal symbols, or as accidents of primarily narrative aims. Almost none of these problems has been convincingly

handled, even in a provisional way, up to the present, and this failure has vitiated not only such few general discussions as exist of the nature, meanings and functions of myths, but also, in many cases, the detailed assessment of individual myths of different cultures" (Preface V); „I have been careful not to overload the text with learned references or to multiply footnotes for mere scholarship's sake, especially since I prefer to regard the book as an essay in interpretation, or a critical venture into the history and philosophy of thought, rather than as a work of agglomeration learning" (VIII). – *Résumé:* Grundlegend neuer Ansatz zur Aufarbeitung zentraler Teilaspekte des Gesamtbereichs auch über den Kernbereich des antiken Mythos hinaus; z.B. zum Zusammenhang mit Ritual und Folktale (Kap. 1), zum strukturalistischen Ansatz (Kap. 2); zu den altorientalischen Vorgaben (Kap. 3/4); erster Versuch einer ‚qualitativen' Betrachtung der frühgriechischen Mythen (Kap. 5); Ausweitung auf die Zusammenhänge mit Psychologie und Psychoanalyse (Kap. 6) mit gehaltvoller Zusammenfassung im Schlussabschnitt ‚Possibilities of Origin' (280–285). Insgesamt kein Handbuch, immerhin aber eine substantielle neue Einführung in die Gesamtthematik mit Tendenz zum geistesgeschichtlichen Essay.

(2) **Ds****, The Nature of Greek Myths. Harmondsworth 1974, 332 S.; unv. Ndr. 1975; deutsche Ausgabe: ‚Griechische Mythen. Ihre Bedeutung und Funktion'. Berlin 1980; Neuausgabe Reinbek 1987 (rde 444); 312 S. – *Disposition* (nach 1. Aufl. 1974): I. The Nature of Myths (13–91): 1. Problems of Definition (13–29). 2. The Relation of Myths to Folktales (30–37). 3. Five Monolithic Theories (38–68). 4. Myths as Products of the Psyche (69–91). II. The Greek Myths (95–219): 5. Greek Myths in Literature (95–112). 6. Myths of the Gods and the Early History of Men (113–144). 7. The Heroes (145–175). 8. The Mythical Life of Heracles (176–212). 9. The Development of the Hero-Myth (213–219). III. Influences and Transformations (223–303): 10. Myths and Rituals (223–253). 11. The Influence of Western Asia on Greek Myths (254–275). 12. From Myths to Philosophy? (276–303). (Anhänge): Selected Biography (305–306), References (307–314), Index (317–332). – *Konzept:* „This study of the nature of Greek myths is intended, among other things, to complement my earlier *Myth, its Meaning and Functions in Ancient and Other Cultures* [1970]. At certain points, especially in Part I, it inevitably follows the same general lines; but for the most part it carries the earlier work further, within the limits of a book written for a wider audience" (Preface 9); „…. the book's main purpose will be to discuss the sort of things that Greek myths are and are not, their functions and limitations and possible developments, rather than merely to discribe their contents. Plenty of other books do that. […] From which the reader will see that these pages will not lead him directly to the deeper understanding of specific Greek tales, but will involve him first in a broader consideration of myths in general" (13). – *Résumé:* Gegenüber der Erstpublikation (1970) wird eine mo-

difizierte Konzeption vorgelegt, bei der über Polemik (13f.) gegen den nacherzählenden Gesamttrend und Kritik an Vorgängern wie Rose (1928) hinaus erstmals in der Forschung ein systematischer Ansatz gefordert wurde: „The first requirement is to develop a workable system of primary categories and definitions" (19) – unabhängig davon, dass K.s eigene Disposition diesem grundsätzlichen Anspruch nur eingeschränkt gerecht wurde, seine Forderung allerdings zum Ausgangspunkt für das Gesamtprojekts des Vf.s. Über das Spektrum der im Vorgängerwerk (1970) behandelten Einzelaspekte hinaus (spez. in Part II zum konventionellen mythischen Grundgerüst, in Part III zu wesentlichen Teilaspekten über den Kernbereich hinaus) behandelte Part I erstmals Grundsatzfragen wie Definition und Terminologie (13–29), Abgrenzung gegenüber Nachbargebieten des *folktale* (30–37), ein aus der neueren Mythosforschung abgeleitetes Theorien- und auch Kategoriensystem (38–68) sowie den aus der neueren Mythosforschung ableitbaren ‚psychologischen' Grundcharakter von Mythen (69–91).

(3) Fritz **Graf****, Griechische Mythologie. Eine Einführung. München/Zürich 1987 (Artemis Einführungen 16); 198 S.; 2. durchges. Aufl. 1987, 4. unv. Aufl. 1997. – *Disposition:* Einleitung: Ein Definitionsversuch (7–14). I. Die Entstehung der Wissenschaft vom Mythos (15–38; frühe Forschung zur Mythologie). II. Die Neuansätze der Mythendeutung im 20. Jahrhundert (39–57; Tiefenpsychologie, Funktionalismus, Strukturalismus, Ritualismus). III. Mythos und Epos (58–78; zum zentralen literarischen Ausgangsbereich). IV. Die Entstehung der Welt und der Götter (79–97; zum zentralen inhaltlichen Ausgangsbereich; 86ff. auch zu Altorientalischem). V. Mythos, Heiligtum und Fest (98–116; zur Abgrenzung von Mythos und Religion). VI. Mythos als Geschichte (117–137; auch zur Abgrenzung von Realhistorie). VII. Mythos, Chorlied und Tragödie (138–167; intensive Behandlung dieses zentralen literarischen Höhepunkts der antiken Mythentradition). VIII. Philosophen, Allegoristen und Mythologen (168–189; Würdigung von drei wesentlichen Spielarten der späteren Mythentradition). IX. Quellen und Sekundärliteratur (190–198; knapper Überblick mit substantieller Bibliographie auf dem Stand der Forschung). – *Résumé:* Ebenso knapper wie präziser Forschungsüberblick; nach substantieller Einleitung zunächst ein Überblick zur Geschichte der Mythologie in Neuzeit und Moderne (I-II); im Hauptteil (III-VIII) die eingehende Behandlung zentraler literarischer und kulturhistorischer Aspekte mit konsequenter Beschränkung auf die antike Tradition und einem z.T. recht disparaten Spektrum von Teilaspekten; allerdings nahezu ohne Berücksichtigung der späteren Rezeptionsgeschichte und nur mit begrenzter Würdigung des griechischen Mythos als eines zentralen narrativen Bestandteils innerhalb des europäischen *folktale* (12–14). Insgesamt ist die wesentliche Publikation auch dank meisterhafter Knappheit und Präzision der Gesamtdarstellung ein seither unverzichtbares Standardwerk.

(4) Jan N. **Bremmer*** (Hrsg.), Interpretations of Greek Mythology. Totowa/N.J. 1986, Ndr. London 1988, 1994; 294 S.: In der Forschung bis dahin seltener, in der Folgezeit zunehmend beliebter Publikationstyp mit Herausgeber und Einzelbeiträgern; großes Spektrum von Beiträgen zum Kernbereich, sei es grundsätzlicher Art (Jan Bremmer, What is a Greek Myth?, 1–9), sei es zu Vorstufen (Walter Burkert, Oriental and Greek Mythology: The Meeting of Parallelels, 10–40), Teilbereichen der ‚Mythenchronologie' (z. B. Robert Parker, Myths of Early Athens, 187–214; Christiane Sourvinou-Inwood zum Delphischen Orakel 215–241), Mythos und Ritual (H.S. Versnel, The Case of Kronos, 121–152), Mythos und Realhistorie (Claude Calame, Spartan Genealogies: The Mythological Representation of a Spatial Organisation, 153–186), Mythographie (Albert Henrichs, Three Approaches to Greek Mythography, 242–277); schließlich zu Einzelaspekten (Richard Buxton, Wolves and Werewolves in Greek Thought, 60–79) und bedeutenden Einzelmythen (z. B. Jan Bremmer, Oedipus and the Greek Oedipus Complex, 41–59; Fritz Graf, Orpheus. A Poet Among Men, 80–106; Ezio Pellizer, On Reading the Narcissus Story, 107–120). Insgesamt repräsentativer Überblick zur aktuellen Mythosforschung (278–283) mit abschließender Überblicksbibliographie (1965–1986) des Herausgebers.

(5) Lowell **Edmunds*** (Hrsg.), Approaches to Greek Myth. Edited and introduced by L.E. Baltimore/London 1990; VI, 448 S.; 2. überarb. Aufl. 2014; VIII, 470 S. – *Disposition* (nach 1. Aufl. 1990): Nach knapper Einführung des Herausgebers (‚The Practice of Greek Mythology', 1–20) vier Sektionen, jeweils mit kurzer Einleitung des Herausgebers: I. Myth, Ritual, and History (21–138). II. Comparative Approaches (139–272). III. Approaches Based on Theory (273–389). IV. Greek Mythology and Greek Vase Painting (391–445). – *Résumé:* Neuer Publikationstyp mit der Variante, dass der Herausgeber zugunsten der Einheitlichkeit der Gesamtlinie bei den insgesamt acht Beiträgen (darunter fünf Basisbeiträgen) namhafter Fachleute zu wesentlichen Teilaspekten der Mythosforschung (Ritus/Ritual, Mythographie/Historie, altorientalische und indo-europäische Vorgaben, Folklore, Strukturalismus, Psychoanalyse, Ikonographie) einen koordinierenden Einleitungstext hinzufügte; dadurch relativ einheitlicher Grundcharakter der Publikation. Wertvolles Arbeitsmittel nicht nur zur Erstorientierung über die behandelten Teilbereiche.[15]

(6) Ken **Dowden****, The Uses of Greek Mythology. London/New York 1992; XI, 204 S. – *Disposition:* I. Attitudes to myth (1–53): 1. Myth and mythology (3–21;

---

[15] Einen Hinweis verdient ein weiterer Kurzabriss: Lucilla Burn, Greek Myths. London 1990; dt. Ausgabe Stuttgart 1993; 160 S.: Überblick für ein breiteres Publikum ohne weitergehenden Anspruch (Literaturhinweise 155 f.) mit Schwerpunkt Heroenmythen (27–144; allerdings ohne mythenchronologische Reihenfolge) und knappem Schlusskapitel zur Rezeption (145–154).

Definition, Abgrenzung gegen Saga, Legend, Folktale, Fairy-Story; Mythos als Gesamtsystem; Autoren des Mythos vom frühen Epos bis zu späten Mythographen; fiktive ‚Chronologie' des Mythos). 2. How myths work: The Theories (22–38; antike Zugänge: Historisierung, Allegorisierung, ‚Natural allegory and comparative mythology', ‚Cambridge myth-ritual'; ältere Theorien: Komparatistik, Psychoanalyse, Strukturalismus; moderne Tendenzen: ‚Modern myth-ritual' u.a.). 3. Greeks on myth (39–53; frühe Rezeption: 6./5. Jh., Platon, Spätzeit, ‚The cultural prevalence of myth'). II. Myth and the past (55–92): 4. Myth and prehistory (57–73; Kontinuität seit der mykenischen Kultur; Troianischer und thebanischer Krieg unhistorisch; Dorische Wanderung). 5. Myth and identity (74–82; Konstituierung des frühen Griechentums, ‚Pre-Peoples': Leleger, Karier, Athen; jedoch noch nicht als ‚frühgriechisches Identifikationsmodell'). III. Myth and religion (93–118): 6. Arrival at the cult-side (95–101; zu einzelnen Götterkulten). 7. Myth and initiation ritual (102–118; mit wichtigen Details zu weiblichen bzw. männlichen Initiationsriten). IV. The world of myth (119–168): 8. The world of myth (121–149; ‚Landscape'; ‚Horizons': Acker, Weide, Wildnis, Exotisches am Rande; ‚Of monsters, gods and heroes': z.B. Herakles, Heroenkulte, ‚typical hero-story'). 9. Mythic society (150–168: politisch-soziale Hierarchien, Ordnungsdenken: Kämpfe mit Außenseitern wie Kentauren, Giganten und Amazonen, Mythos und Sexualität). Conclusion (169–171). Topic Bibliography (178–184; Literatur zu den Einzelkapiteln). General Bibliography (185–188; relativ knapp). Indices (189–204; antike Autoren, moderne Autoren, Namen). – *Konzept:* „…a book which will give a sense of what Greek myth is like, where it comes from and where it fits in Greek history and landscape. But I have paid particular attention to the various uses which Greeks made of myth (and which moderns think to made, consciously and unconsciously), above all the use of myth in place of early history … The result, I hope, is that we gain a better idea of how we ourselves may use Greek myth to uncover areas of Greek history, culture and experience" (Preface IX). – *Résumé:* Herausragende Einführung mit knapper Darstellung fast aller wesentlicher Teilaspekte des Kernbereichs auf dem seinerzeit neuesten Stand der Forschung; präzise Fixierung der Grundbegriffe, instruktiver Überblick über antike und neuere Theorien des Mythos, kurzer Abriss zur frühen Rezeption, Übersicht zur Vorzeit, allerdings ohne altorientalische Vorlagen. Insgesamt bemerkenswerte Ansätze zur Strukturierung; allerdings nur geringe Berücksichtigung der Rezeptionsgeschichte. Neben der ähnlich knappen Einführung von Fritz Graf (1987, wie S. 62) wohl die beste *short introduction* aus der Mittelphase.

(7) Suzanne **Saïd***, Approches de la mythologie grecque. Paris 1993 (Collection 128 No. 42); 128 S. Erstauflage der kurzen Einführung für die Universitätspraxis; Näheres (inkl. Disposition) zur Zweitauflage (2008) auf S. 184.

(8) Richard **Buxton***, Imaginary Greece. The Context of Mythology. Cambridge 1994; XV, 250 S. – *Disposition:* I. Narrative Contexts: 1. Telling Tales (8–17). 2. Myths in Performance (18–44). 3. Performance into Text (45–52). 4. Images in Context (53–66). II. Re-Imagining the World: 5. Cookery and Recipes (69–79). 6. Landscape (80–113). 7. Family (114–144). 8. Religion (145–165). III. What was the Point? 9. The Actor's Perceptions (169–181). 10. Modern Perspectives. Epilogue (182–218; 219–220). Bibliography (221–235). Index (237–250). – *Résumé:* Anregende Gesamteinführung mit breitem Spektrum behandelter Teilaspekte und Ansätzen zur Systematik, durchgehend auf dem neuesten Stand der Forschung (z. B. überaus detaillierte Bibliographie), allerdings ohne Behandlung der altorientalischen Vorgaben und mit nur sehr begrenztem Interesse für die spätere Rezeptionsgeschichte.

(9) Claude **Calame***, Mythe et histoire dans l'Antiquité grecque. La création symbolique d'une colonie. Lausanne 1996; 185 S. – *Avant-propos* (5–8): „l'anthropologue prend pour terrain la culture grecque antique" (5). – *Disposition:* I. Illusions de la mythologie (9–55; Einführung in den Bereich Mythos). 1. Mythe et mythologies en substances (12–20; a. Le sens commun et l'effort scientifique, 12–14; b. Le mythe comme mode de penser, 14–19). 2. Contrastes et comparaisons (20–25; a. Conte, légende, mythe, 20–23; b. Taxinomies indigènes (23–25). 3. Une nomenclature hellène? (25–46; a. Le ‚mythe' des philosophes, 25–30; b. Le récit des historiographes, 30–33; c. De l'histoire à l'allégorie, 33–35; d. Réécritures du passé, 35–39; e. Archéologies, 39–46). 4. Mises en discours symboliques (46–55; a. Manifestations symboliques, 46–50; b. Lectures sémio-narratives, 50–53; c. Enonciations symboliques, 53–55). II. La fondation narrative de Cyrène (57–162). III. Ni mythe, ni histoire (163–169). 1. L'Homère de Strabon (164–166). 2. Platon et la fiction (166–169). Bibliographie (171–176, zum Bereich Mythos 171–173). – *Résumé:* Anthropologischer Ansatz; Grundsätzliches (I) zum Thema „l'impertinence des catégories de mythe, de mythologie et de pensée mythique, tant pour la Grèce antique que dans la réflexion anthropologique moderne" (12) mit Scheidung zwischen engerem und weiterem Mythosbegriff (12–14/14–19); Grobabgrenzung der drei Hauptbereiche von *folktale* (Überblicksschema 21); Herausarbeiten von fünf Teilbereichen der Mythenforschung (I 3) und drei Zugängen (I 4); praktische Anwendung der Grundkategorien am Fallbeispiel ‚Gründung von Kyrene' (II); Aspekte der Gesamtentwicklung vom Mythos zum Logos (III). Insgesamt wichtige und weitgehend eigenständige Ausführungen zum Grundsätzlichen auf dem neuesten Stand der Forschung.

(10) Laurence **Coupe***, Myth. London 1997; IX, 219 S. – *Disposition:* Part I: Reading Myth (1. Order. 2. Chaos. 3. Ends) 15–89 (2. Aufl. 13–81). Part II: Mythic Reading (4. Truth. 5. Psyche. 6. History; zusätzlich in 2. Aufl.: 7. Earth) 91–197 (2. Aufl. 83–214). Bibliography (selektiv)/Index 198–210 (2. Aufl. 223–230). – *Ré-*

sumé: Ganz eigenständige Einführung für die Universitätspraxis nach Sachkriterien und über den begrenzten Rahmen des antiken Mythos hinaus mit stärkerer Berücksichtigung der modernen Mythostheorie. Die leicht erweiterte Neuauflage (2009; IX, 230 S.) bestätigte die Durchdachtheit und Akzeptanz dieser neuen Konzeption auch beim Fachpublikum.

(11) Alain **Moreau***, Mythes Grecs I: Origines. Montpellier 1999. 264 S. – *Introduction:* „...il ne faut pas définir une méthode, mais *des* méthodes. ... Pour la mythologie, les facettes lumineuses, ce sont les méthodes d'approche, qui doivent être aussi diverses que possible: philologie, archéologie, épigraphie, histoire, anthropologie, sociologie, comparatisme, narratologie, psychanalyse ..., structuralisme"(11 f.). – *Disposition:* Les mythes: nos sources (13–29). I. Étymologie et mythe originel (33–83; mit Beispielen aus den Heroenmythen). II. Loin dans le temps (85–146). III. Loin dans l'espace (147–182). IV. Loin dans l'espace ou loin dans le temps? (183–220). Bibliographie (223–238; recht detailliert). Index (239–260). – *Résumé:* Nach dem Prinzip des Methodenpluralismus und entsprechend den vier Leitlinien recht unorthodoxe Zusammenstellung von verschiedenen Mythenfeldern, insgesamt m. E. mit Defiziten an plausibler Systematik oder stringenter Evidenz.

Einen eigenen Forschungsansatz verfolgte in der Mittelphase der **Strukturalismus** der komparatistisch-kulturanthropologisch orientierten ‚École de Paris' mit dem Ziel, die griechische Mythologie (spez. Attische Tragödie) anthropologisch, sozialwissenschaftlich und religionsgeschichtlich aufzuarbeiten. Im Rahmen dieses kurzen Überblicks sind folgende Monographien zu nennen (Auswahl): (1) Jean-Pierre **Vernant***, Mythe et pensée chez les Grecs. Études de psychologie historique. Paris 1965; Neuausgabe in 2 Bänden, Paris 1974; 147 S./229 S., Ndr. 1978; dt. Neuausgabe Paderborn 2016; 447 S.: Basispublikation mit Pilotcharakter. (2) Ds., Mythe et société en Grèce ancienne. Paris 1974; 255 S., Neuausgabe 1992; dt. Ausgabe Frankfurt/M. 1987; 258 S.: Breites Spektrum von Einzelbeiträgen, u. a. zu Mythos und Logos, zu den Anfängen einer Wissenschaft von den Mythen und zum Mythos heute. (3) Ds., Mythe et religion en Grèce ancienne. Paris 1990; 128 S.; dt. Ausgabe Frankfurt/M. 1995; 101 S.: Vorwiegend religionswissenschaftliche Einführung. (4) Ds./ Pierre Vidal-Naquet, Mythe et tragédie en Grèce ancienne. Paris 1972; Neuausgabe in zwei Bänden 1973/1979; 184 S./298 S.: Beiträge beider Autoren zu sozialen und psychologischen Voraussetzungen, sowie zu Ritualen in der griechischen Tragödie und zu weiteren mythischen Einzelthemen. (5) Pierre Vidal-Naquet, Le chasseur noir. Formes de pensée et formes de société dans le monde grec. Paris 1983; 485 S., Neuausgabe 1991; dt. Ausgabe Frankfurt/M. 1989; 368 S.: Ergänzungsbeiträge zum Mythos. (6) Marcel **Detienne***, L'invention de la mythologie. Paris 1981; 252 S.: Darstellung der griechischen Mythentradition (spez. Heroenmythen) als gattungsübergreifender Komplex fiktionalen Grundcharakters mit pseudohistorischer Verkleidung und unspezifischer Form des Berichts, einer Vielzahl medialer Erscheinungsformen (*oral poetry*, Literatur, Bildende Kunst, Philosophie) und einer faszinierenden Rezeptionsgeschichte. Fazit: eine überaus anregende Einführung.

Neben dieser neuen Überblicksliteratur gab es noch **weitere Einführungen** zum Kernbereich mit konventioneller und z.T. eher populärer Ausrichtung:

(1) Michael **Grant**, Myths of the Greeks and Romans. London 1962, 2. Aufl. 1963; XXIII, 487 S.: In Part I-V Hauptthemen aus griechischen Heroenmythen (Achilleus, Odysseus, Orestie, Oidipous, Antigone, Herakles/Alkestis, Orpheus/Eurydike, Argonauten) und Göttermythen (Zeus, Apollo/Demeter, Prometheus, Dionysos); in Part VI Einzelstoffe aus römischen Mythen und Sagen (Aeneas/*Aeneis*; Romulus; Tarquinia/Horatius u.a.); in Part VII Einführung zu Ovid, zum Mythenmärchen von Amor und Psyche (nach Apuleius) und zur Alltagsnovelle von Hērō und Leander (nach Musaios/Ovid). Insgesamt ganz unsystematische Darstellung ohne konsequente Scheidung von Mythen, Sagen und anderen Geschichten (engl. *legends*) aus diversen literarischen Gattungen. Populäre Ausrichtung ohne besonderen wissenschaftlichen Anspruch auf dem Stand der Forschung.

(2) Imre **Trencsényi-Waldapfel**, Die Töchter der Erinnerung. Götter- und Heldensagen der Griechen und Römer mit einem Ausblick auf die vergleichende Mythologie. Berlin 1964; 451, [46] S., Ndr. 1968 u.a.: Um einen Bildteil ergänzter Überblick zum Kernbereich des griechisch-römischen Mythos mit komparatistischer Tendenz und im Wesentlichen nacherzählender Darstellung auf der Basis der Hauptquellen aus der antiken Mythentradition, allerdings ohne Gesamtbibliographie, Angaben zu weiteren wissenschaftlichen Arbeitsmitteln oder Behandlung zusätzlicher Teilaspekte. Immerhin anregende ältere Zusammenfassung.

(3) Philip **Mayerson**, Classical Mythology in Literature, Art, and Music. Glenview u.a. 1971; XV, 509 S.: Nach mythographischer Einleitung (Kap. I, 1–18) rein mythenchronologische Darstellung der antiken Mythentradition von ‚Cosmogony and Theogony' bis ‚Aeneas and the Quest of a New Troy' (Kap. II-X, 19–481) mit knapper Bibliographie (483–487) und ausführlichem Index (489–509), doch entgegen den im Titel geweckten Erwartungen nahezu ohne Berücksichtigung der Rezeption.

(4) Erich **Lessing**, Die griechischen Sagen, in Bildern erzählt. München 1985; 293 S.: Populärwissenschaftlicher Überblick in drei Sektionen (Schöpfung und Urgötter 41–48; Olympische Götter 49–136; Heroen 137–200) mit attraktiver Bebilderung aus Fotos (archäologische Stätten/Landschaft) und antiker Bildtradition, ergänzt um eine historische Einleitung von Egidius Schmalzriedt (11–39), zwei Essays (Wolfgang Oberleitner zu Religion und Mythos 201–230; Ernest

Borneman zu Mythos, Recht und Sexualität 231–266) und eine kunsthistorische Beschreibung des Bildmaterials (267–290).

Ähnliche populäre Einführungen mit Bebilderung nur aus der antiken Kunsttradition (Auswahl): (1) John Pinsent, Griechische Mythologie. Wiesbaden 1969 (engl. OA Twickenham 1969); 149 S., Ndr. Klagenfurt 1982. (2) D.M. Field, Die Mythologie der Griechen und Römer. Zollikon 1977 (engl. OA Twickenham 1977); 192 S. – Zu entsprechenden Einführungen mit breitem Bildmaterial aus der antiken und späteren Kunsttradition vgl. unter Rezeptionsgeschichte auf S. 129 f.

Was die weitere klassisch-philologische Überblicksliteratur betrifft, so sind als **größere Lexika** zum Kernbereich in erster Linie die im Berichtszeitraum jeweils in regelmäßiger Abfolge neu erscheinenden Bände der **RE**** zu nennen mit z.T. herausragenden Einzellemmata, z.B. RE Suppl. 13 (1973) s.v. Theseus, 1046–1238 (Hans Herter), RE 19 (1972) s.v. Zeus (Teil I: Epiklesen), 253–376 (Hans Schwabl), RE Suppl. 15 (1978) s.v. Zeus (Teil II), 993–1481 (Hans Schwabl u.a.), ebd. s.v. Zeus (Teil III: Archäologische Zeugnisse), 1411–1441 (Erika Simon). Neben diesem für die praktische ‚Arbeit am Mythos' unverzichtbaren Standardcorpus gab es in der Mittelphase zwei wichtige mittelgroße lexikographische Neuerscheinungen:

(1) *Lexikon der Alten Welt* [**LAW***]. Herausgeber: Carl Andresen, Hartmut Erbse, Olof Gigon; Karl Schefold, Karl Friedrich Stroheker, Ernst Zinn. Zürich/Stuttgart (Artemis) 1965; XV, 3524 Sp.; Ndr. (in 3 Teilbänden) Augsburg 1994: Lemmata zu mythischen Stichwörtern, z.T. jeweils am Ende des Lemmas aktuelle Literaturangaben.

(2) *Der Kleine Pauly* [**KP***]. Lexikon der Antike. Auf der Grundlage von Pauly's Realencyclopädie der classischen Altertumswissenschaft unter Mitwirkung von zahlreichen Fachgelehrten bearb. und hrsg. von Konrat Ziegler. Bd. 1–5. Stuttgart 1964–1975, Ndr. München (dtv) 1979: Lemmata zu mythischen Stichwörtern mit Zusatzangaben zu Ausgaben bzw. Sekundärliteratur am Lemmaende.

Das entscheidende **aktuelle Kompendium** erschien dann im Übergang zwischen Mittelphase und aktueller Phase: *Der Neue Pauly* [**DNP****]. Enzyklopädie der Antike. Hrsg. von Hubert Cancik und Helmuth Schneider. Altertum. Bd. 1–12/2. Stuttgart u.a. 1996–2003, spez. DNP 8 (2000) s.v. Mythos, 633–650 (Fritz Graf u.a.), Lit. 648–650: Zusammenfassung zum Themenkomplex in der Antike; Rezeptions- und Wissensgeschichte; Bd. 13–15,3. Stuttgart u.a. 1999–2003, spez. DNP 15,1 (2001) s.v. Mythologie, I. Literatur: 611–632 (Bodo Guthmüller); II. Alltagswelt: 632–636, Lit. 635 f. (Manuel Baumbach); s.v. Mythos, I. Begriff, 636–643 (Robert Matthias Erdbeer); II. Deutungsgeschichte, 643–646 (Fritz Graf): Zusammenfassungen zum Gesamtkomplex; Register, Listen, Tabellen. Bd. 16. Stuttgart u.a. 2003. – *Résumé:* Wichtigstes altertumswissenschaftliches und auch rezeptionsgeschichtliches Nachschlagewerk der Gegenwart. Einer umfangmäßigen und z.T. auch inhaltlichen Reduzierung der Lemmata im Vergleich zur RE steht als wesentlicher Vorteil die Aktualität der Literaturangaben gegenüber; für die praktische ‚Arbeit am Mythos' als Erstinformation unentbehrlich.

Bemerkenswert war außerdem als umfangreiche Neuerscheinung: Yves **Bonnefoy*** (Hrsg.), Dictionnaire des mythologies et des religions des sociétés traditionnelles et du monde antique. Bd. 1.2. Paris 1981; XXIV, 618 S./585 S., 2. erw. Aufl. 1999; amerik. Ausgabe Chicago 1991: Große Auswahl von wichtigen Lemmata zu unterschiedlichsten Mythen und Religionen zahlreicher Völker mit vielen Abbildungen und zusätzlichen Literaturangaben; dank ausgewiesenen Fachleuten wie Nicole Loraux, Marcel Detienne und Jean-Pierre Vernant ein wichtiges ergänzendes Arbeitsmittel; leider in Deutschland zu wenig bekannt.

Unter den **kleineren Lexika** ist besonders hervorzuheben: Michael **Grant*/** John **Hazel**, Who's Who in Classical Mythology. London 1973; 447 S.; dt. Ausgabe: ‚Lexikon der antiken Mythen und Gestalten'. München 1976; 447 S.; Neuausgabe München 1980 (dtv 3181); 453 S.: Dem Verfasser mit Abstand liebstes kleineres Lexikon; unverzichtbares Standardwerk mit knappen präzisen Grundfakten zu fast allen mythischen Gestalten, mit ergänzenden Illustrationen aus antiker und späterer Bildtradition, allerdings ohne Stellen- und Literaturhinweise; bei der ‚Arbeit am Mythos' m.E. gleichwohl für Anfänger wie Fortgeschrittene die optimale Erstinformation.

Als **ergänzende Arbeitsmittel** mit eher konventioneller und teilweise auch populärwissenschaftlicher Ausrichtung sind zu nennen (Auswahl): (1) Joel Schmidt, Dictionnaire de la mythologie grecque et romaine. Paris 1965; 224 S.; dt. Ausgabe: Herder Lexikon Griechische und römische Mythologie. Freiburg, Basel, Wien 1981; 234 S. (2) Eduard Tripp, Cromwell's Handbook of Classical Mythology. New York/London 1970; IX, 631 S.; dt. Ausgabe: Stuttgart 1974; 560 S.; mit Nachdr.: Umfangreiches Lexikon zum gesamten Kernbereich mit zahlreichen Abbildungen; in den Lemmata ergänzende Stellenverweise, doch ohne Hinweise auf Einzelliteratur; abschließend knappe Gesamtbibliographie zu Standardwerken, Texten und Übersetzungen. (3) Robert E. Bell, Dictionary of Classical Mythology: Symbols, Attributes & Associations. Santa Barbara/Calif., Oxford 1982; XI, 390 S.: Ganz heterogene Disposition (1. Symbols, Attributes, and Associations. 2. Surnames, Epithets, and Patronymics. 3. Heroic Expeditions); Lemmata fast ohne Stellenangaben und ganz ohne Literatur; das Gesamtwerk ohne zusammenfassende Bibliographie. (4) Adrian Room, Classical Dictionary. The Origins of the Names of Characters in Classical Mythology. London u.a. 1983; 343 S.: Zusammenstellung eines Dictionary-Spezialisten mit begrenztem wissenschaftlichem Wert. (5) Hannelore Gärtner, Kleines Lexikon der griechischen und römischen Mythologie. Leipzig 1989; 399 S.: Fachlich solide Zusammenstellung mit kunsthistorisch-rezeptionsgeschichtlicher Ausrichtung. (6) René Martin (Hrsg.), Dictionnaire culturel de la mythologie gréco-romaine. Paris 1993; 294 S.: Lexikographischer Hauptteil mit Anhängen zur Mythenrezeption in ‚Arts plastiques', ‚Musique' und ‚Cinéma'. (7) Gerhard Fink, Who is who in der antiken Mythologie. München dtv 1993 (dtv Sachbuch 30362); 335 S.; illustrierte Neuausgabe München 2002: Knappe Grundfakten zu den mythischen Hauptgestalten, mit Stellenangaben und z.T. Hinweisen zur Rezeption. (8) Otto Holzapfel, Lexikon der abendländischen Mythologie. Freiburg, Basel, Wien 1993; Ndr. Köln 2010; 461 S.: Bebilderte Übersicht zu griechisch-römischen, germanischen und keltischen Götter- und Heroenmythen mit instruktiver Einleitung (Die typologische Entwicklung der Mythologie im Abendland, 12–29).

Dem zeitspezifischen Trend zur *gender*-Forschung entsprechend, beschränkten sich zwei Speziallexika der Mittelphase ausschließlich auf das weibliche Geschlecht: (1) Robert E. Bell, Woman in Classical Mythology. A Biographical Dictionary. Santa Barbara 1991, Ndr. Oxford 1993; XII, 426 S.: Wissenschaftlich solide Aufarbeitung der Thematik. (2) Bernhard Kytzler, Mythologische Frauen der Antike. Von Acca Larentia bis Zeuxippe. Düsseldorf/Zürich 1999; 239 S.: Lemmata mit knappen Quellenangaben, doch ohne Einzelliteratur; selektive Gesamtbibliographie (234–237).

Was **herausragende Vertreter der Mythosforschung** in der Mittelphase und auch noch der aktuellen Phase betrifft, so ist für die englischsprachige Literatur des Kernbereichs (inkl. Sonderbereich altorientalische Vorgaben) vor allem Martin L. **West**** zu nennen (1937–2015; 1974–1994 University of London, 1994–2004 University Oxford; Näheres im weiteren Bericht), für den deutschsprachigen Bereich der Klassische Philologe und Religionswissenschaftler Walter **Burkert**** (1931–2015; 1966–69 TU Berlin, 1969–1996 Universität Zürich), der in seinem Gesamtwerk zwar kein seiner Fachkompetenz entsprechendes neues ‚Handbuch' zur Mythologie vorlegte, doch eine auf dem neuesten Stand der Forschung basierende religionswissenschaftliche Monographie: Griechische Religion der archaischen und klassischen Epoche. Stuttgart 1977 (Die Religionen der Menschheit 15); 508 S.; 2., überarbeitete und erweiterte Auflage Stuttgart 2011; 540 S. – *Disposition* (nach 1. Aufl.): Einleitung (21–33; Forschungsgeschichte, Quellen, Eingrenzung des Themas). I. Vorgeschichte und minoisch-mykenische Epoche (34–98; darin: Die ‚dunklen Jahrhunderte' und das Problem der Kontinuität, 88–98). II. Ritual und Heiligtum (99–190). III. Die gestalteten Götter (191–292; darin: Zur Eigenart des griechischen Anthropomorphismus, 282–292). IV. Tote, Heroen und chthonische Götter (293–330). V. Polis und Polytheismus (331–412). VI. Mysterien und Askese (413–451). VIII. Philosophische Religion (452–496). Register (497–506). – *Résumé:* Im Hauptteil (Kap. II-V) grundlegende Darstellung zur frühgriechischen Religionsgeschichte, allerdings nur mit marginaler Berücksichtigung des Mythos und seiner Teilbereiche spez. im Grenzbereich zu Ritus/ Ritual.

Ein markanter Schwerpunkt seiner Forschungstätigkeit blieben die zahlreichen, im Anschluss an die Cambridger Schule der ‚Ritualists' entstandenen Beiträge zur engen Verbindung von antikem Mythos und religiösen **Ritualen**, darunter mehrere grundlegende Monographien: (1) Homo necans. Interpretationen altgriechischer Opferriten und Mythen. Berlin/New York 1972 (RGVV 32); XII, 356 S.; 2. erw. Aufl. 1997; XII, 378 S.; amer. Ausgabe Berkeley 1983; XXV, 334 S.: Untersuchung im Grenzbereich von Mythen und Riten (zur Fragestellung spez. 39–45; im weiteren Verlauf verschiedene wertvolle Passagen u.a. zu den Einzelmythen Lykaon, Pelops, Thyestes, Aristaios/Aktaion, Odysseus, Argos/Hermes Argeiphontes, Troianischem Pferd, Tereus, Antiope/Epopeus, Lemnierinnen und Protesilaos). (2) Structure and History in Greek Mythology and Ritual. Berkeley u.a. 1979 (Sather Classical Lectures 47); XIX, 226 S.: Nach allgemeiner Einführung zu den Grundbegriffen (I. The Organization of Myth, 1–34. II. The Persistance of Ritual, 35–58, spez. 56–58 zu ‚Myth and Ritual') vier weitere Abschnitte mit konkretem Basismaterial aus dem Grenzbereich von Mythos und Ritus (III. Transformations of the Scapegoat, 59–77. IV. Heracles and the Master of Animals. V. The Great Goddess, Adonis, and Hippolytus, 99–122. VI. In Search of Demeter, 132–142). (3) Wilder Ursprung. Opferritual und Mythos bei den Griechen. Berlin 1990 (Kleine Kulturwissenschaftlichen Bibliothek 22); 94 S.: Basisbeitrag ‚Griechische Tragödie und Opferritual' (13–39) und weitere Einzelbeiträge zu den Themen Kekropiden, Lemnierinnen, Palladion und Herakles.

Seine zahlreichen, in vielen Fällen aufgrund ihrer innovativen Substanz herausragenden Kurzbeiträge zu Mythos und Religion allgemein in der Antike sowie zu wichtigen Teil- und Einzelaspekten liegen neuerdings vor in den ‚Kleinen Schriften' (Bd. 1–8, Göttingen 2001–2011; Näheres auf S. 191). Auf den zweiten Schwerpunkt seiner Tätigkeit, die Monographien und Einzelaufsätze zu altorientalischen Vorgaben des frühgriechischen Mythos, wird in späterem Zusammenhang eingegangen (S. 109 f.).

Eine wesentliche Ergänzung zu diesen Schwerpunkten bot gegen Ende der Mittelphase eine als Hommage zusammengestellte Festschrift für den bedeutenden Gelehrten: Fritz Graf (Hrsg.), Ansichten griechischer Rituale. Geburtstags-Symposion für Walter **Burkert***, Castelen bei Basel 15. bis 18. März 1996. Stuttgart/ Leipzig 1998. VIII, 506 S. – *Disposition:* I. Grundlagen und Reflexionen (9–95; Grundbegriffe, inkl. Ikonographie, z.B. Peter Blome, Das Schreckliche im Bild, 72–95). II. Riten in der Geschichte (97–267; Einzelaspekte von Mykene bis Rom). III. Ritual und Tragödie (269–356; wichtige Aspekte, spez. Hugh Lloyd-Jones, Ritual and Tragedy; 271–295; Eveline Krummen, Ritual und Katastrophe: Rituelle Handlung und Bildersprache bei Sophokles und Euripides, 296–325). IV. Orphica et Philosophica (357–444). Gesamtbibliographie (445–467). – *Résumé:* Ein breites Spektrum z.T. grundlegender Beiträge namhafter Fachleute zu diesen vielen Teilbereichen.

Von der Vielzahl weiterer **Monographien** zu den zahlreichen Teilbereichen des philologischen Kernbereichs wird im Folgenden eine begrenzte Anzahl herausgehoben, die nach Einschätzung des Vf.s die Mythosforschung in der Mittelphase voranbrachten, spez. Überblickwerke zum Verhältnis von Mythos und Religion bzw. Philosophie und zu Heroenmythen, aber auch erste Studien zu *gender/* Feminismus und Gewalt/Terror:

(1) Louis *Séchan**/Henri **Levêque**, Les grandes divinités de la Grèce. Paris 1966; 437 S. – *Disposition:* 1. Les dieux des Grecs (9–39; Grundsätzliches wie Polytheismus, Zwölfzahl der Olympier, Quellenprobleme). 2. Les dieux primordiaux et l'humanité primitive (41–76; Urgötter, Titanen, Prometheus). 3–9. Ältere Gottheiten (77–197; Zeus, Poseidon, Hades, Hestia, Demeter/Kore, Hera, Leto). 10–19. Jüngere Gottheiten (199–189; Apollon, Asklepios, Ares, Hephaistos, Hermes, Dionysos, Dioskuren, Athene, Artemis, Aphrodite). Bibliographie (393–394; sehr knapp). Indices (395–422). – *Résumé:* Wissenschaftlich gründliche, mäßig bebilderte Gesamtdarstellung mit ergänzenden Anmerkungen nach jedem Einzelkapitel (vorwiegend Stellennnachweise, begrenzte Literaturangaben und sonstige Erläuterungen); umfangreiche erschließende Indices.

(2) Klaus **Heinrich**, Parmenides und Jona. Vier Studien zum Verhältnis von Philosophie und Mythologie. Frankfurt/M. 1966; 209 S., Verbesserte Neuauflage Frankfurt/M., Basel 1982; 221 S.: Erste Beitragssammlung des Berliner Religionswissenschaftlers zu diesem wichtigen Forschungsbereich; substantiell: Die Funktion der Genealogie im Mythos, 9–28 (themenspezifischer Teilaspekt). Vgl. auch seine spätere Publikation: Vernunft und Mythos. Ausgewählte Texte. Frankfurt/M. 1985 (Fischer alternativ 4162); 110 S.

(3) Bodo **Gatz***, Weltalter, goldene Zeit und sinnverwandte Vorstellungen. Hildesheim 1967 (Spudasmata 16); VIII, 238 S. – *Disposition:* 1. Teil: Der Weltaltermythos (1–86; darin: Metallmythos, 7–27; Hesiods Weltaltermythos, 28–51; weitere Weltaltermythen, 52–86). 2. Teil: Mythos und Geschichte (87–113; darin: Vergils 4. Ekloge, Epochenperiodisierung, Weltalter, Weltreiche, Lebensalter). 3. Teil: Die Wunschvorstellungen (114–207; spez. Goldenes Zeitalter/Paradies und Entsprechungen). – *Résumé:* Substantielle Basisstudie zu Grundmodellen der mythischen Frühzeit.

(4) Josef **Mattes**, Der Wahnsinn im griechischen Mythos und in der Dichtung bis zum Drama des fünften Jahrhunderts. Heidelberg 1970 (Bibliothek der Klassischen Altertumswissenschaften 2. Reihe N.F. 36); 116 S. – *Disposition:* A. Die Überlieferung (15–35; Quellen). B. Der Wahnsinn und die überirdischen Mächte (36–57). C. Der wahnsinnige Mensch (58–99; Verlauf/Verhalten 59–79, Darstel-

lung in Tragödie 74–92, Bedeutung für Menschen 93–99). – *Résumé:* Basisstudie zu dem für das mythische Schicksalsdenken zentralen Aspekt (z. B. Herakles, Pentheus, Aias) mit Berücksichtigung auch fragmentarisch erhaltener attischer Tragödien (z. B. Alkmaion, Lykourgos).

(5) Ingomar **Weiler***, Der Agon im Mythos. Zur Einstellung der Griechen im Wettkampf. Darmstadt 1974 (Impulse der Forschung 16); XII, 341 S.: Gründliche Aufarbeitung des für die frühgriechische Kultur zentralen ‚agonalen Prinzips' mit der Disposition: I. Vorbemerkungen (1–22). II. Definition ‚Agon' (23–36). III. Musische Agone (37–128; z. B. Apollon/Marsyas, Athene/Arachne). IV. Athletische Agone (128–253; z. B. Herakles/Antaios, Atalante/Hippomenes/Meilanion). IV. Ergänzende Aspekte (244–271; z. B. Motivation). V. Schlussbemerkungen (272–312). Literatur (315–322).

(6) Bruno **Gentili***/Giuseppe **Paioni** (Hrsg.), Il mito greco. Roma 1977 (Quaderni Urbinati di Cultura Classica. Atti di Convegni 1); 426 S.: Kongressakten (Urbino 1973) mit Beiträgen namhafter Fachleute zu diversen Teilaspekten (Strukturalismus, Ritualismus, Religionswissenschaft, Ethnologie) sowie mythischen Einzelgestalten und Einzelautoren (spez. Hesiod, Homer).

(7) Ortrud **Stumpfe**, Die Heroen Griechenlands. Einübung des Denkens von Theseus bis Odysseus. Münster/W. 1978; 282, (40) S.; 2. Aufl. 1986; 288 S.: Abriss zur schrittweisen Entwicklung der Heroenmythen als „Werdegang der Persönlichkeit" (1–24), vorgelegt von einer Erzählforscherin (‚Die Symbolsprache der Märchen' 1965), in mythenchronologischer Abfolge von Europa und Theseus über Perseus, die Taten des Herakles, Orpheus, Iason und Goldenes Vlies sowie die Selbsterkenntnis des Oidipous bis zu Odysseus als Vielwissendem. Schmale Bibliographie (2. Aufl.: 287 f.); insgesamt anregender populärer Überblick von begrenztem wissenschaftlichem Wert.

(8) Friedrich **Prinz***, Gründungsmythen und Sagenchronologie. München 1979 (Zetemata 72); XI, 483 S. – *Disposition:* 1. Teil: Griechische Gründungsmythen (16–165; Klaros/Kolophon; Aigina/Salamis; Salamis auf Zypern; Rhodos; Milet; Magnesia am Maiander; Westgründungen von Troiaheimkehrern. Appendix I: Theben (Epigonen) und Argos (166–186). Appendix II: Samothrake (187–205) 2. Teil: Rückkehr der Herakliden (206–232; inkl. Verlosung von Argos, Lakedaimon und Messenien). 3. Teil: Gründungsmythen zur Kolonisation von Ionien (314–376). Literatur (451–454). Register (455–483). – *Résumé:* Basisstudie zu Gründungen im Bereich der mittleren Heroenmythen (mit ansatzweisen Übergängen zur Realhistorie).

(9) Gregory **Nagy***, The Best of the Achaeans. Concepts of Hero in Archaic Greek Poetry. Baltimore 1979; XVII, 392 S. – *Disposition:* Introduction (1–11). I. Demodokos, *Odyssey, Iliad* (13–65). II. Hero of Epic, Hero of Cult (67–210). III. Praise, Blame, and the Hero (211–275). IV. Beyond Epic (277–347). Bibliography

(355–373). – *Résumé:* Dem Titel entsprechend, eigenständige Fokussierung der Komplexität von Heroenmythen in Part I auf das erste Lied des Demodokos (Od. 8,73–82) und die Heroen Achilleus und Odysseus, in Part I/II auf die Großepen Homers und den Epischen Kyklos um Troia sowie die poetischen Kategorien des Heldenbildes (inkl. Unsterblichkeit); in Part III Ausweitung auf Hesiod, Pindar, Archilochos und die frühe Tradition um Aineias, in Part IV auf die Rolle des epischen Dichters und ergänzende Aspekte.

(10) Hans **Poser*** (Hrsg.), Philosophie und Mythos. Ein Kolloquium. Berlin/ New York 1979; XIII, 245 S.: Gehaltvolle repräsentative Sammelschrift: (I.) Grundsatzbeiträge zum Gesamtbereich (1–92; darin: Ernst Tropitsch, Gemeinsame Grundlagen mythischen und philosophischen Denkens, 1–15; Walter Burkert, Mythisches Denken. Versuch einer Definition, 16–39; Odo Marquard, Lob des Polytheismus, 40–58; Franz Schupp, Mythos und Religion, 59–74; Kurt Hübner, Mythische und wissenschaftliche Denkform, 75–92). (II.) Zusatzbeiträge zur modernen Entwicklung (93–240; u.a. Husserl, Technik, Aufklärung, Orte neuer Mythen, Nietzsche, Cassirer, Horkheimer, Adorno).

(11) Paul **Veyne***, Les Grecs ont-ils cru à leur mythes? Essai sur l'imagination constituante. Paris 1983; 168 S.; dt. Ausgabe Frankfurt/M. 1987; 186 S.: Originelle Behandlung dieses geistesgeschichtlich bedeutsamen Teilaspekts mit dem Ergebnis, dass der frühgriechische Mythos primär aitiologisch zu verstehen sei, nicht dogmatisch-ideologisch i.S. einer Offenbarung.

(12) Ewald **Rumpf,** Eltern-Kind-Beziehungen in der griechischen Mythologie. Frankfurt/M. u.a. 1985 (Europäische Hochschulschriften. Reihe 15. Klassische Sprachen und Literaturen 31); 183 S.: Einführende Aufarbeitung des wichtigen Teilbereichs (z.T. mit psychoanalytischer Tendenz) in fundierten Ausführungen zu wichtigen Einzelmythen (z.B. Niobe, Phaëthon, Ikaros, Orest, Elektra) und den Sachthemen Adoption (43–49), Knabenliebe (51–55), Inzest (93–118), Kindermörderinnen (119–128) und Kinderopfer (129–137).

(13) Pierre **Lévêque***/Marie Madeleine **Mactoux** (Hrsg.), Les grandes figures religieuses. Fonctionnement pratique et symbolique dans l'Antiquité. (Congrès Besançon 1984). Paris 1986 (Annales Littéraires de l'Université de Besançon 329); 607 S.: Sammelschrift mit mythenspezifischen Themen in Sektion II: Figures divines (59–156; z.B. Dionysos, Demeter, Artemis) und Sektion III: Figures héroiques (157–421; z.B. Sintflut, Herakles, Theseus).

(14) Jennifer R. **March**, The Creative Poet. Studies in the Treatment of Myths in Greek Poetry. London 1987 (Bulletin of the Institute of Classical Studies. Supplement 49); XI, 183 S., 35 Pl.: Literarisch-ikonographische Einzelbeiträge zu Hauptthemen der Heroenmythen: 1. Peleus/Achilles (1–26). 2. Meleagros (27–46). 3. Deianeira/Herakles (47–77). 4. Klytaimnestra/Orestie (79–118). 5. Oidipous (119–154). Bibliographie als Ergänzung zu allen Einzelthemen (161–172).

(15) Claude **Calame*** (Hrsg.), Métamorphoses du mythe en Grèce antique. Genève 1988 (Religions en perspectives 4); 247 S. – *Disposition:* Introduction (7–14; zum Gesamtbereich). I. Mythographies (15–33). II. Formes épiques (35–83; darin: Fritz Graf, Ovide, les *Métamorphoses* et la véracité du mythe, 57–70). III. Discours historiques (85–138). IV. Mises en scènes tragiques (139–183; darin: Diego Lanza, Redondances de mythes dans la tragédie, 141–149). V. Langages iconiques (187–209). VI. Contes et fables (211–242; darin: Gregory Nagy, Mythe et prose en Grèce archaiques, 229–242). – *Résumé:* Sammelpublikation spez. zur Epen- und Tragödientradition sowie zur Abgrenzung von Historie, Ikonographie und allgemeiner Erzähltradition.

(16) Edith **Hall***, Inventing the Barbarian. Greek Self-Definition through Tragedy. Oxford 1989; XVI, 277 S. – *Disposition:* Preface (IX-XII). 1. Setting the Stage (1–55; spez. The World of Heroes, 19–47). 2. Inventing Persia (56–100; spez. History into Myth, 62–69, History into Tragedy, 69–76; Religion, 86–93). 3. The Barbarian Enters Myth (101–159; spez. Behaviour, 121–133; Religion, 143–154). 4. An Athenian Rhetoric (160–200; spez. A Theatre of Panhellenic Ideas, 160–165; The Boundaries of Hellas, 165–172). 5. Epilogue: The Polarity Deconstructed (201–223, spez. Barbaric Greeks, 201–210; Noble Barbarians, 211–223). Bibliography (225–249). – *Résumé:* Analyse der attischen Tragödie im Spannungsfeld zwischen Realhistorie (Perserkriege), Religion (Tradition) und Politik (Alltag); Bedeutung des Mythos in der attischen Traglödie als grundlegendes Identifikationsmodell des Griechentums zwischen fiktiver Vergangenheit und aktueller Gegenwart.

(17) Gerhard **Binder***/Bernd **Effe** (Hrsg.), Mythos. Erzählende Weltdeutung im Spannungsfeld von Ritual, Geschichte und Rationalität. Trier 1990 (Bochumer Altertumswissenschaftliches Colloquium 2); 223 S.: Sammelschrift (vgl. schon Gentili/Paioni 1977, wie S. 73) mit Einzelbeiträgen einer Ringvorlesung der Universität Bochum (SS 1989) zu verschiedensten Teilaspekten (antike Bildtradition, Mythos und Geschichte, römischer Mythos) sowie Einzelautoren des antiken Mythos (Platon, Euripides, Thukydides, Varro) und Vorstufen/Nachbarbereichen (Alter Orient, AT/NT).

(18) Robert **Muth***, Die Götterburleske in der griechischen Literatur. Darmstadt 1992; IX, 194 S.: Einführung zu diesem für den antiken Mythos konstitutiven Teilbereich mit der Disposition: (1) Die homerische Dichtung (1–80; frühgriechische Quellen, inkl. *Homerische Hymnen*). (2) Die Attische Komödie (81–147; Aristophanes, Kratinos; inkl. Plautus, *Amphitruo*). (3) Lukian (149–190). Wichtige Einzelstudie, allerdings mit fehlender Berücksichtigung des Satyrspiels und der Mythentravestien aus dorischer Komödie bzw. attischer *Mésē* und *Néa*.

(19) Ruth E. **Harder**, Die Frauenrollen bei Euripides. Untersuchungen zu „Alkestis", „Medeia", „Hekabe", „Erechtheus", „Elektra", „Troades" und „Iphigenie in Aulis". Stuttgart 1993 (Drama. Beiträge zum antiken Drama und seiner

Rezeption. Beiheft 1); 466 S.: Nach Einführung zur Struktur der Dramen (5–142) Analyse zum Verhalten der Heroinen (143–176 Charakter der einzelnen Stücke, 177–417 Charakter der Heroinen); abschließend Bibliographie (418–444) und Register (449–466). Basisstudie im Rahmen „der aufkommenden feministischen Fragestellungen" (1) mit dem Hauptziel der sozialgeschichtlichen Einordnung der Frauenfiguren und „Herstellen von Verbindungen zum geschichtlichen und gesellschaftlichen Umfeld" (2).

(20) Louise Bruit **Zaidman***/Pauline **Schmitt-Pantel**, La religion grecque. Paris 1989; 190 S., 2. Aufl. 1991; dt. Ausgabe München 1994; 256 S. – *Disposition* (nach dt. Ausgabe): I. Die Kultbräuche (27–140). II. Die Systeme der Darstellung des Göttlichen (141–226). 1. Mythen und Mythologie (143–178; Zugänge, Kosmogonie/Theogonie, Opfermythen). 2. Eine polytheistische Religion (179–214; Götter/Daimones/Heroen; Pantheon). 3. Formen der bildlichen Vorstellung (215–226; spez. Götterfiguren). Bibliographie (235–242; Literatur zu den Einzelabschnitten). – *Résumé:* Strukturalistisch geprägte Ausführungen zu Religion, Ritual/Kult und Mythen/Mythologie; Behandlung der Heroen spez. im Blick auf Heroenkult (181–185). Insgesamt instruktive Einführung auf dem Stand der Forschung.

(21) P.M.C. **Forbes Irving***, Metamorphosis in Greek Myths. Oxford 1990; XI, 326 S. – *Disposition:* (I.) Introduction (1–196; im Einzelnen: Hauptquellen; Tiere, Vögel, Pflanzen, Steine, Geschlechtswandel, Gestaltänderung). (II.) Catalogue of Transformation Stories (197–319; im Einzelnen: Säugetiere, Vögel, Pflanzen, Steine, weitere Verwandlungsformen). Index (321–326). – *Résumé:* Grundlegende Monographie mit Aufarbeitung des Gesamtmaterials nach Hauptkategorien weit über Ovids *Metamorphoses* hinaus; herausragende Einzelstudie auf dem neuesten Stand der Forschung.

(22) Tanja Susanne **Scheer***, Mythische Vorväter. Zur Bedeutung griechischer Heroenmythen im Selbstverständnis kleinasiatischer Städte. München 1993 (Münchener Arbeiten zur Alten Geschichte 7); 369 S.: Nach ausführlicher Einleitung zu ‚Mythos' und verwandten Grundbegriffen (13–65) stehen im Zentrum die Großabschnitte ‚Mysische Könige und arkadische Herakliden' (71–152; spez. zu Telephos, Herakles, Attaliden) und ‚Von Troja nach Kilikien. Wandernde Seher in den Städten Kleinasiens (142–272; spez. zu Mopsos) sowie Kleinabschnitte zu den mythischen Vorvätern von Tarsos (273–306) sowie Kadmos, Kilix und Sarpedon als Lokalheroen Kilikiens (307–328).

(23) Jan N. **Bremmer***, Götter, Mythen und Heiligtümer im antiken Griechenland. Darmstadt 1996; X, 163 S. – *Disposition:* 1. Einführung (1–11; Grundbegriffe). 2. Götter (12–23; zu Pantheon und Götter/Heroen). 3. Heiligtümer (31–42). 4. Ritual (43–61; Grundbegriffe). 5. Mythen (62–76; Grundbegriffe, Ursprünge/Anwendungen, Verhältnis zum Ritual, Bildliches). 6. Geschlechterrollen (77–93; spez. Frauenbild). 7. Transformationen (94–108; z.B. Mysterien). Anhang:

Der Ursprung der griechischen Religion (100 – 112). Anmerkungen (mit Basisliteratur und Spezialliteratur zu Einzelfragen). – *Résumé:* Dank souveräner Kompetenz und präziser Formulierung meisterhafte Einführung in den Gesamtbereich Mythos/Religion/Ritual, vom Grundcharakter her ideale Ergänzung zu Graf 1987 (wie S. 62).

(24) Richard **Buxton*** (Hrsg.), From Myth to Reason? Studies in the Development of Greek Thought. Oxford 1999. XV, 368 S. – *Disposition:* I. History of a Polarity (25 – 50). II. Myth and Reason in Practice (51 – 86). III. Mythical Logic (87 – 118; spez. zu Kosmogonie und tragischem Chor). IV. Polarities Dissolved (119 – 168). V. Myth and/or/into History and Ethnography (89 – 250). VI. Philosopher's Myths (251 – 294; zu Platon/Aristoteles). VIII. Myth, Reason and Techniques (295 – 328; spez. Fritz Graf, Mythical Production, Aspects of Myth and Technology in Antiquity, 317 – 328). Bibliography (329 – 356; sehr detailliert). Index (359 – 368). – *Résumé:* Sammelpublikation zum Thema ‚Mythos/Aufklärung' im weitesten Sinn, in Part I-III und VI im Anschluss an die Vorarbeiten von Wilhelm Nestle (1940) und Mario Untersteiner (1946/1972).

Schließlich ist ein Standardwerk der Heidelberger Akademie der Wissenschaften zu erwähnen, das heute nur noch wenig bekannt ist, doch für die Erschließung des altertumswissenschaftlichen Kernbereichs nach wie vor unverzichtbar scheint: Viktor **Pöschl*** (Hrsg.), Bibliographie zur antiken Bildersprache. Bearb. von Helga Gärtner und Waltraud Heyke. Heidelberg 1964 (Bibliothek der Klassischen Altertumswissenschaften 1. Reihe N.F. 1); XVI, 674 S. – *Disposition:* (I.) Bibliographie (1 – 442): (1.) Allgemeine Literatur (3 – 52; spez. Literaturgeschichte 6 – 22, Mythologie 26 – 29, Religion 33 – 52). (2.) Literatur zu griechischen und lateinischen Autoren (53 – 442; spez. zu den Hauptautoren des Mythos). (II.) Liste der Bilder (445 – 619): (1.) Hauptteil (447 – 594; alphabetisch nach Stichwörtern). (2.) Anhänge (595 – 619; spez. Gestalten und Personifikationen 595 – 606 mit zahlreichen Stichwörtern mythischer Provenienz). – *Résumé:* Angesichts der engen Verbindungen zwischen Mythos einerseits und Gleichnis/Metapher/Allegorie andererseits ein wertvolles Überblickswerk, das die ältere Literatur seit 1874 durchgehend bis zum Erscheinungsjahr berücksichtigte und im Blick auf die Bildersprache in der antiken Literatur eine ähnliche Bedeutung bekam wie das spätere ‚Lexikon antiker Bildmotive' von Percy Preston (engl. Ausgabe 1983; dt. Ausgabe 1997, wie S. 93) im Blick auf die antike Kunsttradition.

Was weitere Monographien, kleinere Beiträge und Artikel in Corpora betrifft, die sich, nach Anzahl und Umfang fast unübersehbar, in dieser Phase auf Teilbereiche des philologischen Kernbereichs bezogen, so lässt der begrenzte Rahmen dieses Überblicksberichts kaum Möglichkeit, sie auch nur halbwegs angemessen zu würdigen. So muss an dieser Stelle der Verweis auf die Behandlung innerhalb des vom Vf. schon vorgelegten Gesamtprojekts genügen. Das gilt entsprechend der einleitenden Matrix (S. 6f.) nicht nur für alle Hauptkomplexe des antiken Mythos (z.B. Götter- und Heroenmythen), sondern auch für wichtige weitere Sachaspekte und Abgrenzungsfragen (z.B. Religion/Ritus/Ritual/Heroenkult; antike Kunst/‚Sagenbilder'; Realhistorie; Sagen und Märchen).

Um einen gewissen Eindruck von den z.T. erheblichen Fortschritten in vielen Teil- und Einzelbereichen der Mythosforschung aus der Mittelphase zu vermitteln, mag hier zu den Heroenmythen ein exemplarischer Blick auf den **Argonautenmythos** genügen, als dessen Hauptquellen das hellenistische Epos *Argonautiká* des Apollonios Rhodios und das frühkaiserzeitliche Epos des Valerius Flaccus geblieben sind; dazu eine knappe Liste zu wesentlichen Neuerscheinungen zwischen 1960 und 2000 (Auswahl):[16] (1) Hermann **Fränkel**, Noten zu den Argonautika des Apollonios. München 1968; VIII, 665 S. (2) Joachim Adamietz, Zur Komposition der Argonautica des Valerius Flaccus. München 1976 (Zetemata 67); 128 S. (3) Mata Vojatzi, Frühe Argonautenbilder. Würzburg 1982 (Beiträge zur Archäologie 14); 198, 16 S. (4) Uvo Hölscher, Die Odyssee. Epos zwischen Märchen und Roman. München 2. Aufl. 1989, 170–185 (zu frühen Beziehungen zwischen *Odyssee* und Argonautenmythos). (5) Matthias Korn/Hans Jürgen Tschiedel (Hrsg.), Ratis omnia vincet 1. Untersuchungen zu den Argonautica des Valerius Flaccus. Hildesheim 1991 (Spudasmata 48); 237 S. (6) Peter H. Gummert, Die Erzählstruktur in den Argonautika des Apollonios Rhodios. Frankfurt/M. (u.a.) 1992 (Europäische Hochschulschriften, Reihe 15, 60); 150 S. (7) Richard L. Hunter, The *Argonautica* of Apollonios. Literary Studies. Cambridge 1993; VIII, 206 S. (8) Paul **Dräger***, Argo pasimelousa. Der Argonautenmythos in der griechischen und römischen Literatur. Teil I: Theos Aitios. Stuttgart 1993 (Palingenesia 43); IX, 400 S.: Grundlegende Neubehandlung in vier Kapiteln: I. Der vorhomerische Argonautenmythos (12–149). II. Pindar, Pythien 4 (150–292). III. Apollonios von Rhodos (293–327). IV. Valerius Flaccus (328–356). Zusammenfassung (357–372). Literatur (373–384). (9) Ulrich Eigler/Eckard Lefèvre (Hrsg.), Ratis omnia vincet 2. Neue Untersuchungen zu den Argonautica des Valerius Flaccus. München 1998 (Zetemata 98); 374 S. (10) Christian Pietsch, Die Argonautika des Apollonios von Rhodos. Untersuchungen zum Problem der einheitlichen Konzeption des Inhalts. Stuttgart 1999 (Hermes Einzelschriften 80); 307 S.: Nach Einleitung (11–26) drei Hauptteile: II. Äußere Motivation und innere Thematik (27–98). III. Konzeptionelle Einheitlichkeit von Charakter und Heldentum (99–158). IV. Theologie und Menschenbild (159–257; zu Medeia 234ff.). Zusammenfassung (259–265). Literatur (267–286).

---

[16] Basisliteratur nach MH 2011, 134–138 und MH Ntr. 2018, 127f. (auch zur neuesten Literatur ab 2000).

Was die Hauptphasen der Entwicklung des antiken Mythos in den poetischen Hauptgattungen Epos, Lyrik, Drama betrifft, am Rande auch bei den beiden wichtigsten Autoren der römischen Mythentradition, Vergil und Ovid, sowie in der späteren Prosagattung Mythographie, so gab es für die umfangreiche Literatur zu den **homerischen Großepen** in der Mittelphase zwei frühe Teilberichte: (1) David W. **Packard***/Tania **Meyers**, A Bibliography of Homeric Scholarship. Preliminary Edition 1930–1970. Malibu/Cal. 1974; VI, 183 S. (2) Alfred **Heubeck***, Die homerische Frage. Ein Bericht über die Forschung der letzten Jahrzehnte. Darmstadt 1974 (Erträge der Forschung 27); XV, 326 S.

Die wesentliche Literatur bis gegen Ende der Mittelphase erfasste ein Rückblick auf die gesamte neuere Forschung: Joachim **Latacz*** (Hrsg.), Zweihundert Jahre Homer-Forschung. Rückblick und Ausblick. Stuttgart/Leipzig 1991 (Colloquium Rauricum 2); XI; 552 S.: Nach zwölf Überblicksbeiträgen zur Archäologie (9–102), Althistorie (103–256) und Sprachwissenschaft (257–328) behandelte ein substantieller Einzelbeitrag wesentliche Aspekte des Mythos: Fritz Graf, Religion und Mythologie im Zusammenhang mit Homer (331–362). Speziell auf den mythischen Inhalt der beiden Großepen bezogen sich namhafte Wissenschaftler unter den beiden abschließenden Rubriken ‚Struktur' (379–422; Joachim Latacz zur *Ilias*, Uvo Hölscher zur *Odyssee*) und ‚Methoden ihrer Interpretation' (423–526; Wolfgang Kullmann zur Neoanalyse, James P. Holoka zur *oral poetry*, Ernst-Richard Schwinge zur narratologischen Einordnung, Karl Schefold zur Bedeutung frühgriechischer ‚Sagenbilder' für die Datierung der Epik).

Einen wertvollen Überblick zur internationalen Homer-Forschung bot ein ebenso grundlegender wie detaillierter Forschungsbericht: Edzard **Visser***, Homer 1977–2000 (1). In: Lustrum 54, 2012, 209–343, spez. 322–331 (grundlegende Einführungen und Darstellungen, allerdings ohne spezielle Berücksichtigung des Mythos); Homer 1977–2000 (2). In: Lustrum 56, 2014, 109–284. Unter der Literatur der Mittelphase thematisch bemerkenswert war die umfangreiche Neuausgabe der Scholien zu Homers *Ilias* mit ihrem reichen Material an gelehrten Angaben zu mythologischen Details über den Troianischen Krieg und darüber hinaus: Scholia Graeca in Homeri Iliadem (Scholia vetera). Recensuit Hartmut Erbse. Vol. 1–7. Berlin 1969–1988.

Von besonderem Wert für die Mythenforschung spez. zu Homers *Ilias* und die zahlreichen am Troianischen Krieg beteiligten Heroen waren zwei bemerkenswerte Arbeitsprojekte:

(1a) Paul **Wathelet***, Dictionnaire des Troyens de l'Iliade. 1.2. Liège 1988 (Université de Liège. Bibliothèque de la Faculté de Philosophie et Lettres. Documenta et Instrumenta 1); 791 S./S. 797–1614: Erste spezielle lexikographische Zusammenstellung zur Thematik. (1b) **Ds.***, Les Troyens de l'Iliade. Mythe et histoire. Paris 1989 (Bibliothèque de la Faculté de Philosophie et Lettres de l'Université de Liège 252); 287, 11 S.: Wissenschaftliche Auswertung der lexikographischen Basisuntersuchung.

(2) Edzard **Visser***, Homers Katalog der Schiffe. Stuttgart/Leipzig 1997; IX, 791 S.: Aufarbeitung der grundlegenden geographisch-genealogischen Passage im Anschluss an die frühere Literatur (11–48; umfassende Bibliographie. 751–773) mit einem nicht nur historisch-archäologischen, sondern auch philologischen Neuansatz (49–52) und dem Fazit (741–750), „dass daher der Schiffskatalog keineswegs aus mykenischer Zeit stammen muss", sondern „im 8. Jahrhundert neu und mit konsequenter Abstimmung auf die *Ilias* hin vom Dichter eben dieser *Ilias* konzipiert wurde"(750).

Der letzte Forschungsbericht für **Hesiod** reichte, von der für den Mythos grundlegenden *Theogonía* ganz zu schweigen, zu den Fragmenten gerade einmal bis 1984. Ähnliche Defizite ergeben sich für viele weitere literarische Teilbereiche und Einzelautoren des Mythos, deren Aufarbeitung späteren Berichterstattern überlassen bleibt. So muss im begrenzten Rahmen dieses Forschungsberichts zu Einzelbereichen wie Hesiod (spez. *Theogonía*), Epos und Epischem Kyklos, Lyrik (inkl. Chorlyrik), Attischer Tragödie und Mythographie der Verweis auf entsprechende Anmerkungsangaben im Gesamtprojekt des Vf.s (spez. in MH 2011 und MH Ntr. 2018) genügen.

Was die beiden wichtigsten Dichter der späteren **römischen Mythentradition** betrifft, so muss sich dieser Überblicksbericht zur Mittelphase auf wenige Angaben beschränken, was umso schwieriger ist, weil gleichzeitig eine erhebliche Lücke bei größeren Forschungsberichten im ‚Lustrum' und darüber hinaus besteht. Immerhin gab es zu **Vergil** und sein Hauptwerk *Aeneis* in der Mittelphase noch einige interessante Teilberichte (Auswahl): (1) George E. Duckworth, Recent Works on Vergil. In: Classical World 57, 1963/64, 193–226. (2) Viktor Pöschl, Vergil (Forschungsbericht). In: Anzeiger für die Altertumswissenschaft 21, 1968, 193–220; 22, 1969, 1–38. (3) Antonie Wlosok, Vergil in der neueren Forschung. In: Gymnasium 80, 1973, 129–151.

Zu Vergils *Aeneis* entstand ein grundlegender Überblick zur Homerrezeption bereits in den Anfängen der Mittelphase: Georg Nicolaus **Knauer***, Die Aeneis und Homer. Studien zur poetischen Technik Vergils mit Listen der Homerzitate in der Aeneis. Göttingen 1964 (Hypomnemata 7); 549 S: Nach den Grundsatzfragen des Einleitungskapitels (31–106) werden zunächst *Aeneis* 6 und *Odyssee* 11 verglichen (107–147), dann *Aeneis* 1–6 und *Odyssee* 5–12 (148–222). Es folgt eine detaillierte Analyse zur poetischen Erzähltechnik von *Aeneis* 7–12 (223–331) mit einer kurzen Zusammenfassung (332–359). Den Abschluss bilden die wertvollen Einzellisten der Homerzitate in der *Aeneis* (361–527). – Auf die epische Handlungsbeteiligung der Gottheiten bezog sich wenig später eine wichtige mythologische Spezialstudie: Werner Kühn, Götterszenen bei Vergil. Heidelberg 1971 (BKWA 2. Reihe N.F.

41); 188 S.: Auf eine umfangreiche Präsentation aller themenrelevanten Passagen (11–167) folgt abrundend die knappe Zusammenfassung ‚Das Wesen der Götter Vergils' (168–178).

Der schon zuvor genannte Verfasser früher Forschungsberichte prägte die deutschsprachige Vergilforschung mit folgenden Publikationen (Auswahl): (1) Viktor **Pöschl***, Die Dichtkunst Vergils. Bild und Symbol in der Aeneis. Wiesbaden 1950; 288 S., engl Ausgabe Ann Arbor 1962, 3. Aufl. Berlin 1977; 211 S. (2) Ds., Kunst und Wirklichkeitserfahrung in der Dichtung. Abhandlungen und Aufsätze zur Römischen Poesie = Kleine Schriften 1. Heidelberg 1979 (Bibliothek der Klassischen Altertumswissenschaften N.F. 2. Reihe 66); 330 S.: Beiträge zu Vergil 97–126, zu Ovid 257–308. (3) **Ds.** (Hrsg.), 2000 Jahre Vergil. Ein Symposion. (Kongressakten Wolfenbüttel 1982). Wiesbaden 1983 (Wolfenbütteler Forschungen 24); VIII, 221 S.: Sammelschrift mit neun Beiträgen zu Vergil in Antike/Spätantike, Mittelalter und neuerer Tradition. (4) Ds., Lebendige Vergangenheit. Abhandlungen und Aufsätze zur Römischen Literatur und ihrem Weiterwirken = Kleine Schriften 3. Heidelberg 1995 (Bibliothek der Klassischen Altertumswissenschaften N.F. 2. Reihe 92): Teilweise wesentliche Einzelbeiträge zu Vergil (53–159).

In seiner Nachfolge bereicherte eine nicht weniger kompetente Gelehrte die Vergilforschung mit folgenden Beiträgen (Auswahl): (1) Antonie **Wlosok***, Die Göttin Venus in Vergils Aeneis. Heidelberg 1967 (Bibliothek der Klassischen Altertumswissenschaften 2. Reihe N.F. 21); 166 S.: Nach zwei gründlichen Basisinterpretationen zu *Aen.* 1,223–304/305–417 (11–106) folgt die Zusammenfassung ‚Die Venusgestalt im Ganzen der Aeneis' (107–146). (2) Ds., Vergils Didotragödie. In: Herwig Görgemanns/Ernst A. Schmidt (Hrsg.), Studien zum antiken Epos. Meisenheim 1976 (Beiträge zur Klassischen Philologie 72), 228–250. (3) **Ds.***, Res humanae – res divinae. Kleine Schriften. Heidelberg 1990 (Bibliothek der Klassischen Altertumswissenschaften N.F. 2. Reihe 84): Insgesamt vierzehn Beiträge und Rezensionen zu Vergil mit zunehmender Berücksichtigung der späteren Rezeption (279–501).

Forschungsgeschichtlich bedeutend waren die zahlreichen weiteren Kongresse zur Zweitausendjahrfeier des Klassikers, darunter u. a.: Charles **Martindale*** (Hrsg.), Virgil and his Influence. Bimillennial Studies. Bristol 1984; XII, 264 S.: Mischung aus Festbeiträgen zum Dichter selbst und seinem kulturellen Umfeld (z. B. R.D. Williams, The Poetic Intention of Virgil's *Aeneid*, 25–35) und zur späteren Rezeption (Verweise unter den Einzelperioden). – Wichtige Titel aus der Basisliteratur gegen Ende der Mittelphase (Auswahl): (1) Charles **Martindale*** (Hrsg.), The Cambridge Companion to Virgil. Cambridge 1997; XVII, 370 S., Ndr. 2000: Einzelbeiträge in vier Sektionen: 1. Translation and reception (19–104; Einzelverweise hier unter Rezeption). 2. Genre and poetic career (105–166; z. B. Duncan F. Kennedy, Virgilian epic, 145–154). 3. Contexts of production (167–238).

4. Contents and forms (239 – 336; z. B. Philip Hardie, Virgil and tragedy, 312 – 326). Literatur (340 – 358). (2) Hans-Peter Stahl/Elaine Fantham (Hrsg.), Vergil's Aeneid. Augustan Epic and Political Context. London 1998; XXXIII, 324 S. (3) Werner **Suerbaum***, Vergils „Aeneis". Epos zwischen Geschichte und Gegenwart. Stuttgart 1999 (Universal-Bibliothek 17618); 425 S., 2. Aufl. 2007. – Nähere Details bleiben späteren Forschungsberichten zu Vergil bzw. zum Mythos überlassen.

Für **Ovid** und sein Hauptwerk **Metamorphoses** ist zunächst auf die späteren Forschungsberichte von Ulrich Schmitzer vorauszuweisen (S. 207). Die deutschsprachige Forschung bestimmten in der Mittelphase neben dem monumentalen Werkkommentar von Franz **Bömer*** (7 Bände, Heidelberg 1969 – 1986) vor allem die Publikationen eines lange Jahre in Heidelberg wirkenden Gelehrten (Auswahl): (1) Michael von **Albrecht**, Die Parenthesen in Ovids Metamorphosen und ihre dichterische Funktion. Würzburg 1963; 233 S. (2) **Ds.*** (Hrsg.), Ovid. Darmstadt 1968 (Wege der Forschung 92); XIX, 587 S.: Gesamtüberblick mit wesentlichen Beiträgen aus der früheren Forschung. (3) **Ds.*** (Adr.), Ovid – Werk und Wirkung. Festgabe für M.v.A. zum 65. Geburtstag: Hrsg. von Werner Schubert. 1.2. Frankfurt/M. u. a. 1999; 536 S./X, S. 539 – 1220: In Breite und Qualität beeindruckendes Gesamtspektrum von internationalen Fachbeiträgen mit folgenden mythischen Schwerpunkten: Heroides (157 – 194; zwei Beiträge), Metamorphosen (255 – 536; neun allgemeine Beiträge und zehn Spezialstudien u. a. zu Jupiter, Apollon, Arachne, Acheloos, Pygmalion, Myrrha), Fasti (537 – 682; sieben Beiträge); zahlreiche weitere Aufsätze zur antiken Nachwirkung (815 – 910) und zur späteren literarischen Rezeption vom Mittelalter bis zur Moderne (911 – 1122) mit Ergänzungen zur Bildenden Kunst (1123 – 1133) und Musik (1135 – 1216).

Im Rahmen dieses Überblicks zur Mythosforschung muss eine Kurzliste von wichtigen neueren internationalen Monographien zu Ovids mythenreichem Hauptwerk seit den fünfziger Jahren genügen (Auswahl): (1) Lancelot P. Wilkinson, Ovid Recalled. Cambridge 1955; XVII, 483 S. (2) Hermann **Fränkel**, Ovid. A Poet Between Two Worlds. Berkeley u. a. 1956; VIII, 282 S.; dt. Ausgabe: Ovid. Ein Dichter zwischen zwei Welten. Darmstadt 1970; X, 290 S. (3) Simone L. Viarre, L'Image et la Pensée dans les ‚Métamorphoses' d'Ovide. Paris 1964 (Publications de la Faculté des Lettres et Sciences Humaines de Paris. Série ‚Recherches' 22); 479 S. (4) Brooks Otis, Ovid as an Epic Poet. Cambridge 1966; XIV, 411 S.; 2. Aufl. 1970; XVIII, 441 S. (5) Karl Galinsky, Ovid's Metamorphoses. An Introduction to the Basic Aspects. Oxford 1975; XI, 285 S.: Instruktiver Erstüberblick. (6) Jean Marc Frécaut/Danielle Porte (Hrsg.), Journées Ovidiennes de Parménie. (Kongressakten Grenoble 1983). Bruxelles 1985 (Collection Latomus 189), spez. 43 ff.; z.B. Michel Boillat, Mutatas dicere formas. Intentions et réalité, 43 – 56; Jean Michel Croisille, Remarque sur l'épisode troyen dans les Métamorphoses d'Ovide (Met., XII-XIII, 1 – 622), 57 – 81. (7) Joseph B. Solodow, The World of Ovid's Metamorphoses. Chapel

Hill/London 1988; VII, 278 S.: Detaillierter Überblick, spez. 74–108 (Mythology). (8) Fritz Graf, Ovide, Les Métamorphoses et la véracité du mythe. In: Calame 1988, wie S. 75, 57–70. (9) Ernst August **Schmidt**, Ovids poetische Menschenwelt. Die Metamorphosen als Metapher und Symphonie. Heidelberg 1991 (Sitzungsberichte der Heidelberger Akademie der Wissenschaften, PHK 1991,2); 151 S. (10) Jacqueline **Fabre-Serris**, Mythe et poésie dans les *Metamorphoses* d'Ovide. Fonctions et significations de la mythologie dans la Rome augustéenne. Paris 1995 (Études et Commentaires 104); 425 S.: Breite Basisinterpretation zu poetisch und historisch interessanten Mythen in drei Sektionen mit Berücksichtigung des augusteischen Kontextes. (11) Lothar **Spahlinger***, Ars latet arte sua. Untersuchung zur Poetologie in den Metamorphosen Ovids. Stuttgart/Leipzig 1996 (Beiträge zur Altertumskunde 83); 378 S.: Wesentliche Monographie zu Ovids dichterischem Selbstverständnis (27–200; Einzelinterpretationen spez. zu Pygmalion, Arachne, Marsyas/Pan/Pieriden und Orpheus), zum Götterbild im Werk (201–263) und zu Kunstwerken im Kunstwerk (264–321). (12) Niklas **Holzberg**, Ovid. Dichter und Werk. München 1997, spez. 123–158 *(Metamorphoses)*. (13) Philip R. **Hardie*** u. a. (Hrsg.), Ovidian Transformations. Essays on the *Metamorphoses* and its Reception. Cambridge 1999 (Proceedings of the Cambridge Philological Society. Suppl. 23); 336 S., z. B. Elena Theodorakopoulos, Closure and Transformations in Ovid's *Metamorphoses*, 142–181. Literatur (324–336) – Weiteres zu Ovid bleibt künftigen Forschungsberichten bzw. speziellen Teilberichten zur Bedeutung des Mythos überlassen.

Was den für die weitere Entwicklung der Mythosforschung wesentlichen Teilaspekt der **Erweiterungen und Verbesserungen der textlichen Gesamtbasis** betrifft, so verdankt der Verfasser entscheidende Impulse einer schon am Anfang der Mittelphase veröffentlichten Freiburger Habilitationsschrift (1957): Wolfgang **Kullmann****, Die Quellen der Ilias (Troischer Sagenkreis). Wiesbaden 1960 (Hermes Einzelschriften 14), XIV, 407 S. – Disposition: I. Thema und Problemgeschichte (4–57; zur Einordnung der kyklischen Epen, im Blick auf die Ilias und mythenchronologisch geschieden nach ‚Antehomerica' und ‚Posthomerica'; Textbasis: Proklosexzerpte 50–57). II. Prosopographie der Achaier in der Ilias (58–168). III. Prosopographie der Troer in der Ilias (169–188). IV. Die Expedition nach Teuthranien in Kyprien und Ilias (189–203). V. Zur Struktur des epischen Kyklos (204–226; grundlegend). V. Die kyklischen Epen und die Ilias (227–357). VII. Schlussfolgerungen (358–390; grundlegend).[17] Register (391–407). – Ansatz:

---

[17] Vgl. auch Kullmanns spätere Differenzierung in: Ergebnisse der motivgeschichtlichen Forschung zu Homer (Neoanalyse). In: 200 Jahre Homerforschung. Stuttgart/Leipzig 1991, 429 f.: „Während Schadewaldt und Pestalozzi die Meinung vertraten, daß die Aithiopis selbst (bzw. nach Pestalozzi auch andere Teile des Kyklos) vorhomerisch sind, habe ich dafür plädiert, die Frage

„Die Frage, in welchem Umfang die Ilias troische Sage voraussetzt, hängt sehr von der Beurteilung der kyklischen Epen ab" (Vorwort V). – Einleitung: Selbstzuordnung „unter gewissen Einschränkungen" zu jenen Forschern, „die unsere Ilias mit allen ihren Widersprüchen u. a. gerade durch Aufdeckung ihrer motivischen Vorbilder als eine Einheit zu begreifen suchen" (1). – Résumé: Über die Erträge zu einem wichtigen Teilbereich der neueren Mythosforschung hinaus ist die Monographie m. E. ein Musterbeispiel für den Gesamttrend in der Mittelphase, bisherige Forschungspositionen ergebnisoffen in Frage zu stellen, in diesem Fall mit dem Hauptergebnis, „daß die Ilias in viel größerem Maße in dichterischen Quellen überlieferte Sage voraussetzt, als man meinte, und daß sie insbesondere den Stoff der kyklischen Epen in größerem Maße kennt, als bisher überhaupt für möglich gehalten wurde" (358) und der Neudatierung: „Das ergäbe einen terminus post von etwa 650 v.Chr. für die Ilias" (381).

Das ‚Herzstück' von Kullmanns Studie (im Anschluss an Bethe 1929, wie S. 28, 1–56, spez. 50–56) war die durchgehende Liste zu den Proklosexzerpten (52–57). In der weiteren Entwicklung gingen zwei neue Ausgaben der frühen **Epici Graeci** erheblich über diesen Stand der Forschung hinaus: (1) Graecorum Epicorum Fragmenta. Edidit Malcolm **Davies***. Göttingen 1988; 196 S.: Kurzausgabe mit prägnanten kommentierenden Ergänzungen. (2) Poetarum Epicorum Graecorum Testimonia et Fragmenta. Pars I. Edidit Albertus **Bernabé****. Cum appendice iconographica a R. Olmos confecta. Editio correctior editionis primae (1987). Berlin 1996; XXXV, 283 S.: Beste wissenschaftliche Standardausgabe zu allen nur fragmentarisch erhaltenen Autoren der frühgriechischen Epik. – In der aktuellen Phase brachte derselbe Herausgeber die Ergänzungsbände zu den *Orphica* heraus: Pars II: Orphicorum et Orphicis similium testimonia et fragmenta. Fasc. 1. Berlin 2004; LXXXV, 384 S. Fasc. 2. 2005; XXV, 553 S. Fasc. 3. 2007; XXII, 465 S.

Bemerkenswerte Fortschritte gab es bei den **Fragmenta Hesiodea** (Auswahl): (1) Fragmenta Hesiodea. Ediderunt R. Merkelbach et M.L. West. Oxford 1967; XI, 236 S.: Grundlegende Ausgabe mit den neuen Papyrusfragmenten zu den *Ēhoîai* (1–120). (2) Hans Joachim Mette, Fragmenta Hesiodea 1967–1984. In: Lustrum 27, 1985, 5–21: Grundlegender Forschungsbericht. (3) Martin L. **West***, The Hesiodic Catalogue of Women. Its Nature, Structure and Origins. Oxford 1985; 193 S.:

---

vorläufig offen zu halten ... Heute wird man sagen können, daß vieles dafür spricht, daß die genannten kyklischen Epen Verschriftlichungen von epischer Dichtung sind, die zur Zeit Homers schon mündlich existierten" [Hinweis von Gebhard Kurz/Mainz]. – Die Skepsis von Walter Marg gegen Kullmanns neue Ergebnisse übernahm auch die vorwiegend stoffgeschichtliche Dissertation seines Mainzer Schülers Karl Anton Priess, Der mythologische Stoff in der Ilias. Mainz (mschr.) 1977; 205 S. (spez. 10 Anm. 2), in der die übrigen Einzelstücke des epischen Kyklos eher eine marginale Rolle spielten (vgl. immerhin 11 f. zur mythischen Überlieferung insgesamt).

Substantielle Werkeinführung. (4) Paul Dräger, Untersuchungen zu den Frauenkatalogen Hesiods. Stuttgart 1997 (Palingenesia 61); 171 S.: Werkanalyse mit Frühdatierung und Zuweisung an Hesiod.

Das sprachliche Gesamtmaterial aus Homer, Hesiod und dem Epischen Kyklos war schon ab 1955 Gegenstand eines neuen lexikographischen Arbeitsmittels, das aus Finanzierungsgründen in der Endfassung nicht ganz im ursprünglich vorgesehenen Gesamtumfang realisiert werden konnte: **Lexikon des Frühgriechischen Epos [LFE*]**. Begründet von Bruno Snell. Im Auftrag der Akademie der Wissenschaften in Göttingen vorbereitet und hrsg. vom Thesaurus Linguae Graecae. Göttingen 1979–2004; Bd. 1. A. 1955–1979. Bd. 2. B-L. 1991. Bd. 3. M-P. 1993–2004. Bd. 4. R-Ö. 2006–2010.

Ein erheblicher Materialzuwachs ergab sich auch für die weitgehend verlorene **Lyrik** durch Neufunde zu bisher verlorenen mythischen Gedichten spez. von **Stesichoros** (Auswahl): (1) Greek Lyric, edited and translated by David A. Campbell. 3. Stesichorus, Ibycus, Simonides and others. Cambridge/Mass, London 1991 (The Loeb Classical Library 476), 28–199. (2) Poetarum Melicorum Graecorum Fragmenta. Vol. I: Alcman, Stesichorus, Ibycus. Post D.L. Page edidit Malcolm Davies. Oxford 1991, 133–234. (3) Ibico, Testimonianze e Frammenti. A cura die Franco Mosino. Reggio/Calabria 1966; 137 S.: Neuere Spezialausgabe. – Ergänzender Forschungsbericht: Douglas E. Gerber, Greek Lyric Poetry Since 1920. Part II: From Alcman To Fragmenta Adespota. In: Lustrum 36, 1994, 7–189, 285–297, spez. 50–89 (Stesichorus), 90–103 (Ibycus), Simonides (129–152). – Wichtige Literatur zu Stesichoros: (1) Philip Brize, Die Geryoneis des Stesichoros und die frühe griechische Kunst. Würzburg 1980 (Beiträge zur Archäologie 12); 182 S.: Exemplarische Aufarbeitung der Text- und Bildquellen. (2) Francesca D'Alfonso, Stesocoro e la performance. Studio sulle modalità esecutive dei carmi stesicorei. Roma 1994 (Filologia e Critica 74); 180 S.: Erste Einführung ins Gesamtwerk.[18]

Für die beträchtlichen Neufundezu den Chorlyrikern **Pindar** und **Bakchylides** sei verwiesen auf wichtige neuere-Ausgaben: (1) Pindari Carmina cum fragmentis. Post Brunonem Snell edidit Herwig Maehler. 2: Fragmenta, Indices. Leipzig 1989; VIII, 222 S. (2) The Dithyrambs of Pindar. Introduction, Text and Commentary door Maria J.H. van der Weiden: Amsterdam 1992; IV, 246 S. (3) Bacchylide, Dithyrambes, Épinicies, Fragments. Texte établi par Jean Irigoin et

---

[18] Vgl. auch **Vf.**, Zu den Anfängen der Mythenburleske. Griechische Mythen in den Komödien Epicharms und bei Stesichoros, auf Caeretaner Hydrien und anderen westgriechischen Sagenbildern. In: Thetis 3, 1996, 21–42: Basisbeitrag zu ‚komischen' Mythenbelegen auf Caeretaner Hydrien und westgriechischen Vasen in ihrer Verbindung zu verlorenen literarischen Quellen der frühgriechischen Lyrik (spez. Stesichoros) und der frühen ‚dorischen Komödie' (spez. Epicharm). Vgl. auch auf S. 228 zu Walsh 2009.

traduit par Jacqueline Duchemin et Louis Bardollet. Paris (Belles Lettres) 1993; LVI, 280 S. (4) Die Lieder des Bacchylides. Teil 2: Die Dithyramben und Fragmente. Text, Übersetzung und Kommentar von Herwig Maehler. Leiden 1997 (Mnemosyne Supplement 167); XXVI, 381 S. – Ergänzende Forschungsberichte zur Chorlyrik: (1) Douglas E. Gerber, Pindar and Bacchylides 1934–1987 (Continuation). In: Lustrum 32, 1990, 7–98, 283–292: Pindar (Rest) 9–67, Bakchylides 67–98. (2) Arlette Neumann-Hartmann, Pindar und Bakchylides 1988–2007. In: Lustrum 52, 2010, 181–452, 453–463, spez. 186–415 (Pindar; 241–248 zu Religion, Mythos und Kult); 415–452 (Bakchylides).

Die nachhaltigste Vermehrung des Basismaterials erfolgte für die **Attische Tragödie** durch die konsequente Erschließung aller Fragmente aus indirekter Überlieferung und der jüngeren Papyrusfunde in einem von Bruno Snell angeregten monumentalen Corpus, das erst in der aktuellen Phase abgeschlossen wurde: Tragicorum Graecorum Fragmenta [***TrGF*****]. Vol. 1. Didascaliae tragicae. Catalogi tragicorum et tragoediarum. Testimonia et fragmenta tragicorum minorum. Editor: Bruno Snell. Editio correctior et addendis aucta, curavit Richard **Kannicht***. Göttingen 1986; XII, 363 S. Vol. 2. Fragmenta adespota. Testimonia volumini 1 addenda. Indices ad volumina 1 et 2. Editores: Richard Kannicht et Bruno Snell. Göttingen 1981; XIX, 453 S. Vol. 3. Aeschylus. Editor: Stefan **Radt***. Göttingen 1985; 592 S. Vol. 4. Sophokles. Editor: Stefan Radt. 1977; 731 S. Vol. 5,1–2. Euripides. Editor: Richard Kannicht. Göttingen 2004; 383 S./S. 584–1164. – Hinzu kamen zwei ergänzende Auswahlsammlungen: (1) Nova fragmenta Euripidea in papyris reperta. Edidit Colin Austin. Berlin 1968 (Kleine Texte für Vorlesungen und Übungen 187); 116 S. (2) Tragicorum Graecorum fragmenta selecta. Edidit J. Diggle. Oxford 1998; IX, 182 S.: Sammlung der größeren auf Papyri erhaltenen Bruchstücke aus Aischylos, Sophokles und Euripides.

Eine wesentliche Voraussetzung auch schon für das Zustandekommen des TrGF waren zahlreiche neue **Einzelausgaben** zu fragmentarisch erhaltenen Stücken; im Folgenden eine exemplarische Übersicht zu **Euripides:** Nach der frühen Publikation zum *Tēlephos* (E.W. Handley/John Rea; London 1957) erschienen in dichter Abfolge entsprechende Ausgaben bzw. Monographien zu den Dramen *Hypsipylē* (G.W. Bond; London 1963), *Krētes* (Raffaello Cantarella; Milano 1964), *Phaethōn* (Gilbert Murray; Cambridge 1970), *Kresphontēs* (Olimpio Musso; Milano 1974), *Kresphontēs/Archelaos* (M.A. Harder; Leiden 1985), *Peirithoos/Palamēdēs* (Dana F. Sutton; New York 1987), *Andromeda* (Frank Bubel; Stuttgart 1991 bzw. Rainer Klimek-Winter; Stuttgart 1993), *Tēlephos/Krētes* (Christopher Collard; Warminster 1995) und *Philoktētēs* (Carl Werner Müller; Berlin 1997). Hinzu kamen eine Fragmentauswahl zu Tragödien (Martin Cropp; London 1985) und ein umfangreicher Kommentar zu Satyrspielen (Nikolaus Pechstein; Stuttgart 1998).

Wesentliche Ergänzungen boten im Berichtszeitraum verschiedene **Forschungsberichte** zum Gesamtbereich bzw. zu einzelnen Tragikern:[19] (1) Holger Friis Johansen, Sophocles 1939–1959. In: Lustrum 7, 1962, spez. 273–288 (Fragmente). (2) Hans Joachim **Mette***, Euripides (insbesondere für die Jahre 1939–1968). Erster Hauptteil: Die Bruchstücke. In: Lustrum 12, 1967, 5–288. (3) Ds., Euripides (insbesondere für die Jahre 1939–1968), Erster Hauptteil: Die Bruchstücke Fortsetzung). In Lustrum 13, 1968, 289–403, 569–571. (4) Ds., Nachtrag zu H.J. Mette, Die Fragmente der Tragödien des Aischylos (Berlin 1959). In: Lustrum 13, 1968, 513–534. Vgl. auch Ds., Der verlorene Aischylos. Berlin 1963 (Schriften der Sektion für Altertumswissenschaft 35); VI, 256 S. (5) Ds., Euripides (I) 1968–1975. In: Lustrum 17, 1973–74, 5–26. (6) Ds., Aischylos (Bruchstücke) 1971–1977. In: Lustrum 18, 1975, 339–344. (7) Ds., Euripides (Bruchstücke) 1976/77. In: Lustrum 19, 1976, 65–78. (8) Ds., Euripides (insbesondere für die Jahre 1968–1981), Erster Hauptteil: Die Bruchstücke. In: Lustrum 23–24, 1981–82, 5–448. (9) Ds., Nachtrag zum Euripides-Bericht in Lustrum 23/24. In: Lustrum 25, 1983, 5–13. (10) Ds., Euripides, Erster Teil: Bruchstücke 1983. In: Lustrum 27, 1985, 24–26. Noch nicht auf die Fragmente bezog sich der vorerst letzte Bericht von Martin Hose u. a., Euripides 1970–2000 (1. Teil). In: Lustrum 47, 2005, 7–740.

Aus der grundlegenden neuen Zusammenstellung der Materialbasis im TrGF ergaben sich u. a. zahlreiche Spezialmonographien zum **Satyrspiel** (Auswahl): (1) Bernd **Seidensticker**, Das Satyrspiel. In: Gustav Adolf Seeck (Hrsg.), Das griechische Drama. Darmstadt 1979, 204–257. (2) Dana F. Sutton, The Greek Satyr Play. Meisenheim/Glan 1980 (Beiträge zur Klassischen Philologie 90); XI, 213 S. (3) Bernd Seidensticker (Hrsg.), Satyrspiel. Darmstadt 1989 (Wege der Forschung 579); VI, 423 S.: Grundlegende Sammelschrift von Einzelbeiträgen, z.B. Luigi Enrico Rossi, Das antike Satyrspiel. Form, Erfolg und Funktion einer antiken literarischen Gattung (1972), 222–251. (4) Dana F. Sutton, The Satyr Play. In: Patricia E. Easterling/B.M.W. Knox (Hrsg.), The Cambridge History of Classical Literature. Vol. I: Greek Literature. Cambridge 1985, 346–354 (Literatur 772f.). (5) Ralf **Krumeich***/Nikolaus **Pechstein**/Bernd **Seidensticker** (Hrsg.), Das griechische Satyrspiel. Darmstadt 1999 (Texte zur Forschung 72); XII, 676, 30 S.: Zusammenstellung des Gesamtmaterials zu den drei großen attischen Tragikern und kleineren Vertretern der Gattung von Pratinas bis Lykophron.

---

[19] Spätere Forschungsberichte zur griechisch-römischen Theaterproduktion: (1) G.R. Green, Theatre Production: 1971–1986. In: Lustrum 31, 1989, 7–96, 273–278, spez. Tragedy 38–58, Satyr Play 59–66, Roman Theatre 85–95; (2) Ds., Theatre Production 1987–1995. In: Lustrum 37, 1995, 7–202, 309–318 (Index), spez. 82–85 (Staging in Classical Tragedy), 93–123 (Tragedy), 123–132 (Satyr Play); (3) Ds., Theatre Production 1996–2006. In: Lustrum 50, 2008, 7–302, 367–391, spez. 136–175 (Tragedy), 175–185 (Satyr Play).

Eine wichtige Erweiterung der Materialbasis zu den Mythentravestien der **Dorischen Komödie** (Epicharm) bzw. der **Attischen Komödie** (spez. *Mésē* und *Néa*) bot ein wenig später erarbeitetes, nicht weniger monumentales Corpus: Poetae Comici Graeci [**PCG***]. Ediderunt R. Kassel et C. Austin. Vol. 1. Comoedia Dorica, Mimi, Phlyaces. Berlin/New York 2001. Vol. 2. Agathenor-Aristonymus. Berlin/New York 1991. Vol. 3,2. Aristophanes, Testimonia et fragmenta. Berlin/New York 1984. Vol. 4. Aristophon-Crobylus. Berlin/New York 1983. Vol. 5. Damoxenus-Magnes. Berlin/New York 1986. 6,2. Menander. Testimonia et fragmenta apud scriptores servata. Berlin/New York 1998. Vol. 7. Menecrates-Xenophon. Berlin/New York 1989. Vol. 8. Adespota. Berlin/New York 1995.

Dieses Corpus wurde ergänzt durch eine neue Studie zu der an **Mythentravestien** wohl reichsten Einzelphase der Attischen Komödie: Heinz-Günther **Nesselrath***, Die attische Mittlere Komödie. Ihre Stellung in der antiken Literaturkritik und Literaturgeschichte. Berlin u. a. 1990 (Untersuchungen zur antiken Literatur und Geschichte 36); X, 395 S. – *Disposition:* 1. Einleitung (1–64; Forschungsübersicht; antike und byzantinische Bezeugungen). 2. Zu den antiken Quellen des Begriffs „Mittlere Komödie" (65–187; Athenaios, Pollux, Aristoteles, Theophrast u.a.). III. Zur Hinterlassenschaft der Mittleren Komödie (188–330; Mythenparodien; Sprache und Metrik; Bühnenpersonal). IV. Epilog zum Epochenbegriff (331–345). Literatur (346–350). – *Résumé:* Grundlegende Behandlung der wichtigsten Entwicklungsphase der komischen Sondergattung (spez. 188–240).

Bedingt durch den starken Materialzuwachs zur Attischen Tragödie, erfreuten sich in der Mittelphase auch die drei nur fragmentarisch erhaltenen Hauptvertreter der **römisch-republikanischen Tragödie** einer verstärkten Aufmerksamkeit: (1) The Tragedies of *Ennius*. The Fragments, edited with introduction and commentary, by H.D. Jocelyn. Cambridge 1967 (Cambridge Classical Texts and Commentaries 10); VIII, 472 S. (2) M. *Pacuvii* Fragmenta. Edidit Ioannes D'Anna. Roma 1967 (Poetarum Latinorum Reliquiae. Aetas rei publicae 3,1); 299 S. (3) *Accius*, Oeuvres (fragments) par Jacqueline Dangel. Paris 1995; 415 S.

Ergänzende Forschungsberichte über die weitere Literatur zur römisch-republikanischen Tragödie: (1) Hans Joachim **Mette***, Die Römische Tragödie und die Neufunde zur Griechischen Tragödie (insbesondere für die Jahre 1954–1964). In: Lustrum 9, 1964, 5–211, spez. Ennius 55–78, Pacuvius 78–107, Accius 107–160, Seneca 160–194. (2) Gesine **Manuwald***, Römische Tragödien und Praetexten republikanischer Zeit: 1964–2002. In: Lustrum 43, 2001, 11–237. Ergänzende Einzelbibliographie: Werner Suerbaum, *Ennius* in der Forschung des 20. Jahrhunderts. Eine kommentierte Bibliographie für 1900–1999 mit systematischen Hinweisen nebst einer Kurzdarstellung des Q. Ennius (239–169 v.Chr.). Hildesheim u.a. 2003 (Bibliographien zur Klassischen Philologie 1); 280 S.

Was schließlich die frühen griechischen **Mythographen** betrifft, so gab es über die grundlegende Darstellung in FGrHist (1957) hinaus ergänzende Spezialliteratur vor allem zu dem bisher weniger beachteten **Pherekydes** von Athen (vgl. schon FGrHist I, Nr. 3, 58–104): (1) Alfons Uhl, Pherekydes von Athen. Grundriß und Einheit des Werkes. Diss. München (mschr.) 1963, VII, 154 S. (2) Paul Dräger, Stilistische Untersuchungen zu Pherekydes von Athen. Stuttgart 1995 (Palingenesia 52); 98 S. (3) Otto Lendle, Einführung in die griechische Geschichtsschreibung. Von Hekataios bis Zosimos. Darmstadt 1992, 22–25

Neue Spezialausgaben erschienen auch zu weiteren späteren Mythographen: (1) **Palaephatus**, *Perì apístōn*. On Unbelievable Tales. Translation, Introduction and Commentary by Jacob Stern. Wauconda 1996; VII, 167 S. (2) **Antoninus Liberalis**. Les Métamorphoses. Texte établi, traduit et commenté par Manolis Papathomopoulos. Paris 1968; XXXVII, 185 S. (3) The Metamorphoses of Antoninus Liberalis. A translation with a commentary (by) Francis Celoria. London/New York 1992; IX, 241 S. (4) **Partenio** di Nicea, Erotiká pathémata. Introduzione, testo critico, traduzione e commento a cura di Giuseppe Spatafora. Athen 1995; 342 S. (3) Parthenius of Nicaea. The Poetical Fragments and the *Erōtikà Pathēmata*. Edited with Introduction and Commentary by Jane L. Lightfoot. Oxford 1999; XIV, 607 S.: Umfassender Werkkommentar.

Wichtige Neuausgaben über den früheren Stand der Forschung hinaus gab es für den wichtigsten lateinischen Mythographen: (1) **Hyginus, Fabulae.** Edidit Peter K. Marshall. Stuttgart/Leipzig (Teubner) 1993; XX, 242 S.; kritische Textausgabe mit früherer Literatur (XV-XX). (2) Hygin, Fables. Texte établi et traduit par Jean-Yves Boriaud. Paris (Belles Lettres) 1997; XXXIII, 230 S.: Zweisprachige Ausgabe mit kommentierenden Anhängen. (3) **Hygin, L'astronomie.** Texte établi et traduit par André Le Boeuffle. Paris (Belles Lettres) 1983; LXXVIII, 228 S.: Zweisprachige Ausgabe mit kommentierenden Anhängen. (4) Hygini de astronomia. Edidit Ghislaine Viré. Stuttgart/Leipzig (Teubner) 1992; LIX, 176 S.: Kritische neue Textausgabe.

Ein wissenschaftliches Desiderat erfüllten auch verschiedene Neuausgaben/ Kommentare bzw. Untersuchungen zu mehreren lateinischen Traktaten aus der Spätantike bzw. dem beginnenden Frühmittelalter: (1) **Dictys** Cretensis, Ephemeridos belli Troiani libri a Lucio Septimio ex Graeco in Latinum sermonem translati. Edidit Werner Eisenhut. Leipzig 2. Aufl. 1973; LII, 151 S. (2) **Fulgentius** the Mythographer. Translated from the Latin, with Introductions, by Leslie George Whitbread. Ohio 1971; X, 258 S.: Übersetzung mit Kommentierung. (3) Andreas Beschorner, Untersuchungen zu **Dares** Phrygius. Tübingen 1992 (Classica Monacensia 4); X, 294 S.: Textausgabe, Übersetzung und Kommentar. (3) ***Mythographi Vaticani*** I et II, cura et studio Péter Kulcsár. Turnhout 1987 (Corpus Christianorum. Series Latina 91C); XXIII, 391 S.: Textausgabe. (4) Mythographe du Vatican (I).

Traduction et commentaire par Philippe Dain. Paris 1995 (Annales littéraires de l'Université de Franche-Comté. Lire les polythéismes 5); XIX, 244 S. Übersetzung und Kommentar. (5) Le premier mythographe du Vatican. Texte établi par Nevio Zorzetti et traduit par Jacques Berlioz. Paris (Belles Lettres) 1995; LIX, 179 S.: Zweisprachige Ausgabe mit kommentierenden Anhängen. (6) *Excidium Troiae*. (Hrsg.) Alan Keith Bate. Frankfurt/M u. a. 1986 (Lateinische Sprache und Literatur des Mittelalters 23); 159 S.

Für das **Schicksalsdenken** als zentralen Bestandteil des frühgriechischen Mythos sind zur obersten Schicksalsgöttin **Themis** in der Mittelphase folgende Monographien und kleineren Beiträge anzuführen (Auswahl): (1) Walter Pötscher, Moira, Themis und τιμή im homerischen Denken. In: Wiener Studien 73, 1960, 5–39. (2) M. Sanchez Ruipérez, Historia de Θέμις en Homero. In: Emerita 28, 1960, 99–123. (3) Hugh **Lloyd-Jones***, The Justice of Zeus. Berkeley u. a. 1971 (Sather Classical Lectures 41); XVII, 230 S., spez. 35–36, 49–50 (Themis/Dike), 86–87, 99–101 (Dike). (4) Albrecht Dihle in: RAC 10 (1978) s.v. Gerechtigkeit, 233–360, spez. 236–249. (5) Christiane Sourvinou-Inwood, Myth as History. The Previous Owners of the Delphic Oracle. In: Bremmer 1986, wie S. 63, 215–241 (6) Marinella Corsano, Themis. La norma e l'oraculo nella Grecia antica. Lecce 1988; 176 S. (7) Shapiro 1992, wie S. 94, 39–44 (Dike), 216–226 (Themis). (8) Paulina Karanastassi in: LIMC 8 (1997) s.v. Themis, 1199–1205.

Auf **weitere Schicksalsgöttinnen** wie Nemesis, Moiren und Atē bezogen sich im Berichtszeitraum die folgenden Publikationen (Auswahl): (1) Joachim Gruber, Über einige abstrakte Begriffe des frühen Griechischen. Meisenheim/Glan 1963 (Beiträge zur Klassischen Philologie 9), 65–72 (zu Nemesis), spez. 70 f. (2) Noel D. Robertson, Nemesis. The History of a Social and Religious Idea in Early Greece. Diss. Ithaca, Cornell University (Micr.) 1964. (3) Josef Stallmach, Ate. Zur Frage des Selbst- und Weltverständnisses des frühgriechischen Menschen. Meisenheim 1968 (Beiträge zur Klassischen Philologie 18); 117 S. (4) Jan Maarten Bremer, Hamartia. Tragic Error in the *Poetics* of Aristotle and in Greek Tragedy. Amsterdam 1969, 99–134 (zu Atē). (5) Suzanne **Saïd***, La faute tragique. Paris 1978, spez. 75–96 (zu Atē). (6) Mary Scott, Aidos and Nemesis in the Works of Homer and their Relevance to Social and Co-operative Values. In: Acta Classica 23, 1980, 13–35. (7) Hamartia. The Concept of Error in the Western Tradition. Essays in honour of John M. Crossett. Edited by Donald V. Stump u. a. New York/Toronto 1983 (Texts and studies in religion 16); XV, 302 S. (8) Richard E. Doyle, ATH. Its Use and Meaning. A Study in the Greek Poetic Tradition from Homer to Euripides. New York 1984; IX, 190 S. (9) Marion Tradler, Die Ikonographie der Nemesis. Diss. Mainz 1998; 304 S., 20 Bl. – Ergänzende kleinere Beiträge: (1) Stefano de Angeli in: LIMC 6 (1992) s.v. Moirai, 636–648. (2) Paulina Karanastassi/Federico Rausa in:

LIMC 6 (1992) s.v. Nemesis, 733–770. (3) Wolfgang Ehrhardt, Versuch einer Deutung des Kultbildes der Nemesis von Rhamnus. In: Antike Kunst 40, 1997, 29–39.

Weitere Monographien galten der frühgriechischen **Schicksalskonzeption** insgesamt und wesentlichen Sachaspekten wie Aidōs und Hybris (Auswahl): (1) Bernard Clive Dietrich, Death, Fate and the Gods. The development of a religious idea in Greek popular belief and in Homer. London 1965 (University of London. Classical Studies 3); X, 396 S. (3) Maurice Dirat, L'hybris dans la tragédie grecque. (Thèse Toulouse 1973). 1.2. Lille 1973; 583, VIII S./S. 584–919. (4) Nicolas R.E. **Fisher***, Hybris. A study in the values of honour and shame in ancient Greece. Warminster 1992; XVI, 526 S. (mit Bibliographie V-XVI). (5) Douglas L. Cairns, Aidōs. The Psychology and Ethics of Honour and Shame in Ancient Greek Literature. Oxford 1993, spez. 1–47 (Introduction), 48–146 („Aidōs in Homer'), 229–237 (zu Hybris). – Ergänzende kleinere Beiträge: (1) Hans von Geisau in: RE Suppl. 9 (1962) s.v. Hybris, 323–329. (2) Douglas M. MacDowell, Hybris in Athens. In: Greece and Rome 23, 1976, 14–31. (3) John Procopé in: RAC 15 (1991) s.v. Hochmut, 795–858, spez. 796–825 (heidnisch). (4) José Vicente Bañuels Oller, Expresión literaria del concepto hybris. In: Studia Philologica Valentina 1, 1996, 7–19. (5) Arbogast Schmitt, Wesenszüge der griechischen Tragödie: Schicksal, Schuld, Tragik. In: Flashar 1997, wie S. 122, 5–49: Substantielle Übersicht zur Gesamtthematik.

Abschließend sei hingewiesen auf eine im Blick auf diese Thematik bemerkenswerte Sammelschrift: Visages du destin dans les mythologies (Mélanges Jacqueline **Duchemin***). Paris 1983; 268 S.: Einzelbeiträge zum Schicksalsdenken während der Antike (1–151; darin: Luigia Achillea Stella, Déesses de la destinée humaine dans la Grèce mycénienne?, 11–19: Hypothese, Themis, Moiren und Erinyen seien schon für die mykenische Zeit vorauszusetzen; Rachel Aélion, La technique dramatique d'Euripide et sa conception de la destinée humaine, 69–85) und in der späteren Entwicklung bis zur Moderne (153–229), mit substantieller Zusammenfassung von Jacqueline Duchemin, La pesée des destins (237–259).

Was die weitere Literatur aus der Mittelphase zu allen Teilbereichen der klassisch-philologischen Mythosforschung betrifft, ob nun spezielle Monographien oder kleinere Beiträge, sind die wichtigsten Titel in den Literaturangaben des Gesamtprojekts des Vf.s aufgeführt und zusätzlich durch die Register zu dessen Einzelteilen erschlossen. Weitergehende Ausführungen bleiben künftigen Forschungsberichten vorbehalten.

b. Klassisch-archäologische Mythosforschung

Im Blick auf die klassisch-archäologische Forschung der Mittelphase wurden für den Verfasser seit seinem Studium die starken Impulse des am antiken Mythos lebhaft interessierten Mainzer Ordinarius Frank **Brommer*** bestimmend (1911–1993; Promotion München 1937, Habilitation Berlin 1944; Universität Mainz 1958–1976). Zu dessen grundlegenden Publikationen aus dieser Zeit zählten im Anschluss an die wertvollen ‚Vasenlisten' (Erstauflage 1956; 3. erw. Aufl. 1973) als weitere wesentliche Vorarbeiten für das damals noch nicht absehbare Großprojekt des LIMC: (1) **Ds.***, Denkmälerlisten zur griechischen Heldensage. 1. Herakles. 1971. 2. Theseus-Bellerophon-Achill. 1974. 3. Übrige Helden. 1976. 4. Register. 1976. Marburg 1971–76; XV, 167 S./X, 107 S./XIV, 465 S./90 S. (2) Ds., Göttersagen in Vasenlisten. Marburg 1980; 52 S.

In Verbindung mit der Neuauflage von Brommers verdienstvoller Monographie zum Zwölf-Taten-Kanon des Herakles (Erstauflage Münster/Köln 1953, erw. Ndr. Köln/Darmstadt 1986; 87 S., Tf. 1–32) entstand als ergänzender zweiter Teil ein nicht weniger präziser und grundlegender Überblick: (3) **Ds.***, Herakles II. Die unkanonischen Taten des Helden. Darmstadt 1984; IX, 139, 48 S. Ähnliche knappe Zusammenstellungen der wichtigsten literarischen und bildlichen Belege der Antikentradition boten die grundlegenden Monographien zu zwei weiteren Hauptgestalten der griechischen Heroenmythen: (4) **Ds.***, Theseus. Die Taten des griechischen Helden in der antiken Kunst und Literatur. Darmstadt 1982; VIII, 162 S. (5) **Ds.***, Odysseus. Die Taten und Leiden des Helden in antiker Kunst und Literatur. Darmstadt 1983; X, 132 S.

Die im weiteren Verlauf der Mittelphase des archäologischen Kernbereichs mit Abstand wichtigste Neuerscheinung zum antiken Mythos war das **Lexicon Iconographicum Mythologiae Classicae [LIMC**]**. Bd. 1–8. Zürich/München 1981–97. Im Anschluss an Brommers wegweisende Vorarbeiten entstand unter der Herausgeberschaft von Lilly **Kahil*** u. a. in nicht einmal zwei Jahrzehnten jeweils mit Text- und Bildband ein gewaltiges Corpus, das bei insgesamt wenigen Defiziten im Detail dank durchdachter Konzeption und durchgehend hoher Gesamtqualität rückblickend als ‚Quantensprung' in der archäologischen Mythosforschung anzusehen ist.

Was man sich zuvor beim Vergleich literarischer und bildlicher Quellen zu einem Einzelmythos noch mühsam zusammensuchen musste, lag nun für die weitere Erforschung durch jüngere Archäologen und Klassische Philologen bereit. Damit ergab sich vor allem für den schwierigen Teilbereich der Attischen Tragödie die Möglichkeit, durch differenzierte Kombination von erhaltenen Fragmenten sowie bildlichen Alt- und Neufunden einzelne verlorene Stücke wieder halbwegs genau zu rekonstruieren. Diese Chance nahm der Verfasser im Anschluss an die

Methodik von T.B.L. Webster und Vorarbeiten von Mette (1959/1963), Döhle (1967), Kossatz-Deissmann (1978) und TrGF III (1985) z. B. für die Iliastrilogie des Aischylos wahr (dazu S. 240); desgleichen später im Blick auf die Frage nach dem bisher ungeklärten literarischen Vorbild der Saalschlachtvariante beim mythischen Kampf zwischen Lapithen und Kentauren in Ovids *Metamorphoses* 12,210 – 535 (dazu S. 240).

Während das LIMC in seinen Stichwörtern ausschließlich den Bereich des antiken Mythos, spez. seine Einzelstoffe, die an der jeweiligen mythischen Handlung beteiligten, namentlich fixierbaren Personen und ihre primär bildliche, sekundär auch literarische Darstellung behandelte, zielte eine weitere wichtige Neuerscheinung der Mittelphase ergänzend auf nicht durch Eigennamen fixierbare ‚**Motive**' i.S. von bestimmten Gegenständen oder Attributen, die bei der bildlichen Darstellung von durchweg literarisch vorgegebenen Themen des antiken Mythos und darüber hinaus eine Rolle spielen: Percy **Preston***, A Dictionary of Pictorial Subjects from Classical Literature: A Guide to Their Identification in Works of Art. London 1983; XXII, 311 S.; dt. Ausgabe: Metzler-Lexikon antiker Bildmotive. Übers. und überarb. von Stela Bogutovac und Kai Brodersen. Stuttgart/Weimar 1997; XIV, 249 S.: Entsprechend der Liste der Stichwörter (dt. Ausgabe XI-XIV) wurde am Ende der Einführung (VII-X) ein ganz praktisches Anliegen benannt: „So möchte das Buch dazu beitragen, die Namen der Dargestellten und die literarischen Vorlagen einer künstlerischen Darstellung von antiken Mythen und Legenden zu ermitteln". Der lexikographische Hauptteil (1– 232) gab die Stichwörter durchweg mit genauen Personen-, Autoren und Stellennachweisen. Insgesamt ist das Buch für den Fachmann wie auch ein breiteres Publikum ein wichtiges praktisches Hilfsmittel bei der Erfassung des Kernbereichs und ergänzend berücksichtigter Nachbarbereiche (z. B. römisch-republikanischer Sagen und griechisch-römischer Realhistorie).

Weitgehend parallel zum sukzessiven Erscheinen des LIMC entstanden gegen Ende der Mittelphase erste **ikonographische Handbücher** allgemein bzw. zum Mythos in der Bildenden Kunst der Antike, wohl auch deshalb, weil durch das nach und nach erschlossene Gesamtmaterial der Blick auch für diese Fragestellung entscheidend geweitet wurde; im Folgenden drei wichtige Überblickswerke:

(1) Thomas H. **Carpenter***, Art and Myth in Ancient Greece. A Handbook. London 1991; 256 S. – *Disposition:* 1. Introduction (7– 12). 2. Demonstration of Method (13– 34; anhand Rückkehr des Hephaistos bzw. Troilos und Achilleus). 3– 4. Göttermythen (35– 102; Hauptgottheiten, Dominanz der Olympier). 5– 8. Ältere Heroenmythen (103– 194; Perseus/Bellerophon, Herakles/Theseus, große Unternehmungen). 9– 10. Troianischer Krieg/*Nóstoi* (195– 245). – *Résumé:* Einer der ersten ikonographischen Überblicke zu Darstellungen des Mythos in der frühen griechischen Kunst (spez. Vasenmalerei, Bauplastik) mit mythenchrono-

logischer Abfolge der Ausführungen, kurzen Kapiteltexten und durchgehend reicher Bebilderung.

(2) Harvey A. **Shapiro***, Myth into Art. Poet and Painter in Classical Greece. London 1994; XXI, 196 S. – *Disposition:* 1. Introduction (1–10; Grundbegriffe). 2. Epic (11–70, Überblick zu Homer/Hesiod: Troianischer Krieg, *Odyssee*, Erschaffung der Pandora). 3. Lyric (71–123; Stesichoros, *Gēryonēís*; Pindar/Bakchylides). 4. Drama (124–182; Aischylos, Sophokles, Euripides). Bibliographie (183–191). – *Résumé:* Knapper, reich bebilderter Überblick zu ausgewählten Darstellungen aus den drei literarischen Basisgattungen des frühen und klassischen griechischen Mythos.

(3) Eva C. **Keuls***, Painter and Poet in Ancient Greece. Iconography and the Literary Arts. Stuttgart, Leipzig 1997 (Beiträge zur Altertumskunde 87); 430 S.: Sammlung von zwanzig zwischen 1967 und 1997 publizierten Studien über die Beziehungen zwischen Text und Bild allgemein, spez. zum Mythos in Attischer Tragödie und griechischer Vasenmalerei, aber auch zur späteren Rezeption (Ovid, Rembrandt). Forschungsgeschichtlich bemerkenswert ist der Einzelbeitrag: The Corpus Vasorum Antiquorum, The Lexicon Iconographicum Mythologiae Classicae and The Beazley Archive Project: Different Databases for the Study of Greek Iconography, 293–312.

Ergänzend sind als weitere wichtige Monographien und Sammelwerke mit ikonographisch-literarischer Thematik hervorzuheben (Auswahl):

(1) Warren G. **Moon** (Hrsg.), Ancient Greek Art and Iconography. (Symposion University of Wisconsin 1981). Madison 1983; XVIII, 346 S.: Eine der ersten Sammelschriften mit achtzehn Beiträgen durchweg namhafter Fachleute (auch des LIMC) und starker Berücksichtigung von Mythenbildern (z. B. John Boardman zur geometrischen Kunst 15–36; Andrew Stewart zum Klitiaskrater 53–74; H.A. Shapiro zu attisch schwarzfigurigen Vasen 87–96; Lilly Kahil zum mythologischen Kultprogramm in Brauron). Selected Bibliography (301–332; sehr gründliche Aufarbeitung).

(2) Claude **Bérard**/Jean-Pierre **Vernant** u. a. (Hrsg.), Die Bilderwelt der Griechen. Schlüssel zu einer ‚fremden' Kultur. Mainz 1985 (Kulturgeschichte der antiken Welt 31; frz. OA Lausanne 1984); 259 S.: Einzelbeiträge vorwiegend zur attisch sf./rf. Vasenmalerei des 6./5. Jh.s mit zehn Kapiteln zu verschiedenen Sachaspekten und relativ breiter Berücksichtigung mythischer Darstellungen.

(3) Harvey A. **Shapiro***, Personifications in Greek Art. The Representation of Abstract Concepts 600–400 B.C. Kilchberg 1992 (Akanthus 1); 301 S.: Nach literarisch-ikonographischer Einführung (12–29) Behandlung von 25 mythisch-allegorischen Einzelthemen (32–228; z. B. Dike, Eris; Himeros/Pothos, Hygieia, Hypnos/Thanatos, Nemesis, Themis, Tyche; Belegkatalog: 230–264) mit knappem Résumé (266–270).

(4) Simon **Goldhill***/Robin **Osborne** (Hrsg.), Art and Text in Ancient Greek Culture. Cambridge 1994; XIII, 341 S.: Sammelschrift mit vorrangiger Berücksichtigung der Bedeutung des Mythos in der frühgriechischen Kunst (Beiträge 1–5 zu Vasenmalerei und Bauplastik; substantiell: Froma Zeitlin, The Artful Eye: Vision, Ekphrasis and Spectacle in Euripidean Theater, 138–196) sowie in späterer Zeit (Beiträge 6–7 zu Hellenismus und Pausanias; Beitrag 8 als wertvolle Ergänzung: Norman Bryson, Philostratus and the Imaginary Museum, 255–282). Gründliche Literaturliste (315–333).

(5) Francesco **De Angelis***/Susanne **Muth** (Hrsg.), Im Spiegel des Mythos. Bilderwelt und Lebenswelt. (Symposium Roma 1998). Wiesbaden 1999; 156 S.: Breites Spektrum von durchweg grundlegenden Kongressbeiträgen namhafter Fachleute zur griechisch-römischen Bildtradition des Mythos (z. B. Tonio Hölscher, Immagini mitologiche e valori sociali nella Grecia arcaica, 11–30; Luca Giuliani, Contenuto narrativo e significato allegorico nell' iconografia della ceramica apula, 43–51; weitere Verweise im Folgenden zu Einzelgattungen).

Was bedeutende Einzelforscher der deutschsprachigen Forschung betrifft, so brachte der deutsche Archäologe Karl **Schefold** (1905–1999; nach Emigration 1935 ab 1936 Universität Basel) in den sechziger Jahren sein bahnbrechendes Erstlingswerk zur Text-Bild-Forschung heraus: Frühgriechische Sagenbilder. München 1964; 110 S.; Tf. 1–80. Das mit dem sukzessiven Erscheinen des LIMC immer vollständigere archäologische Material fasste derselbe Gelehrte schon seit Ende der siebziger Jahre auch für ein breiteres Fachpublikum zusammen in dem fünfbändigen Corpus seiner ‚**Sagenbilder**'** (1978–1993), das dank kompetenter Texte und reicher Bebilderung zu einem unverzichtbaren Standardwerk des archäologischen Mythosforschung wurde und die Arbeiten des Vf.s in den letzten drei Jahrzehnten nachhaltig förderte: [1] Götter- und Heldensagen der Griechen in der Früh- und Hocharchaischen Kunst. München 1993; 387 S. [2] Götter- und Heldensagen der Griechen in der spätarchaischen Kunst. München 1978; 332 S. [3] Die Göttersage in der klassischen und hellenistischen Kunst. München 1981; 391 S. [4] (mit Franz Jung) Die Urkönige, Perseus, Bellerophon, Herakles und Theseus in der klassischen und hellenistischen Kunst. München 1988; 384 S. [5] (mit Franz Jung) Die Sagen von den Argonauten, von Theben und Troia in der klassischen und hellenistischen Kunst. München 1989; 429 S. – Als religionswissenschaftliche Ergänzung kam hinzu: Ds., Der religiöse Gehalt der antiken Kunst und die Offenbarung. Mainz 1998 (Kulturgeschichte der antiken Welt 78); 580 S.

Als jüngerer Kollege hatte sich Konrad **Schauenburg*** (1921–2011; ab 1964 Universität Hamburg, 1969–1989 Universität Kiel) nach zwei wichtigen frühen Monographien zu Helios bzw. Perseus (vgl. schon S. 36) und kleineren Beiträgen zu Admet bzw. Kadmos (1957) und Gürtel der Hippolyte bzw. Herakles und Omphale (1960) seit dem Aufsatz ‚Göttergeliebte auf unteritalischen Vasen' (in: Antike und Abendland 10, 1961, 77–101), an Vorarbeiten von Arthur D. Trendall anschließend, zunehmend auf die unteritalische Vasenmalerei des ausgehenden 5. und 4. Jahrhunderts konzentriert, die aufgrund zahlreicher Wiederaufführungen von attischen Tragödien in der Magna Graecia bemerkenswert viele ‚Theatervasen' enthielt. Die diesbezüglichen Beiträge, unter ihnen ‚Unterweltsbilder aus Großgriechenland' (in: Mitteilungen des DAI (Römische Abteilung) 91, 1984, 359–387), wurden in der umfangreichen Sammelpublikation ‚Studien zur unteritalischen Vasenmalerei' (1–14. Kiel 1999–2010) abschließend zusammengefasst.

Ebenso produktiv, doch mit erheblich breiterem Themenspektrum, war Erika **Simon*** (1927–2019; ab 1958 Universität Heidelberg, 1964–1994 Universität Würzburg) vor allem als Mythenspezialistin tätig. Nach frühen Monographien zu ‚Opfernde Götter' und ‚Die Geburt der Aphrodite' (vgl. schon S. 36) sowie kleineren Aufsätzen zu Medea in der antiken Kunst (1954) und Ixion/Schlangen (1955) entstanden in der Mittelphase zahlreiche teils übergreifende, teils auf Einzelmythen ausgerichtete Forschungserträge (im Folgenden eine Liste nur der Monographien): (1) Griechische Sagen in der frühen etruskischen Kunst. Mainz 1964 (mit Roland Hampe); XII, 71 S. (2) Reinhard Herbig, Götter und Dämonen der Etrusker. Mainz 1965 (Herausgabe und Überarbeitung); VII, 51 S. (3) Der Jahreszeiten-Altar in Würzburg. Stuttgart 1967 (Reclams UB 9123); 32 S. (4) Die Götter der Griechen. München 1969; 351 S., 4. Aufl. 1998; 358 S.: Standardwerk zum Thema (Näheres auf S. 97). (5) Meleager und Atalante. Ein spätantiker Wandbehang. Bern 1970 (Monographien der Abegg-Stiftung 4); 64 S. (6) Die griechischen Vasen. München 1976; 172 S., 2. Aufl. 1981: Standardwerk zum Thema. (7) Das Satyrspiel Sphinx des Aischylos. Heidelberg 1981 (SB Heidelberger Akademie PHK 1981,5); 41, 16 S. (8) Die Götter am Trajansbogen zu Benevent. Mainz 1981 (Trierer Winckelmannsprogramme 1/2); 26, 23 S. (9) Eirene und Pax: Friedensgottheiten in der Antike. Stuttgart 1988 (SB Wissenschaftliche Gesellschaft Universität Frankfurt/M. 24,3); 34, 14 S. (10) Die Götter der Römer. München 1990; 319 S., 2. Aufl. 1998: Standardwerk zum Thema (Näheres auf S. 114). – In der aktuellen Phase kamen hinzu: (11) Aias von Salamis als mythische Persönlichkeit. Stuttgart 2003 (SB Wissenschaftliche Gesellschaft Universität Frankfurt/M. 41,1); 48 S. (12) Pferde im Mythos und in der Kunst. Ruhpolding 2006; 19 S.

Die zahlreichen, durchweg wichtigen kleineren Beiträge dieser Gelehrten zur antiken Mythentradition sind zusammengefasst in: Ausgewählte Schriften. Bd. 1. Griechische Kunst. Bd. 2. Römische Kunst. Mainz 1998; 271 S./266 S. Bd. 3. Ruhpolding 2009. 192 S. Bd. 4. Ruhpolding 2012; 231 S. Eine wesentliche Ergänzung zur späteren kunstgeschichtlichen Rezeption der antiken Kunsttradition bietet ein gehaltvoller Sammelband mit weiteren Beiträgen: Schriften zur Kunstgeschichte. Stuttgart 2003; 298, 46 S.

Während der Mittelphase entstanden in der deutschsprachigen und internationalen Mythosforschung zahlreiche mehr oder weniger grundlegende **Monographien**. Einen bibliographischen Gesamtüberblick zur wichtigsten archäologischen Literatur bis etwa 1990 bot der Forschungsbericht von Frances *Van Keuren**, Guide to Research Classical Art and Mythology. Chicago/London 1991 (Besprechung schon auf S. 4). Als thematisch übergreifende Monographie ist außerdem hervorzuheben: Wolfgang Schindler, Mythos und Wirklichkeit in der Antike. Leipzig 1987; Ndr. Berlin 1988; 292 S.: Gesamtüberblick von den homerischen Epen (13–26) über ‚Mythische Bildprogramme der Archaik' (55–64), Herakles/Theseus (65–98) und Apollon/Marsyas (115–146) bis zu Themen der Römerzeit wie ‚Mythos als politische Allegorie' (193–236) und ‚Mythische Eschatologien' (247–254).

Zu den **Teilbereichen des mythischen Gesamtsystems** erwiesen sich folgende Publikationen als z.T. wesentliche Wegmarken für die **Göttermythen** (Auswahl): (1) Erika *Simon**, Die Götter der Griechen. München 1969; 351 S., 4. Aufl. 1998; 359 S.: Standardwerk mit reicher Bebilderung; Beschränkung auf die zwölf großen Olympier (14–316) mit weiterführenden Literaturangaben zu den Einzelgestalten in den Anmerkungen (324–338). (2) Hans *Walter**, Griechische Götter. Ihr Gestaltwandel aus den Bewußtseinsstufen des Menschen, dargestellt an den Bildwerken. München 1971; 401 S.: Bemerkenswerte Publikation aufgrund des neuartigen Konzepts, Wesen und Erscheinungsform der Olympischen Götter primär von den antiken Bildwerken her zu erfassen: „Das Buch geht den Weg, den die Bildwerke ihm weisen: Bilder, die Göttermythen erzählen; Figuren, die den Inhalt des erzählenden Bildes verdichten und die geistige Gestalt des Gottes erfassen" (7). (3) Karl Schefold, SB I-III, wie S. 95.

Für die älteren und mittleren **Heroenmythen** sind folgende Monographien hervorzuheben (Auswahl) (1) Brommer, Herakles/Theseus (1982–86, wie S. 92). (2) Schefold, SB I-II/IV (1978–1993, wie S. 95). (3) Anthony M. Snodgrass, The Archaeology of a Hero. Views on the Origin of Hero Worship. In: AION(archeol) 10, 1988, 19–26. (4) Rainer *Vollkommer**, Heracles in the Art of Classical Greece. Oxford 1988 (Oxford University Committee for Archaeology 25); 124 S.: Gegenüber den beiden Monographien von Frank Brommer zu den literarischen und bildlichen Belegen in der antiken Kunst (I: 1953/1986; II: 1984) umfassende Typologie des in griechischer Kunst vorliegenden Materials mit reicher Bebilderung.

Einen deutlichen Schwerpunkt der archäologischen Forschung bildeten im weiteren Verlauf der Mittelphase die zahlreichen Neuerscheinungen zum **Troianischen Mythenkreis** (Auswahl): (1) Jean-Marc Moret, L'Ilioupersis dans la céramique italiote. Les mythes et leurs expressions figurées au IVe siècle. Roma 1975 (Biblioteca Helvetica Romana 14,1–2); XIV, 306 S./33 Bl., 41 S.: In Teil I gründliche Aufarbeitung des Gesamtmaterials in sieben Kapiteln zu den ikonographischen Haupttypen (7–97) und sieben weiteren Ergänzungskapiteln (99–291; darin als Schwerpunkt: 13. Tragédie et céramique: Thèmes littéraires et motivs iconographiques, 227–272). In Teil II qualitativ hervorragende Abbildungen. (2) Schefold, SB I-II/V (1978–1993, wie S. 95). (3) Brommer, Odysseus (1983, wie S. 92). (4) Susan **Woodford***, The Trojan War in Ancient Art. Ithaca/N.Y. 1993; 134 S.: Reich bebilderter Abriss in acht Themenkapiteln vom Beginn des Trojanischen Krieges bis zur Iliupersis. (5) Manuela Papadakis, Ilias- und Iliupersisdarstellungen auf frühen rotfigurigen Vasen. Frankfurt/M. 1994 (Europäische Hochschulschriften Reihe 28, 211); 180 S.: Spezialstudie zu Bildtypen aus *Ilias* (23–127; z. B. Achill/Briseis, Kampfszenen, Dolonie, Leichenbergung) und *Ilioupérsis* (128–166; z. B. Helena, Kassandra, Priamos/Astyanax, Polyxene) mit zusammenfassendem Vergleich (167–170). (6) Richard Kannicht, Dichtung und Bildkunst. Die Rezeption der Troja-Epik in den frühgriechischen Sagenbildern [1977]. In: Ds., Paradeigmata. Aufsätze zur griechischen Poesie. Heidelberg 1996, 45–67. (7) Brigitte Knittlmayer, Die attische Aristokratie und ihre Helden. Untersuchungen zu Darstellungen des trojanischen Sagenkreises im 6. und frühen 5. Jahrhundert v. Chr. Heidelberg 1997 (Archäologie und Geschichte 7); 127, 24 S.: Behandlung von fünf Bildtypen (22–108; Presbeia; Hektoros Lytra, Kriegsszenen, Achill/Troilos, Psychostasia). Zusammenfassung (109–119). (8) Michael J. **Anderson***, The Fall of Troy in Early Greek Poetry and Art. Oxford 1997; XI, 283 S. – *Disposition:* I. Iliupersis als Zentralpunkt der Trojamythen (7–102). II. Iliupersis in der Attischen Tragödie (103–176). III. Ikonographie der Iliupersis (177–265). – *Résumé:* Thematisch instruktiver, mäßig bebilderter Überblick mit ausführlicher Bibliographie (267–273).

In der folgenden Auswahlliste für zentrale ,mythenträchtige' **Hauptgattungen** der antiken bildlichen Mythentradition (Übersicht in MH 2011, 455–458) sind unter den Neuerscheinungen zur **griechischen Kunst** zum Ausgangsbereich der **frühgriechischen ,Sagenbilder'** neben Karl Schefolds gleichnamigem Erstlingswerk (München 1964) sowie SB I (1993 zur früh- und hocharchaischen Kunst) bzw. SB II (1978 zur spätarchaischen Kunst) die folgenden Wegmarken hervorzuheben: (1) Knud **Friis Johansen***, The Iliad in Early Greek Art. København 1967; 287 S.: Erste Aufarbeitung des Bildmaterials zum Großepos vorwiegend mit Vasenbildern aus Korinth/Argos (42–84) und Athen (85–230). (2) Odette **Touchefeu-Meynier***, Thèmes odysséens dans l'art antique. Paris 1968; 350 S., 40 Pl.: Erste grundlegende Aufarbeitung des gesamten antiken Bildmaterials zum Großepos in mythenchronologischer Reihenfolge (Kap. I-VI; 9–269) mit Nachtrag zu weiteren Einzelthemen (Kap. VII, 271–280) und substantieller Zusammenfassung (281–302). (3) Klaus **Fittschen***, Untersuchungen zum Beginn der Sagendarstellungen bei den Griechen. Berlin 1969; 232 S., Abb. 1–17 – *Disposition:* A. Einleitung (9–17). B-C. „Lebensbilder" und dämonische Wesen des 8./7. Jhs.

(18–67, 68–128). D. Die Sagendarstellungen des 7. Jhs. (129–198; darin: ‚Göttersagen' 129–146; Herakles, Perseus, Bellerophon, Theseus 147–168; Epischer Kyklos um Troia 169–194; sonstige Mythen (194–198). E. Zusammenfassung (199–201). Anhänge (202–232). – *Résumé:* Erste grundlegende Zusammenstellung zu frühgriechischen ‚Sagenbildern'. (4) Attilio Stazio u. a. (Redaktion), **L'epos greco in Occidente.** (Kongressakten Taranto 1979). Taranto 1980 (Convegno di Studi sulla Magna Grecia 19); 511 S., 35 Tf.: Einzelbeiträge zu westgriechischen Autoren (z. B. Stesichoros, 9–28, 31–60) und italischen Mythenlokalisierungen (z. B. Problemi iconografici, 61–94; Diomedes/Philoktetes (111–181; *Nóstoi,* 185–228; Aineias, 229–299; Riflessi nell'arte etrusca, 301–340).

Wesentliche Ergänzungen für die in frühgriechischen Epen vorausgesetzten Realien bot ein neues internationales Corpus und weiterhin für die Mythen gegen Ende der Mittelphase eine instruktive Zusammenfassung auf dem Stand der Forschung: (1) **Archaeologia Homerica.** Die Denkmäler und das frühgriechische Epos. Begründet von Friedrich Matz, hrsg. von Hans-Günter Buchholz. Göttingen 1967–2015, spez. V/4: Emily T. Vermeule, Götterkult. 1974. 179, XIV S. (Literatur 173–179). (2) Gudrun **Ahlberg-Cornell***, Myth and Epos in Early Greek Art. Representation and Interpretation. Jonsered 1992 (Studies in Mediterranean Archaeology 100); 410 S. – *Disposition:* I. The Scenes (17–151). (1.) The Geometric Period (18–40; Representations 32ff.). (2.) The Orientalizing Period (41–151; *Oidipódeia/Thēbaís* 45–48, *Kýpria* 49–57, *Ilias* 58–68, *Aithiopís* 69–73, *Iliàs mikrá* 74–76, *Ilioupérsis* 77–85, *Orestie* 86–93, *Odyssee* 94–96; The Main Mythic Figures: Herakles, Perseus, Bellerophon, Theseus, Prometheus 97–132; Other Mythic Figures 131–140; Divine Myths and Scenes (141–147). II. Conclusions and Final Discussion (153–188). – *Résumé:* Gründliche Aufarbeitung des mythischen Gesamtmaterials spez. zum Epischen Kyklos sowie zu den Haupthelden der übrigen Heroenmythen, im Wesentlichen auf Grundlage der Listen von Brommer und der aktuellen Bände des LIMC, ergänzt durch einen umfangreichen Bildteil (266–410).

Für den nicht weniger mythenaffinen Teilbereich der **archaischen und klassischen Bauplastik** erschien zunächst ein grundlegender dreibändiger Überblick eines englischen Gelehrten (geb. 1927, 1955–1959 Kustos am Ashmolean Museum Oxford, 1978–1994 Professor am Merton College Oxford): John **Boardman***, Greek Sculpture. The Archaic Period: London 1978; dt. Ausgabe 1981 (Kulturgeschichte der antiken Welt 5); 297 S.; The Classical Period: London 1984; dt. Ausgabe 1987, Ndr. 1996; 323 S.; The Late Classical Period: London 1995; dt. Ausgabe 1998; 319 S. Über diesen Gesamtrahmen hinaus ging eine Spezialmonographie zu den wichtigsten Mythenthemen an griechischen Tempeln, Schatzhäusern u. Ä.: Heiner **Knell***, Mythos und Polis. Bildprogramme griechischer Bauskulptur. Darmstadt 1990; XII, 197 S.: Grundlegender Überblick zu den bekanntesten Baukomplexen vom 6. Jh. über den Zeustempel in Olympia und den Parthenon auf der Athener Akropolis bis zum Mausoleum in Halikarnass und zum Pergamonaltar (mit Schwerpunkt auf der Klassik des 5. Jahrhunderts).

Was die an Mythenthemen überreiche **Vasenmalerei** betrifft, so entstand für den ab Mitte des 6. Jahrhunderts dominierenden **attisch schwarz- und rotfigurigen Stil** im Anschluss an frühere Standardwerke (dazu S. 34) als grundlegendes Corpus in Zweitauflage: John D. ***Beazley*****, Attic Red-Figure Vase-Painters. 1–3. Oxford 1963; 751 S./S. 752–1708, 1709–2036: Seither grundlegendes Standardwerk mit genauen Indices zu den Mythenthemen. Wenig später veröffentlichte derselbe Gelehrte seine umfangreichen Nachträge zu ABV 1956/ARV 2. Aufl. 1963: Paralipomena. Oxford 1971; XIX, 679 S. Die Hauptergebnisse dieser großen wissenschaftlichen Corpora fassten mehrere wichtige Handbücher eines schon genannten englischen Gelehrten zusammen: (1) John **Boardman***, Athenian Black Figure Vases. London 1974, dt. Ausgabe Mainz 1977 (Kulturgeschichte der antiken Welt 1); 278 S. (2) Athenian Red Figure Vases: The Archaic Period. London 1975; dt. Ausgabe Mainz 1981 (Kulturgeschichte der antiken Welt 4); 285 S. (3) Athenian Red Figure Vases: The Classical Period. London 1989; dt. Ausgabe Mainz 1991 (Kulturgeschichte der antiken Welt 48); 287 S.

Für die **unteritalisch rotfigurige Vasenmalerei** erarbeitete im Anschluss an frühere Studien der Neuseeländer Arthur D. ***Trendall*****(dazu S. 34) die entscheidenden neuen Standardwerke, teilweise in Zusammenarbeit mit dem Griechen Alexander **Cambitoglou*** (1922–2019; 1954–1961 an USA-Universitäten, 1961–1969 University Sidney): (1) Cambitoglou/Trendall, Apulian Red-Figure Vase-Painters of the Plan Style. Cambridge/Mass. 1961 (Monographs on Archaeology and Fine Arts 10); XV, 103 S., 41 Tf.: Erster Einstieg in die wichtigste unteritalische Teilregion. (2) A.D. **Trendall***, The Red Figured Vases of Lucania, Campania and Sicely. 1.2. Oxford 1967; XXIX, 699 S./S. 701–812, 256 S.: Grundlegende Erschließung für die drei wichtigen Teilregionen. (2abc) Supplement 1. London 1970 (BICS Supplement 26); XIV, 144 S. Supplement 2. London 1973 (BICS Supplement 31); XII, S. 145–294. Supplement 3. London 1983 (BICS Supplement 41); XXVII, 392 S. (3) Ds., Phlyax Vases. London 1967 (BICS Supplement 19); XV, 116 S.: Erheblich erweiterte Neuauflage der Erstauflage (1959). (4) **Trendall/Cambitoglou***, The Red Figured Vases of Apulia. 1. Early and Middle Apulian. 2. Late Apulian. Indexes. London 1978–1982; LIV, 442, 160 S./XLVI, S. 446–1074, 161–400 S./S. 1076–1301: Basispublikation zur wichtigsten Teilregion. (4ab) Supplement 1. London 1983 (BICS Supplement 42); XIX, 252 S. Supplement 2, Part I-III. London 1991/92 (BICS Supplement 60); XXVIII, 184, XLVIII S. Die wissenschaftlichen Hauptergebnisse der großen Corpora bot ein Handbuch im Überblick: Arthur D. **Trendall***, Red Figure Vases of South Italy and Sicely. London 1989; dt. Ausgabe Mainz 1991 (Kulturgeschichte der antiken Welt 47); 343 S.

Zu einem neuen Schwerpunkt der archäologischen Mythenforschung entwickelte sich das relativ umfangreiche Material von ‚**Theatervasen**', die auf eine offenbar lebhafte Praxis von Wiederaufführungen attischer Tragödien in der Magna Graecia zurückgingen (Auswahl): (1) T.B.L. Webster, Monuments Illustrating Tragedy and Satyr Play. London 1962 (BICS Supplement 14; IX, 129 S.; 2. Aufl. 1967 (BICS Supplement 20); IX, 190 S.: Erste grundlegende Auflistung des Bildmaterials als Basis weiterer Spezialstudien. (2) Arthur D. **Trendall**/T.B.L. **Webster**, Illustrations of Greek Drama [**IGD***]. London 1971; X, 159 S. – *Disposition:* I. Pre-Dramatic Monuments (15–28). II. Satyr-Plays (29–40). III. Tragedy (41–116). 4. Old and Middle Comedy/Phlyakes. V. New Comedy. – *Résumé:* Standardwerk als repräsentativer Überblick zu bildlichem Ergänzungsmaterial spez. für erhaltene wie verlorene Tragödien des 5./4. Jahrhunderts[20] sowie begrenzt für Mythentravestien. (3) Anneliese Kossatz-Deissmann, Dramen des Aischylos auf westgriechischen Vasen. Mainz 1978 (Schriften zur antiken Mythologie 4); XV, 178, 32 Tf.: Erste Studie mit gleichwertiger Berücksichtigung von ‚Schuldramen' (z. B. *Orestie*) und fragmentarisch überlieferten Tragödien (z. B. *Achilleis, Niobe, Toxotides*). (4) Oliver Taplin, Die Welt des Spiels und die Welt des Zuschauers in der Tragödie und Komödie. In: Würzburger Jahrbücher N.F. 12, 1986, 57–71. (5) Oliver **Taplin***, Comic Angels and Other Approaches to Greek Drama Through the Vase-Painting. Oxford 1993; XII, 129 S. (6) Richard **Green***/Eric **Handley**, Images of the Greek Theatre. London 1995; 127 S.; dt. Ausgabe Stuttgart 1999: Instruktive neuere Übersicht mit demselben Spektrum wie IGD (London 1971, wie oben) spez. für Tragödie, Satyrspiel und Mythentravestie. (7) Eva C. Keuls, Scenes from Attic Tragedy on Vases Found in Sicely and Lipari. In: Keuls 1997, wie S. 94, 361–370. – Zu weiteren exemplarischen Belegen mit Mythenthemen in der unteritalischen Vasenmalerei: (1) Bilder der Hoffnung. Jenseitserwartungen auf Prunkgefäßen Süditaliens. AK Hamburg, Museum für Kunst und Gewerbe 1995/96; 88 S. (2) Mythen und Menschen, Griechische Vasenkunst aus einer deutschen Privatsammlung. AK Martin-von-Wagner-Museum der Universität Würzburg. 176 S.

Schließlich sind zwei Monographien zu Spezialgattungen der griechischen Kunst zu nennen, die besonders interessante Darstellungen mythischer Themen bieten: (1) Jaan M. **Hemelrijk***, Caeretan Hydriae. Text/Plates. Mainz 1984 (Forschungen zur antiken Keramik, Reihe 2: Kerameus 5); X, 257 S./X, 168 S.: Grundlegende Zusammenstellung zu dieser Gattung im Grenzbereich zwischen

---

20 Vgl. auch die fachübergreifenden Forschungsberichte von T.B.L. Webster: **(1)** Greek Archeology and Literature 1961–1965. In: Lustrum 11, 1966, 5–32, spez. 6–10 (Homer), 10–15 (Epic and Lyric Poetry), 15–27 (Drama); **(2)** Greek Archeology and Literature 1965–1970. In: Lustrum 15, 1970, 5–35, spez. 6–13 (Homer), 13–20 (Epic and Lyric Poetry), 21–32 (Drama).

Westgriechenland und Etrurien mit interessanten literarischen Verbindungen.[21] (2) Ulrich **Sinn***, Die homerischen Becher. Hellenistische Reliefkeramik aus Makedonien. Berlin 1979 (Mitteilungen des Deutschen Archäologischen Instituts. Athenische Abteilung, Beiheft 7); 170, 40 S.: Gründliche Aufarbeitung des für die ersten Anfänge der Buchillustration im 3./2. Jh. v.Chr. grundlegenden Gesamtmaterials über die Basismonographie von Ulrich Hausmann (1959) hinaus.

Die fundamentale Bedeutung griechischer Mythen für die **etruskische Kunst** und Kultur behandelten einige Überblicksmonographien sowie zahlreiche Spezialstudien etwa zu etruskischen Bronzespiegeln und Aschenurnen (Auswahl): (1) Roland Hampe/Erika Simon, Griechische Sagen in der frühen etruskischen Kunst. Mainz 1964; XII, 71 S. (2) Reinhard Herbig, Götter und Dämonen der Etrusker. Mainz 1965; VII, 51 S. (3) Konrad Schauenburg, Zu griechischen Mythen in der etruskischen Kunst. In: JdI 85, 1970, 28–81. (4) Ingrid **Krauskopf***, Der thebanische Sagenkreis und andere griechische Sagen in der etruskischen Kunst. Mainz 1974 (Schriften zur antiken Mythologie 2); 120, 24 S. (5) Ambros Josef Pfiffig, Religio Etrusca. Sakrale Stätten, Götter, Kulte, Rituale. Graz 1975; 426 S., Ndr. Wiesbaden 1998. (6) Stephan Steingräber (Hrsg.), Etruskische Wandmalerei. Stuttgart, Zürich 1985; 407 S.: Übersicht zum Gesamtmaterial (inkl. Mythenthemen). (7) Ingrid Krauskopf, Todesdämonen und Todesgötter im vorhellenistischen Etrurien. Kontinuität und Wandel. Firenze 1987 (Biblioteca di Studi Etruschi 16); 148 S. (8) Marina Martelli (Hrsg.), La Ceramica degli Etruschi. La pittura vascolare. Novara 1987, Ndr. 1992; 344 S.: Neuester Überblick u. a. zu Mythenthemen in etruskischer Vasenmalerei. (9) Ingrid Krauskopf, Heroen, Götter und Dämonen auf etruskischen Skarabäen. Listen zur Bestimmung. Mannheim 1995 (Peleus 1); 146 S. (19) Dirk Steuernagel, Menschenopfer und Mord am Altar. Griechische Mythen in etruskischen Gräbern. Wiesbaden 1998 (Palilia 3); 222, 50 S. (11) Francesco de Angelis, Tragedie familiari. Miti greci nell'arte sepolcrale etrusca. In: De Angelis/Muth 1999, wie S. 95, 53–66. Schließlich fand das alte Standardwerk zu den an Mythenbildern überreichen etruskischen Bronzespiegeln von Eduard Gerhard (1843–1897, wie S. 33) seine aktuelle internationale Fortsetzung bis zur Gegenwart: *Corpvs specvlorvm Etrvscorvm [CSE*]*. (Verschiedene Verlage; 1987 ff.), mit dem Eröffnungsband von Ursula Höckmann (Hrsg.), Bundesrepublik Deutschland, Bd. 1. München 1987; 211 S.

Was die **römische Kunst** betrifft, so enthält der spätere Abschnitt zum Sonderbereich des römischen Mythos (S. 112 ff.) einige Titel über die Darstellungen

---

[21] Spätere Nachträge: Ds., More about Caeretan Hydriae. Addenda et Clarificanda: Amsterdam 2009 (Allard Pierson Series 17); XII, 100, 48 S. Zum zugehörigen Beitrag des Vf.s. zur frühgriechischen Mythenburleske (1996) vgl. schon S. 85, Anm. 18.

der betreffenden römischen Stoffe in römischer Kunst. Zur konstitutiven Bedeutung griechischer Mythen für die römische Kunst insgesamt gab es in der Mittelphase nur relativ wenige **Überblicksbeiträge:** (1) Karl Schefold, Römische Kunst als religiöses Phänomen. Reinbek 1964 (rde 200); 126 S.: Knappe Einführung zu den engen Beziehungen von Kunst und Religion in früher, mittlerer und später Römerzeit, spez. 61–78 mit mythenspezifisch wesentlichen Ausführungen zu römischen Sarkophagen. (2) Tonio Hölscher, Mythen als Exempel der Geschichte. In: Graf 1993, wie S. 113, 67–87: Interpretation verschiedener wesentlicher Bildbelege zum römischen Nationalmythos und zu weiteren Einzelthemen des griechischen Mythos.

Im Blick auf **Spezialuntersuchungen zu Einzelgattungen** der römischen Kunst verzichten die folgenden Ausführungen auf nähere Basisangaben z. B. zu Mythendarstellungen auf weiteren Einzelgattungen wie römischen Silbergefäßen, Gläsern, Gemmen, Münzen und Öllampen und beschränken sich im Wesentlichen auf die drei traditionell an Mythenbelegen reichsten Teilbereiche. Zur römischen **Wandmalerei** entstanden in der Mittelphase nur relativ wenige Überblickswerke (Auswahl): (1) Roger Ling, Roman Painting. Cambridge 1991; XII, 245 S. (Bibliographie 225–235). (2) Renate Thomas, Die Dekorationssysteme der römischen Wandmalerei von augusteischer bis in trajanische Zeit. Mainz 1995; 352, 8 S.

Immerhin gab es erste Basispublikationen zu wichtigen Regionalbereichen im Imperium Romanum bzw. zu markanten Einzelzyklen (Auswahl): (1) Lorenzo Abad Casal, La pintura romana in España. 1.2. Sevilla 1982; 505 S./220 S. (2) Davey Norman/Roger Ling, Wall-Painting in Roman Britain. Gloucester 1982 (Britannia. Monographs Series 3); 231 S., spez. 41–45 (Subjects and Motifs). (3) Hedwig Kenner, Die römischen Wandmalereien des Magdalensberges. Klagenfurt 1985 (Ärchäologische Forschungen zu den Grabungen auf dem Magdalensberg 8); 229 S. (4) Ulrike Schmerbeck, Römische Wandmalerei in Oberitalien. Diss. Würzburg 1993; 191 S., 72 Bl. (5) Ralf Biering, Die Odysseefresken von Esquilin. München 1995 (Studien zur antiken Malerei und Farbgebung 2); 208 S., 24 FBl.: Gründliche Spezialstudie mit genauer Interpretation von Architekturrahmen und Einzelbildern sowie künstlerischer und stilistischer Einordnung. (6) Orhan Bingöl, Malerei und Mosaik der Antike in der Türkei. Mainz 1997 (Kulturgeschichte der antiken Welt 67); 147 S.

Zum traditionell wichtigsten Regionalbereich der **Pompejanischen Wandmalerei** erschienen verschiedene repräsentative, durchweg auch reich illustrierte Gesamtdarstellungen (Auswahl): (1) Henrik Gerard Beyen, Die pompejanische Wanddekoration von zweiten bis zum vierten Stil. 1,1–2. 2,1.2. Haag 1960: Umfangreiche Basispublikation. (2) Alix Barbet, La peinture murale romaine: les styles décoratifs pompéiens. Paris 1985; 285 S., 2. Aufl. 2009. (3) Domenico Rea, Die Fresken von Pompeji. Herrsching 1989 (ital. OA Novara 1989); 75 S. (4) Giuseppina Cerulli Irelli (Hrsg.), Pompeianische Wandmalerei. Stuttgart 1990; 334 S. (5) Jacqueline Guillaud/Maurice Guillaud, La peinture au fresque au temps de Pompei. Paris 1990; 255 S. (5) Alfonso De Franciscis, La pittura di Pompeji. Testimonianze dell'arte romana nella zona sepolta dal Vesuvio nel 79 d.C. Saggi. Milano 1990, 2. Aufl. 1999; 335 S.: Kompetenter Überblick. – Hingegen gab es in der Mittelphase noch relativ wenige Spezialuntersuchungen zu Mythenthemen insgesamt oder speziell in diesem Teilbereich: (1) Ilse Paar, Ovid und die mythologischen Landschaftsbilder der römischen Wandmalerei. Diss. Wien 1963; 191 S. (2) Bettina Bergmann, Rhythms of Recognition: Mythological Encounters in Roman Landscape Painting. In: De Angelis/Muth 1999, wie S. 95, 81–108.

Zu verschiedenen Teilgattungen römischer **Reliefs** mit zahlreichen Mythenthemen gab es einige grundlegende neue Publikationen (Auswahl): (1) Anna **Sadurska***, Les tables iliaques. Warszawa 1964; 108 S., 19 Tf.: Wichtige Kleingattung mit Nähe zur antiken Schulpraxis. (2) Harald Mielsch, Römische Stuckreliefs. Heidelberg 1975 (Mitteilungen des DAI, Römische Abteilung, Ergänzungsheft 21); 201, 88 S. (3) Stefan **Lehmann***, Mythologische Prachtreliefs. (Diss. Bonn 1988). Bamberg 1996 (Studien zur Kunst der Antike und ihrem Nachleben 1); 226, 48 S.: Beeindruckende Mythenbilder auf dem Höhepunkt der römischen Reliefkunst in Hadrianischer Zeit.

Im sukzessiv wachsenden Corpus des **ASR*** erschienen mehrere Teilbände mit weiteren Mythenthemen (z.B. Guntram Koch; Bd. 12: Die mythologischen Sarkophage. Teil 6: Meleager. Berlin 1975; 150, 140 S.; Hellmut Sichtermann, Teil 2: Apollon, Ares, Bellerophon, Daidalos, Endymion, Ganymed, Giganten, Grazien. Berlin 1992; 193, 128 S.; Dagmar Grassinger, Teil 1: Achill, Adonis, Aeneas, Aktaion, Alkestis, Amazonen. Berlin 1999; 272, 128 S.).

In enger Verbindung mit diesem Corpus fanden die mittel- bis spätkaiserzeitlichen **Sarkophagreliefs** eine besondere Beachtung. Ein instruktiver Überblick zur ganzen Gattung entstand gegen Ende der Mittelphase: Guntram **Koch***, Sarkophage der römischen Kaiserzeit. Darmstadt 1993, XII, 259 S. (spez. 72–79 zu Mythen). Auch am wichtigsten mythenspezifischen Überblickswerk war derselbe Gelehrte bereits beteiligt: Hellmut **Sichtermann***/Guntram **Koch**, Griechische Mythen auf römischen Sarkophagen. Tübingen 1975 (Bilderhefte des DAI Rom 5–6); 73, 176 S.: Vorbildliche Präsentation und Aufarbeitung von 73 repräsentativen Einzelobjekten.

Daneben gab es verschiedene weitere Spezialstudien zu mythologischen Sarkophagen allgemein bzw. bestimmten Einzelthemen/Einzelobjekten (Auswahl): (1) Margot Schmidt, Der Basler Medeasarkophag. Ein Meisterwerk spätantoninischer Kunst. Tübingen 1969 (Monumenta artis antiquae 3); 49 S. (2) Peter F.B. Jongste, The Twelfe Labours of Hercules on Roman Sarcophagi. Roma 1992 (Studia archaeologica 59); 157 S. (3) Michael Koortbojian, Myth, Meaning, and

Memory on Roman Sarcophagi. Berkeley 1995; XX, 172 S.: Darstellung anhand der Fallbeispiele Aphrodite/Adonis (19–62) und Selene/Endymion (63–113) mit großer Bibliographie (147–162). (4) Brigitta Hübner, Ikonographische Untersuchungen zum Motivschatz der stadtrömischen mythologischen Sarkophage des 2. Jhs. n.Chr. Münster/W. 1998 (Boreas. Beiheft 5); 217 S. (5) Paul Zanker, Phädras Trauer und Hippolytos' Bildung: Zu einem Sarkophag im Thermenmuseum. In: De Angelis/Muth 1999, wie S. 95, 131–142. (6) Paul Zanker, Die mythologischen Sarkophagreliefs und ihre Betrachter [1997]. München 2000 (Sitzungsberichte der Bayerischen Akademie der Wissenschaften PHK 2000, 2); 47 S.

Den besten Gesamtüberblick zu der an Mythenthemen reichen Großgattung der **Mosaiken** bot gegen Ende der Mittelphase eine neue Monographie: Katherine M.D. **Dunbabin***, Mosaics of the Greek and Roman World. Cambridge 1999, Ndr. 2001; XXII, 357 S.: Optimale Einführung in zwei Sektionen: I. Historical and Regional Development (5–268). II. Technique and Production (269–326; spez. Figured scenes, 298–300). Reiches ergänzendes Bildmaterial und präzise Bibliographie (344–347).

Die umfangreichen Forschungen konzentrierten sich vorwiegend auf die Erweiterung des Basismaterials durch Erschließung von wichtigen Regionalbereichen innerhalb des Imperium Romanum, ansatzweise auch von bestimmten Einzelzyklen (Auswahl): (1) Victorine von Gonzenbach, Die römischen Mosaiken der Schweiz. Basel 1961 (Monographien zur Ur- und Frühgeschichte der Schweiz 13); 370, 88 S. (2) Recueil général des mosaiques de la Gaule. Paris 1963 ff.: Größeres Corpus zum Regionalbereich. (3) Akos Kiss, Roman Mosaics in Hungary. Budapest 1973; 72 S. (4) Victorine von Gonzenbach, Die römischen Mosaiken von Orbe. Basel 1974 (Archaeological Guides of Switzerland 4); 40 S. (5) Janine Balty, Mosaiques antiques de Syrie. Bruxelles 1977; 154 S. (6) Katherine M.D. Dunbabin, The Mosaics of Roman North Africa. Studies in Iconography and Patronage. Oxford 1978; XX, 303 S.: Herausragende Aufarbeitung eines wichtigen Teilbereichs. (7) David S. Neal, Roman Mosaics in Britain. An Introduction to their Schemes and a Catalogue of Paintings. Gloucester 1981; 127 S.: Instruktive Einführung zum Randbereich. (8) Dela von Boeselager, Antike Mosaiken in Sizilien. Hellenismus und römische Kaiserzeit, 3. Jh. v.Chr. – 3. Jh. n.Chr. Roma 1983 (Archaelologica 40); 220, LXVII S. (9) Werner Jobst, Antike Mosaikkunst in Österreich. Wien 1985; 135 S. (10) Wiktor Andrzey Daszewski, Mosaic Floors in Cyprus. Ravenna 1988 (Biblioteca di Felix Ravenna 3); 166 S. (11) Sheilah Campbell, The Mosiacs of Antioch. Toronto 1988 (Subsidia Mediaevalia 15); XVII, 103, 133 S. (12) José Maria **Blázquez**, Mosaicos romanos en España. Madrid 1993; 720 S.: Umfangreiche Basisstudie zur Teilregion. (13) Alexandra Kankeleit, Kaiserzeitliche Mosaiken in Griechenland. 1.2. Diss. Bonn 1994. (14) Muhammad Fantar, La mosaique en Tunisie. Paris 1994; 270 S. (15) Mohamed Yacoub, Splendeurs des Mosaïques de

Tunisie. Tunis 1995, Ndr. 2002; 421 S. (16) Christine Kondoleon, Domestic and Divine. Roman Mosaics in the House of Dionysos. Ithaca 1995; X, 361 S.: Aufarbeitung eines wichtigen Einzelzyklus. (17) Janine Balty, Mosaiques antiques du Proche-Orient. Chronologie, Iconographie, Interprétation. Paris 1995 (Centre de Recherches d'Histoire Ancienne 140); 389 S. (18) Gilles Mermet, Mosaics of Roman Africa. Floor Mosaics from Tunesia. London 1996; 296 S. (19) Bingöl 1997, wie S. 103. – Ergänzende Angaben in der umfangreichen Bibliographie von Dunbabin 1999, wie S. 105.

Gegen Ende der Mittelphase setzten allmählich Untersuchungen zu Mythen insgesamt und auch Spezialstudien zu einzelnen mythischen Standardstoffen auf römischen Mosaiken ein (Auswahl): (1) Odile Wattel-de Croizant, Les mosaiques représentant le mythe d'Europe (Ier-VIe siècles). Évolution et interprétations des modèles grecs en milieu romain. Paris 1995; 313, XXXI S.: Instruktiver Überblick mit neuester Literatur (277–303). (2) Ilona Julia Jesnick, The Image of Orpheus in Roman Mosaic. Oxford 1997 (British Archaeological Reports. International Series 671); VIII, 276 S. (3) Mariette de Vos, Dionysus, Hylas e Isis sui Monti di Roma. Tre monumenti con decorazione parietale in Roma antica (Palatino, Quirinale, Oppio). Roma 1997; 182 S.

Den Schlusspunkt bildete eine bahnbrechende Untersuchung zu Mythenbildern in diesem wichtigen medialen Bereich: Susanne **Muth***, Erleben von Raum – Leben im Raum. Zur Funktion mythologischer Mosaikbilder in der römisch-kaiserzeitlichen Wohnarchitektur. Heidelberg 1998 (Archäologie und Geschichte 10); 468 S.; Tf. 1–48: – *Disposition:* I. Prolegomena (19–98). II. Falluntersuchungen zur Rezeption einzelner Mythen (99–196; Hylas und Nymphen, Achilleus auf Skyros). III. Zum Bedeutungspotential der Mythenbilder (197–336; hochdifferenzierte Zusammenstellung von unterschiedlichsten Kriterien zwischen Mythos und Lebenswirklichkeit). IV. Epilog (337–340). Zusammenfassung/Summary (341–345/346–350). – *Résumé:* Monographie mit starken Impulsen für die weitere Forschung; beeindruckende Gesamtkonzeption mit exemplarisch ausgewähltem Basismaterial aus Nordafrika und Hispanien (351–448: Katalog der Wohnkomplexe).

In dem Maße, wie durch repräsentative archäologische Überblicke oder Einzelstudien der Gesamtbereich der bildlichen Mythentradition (inkl. spätere Rezeption) ins Blickfeld eines breiteren Publikums rückte, entstanden seit der Mittelphase zunehmend **Ausstellungskataloge**, die, durchweg unter Hinzuziehung namhafter Archäologen, Kunsthistoriker und Kulturwissenschaftler, mehr oder weniger instruktive Aufarbeitungen des jeweils behandelten Teilbereichs oder mythischer Einzelthemen boten.

Was die **Göttermythen** betrifft, so konzentrierte sich eine erste Sonderausstellung bezeichnenderweise auf die wohl exzentrischste Einzelgottheit: *AK*

Dionysos 1997: Hans-Ulrich Cain (Konzeption), Dionysos. „Die Locken lang, ein halbes Weib...". AK Museum für Abgüsse Klassischer Bildwerke München 1997; 143 S.: Instruktive Einführung mit Objekten ausschließlich aus der antiken Kunst zu einer in der aktuellen Phase als Ausstellungsthema mehrfach behandelten Thematik (vgl. S. 235f.).

Die vorerst noch seltenen Ausstellungen zu **Heroenmythen** beschränkten sich auf einen bekannten Einzelhelden der Troiamythen, dessen Faszination nicht nur auf Homers *Odyssee* beruht, in gleich zwei für die weitere Entwicklung wegweisenden Ausstellungen mit hoher Attraktivität für Fachwelt wie breitere Öffentlichkeit:

(1) ***AK Ulisse 1996*: Bernard Andreae*** (Konzeption/Hrsg.), Ulisse. Il mito e la memoria. AK Roma, Palazzo delle Esposizioni 1996; 466 S.: Breites thematisches Spektrum von Homers Epos (15–39; Einführung von Hellmut Flashar) über das Odysseusbild in der griechischen Kunst (41–157), bei Etruskern (159–182) und Römern (185–375; spez. Gruppen von Sperlonga 252ff.) bis zum Schlusskapitel ‚Il ritorno di Ulisse' (377–447), jeweils präsentiert in fundierten Einführungen namhafter Fachleute und bildlich ergänzt durch eine Fülle von Ausstellungsobjekten aus der antiken Kunst. Gründliche wissenschaftliche Bibliographie zum Thema (448–465).

(2) ***AK Odysseus 1999*: Bernard Andreae*** (Konzeption/Hrsg.), Odysseus. Mythos und Erinnerung. AK München, Haus der Kunst 1999/2000; 400 S. – *Disposition:* Einführung zum Homerbild von Raimund Wünsche (11–16). (I.) Der Mythos von Odysseus (16–46; kulturgeschichtlich-literarische Voraussetzungen). (II.) Der Odysseusmythos in der antiken Kunst (47–381): (1.) Odysseus und der Krieg um Troia (47–106). (2.) Die Irrfahrten des Odysseus (107–320). (3.) Die Heimkehr des Odysseus (321–381). Katalogteil (382–395). – *Résumé:* Texte überwiegend vom Hrsg. mit wenigen ergänzenden Fremdbeiträgen; enge Integration des breiten Bildmaterials in den jeweiligen Textabschnitt; reizvolles Pendant zur Erstausstellung Roma 1996.

Auf **mythische Heroinen** als wesentliches Thema in der griechischen Kunst bezog sich schon zuvor eine Gemeinschaftsausstellung von Walters Art Gallery/ Baltimore (1995) bzw. Antikenmuseum Basel/Sammlung Ludwig (1996): ***AK Pandora 1996*:*** Ellen D. Reeder (Hrsg.), Pandora. Frauen im Klassischen Griechenland. AK Antikenmuseum Basel 1996; 436 S.: In den Essays mythenspezifische Beiträge zu Heroinenkult, Hesiods Pandora und Zauberinnen, im Katalog Behandlung der Einzelthemen Erichthonios, Danaë, Pandora und Persephone/ Demeter in Teil 2; in Teil 3 z.B. Artemis/Aktaion, Peleus/Thetis, Amymone und Atalante; in Teil 4 u.a. Amazonen, Mänaden, Eos/Kephalos/Tithonos, Kirke, Medeia, Medousa/Gorgonen und Sirenen.

Attraktiver für ein breiteres Publikum waren mythische Standardstoffe unter Einbeziehung der späteren bildlichen Rezeption (Auswahl), z. B. zum Standardthema Europa von der Antike bis zur Moderne (Ausstellungen Bremen 1988/Berlin 1988), in den neunziger Jahren etwa zum Liebesgott Amor (Torino 1992) oder zum mythischen Flügelpferd Pegasus (Hamburg 1993); nähere Angaben unter Rezeption (S. 132).

Schon ganz früh war eine mythenreiche Einzelgattung der römischen Kunst Gegenstand einer Ausstellung: Rom in Karthago. Mosaiken aus Tunesien. AK Römisch-Germanisches Museum der Stadt Köln 1964; 78, 44 S. Im weiteren Verlauf bezogen sich drei Ausstellungen mit zahlreichen Objekten mythischer Thematik auf die ebenso geheimnisvolle wie faszinierende **Kunst der Etrusker:** (1) *AK Etrusker 1988:* Günter Schade (Hrsg.), Die Welt der Etrusker. Archäologische Denkmäler aus Museen der sozialistischen Länder. AK Berlin, Altes Museum 1988; 436 S. Fundierte Präsentation eines breiten Objektspektrums. (2) Ines Jucker, Italy of the Etruscans. Edited by Uri Avida. AK Israel Museum, Jerusalem 1991; 312 S. (3) *AK Etrusker 1992/93*:* Massimo Pallottino (Hrsg.), Die Etrusker und Europa. Paris 1992 – Berlin 1993. AK Altes Museum Berlin 1993; 519 S.: Beeindruckendes Gesamtspektrum mit vielen mythologischen Teilaspekten und Einzelbelegen.

Zu den bedeutenden **Mythenspezialisten** in der Mittelphase zählten im deutschsprachigen Raum neben Frank **Brommer**, Erika **Simon** und Konrad **Schauenburg** vor allem Karl **Schefold** und Bernard **Andreae**, im internationalen Rahmen neben den Protagonisten John A. **Beazley**, Arthur D. **Trendall** und T.B.L. Webster vor allem John **Boardman** und Lilly **Kahil**.

Die wichtigsten weiteren Einzelmonographien zu den großen Mythenkreisen und weiteren Einzelmythen in der antiken Kunst und darüber hinaus im Rahmen der Forschung zum archäologischen Kernbereich (inkl. Rezeption) sind in MH 2011 bzw. MH Ntr. 2018 aufgeführt. Die Gesamtbeurteilung der in der Mittelphase erschienenen archäologischen Literatur bleibt einem künftigen Teilforschungsbericht überlassen.

c. Zugehörige Sonderbereiche

Die positive Entwicklung der klassisch-philologischen und klassisch-archäologischen Forschungsliteratur fand ihre Entsprechung in drei Sonderbereichen, die sich auch dank zunehmender Spezialisierung der Forschung auf Einzelbereiche gegenüber der Frühphase relativ stark ausweiteten.

(1) Mythische Vorstufen (spez. Altorientalisches)

Dieses noch weitgehend neue Forschungsgebiet nahm in der Mittelphase einen starken Aufschwung. Im Anschluss an frühere Aufsätze (z. B. Peter Walcot, Hesiod and the Didactic Literature of the New East. In: Revue des Études Grecques 75, 1962, 13–16) entstand die erste grundlegende Publikation für diese Forschungsrichtung in England: Peter **Walcot***, Hesiod and the Near East. Cardiff 1966; 154 S., spez. 1–26 (zu ‚Hittite Material', z. B. Kumarbi, Ullikummi, Illuyankas), 27–54 (zu ‚Babylonian Material', z. B. Marduk und Tiamat), 55–79 (‚Pandora and the Creation of Mankind'). Den prägenden Ersteindruck verdankte der Vf. einem anderen englischen Philologen: Hesiod, Theogony. Edited with Prolegomena and Commentary by Martin L. **West**. Oxford 1966; XIII, 459 S. In ähnliche Richtung ging später, allerdings mit anderer Zielsetzung, eine weitere Monographie desselben Gelehrten: Early Greek Philosophy and the Orient. Oxford 1971; XV, 256 S.

Mehr als zwei Dezennien später krönte der international wohl renommierteste Vertreter dieses Sonderbereichs seine Forschungen mit dem bis heute grundlegenden Standardwerk: Martin L. **West****, The East Face of Helicon. West Asiatic Elements in Greek Poetry and Myth. Oxford 1997; XXVI, 662 S. – *Disposition:* 1. Aegaean and Orient (1–60; kulturgeschichtliche Einführung). 2. Ancient Literatures of Western Asia (61–106; Überblick zu den verschiedenen literarischen Gattungen von der sumerisch-akkadischen bis zur hethitisch-hurritischen Phase). 3. Of Heaven and Earth (107–167; Einblick ins kosmologisch-mythologische Gesamtsystem). 4. Ars Poetica (168–219; Zusammenstellung wichtiger dichterischer Gestaltungsprinzipien und Erzähltypen). 5. A Form of Words (220–275; Übersicht zu sprachlichen Gestaltungsmitteln, inkl. Phrasen/Formeln). 6. Hesiod (276–333). 7. The *Iliad* (334–401). 8. The *Odyssey* (402–437). 9. Myths and Legends of Heroes (439–494). 10. The Lyric Poets (495–543). 11. Aeschylus (544–585). 12. The Question of Transmission (586–630; grundlegende Ausführungen zum Kulturtransfer zwischen Orient und Okzident). Bibliography (631–636). Indexes (637–662). – *Résumé:* Umfassende Gesamtdarstellung vor allem zu den grundlegenden altorientalischen Vorstufen des frühgriechischen Mythos, teils im Blick auf wesentliche Sachaspekte der früheren Tradition (Kap. 1–5, 12), teils mit substantieller Zusammenstellung des Parallelmaterials für die späteren Hauptautoren und -phasen der frühgriechischen Mythostradition (Kap. 6–11).

Der herausragende deutschsprachige Vertreter dieser Forschungsrichtung legte zu den altorientalischen Vorgaben des frühgriechischen Mythos (spez. in epischen Ausformungen) in der Mittelphase drei bedeutende Monographien vor: (1) Walter **Burkert****, Die orientalisierende Epoche in der griechischen Religion und Literatur. Heidelberg 1984 (SB Heidelberger Akademie der Wissenschaften PHK Jg. 1984,1); 135 S.: Themenspezifisch sind die Einleitung (‚Forschungsgeschichtliche Perspektiven', 7–14) und Kap. III (‚Akkadische und frühgriechische

Literatur, spez. 85–109 zu *Atrahásis, Gilgamesch-Epos* sowie zu den ‚Sebettu' in *Erra* und den ‚Sieben gegen Theben'). Literaturverzeichnis (121–131). (2) Ds., The Orientalizing Revolution. Near Eastern Influence on Greek Culture in the Early Archaic Age. Cambridge/Mass., London 1992 (Revealing Antiquity 5). IX, 225 S.: Erweiterte Neuauflage zur Vorfassung Heidelberg 1984. (3) **Ds.**, I Greci e l'oriente. Da Omero ai magi. Venezia 1999 (Näheres zur dt. Ausgabe 2003 auf S. 241).

Erheblich länger war die Liste seiner kürzeren Forschungsbeiträge (Auswahl): (1) Von Ullikummi zum Kaukasus. Die Felsgeburt des Unholds (1979; = KlSchr II (2003) 87–95. (2) Literarische Texte und funktionaler Mythos: Zu Istar und Atrahasis (1982; = KlSchr II (2003) 1–16). (3) Götterspiel und Götterburleske in altorientalischen und griechischen Mythen (1982; = KlSchr II (2003) 96–118). (4) Oriental Myth and Literature in the Iliad (Stockholm 1983). (5) Oriental and Greek Mythology: The Meeting of Parallels (1986; = KlSchr II (2003), 48–72). (6) Eracle e gli altri eroi culturali del Vicino Oriente (1989/92; = KlSchr II (2003) 73–86). (7) Homerstudien und Orient (1991; = KlSchr I (2001) 30–58. (8) Typen griechischer Mythen auf dem Hintergrund mykenischer und orientalischer Tradition (1991; = KlSchr I (2001) 1–12). (9) Kronia-Feste und ihr altorientalischer Hintergrund (1993; = KlSchr II (2003) 154–171). (10) Orientalische und griechische Weltmodelle von Assur bis Anaximandros (1994/95; = KlSchr II (2003) 223–229). (11) La via fenicea e la via anatolica: Ideologie e scoperte fra Oriente e Occidente (1998; = KlSchr II (2003), 252–266. (12) The Logic of Cosmogony (1999; = KlSchr II (2003) 230–247).

Aus der umfangreichen Literatur, die in der Mittelphase über die Basisarbeiten von Martin L. West und Walter Burkert hinaus zum Verhältnis zwischen **altorientalischer und frühgriechischer Mythenepik** herauskam, sind folgende Titel hervorzuheben (Auswahl): (1) Jacqueline **Duchemin***, Prométhée. Histoire du Mythe, de ses origines orientales à ses incarnations modernes. Paris 1974; 218 S.: Überblick zu Antikentradition und Rezeptionsgeschichte des Stoffes; darin: Prométhée créateur et bienfaiteur de l'homme: Le problème des sources orientales (33–46). (2) Gerald K. Gresseth, The Gilgamesh Epic and Homer. In: The Classical Journal 70, 1975, 1–18. (3) Joseph **Fontenrose***, Orion. The Myth of the Hunter and the Huntress. Berkeley 1981 (University of California Publications. Classical Studies 23); XII, 315 S.: Vorwiegend mythologisch-ritualistische Studie zur einzigen Mythengestalt, die im Alten Testament immerhin als Sternbild erscheint (*Jesaja* 13,10; *Amos* 5,8; *Hiob* 38,31f.). (4) Walter Burkert, Stilistische Gemeinsamkeiten orientalischer und griechischer Epik. In: Burkert 1984, wie S. 109, 106–109. (5) Charles **Penglase***, Greek Myths and Mesopotamia. Parallels and Influence in the Homeric Hymns and Hesiod. London 1994; IX, 278 S.: Wichtige Zwischenbilanz mit breitem Themenspektrum und Erweiterung auf Elemente der Homerischen Hymnen. Bibliography (248–267). (6) Jacqueline **Duchemin***, Mythes grecques et sources orientales. Textes réunis par Bernard Deforge. Paris 1995 (Vérité des mythes 10); 349 S.: Sammlung themenspezifischer Beiträge der Gelehrten (1952–1983); u. a.: Mythes grecques et sources orientales (69–88; 1974); Les mythes de la *Théogonie* hésiodique. Origines orientales (89–103; 1976); Personnifications d'abstractions et d'éléments naturels: Hésiode et l'Orient (105–135; 1977); Contribution à l'histoire des mythes grecs: Les luttes primordiales dans l'*Iliade* à la lumière des sources proche-orientales (231–266; 1979). (7) Igor Michailovič **Diakonoff***, Archaic Myths of the Orient and the Occident. Göteborg 1995 (Orientalia Gothoburgensia 10); 216 S.: Thematisches Résumé des russischen Altorientalisten.

Eine umfassende Zusammenstellung zu den verschiedenen ‚**Mythologien'** **der altorientalischen Völker** bot schon zu Beginn der Mittelphase ein grundlegender Sammelband: Hans Wilhelm **Haussig*** (Hrsg.), Götter und Mythen im Vorderen Orient. Stuttgart 1965 (Wörterbuch der Mythologie, Abt. 1: Die alten Kulturvölker, 1); XII, 601 S.; 2. Aufl. (Ndr.)1983, mit den wichtigen Überblicksbeiträgen von Dietz Otto Edzard, Mesopotamien. Die Mythologie der Sumerer und Akkader, 17–140; Einar von Schuler, Kleinasien. Die Mythologie der Hethiter und Hurriter, 141–216; Marvin H. Pope/Wolfgang Röllig, Syrien. Die Mythologie der Ugariter und Phönizier, 217–312.

Auf die **mediterranen Randbereiche bzw. Ägypten** bezogen sich als wichtige neuere Publikationen (Auswahl): (1) Günther Roeder, Die ägyptische Religion in Texten und Bildern. 1. Die ägyptische Götterwelt. 1959. 2. Mythen und Legenden um ägyptische Gottheiten und Pharaonen. 3. Kulte, Orakel und Naturverehrung im alten Ägypten. Zürich u. a. 1959–60; 408 S./396 S./462 S.; Ndr.: Ägyptische Mythologie. Düsseldorf/Zürich 1998: Grundlegender älterer Überblick. (2) Walter Beltz, Die Mythen der Ägypter. Düsseldorf 1982, Ndr. 1990; 268 S. (3) Erich Neu, Der Alte Orient: Mythen der Hethiter. In: Binder/Effe 1990, wie S. 75, 90–117. (4) Yves Bonnefoy (Hrsg.), Greek and Egyptian Mythologies. Chicago 1992; XXI, 272 S., Ndr. 2014. (5) George Hart, Ägyptische Mythen. Stuttgart 1993 (engl. OA London 1990); 153 S. (6) Jonathan N. Tubb, Canaanites. Norman/Okl. 1998 (Peoples of the Past 2); 160 S.; dt. Ausgabe Stuttgart 2005; 152 S. (mit Literatur 143 f.).

Als mythenspezifische Studien aus der Mittelphase zum **mesopotamischen Kernbereich** sind zu nennen (Auswahl): (1) Samuel N. Kramer, Sumerian Mythology. A Study of Spiritual and Literary Achievement in the Third Millennium B.C. New York 1961; XIV, 130 S. (2) Jeremy A. Black/Anthony Green, Gods, Demons and Symbols of Ancient Mesopotamia. An Illustrated Dictionary. London 1992; 192 S.: Überblickswerk als weitere Wegmarke in der internationalen Forschung. (3) Henrietta McCall, Mesopotamische Mythen. Stuttgart 1993 (engl. OA London 1987); 151 S.

Eine instruktive Bilanz zum Stand der Forschung mit neuester Literatur bot der von Joachim Latacz herausgegebene Sammelband ‚Zweihundert Jahre Homer-Forschung' (1991; wie S. 79) unter Rubrik II („Homer und die althistorische Forschung') u.a. mit Beiträgen von Sigrid Deger-Jalkotzy, Die Erforschung des Zusammenbruchs der sogenannten mykenischen Kultur und der sogenannten dunklen Jahrhunderte', 127–154 (spez. 145–151 zur fehlenden Schriftlichkeit) und Walter Burkert, Homerstudien und Orient' 155–181 (spez. 163f. zum *Gilgamesch-Epos*, 169–171 zum Grundsätzlichen).

Auf die **Anfänge der griechischen Kultur** bezog sich eine wichtige althistorisch-soziologische Publikation: Christoph **Ulf**** (Hrsg.), Wege zur Genese griechischer Identität. Die Bedeutung der früharchaischen Zeit. Berlin 1996; 323 S.: Sammlung von sechs Beiträgen, die, auch schon im Anschluss an eine frühere Publikation des Herausgebers (Die homerische Gesellschaft. Materialien zur analytischen Beschreibung und historischen Lokalisierung. München 1990 = Vestigia. Beiträge zur alten Geschichte 43), den Kulturtransfer zwischen mykenisch-minoischer Vorzeit bzw. Vorderem Orient und den Anfängen frühgriechischer Kultur in der Übergangszeit der ‚Dunklen Jahrhunderte' aufzuhellen suchen. Gründliche Literaturangaben (283–311).

In dieser wegweisenden Sammelschrift galt den altorientalischen Vorgaben der grundlegende Beitrag von Robert **Rollinger,** Altorientalische Motivik in der frühgriechischen Literatur am Beispiel der homerischen Epen, 156–210. Eine Kernfrage des frühgriechischen Neuanfangs behandelte der Beitrag von Günther Lorenz, Die griechische Heroenvorstellung in früharchaischer Zeit zwischen Tradition und Neuerung, 20–58, im Anschluss an die nach wie vor in der Forschung dominierende Konzeption ‚The Mycenaean Origin of Greek Mythology' von Martin P. Nilsson (1932, wie S. 39), etwa mit Übernahme der Hypothese, dass bereits ein länger zurückreichender Heroenkult vorauszusetzen sei. Darüber hinaus bezogen sich auf die schwierige Frage hypothetischer indogermanischer Vorstufen die Beiträge von Lowell Edmunds, Indo-European and Greek Mythology. In: Edmunds 1990, wie S. 63, 199–200, sowie von Joseph Falaky Nagy, Hierarchy, Heroes, and Heads: Indo-European Structures in Greek Myth, ebd. 200–238.

(2) Römischer Mythos

Im Gegensatz zu den eher begrenzten Fortschritten in der Frühphase setzte mit den sechziger und siebziger Jahren, parallel zur Gesamtentwicklung der Mythenforschung, auch für dieses Sonderforschungsgebiet ein bemerkenswerter Aufschwung von philologischer, althistorischer und archäologischer Seite her ein. Am Anfang dieser Entwicklung stand neben dem Artikel ‚Mythos, B. Römisch [2]' von Pierre Grimal (LAW 1965, 2049–2050) und den Einführungsbeiträgen von Heinrich Dörrie, Der Mythos im Verständnis der Antike II. In: Gymnasium 73, 1966, 44–62, spez. 56–58, und Erich Burck, Die Frühgeschichte Roms im Lichte der Denkmäler. In: Gymnasium 75, 1968, 74–110, die bedeutende religionswissenschaftliche Monographie von Gerhard **Radke***, Die Götter Altitaliens. Münster/W. 1965 (Fontes et Commentationes 3); 350 S., 2. Aufl. 1979; 364 S. Auf die Problemstellung ‚Early Rome and The Latins' bezog sich ein althistorischer Forschungsbericht: Andreas Alföldi, Römische Frühgeschichte. Kritik und Forschung seit 1964. Heidelberg 1976 (Bibliothek der Klassischen Altertumswissenschaften Reihe 1, N.F. 6); 219, XVI S. Auf den Gründungsmythos bezog sich neben dem genannten knappen Abriss von Erich Burck (1968) auch ein Beitrag von Giovanni D'Anna, La leggenda delle origini di Roma nella più antica tradizione letteraria. In: Cultura e Scuola 68, 1978, 22–31.

Daneben entstanden einige größere Monographien zu den mythischen Ursprüngen (Auswahl): (1) Jacques Poucet, Recherches sur la légende sabine des origines de Rome. Louvain 1967 (Recueil de travaux d'histoire et de philologie Série 4, 37); XXXII, 473 S. (2) R.G. Basto, The Roman Foundation Legend and the Fragments of Greek Historians. Ithaca/N.Y. 1980; 223 S. (3) Jacques **Poucet***, Les Origines de Rome. Tradition et histoire. Bruxelles 1985 (Publications de Facultés Universitaires Saint-Louis 38); 360 S., spez. 169–232 und 315–348 (Literatur). Eine erste Aufarbeitung wichtiger archäologischer Belege zum römischen Nationalmythos leistete Peter Aichholzer, Darstellungen römischer Sagen. Wien 1983 (Dissertationen der Universität Wien 160); VIII, 107, 140 S., 47 Bl. Dem zunächst noch begrenzten Interesse einer breiteren Öffentlichkeit an dieser Thematik entsprach eine populäre Einführung mit reicher Bebilderung: Stewart Perowne, Roman Mythology. London 1969, dt. Ausgabe Wiesbaden 1969; 140 S.

Einen wesentlichen Fortschritt brachte dann ein wissenschaftlicher Überblick zum Sonderforschungsbereich: Jan N. **Bremmer***/Nicholas M. **Horsfall**, Roman Myth and Mythography. London 1987 (Bulletin University of London, Institute of Classical Studies, Supplement 52); VII, 120 S. – *Disposition:* 1. Myth and Mythography at Rome (Horsfall; 1–11). 2. The Aeneas Legend from Homer to Vergil (Horsfall; 12–24). 3. Romulus, Remus and the Foundation of Rome (Bremmer; 25–48). 4–8. Weitere Einzelbeiträge zu Spezialfragen (Bremmer/Horsfall; 49–111). – *Résumé:* Dank grundlegender Eröffnungsbeiträge, knapper Bibliographie (112–114) und gründlichem Register (115–120) eine repräsentative Forschungsübersicht zur Thematik.

Den nächsten wegweisenden Schritt bot als kulturhistorisch breit angelegter Sammelüberblick namhafter Fachleute die wertvolle Publikation eines Mythenspezialisten: Fritz **Graf**** (Hrsg.), Mythos in mythenloser Gesellschaft. Das Paradigma Roms. Stuttgart/Leipzig 1993 (Colloquium Rauricum 3); X, 335 S. – *Disposition:* I. Grundlagen (7–64). II. Mythos als Geschichte. Geschichte als Mythos (65–127). III. Religiöse und poetische Aitiologie (129–187). IV. Mythenlosigkeit außerhalb Roms (189–267). Anhang: Definitionen des Mythos (269–323). Literaturverzeichnis (324–328). Indices (329–335). – *Résumé:* Wichtige Sammelpublikation vor allem dank dem Grundlagenbeitrag ‚Mythos – Begriff, Struktur, Funktionen' von Walter Burkert (9–24; spez. zum römischen Mythos) und dem instruktiven Pendant des Herausgebers ‚Der Mythos bei den Römern. Forschungs- und Problemgeschichte' (25–43), aber auch dank weiteren Überblicksbeiträgen von Tonio Hölscher (‚Mythen als Exempel der Geschichte', 67–87) zu Mythen in der frühen römischen Kunst und von John Scheid (‚Cultes, mythes et politique au début de l'Empire', 109–127) zu entsprechenden Elementen in der frühen Kaiserzeit.

Die Fortsetzung bildeten seit Anfang der neunziger Jahre als für den weiteren Verlauf der Forschung grundlegende Werke philologischer, althistorischer und archäologischer Provenienz (Auswahl): (1) Erika **Simon***, Die Götter der Römer. München 1990; 319 S.: Reich bebildertes Standardwerk zur römischen Götterwelt von Aesculapius bis Volcanus (19–255) mit weiterführender Literatur zu den Einzelgestalten in den Anmerkungen (261–290). (2) Gerhard Binder, Vom Mythos zur Ideologie. Rom und seine Geschichte vor und bei Vergil. In: Binder/Effe 1990, wie S. 75, 137–161. (3) Jane F. Gardner, Roman Myths. London 1993; dt. Ausgabe Stuttgart 1994; 156 S.: Knapper instruktiver Überblick zur Gesamtthematik mit Einführung in den römischen Nationalmythos (25–71) und die weiteren republikanischen Geschichten zwischen Mythos und Sage (Helden 73–95, legendäre Frauen 97–116).

Ein z.T. breites Spektrum von Einzelaspekten auch über den römischen Nationalmythos hinaus ergab sich in der Forschung seit Mitte der neunziger Jahre (Auswahl): (1) Tim J. **Cornell***, The Beginnings of Rome. Italy and Rome from the Bronze Age to the Punic Wars (c. 1000–264 BC.). London 1995; XX, 507 S.: Überblick von den frühitalischen Anfängen über römischen Nationalmythos (The Origins of Rome, 48–80) und ‚Königszeit' (Traditional History: Kings, Queens, Events and Dates, 119–150) bis zu Etruskern und römischer Republik. (2) Timothy P. Wiseman, Remus. A Roman Myth. Cambridge 1995; XV, 243 S.: Spezialstudie zu dem in der Forschung wenig beachteten mythischen Zwillingsbruder. (3) Michael Krumme, Römische Sagen in der antiken Münzprägung. Marburg 1995; 477 S.: Aufarbeitung dieses wichtigen Teilaspekts (u. a. im Anschluss an C.H.V. Sutherland, Münzen der Römer. München 1974; 311 S.). (4) Matthew **Fox***, Roman Historical Myths. The Regal Period in Augustan Literature. Oxford 1996; 269 S.: Grundlegender Überblick zum Übergangsbereich zwischen Mythos und Sage auf der Basis von Cicero *(De re publica)*, Dionysios von Halikarnass, Livius *(Ab urbe condita)*, Properz und Ovid *(Fasti)*. (5) Roland Granobs, Studien zur Darstellung römischer Geschichte in Ovids *Metamorphosen*. Frankfurt/M. 1997 (Studien zur klassischen Philologie 108); 174 S. (6) Jacqueline **Fabre-Serris**, Mythologie et littérature à Rome. La réécriture des mythes aux Iers siècles avant et après J.-C. Lausanne 1998; 271 S., spez. 57–76 (Les mythes des origines romaines; zu Vergil,

Aeneis; Ovid, *Metamorphoses/Fasti* u. a.), 149–168 (Devenirs de l'héritage troyen). (7) Françoise-Hélène **Massa-Pairault*** (Hrsg.), Le mythe grec dans l'Italie antique. Fonction et Image. (Actes du Colloque international Rome 1996). Rome 1999 (Collection de l'Ecole Française de Rome 253); 670 S.: Ausgehend vom Fallbeispiel ‚Héraclès en Occident' (9–128), Sammelpublikation mit Einzelbeiträgen zu literarisch-ikonographischen Aspekten von den westgriechischen Anfängen (z. B. Metopenzyklus Foce del Sele, 205–262) über die etruskische bis zur römischen Mythostradition.

(3) Heidnische Mythen und christliche Spätantike

Auch diese Erweiterung zum traditionellen Kernbereich entwickelte sich in der Mittelphase zunehmend durch viele einschlägige Lemmata im RAC und einige wichtige fachspezifische Publikationen (Auswahl): (1) Reinhart Herzog, Metapher – Exegese – Mythos. Interpretationen zur Entstehung eines biblischen Mythos in der Literatur der Spätantike. In: Fuhrmann 1971, wie S. 119, 157–185: Überblick zur literarhistorischen Entwicklung. (2) Günter Ristow, Römischer Götterhimmel und frühes Christentum. Bilder zur Frühzeit der Kölner Religions- und Kirchengeschichte. Köln 1980; 199 S.: Zusammenstellung von regionalem Basismaterial mit übergreifender Bedeutung. (3) Gerhart B. Ladner, Handbuch der frühchristlichen Symbolik. Gott, Kosmos, Mensch. Stuttgart 1992, Ndr. 1996; 280 S.: Überblick zur Herausbildung einer neuen christlichen Bildsprache. (4) Wulf **Raeck***, Modernisierte Mythen. Zum Umgang der Spätantike mit klassischen Bildthemen. Stuttgart 1992; 218 S.: Studie zur Übergangszeit zwischen Poly- und Monotheismus mit den Schwerpunkten Meleagros/Atalante (71–98), Bellerophon/Chimaira (99–121) und Achilleuszyklen (122–138). (5) Wolfgang Kemp, Christliche Kunst. Ihre Anfänge – Ihre Strukturen. München, Paris, London 1994; 307 S., 17 Tf.: Herausarbeiten der spezifisch christlichen Eigenart.

Einen entscheidenden Fortschritt erzielte die Mythosforschung der Mittelphase mit der Ausweitung des in den *Mitologiae* des Fulgentius[22] konstituierten allegorisierenden Grundprinzips der **interpretatio Christiana** von Odysseus am Mastbaum (Rahner 1957, wie S. 41, 281–328) auf weitere Hauptgestalten des paganen Mythos wie die ‚Leidenshelden' Herakles und Orpheus (Literatur in MH 2011, 410; MH Ntr. 2018, 183), aber auch Prometheus (z. B. M.G. de Durand,

---

[22] Fachspezifischer Einzelbeitrag: Vf., Das Parisurteil bei Fulgentius (*myth.* 2,1). Tradition und Rezeption. In: Studien zu Gregor von Nyssa und der christlichen Spätantike [Festschrift Andreas Spira]. Leiden 1990 (Supplements to Vigiliae Christianae 12), 343–362: Herausarbeiten der rezeptionsgeschichtlichen Stellung dieses mythischen Standardthemas zwischen antiker Poetisierung und spätantik-mittelalterlicher Allegorisierung.

Prométhée dans la littérature chrétienne antique. In: Revue des Études Augustiniennes 41, 1995, 217–229) und Achilleus (z. B. Dagmar Stutzinger, Die spätantiken Achilleusdarstellungen – Versuch einer Deutung. In: AK Spätantike 1983, wie unten, 175–179). – Die Sonderfrage nach antiken Entsprechungen für den Namensgeber des Christentums behandelten zwei neue Monographien: (1) Dieter **Zeller**, Christus unter den Göttern. Zum antiken Umfeld des Christusglaubens. Stuttgart 1993; 143 S. (2) Rudolf **Reiser**, Götter und Kaiser. Antike Vorbilder Jesu. München 1995; 240 S.

Die fachwissenschaftliche Arbeit zur Thematik wurde im Verlauf der Mittelphase wesentlich gefördert durch zwei große **Ausstellungen:**

(1) **AK Spirituality 1977****: Kurt **Weitzmann** (Hrsg.), Age of Spirituality. Late Antique and Early Christian Art, Third to Seventh Century. AK New York, The Metropolitan Museum of Art 1977/78; XXXI, Pl. 1–16, 736 S.: Wichtige Ausstellung für ein breiteres Publikum mit quantitativ wie qualitativ überreichem Basismaterial; thematisch besonders relevant: II. The Classical Realm (126–268): 1. Mythology (126–198; Einführung: Richard Brillant 126–131; Greek Gods 132–158, Popular Heroes 158–167, Mythological Themes 168–173, Personifications 173–182). 2. Science and Poetry (199–262; Einführung: Kurt Weitzmann 199–204; u. a. Epos 216–240, Drama 240–245, Poet and Muses 255–262). Ergänzende Kurzfassung (New York, Metropolitan Museum of Art 1977; 96 S.) mit Einführung von Kurt Weitzmann und Texten von Margaret E. Frazer. (1a) Kurt **Weitzmann** (Hrsg.), A Symposion. New York 1980; VIII, 174 S.: Einzelbeiträge zum Ausstellungsthema (spez. George M. A. Hanfmann, The Continuity of Classical Art: Culture, Myth, and Faith, 75–99).

(2) **AK Spätantike 1983***: Dagmar Stutzinger (Konzeption), Spätantike und frühes Christentum. AK Liebieghaus Museum alter Plastik, Frankfurt am Main 1983/84; XIII, 698 S.: Umfassende Präsentation eines breiten Basismaterials mit instruktiven Einführungen in die Hauptaspekte spez. in Sektion III. Theios Anēr (161–222; z. B. 175–179 zu Achilleus) und Sektion IV. Die Christen und die Kunst (223–379; z. B. Hellmut Sichtermann, Der Jonaszyklus, 241–248; Hugo Brandenburg, Die Darstellungen maritimen Lebens, 249–256). Katalog mit vielen repräsentativen Belegen zur Thematik (380–698).

Auch aufgrund von Neufunden fanden gegen Ende der Mittelphase im Bereich der Bildenden Kunst die Anfänge christlicher **Katakombenmalerei** mit der Verbindung von heidnisch-mythischen Bildthemen in der Übergangsphase des 3./4. Jahrhunderts eine zunehmende Beachtung auch in der breiteren Öffentlichkeit (Auswahl): (1) Aldo Nestori, Repertorio iconografico delle pitture delle catacombe romane. Roma 1975 (Roma sotterranea cristiana 5); XI, 218 S.: Anordnung nach Fundorten; substantielle Zusammenfassung: Catalogo dei soggetti (183–218). (2) Herbert Alexander Stützer, Die Kunst der römischen Katakomben. Köln 1983 (dumont taschenbücher 141); 174 S.: Reich bebilderte Einführung. (3) Antonio Ferrua, Catacombe sconosciute. Una pinacoteca del IV secolo sotto la Via Latina. Firenze 1990; 154 S., dt. Ausgabe Stuttgart 1991; 178 S.: Erstpublikation zum heidnisch-christlichen Bildprogramm dieser ikonographisch außergewöhnlichen Katakombe. (4) Josef Fink/Beatrix Asamer, Die römischen Katakomben. Mainz 1997; 82 S.: Instruktive Einführung: Die Katakomben. Eine Gräberwelt zwischen Antike und Christentum; 9–15. (5) Vincenzo Fiocchi Nicolai/Fabrizio Bisconti/ Danilo Mazzoleni, Roms christliche Katakomben. Geschichte – Bilderwelt – Inschriften. Regensburg 1998; 208 S.

Dem Spezialthema der seltenen illustrierten **spätantiken Handschriften** galten drei grundlegende Untersuchungen: (1) Thomas B. Stevenson, Miniature Decoration in the Vatican Virgil. A Study in Late Antique Iconography. Tübingen 1983; 135 S. (2) Angelika Geyer, Die Genese narrativer Buchillustration. Der Miniaturenzyklus zur Aeneis im Vergilius Vaticanus. Frankfurt/M. 1989 (Frankfurter wissenschaftliche Beiträge. Kulturwissenschaftliche Reihe 17); 255, 24 S. (3) David H. **Wright***, Der Vergilius Vaticanus. Ein Meisterwerk spätantiker Kunst. Graz 1993; 141 S.

2. Rezeptionsgeschichtlicher Ergänzungsbereich 1960–2000

Die europäische Antikenrezeption war weitgehend auch eine Rezeption der antiken Mythen. Da dieses Forschungsgebiet bisher kaum Gegenstand eines Forschungsberichts war, begnügt sich die folgende Übersicht mit der wichtigsten Literatur insgesamt und zur Bildenden Kunst sowie zu den verschiedenen rezeptionsgeschichtlichen Einzelperioden vom Mittelalter bis zur Moderne. Mit der Vorlage dieses Überblicksentwurfs verbindet der Verfasser die Hoffnung, dank seiner ersten Schritte künftigen Nachfolgern ihre forschungsgeschichtliche Aufgabe erheblich zu erleichtern.

a. Mythosrezeption insgesamt

Das wichtigste Forschungsergebnis war gegen Ende der Mittelphase ein grundlegendes, seither vielfach bewährtes Arbeitsmittel: Jane Davidson **Reid**, The Oxford Guide to Classical Mythology in the Arts *[OGCM**]*, 1300–1990s. With the assistance of Chris Rohmann. Vol. 1–2. Oxford, New York 1993; XXIII, 627 S./ S. 629–1310 – *Preface* (XI-XVI): „I then realized that no comprehensive, interdisciplinary reference work yet existed that gave access to works of art by subjects... This guide to classical mythology in the arts was thus created, in the early stages, by evolution rather than plan, in response to a perceived need" (XI). – *Introduction* (XVII-XXIII): „The Oxford Guide to Classical Mythology is an encyclopedia catalog of art-works dating from the early Renaissance to the present that treat subjects in Greek and Roman mythology. Organized into entries on mythological figures or themes, listings of artworks delineate the history of artistic interest in classical mythology as presented in the fine arts, music, dance, and literature of the past seven centuries." – *Disposition:* Lexicon (1–1072), List of Sources (Bibliography; 1073–1118), Index of Artists (1119–1320). – *Résumé:* OGCM beschränkt sich auf den Zeitraum von 1300 bis zur Gegenwart und bei jedem Lemma auf eine kurze Einführung in den Mythos (z.T. auch zu Einzelaspekten und Nachleben) sowie knappe Angaben zu literarischen Quellen und Forschungsliteratur. Die Substanz des Buches bildet bei jedem Lemma eine unterschiedlich lange Gesamtliste der verschiedenen stofflichen Referenzen ohne nähere Differenzierung nach literarischen, szenischen, musikalischen und bildlichen Belegen sowie deren Teilbereichen und Einzelgattungen, dafür zusätzlich mit präzisen Einzelangaben zu Autor/Künstler, Lebenszeit, Titel, Gattung, Entstehungsort bzw. -jahr sowie begrenzten Publikationsnachweisen. Bei allen Unzulänglichkeiten im Detail (Näheres bei Vf., Beitrag in mythos no. 3/2011, wie S. 5) wurde das Werk ein ganz unverzichtbares Arbeitsmittel und wird hoffentlich irgendwann auch die Basis eines größeren Corpus zur Mythosrezeption nach Vorbild des LIMC.

Schon am Anfang der Mittelphase war das Standardwerk von Herbert Hunger (1953; wie S. 44) ergänzt worden durch eine stoffgeschichtliche Neuerscheinung, die sich nicht nur auf die Hauptgestalten des antiken Mythos beschränkte: Elisabeth **Frenzel****, Stoffe der Weltliteratur. Ein Lexikon dichtungsgeschichtlicher Querschnitte. Stuttgart 1962 (Kröners Taschenausgabe 300); XV, 670 S.: Dank neuer Konzeption ein weiteres Standardwerk, seither von Auflage zu Auflage in Umfang erweitert und in Qualität verbessert; Näheres (inkl. Disposition) zur Letztauflage (2005) auf S. 253.

Das Pendant gegen Ende der Mittelphase war ein Lexikon zur Antikentradition insgesamt: Eric M. **Moormann***/Wilfried **Uitterhoeve**, Lexikon der antiken Gestalten. Mit ihrem Fortleben in Kunst, Dichtung und Musik. Stuttgart 1995 (Kröners Taschenausgabe 468); XXVIII, 752 S.; unv. Neuausgabe Darmstadt 2010; XXVII, 807 S.: Unter den Hauptgestalten der Antikentradition werden alle wichtigen mythischen Persönlichkeiten berücksichtigt. Jedes Lemma beginnt mit knapper Einleitung zum Einzelmythos (inkl. Voraussetzungen/Teilaspekte) und der literarischen, bildlichen und sonstigen Tradition in der Antike; am Schluss folgen jeweils knappe Literaturangaben mit Verweisen auf die umfangreiche Gesamtbibliographie (713–752). Im Zentrum steht jeweils ein detailreicher, z.T. einem Katalog nahekommender Abriss zur Rezeptionsgeschichte des Einzelstoffes, in dem das herangezogene Material nach drei Kategorien geordnet vorgelegt wird (NK = Bildende Kunst; ND = Literatur; NM = Musik). – *Résumé:* Zusammen mit den Lexika von Hunger (1953; Neubearbeitung 2006) und Frenzel (1962; Letztauflage 2005) weiterhin ein unverzichtbares Arbeitsmittel.

Eine prägende Wegmarke für die Mythosrezeption insgesamt stellte das umfassende Sammelwerk eines rezeptionsgeschichtlichen Archegeten in der deutschsprachigen Forschung dar: Manfred **Fuhrmann**** (Hrsg.), Terror und Spiel. Probleme der Mythenrezeption. München 1971 (Poetik und Hermeneutik 4); 732 S. – *Disposition:* I. Vorlagen (11–525; Abfolge von achtzehn Vorträgen zu Grundsatzfragen und Einzelaspekten der Mythosrezeption von der Antike bis zur Moderne; Einführungsbeiträge: Hans Blumenberg, Wirklichkeitsbegriff und Wirklichkeitspotential des Mythos, 11–66; Jean Bollack, Mythische Deutung und Deutung des Mythos, 67–119). II. Diskussionen (527–719; neun Einzelkomplexe zur Mythosrezeption von der Antike bis zu ‚Mythen des 20. Jahrhunderts'). – *Résumé:* Voraussetzung war ein interdisziplinäres Kolloquium der Universität Bielefeld auf Schloss Rheda; Thema (nach Vorbemerkung 9): „Mythos als uneinholbares Bedeutungspotential in wechselnder Funktion ... Gegenstände von repräsentativer Bedeutung ... exemplarisch nicht nur für ihre Epoche, sondern auch für die Perspektive einer Gegenwart". Insgesamt eine ebenso umfangreiche wie substantielle Dokumentation der rezeptionsgeschichtlichen Entwicklung vom antiken Mythos zu einem modernen Mythenverständnis, das zunehmend weniger mit der antiken Mythentradition zu tun hat.

Exemplarische Wegmarken in der deutschsprachigen Forschung wurden drei Aufsatzsammlungen zur Tragödientradition und -rezeption: (1) Käte Hamburger, Von Sophokles zu Sartre. Griechische Dramenfiguren antik und modern. Stuttgart 1962 (Sprache und Literatur 1); 221 S., Ndr. 1968: Zehn Hauptgestalten der Heroenmythen (Klytaimnestra, Orest, Elektra, Iphigenie, Helena, Aktaion, Phädra, Medea, Ödipus, Antigone) in Übersicht zur europäischen Dramentradition. (2) Kurt von Fritz, Antike und moderne Tragödie. Neun Abhandlungen. Berlin 1962; XXIX, 511 S.: Überwiegend altertumswissenschaftliche Sammelschrift zu den drei großen attischen Tragikern; dabei bilden Grundsatzfragen zur griechischen Tragödie bzw. zur *Poetik* des Aristoteles den Rahmen für sieben Hauptgestalten der Heroenmythen (Orestes, Danaïden, Eteokles, Antigone/Haimon, Aias, Aktaion und Iason/Medea), im Beitrag zu Euripides' *Aktaion* (256–321) auch mit Berücksichtigung der späteren Dramenrezeption. (3) Wolf-Hartmut Friedrich, Vorbild und Neugestaltung. Sechs Kapitel zur Geschichte der Tragödie. Göttingen 1967 (Kleine Vandenhoeck-Reihe 249); 211 S.: Teils Beiträge zur Rezeptionsgeschichte (Medeas Rache, 7–56, von Euripides bis Grillparzer; Ein Ödipus mit gutem Gewissen; 112–139, zu Corneille), teils ausschließlich bzw. weitgehend zur Antikentradition (Medea in Kolchis, 57–87; Die Raserei des Hercules, 88–111; Schuld, Reue und

Sühne der Klytaimnestra, 140 – 187); gattungstheoretischer Abschluss (Sophokles, Aristoteles und Lessing, 188 – 209).

Einen nicht weniger nachhaltigen Eindruck machten einige rezeptionsgeschichtliche Überblicke dieser Zeit zu zentralen Teilbereichen des antiken Mythos: (1) William Bedell **Stanford***, The Ulysses Theme. A Study in the Adaptability of a Traditional Hero. Oxford 2. Aufl. 1963 (1. Aufl. 1954); X, 340 S.: Zusammenstellung der wesentlichen Rezeptionsglieder des Standardstoffes. (2) Margaret S. **Scherer***, The Legends of Troy in Art and Literature. New York, London 1963; XVIII, 304 S.: Nach einleitender Übersicht (IX-XVIII) instruktiver und reich bebilderter Abriss der literarischen und bildlichen Rezeption des Troianischen Krieges in mythenchronologischer Abfolge bis zu Homers *Odyssee* und Vergils *Aeneis* (1 – 216) mit Anhangsliste zu literarischen und bildlichen Belegen der Gesamttradition (219 – 253). (3) Karl **Galinsky***, The Heracles Theme. The Adaptations of the Hero in Literature from Homer to the Twentieth Century. Oxford 1972; XVI, 317 S.: Basispublikation zu literarischen Höhepunkten der Darstellung des größten Heros des antiken Mythos. – Standardthemen galten auch zwei wertvolle Einzelstudien eines deutschen Klassischen Philologen: (1) Heinrich **Dörrie**, Die schöne Galatea. Eine Gestalt am Rande des griechischen Mythos in antiker und neuzeitlicher Sicht. München 1968; 96, 8 S. (2) Ds., Pygmalion. Ein Impuls Ovids und seine Wirkungen bis in die Gegenwart. Opladen 1974; 102 S.

Wesentliche rezeptionsgeschichtliche Anregungen gaben einige markante Neuerscheinungen mit Überblickscharakter in den achtziger und neunziger Jahren (Auswahl):

(1) Renate **Schlesier*** (Hrsg.), Faszination des Mythos. Studien zu antiken und modernen Interpretationen. Basel 1985; 434 S.: Rezeptionsgeschichtlich-mythentheoretische Sammelpublikation mit internationalen Beiträgen von Klassischen Philologen (z. B. Marcel Detienne, Burkhard Gladigow, Bernard Knox, Jean Bollack, Nicole Loraux, Bernhard Kytzler, Jean-Pierre Vernant), Philosophen und Religionswissenschaftlern (z. B. Renate Schlesier, Hartmut Zinser, Klaus Heinrich) sowie Psychoanalytikern zu unterschiedlichen Themen der Antikentradition und Rezeption des Mythos mit der Gesamttendenz „Aufklärungskritik in aufklärerischer Absicht" (7).

(2) Richard **Faber**/Renate **Schlesier** (Hrsg.), Die Restauration der Götter. Antike Religion und Neo-Paganismus. Würzburg 1986; 292 S.: Schwerpunkt der Beiträge mit mythenspezifischen Themen in Sektion III. Neuheidentum oder Renaissance der Antike? (88 – 197; spez. Marcel Detienne; Apollon und Dionysos in der griechischen Religion, 124 – 132; Ada Neschke, Erzählte und erlebte Götter. Zum Funktionswandel des griechischen Mythos in Ovids *Metamorphosen*, 133 – 152). Forschungsgeschichtlicher Abschlussbeitrag der Mitherausgeberin: Renate

Schlesier, Ödipus, Parsifal und die Wilden. Zur Kritik an Lévi-Strauss' Mythologie des Mythos (271–289).

(3) Oliver **Taplin**, Greek Fire. London 1989; 276 S., dt. Ausgabe: Feuer vom Olymp. Die moderne Welt und die Kultur der Griechen. Reinbek 1991; 302 S.: Anregender Überblick mit eher populärer Ausrichtung zur Nachwirkung der antiken Kultur insgesamt bis in die Gegenwart z. B. unter den originellen Aufmachern ‚Der Medusa entgegenlächelnd' (Tragödientradition, 51–79), ‚Kalte Schönheit, die ewig wärmt' (Ästhetik und Bildende Kunst, 81–111), ‚Ein Hinweis aus dem Dunkel' (Mythos, 113–133) und ‚Kein Verkehr ist der sicherste Verkehr' (Aphrodite, 135–165).

(4) Pierre **Brunel*** (Hrsg.), Mythes et littérature. Paris 1994 (Recherches actuelles en littérature comparée 6); 165 S.: Sammelwerk mit vierzehn Beiträgen einerseits zu Einzelthemen des antiken Mythos (z. B. Alain Moreau, Jason ou le héros évincé, 13–20) und seiner späteren Rezeption (z. B. Sylvie Ballestra-Puech, Le mythe des Parques, un exemple de dialogue entre le texte et l'image, 69–86), andererseits zur modernen Ausweitung des Mythosbegriffs (z. B. ‚Mythe de Babel', Wilhelm Tell) und theoretischen Grundsatzfragen (z. B. Daniel Mortier, Mythe littéraire et esthétique de la réception, 143–151; Régis Boyer, Existe-t-il un mythe qui ne soit pas littéraire? 153–164).

Wichtige Beiträge mit philosophischer, kulturhistorischer und rezeptionsgeschichtlicher Ausrichtung sind der Lehrtätigkeit des Berliner Religionswissenschaftlers Klaus **Heinrich*** (1927–2020; Habilitation 1964, Professur 1971–1995) zu verdanken: (1) Arbeiten mit Ödipus. Begriff der Verdrängung in der Religionswissenschaft. (Vorlesung SS 1976). Frankfurt/M., Basel 1993 (Dahlemer Vorlesungen 3); 304 S. (2) Arbeiten mit Herakles. Zur Figur und zum Problem des Heros. Antike und moderne Formen seiner Interpretion und Instrumentalisierung. (Vorlesung WS 1975/76) Frankfurt/M., Basel 2006 (Dahlemer Vorlesungen 9); 426 S. (3) Gesellschaftlich vermitteltes Naturverhältnis. Begriff der Aufklärung in den Religionen und der Religionswissenschaft. (Vorlesung SS 1975). Frankfurt/M., Basel 2007 (Dahlemer Vorlesungen 8); 341 S. Bisher unveröffentlicht ist ein Mitschnitt seiner späteren Vorlesung zu Ovids *Metamorphosen*.

Unter den neueren **Monographien** zur Literaturrezeption bezog sich die Mehrzahl, dem Trend zu kleineren Spezialgebieten folgend, auf einzelne Nationalliteraturen oder deren Einzelphasen (Auswahl): (1) Franz Fühmann, Das mythische Element in der Literatur. In: Ds., Essays, Gespräche, Aufsätze 1964–1981. Rostock 1983, 82–140. (2) Volker **Riedel**, Literarische Antikerezeption. Aufsätze und Vorträge. Jena 1996 (Jenaer Studien 2); 444 S.: I. Rezeptionsgeschichte insgesamt (7–78; z. B. Forschungen zum Nachleben der Antike als interdisziplinäre Aufgabe, 9–21; diachronische Einzelbeiträge zu Amphitryon, Herakles und Oidipous). II. Rezeption der älteren deutschen Literatur (81–179; Beiträge zu

Lessing, Winckelmann, Gleim, Voß, Friedrich Schlegel). III. Rezeption der DDR-Literatur (181–310). (3) Hellmut **Flashar*** (Hrsg.), Tragödie. Idee und Transformation. Stuttgart, Leipzig 1997 (Colloquium Rauricum 5); XII, 389 S.: Beitragssammlung zu Grundsatzthemen und Einzelfragen von der Antike bis zur Moderne, jeweils mit Bibliographie am Beitragsende [selektive Titelnachweise unter den Einzelperioden]. (4) Verena Ehrich-Häfeli u.a. (Hrsg.), Antiquitates renatae. Deutsche und französische Beiträge zur Wirkung der Antike in der europäischen Literatur. Festschrift für Renate Böschenstein zum 65. Geburtstag. Würzburg 1998; 382 S.: Begrenzte Beiträge zum antiken Mythos, z.B. Antoine Raybaud, Derniers retours d'Ulysse, 285–296; Karl Pestalozzi, Vergils Gewitter und die Folgen, 309–322. (5) Geoffrey Miles, Classical Mythology in English Literature. A Critical Anthology. London 1999; XIII, 456 S.: Nach einleitender Übersicht (I,1–3) als Schwerpunktthemen Orpheus (II 4; 61ff.), Venus and Adonis (II 5; 196ff.) und Pygmalion (II 6, 332ff.), jeweils mit Einführung und breiter Anthologie von Texten.

Bezeichnend für die starke Entwicklung in der rezeptionsgeschichtlichen Forschung war die komparatistische Verlagsreihe ‚Studien zum Fortwirken der Antike' (Heidelberg: Winter 1966–1979) mit der Behandlung verschiedener mythischer Standardthemen o.Ä.: (1) Manfred Beller, Philemon und Baucis in der europäischen Literatur. Stoffgeschichte und Analyse (1967; SFA 3; 164 S.). (2) Eberhard Leube, Fortuna in Karthago. Die Aeneas-Dido-Mythe Vergils in den romanischen Literaturen vom 14. bis zum 16. Jahrhundert (1969; SFA 1; 331 S.). (3) Franz Schmitt-von Mühlenfels, Pyramus und Thisbe. Rezeptionstypen eines Ovidischen Stoffes in Literatur, Kunst und Musik (1972; (SFA 6; 164 S.). (4) Maria **Moog-Grünewald***, Metamorphosen der Metamorphosen. Rezeptionsarten der ovidischen Verwandlungsgeschichten in Italien und Frankreich im XVI. und XVII. Jahrhundert (1979; SFA 10; 248 S.): Exemplarische kulturgeschichtliche Studie. (5) Annegret Dinter, Der Pygmalion-Stoff in der europäischen Literatur. Rezeptionsgeschichte einer Ovid-Fabel (1979; SFA 11; 171 S.).

Was die Rezeption von Hauptautoren der antiken Mythentradition betrifft, so gingen für Homer drei Spezialstudien über das ‚klassische' Standardwerk von Georg Finsler, Homer in der Neuzeit von Dante bis Goethe. Italien – Frankreich – England – Deutschland. Leipzig, Berlin 1912 (Ndr. Hildesheim 1973) erheblich hinaus:

(1) Thomas **Bleicher***, Homer in der deutschen Literatur (1450–1740). Zur Rezeption der Antike und zur Poetologie der Neuzeit. Stuttgart 1972; VIII, 313 S. – *Disposition:* I. Abriss der homerischen Wirkungsgeschichte (4–10). II. Humanistische Homerbewertungen (11–106). III. Homerbild zwischen Humanismus und Barock (107–130). IV. Barocke Homerbewertungen (142–177). V. Homerbewertung in Spätbarock und Aufklärung (178–208). Literaturverzeichnis (280–306). –

Résumé: Literarisch-poetologische Basispublikation mit den Schwerpunkten Humanismus und Barock.

(2) Howard **Clarke***, Homer's Readers. A Historical Introduction to the *Iliad* and the *Odyssey*. Newark u. a. 1981; 327 S.: Kritische Studie zur geistesgeschichtlichen Rezeption beider Großepen in fünf Phasen: 1. Homer Romanticized (17–59; spätantike und mittelalterliche Troiaromane). 2. Homer Allegorized (60–105; Entwicklung von Boccaccio bis Pope und Blackwell). 3. Homer Criticized (106–155; Entwicklung von der Antike bis zur Aufklärung). 4. Homer Analysed (156–224; ‚Homerische Frage' seit F.A. Wolf). 5. Homer Anatomized (225–293; Homerphilologie im 20. Jahrhundert).

(3) Katherine Callen **King*** (Hrsg.), Homer. New York, London 1994; 330 S.: Breites Spektrum von Einzelbeiträgen zur literarischen und bildlichen Nachwirkung von Mittelalter und Renaissance (Basisbeitrag: Hrsg., The Middle Ages and the Italian Renaissance, 1–29) über das 17./18. Jahrhundert (z. B. Alexander Pope, Angelika Kauffmann, Goethe) und 19. Jahrhundert (z. B. Tennyson/Gladstone) bis zur Moderne (z. B. Franz Kafka, James Joyce, Nikos Kazantzakis).

Zum Nachleben von **Ovid** und spez. seinem Hauptwerk ***Metamorphoses*** sind exemplarisch die folgenden drei Sammelbände der achtziger bzw. neunziger Jahre hervorzuheben:

(1) Raymond **Chevallier** (Hrsg.), Colloque Présence d'Ovide. (Kongressakten Tours 1980). Paris 1982 (Collection Caesarodunum 17 bis); 462 S.: Nach Beiträgen zum Autor (9–78) und zur antiken Rezeption (79–187; u. a. zu römischen Mosaiken mit Europa sowie zu Arnobius, Prudentius, Dracontius; anregend: Michel Manson, Le mythe de Pygmalion est-il un mythe de la poupée? 101–137) sechzehn Beiträge zur Rezeption vom Mittelalter bis zur Moderne (z. B. Hrsg., Le Mythe de Phaéton d'Ovide à G. Moreau. Formes et symboles, 387–440).

(2) Charles **Martindale*** (Hrsg.), Ovid Renewed. Ovidian Influences on Literature and Art from the Middle Ages to the Twentieth Century. Cambridge 1988; 298 S.: Sammelschrift mit fünfzehn Beiträgen zum Nachleben meist in der englischsprachigen Literatur, Kunst und Kultur, nach Einführung des Herausgebers (1–20) eröffnet durch einen Doppelbeitrag von Niall Rudd zur literarischen Gesamtrezeption des Daidalos-Ikaros-Stoffes (21–36/37–53) [selektive Titelnachweise unter den Einzelperioden].

(3) Michelangelo **Picone**/Bernhard **Zimmermann** (Hrsg.), Ovidius redivivus. Von Ovid zu Dante. (Ringvorlesung Universität Zürich 1991/92). Stuttgart 1994; 223 S.: Nach drei Beiträgen zur antiken Tradition (z. B. Fritz Graf, Die Götter, die Menschen und der Erzähler. Zum Göttermythos in Ovids ‚Metamorphosen', 22–42) folgen vier Themen zur mittelalterlichen Rezeption (z. B. Jean-Yves Tilliette, Savants et poètes du moyen âge face à Ovide: les débuts de l'*aetas Ovidiana*

(v. 1050-v.1200), 63–104) [weitere Einzelbeiträge unter Mittelalter]. Ausführliche Bibliographie (203–223).

Drei weitere Tagungsbände der neunziger Jahre waren der Initiative von Hermann **Walter** zu verdanken, einem 1969–1999 an der Universität Mannheim tätigen Klassischen Philologen und Rezeptionsforscher, der dem Vf. entscheidende Impulse für weitere rezeptionsgeschichtliche Arbeiten gab:

(1) Hermann **Walter***/Hans-Jürgen **Horn** (Hrsg.), Die Rezeption der *Metamorphosen* des Ovid in der Neuzeit. Der antike Mythos in Text und Bild. (Kongressakten Bad Homburg 1991). Berlin 1995 (Ikonographische Repertorien zur Rezeption des antiken Mythos in Europa. Beiheft 1); 295 S., 64 Tf.: Breites Beitragsspektrum vorwiegend zur Ovid-Rezeption in Literatur und Bildender Kunst vom Spätmittelalter (Berchorius, Christine de Pizan) über Renaissance (z. B. Ovidillustrationen, Freskenzyklen, Aktaion bei Tizian; Posthius, *Tetrasticha*) bis zum 18. Jahrhundert.

(2) Francesca **Cappelletti***/Gerlinde **Huber-Rebenich** (Hrsg.), Der antike Mythos und Europa. Texte und Bilder von der Antike bis ins 20. Jahrhundert. (Kongressakten Loveno di Menaggio 1992). Berlin 1997 (Ikonographische Repertorien zur Rezeption des antiken Mythos in Europa. Beiheft 2); 251 S., 46 Tf.: Nicht minder breites Spektrum von Beiträgen zu Literatur und Bildender Kunst von Antike (Prodikos) und Mittelalter (Dante) über Renaissance (z. B. Cartari) und Rezeptionsthemen (u. a. Europa, Antigone) bis zu Mythenthemen in der Kunst der Moderne.

(3) Hans-Jürgen **Horn***/Hermann **Walter** (Hrsg.), Die Allegorese des antiken Mythos. (Symposion Wolfenbüttel 1992). Wiesbaden 1997 (Wolfenbütteler Untersuchungen 75); 447 S.: Ebenfalls breites Beitragsspektrum vorwiegend zur literarischen und bildlichen Allegorese von der Antike bis zum 18. Jahrhundert [selektive Einzeltitel unter den folgenden Einzelperioden].

Gegen Ende der Mittelphase verband ein Essayband mit Don Juan und Hamlet als großen Einzelgestalten der Erzähltradition auch wichtige mythische Protagonisten: Walter **Jens,** Mythen der Dichter. Modelle und Variationen. München 1993; 128 S., spez. 9–39 zu Odysseus und 39–68 zu Antigone und Elektra. Etwas später entstand aus einem Tübinger Vortragszyklus eine wichtige Sammelpublikation: Heinz **Hofmann*** (Hrsg.), Antike Mythen in der europäischen Tradition. Tübingen 1999; 303 S.: Nach grundlegender Einleitung ‚Antiker Mythos – Begriff und Funktion' von Walter Burkert (11–26) folgen sieben Beiträge zur Gesamt- bzw. Teilrezeption wichtiger antiker Einzelmythen (27–242; Odysseus, Odyssee in der Gegenwart, Achilleus, Pandora, Orpheus, Oidipous, Atridenfluch) und drei Beiträge zu mythischen Sachaspekten (243–300; zeitgenössische literarische Adaptionen, Richard Wagner und der Mythos, Psychoanalyse). Mehrere Beiträge mit reicher Bebilderung; alle mit gründlicher Bibliographie.

Eine wesentliche Voraussetzung für den rezeptionsgeschichtlichen ‚Boom' seit den sechziger Jahren war die Verlagsreihe ‚**Theater der Weltgeschichte**' (München/Wien: Langen-Müller 1963–1969; Hrsg.: Volker Schondorff) mit Sammlungen von Dramentexten zu den Themen Medea, Orest, Orpheus und Eurydike (1963), Amphitryon, Herakles (1964), Elektra (1965), Iphigenie (1966), Ödipus I-II, Aktaion und Antigone (1969). Zu den in der Moderne beliebten mythischen **Standardthemen** wie Narkissos; Prometheus, Oidipous, Orpheus und Pygmalion sowie Medea und Kassandra entstanden im Verlauf der Mittelphase exemplarische Einzeltitel mit durchweg hoher Qualität (Auswahl):

(1) Bruno **Gentili***/Roberto **Pretagostini** (Hrsg.), Edipo. Il teatro greco e la cultura europea. (Kongressakten Urbino 1982). Roma 1986 (Quaderni Urbinati di Cultura Classica. Atti e Convegni 3); 587 S.: Umfassender Sammelband von Einzelbeiträgen jeweils mit Diskussion zu antiker Tradition des Einzelmythos (z. B. Geoffrey S. Kirk, zu Sophokles 11–26; Franco Caviglia zu Seneca 255–284; zur Bildtradition: Ingrid Krauskopf, Edipo nell'arte antica, 327–341) und seiner Rezeption (z. B. Giuseppe Bevilacqua, Edipo nella letteratura tedesca moderna, 45–59; Manuel Fernández Galiano; Edipo por tierras de Espana, 135–161; Carlo Bo, Edipo nella letteratura francese, 313–325).

(2) Ursula **Orlowsky***/Rebecca **Orlowsky**, Narziß und Narzißmus im Spiegel von Literatur, Bildender Kunst und Psychoanalyse. Vom Mythos zur leeren Selbstinszenierung. München 1992; 464 S.: Nach knapper Einleitung (19–27) und Übersicht zur literarischen Rezeption (29–66) umfassender Hauptteil zum Thema in Literatur und Bildender Kunst (67–360) sowie Basistexte zu ‚Narzißmus-Theorien' (361–411). Anhänge zu Mythologie, Ikonographie und literarischen Quellen (412–457) sowie abschließendes ‚Motiv-Register Kunstwerke' (458–464). Insgesamt beeindruckende Gesamtübersicht mit hoher Fachkompetenz und konservativer Grundhaltung der Autorinnen.

(3) Thomas **Epple***, Der Aufstieg der Untergangsseherin Kassandra. Zum Wandel ihrer Interpretation vom 18. Jahrhundert bis zur Gegenwart. Würzburg 1993 (Würzburger Beiträge zur deutschen Philologie 9); 430 S.: Nach kurzem Rückblick auf die frühere Rezeption (31–77) Überblick zur literarischen ‚Renaissance' des Stoffes von Schiller und dem 19. Jhdt. (78–153) über das 20. Jhdt. (154–277) bis zur Neudeutung spez. durch Christa Wolf (278–358). Umfassendes Literaturverzeichnis (385–425). Keine Berücksichtigung der Parallelentwicklung in der Bildenden Kunst.

(4) Ralf **Kray***/Stephan **Oettermann** (Hrsg.), Herakles/Herkules I. Metamorphosen des Heros in ihrer medialen Vielfalt. – Herakles/Herkules II. Medienhistorischer Aufriß. Repertorium zur intermedialen Stoff- und Motivgeschichte. Basel, Frankfurt/M. 1994; 308/751 S.: Monumentale Materialzusammenstellung zur gesamten Nachwirkung des wichtigen Mythenkomplexes mit Einzelbeiträgen zur

literarischen, bildlichen und kulturgeschichtlichen Rezeption in Band I und umfangreichen Listen mit unterschiedlichsten Rezeptionsbelegen in Band II.

(5) Mathias **Mayer***/Gerhard **Neumann** (Hrsg.), Pygmalion. Die Geschichte des Mythos in der abendländischen Kultur. Freiburg/Br. 1997 (Litterae 45); 733 S.: Nach substantieller Einleitung von Gerhard Neumann (Pygmalion. Metamorphosen des Mythos, 11–60) vier Sektionen: I. Mythos und Kulturtheorie (61–194; kulturgeschichtliche Einordnung, z. B. Hartmut Böhme, Antike Anthropogonie-Vorstellungen in Ovids *Metamorphosen*: Prometheus – Deukalion – Pygmalion, 89–127; Renate Böschenstein, Narziß, Narzißmus und das Problem der poetischen Produktion, 127–162). II. Philosophie, Ästhetik, Semiotik (195–322). III. Repräsentation des Mythos (323–462; z. B. Oskar Bätschmann, Belebung durch Bewunderung: Pygmalion als Modell der Kunstrezeption, 325–370). IV. Literarische Metamorphosen (463–733; z. B. Heinz Rölleke, Versteinerung und Wiederbelebung in der Volksliteratur, 517–530. Keine Gesamtbibliographie.

(6) Annette **Kämmerer*** u. a. (Hrsg.), Medeas Wandlungen. Studien zu einem Mythos in Kunst und Wissenschaft. Heidelberg 1998 (Heidelberger Frauenstudien 5); 241 S.: Nach Überblick von Renate Schlesier, Medeas Verwandlungen (1–11) acht weitere Beiträge zu Antike (Erika Simon, Medea in der antiken Kunst, 13–53; Werner Schubert, Medea in der lateinischen Literatur der Antike, 55–91) und späterer Rezeption (z. B. mittelalterliche Buchmalerei, Geschichte der Oper, neueres Theater).

Abschließend noch ein kurzer Hinweis auf ein fachdidaktisches Einzelheft mit vorwiegend mythologisch-rezeptionsgeschichtlicher Thematik: ‚Mythen erzählen: Medea'. In: Der Altsprachliche Unterricht 40,4–5, 1997 (darin thematische Beiträge zu Apollonios Rhodios, *Argonautiká*; Ovid, *Metamorphoses*; Euripides, *Mēdeia*; Seneca, *Medea*; Sigrid Fischbach, Medea bei Seneca und bei Anouilh, 75–87; Vf., Die Kindermörderin im Bild. Beispiele aus der Kunsttradition als Ergänzung literarischer Texte zum Medea-Mythos, 89–106; Ute Schmidt-Berger, Christa Wolfs „Medea". Eine feministische Transformation des Mythos, 127–140).[23]

Wie stark sich die Forschung in Teilbereichen der Rezeption gerade gegen Ende der Mittelphase entwickelt hat, mag exemplarisch eine Auswahlliste zum Spezialthema **‚Mythos und Musiktheater'** dokumentieren: (1) Joachim Draheim,

---

[23] Pendant zum Thema ‚Vergleichendes Interpretieren': Der Altsprachliche Unterricht 40,3, 1997 (darin z. B. Tamara Visser, Griechische Vasenbilder und „Metamorphosen" Ovids, 4–20; Jürgen Wöhrmann, Ein für alle Male ists Orpheus, wenn es singt. Eine mythisch-mythologische Gestalt in Text und Bild, 21–35; Christiane Freitag, Bild und Textverständnis am Beispiel von Barry Mosers Zyklus „Darkness Visible" zu Vergils „Aeneis", 69–79; Vf., „Orpheus und Eurydike" – Bilder zum Text, 80–96 (Zyklen aus Spätmittelalter/Frührenaissance; Einzelbilder der Moderne).

Vergil in der Musik. In: Pöschl 1983, wie S. 81, 197–222. (2) Giampiero Tintori, Edipo in musica. In: Gentili/Pretagostini 1986, wie S. 125, 415–421. (3) Peter Csobádi u. a. (Hrsg.), Antike Mythen im Musiktheater des 20. Jahrhunderts. Gesammelte Vorträge des Salzburger Symposions 1989. Anif/Salzburg 1990 (Wort und Musik 7); VI, 464 S.: Breites Spektrum zur aktuellen Rezeption (4) Ulrich Schreiber, Vom aufrechten Gang zur Selbstentmündigung. Der Orpheus-Mythos auf dem Musiktheater. In: Opernwelt 7/1995, 2–7. (5) Cécile Reynaud, Les Troyens. L'antiquité selon Berlioz. In: Antiquités imaginaires 1996, wie S. 130, 93–107. (6) Benoît Bolduc, L'Andromeda (1637) de Benedetto Ferrari: le mythe de Venise sur la scène du premier théâtre public d'opéra. In: Andromède 1996, wie S. 130, 483–510. (7) Bettina Brandl-Risi, Der Pygmalion-Mythos im Musiktheater – Verzeichnis der Werke. In: Mayer/Neumann 1997, wie S. 126, 665–733. (8) Jens Malte Fischer, „Die Wahrheit des weiblichen Urwesens". Medea in der Oper. In: Flashar 1997, wie S. 122, 110–121. (9) Silke Leopold, Herrin der Geister – tragische Heroine. Medea in der Geschichte der Oper. In: Kämmerer u. a. 1998, wie S. 126, 129–142. (10) Donald M. Poduska, Classical Myths in Music. A Selective List. In: Classical World 92, 1999, 195–276. (11) Wolfgang Osthoff, Glucks ‚Paride ed Elena' und Ovid. In: Festgabe Albrecht 1999, wie S. 82, 1177–1192. (12) Helmut G. Walther, Richard Wagner und der (antike) Mythos. In: Hofmann 1999, wie S. 124, 261–280.

b. Mythosrezeption in der Bildenden Kunst

Für die Forschungstätigkeit des Verfassers wesentlich war die Einsicht, dass das Nachleben des antiken Mythos in der mittelalterlichen, neuzeitlichen und modernen Literatur ein Vielfaches an Umfang, Differenziertheit und Komplexität aufweist im Vergleich zu dem noch halbwegs überschaubaren Bereich der Bildenden Kunst. So lag die Konzentration auf diesen für die kulturgeschichtliche Gesamtentwicklung besonders aufschlussreichen, weil ‚anschaulich vor Augen liegenden' Teilbereich der Rezeption nahe, der im Folgenden als eigener Sonderbereich behandelt wird. Zu den ersten Ansätzen gehörte ein Überblick von Joachim Knape/Dieter Wittke, Mythos und Kunst. In: Theologische Realenzyklopädie 23, Berlin/New York 1994, 665–678. Neben den genannten Einleitungen zur Rezeptionsgeschichte allgemein sind zusätzlich vier z. T. umfangreiche **Einführungen** mit durchweg eher populärem Grundcharakter hervorzuheben:

(1) Heinrich **Krauss***/Eva **Uthemann**, Was Bilder erzählen. Die klassischen Geschichten aus Antike und Christentum in der abendländischen Malerei. München 1987, 4. unv. Aufl. 1998; IX, 546 S.: Mythenrezeptionsgeschichtlich ausgerichtet ist der erste Abschnitt ‚Griechisch-römische Mythologie' (2–117) und der Anfang des kurzen zweiten Abschnitts ‚Rom und römisches Reich' (120–122 Na-

tionalmythos; 122–129 Sagen aus der frühen Republik). Jeder Abschnitt erzählt in kurzen Worten den betreffenden Einzelmythos; es folgen jeweils kleingedruckte Angaben zu den wichtigsten antiken Hauptquellen und eher wenigen Einzelbelegen der neueren Bildtradition. Im Anhang: Autoren und Texte zur Antike (496– 503), Lexika und Sammelwerke (512–514), darunter: c. Antike Stoffe (513; knappe Auswahl von Mythosliteratur), Künstlerverzeichnis (518–528), Register (529– 546). Insgesamt liegt eine Darstellung der Mythentradition und -rezeption als Teilbereich der Kunst- und Rezeptionsgeschichte vor, eindeutig für ein breiteres Zielpublikum bestimmt.

(2) Mercedes **Rochelle***, Mythological and Classical World Art Index. A Locator of Paintings, Sculptures, Frescoes, Manuscript Illuminations, Sketches, Woodcuts and Engravings. Executed 1200 B.C. to A.D. 1900, with a Directory of the Institutions Holding Them. Jefferson/N.C., London 1991; VIII. 279 S.: Relativ ausführliches Lexikon mit zahlreichen Stichwörtern zu Gottheiten und Heroen/Heroinen des antiken Mythos (z. B. Achilles, Apollo), daneben auch zu römischen Sagengestalten (z. B. Lucretia) und realhistorischen antiken Persönlichkeiten (z. B. Augustus), jeweils mit kurzer Sachangabe und z.T. längerer Auflistung von Einzelobjekten der antiken und neueren Kunsttradition, ergänzt um Künstlername, Museumsort und Zitatquelle. Anhänge: Museumsliste (221–237), Bibliographie (239–245; nützlich), Künstlerregister (247–279). Insgesamt gutes ergänzendes Hilfsmittel, für den Einzelfall allerdings oft unzureichend ohne Befragung der weiteren einführenden Handbücher.

(3) Irène **Aghion***/Claire **Barbillon**/François **Lissarrague**, Héros et dieux de l'antiquité. Paris 1994; dt. Ausgabe: Reclams Lexikon der antiken Götter und Heroen in der Kunst. Stuttgart 2000; 338 S.: Nach kurzer Einführung (dt. Ausgabe, 7–12) bilden den Schwerpunkt ausgesuchte Lemmata zur Bildtradition wichtiger mythischer Gottheiten und Heroen/Heroinen in Antike und neuerer Kunst (13– 319), jeweils mit Kurzangaben zum Mythos und zu wichtigen Bildbelegen; anschließend Kleingedrucktes zu Hauptquellen und knappe Angaben zu neuerer Literatur; Gesamtregister (321–332), Literatur (335–337; spez. Handbücher/Lexika). Insgesamt ein Überblickslexikon vorwiegend für ein breiteres Publikum.

(4) Helene E. **Roberts*** (Hrsg.), Encyclopedia of Comparative Iconography. Themes Depicted in Works of Art. 1. A-L. 2. M-Z. Chicago/London 1998; XIX, 535 S./ VIII, S. 537–1120: Im Hauptteil (1–535, 537–968) Auflistung wichtiger ikonographischer Motive (z. B. Abduction/Rape, Madness) in Lemmata von Einzelautoren jeweils mit einleitender Übersicht zu Hauptstoffen; ergänzende Synopsis: Index of Ancient Mythological, and Historical Personages, Places, and Concepts (975– 988). – Weitere vorwiegend populärwissenschaftliche Lexika mit Bildern aus antiker und neuerer Kunsttradition: z. B. Eric Flaum u. a. (Hrsg.), Enzyklopädie

der Mythologie. Götter, Helden und Legenden der Griechen und Römer von A-Z. Kettwig 1997 (amer. OA v. 1997); 176 S.

Unter den **Überblicksmonographien** zur Bildenden Kunst aus den Anfängen der Mittelphase ist als für die Forschungsentwicklung grundlegendes Standardwerk hervorzuheben: Benjamin **Rowland***, Jr., The Classical Tradition in Western Art. Cambridge/Mass. 1963; XX, 379 S.: Nach Basisüberblick zur griechisch-römischen Kunst bis zur christlichen Spätantike (Kap. 2–16; 8–87) orientiert sich der Rest an Highets Standardwerk (1949, wie S. 43; vorwiegend zu Kultur und Literatur) mit Abriss zur byzantinischen und westlichen Kunstentwicklung bis zum Spätmittelalter (Kap. 17–25; 88–145) sowie Basisbehandlung von Renaissance und Manierismus (Kap. 26–47; 146–245; Schwerpunkt des Buches mit eigener Behandlung aller Hauptkünstler von Botticelli und Mantegna bis zu Dürer und El Greco), weiterhin mit Abschnitten zu Barock/Rokoko und ‚Neoclassical Period' (Kap. 48–59; 246–302: Hauptvertreter; Carracci, Bernini, Rubens, Poussin, Mengs, Canova) sowie zum 19./20. Jahrhundert (Kap. 60–68; 303–337: eigene Kapitel über Rodin, Maillol, Picasso, Henry Moore und Giorgio de Chirico), immer wieder ergänzt durch Passagen über exemplarische Einzelkunstwerke. Abschließend eine knappe instruktive Bibliographie (341–349).

Rund zwei Dezennien später entstand ein grundlegend neuer rezeptionsgeschichtlicher Überblick zu Plastik/Skulptur, ebenfalls verfasst von englischsprachigen Forschern: Francis **Haskell***/Nicholas **Penny**, Taste and the Antique. The Lure of Classical Sculpture 1500–1900. New Haven/London 1981; XIV, 376 S., Paperback 1994; XVI, 376 S.: Überblicksbeiträge zu Sammlungen von der Renaissance bis zum 19. Jahrhundert (1–131); als Schwerpunkt wertvoller Katalog (133–341) zu 95 Hauptwerken der antiken Plastik/Skulptur mit überwiegend mythischer Thematik wie Apollon vom Belvedere, Venus von Milo und Laokoongruppe. Ausführliche Bibliographie (344–365). Wenig später wurde als Ergänzung eine nicht weniger grundlegende Publikation zu der schon bei Rowland zentralen Einzelperiode und darüber hinaus vorgelegt: Phyllis Pray **Bober***/Ruth **Rubinstein**, Renaissance Artists and Antique Sculpture. A Handbook of Sources. London 1986, 522 S.: Nach Einführung (31–42) ein umfangreicher Basiskatalog zu ‚Greek Gods and the Latin Names' in Part I (50–188).

Daneben entstanden in der Mittelphase zahlreiche **populärwissenschaftliche Bildeinführungen** zum altertumswissenschaftlichen Kernbereich mit umfangreichem Bildmaterial weniger aus der antiken als aus der späteren Kunsttradition (Auswahl): (1) David Bellingham, An Introduction to Greek Mythology. London 1989; dt. Ausgabe Köln 2008; 128 S. (2) A.R. Hope Moncrieff, The Illustrated Guide to Classical Mythology. London u.a. 1992, Ndr. 1993. (3) Arthur Cotterell, Mythologie classique. Les mythes et les légendes de la Grèce et de Rome.

Paris 1997; 96 S. (4) Morgan J. Roberts, Classical Deities and Heroes. New York 1997; dt. Ausgabe Kettwig 2001; 112 S.

Vorwiegend auf die Malerei von der Renaissance bis zur Moderne bezogen sich verschiedene, vom Grundansatz ebenfalls eher populär ausgerichtete Überblickswerke (Auswahl): (1) Satia Bernen/Robert Bernen, Myth and Religion in European Painting 1200–1700. The Stories as the Artists Knew Them. London 1973; 280 S.: Behandlung von Standardthemen (z.T. mit Originalzitaten), allerdings ohne Abbildungen. (2) Michael Greenhalgh, The Classical Tradition in Art. London 1978; 271 S.: Überblick zur Antikenrezeption in der europäischen Kunst von der Spätantike bis zu Neoclassicism and Ingres; umfangreiche Bibliographie (235–262). (3) Michael **Jacobs***, Mythological Painting. London 1979; 80 S.: Repräsentative instruktive Bildauswahl von *highlights* der neueren Malereitradition des 16.–18. Jahrhunderts; ergänzt durch eine spätere, ebenfalls stark auf Mythenthemen ausgerichtete Publikation: A Guide to European Painting. Newton Abbot, London 1980. (4) Angelo **Walther***, Von Göttern, Nymphen und Heroen. Die Mythen der Antike in der bildenden Kunst. Leipzig 1993, Ndr. Düsseldorf 2003; 224 S.: Repräsentative Auswahl vorwiegend aus der neueren Malereitradition seit der Renaissance mit instruktiven Bildkommentaren.

Schon früh entstand ein knapper Überblick zur Antikentradition in der deutschen Kunst von der Karolingischen Renaissance bis zur Klassischen Moderne: Gerhard Ulrich, Deutsche Antike. In: Schätze deutscher Kunst. München u. a. 1972, 299–346. Gegen Ende der Mittelphase gab es dann eine interessante Sammelpublikation: Philippe Hoffmann u. a. (Hrsg.), **Antiquités imaginaires***. La référence antique dans l'art moderne, de la Renaissance à nos jours. (Actes de la Table Ronde Paris, ENS 1994). Paris 1996 (Études de littérature ancienne 7); X, 261 S.: Disposition in drei Sektionen: I. L'antiquité norme du beau (1–178, mit Beiträgen zur Kunst des 16./17. und 18. Jh.s sowie zu Winckelmann). II. Fabrique d'antiques (79–140). III. Textes antiques, images modernes (141–261; mit Beiträgen u. a. zu Raffaello, dem Sturz des Phaëthon in Ovidillustrationen, Narziss in der Barocktradition und den Parzen in der europäischen Kunst [selektive Einzeltitel unter den rezeptionsgeschichtlichen Einzelperioden].

Unter den zahlreichen **Monographien** zur Bildrezeption von **Einzelmythen** seien als exemplarisch hervorgehoben (Auswahl): (1) Heinz **Demisch**, Die Sphinx. Geschichte ihrer Darstellung von den Anfängen bis zur Gegenwart. Stuttgart 1977; 300 S.: Beeindruckende Zusammenstellung des Bildmaterials von mythischen Vorstufen über die griechisch-römische Antike bis zur Kunst der Moderne. (2) Françoise Siguret/Alain Laframboise (Hrsg.), **Andromède*** ou le héros à l'épreuve de la beauté. (Kongressakten Université de Montréal/Musée du Louvre 1995). Paris 1996; 665 S.: Repräsentative Gesamtschau zur Rezeption des Paradestoffs innerhalb der Motivreihe ‚Prinz befreit Prinzessin von Ungeheuer' mit konsequenter

Ausrichtung auf Hauptbelege der europäischen Kunsttradition in den verschiedenen Zeitperioden, ergänzt durch Zwischenabschnitte zu repräsentativen Einzelkunstwerken u. a. von Vasari, Annibale Carracci, Wtewael, Tizian/Veronese sowie weiteren kulturellen Aspekten des Stoffes wie Emblematik; Sternbilder, Theaterinszenierungen und Festaufführungen.

Erste **Ausstellungen** zur Mythenrezeption in der Kunst der Neuzeit gab es seit Mitte der achtziger Jahre: (1) Karl *Kilinski* (Hrsg.), Classical Myth in Western Art. Ancient Through Modern. AK Meadows Museum and Gallery, Amarillo/Texas 1985; 110 S. (2) Wolfgang *Huber* (Hrsg.), Sehnsucht nach der Antike. Handbuch und Katalog. AK Stiftsmuseum Klosterneuburg 1992; 110 S.: Gliederung des Katalogs (31–109): Götter; Musen, Helden, Ruinen. – Zu den Pilotprojekten zählte auch eine frühe Präsentation zum europäischen Nachwirken des römischen Mythos anhand ausgesuchter Belege der späteren Kunsttradition: ***AK Götter/Römer 1985:*** Oskar Sandner (Hrsg.), Götter und Römer. Mythos und Geschichte Roms im Spiegel der Kunst. AK Bregenz, Künstlerhaus Palais Thurn und Taxis 1985; 127 S. Gegen Ende der Mittelphase folgten zahlreiche weitere, in der Öffentlichkeit zunehmend beachtete und durchweg von namhaften Fachwissenschaftlern getragene Ausstellungen zu attraktiven Standardthemen der Mythentradition und -rezeption: [24]

(1) ***AK Mythos Europa 1988*:*** Siegfried Salzmann (Hrsg.), Mythos Europa. Europa und der Stier im Zeitalter der industriellen Zivilisation. AK Kunsthalle Bremen 1988; 460 S.: Nach einleitenden Essays (10–162) zu verschiedenen Aspekten des Standardmythos und seiner Rezeption von der Antike bis zur Moderne reich bebilderter Katalog der Ausstellungsobjekte (163–451) von der Renaissance bis zur Gegenwart mit Schwerpunkt auf der Entwicklung des 20. Jahrhunderts.

(2) ***AK Verführung Europa 1988:*** Barbara Mundt (Konzeption), Die Verführung der Europa. AK Kunstgewerbemuseum Berlin 1988; 303 S.: Nach drei einleitenden Kapiteln zum Mythos (9–50) sechzehn reich bebilderte Beiträge (51–236) zu diversen Aspekten der bildlichen Tradition und Rezeption des Standardthemas von der Antike über Mittelalter, Renaissance, Barock und 19. Jhdt. bis zur Kunst der Moderne/Postmoderne. Katalog mit knappen Objektbeschreibungen (237–299).

(3) ***AK Amore 1992:*** Marziano Marzano (Konzeption), L'Amore. Dall'Olimpo all'alcova. AK Torino, Mole Antonelliana 1992; 331 S.: Nach zwölf einführenden Essays zum Thema (9–96; z. B. Omar Calabrese, Mitologie dell'amore, 13–19) reich bebilderter Katalog mit elf Sektionen (97–331) zur Gesamtrezeption des

---

24 Die von Bernard Andreae konzipierten Ausstellungen zu Odysseus/*Odyssee* (Roma 1996 bzw. München 1999; wie S. 107) beschränkten sich im Wesentlichen auf das antike Bildmaterial.

Themenbereiches von der Frührenaissance bis zur *arte povera* der Postmoderne und zum Film der Gegenwart.

(4) **AK Pegasus 1993*:** Claudia Brink/Wilhelm Hornborstel (Hrsg.), Pegasus und die Künste. AK Museum für Kunst und Gewerbe Hamburg 1993; 282 S.: Nach zehn Beiträgen (10 – 129; z. B. Nikolas Yalouris, Pegasus in der antiken Mythologie, 28 – 35; Kristen Lippincott, Pegasus und seine himmlischen Gefährten im Wandel der Zeiten, 36 – 45) und zahlreichen Farbtafeln Katalog der ausgestellten Werke von der Antike bis zur Gegenwart (131 – 252) und ausführliche Literaturliste (255 – 276).

(5) **AK Herkules 1997:** Christiane Lukatis/Hans Ottomeyer (Hrsg.), Herkules. Tugendheld und Herrscherideal. Das Herkules-Monument in Kassel-Wilhelmshöhe. AK Kassel, Staatliche Museen 1997; 167 S.: Nach Präsentation des Mythos (Wanda Löwe, Herkules – Die Biographie eines Helden, 9 – 22) drei Beiträge zum Vorbild des Hercules Farnese, zwei Beiträge zum Untertitel (z. B. Klaus Irle, Herkules im Spiegel der Herrscher, 61 – 79) und zwei Beiträge zum Kasseler Herkules-Monument. Reich bebilderter Katalog (141 – 159).

(6) **AK Eros 1999:** Victoria Comblia u. a. (Hrsg.), Jardín de Eros. AK Barcelona, Centre Cultural 1999; 447 S.: Vier einleitende Beiträge (13 – 68; darunter: Jean-Jacques Lebel, „Eros fue concebido el primero de todos los Dioses", 17 – 52). Umfangreicher Katalog (69 – 378) mit repräsentativen Objekten zum Thema auch über den europäischen Kulturkreis hinaus.

Einen umfassenden und reich bebilderten Überblick zur **Vergilrezeption** in der europäischen Kunst seit der Renaissance (spez. zur *Aeneis*) präsentierte ebenfalls ein Ausstellungskatalog: **AK Virgilio 1981*:** Marcello Fagiolo (Hrsg.), Virgilio nell'Arte e nella Cultura Europea. AK Roma, Biblioteca Nazionale Centrale 1981; 271 S. Eine knappe Einführung in die **Ovidillustrationen** legte ein weiterer Ausstellungskatalog vor: Jens Kräubig (Hrsg.), Der verblümte Sinn. Illustrationen zu den *Metamorphosen* des Ovid. AK Kornwestheim, Galerie der Stadt 1997/98; 88 S. Der bildlichen Rezeption von Vergil bzw. Ovid galten außerdem mehrere ebenso knappe wie instruktive Überblicksbeiträge: (1) Nigel Llewellyn, Virgil and the Visual Arts. In: Martindale 1984, wie S. 81, 117 – 140. (2) Ds., Illustrating Ovid. In: Martindale 1988, wie S. 123, 151 – 166. (3) H.J.H. Liversidge, Virgil in Art. In: Martindale 1997, wie S. 81, 91 – 103.

c. Mythosrezeption in den kulturellen Einzelperioden

Im begrenzten Rahmen dieser selektiven Einführung werden die rezeptionsgeschichtlichen Einzelperioden jeweils nur kurz und mit Blick auf jeweils spezifische Zielrichtungen der Forschung behandelt. Da bisher keine themenspezifischen Forschungsberichte über die umfangreiche Literatur vorliegen, war bereits die Erarbeitung von ersten vorläufigen Basisangaben zu wichtigen Standardwerken und sonstiger mythenspezifischer Überblicks- und Einzelliteratur eine Art Pionierarbeit. Dabei sind die weiteren im Bericht nicht berücksichtigten Titel unschwer über die abschließenden Bibliographien in den berücksichtigten Übersichts- und Spezialstudien zu recherchieren. Weitergehendes bleibt künftigen Forschungsberichten überlassen.

(1) Byzantinische Kultur
Zu den wenigen an Mythenthemen noch relativ reichen Einzelgattungen, vor allem koptischen Wollstoffen, frühbyzantinischen Silbergefäßen, mittelbyzantinischen Elfenbeinreliefs und den dank der Aktivitäten der ‚Bilderstürmer' leider nur noch vereinzelt erhaltenen Belegen aus byzantinischer Buchmalerei legte der Archeget des byzantinischen Mythosforschung weitere grundlegende Publikationen vor: (1) Kurt **Weitzmann***, Studies in Classical and Byzantine Manuscript Illumination. Edited by Herbert L. Kessler. Chicago u. a. 1971; XXIII, 346 S. (2) **Ds.***, Classical Heritage in Byzantine and Near Eastern Art. London 1981 (Variorum Collected Studies Series 140). (3) **Ds.***, Greek Mythology in Byzantine Art. Second Printing, with Addenda. Princeton 1984 (Studies in Manuscript Illumination 4); XVIII, 218, LX S. (4) Ds., Die byzantinische Buchmalerei des 9. und 10. Jahrhunderts (1. Aufl. Berlin 1935). 2. Addenda et Appendix. Wien 1996 (Veröffentlichungen ÖAW PHK Reihe 4. Monographien 2,2); 105 S., S. XIV-CXXI.

Von Interesse war auch eine spätere **Festschrift** für den bedeutenden Gelehrten: Byzantine East, Latin West. Art-Historical Studies in Honor of Kurt **Weitzmann***. Princeton 1995; XLIX, 697 S.: Mythenspezifische Beiträge in Sektion III: Byzantium and its Neighbors (215–676; spez. Manuscripts; Sculpture, Minor Arts, and Historiography). Als **Ausstellung** zum Thema spätantiker und frühbyzantinischer Kultur kam 1977/78 das von Kurt Weitzmann initiierte Projekt ‚Age of Spirituality' zustande (Näheres schon auf S. 116).

Wesentliche weiterführende Angaben zur Mythosrezeption in der byzantinischen Kultur bot eine größere Sammelschrift: Alexander Kazhdan u. a. (Hrsg.), The Oxford Dictionary of Byzantium. Prepared at Dumbarton Oaks. Bd. 1–3. Oxford 1991, spez. I 120–122 s.v. Antiquity (Alexander Kazhdan/Ihor Ševčenko); I 306–308 s.v. Book Illustration and Illumination (Robert S. Nelson); I 749 s.v. Euripides (Angela Constantinides Hero/Anthony Cutler); II 943–944 s.v. Homer (Alexander Kazhdan, Kenneth Snipes/Anthony Cutler); II 1026–1027 s.v. Ivory (Anthony Cutler). Eine Zwischenbilanz zur byzantinischen Kultur präsentierte DNP 13 (1999) s.v. Byzantinistik. D. Kunstgeschichte, 587–591 (Arne Effenberger) sowie s.v. Byzanz. A. Antikerezeption. 1. Literatur, 593–594, bzw. 5. Fortwirken anderer Elemente: Architektur und Bildende Kunst, 595–596 (Fritz Tinnefeld). B. II. Literatur, 600–609 (Dieter Roderich Reinsch). III. Kunst. 609–624 (Arne Effenberger).

Ergänzende Einzeltitel zur byzantinischen **Kulturgeschichte und Literatur** (Auswahl): (1) Günther Zuntz, An Inquiry into the Transmission of the Plays of Euripides. Cambridge 1965; XX, 295, XVI S.: Textgeschichtliche Studie, spez. ‚The Text in the Middle Ages', 261–288. (2) L.D. Reynolds/N.G. Wilson, Scribes and Scholars. A Guide to the Transmission of Greek and Latin Literature. Oxford 1968; VIII, 185 S., spez. 37–68; 3. Aufl., Oxford 1991; IX, 321, XVI S., spez. 44–78 (‚The Greek East'; vor allem zu Homer und Tragikern). (3) Robert Browning, Homer in Byzantium. In: Viator 6, 1975, 15–33. (4) Margaret **Mullett**/Roger **Scott** (Hrsg.), Byzantium and the Classical Tradition. (Kongressakten Birmingham 1979). Birmingham 1981; X, 250 S.: Überblick zur Gesamtrezeption. (5) Gareth Morgan, Homer in Byzantium: John Tzetzes. In: Carl A. Rubino/Cynthia W. Shelmerdine (Hrsg.), Approaches to Homer. Austin/Tex. 1983, 165–188. (6) Nigel Guy Wilson, Scholars of Byzantium. Baltimore 1983; X, 283 S., spez. 177 f./254 f. (Euripides), 197–199 (Homer). (7) Antonio Garzya, Visage de l'hellénisme dans le monde byzantin (IVe-XIIe siècle). In: Byzantion 55, 1985, 463–482. (8) Guglielmo Cavallo, Conservazione e perdita dei testi greci: fattori materali, sociali, culturali. In: Andrea Giardina (Hrsg.), Società romana e impero tardoantico. Roma 1986, 83–172. (9) Robert Browning, The Byzantines and Homer. In: Robert Lamberton/John J. Keaney (Hrsg.), Homer's Ancient Readers. (Kongressakten Princeton 1989). Princeton 1992, 134–148. (10) Luc Brisson, Einführung in die Philosophie des Mythos. Bd. 1. Antike, Mittelalter und Renaissance. Darmstadt 1996, 143–167.

Ergänzende Titel zur byzantinischen **Kunstgeschichte** (Auswahl): (1) John Beckwith, Victoria and Albert Museum: The Veroli Casket. London 1962 (Museum Monograph 18); 28, 16 S.: Besprechung eines herausragenden Einzelobjekts. (2) Viktor N. Lazarev, Storia della pittura bizantina. Torino 1967 (Biblioteca di Storia dell'Arte 7); XLI, 497 S.: Überblick zur gesamten Gattung. (3) John Beckwith, Early Christian and Byzantine Art. Harmondsworth u. a. 1970; XXI, 211 S., 96 Bl. (spez. zu frühbyzantinischen Silberschalen). (4) Anthony Cutler, The Craft of Ivory. Washington 1985 (Dumbarton Oaks Byzantine Collection Publications 8); 58 S.: Einführung in die mythenaffine Kleingattung. (5) Otto **Demus** (Hrsg.)/ Irmgart **Hutter** (Red.), Corpus der Byzantinischen Miniaturhandschriften. Bd. 1–5,2. Stuttgart 1977–1997 (Denkmäler der Buchkunst 2; 3; 5,1–2; 9,1–2; 13,1–2): Standardwerk zur Gattung.

Schließlich erfuhr die von der Spätantike bis ins 8. Jahrhundert reichende Kontinuität von Darstellungen mit mythischer Thematik in der **koptischen Kunst** als Forschungsschwerpunkt in der Mittelphase eine bemerkenswerte Ausweitung (Auswahl): (1) Klaus Wessel, Koptische Kunst. Die Spätantike in Ägypten. Recklinghausen 1963; 265 S. (2) Ds., Christentum am Nil. Internationale Arbeitstagung zur Ausstellung ‚Koptische Kunst' Essen, Villa Hügel 1963. Recklinghausen 1964; 268 S. (3) Pierre du Bourguet, Die Kopten. Baden-Baden 1967; 237 S. (4) Erich Dinkler (Hrsg.), Kunst und Geschichte Nubiens in der christlichen Zeit. Ergebnisse und Probleme auf Grund der jüngsten Ausgrabungen. Recklinghausen 1970; 379 S. (5) Arne Effenberger, Koptische Kunst. Ägypten in spätantiker, byzantinischer und frühislamischer Zeit. Leipzig 1975; 277 S. (6) Alexander **Badawy**, Coptic Art and Archeology. The Art of the Christian Egyptians from the Late Antique to the Middle Ages. Cambridge/Mass. 1978; XII, 387 S. (6) Friedrich Wilhelm Deichmann/Peter Grossmann, Nubische Forschungen. Berlin 1988 (Archäologische Forschungen 17); XIV, 187, 79 S.: Überblick mit neuester Literatur. (7) Martin Krause (Hrsg.), Ägypten in spätantik-christlicher Zeit. Eine Einführung in die koptische Kultur. Wiesbaden 1998 (Sprachen und Kulturen des christlichen Orients 4); VIII, 393 S.; darin: Sabine Schrenk, Spätrömisch-frühislamische Textilien aus Ägypten, 339 – 380.

(2) Westliches Mittelalter
Zu den vielen literarischen Rezeptionsgliedern von der Karolingischen über die Ottonische und Staufische Renaissance bis zur *aetas Ovidiana* des Spätmittelalters (spez. *Ovide moralisé* um 1310/20) sowie entsprechenden Mythendarstellungen in der mittelalterlichen Buchmalerei, auf romanischen und seltener auf gotischen Kapitellen, sonstiger Bauplastik und diversen Kleingattungen entstand nach Ausweis des grundlegenden ‚Lexikon des Mittelalters' (*LM*, Bd. 1– 9. München u. a. 1980 – 1998, Ndr. dtv 2002) in der Mittelphase kein neuer umfassender Überblick zur Thematik.

Eine Vielzahl instruktiver **Einzelbeiträge** gab es zum **geistesgeschichtlichen Hintergrund** der Mythentradition im Westlichen Mittelalter, spez. zum wichtigen Teilaspekt der **Mythenallegorese** (Auswahl): (1) Marc-René *Jung*, Étude sur le poème allégorique en France au moyen âge. Bern 1971 (Romanica Helvetia 82); 334 S.: Fundierte Basisstudie zur Thematik insgesamt. (2ab) Hans R. Jauss, Allegorese, Remythisierung und neuer Mythos. Bemerkungen zur christlichen Gefangenschaft der Mythologie im Mittelalter. In: Fuhrmann 1971, wie S. 119, 187– 209: Basisbeitrag zur mittelalterlich-christlichen Allegorisierung des paganen antiken Mythos; Rainer Warning, Ritus, Mythos und geistliches Spiel, ebd. 211– 239. (3) Peter Dronke, Fabula. Explorations into the Uses of Myth in Medieval Platonism. Leiden 1974 (Mittellateinische Studien und Texte 9); 200 S. (4) Luc Brisson, Einführung in die Philosophie des Mythos. Bd. 1. Antike, Mittelalter und Renaissance. Darmstadt 1996, 168– 182. (5ab) Fidel Rädle, Zur Begründung der literarischen Allegorese bei Kommentatoren des 11. und 12. Jahrhunderts. In: Horn/Walter 1997, wie S. 124, 147–167; Ewald Könsgen, Beispiele für die Allegorese antiker Mythen in lateinischen Texten des Hochmittelalters, ebd. 215–228. (6) Herbert David **Brumble***, Classical Myths and Legends in the Middle Ages and the Renaissance. A Dictionary of Allegorical Meanings. Westport/ Ct. 1998; XXIV, 421 S.: Basisbeitrag zur allegorischen Mythenausdeutung in beiden Perioden.

Auf die Mythosrezeption in der mittelalterlichen **Literatur** bezogen sich in der Mittelphase zahlreiche neue **Monographien** (Auswahl): (1) John Block Friedman, Orpheus in the Middle Ages. Cambridge/Mass. 1970; XVI, 247 S.: Exemplarische Studie zum Standardstoff. (2) Charles **Brucker**, Sage et sagesse au Moyen Âge (XIIe et XIIIe siècles). Étude historique, sémantique et stylistique. Genève 1987; 486 S.: Basismonographie spez. zu *Roman de Troie*, *Roman de Thèbes* und *Roman d'Énéas*. (3) Katherine Callen King, Achilles. Paradigms of the War Hero from Homer to the Middle Ages. Berkeley u. a. 1987; XX, 335 S., spez. 110 ff. ('Lover of War: Classical Rome to Medieval Europe'). (4) Laurence **Harf-Lancner** (Hrsg.), Pour une mythologie du Moyen Âge. Études. Paris 1988 (Collection de L'École Normale Supérieure des Jeunes Filles 41); 216 S.: Einzelbeiträge vorwiegend zu Spezialfragen. (5) J. Katherine Heinrichs, The Myths of Love. Classical Lovers in Medieval Literature. University Park 1990; 270 S.: Studie spez. zu Ovid, Chaucer, Boccaccio. (6) Penelope Reed Doob, The Idea of the Labyrinth from Classical Antiquity through the Middle Ages. Ithaca/NY 1990; XVIII, 355 S. (7) Francine Mora-Lebrun, L'Énéide médiévale et la naissance du roman. Paris 1994; 254 S. (8) Marc-René **Jung**, La légende de Troie en France au moyen âge. Analyse des versions françaises et bibliographie raisonnée des manuscrits. Basel, Tübingen 1996 (Romanica Helvetica 114); 662 S.: Spezialstudie zur stofflichen Tradition ab dem *Roman de Troie* (um 1160). (9) Renate **Blumenfeld-Kosinski**, Reading Myth. Classical Mythology and its Interpretation in Medieval French Literature. Stanford 1997; X, 314 S.: Überblick zu großen Literaten der alt- und mittelfranzösischen Mythentradition (Antikenromane 2. H. 12. Jh., *Roman de la Rose* 13. Jh., *Ovide moralisé* um 1310/20, Christine de Pizan Anf. 15. Jh.). (10) Brigitte Rücker, Die Bearbeitung von Ovids Metamorphosen durch Albrecht von Halberstadt und Jörg Wickram und ihre Kommentierung durch Gerhard Lorichius. Göppingen 1997 (Göppinger Arbeiten zur Germanistik 641); 407 S. (11) Rosanna Brusegan/Alessandro Zironi (Hrsg.), L'Antichità nella cultura europea del Medioevo. (Kongressakten Padova 1997). Greifswald 1998 (Greifswalder Beiträge zum Mittelalter 62); 389 S.: Einzelbeiträge z. B. zu Ovid *(Heroides/Metamorphoses)*, *Roman de Troie*, *Apollonius von Tyrus*, *Alexanderroman*. (12) Manfred Kern, Edle Tropfen vom Helikon. Zur Anspielungsrezeption der antiken Mythologie in der deutschen höfischen Lyrik und Epik. Amsterdam 1998 (Amsterdamer Publikationen zur Sprache und Literatur 135); VII, 567 S.: Dreiteilung in ‚Höfischer Text und mythologisches (Vor-) Bild' (28–193), ,Die exemplarische mythologische Geschichte' (194–397) und ,Die höfische Venus' (398–489). Breites Literaturverzeichnis (520–545).

Entsprechende Ergänzungsliste mit **kleineren Beiträgen:** (1) Reynolds/Wilson 1968, wie S. 134, spez. 69–100; 3. Aufl. 1991, spez. 79–121 (,The Latin West'; vor allem zu Vergil/Ovid). (2) Aimé Petit, Aspects de l'influence d'Ovide sur les romans antiques du XIIe siècle. In: Chevallier 1982, wie S. 123, 221–240. (3) Max Wehrli, Antike Mythologie im christlichen Mittelalter. In: Deutsche Vierteljahresschrift für Literaturwissenschaft und Geistesgeschichte 57, 1983, 18–32. (4) Colin Hardie, Virgil and Dante. In: Martindale 1984, wie S. 81, 37–69. (5) Alfred Ebenbauer, Antike Stoffe. In: Volker Mertens/Ulrich Müller (Hrsg.), Epische Stoffe des Mittelalters. Stuttgart 1984, 247–289: Überblick zur literarischen Gattung. (6) Helen Cooper, Chaucer and Ovid: a question of authority. In: Martindale 1988, wie S. 123, 71–81. (7) Eliana Carrara, Mitologia antica in un trattato didattico-allegorico della fine del Medioevo: L'*Epistre d'Othéa* di Christine de Pizan. In: Prospettiva. Rivista di storia d'arte antica e moderna 66, 1992, 67–86. (8ab) Marc-René Jung, Aspects de l'*Ovide moralisé*. In: Picone/Zimmermann 1994, wie S. 123, 149–172; Michelangelo Picone, Dante argonauta. La ricezione dei miti ovidiani nella *Commedia*, ebd. 173–202. (9) Colin Burrow, Virgils from Dante to Milton. In: Martindale 1997, wie S. 81, 79–90. (10ab) Alessandro Ghisalberti, Mito e allegoria in Dante Alighieri. In: Cappelletti/Huber-Rebenich 1997, wie S. 124, 7–19; Gerlinde Huber-Rebenich, Der *Metamorphosen*-Kommentar des Giovanni del Virgilio, ebd. 20–33. (11) Jan-Dirk Müller, Pygmalion, höfisch. Mittelalterliche Erweckungsphantasien. In: Mayer/Neumann 1997, wie S. 126, 465–495.

Von Interesse waren in der Mittelphase folgende Publikationen zur Literaturtradition, inkl. **Buchmalerei** (Auswahl): (1) John V. Fleming, The Roman de la Rose. A Study in Allegory and Iconography. Princeton/N.J. 1969; XV, 357 S. (2) Hugo **Buchthal***, Historia Troiana. Studies in the History of Mediaeval Secular Illustration. London, Leiden 1971 (Studies of the Warburg Institute 32); XXII, 74 S., 56 Pl.: Fundierte Aufarbeitung der historisierenden Bildtradition zu diesem wichtigen literarischen Mythenkreis des Hoch- und Spätmittelalters. (3) Carla Lord, Three Manuscripts of the ,Ovide moralisé'. In: Art Bulletin 57, 1975, 161–175: Einzelstudie zur allegorisierenden Tradition. (4) Nikolaus Himmelmann, Antike Götter im Mittelalter. In: Trierer Winckelmannsprogramme 7, 1985, 1–22: Auswahlmaterial aus der Buchmalerei. (5) Anton Legner (Hrsg.), Aratea. Sternenhimmel in Antike und Mittelalter. AK Köln, Schnütgen-Museum 1987; 20 S. (6) Doris **Oltrogge**, Die Illustrationszyklen zur ,Histoire ancienne jusqu' à César' (1250–1400). Frankfurt/M. u. a. 1989 (Europäische Hochschulschriften, Reihe 28, 94); 345 S.: Überblick zur Bildtradition dieser wichtigsten hochmittelalterlichen Chronik. (7) Antonie Wlosok, *Gemina pictura*. Allegorisierende Aeneisillustrationen in Handschriften der 15. Jahrhunderts. In: Robert M. Wilhelm u. a. (Hrsg.), The

Two Worlds of the Poet. New Perspectives on Vergil. Detroit 1992, 408–432. (8) Ds., Christlich-figurale Deutungen der Aeneis im Ovide moralisé. In: Logos. Festschrift für Luise Abramowski. Berlin 1993, 554–588. (9) Mechthild **Haffner***, Ein antiker Sternbildzyklus und seine Tradierung in Handschriften vom Frühen Mittelalter bis zum Humanismus. Untersuchungen zu den Illustrationen der „Aratea" des Germanicus. Hildesheim u. a. 1997 (Studien zur Kunstgeschichte 114); 256 S.: Musterbeispiel aus der einzigen Kunstgattung mit ungebrochener Kontinuität vom Frühmittelalter bis zur Renaissance. (10) Lieselotte E. Saurma-Jeltsch; Die Darstellung Medeas in der deutschen Buchmalerei. In: Kämmerer u. a. 1998, wie S. 126, 93–128.

Zahlreiche Einzelbeiträge galten weiteren Teilbereichen oder Spezialaspekten der **Bildenden Kunst** (Auswahl): (1) Victor-Henry **Debidour***, Le Béstiaire Sculpté du Moyen-Âge en France. Paris 1961 (Collection Grandes études d'art et d'archéologie 2); 413 S.: Standardwerk zur romanischen Bauskulptur. (2) Francis D. Klingender, Animals in Art and Thought to the End of the Middle Ages. London 1971; XXVIII, 580 S.: Grundlegende Studie zu demselben Thema. (3ab) Ingeborg **Tetzlaff**, Romanische Kapitelle in Frankreich. Löwe und Schlange, Sirene und Engel. Köln 1976; 145 S., 6. Aufl. 1988; **Ds.**, Romanische Portale in Frankreich. Waage und Schwert, Schlüssel und Schrift. Köln 1977; 139 S., 3. Aufl. 1982: Instruktive und reich bebilderte Teilüberblicke. (4) Josepha **Weitzmann-Fiedler**, Romanische gravierte Bronzeschalen. Berlin 1981; 133 S., Taf. 1–150: Fundierte Aufarbeitung dieser wichtigen Kleingattung mit Bildbelegen vorwiegend aus englischen Frauenklöstern und Themen vorwiegend aus Ovids *Metamorphosen* (zum Mythos spez. 18–39 bzw. 76–78). (5) Richard **Hamann***, Kunst und Askese. Bild und Bedeutung in der romanischen Plastik in Frankreich. Worms 1987; VII, 442 S.: Fundierte Gesamtaufarbeitung dieses zentralen Teilbereichs (zur Dämonisierung des Mythos spez. 43–64, zur Heroisierung spez. 237–275). (6) Michael Greenhalgh, The Survival of Roman Antiquities in der Middle Ages. London 1989; 288 S. (7) Diether **Rudloff**, Kosmische Bildwelt der Romanik. Die Kirchendecke von Zillis. Stuttgart 1989; 176 S.: Wichtige Spezialstudie zu einem einmaligen Bildensemble. (8) Antje Kluge-Pinsker, Schach und Trictrac. Zeugnisse mittelalterlicher Spielfreude in Salischer Zeit. Sigmaringen 1991(Römisch-Germanisches Zentralmuseum. Monographien 30); 223 S.: Zusammenstellung auch mythischer Bildbelege in dieser wichtigen Kleingattung von Brettspielsteinen. (9) Michael Hütt, Allegoretische Tierauslegungen und die Motivik der Aquamanilien. In: Ds., „Quem lavat unda foris..." Aquamanilien. Gebrauch und Form. Mainz 1993, 108–137. (9) Markus Müller, Minnebilder. Französische Minnedarstellungen des 13. und 14. Jahrhunderts. Köln u. a. 1996 (Pictura et Poesis 7); 230 S., 33 Bl. (10) Noberto Gramaccini, Mirabilia. Das Nachleben antiker Statuen vor der Renaissance. Mainz 1996; 279 S.: Spezialstudie zur relativen Kontinuität zwischen antiker und mittelalterlicher Bildkunst. (11) Jacqueline **Leclercq-Marx**, La Sirène dans la pensée et dans l'art de l'Antiquité et du Moyen Âge. Du mythe païen au symbole chrétien. Bruxelles 1997 (Académie Royale de Belgique, Publications de la Classe des Beaux-Arts. Série 3, 2); 373 S.: Basisstudie spez. zur ikonographischen Entwicklung zwischen Antike und Mittelalter.

Eine eigene rezeptionsgeschichtliche Studie zur nachantiken Entwicklung eines mythischen Standardthemas wurde bereits zu Beginn der neunziger Jahre vorgelegt: **Vf.**, Das Parisurteil – ein klassisches Mythenthema zwischen Mittelalter und Renaissance (Vortrag Sassoferrato 1992; dt. Neufassung 2019). In: Ergänzungen 2020, 5–24: Abriss der literarisch-ikonographischen Gesamtentwicklung zwischen Spätantike, Hochmittelalter und Frührenaissance mit der Intention, eine Typologie der unterschiedlichen Text- und Bildbelege zu präsentieren. Neben dem antiken *tipo classico* des Mythos (A 1) ergab sich die mittelalterliche poetische Variante ‚Paris bei Hofe' (A 2; Verbindung mit der Hochzeit von Peleus und Thetis); weiterhin die philosophisch-christliche Allegorisierung im *Ovide moralisé* (B1; poetische und dramatische Subvariante B 2–3); schließlich in der Tradition der spätantik-mittelalterlichen Troiaromane die historisierende Variante ‚Parisurteil als Traum der Ritters Paris' (C), die im Nordbereich bis etwa 1540 dominierte, während die italienische Renaissance ab dem 15. Jh. den antiken *tipo classico* (A 1) wiederentdeckte und für die weitere Kunstentwicklung entscheidend konstituierte.

(3) Renaissance/Humanismus und Manierismus

Der grundlegende Basisbeitrag des Archegeten einer ‚ikonologischen' Renaissanceforschung (mit weitgehender Bedeutung für die rezeptionsgeschichtliche Mythenforschung) wirkte in der Mittelphase über die 1. Aufl. 1939 hinaus in der erweiterten Neuausgabe: Erwin **Panofsky***, Studies in Iconology. Humanistic Themes in the Art of the Renaissance. New York 1962; XLIII, 262 S. dt. Ausgabe Köln 1980; 356 S., 2. Aufl. 1997; 362 S. Eine vergleichbare Bedeutung gewann der österreichisch-jüdische Kunsthistoriker Ernst H. **Gombrich*** (1909–2001; Promotion Wien 1933 über Giulio Romanos Palazzo Te in Mantova; Emigration 1936 nach London, seither Tätigkeit am Warburg Institute, seit 1951 als Direktor). Als Autor des Standardwerks ‚Die Geschichte der Kunst' (Köln 1952, Neuaufl. Berlin 2009) präsentierte er zur Nachwirkung des antiken Mythos in dieser wichtigen Phase im Rahmen seiner Reihe ‚Studies in the Art of Renaissance' (Bd. 1–4. London 1966–1986; dt. Ausgabe: Die Kunst der Renaissance. Bd. 1–4. Stuttgart 1985–1988) seinen grundlegenden Beitrag ‚Renaissance and Golden Age' (1966, I 29–34; dt. 1985, I 44–50), später ergänzt durch den Vortrag ‚Ideal und Typus in der Renaissance' (1982; Opladen 1983; 80 S.).

Von den Überblicksbeiträgen zur **Kultur und Literatur** der Renaissance seien einige mythenspezifische **Monographien** hervorgehoben (Auswahl): (1) Marc-René Jung, Hercule dans la littérature française du XVIe siècle. De l'Hercule courtois à l'Hercule baroque. Genève 1966 (Travaux d'humanisme et Renaissance 79); X, 220 S. (2) Françoise *Joukovsky*, Poésie et mythologie au XVIe siècle. Quelques mythes de l'inspiration chez les poètes de la Renaissance. Paris 1969; 222 S. (3) Guy **Demerson**, La mythologie classique dans l'oeuvre lyrique de la ‚Pléiade'. Genève 1972 (Travaux d'humanisme et Renaissance 119); 661, 4 S.: Fundierter Überblick zur Antiken- und Mythenrezeption in der französischen Kultur des 16. Jh.s zwischen allegorischem und poetischem Mythenverständnis. (4) Bodo Guthmüller, Ovidio metamorphoseos vulgare. Formen und Funktionen der volkssprachlichen Wiedergabe klassischer Dichtung in der italienischen Renaissance. Boppard 1981 (Veröffentlichungen zur Humanismusforschung 3); 312 S.: Basispublikation spez. zur Ovidrezeption. (5) Ann Moss, Poetry and Fable. Studies in Mythological Narrative in Sixteenth-Century Œuvre. Cambridge 1984 (Cambridge Studies in French 6); VIII, 184 S. (6) Marie-Thérèse *Jones-Davies* (Hrsg.), Les mythes poétiques au temps de la Renaissance. (Kongressakten Paris, Société Française Shakespeare 1983). Paris 1985 (Centre de Recherches sur la Renaissance 7); 226 S.: Sammelschrift zur französischen und englischen Kultur des 16. Jahrhunderts. (7) Bodo **Guthmüller***, Studien zur antiken Mythologie in der italienischen Renaissance. Weinheim 1986; XII, 211, 23 S.: Breites Spektrum von Forschungserträgen zur Renaissancekultur in den Themen Dante (5–17), Berchorius, *Ovidius moralizatus* und Boccaccio, *Genealogiae* (21–33), volkssprachliche Rezeptionsformen von Ovids *Metamorphoses* (35–61; Kommentare/Übersetzungen), Mythos, Literatur und Theater (65–98) sowie Mythos und Bildende Kunst (101–141). (8) Luisa Rotondi Secchi Tarugi (Hrsg.), Il mito nel Rinascimento. (Atti del III Convegno Internazionale di Studi Umanistici 1991). Milano 1993 (Caleidoscopio 4); 503 S. (9) Margaret Aston (Hrsg.), The Panorama of the Renaissance, London 1996; dt. Ausgabe Frankfurt/M. 1996; 368 S.: Souveräner Überblick mit relativ starker Berücksichtigung der Mythenrezeption. (10) Bodo Guthmüller (Hrsg.), Latein und Nationalsprachen in der Renaissance. (Kongressakten Wolfenbüttel 1995). Wiesbaden 1998 (Wolfenbütteler Abhandlungen zur Renaissanceforschung 17); VI, 391 S.: Sammlung von Einzelbeiträgen (z.B. Hrsg., Die Übersetzung in der italienischen Renaissance. Ein Überblick, 9–30; Anne Neuschäfer, Vom *Thyeste* (1543) zu den *Troiane* (1566): Ludovico Dolces Tragödien zwischen Übersetzung und Neudichtung, 63–86). (11) Bodo **Guthmüller***/Wilhelm **Kühlmann** (Hrsg.), Renaissancekultur und antike Mythologie. (Kongressakten Wolfenbüttel 1996). Tübingen 1999 (Frühe Neuzeit 50); XIII, 306 S.; Ndr. Berlin 2015: Ergänzung zu Guthmüllers Basisstudie 1986 mit vierzehn Beiträgen zu verschiedenen kulturellen Einzelaspekten; bemerkenswert: Anne

Neuschäfer, Die Gestaltung des Amphitryon-Mythos in der italienischen Renaissance-Komödie am Beispiel von Lodovico Dolces *Marito* (1545), 37–52; Bodo Guthmüller, Mythologisches Gedicht und Ritterroman im frühen Cinquecento, 53–72 (zu Ariosto, *Orlando Furioso*).

Ergänzende Liste mit **kleineren Beiträgen** zur Thematik (Auswahl): (1) Paul Larivaille, Du poème chevaleresque au poème épique: le mythe du héros chrétien de l'Arioste au Tasso. In: Jones-Davies 1985, wie S. 140, 147–169. (2) Antonie Wlosok, Boccaccio über Dido – mit und ohne Aeneas. In: Acta Antiqua Academiae Scientiarum Hungaricae 30, 1988, 457–470. (3) Rainer Stillers, Zwischen Legitimation und systematischem Kontext. Zur Stellung der Mythologie in der italienischen Renaissancepoetik. In: Heinrich Plett (Hrsg.), Renaissance-Poetik. Berlin, New York 1994, 37–52. (4) Véronique Gély-Ghédira, L'illustration mythologique dans la poésie française au début du XVIe siècle: Narcisse et Psyché. In: Brunel 1994, wie S. 121, 21–38. (5) Bodo Guthmüller, Formen des Mythenverständnisses um 1500. In: Horn/Walter 1997, wie S. 124, 37–61: Analyse der verschiedenen Strömungen spez. der Übergangszeit anhand wichtiger Vertreter der Ovidrezeption (z.B. Berchorius, *Ovidius moralizatus*; Boccaccio, *Genealogiae deorum gentilium*; Buonsignori, *Ovidii Metamorphoseos vulgare*; Raphael Regius).

Zum kulturellen Gesamtkontext gab es in der Mittelphase eine viel beachtete Ausstellung: **AK Renaissance 1986*:** Herbert Beck/Dieter Blume (Konzeption), Natur und Antike in der Renaissance. AK Liebieghaus Museum alter Plastik, Frankfurt/M. 1986; 600 S.: Einleitende Essays zu Literatur, Bildender Kunst und Kultur mit spezifischen Themen in Sektion V. Mythos und Widerspruch (130–172; Dieter Blume zu Herakles, Horst Bredekamp zur Rezeption antiker Ästhetik); Katalog (321–589) mit reicher Auswahl von Ausstellungsobjekten. Ausführliche Bibliographie (591–598).

Zunehmende Aufmerksamkeit gegen Ende der Mittelphase fand die kulturgeschichtliche Entwicklung des antiken Mythos im Bereich spez. der **Frührenaissance** (Auswahl): (1) Alfred Noyer-Weidner, Zur Mythologieverwendung in Petrarcas Canzoniere. In: Klaus W. Hempfer (Hrsg.), Umgang mit Texten. Bd. 1. Vom Mittelalter bis zur Renaissance. Wiesbaden/Stuttgart 1986, 201–223. (2) Hans Belting, Das Bild als Text: Wandmalerei und Literatur im Zeitalter Dantes. In: Ds./Dieter Blume (Hrsg.), Malerei und Stadtkultur in der Dantezeit. Die Argumentation der Bilder. München 1989, 23–59, spez. 42ff. (Boccaccio, *Amorosa Visione*). (3ab) Jean-Louis Charlet, *Allegoria, fabula* et *mythos* dans la lexicographie latine humaniste. In: Horn/Walter 1997, wie S. 124, 125–146; Francesca Cappelletti, L'utilizzazione allegorica dei miti tratti dalle *Metamorfosi* di Ovidio nella pittura e nell'emblematica fra '500 e '600, ebd. 229–252. (4) Vf., Ovido, Boccaccio e la tradizione della mitologia classica nell'Elegia di Madonna Fiammetta. In: Studi

Umanistici Piceni 19, 1999, 138–149: Spezialbeitrag zur Wiederentdeckung des poetischen Potentials der antiken Mythen (spez. aus Ovid).

Der Gesamtrezeption des antiken Mythos in dieser Periode galt ein eigener Grundsatzbeitrag: *Vf.*, Die Wiedergeburt des antiken Mythos in der Kultur der italienischen Frührenaissance (Vortrag Universität Jena, Mommsen-Gesellschaft 1999). In: Ergänzungen 2020, 38–54: Dreiergliederung: (a) Erbe des westlichen Mittelalters; (b) Erbe der griechisch-römischen Antike (inkl. Wiederentdeckung der antiken Kunst); (c) Erbe von Byzanz; jeweils Präsentation exemplarischer Bildbelege zur Herausarbeitung der Grundtendenzen, mit abschließendem Blick auf Botticellis *Primavera*. Im Nachtrag (2019) Verweis auf das über Byzanz vermittelte Bildprogramm der *Sala di Troia* im Palazzo Ducale von Mantova (2007, vgl. S. 284).

Zu Boccaccios ***Genealogiae deorum gentilium*** als wichtigstem mythographischem Basistext der Frührenaissance entstand gegen Ende der Mittelphase eine neue grundlegende Ausgabe: Tutte le opere di Giovanni Boccaccio, a cura di Vittore Branca. Tom. 7. Genealogie deorum gentilium I-XI. A cura di Vittoria Zaccaria. Tom. 8. Genealogie deorum gentilium XII-XV. u. a. A cura di Vittorio Zaccaria. Milano 1998; 1151 S./S. 1154–2149. Die knappen bibliographischen Überblicke bei Kindler LL (1974) 3838 und Kindler NLL 2 (1989) 832–833 spiegelten ein noch begrenztes Forschungsinteresse an diesem Spezialthema. Neuere Literatur. (1ab) Bodo Guthmüller, Formen des Mythenverständnisses um 1500. In: Horn/Walter 1997, wie S. 124, 37–61; Henry David Jocelyn, Giovanni Boccaccio's Interpretations of the Graeco-Roman Myths and the Constraints and Impulses of His Own Times, ebd. 253–265. (2) Brigitte **Hege**, Boccaccios Apologie der heidnischen Dichtung in den Genealogie deorum gentilium. Buch XIV. Text, Übersetzung, Kommentar und Abhandlung. Tübingen 1997 (Ad Fontes. Quellen europäischer Kultur 4); 302 S.: Grundlegende Ausgabe und Studie. (3) Sebastian Neumeister, Boccaccios Literaturbegriff (Genealogie deorum gentilium XIV). In: Ute Ecker/Clemens Zintzen (Hrsg.), Saeculum tamquam aureum. (Kongressakten Mainz 1996). Mainz 1997, 233–243.

Über die schon genannte Literatur hinaus ergaben sich zur **Bildenden Kunst** der Renaissance wichtige Neuerscheinungen spez. für einige mythenaffine Einzelgattungen (Auswahl): (1) Lilian **Armstrong**, Renaissance Miniature Painters and Classical Imagery. The Master of Putti and his Venetian Workshop. London 1981; VIII, 223 S. (mit Literatur 139–148). (2) Liubov Faenson (Hrsg.), Cassoni Italiani delle collezioni d'arte dei musei sovietici. Foligno/Perugia 1983; 263 S.: Reich bebilderte Teilpublikation. (3) Michaela J. **Marek**, Ekphrasis und Herrscherallegorie. Antike Bildbeschreibungen im Werk Tizians und Leonardos. Worms 1985 (Römische Studien der Bibliotheca Hertziana 3); 166 S., 90 Tf.: Basisstudie zu diesem wichtigen Einzelaspekt (mit Literatur 138–155). (4) Bober/

Rubinstein 1986, wie S. 130, passim. (5) Steffi Roettgen, Wandmalerei der Frührenaissance in Italien. 1. Anfänge und Entfaltung 1400 – 1470. 2. Die Blütezeit 1470 – 1510. München 1997 – 1997; 462 S./470 S.: Grundlegende neue Aufarbeitung des an Mythenthemen reichen Materials (Literatur I 447 – 453 bzw. II 442 – 449). (6) Jerzy Miziolek, Soggetti classici sui cassoni fiorentini alla vigilia del Rinascimento. Warszawa 1996; 158, 60 S.: Repräsentativer Querschnitt zu dieser Sondergattung der Malerei. (7) Graham **Hughes***, Renaissance Cassoni: Masterpieces of Early Italian Art. Painted Marriage Chests 1500 – 1550. Alfriston u. a. 1997; 256 S.: Überblick zu derselben Sondergattung mit aktueller Bibliographie (244 – 251). (8) Cristelle Louise **Baskins**, Cassone Painting, Humanism and Gender in Early Modern Italy. Cambridge 1998; XIV, 264 S. (9) Alexandra **Ortner**, Petrarcas ‚Trionfi' in Malerei, Dichtung und Festkultur. Untersuchung zur Entstehung und Verbreitung eines florentinischen Bildmotivs auf *cassoni* und *deschi da parto* des 15. Jahrhunderts. Weimar 1998; 479 S., 100 Abb. (mit Literatur 463 – 479). (10) Evamarie **Blattner**, Holzschnittfolgen zu den Metamorphosen des Ovid: Venedig 1497 und Mainz 1545. München 1998 (Beiträge zur Kunstwissenschaft 72); 245 S., 44 Bl.: Spezialstudie zu zwei frühen textbegleitenden Illustrationszyklen mit großer künstlerischer Nachwirkung bei den Zeitgenossen.

Eine entscheidende Basisvoraussetzung für die gesamten weiteren Forschungen zu Stellenwert und Bedeutung von Mythenthemen allein schon bei den wichtigsten Einzelkünstlern mit Vorliebe für Themen des antiken Mythos in Renaissance und Manierismus war die italienische Großserie ‚**Classici dell'Arte**' (Milano: Rizzoli 1966 ff.; verschiedene Herausgeber). Allein hieraus ergab sich bereits eine enorme Erweiterung der Materialbasis durch Vorlage von umfassenden Werkkatalogen zur italienischen Kunsttradition spez. für folgende Einzelkünstler: L'opera completa di Giovanni *Bellini*. Presentazione di Renato Ghiotto. Apparati critici e filologici di Terisio Pignatti. Milano 1969 (Classici dell'Arte 28); Sandro *Botticelli* (1978; Carlo Bo/Gabriele Mandel; CdA 5), Benvenuto *Cellini* (1981; Charles Avery/Susanna Barbaglia; CdA 104), *Correggio* (1970; Alberto Bevilacqua/ A.C. Quintavalle; CdA 41), *Leonardo* pittore (1967; Mario Pomilio/Angela Ottino della Chiesa; CdA 12), Lorenzo *Lotto* (1974; Rodolfo Pallucchini/Giordana Mariani Canova; CdA 79), Andrea *Mantegna* (1967; Maria Bellonci/Niny Garavaglia; CdA 8), *Michelangelo* pittore (1966; Salvatore Quasimodo/Ettore Camesasca; CdA 1); CdA 1), *Michelangelo* scultore (1973; Umberto Baldini; CdA 68), *Parmigianino* (1980; Paola Rossi; CdA 101), *Perugino* (1966; Carlo Castellaneta/Ettore Camesasca; CdA 30), *Piero della Francesca* (1967; Oreste del Buono/Pierluigi de Vecchi; CdA 9), *Piero di Cosimo* (1976; Mina Bacci; CdA 88), *Pisanello* (1972; Gian Alberto dell'Acqua/Renzo Chiarelli; CdA 56), *Pontormo* (1973; Luciano Berti; CdA 66), *Raffaello* Santi (1966; Michele Prisco/Pierluigi de Vecchi; CdA 4), *Sebastiano del Piombo* (1980; Carlo Volpe/Mauro Lucco; CdA 99), Jacopo *Tintoretto* (1970; Carlo

Bernari/Pierluigi de Vecchi CdA 36), *Tiziano* Vecellio (1969; Corrado Cagli/ Francesco Valcanover; CdA 32), Paolo *Veronese* (1968; Guido Piovene/Remigio Marini; CdA 20).

Diese Großserie ergänzten weitere **Basismonographien** und repräsentative **Ausstellungskataloge** zu folgenden italienischen Einzelkünstlern (in alphabetischer Reihenfolge): Jacopo *Bassano* c. 1510–1592. AK Bassano del Grappa, Museo Civico 1992; Dosso *Dossi*. Court Painter in Renaissance Ferrara. AK New York, Metropolitan Museum of Art 1999; Charles Avery, *Giambologna*. The Complete Sculpture. London 1987; Terisio Pignatti/Filippo Pedrocco, *Giorgione*. (Werkverzeichnis). Milano 1999; *Giulio Romano*. AK Mantova Palazzo Te/Palazzo Ducale 1989; Giulio Romano pinxit et delineavit. Opere grafiche autografe di collaborazione e bottega. AK Mantova, Fruttiere di Palazzo Te 1993; The Complete Work of *Michelangelo*. [Verschiedene Autoren]. London 1996 (ital. OA Novara 1996); Birgit Laschke, Fra Giovan Angelo da *Montorsoli*. Ein Florentiner Bildhauer des 16. Jahrhunderts. Berlin 1993; *Perin del Vaga*. L'anello mancante. Studi sul Manierismo. Genova 1986; Anna Forlana Tempesti/Elena Capretti, *Piero di Cosimo*. Catalogo completo. Firenze 1996 (Biblioteca d'Arte 5); Bernhart Degenhart/ Annegrit Schmitt, *Pisanello* und Bono da Ferrara. München 1995; Lionello Puppi, Pisanello. Cinisello Balsamo 1996, frz. Ausgabe Paris 1996; Philippe Costamagna, *Pontormo*. Catalogue raisonné de l'œuvre peint. Milano/Paris 1994; David Franklin, Rosso in Italy. The Carreer of *Rosso Fiorentino*. New Haven, London 1994; Rodolfo Pallucchini/Paola Rossi, *Tintoretto*. Le opere sacre e profane. Milano 1982, Nuova edizione 1990; Harold E. Wethey, The Paintings of *Titian*. Complete Edition. Vol. 1–3. London 1975 (Näheres auf S. 145); Tiziano. AK Palazzo Ducale, Venezia/National Gallery of Art, Washington 1990; Elena Parma Armani, Laura Conti, *Vasari*. Catalogo completo dei dipinti. Firenze 1989.

Dazu ergänzend wenige entsprechende Angaben zu Künstlern der **deutsch-flämisch-niederländischen Tradition:** Franz Winzinger, Albrecht *Altdorfer*. München/Zürich 1975; Max J. Friedländer/Jakob Rosenberg, The Paintings of Lucas *Cranach*. Secaucus/N.J. 1978; Lucas Cranach d. Ä. 1472–1553. Das gesamte graphische Werk. München 1972; Werner Schade, Die Malerfamilie Cranach. Dresden 1974, Ndr. Wien, München 1977; Thomas Eser, Hans *Daucher*. Augsburger Kleinplastik der Renaissance. Berlin 1996; Albrecht *Dürer* 1471–1528. Das gesamte graphische Werk. München 1970; Fedja Anzelewsky, Dürer. His Art and Life. Secaucus/N.J. 1980; Oskar Bätschmann/Pascal Griener, Hans *Holbein*. Köln 1997.

Der mit diesen Listen belegbare erhebliche Materialzuwachs führte in der Mittelphase vermehrt zu Spezialbeiträgen über **Mythenthemen bei Einzelkünstlern.** Dabei galt ein besonderes Interesse dem Florentiner Maler Sandro **Botticelli** als Hauptvertreter der Kunst vor Raffaello (Auswahl): (1) Ernst H. *Gombrich**, Die mythologischen Gemälde Botticellis. Über die neuplatonische

Symbolik seines Kreises [1945]. In: Ds., Die Kunst der Renaissance II: Das symbolische Bild. Stuttgart 1986, 42–100. (2) David Cast, The Calumny of Apelles. A Study in the Humanist Tradition. New Haven 1981 (Yale Publications in the History of Art 28); XV, 243 S. (3) Umberto Baldini, Der Frühling von Botticelli. Geschichte, Wiedergeburt und Deutung eines berühmten Gemäldes. Bergisch Gladbach 1986 (ital. OA Milano 1984); 118 S. (4) Jean-Michel Massing, Du texte à l'image. La Calomnie d'Apelle et son iconographie. Strasbourg 1990; 551 S.; Basisstudie zu einem *chef d'oeuvre*. (5) Charles Dempsey, The Portrayal of Love. Botticelli's Primavera and Humanist Culture at the Time of Lorenzo the Magnificent. New York 1992; XIV, 173 S. (6) Horst **Bredekamp**, Sandro Botticelli, La Primavera. Florenz als Garten der Venus. Frankfurt/M. 1993 (Fischer Taschenbücher 3944); 102 S. (7) Frank Zöllner, Zu den Quellen und zur Ikonographie von Sandro Botticellis *Primavera*. In: Wiener Jahrbuch für Kunstgeschichte 50, 1997, 131–157. (8) Ds., Botticelli, Toskanischer Frühling. München/New York 1998; 128 S. (9) Ulrich Rehm, „Instaurare iubet tunc hymenaea Venus". Botticellis *Primavera*. In: Guthmüller/Kühlmann 1999, wie S. 140, 253–281.

Ein zweiter Forschungsschwerpunkt galt dem bedeutenden Venezianer Maler **Tizian:** (1) Cecil Gould, The ‚Perseus and Andromeda' and Titian's ‚Poesie'. In: Burlington Magazine 105, 1963, 112–117. (2) Harald Keller, Tizians Poesie für König Philipp II. von Spanien. Wiesbaden 1969 (Sitzungsberichte der Wissenschaftlichen Gesellschaft an der Universität Frankfurt am Main 7,4); 100 S., 30 Tf. (3) Harold E. **Wethey***, The Paintings of Titian. Vol. III. The Mythological and Historical Paintings. London 1975; 580 S.: Grundlegende Aufarbeitung zu sämtlichen Mythenthemen im Gesamtwerk des großen Venezianers. (4) Augusto Gentili, Da Tiziano a Tiziano. Mito e Allegoria nella cultura Veneziana del Cinquecento. Milano 1980 (I fatti e le idee 471); 227, 56 S.; 2. Aufl. Roma 1988; 289 S. (5) Jane C. Nash, Veiled Images. Titian's Mythological Paintings for Philip II. Philadelphia 1985; 103 S. (6ab) Per Bjurström (Hrsg.), The Bacchanals by Titian and Rubens. AK Stockholm, Nationalmuseum 1987 (Nationalmuseum Bulletin 11,2); 114 S.; Görel Cavalli-Björkman (Hrsg.), Bacchanals by Titian and Rubens (Symposion Stockholm 1987). Stockholm 1987 (Nationalmuseum Skriftserie N.S. 10); 166 S. (7) Claudia Cieri Via, Diana e Atteone. Continuità e variazione di un mito nell'interpretazione di Tiziano. In: Walter/Horn 1995, wie S. 124, 150–160.

Weitere Beiträge zur Mythenrezeption in der Renaissancekunst bezogen sich auf **andere Einzelkünstler** (Auswahl): (1) Ernst H. Gombrich, Eine Deutung des Parnaß von Mantegna [1963]. In: Gombrich 1986, wie S. 144f., 101–104. (2) Klaus Heinrich, Götter und Halbgötter der Renaissance. Eine Betrachtung am Beispiel der Galatea. In: Faber/Schlesier 1986, wie S. 120, 153–182 = Ds., Das Floß der Medusa. Drei Studien zur Faszinationsgeschichte. Frankfurt/M., Basel 1995, 111–154 (zu Raffaello). (3) Egon Verheyen, The Paintings in the Studiolo of Isabella d'Este at Mantova. New York 1971 (Monographs on Archaeology and the Fine Arts 23); 105 S. (zu Mantegna, Perugino u. a.). (4) Bodo Guthmüller, Zur Ikonographie und Sinndeutung der Sala dei Giganti des Giulio Romano. In: Guthmüller 1986, wie S. 140, 117–133. (5) Giovanni Agosti u. a. (Hrsg.), Michelangelo e l'arte classica. AK Firenze, Casa Buonarotti 1987; 131 S.: Ausstellung zu verschiedenen Mythenthemen (z. B. Centauromachia, Cupido, Bacco, Laocoonte). (6) Anna Cavallaro/ Enrico Parlato (Hrsg.), Da Pisanello alla nascita dei Musei Capitolini. L'Antico a Roma alla vigilia del Rinascimento. AK Roma, Musei Capitolini 1988; 259 S.: Basispublikation zu den Anfängen der Mythentradition in der Frührenaissancekunst. (7) Marzia Faetti/Konrad Oberhuber (Hrsg.), Humanismus in Bologna. AK Wien, Graphische Sammlung Albertina 1988; 393 S.: Studie zur Bildenden Kunst (spez. Marcantonio Raimondi, Jacopo Francia). (8) Keith Christiansen, The Studiolo of Isabella d'Este and Late Themes. In: Jane Martineau (Hrsg.), Andrea Mantegna. AK New York, The Metropolitan Museum of Art 1992, 418–426 (Katalogobjekte von Mantegna: 427–468). (9) Sharon Fermor, Piero di Cosimo. Fiction, Invention and Fantasia. London 1993; 226 S.: Monographie zu verschiedenen Mythenthemen. (10) Sylvia Ferino-Padgen, Isabellas Studiolo und Grotta. In: Ds. (Hrsg.), „La prima donna del mondo". Isabella d'Este. Fürstin und Mäzenatin der Renaissance. AK Wien, Kunsthistorisches Museum 1994; 145–262, spez. 199–259 (zu Mantegna, Perugino, Lorenzo Costa und Correggio). (11) Uwe **Bischoff**, Die „Cassonebilder" des Piero di Cosimo. Fragen der Ikonographie. Frankfurt/M. u. a. 1995 (Europäische Hochschulschriften. Reihe 28, 229); 167 S.: Studie zum Schwerpunkt der Mythenbilder. (12) Francesca Vinti, Giulio Romano pittore e l'antico. Firenze 1995 (Pubblicazioni della Facoltà di Lettere e Filosofia dell'Università di Pavia 77); 138 S. (13) Philippe Hoffmann, L'arrière-plan néoplatonicien de l'École d'Athènes de Raphaël. In: Antiquités imaginaires 1996, wie S. 130, 143–158. (14) David Davies, Unravelling the Meaning of El Greco's ‚Laocoon'. In: Recognitions. Essays Presented to Edmund Fryde. Aberystwyth 1996, 275–350: Substantielle Einzelinterpretation.

Ergänzend zwei exemplarische Publikationen zu Lukas **Cranach** als Hauptvertreter der ‚Deutschen Renaissance': (1) Dieter **Koepplin**/Tilman **Falk** (Hrsg.), Lukas Cranach. Gemälde, Zeichnungen, Druckgraphik. Bd. 1.2. AK Kunstmuseum Basel 1974; 432 S./S. 437–844: Breite Berücksichtigung von zahlreichen Mythenthemen ohne Spezialbeitrag zum Thema. (2) Claus Grimm u. a. (Hrsg.), Lucas Cranach. Ein Maler-Unternehmer aus Franken. AK München Haus der Bayerischen Geschichte 1994; 400 S., spez. Franz Matsche, Lucas Cranachs mythologische Darstellungen, 78–88.

Kleinere Beiträge bezogen sich auf **weitere Einzelkünstler** dieser Periode (Auswahl): (1) Hubertus Günther, Herman Postman und die Antike. In: Jahrbuch des Zentralinstituts für Kunstgeschichte 4, 1988, 7–17. (2) Beat Wyss, Pieter

Bruegel, Landschaft mit Ikarussturz. Ein Vexierbild des humanistischen Pessimismus. Frankfurt/M. 1994 (Fischer Taschenbücher 3962); 80 S.: Gründliche Einzelinterpretation. (3) Achim Aurnhammer/Dieter Martin, Pieter Brueghels *Der Sturz des Ikarus* und die Dichter. In: Dss. (Hrsg.), Mythos Ikarus. Texte von Ovid bis Wolf Biermann. Leipzig 1998 (Reclam-Bibliothek 1646), 183–219. – Auf einen bedeutenden Zyklus textbegleitender Illustrationen zum römischen Nationalepos bezog sich die Neuerscheinung: Vergil, Aeneis. Übersetzt von Johannes Götte. Mit 136 Holzschnitten der 1502 in Straßburg erschienenen Ausgabe. Hrsg. und kommentiert von Manfred Lemmer. Leipzig 1979, Ndr. Wiesbaden 1987.

Was die Spezialforschung zum **Manierismus** angeht, so erschienen schon in den Anfängen der Mittelphase verschiedene grundlegende Standardwerke und Basismonographien (Auswahl): (1) Gustav René Hocke, Die Welt als Labyrinth. Manierismus in der europäischen Kunst und Literatur. Reinbek 1961, 2. Aufl. 1987; 543 S. (2) Franzsepp Würtenberger, Der Manierismus. Der europäische Stil des sechzehnten Jahrhunderts. Wien, München 1962; 251 S. (3) Arnold Hauser, Der Manierismus. Die Krise der Renaissance und der Ursprung der modernen Kunst. München 1964; XX, 425 S. (4) John Shearman, Mannerism, London 1967, dt. Ausgabe Frankfurt/M. 1988; 231 S. (5) Patrick Mauriès, Manieristes. Iconographie: Sylvie Raulet. Paris 1995; 269 S.

Aus der zunehmend breiten Forschung zu **Mythenthemen** im Manierismus mögen hier wenige Titel genügen: (1) Henri *Zerner*, Die Schule von Fontainebleau. Das graphische Werk. Wien, München 1969; 56 S., 133 Bl.: Eindrucksvolle Zusammenstellung des graphischen Gesamtmaterials aus einer überaus ‚mythenreichen' Phase der italienisch-französischen Kultur- und Kunstszene im Umfeld bzw. im Anschluss an Francesco Primaticcio (Château de Fontainebleau) und Antonio Fantuzzi. (2) Charles Dempsey, Mythic Inventions in Counter-Reformation Painting. In: Paul A. Ramsey (Hrsg.), Rome in the Renaissance. The City and the Myth. Binghamton 1982, 54–75. (3) Görel Cavalli-Björkman, Mythologische Themen am Hofe des Kaisers. In: Prag um 1600. Kunst und Kultur am Hofe Rudolfs II. AK Kulturstiftung Ruhr, Villa Hügel, Essen 1988, 61–68: Grundlegende Aufarbeitung dieses wichtigen Teilbereichs. (4) Sergio Marinelli (Hrsg.), Manierismo a Mantova. La Pittura da Giulio Romano all'Età di Rubens. Cinisello Balsamo 1990; 367 S., Ndr. Verona 1998. (5) Janet **Cox-Rearick***, Chefs-d'oeuvre de la Renaissance. La collection de François Ier. Paris 1995; XI, 493 S.: Umfassende Darstellung der mythenreichen französischen Kultur- und Kunstszene dieses Zeitraums.

Besonderes Interesse fand die breite bildliche Rezeption in französischen Schlössern und italienischen Palazzi zu Homers *Odyssee* (im Anschluss an Primaticcios Freskenzyklus im Château von **Fontainebleau, Galerie d'Ulysse**) und allgemein zum Troianischen Krieg (im Anschluss an Giulio Romanos Ausgestaltung der Sala di Troia im Palazzo Ducale von Mantova). Zu dieser Thematik entstanden in der Mittelphase mehrere beeindruckende Spezialstudien (Auswahl): (1) Sylvie Béguin/Henri Zerner u. a., La Galerie François Ier au château de Fontainebleau. Préface de André Malraux. Paris 1972; 173 S.: Einführender Museumskatalog. (2) Sylvie **Béguin***, La galerie d'Ulysse à Fontainebleau. Paris 1985; 373 S.: Standardwerk zum Prototyp der weiteren Gemäldezyklen des Manierismus. (3) Alain Roy, Theodoor van Thulden. Een Zuidnederlandse barokschilder (1606 – 1996). AK Noordbrabants Museum, s'-Hertogenbosch 1991/92 u. a.; 303 S., spez. Sylvie Béguin, Théodore van Thulden et l'art de Fontainebleau, 99 – 110 zum Kupferstichzyklus nach Primaticcio. (4) Marco **Lorandi***, Il mito di Ulisse nella pittura a fresco del Cinquecento Italiano, con la collaborazione di Orietta Pinessi. Milano 1996 (Edizioni Universitarie Jaca 101); 635 S.: Gründliche ikonographische Aufarbeitung nach Einzelepisoden (71 – 582) mit Anhang ‚Fonti antichi' (583 – 606) und chronologisch geordneter Bibliographie (607 – 620). (5) Jean Guillaume, La Galerie du Grand Écuyer. L'Histoire de Troie au Château d'Oiron. Paris 1996; 111 S.: Reich bebilderte Basispublikation des mythologisch bemerkenswerten Gemäldezyklus. (7) Jeannette Stoschek, Themen der Odyssee in der italienischen Malerei des 15. und 16. Jahrhunderts. In: AK Götter/Helden 1999, wie S. 160, 195 – 203.

Unter den für die weitere Kunstentwicklung relevanten mythologisch-ikonographischen Handbüchern aus der zweiten Hälfte des Cinquecento in Italien spielte für die Forschung der Mittelphase das Standardwerk von Vincenzo **Cartari** eine gewichtige Rolle (Auswahl): (1) Vicenzo Cartari, Imagini delli dei de gl'Antichi. Nachdruck der Ausgabe Venedig 1647. Graz 1963; XLVIII, 24, 400 S. (2) Vincenzo Cartari, Le imagini de i dei de gli antichi. A cura di Ginetta Auzzas u. a. Vicenza 1996; LXXXVIII, 618 S.: Grundlegende Ausgabe. (3) Caterina Volpi, Le immagini degli dei di Vincenzo Cartari. Roma 1996 (Le tesi 1); X, 642 S.: Grundlegende Monographie. (4) Ds., Le Fonti delle *immagini degli dei degli antichi* di Vincenzo Cartari. In: Cappelletti/Huber-Rebenich 1997, wie S. 124, 58 – 73.

Abschließend im Anschluss an die ältere Basispublikation von Gaetano Ballardini, Corpus della maiolica italiana. 1.2. Roma 1938, Ndr. 1988, noch wenige Hinweise auf Literatur zu den **italienischen Majoliken** als einer wichtigen Kleingattung innerhalb der bildlichen Mythentradition (Auswahl): (1) Tjark Hausmann, Majolika. Spanische und italienische Keramik vom 14. bis zum 18. Jahrhundert. Berlin 1972 (Kataloge des Kunstgewerbemuseums Berlin 6); 422 S. (2) Gaetano Ballardini, La maiolica Italiana dalle origini alla fine del Cinquecento. Faenza 1975; 207 S. (3) Johanna **Lessmann**, Italienische Majolika. Katalog der Sammlung. Berlin 1978 (Sammlungskataloge des Herzog-Anton-Ulrich-Museums Braunschweig 1); 623 S.: Basiskatalog zur bedeutendsten deutschen Majolikasammlung. (4) Jörg Rasmussen (Bearb.), Italienische Majolika. Hamburg 1984 (Kataloge des Museums für Kunst und Gewerbe Hamburg 6); 346 S. (5) Timothy **Wilson** (Hrsg.), Italian Renaissance Pottery. (Kongressakten London, British Museum 1991). London 1991; 301 S. – Zur an Mythenbildern reichen Nachfolgegattung der **französischen Faïencen:** Jean Rosen, La faïence dans la France du XIVe au XIX siècle. Histoire et technique. Paris 1995; 315 S. (Bibliographie 203–211).

Wesentliche Akzente auch für ein breiteres Publikum setzten zwei Ausstellungen zum Manierismus mit mythenspezifischer Thematik:

(1) **AK Medusa 1987*:** Werner Hofmann (Hrsg.), Zauber der Medusa. Europäische Manierismen. AK Wiener Festwochen 1987; 661 S.: Zehn einleitende Beiträge namhafter Fachleute (13–112; z.B. Ernst H. Gombrich zu Giulio Romano 22–31; Horst Bredekamp zu Raimondi und Ghisi 62–71); nach den Farbtafeln Katalog der Kunstobjekte in neunzehn Sektionen (137–616) mit umfassendem Überblick zu exzentrischen Mythenthemen im italienischen Manierismus und der Kunst am Prager Hof Rudolphs II. als Schwerpunkten. Fundierte ergänzende Bibliographie (644–659).

(2) **AK Immagini degli dei 1997*:** Claudia Cieri Via (Hrsg.), Immagini degli dei. Mitologia e collezionismo tra '500 e '600. AK Lecce, Fondazione Memmo 1997; 370 S.: Nach neun z.T. wesentlichen Einführungsbeiträgen (15–98) zur Stellung der Mythologie im kulturellen Umfeld des Cinquecento umfangreicher Katalog (101–324) in acht thematischen Sektionen mit gründlicher Bibliographie (355–370). Insgesamt fachkompetente Gesamtschau mit Schwerpunkt auf der italienischen Malerei von Renaissance, Manierismus und ansatzweise Barock.

(4) Barock und Rokoko
Einen gegenüber der Frühphase erheblichen Aufschwung nahm in der Mittelphase mit der Barockforschung insgesamt auch die Spezialforschung zur Mythosrezeption. In dieser kurzen Einführung können nur einige Grundzüge weniger zur breiten Erschließung der Literatur als zur Bildenden Kunst dieser Einzelperiode umrissen werden. Auch hier gab es, abgesehen von den wertvollen Listen in der erweiterten Neuauflage von Andor Piglers Standardwerk ‚Barockthemen' (Budapest 2. Aufl. 1974; Näheres schon auf S. 49), kaum neue umfassende Gesamtdarstellungen zur Mythosrezeption in Literatur und Kunst dieser Zeit. Immerhin ist als **Überblicksmonographie** vorwiegend für den Teilbereich der Bildenden Kunst zu nennen: Herbert **Beck***/Sabine **Schulze** (Hrsg.), Antikenrezeption im Hochbarock. Berlin 1989; 220 S., vor allem wegen des Einzelbeitrags von Jennifer Montagu, The Influence of the Baroque on Classical Antiquity, 85–108. – Eine Zwischenbilanz zu Forschungen über Barockkultur zog DNP 13 (1999) s.v. Barock, 393–417 (verschiedene Verfasser), spez. IV. Kunst und Malerei, 407–417 (Karin Hellwig/Carola Wenzel).

Aus einer kritischen Revision der begrenzten bibliographischen Hilfsmittel ergab sich ein erstaunliches Defizit in der Aufarbeitung spez. der Rolle des antiken

Mythos für die deutsche Barockliteratur des 17. Jahrhunderts. Von den relativ seltenen Spezialstudien zur Bedeutung des antiken Mythos in der internationalen **Barockliteratur** (inkl. englische Spätrenaissance) sind zu nennen (Auswahl): (1) John C. Lapp, The Brazen Tower. Essays on Mythological Imagery in the French Renaissance and Baroque. Saratoga/Calif. 1977 (Stanford French and Italian Studies 7); 197 S. (2) Paul M. Martin, Source ovidienne dans Fénelon, *Télémaque*. In: Chevallier 1982, wie S. 123, 353–373. (3abc) A.D. Nuttall, Virgil and Shakespeare. In: Martindale 1984, wie S. 81, 71–93; K.W. Gransden, The *Aeneid* and *Paradise* Lost, ebd. 95–116 (zu Milton); Angus Ross, Virgil and the Augustans, ebd. 141–167. (4) Christian **Delmas**, Mythologie et mythe dans le théâtre français (1650–1676). Genève 1985 (Histoire des idées et critique littéraire 236); 392 S.: Basisstudie zur Verbindung von Drama und Mythenstoffen. (5) M.T. Jones-Davies, Shakespeare et le mythe d'Hercule. In: Jones-Davies 1985, wie S. 140, 127–146. (6) Charles Martindale, John Milton and the Transformation of Greek Epic. London u. a. 1986; 239 S. (7abcd) Colin Burrow, Original fictions: metamorphoses in the *Fairie Queene*. In: Martindale 1988, wie S. 123, 99–119 (zu Spenser); Laurence Lerner, Ovid and the Elizabethans, ebd. 121–135; Dryden and Ovid's ‚Wit out of season', ebd. 167–190; Rachel Trikett, The *Heroides* and the English Augustans, ebd. 191–204. (8) Charles and Michelle Martindale, Shakespeare and the Uses of Antiquity. An Introductory Essay. London u. a. 1990; XII, 228 S. (9) Klaus Reichert, Zu Shakespares Arbeit am Pygmalion-Mythos. In: Mayer/Neumann 1997, wie S. 126, 497–516. (10) Ulrich Suerbaum, Shakespeare und die griechische Tragödie. In: Flashar 1997, wie S. 122, 122–141. (11) Rosa **Romojaro**, Las funciones del mito clásico en el Siglo de Oro: Garcilaso, Góngara, Lope de Vega, Quevedo. Barcelona 1998 (Biblioteca A: Artes, literatura 30); 206 S. (12ab) Wolfgang G. Müller, Das mythologische Exemplum in der englischen Renaissance. In: Guthmüller/Kühlmann 1999, wie S. 140, 183–206; Uwe Baumann, Politik, Propaganda und Mythologie. Zur politischen Mythologiedeutung in der englischen Renaissance, ebd. 207–230. (13) John W. Velz, Ovidian Creation in Milton and Decreation in Shakespeare. In: Festgabe Albrecht 1999, wie S. 82, 1035–1046. (14) Peter Keller, Der „Telemach" in der Kunst des 18. und frühen 19. Jahrhunderts. Zur Rezeption einer Homerischen Figur in François Fénelons Roman und der Romanfigur in der Kunst. In: AK Götter/Helden 1999, wie S. 160, 204–219.

Angesichts der stark zunehmenden Literatur zur **Barockkunst** insgesamt und ihren verschiedenen regionalen Ausprägungen blieb der Anteil an mythenspezifischen **Überblicksbeiträgen** relativ gering (Auswahl): (1) Arthur Henkel/ Albrecht Schöne (Hrsg.), Emblemata. Handbuch der Sinnbildkunst des XVI. und XVII. Jahrhunderts. Stuttgart 1967; Taschenausgabe 1996; LXXIII, 2110 Sp.: Zeitspezifische Text-Bild-Gattung mit zahlreichen Mythenthemen (Zusammenstellung spez. in Sp. 1585–1836). (2) Jean-Pierre Néraudau, Ovide au château de Versailles, sous Louis XIV. In: Chevallier 1982, wie S. 123, 323–343. (3) Rosa López Torrijos, La mitología en la pintura espanola del Siglo de Oro. Madrid 1985; 502 S.: Basisstudie zur spanischen Barockmalerei, spez. im Abschnitt ‚Pinturas mitológicas' (Cap. V-X, 99–444). (4) Jean-Pierre **Néraudau***, L'Olympe du Roi Soleil. Mythologie et idéologie royale au Grand Siècle. Paris 1986; 283 S.: Grundlegende Monographie zum zeitlich-räumlichen Zentralbereich des französischen Barock. (5) Dorthe Nebendahl, Die schönsten Antiken Roms. Studien zur Rezeption antiker Bildhauerwerke im römischen Seicento. Worms 1990 (Manuskripte zur Kunstwissenschaft 25); 134, XXXIV, 16 S.: Instruktive Spezialstudie zum italienischen Barock. (6) Nora De Poorter, Von Olympischen Göttern, Homerischen Helden und einem Antwerpener Apelles. Bemerkungen über Funktion und Bedeutung der mythologischen Thematik in der Zeit von Rubens (1600–1650). In: Ekkehard Mai/Hans Vlieghe (Hrsg.), Von Bruegel bis Rubens. Das goldene Jahrhundert der flämischen Malerei. AK Wallraf-Richartz-Museum, Köln 1992, 121–132: Umfassender Überblick zur deutsch-niederländisch-flämischen Barockmalerei. (7) Eva-Maria Froitzheim-Hegger, Sie lebten dahin sorglos in behaglicher Ruhe. Studien zum niederländischen und flämischen Göttermahl. Hildesheim u. a. 1993 (Studien zur Kunstgeschichte 80); 230 S. (8) Rosa López Torrijos, Mythology and History in the Great Paintings of the Prado. London 1998. 96 S.: Überblick zu *highlights* der Sammlung.

Die wichtige italienische Serie ‚**Classici dell'Arte**' (Milano: Rizzoli 1966 ff.) präsentierte auch zum europäischen Barock und Rokoko zahlreiche zur Erschließung des erweiterten Basismaterials dienende Werkverzeichnisse, z. B. für verschiedene mythenaffine **italienische Barockkünstler:** L'opera completa del *Caravaggio*. Presentazione di Renato Guttoso. Apparati critici e filologici di Angela Ottino della Chiesa. Milano 1967 (Classici dell'Arte 6); Annibale *Carracci* (1976; Patrick J.Cooney/Gianfranco Malafarina; CdA 87), Guido *Reni* (1971; Cesare Garboli/Edi Baccheschi; CdA 48), Sebastiano *Ricci* (1976; Jeffery Daniels; CdA 89), Salvator *Rosa* (1975; Luigi Salerno; CdA 82) und Giambattista *Tiepolo* (1968; Guido Piovene/Anna Pallucchini; CdA 25); entspechend für den **niederländisch-flämischen Barock:** *Rembrandt* (1969; Giovanni Arpino/Paolo Lecaldano; CdA 33) und Anthonis *Van Dyck* (1980; Erik Larsen; CdA 102/103); weiterhin für den **französischen Barock/Rokoko:** François *Boucher* (1980; Alexandre Ananoff/ Daniel Wildenstein; CdA 100), Jean-Honoré *Fragonard* (1972; Daniel Wildenstein/ Gabriele Mandel; CdA 62), Claude *Lorrain* (1975; Marcel Röthlisberger/Doretta Cecchi; CdA 83), Nicolas *Poussin* (1974; Jacques Thuillier; CdA 72) und Antoine *Watteau* (1968; Giovanni Macchia/E.C. Montagni; CdA 21); schließlich für den **spanischen Barock** und seine drei großen Hauptvertreter im *siglo de oro:* Jusepe de *Ribera* (1978; Alfonso E. Pérez Sánchez/Nicola Spinosa; CdA 97), Diego *Ve-*

lázquez (1969; Miguel Angel Asturias/P.M. Bardi; CdA 26) und Francisco de *Zurbarán* (1973; Mina Gregori/Tiziana Frati; CdA 69).

Darüber hinaus trugen zur Erweiterung der Materialbasis in der Mittelphase folgende wissenschaftliche **Basismonographien** bzw. repräsentative **Ausstellungskataloge** für den Bereich des **italienischen Barock** bei (Auswahl): Catherine R. Puglisi, Francesco *Albani*. New Haven/London 1999; Rudolf Wittkover, *Bernini*. The Sculptor of the Baroque. London 2. Aufl. 1966, 3. Aufl. 1981, Ndr. 1997 (1. Aufl. 1955); Charles Avery, Bernini. Genius of Baroque. London 1997: Neueste grundlegende Monographie; Giuseppe Maria *Crespi* 1665–1747. AK Stuttgart, Staatsgalerie 1990/91; Oreste Ferrari/Giuseppe Scavizzi, Luca *Giordano*. L'opera completa. Vol. 1.2. Napoli 1992: Erste Werkliste zum beeindruckenden Gesamtwerk dieses wohl ‚mythenreichsten' italienischen Barockmalers mit dem seinerzeit bezeichnenden Spitznamen ‚Fá presto'; David M. Stone, *Guercino*. Catalogo completo dei dipinti. Firenze 1991; Giovanni Francesco Barbieri, Il Guercino 1591–1666. AK Frankfurt/M., Schirn Kunsthalle 1991/92; Pier Francesco *Mola* 1621–1666. AK Roma, Musei Capitolini 1989/90; Stefania Mason Rinaldi, *Palma il Giovane*. L'opera completa. Milano 1984; Jörg Martin Merz, *Pietro da Cortona*. Tübingen 1991; Pietro da Cortona 1597–1669. AK Roma, Palazzo Venezia 1997/98; Stephen Pepper, Guido *Reni*. L'opera completa. Novara 1988 (engl. OA London 1984); Guido Reni und Europa. Ruhm und Nachruhm. AK Frankfurt/M., Schirn Kunsthalle 1988/89: Grundlegende Gesamtschau mit zahlreichen Mythenthemen; Massimo Gemin/Filippo Pedrocco, Giambattista *Tiepolo*. I Dipinti. Opera completa. Venezia 1993: Gesamtliste für den größten Barockmaler Italiens.

Entsprechende Auswahlliste für den **deutsch-niederländisch-flämischen Barock**: Klaus Ertz, Jan *Brueghel* der Jüngere (1601–1678). Die Gemälde mit kritischem Oeuvrekatalog. Freren 1984; Anthony *van Dyck*. AK Washington, National Gallery of Art 1990/91; Keith Andrews, Adam *Elsheimer*. Werkverzeichnis der Gemälde, Zeichnungen und Radierungen. München 1985; Doris Krystof, Werben für die Kunst. Bildliche Kunsttheorie und das Rhetorische in den Kupferstichen von Hendrick *Goltzius*. Hildesheim u. a. 1997; R.-A. d'Hulst, Jacob *Jordaens*. Stuttgart 1982; Jacob Jordaens (1593–1678). Vol. 1.2. AK Antwerpen, Koninklijk Museum voor Schone Kunsten 1993: Grundlegende Werkschau für den großen Zeitgenossen von P.P. Rubens; Rupert Feuchtmüller, Der *Kremser Schmidt* 1718–1801. Innsbruck, Wien 1989; Siegfried Asche, Balthasar *Permoser*. Leben und Werk. Berlin 1978; Gary Schwartz, *Rembrandt*. Sein Gesamtwerk in Farbe. Erlangen 1991 (engl. OA 1983); Erich Hubala, Johann Michael *Rottmayr*. Wien, München 1981; Michael **Jaffé***, Catalogo Couplet *Rubens*. Milano 1989; 399 S.: Erster vollständiger Werküberblick zur Erschließung dieses wohl mythenreichsten Barockmalers; Herbert Pée, Johann Heinrich *Schönfeld*. Die Gemälde. Berlin 1971; Anne W.

Lowenthal, Joachim *Wtewael* and Dutch Mannerism. Doornspijk 1986 (Aetas Aurea. Studies on Dutch and Flemish Painting 6).

Entsprechende Liste für den **französischen Barock/Rokoko:** François *Boucher* 1703–1770. AK Paris, Galeries nationales du Grand Palais 1986/87; Jean-Pierre Cuzin, Jean-Honoré *Fragonard*. Life and Work. Complete Catalogue of the Oil Paintings. New York 1988; Alain Roy, Gérard de *Lairesse* (1640–1711). Paris 1992; 574 S.: Werkverzeichnis 185–537, Bibliographie 538–558; Christopher Wright, *Poussin*, Paintings. A Catalogue Raisonné. London 1984; Pierre *Puget*, Peintre, Sculpteur, Architecte 1620–1694. AK Marseille, Musée des Beaux-Arts 1994/95; Dominique Brème, François de *Troy* 1645–1730. AK Toulouse, Musée Paul Dupuy 1997; Marianne Roland Michel, *Watteau* 1684–1721. München 1984. – Kurzliste für den **spanischen Barock:** *Ribera* 1591–1652. AK Madrid, Museo del Prado 1992; *Velázquez*. AK New York, Metropolitan Museum of Art 1989/90; José López-Rey, Velázquez. Bd. 1. Maler der Maler. Bd. 2. Catalogue Raisonné. Werkverzeichnis. Köln 1996: Neueste Gesamtübersicht; *Zurbarán*. AK Madrid, Museo del Prado 1988.

Die verstärkt einsetzenden mythenspezifischen Beiträge zu bedeutenden Einzelkünstlern bezogen sich vor allem auf das flämische Malergenie P.P. **Rubens** (Auswahl): (1) Otto von Simson, Rubens und Homer. In: Spiegelungen (Festschrift Abs). Mainz 1986, 105–124. (2) Ronald Forsyth Millen/Robert Erich Wolf, Heroic Deeds and Mystic Figures. A New Reading of Rubens' Life of Maria de' Medici. Princeton/NJ. 1989; 256 S., 76 Pl.: Gründliche Aufarbeitung des an mythischen Reminiszenzen reichen Bilderzyklus. (3) Reinhild Stephan-Maaser, Mythos und Lebenswelt: Studien zum „Trunkenen Silen" von Peter Paul Rubens. Münster/W. 1992 (Kunstgeschichte 15); 333, 32 S. (4) Fiona **Healy**, Rubens and the Judgement of Paris. A Question on Choice. Tournhout 1997 (Pictura nova 3); VIII, 333 S.: Interpretation zu den verschiedenen Bildern mit diesem wichtigen Einzelstoff. (5) Hans-Joachim **Raupp**, Rubens' mythologische Darstellungen für das Jagdschloß Torre della Parada. In: Museo del Prado. Velázquez, Rubens, Lorrain. Malerei am Hof Philipps IV. AK Bonn, Kunst- und Ausstellungshalle der Bundesrepublik Deutschland 1999/2000, 66–75: Einführung zu dem größten und auch wichtigsten der mythologischen Bildzyklen des Künstlers.

Die Mythenbilder des großen niederländischen Zeitgenossen **Rembrandt** behandelte eine exemplarische Einzelstudie: Stefan **Grohé***, Rembrandts mythologische Historien. Köln 1996; 321 S.: Gründliche Interpretation der betreffenden Entwürfe im Blick auf ihren spezifischen künstlerischen Grundcharakter, allerdings ohne Berücksichtigung von Eva C. Keuls, Rembrandt's Use of Classical Motifs [1992]. In: Keuls 1997, wie S. 94, 331–343. Hervorzuheben ist weiterhin die Interpretation eines Einzelbildes: Werner Busch, Das keusche und das unkeusche

Sehen. Rembrandts ‚Diana, Aktäon und Kallisto'. In: Zeitschrift für Kunstgeschichte 52, 1989, 257–277.

Ergänzende Titel zur deutschen Barockkunst: (1) Peter Grau, Antiker Mythos bei Johann Evangelist Holzer (1709–1740). „Flora und Aurora" in der ehem. Fürstbischöflichen Seminarresidenz in Eichstätt. Eichstätt 1988; 55 S. (2) Renate L. Colella, Götter und Helden für Berlin. Gemälde und Zeichnungen von Augustin und Matthäus Terwesten (1649–1711/1670–1757). Berlin 1995; 232 S. (3) Régine **Bonnefoit**, Johann Wilhelm Baur (1607–1642). Ein Wegbereiter der barocken Kunst in Deutschland. Tübingen, Berlin 1997; 253 S., 320 Abb.: Fundierte Monographie zu dem bedeutenden Graphiker, der im Anschluss an Antonio Tempesta einen ebenso großen Illustrationszyklus zu Ovids *Metamorphosen* vorlegte (Augsburg 1641).

Weitere Einzelbeiträge zum italienischen Barock galten zunächst Bernini als dem größten Bildhauer und Architekten seiner Zeit: Irving Lavin, Bernini and Antiquity – The Baroque Paradox. A Poetical View. In: Beck/Schulze 1989, wie S. 150, 9–36; Rudolf Preimersberger, Zu Berninis Borghese-Skulpturen, ebd. 109–127. – Mehrere Arbeiten bezogen sich auf Annibale Carracci als Begründer des gusto Bolognese: (1) Iris **Marzik**, Das Bildprogramm der Galleria Farnese in Rom. Berlin 1986 (Frankfurter Forschungen zur Kunst 13); 293 S. (2) Noberto Gramaccini, Annibale Carraccis neuer Blick auf die Antike. In: Beck/Schulze 1989, wie S. 150, 59–84. (3) Alfons **Reckermann**, Amor mutuus. Annibale Carraccis Galleria-Farnese-Fresken und das Bild-Denken der Renaissance. Köln/Wien 1991 (Pictura et Poesis 3); 228 S., 58 Abb. (4) Charles Dempsey, Annibale Carracci, The Farnese Gallery, Rome. New York 1995; 103 S.: Einführung in das Bildprogramm des berühmten Gemäldezyklus.

Schließlich entstanden auch schon mythologische Studien zu weiteren italienischen Barockmalern: (1) Mary D. Garrard, Artemisia Gentileschi. The Image of the Female Hero in Italian Baroque Art. Princeton/N.J. 1989; XXV, 607 S. (Literatur 569–591). (2) Victoria von **Flemming**, Arma Amoris. Sprachbild und Bildsprache der Liebe. Kardinal Scipione Borghese und die Gemäldezyklen Franceco Albanis. Mainz 1996 (Berliner Schriften zur Kunst 6); 440 S. (3) Avigdor W.G. Posèq, Caravaggio and the Antique. London 1998; 311 S.

Einen weiteren Schwerpunkt bildeten Publikationen zu Mythenthemen in der französischen Barockmalerei (Auswahl): (1) Oskar Bätschmann, Poussins Narziss und Echo im Louvre. Die Rekonstruktion von Thematik und Darstellung aus den Quellen. In: Zeitschrift für Kunstgeschichte 42, 1979, 31–47. (2) Oskar **Bätschmann**, Nicolas Poussin, Landschaft mit Pyramus und Thisbe. Das Liebesunglück und die Grenzen der Malerei. Frankfurt/M. 1987 (Fischer-Taschenbücher 3947); 87 S. (3) Konrad Oberhuber, Poussin. The Early Years in Rome. The Origins of French Classicism. Oxford 1988; 367 S.: Basisstudie zum an Mythenthemen reichen

Frühwerk. (4) Jean-Claude Boyer (Hrsg.), Le peintre, le roi, le héros. L'Andromède de Pierre Mignard. AK Paris, Louvre 1989 (Les dossiers du département des peintures 37); 107 S. (5) Sheila *McTighe*, Nicolas Poussin's Landscape Allegories. Cambridge 1996; XIV, 212 S., spez. 53–78 zum Thema Orpheus. – Entsprechende Einzeltitel zur spanischen Malerei des Siglo de oro (Auswahl): (1) Gustaf Cavallius, Velásquez' Las Hilanderas: An Explication of a Picture Regarding Structure and Associations. Uppsala 1972 (Figura N.S. 11); 206 S. (2) Dolores Muruzábal (Koord.), Zurbarán. AK Madrid, Museo del Prado 1988; 461 S.: Breite Werkschau mit vollständiger Präsentation der ‚Serie de los trabajos de Hercules' (233–245).

Auch zur Periode von Barock und Rokoko spielte in mehreren **Ausstellungen** der mythische Aspekt eine z.T. ganz wesentliche Rolle (Auswahl):

(1) ***AK Amours des Dieux 1991****: Colin B. Bailey (Hrsg.), Les Amours des Dieux. La Peinture Mythologique de Watteau à David. Introduction de Pierre Rosenberg. AK Galeries Nationales du Grand Palais, Paris 1991/92; XCV, 492 S. – *Disposition.* Fünf Eröffnungsbeiträge (XI-XCV; darunter: Pierre Rosenberg, Plaidoyer pour la peinture mythologique, XIV-XIX; Philippe Le Leyzour, Quelques remarques sur la mythologie au XVIIIe siècle, XX-XXXI). Catalogue des Peintures (1–447); Hauptvertreter: Pierre Mignard, François Lemoyne, Charles-Joseph Natoire, François Boucher, Jean-Honoré Fragonard. Reiche Bibliographie (467–491). – *Résumé:* In Umfang wie Inhalt überragende Gesamtschau zum mythischen Bildtradition in der französischen Malerei des 18. Jahrhunderts mit ausgezeichneter Aufarbeitung der Bildobjekte in den Begleittexten.

(2) ***AK Lieben der Götter 1992****: Gregor Martin Lechner/Werner Telesko (Hrsg.), Lieben und Leiden der Götter. Antikenrezeption in der Barockgraphik. AK Graphisches Kabinett des Stiftes Göttweig/Niederösterreich 1992; 218 S.: Fachkompetente und instruktive Einführung in den wichtigen Teilbereich mit Katalog (25–216) zu 153 Objekten (spez. zu textbegleitenden Illustrationszyklen von Ovids *Metamorphosen*).

(3) ***AK Starke Frauen 1997***: Bettina Baumgärtel/Silvia Neysters (Hrsg.), Die Galerie der Starken Frauen. Die Heldin in der französischen und italienischen Kunst des 17. Jahrhunderts. AK Kunstmuseum Düsseldorf 1995; 360 S.: Überblick mit dem überraschenden Ergebnis, dass neben Gestalten altorientalischer und biblischer Provenienz (z.B. Semiramis, Judith) bzw. aus antiken Sagen (z.B. Lucretia) oder Historie (z.B. Kleopatra) nur Dido (216–227) zu diesem barocken Kanon gehörte.

(4) ***AK Götter 1998****: Uwe Wieczorek (Hrsg.), „Götter wandelten einst...". Antiker Mythos im Spiegel alter Meister aus den Sammlungen des Fürsten von Liechtenstein. Ausstellung und Katalog. AK Liechtensteinische Staatliche Kunstsammlung (Wien) 1998; 174 S.: Repräsentative Zusammenstellung und Bespre-

chung zahlreicher mythischer Objekte aus der bedeutenden Privatsammlung mit Schwerpunkt der Barockkunst.

(5) **AK Grenzenlos weiblich 1999:** Gabriele Groschner (Hrsg.), Grenzenlos weiblich in barocken und antiken Darstellungen. AK Residenzgalerie Salzburg 1999/2000; 107 S.: Nach allgemeiner Einführung der Herausgeberin (Nymphe – Mänade – Muse: Grenzenlos weiblich in der klassisch griechischen Mythologie, 11–21) Katalog von 15 Einzelobjekten (22–51) mit überwiegend mythischer Thematik.

(5) Aufklärung, Klassizismus, Romantik und 19. Jahrhundert

Je weiter die mythologische Forschung voranschritt, umso größer wurde ihr Interesse an der Aufklärung, an dem in der Frühphase noch wenig beachteten Klassizismus und am Stilpluralismus des 19. Jahrhunderts, umso breiter das Forschungsspektrum in Literatur und Bildender Kunst für diese überaus heterogene Gesamtperiode. Für die Mythosrezeption dieser Zeit sind keine neuen Standardwerke zu nennen, unter den wenigen **übergreifenden Beiträgen** zur allgemeinen Geistesgeschichte z. B. Heinz Gockel, Mythos und Poesie. Zum Mythosbegriff in Aufklärung und Frühromantik. Frankfurt/M. 1981 (Das Abendland N.F. 12); X, 358 S.: Studie zu den Anfängen der modernen Mythosforschung.

Ergänzend kam für die Anfangsphase eine gehaltvolle Sammelpublikation zu Literatur/Kunst hinzu: Dieter **Burdorf***/Wolfgang **Schweickard** (Hrsg.), Die schöne Verwirrung der Phantasie. Antike Mythologie in Literatur und Kunst um 1800. Tübingen 1998; XII, 280 S., darin u. a. Christoph Jamme, „Sprache der Phantasie". Karl Philipp Moritz' ästhetische Mythologie, 45–60; Alberto Destro, Der Schönheit Ruhm. Zur Sinnfunktion literarischer Aneignung antiker mythologischer Gestalten zu Beginn des 19. Jahrhunderts, 93–102; Michael Diers, (Nach) Lebende Bilder. Praxisformen klassizistischer Kunsttheorie, 175–205; Reinhold R. Grimm, Die Weimarer Preisaufgaben für bildende Künstler im europäischen Kontext, 207–234.

Mythenspezifische Einzelstudien zur **Literatur und Geistesgeschichte** im Zeitraum vom Klassizismus bis zum *Fin de siècle* bezogen sich auf ganz unterschiedliche Aspekte (Auswahl): (1) Uwe Petersen, Goethe und Euripides. Zur Euripides-Rezeption in der Goethezeit. Heidelberg 1974 (SFA 8); 235 S. (2) Norman Vance, Virgil and the Nineteenth Century. In: Martindale 1984, wie S. 81, 169–192. (3) Ds., Ovid and the Nineteenth Century. In: Martindale 1988, wie S. 123, 215–231. (4) Jörg **Ennen**, Götter im poetischen Gebrauch. Studien zu Begriff und Praxis der antiken Mythologie um 1800 und im Werk H. von Kleists. Münster 1997 (Zeit und Text 13); 386 S. (5) Michael von Albrecht, Die Verwandlung bei E.T.A. Hoffmann und bei Ovid. In: Ds., Rom: Spiegel Europas. Texte und Themen. Heidelberg 1988,

2. Rezeptionsgeschichtlicher Ergänzungsbereich 1960 – 2000 — 157

Tübingen 2. Aufl. 1998, 147–176. (6abcd) Wilfried Barner, Lessing und die griechische Tragödie. In: Flashar 1997, wie S. 122, 161–198; Thomas Gelzer, Goethes *Helena* und das Vorbild des Euripides, ebd. 199–234; Joachim Latacz, Schiller und die griechische Tragödie; ebd. 235–257; Gerhard Neumann, *Das goldene Vließ*. Die Erneuerung der Tragödie durch Grillparzer, ebd. 258–286. Die Ergänzung spez. dieser Teilliste wäre das besondere Desiderat eines künftigen Forschungsberichts.

Im Blick auf die zunehmend unterschiedlichen Einzelströmungen der **Bildenden Kunst** zwischen 1750 und 1900 setzte sich die Erweiterung des Basismaterials auch für diese Periode fort. Diese Entwicklung dokumentiert eine Auswahlliste zur Serie ‚**Classici dell'Arte**' (Milano: Rizzoli 1966 ff.): **(Klassizismus)** L'opera completa del *Canova*. Presentazione di Mario Praz. Apparati critici e filologici di Giuseppe Pavanello. Milano 1981 (Classici dell'Arte 85); Jean-Auguste-Dominique *Ingres* (1968; Daniel Ternois/Ettore Camesasca; CdA 19); **(Romantik)** Eugène *Delacroix* (1972; Pierre Georgel/Luigina Rossi Bortolatto; CdA 57); Heinrich *Füssli* (1977; Gert Schiff/Paola Viotto; CdA 91); Francisco *Goya* (1974; Rita de Angelis; CdA 74); William *Turner* (1982; Evelyn Joll/Martin Butlin/Gemma Verchi; 1982 (CdA 106/107).

Auf die wichtigsten Stilvarianten bezieht sich die folgende Auswahlliste weiterer **Werkverzeichnisse und Basismonographien** (inkl. Ausstellungskataloge) zu Künstlern mit hoher Affinität zum Mythos:

(Klassizimus) Il primo '800 italiano. La pittura tra passato e futuro. AK Milano, Palazzo Reale 1992 (spez. zu Andrea Appiani); Antonio Canova. AK Venezia, Museo Correr/Possagno, Gipsoteca 1992; Elke Masa, Die Bildhauerfamilie Cauer im 19. und 20. Jahrhundert. Berlin 1989; Antoine Schnapper, J.-L. David und seine Zeit. Würzburg 1981; Jürgen Ecker, Anselm Feuerbach, Leben und Werk. Kritischer Katalog der Gemälde, Ölskizzen und Ölstudien. München 1991; Richard Dorment, Alfred Gilbert. New Haven, London 1985; Claudia Nordhoff/Hans Reimer, Jakob Philipp Hackert 1737–1807. Verzeichnis seiner Werke. Bd. 1.2. Berlin 1994; Annalisa Zanni, Ingres. Catalogo completo dei dipinti. Firenze 1990; AK Angelika Kauffmann und ihre Zeitgenossen. AK Bregenz, Vorarlberger Landesmuseum 1968; Wendy Wassyng Roworth (Hrsg.), Angelica Kauffman. A Continental Artist in Georgian England. Brighton, London 1992; Angelika Kauffmann. AK Kunstmuseum Düsseldorf 1998/99; Albert Boime, Angelika Kauffmann. In: King 1994, wie S. 123, 104–109; Gerbert Frodl, Hans Makart. Monographie und Werkverzeichnis. Salzburg 1974; Jutta von Simson, Christian Daniel Rauch. Oeuvre-Katalog. Berlin 1996; Götz Eckardt, Johann Gottfried Schadow 1764–1850. Der Bildhauer. Leipzig 1990; Ulrike Krenzlin, Johann Gottfried Schadow. Ein Künstlerleben in Berlin. Berlin 1990; Bernhard Maaz (Hrsg.). Johann Gottfried Schadow und die Kunst seiner Zeit. AK Düsseldorf, Kunsthalle 1994/95; Bernhard Maaz, Christian Friedrich Tieck 1776–1851. Leben und Werk unter besonderer Berücksichtigung seines Bildnisschaffens mit einem Werkverzeichnis. Berlin 1995; Bertel Thorvaldsen. (1) Skulpturen, Modelle, Bozzetti, Handzeichnungen. Gemälde aus Thorvaldsens Sammlungen. (2) Untersuchungen zu seinem Werk und zur Kunst seiner Zeit. Hrsg. von Gerhard Bott. AK Köln, Wallraf-Richartz-Museum 1977; Bertel Thorvaldsen 1770–1844. Scultore danese a Roma. AK Roma, Galleria Nazionale d'Arte Moderna 1989/90.

(Romantik) Alain Daguerre de Hureaux, *Delacroix*. Das Gesamtwerk. Stuttgart 1994 (frz. OA Paris 1993); Pierre Gassier/Juliet Wilson/François Lachenal, *Goya*. Leben und Werk. Köln 1994 (frz. OA Fribourg 1971); Pierre Gassier, Francisco Goya, Die Zeichnungen. Frankfurt/M., Berlin, Wien 1975 (frz. OA: Les Dessins de Goya, Tome II. Fribourg 1975); The Life and Complete Work of Francesco Goya. New York 1970, 2. Aufl. 1981; Christian von Holst, Joseph Anton *Koch* 1768–1839. Ansichten der Natur. AK Stuttgart, Staatsgalerie 1989; Sylvain Lavaissière, *Prud'hon* ou le rêve du bonheur. AK Paris, Galeries nationales du Grand Palais 1997/98; Gerhard Charles Rump, George *Romney* (1734–1802). Zur Bildform der Bürgerlichen Mitte in der englischen Neoklassik. Hildesheim/New York 1974.

(Symbolismus) Rolf Andree, Arnold *Böcklin*, Die Gemälde. Basel/München 1977; Hans Holenweg, Arnold Böcklin, Die Zeichnungen. Basel/München 1998; Max *Klinger*. Wege zum Gesamtkunstwerk. AK Hildesheim, Roemer- und Pelizaeus-Museum 1984; Dieter Gleisberg (Hrsg.), Max Klinger 1857–1920. AK Frankfurt/M., Städel 1992; Uta Gerlach-Laxner, Hans von *Marées*. Katalog seiner Gemälde. München 1980; Pierre-Louis Mathieu, Gustave *Moreau*. Leben und Werk mit Oeuvre-Katalog. Stuttgart 1976; Peter Hahlbrock, Gustave Moreau. Berlin 1976; Gustave Moreau Symboliste. AK Zürich, Kunsthaus 1986: Breites Werkspektrum mit vielen Mythenthemen; Geneviève Lacambre (Hrsg.), Gustave Moreau e l'Italia. AK Roma, Accademia di Francia/Villa Medici 1996/97; Robert Descharnes, Auguste *Rodin*. Paris 1967; Monique Laurent, Rodin. Köln 1989 (frz. OA Paris 1988); Rainer Crone/Siegfried Salzmann (Hrsg.), Rodin. Eros und Kreativität. AK Bremen, Kunsthalle 1991/92; Dominique Jarrassé, Rodin. Faszination der Bewegung. Paris 1993.

(Präraffaeliten) Vern G. Swanson, The Biography and Catalogue raisonné of the Paintings of Sir Lawrence *Alma-Tadema*. London 1990; *Burne-Jones*. The Paintings, Graphic and Decorative work of Sir Edward Burne-Jones 1833–98. AK London, Hayward Gallery 1975/76; Burne-Jones. Dal preraffaelismo al simbolismo. AK Roma, Galleria Nazionale d'Arte Moderna 1986; Russell Ash, Sir Edward Burne-Jones. New York 1993; Christopher Wood, The Life and Works of Sir Edward Burne-Jones (1833–1898). London 1998; Christopher Newall, The Art of Lord *Leighton*. London 1990; Lord Leighton. Eminent Victorian Artist. AK London, Royal Academy of Arts 1996; Tim Maria Teresa Benedetti, Dante Gabriel *Rossetti*.

Firenze 1984; Corrado Gizzi (Hrsg.), Dante Gabriel Rossetti. AK Milano, Accademia di Belle Arti di Brera 1984/85.

Als **mythenspezifische Teilüberblicke** bezogen sich eine ganze Anzahl wichtiger Publikationen auf den in hohem Maße mythenaffinen **Klassizismus** (Auswahl): (1) Dora Wiebensohn, Subjects from Homers *Iliad* in Neoclassical Art. In: The Art Bulletin 46, 1964, 23–39. (2) Karina Türr, Zur Antikenrezeption in der französischen Skulptur des 19. und frühen 20. Jahrhunderts. Berlin 1979; 256 S.: Spezialstudie zu einer Teilphase mit vielen Mythenobjekten. (3) Helge *Siefert*, Themen aus Homers Ilias in der französischen Kunst (1750–1831). München 1988 (Beiträge zur Kunstwissenschaft 24): II, 507 S.: Einführung zur Homerrezeption des Frühklassizismus und den speziellen literarischer Quellen (z. B. Comte de Caylus). (4) Ekkehard Mai (Hrsg.), Historienmalerei in Europa. Paradigmen in Form, Funktion und Ideologie. Mainz 1990; 439 S.: Beiträge mit begrenzter Berücksichtigung mythischer Themen z. B. bei David, Ingres und Feuerbach. (5) Christa Lichtenstern, Metamorphose in der Kunst des 19. und 20. Jahrhunderts. Bd. 1. Die Wirkungsgeschichte der Metamorphosenlehre Goethes. Von Philipp Otto Runge bis Joseph Beuys. Weinheim 1990; 184 S.: Ausführungen spez. zu Kunst des 19. Jahrhunderts und der Moderne. (6) Peter Bloch/Waldemar Grzimek, Die Berliner Bildhauerschule im neunzehnten Jahrhundert. Das klassische Berlin. Berlin 1994; 510 Sp., 350 S.: Einführung in eine dank der Dominanz des Klassizismus sehr mythenaffine Teilphase (Literatur 489–511). (7) Gisold Lammel, Kunst im Aufbruch. Malerei, Graphik und Plastik zur Zeit Goethes. Stuttgart, Weimar 1998; VI, 505 S.: Begrenzte Bedeutung des Mythos im Rahmen des Klassizismus. (8) Helge Siefert, Vien – David – Ingres. Aspekte der neoklassizistischen Auseinandersetzung mit Homers Ilias in Frankreich. In: AK Götter/Helden 1999, wie S. 160, 237–242.

Bemerkenswert hoch war die Zahl von **Ausstellungskatalogen**, die spez. bei Behandlung des Klassizismus manch themenspezifische Beiträge enthielten: (1) **AK Berlin und Antike 1979:** Willmuth Arenhövel/Christa Schreiber (Hrsg.), Berlin und die Antike. Architektur, Kunstgewerbe, Malerei, Skulptur, Theater und Wissenschaft vom 16. Jahrhundert bis heute. AK/Aufsätze Berlin, Schloß Charlottenburg, Große Orangerie 1979; 525 S./588 S. (2) La Sculpture Française au XIXe Siècle. AK Paris, Galeries nationales du Grand Palais 1986; XXVIII, 471 S. Vielzahl von Ausstellungsobjekten des akademischen Klassizismus mit Mythenthemen. (3) Ekkehard Mai/Anke Repp-Eckert (Hrsg.), Triumph und Tod des Helden. Europäische Historienmalerei von Rubens bis Manet. AK Köln, Wallraf-Richartz-Museum 1987/88; 437 S.: Nach einleitenden Beiträgen (12–163; z. B. zu Rubens, David, Delacroix) gut strukturierter Katalog (165–414) mit sieben teils zeitlich, teils regional geordneten Sektionen und zahlreichen Mythenthemen. (4) **AK Ethos/ Pathos 1990:** Peter Bloch u. a. (Hrsg.), Ethos und Pathos. Die Berliner Bildhauerschule 1786-1914. [1.] Ausstellungskatalog. [2.] Beiträge mit Kurzbiographien Berliner Bildhauer. AK Berlin, Skulpturengalerie der Staatlichen Museen Preußischer Kulturbesitz 1990; 419 S./598 S. (5) **AK Schwäbischer Klassizismus 1994***: Christian von Holst (Hrsg.), Schwäbischer Klassizismus zwischen Ideal und Wirklichkeit 1770-1830. AK Stuttgart, Staatsgalerie Stuttgart 1993; [1.] Katalog; 471 S. [2.] Aufsätze; 432 S. (6) Sabine Schulze (Hrsg.), Goethe und die Kunst. AK Frankfurt/M., Schirn Kunsthalle 1994; 644 S.: Wechsel von Beiträgen und Katalogsektionen mit begrenzter Berücksichtigung von antiker Kunst und Mythenthemen. (7) **AK Götter/Helden 1999***: Axel Rügler/Max Kunze (Konzeption), Wiedergeburt griechischer Götter und Helden. Homer in der Kunst der Goethezeit. AK Winckelmann-Museum Stendal 1999/2000; 352 S. – *Disposition:* Katalog (11-194) mit sechs Kapiteln von Homers Bedeutung im Rokoko über *Ilias* und *Odyssee* im Frühklassizismus bis zur Apotheose Homers. Neun ergänzende Essays (195-300) zur Homerrezeption vom 15./16. Jhdt. bis zum europäischen Symbolismus, z.B. Joachim Rees, Mediale Aspekte der Homerrezeption des Comte de Caylus, 220-236; Volker Riedel, Goethe und Homer, 243-259 [Verweise auf weitere wichtige Titel unter den Einzelperioden]. – *Résumé:* Fachlich wie didaktisch durchdachte Basispublikation spez. zur Kultur des Frühklassizismus mit ganz breitem Bildmaterial von Mythenbelegen.

Weitere mythenspezifische Publikationen betreffen den späteren **Symbolismus** (Auswahl): (1) Philippe Jullian, Mythen und Phantasmen in der Kunst des Fin de siècle. Berlin 1971; 270 S. (2) Sibylle **Brosi**, Der Kuß der Sphinx. Weibliche Gestalten nach griechischem Mythos in Malerei und Graphik des Symbolismus. Münster/W., Hamburg 1992 (Form und Interesse 20); VII, 235 S., 29 Bl.: Konzentration auf mythische Spielarten des Grundtyps ‚Femme fatale'. (3) Almut-Barbara Renger, Imaginationen gefährlicher Liebschaften: Die Sirenen in der Malerei des europäischen Spätsymbolismus. In: AK Götter/Helden 1999, wie S. 160, 277-293: Einzelstudie zum zeitspezifischen Mythenverständnis.

Entsprechende Liste zu den englischen **Präraffaeliten**/Victorianern (Auswahl): (1) Richard Jenkyns, The Victorians and Ancient Greece. Oxford 1980; XI, 386 S.: Überblick zur Antiken- und Mythosrezeption der Zeit. (2) Joseph A. **Kestner***, Mythology and Misogyny. The Social Discourse of Nineteenth Century British Classical-Subject Painting. Madison 1989; 418 S.: Kulturgeschichtlich-soziologische Basisstudie. (3) J.B. **Bullen**, The Sun is God: Painting, Literature and Mythology in the Nineteenth Century. Oxford 1989; VII, 230 S.: Überblick von Turner bis zum Victorianischen Zeitalter.

Zahlreiche Publikationen bezogen sich auch auf diverse mythenaffine **Einzelkünstler** aus den verschiedenen Stilvarianten dieser Periode:

(**Klassizismus**) (1) Jorgen Birkedal **Hartmann***, Antike Motive bei Thorvaldsen. Studien zur Antikenrezeption des Klassizismus. Tübingen 1979; 225 S.,

128 Tf.: Umfassender Überblick zu Mythenthemen im Gesamtwerk, gegliedert nach ‚Statuarische Motive' (48–108; spez. Gottheiten und Heroen), ‚Gruppen' (109–161; Schwerpunkt mit breitem Themenspektrum, z. B. Grazien, Amor/Psyche) und ‚Venus und Amoretten' (162–187). (2) Ulrike **Müller Hofstede**, Achill, Apoll und Niobe. Das Sublime in Gavin Hamiltons Historienbildern. Eine Studie zur Ästhetik des Göttlichen und Heldenhaften. Münster, Hamburg 1993 (Kunstgeschichte 23); IV, 171 S.: Spezialstudie zum englischen Frühklassizismus. (3) Petra **Tiegel-Hertfelder**, „Historie war sein Fach". Mythologie und Geschichte im Werk Johann Heinrich Tischbeins d. Ä. (1722–1789). Worms 1996 (Manuskripte zur Kunstwissenschaft 49); IX, 434 S., 32 Bl:: Grundlegende Behandlung der Mythenthemen im Gesamtwerk eines wichtigen ‚Grenzgängers' zwischen Barock/Rokoko und Frühklassizismus. (4) Ina **Weinrautner**, Friedrich Preller d.Ä. (1804–1878): Leben und Werk. Münster/W. 1997 (Monographien 14); 411 S.: Basisstudie zu den ‚Odysseezyklen' des romantischen Spätklassizisten (23–35, 68–87) mit ausführlichem ‚Katalog zur Odyssee' (123–186) und weiteren Mythenthemen im ‚Katalog der Gemälde (187 ff.). (5) Harald Tausch, Carstens und Homer. In: AK Götter/Helden 1999, wie S. 160, 260–267.

(**Romantik**) (1) William L. Pressly (Hrsg.), James Barry. The Artist as Hero. AK London, Tate Gallery 1983; 167 S. (2) Kathleen **Nicholson**, Turner's Classical Landscapes. Myth and Meaning. Princeton 1990; XV, 302 S.: Überblicksstudie zu Turners zahlreichen Mythenbildern. (3) Ulrike Ittershagen, Lady Hamiltons Attitüden. Mainz 1999; 304 S.: Spezialstudie vor allem. zum romantischen Frühklassizisten George Romney.

(**Symbolismus**) (1) Jochen Poetter, Studien zum Mythos im Werke Arnold Böcklins. Diss. München 1978; III, 225 S. (2) Frank Büttner, Böcklins Prometheus. Zum Fortleben des antiken Mythos im 19. Jahrhundert. In: Festschrift Schauenburg zum 65. Geburtstag. Mainz 1986, 267–274. (3) Michael von Albrecht, Metamorphose in Raum und Zeit. Vergleichende Untersuchungen zu Rodin und Ovid. In: Albrecht 1988/1998, wie S. 156f., 517–568. (4) Andrea **Linnebach***, Arnold Böcklin und die Antike. Mythos, Geschichte, Gegenwart. München 1991; 205 S.: Exemplarische Spezialstudie zu Gemälden mit mythischer Thematik. – Weitere Untersuchungen zu Gustave Moreau und Auguste Rodin behandeln die Thematik ohne mythenspezifische Titel.

(**Präraffaeliten**) (1) Kurt Löcher, Edward Burne-Jones und die Perseus-Sage. In: Klaus Gallwitz u.a. (Hrsg.), Präraffaeliten. AK Baden-Baden Staatliche Kunsthalle 1973/74, 261–277 (spez. No. 167–174 zum Perseus-Zyklus 1888–92). (2) Vern G. Swanson, Sir Lawrence Alma-Tadema: The Painter of Victorian Vision of the Ancient World. London 1977; 144 S. (3) Stephan Snoddy (Hrsg.), The Perseus Series. AK New York, Metropolitan Museum of Art 1998; 53 S. (zum Perseus-Zyklus von Burne-Jones). (4) Tim **Barringer**/Elizabeth **Prettejohn** (Hrsg.), Frederic

Leighton. Antiquity, Renaissance, Modernity. New Haven, London 1999 (Studies in British Art 5); XXXII, 16, 332 S.: Behandlung der Mythenbilder dieses Hauptvertreters der Präraffaeliten.

Besonderes Interesse fand ein höchst mythenaffinen Einzelkünstler des Frühklassizismus, John **Flaxman**, der wie keiner seiner Zeitgenossen die bedeutenden Werke der ‚griechischen Originalgenies' auch bildlich erschlossen hatte durch die seither ‚klassischen' Illustrationen zu Homers *Ilias* und *Odyssee* (Roma 1793) bzw. den Tragödien des Aischylos (Roma 1795): (1) Werner Hofmann (Hrsg.), John Flaxman. Mythologie und Industrie. AK Hamburger Kunsthalle 1979; 224 S. (2) Sarah **Symmons**, Flaxman and Europe. The Outline Illustrations and Their Influence. New York 1984; 303, 107 S. – Auf den großen Illustrationszyklus zu den homerischen Epen von Bonaventura **Genelli** (Stuttgart. Cotta 1844) bezogen sich die Beiträge: (1) Hans Ebert, Buonaventura Genelli. Leben und Werk. Weimar 1971; 242 S. (2) Hanns Michael Crass, Bonaventura Genelli als Illustrator. Bonn 1981 (Bonner Beiträge zur Bibliotheks- und Bücherkunde 29); 66 S. – Der große Radierungszyklus von Max **Klinger** zu Apuleius' Märchen von Amor und Psyche (urspr. München 1880) wurde zusammen mit der Übersetzung von Reinhold Jachman Gegenstand einer bibliophilen Ausgabe (Hrsg. Dieter Gleisberg; Leipzig um 1980, Ndr. Wiesbaden 1989; 130 S.

Schließlich befasste sich die kunsthistorische Forschung zunehmend mit den Anfängen der Kleingattung **Karikatur** im ausgehenden 18. und während des 19. Jahrhunderts, als auch dank der Dominanz des Klassizismus zahlreiche Mythenthemen ins Bild gesetzt wurden (Auswahl): (1) The Satirical Etchings of James Gillray. Edited by Draper Hill. New York 1976; XXXII, 142 S. (2) Klaus Schrenk (Hrsg.), Honoré Daumier. Das lithographische Werk. 1.2. München 1977; XV, 680 S./S. 685–1301. (3) Herwig Guratzsch, George Cruikshank 1792–1878. Karikaturen zur englischen und europäischen Politik im ersten Viertel des 19. Jahrhunderts. AK Hannover, Wilhelm-Busch-Museum 1984; 247 S. (4) Herwig Guratzsch/Max Hasse (Konzept), James Gillray 1757–1815. Meisterwerke der Karikatur. AK Hannover, Deutsches Museum für Karikatur 1986; 251 S. (5) Honoré Daumier. Das Lächeln der Auguren. Bilder zur Antike. Hrsg. und kommentiert von Werner Becker und Harald Kretzschmar. Hanau 1986; IV, 100 S.: Farbabbildungen zum Zyklus ‚Histoire Ancienne'. (6) Godfrey Richard (Hrsg.), James Gillray. The Art of Caricature. AK London, Tate Britain 2001; 240 S.

(6) Moderne und Postmoderne

Zu dieser Einzelperiode fehlten in der Mittelphase ebenfalls weitgehend Werke mit Überblickscharakter zur Mythosrezeption, vermutlich nicht nur wegen des relativ geringen zeitlichen Abstands zur Forschung und der zunehmend uneinheitlichen Gesamtentwicklung, sondern auch, weil sich bereits früh ein mythostheoretischer Neuansatz mit entschiedener Ausweitung des traditionellen Mythosbegriffs spez. im amerikanischen **Myth Critisism** abzeichnete; Näheres bei Ostendorf 1971 im Exkurs zur modernen Mythostheorie (S. 319).

Auf die Mythosrezeption in der modernen **Literatur insgesamt** bezogen sich verschiedene Beiträge (Auswahl): (1) Hugh Dickinson, Myth on Modern Stage. Urbana/Ill. 1969; 359 S. (2) Lillian *Feder*, Ancient Myth in Modern Poetry. Princeton 1971; XIV, 432 S.: Psychoanalytische, ritualistische und historisierende Mythosinterpretation bei Hauptvertretern der literarischen Moderne. (3) Manfred Fuhrmann, Mythos als Wiederholung in der griechischen Tragödie und im Drama des 20. Jahrhunderts. In: Fuhrmann 1971, wie S. 119, 121–143: Basisbeitrag zur Rezeption der antiken Tragödientradition in der Moderne. (4) Wendell M. *Aycock* (Hrsg.), Classical Mythology in Twentieth-Century Thought and Literature. Lubbock/Texas 1980 (Proceedings of the Comparative Literature Symposium 11); 235 S.: Breites Beitragsspektrum zur Mythenrezeption der Moderne. (5) Karl Jürgen *Skrodzki*, Mythopoetik. Das Weltbild des antiken Mythos und die Struktur des nachnaturalistischen Dramas. Bonn 1986 (Bonner Arbeiten zur deutschen Literatur 44); 296 S.: Studie zu Kayser, Hauptmann, Jahnn, Wedekind, Hugo von Hofmannsthal und Peter Hacks. (6) Evangelos *Konstantinou* (Hrsg.), Antike griechische Motive in der heutigen europäischen Literatur. Frankfurt/M. 1995 (Philhellenische Studien 4); 319 S.: Einzelbeiträge vom Klassizismus bis zur Gegenwart. (7) Werner *Frick*, „Die mythische Methode". Komparatistische Studien zur Transformation der griechischen Tragödien im Drama der klassischen Moderne. Tübingen 1998 (Hermaea N.F. 86); XIV, 609 S.: Essays von Nietzsche über die anglo-amerikanische und französische Moderne bis zu Brecht. (8) Rolf Grimminger/Iris Hermann (Hrsg.), Mythos im Text. Zur Literatur des 20. Jahrhunderts. Bielefeld 1998 (Bielefelder Schriften zur Linguistik und Literaturwissenschaft 10); 252 S.: Aspekte zur internationalen Literatur- und Filmszene mit erweitertem Mythosbegriff.

Weitere Monographien konzentrierten sich auf die Literatur einzelner Länder bzw. besondere Mythenthemen (Auswahl): (1) Pierre *Albouy*, Mythes et mythologies dans la littérature française. Paris 1969 (Collection U 2 49); 340 S. (2) Lia Secci, Il mito greco nel teatro tedesco espressionista. Roma 1969 (Studi di filologia tedesca 2); 335 S. (3) Karl G. Esselborn, Hofmannsthal und der antike Mythos. München 1969; 287 S. (4) Rüdiger Bernhardt, Odysseus' Tod – Prometheus' Leben. Antike Mythen in der Literatur der DDR. Halle 1983; 151 S. (5) Volker *Riedel*, Antikerezeption in der Literatur der Deutschen Demokratischen Republik. Berlin 1984; IV, 328 S. (6) Pietro Gibellini, Il mito nella letteratura italiana moderna. Brescia 1996. (7) Inge Stephan, Musen & Medusen. Mythos und Geschlecht in der Literatur des 20. Jahrhunderts. Köln 1997 (Literatur – Kultur – Geschlecht: Neue

Reihe 9); IV, 269 S.: Überblicksstudie mit Tendenz zur gender-Forschung. (8) Nicola Bock-Lindenbeck, Letzte Welten – Neue Mythen. Der Mythos in der deutschen Gegenwartsliteratur. Köln, Weimar 1998; XX, 290 S.: Beiträge u. a. zu Michael Köhlmeier, Inge Merkel, Dagmar Nick, Christoph Ransmayr und Stan Nadolny.

Entsprechende Auswahlliste mit **kleineren Beiträgen**: (1) Berndt Ostendorf, James Joyce: *Ulysses* und *Finnegans Wake* – mythische Werke? In: Ostendorf 1971, wie S. 319, 80–88. (2) Jane M. Miller, Some Versions of Pygmalion. In: Martindale 1988, wie S. 123, 205–214 (zu Shaw). (3) Bernd Seidensticker, Antikerezeption in der deutschen Literatur nach 1945. In: Gymnasium 98, 1991, 420–453. (4) Vivienne Koch, An Approach in the Homeric Content of Joyce's *Ulysses*. In: King 1994, wie S. 123, 225–237. (5) Marianne Schuller, MedeaText. Nach Heiner Müller. In: Kämmerer u. a. 1994, wie S. 126, 177–189. (6ab) Umberto Albini, Der griechische Mythos in der italienischen Literatur des 20. Jahrhunderts. In: Konstantinou 1995, wie S. 163, 27–36; Patroklos Stavrou, Ancient Greek Motifs in the Work of Nikos Kazantzakis, ebd. 281–286. (7ab) Volker Riedel, Stabilisierung, Kritik, Destruktion. Wandlung des Antikebildes in der Literatur der DDR. In: Riedel 1996, wie S. 121, 183–193; Frauengestalten in der Antikenrezeption der DDR-Literatur, ebd. 205–212 (spez. 210f. zu Christa Wolf, *Kassandra*). (8) Rüdiger Görner, Im Antikensaal. Überlegungen zum Mythos in der Gegenwartsliteratur. In: Ds., Wortwege. Zugänge zur spätmodernen Literatur. Tübingen 1997, 119–139. (9ab) Bodo Guthmüller, Europa und der Stier in der italienischen und deutschen Literatur des 20. Jahrhunderts. In: Cappelletti/Huber-Rebenich 1997, wie S. 124, 103–112; Bernhard Kytzler, Antigone im Jahrhundert der Wölfe: Metamorphosen eines alten Mythos im 20. Jahrhundert, ebd. 113–124. (10) Bernhard J. Dotzler, ELIZA – Das Ende des Mythos und der Anfang der Maschine. In: Mayer/Neumann 1997, wie S. 126, 443–462 (zu Shaw). (11ab) Juliana Vogel, Ekstasen und Lektüren in Hofmannsthals *Elektra*. In: Flashar 1997, wie S. 122, 287–306; Christoph Siegrist, Mythologie und antike Tragödie in der DDR, ebd. 348–367. (12) Ortrud Gutjahr, Mythos nach der Wiedervereinigung: Zu Christa Wolfs *Medea. Stimmen* und Botho Strauss' *Ithaka*. In: Festschrift Böschenstein 1998, wie S. 122, 345–360. (13ab) Peter Habermehl/Bernd Seidensticker, Deutschland: V. 20. Jahrhundert. In: DNP 13 (1999) 689–699; Bernd Seidensticker, DDR: II. Literatur, Musik und Bildende Kunst, ebd. 817–828. (22ab) Karl-Heinz Stanzel, Zeitgenössische Adaptationen der Odyssee bei Inge Merkel, Michael Köhlmeier und Botho Strauß. In: Hofmann 1999, wie S. 124, 69–89; Maria Moog-Grünewald, Über die ästhetische und poetologische Inanspruchnahme antiker Mythen bei Roberto Calasso, *Le nozze di Cadmo e Armonia*, und Christoph Ransmayr, *Die letzte Welt*, ebd. 243–260.

Gegen Ende der Mittelphase zeichnete sich bereits ein zunehmendes Interesse an der Antiken- und Mythenrezeption im **Film** der Gegenwart als neues Spezialgebiet der aktuellen Mythosforschung ab (Auswahl): (1) Arthur B. *Evans*, Jean Cocteau and His Films of Orphic Identity. Philadelphia 1977; 174 S. (2) Gian Piero Brunetta, Itinerario di Pier Paolo Pasolini verso il mito di Edipo. In: Gentili/ Pretagostini 1986, wie S. 125, 387–393. (3) James J. Clauss, A Course on Classical Mythology in Film. In: Classical Journal 91, 1996, 287–295. (4) Barbara Feichtinger, Medea sehen. Pier Paolo Pasolinis Film „Medea" im Unterricht. In: Der Altsprachliche Unterricht 40,4–5, 1997, 107–120. (5) DNP 13 (1999) s.v. Film, 1133–1141 (Anja Wieber-Scariot).

Im Blick auf die **Bildende Kunst** der Moderne und Postmoderne waren Darstellungen antiker Mythenthemen bei zahlreichen Einzelkünstlern dieser jüngsten Periode ein zentraler Bestandteil ihres Schaffens. Das begann nach 1900 in der ausgehenden Historienmalerei z. B. mit Lovis Corinth, Max Slevogt und Franz von Stuck, setzte sich fort im beeindruckenden Gesamtwerk des ‚Jahrhundertgenies' Pablo Picasso, bei Giorgio de Chirico und seiner pittura metafisica sowie in dem sich aus ihr entwickelnden Surrealismus (z. B. Max Ernst, André Masson, Salvador Dalí; weiterhin René Magritte und Paul Delvaux als interessante Künstlerpersönlichkeiten aus dem Umfeld), aber auch bei den Hauptvertretern des Expressionismus (Max Beckmann und Otto Dix, aber auch Marc Chagall, Henri Matisse, Félix Vallotton, Ker-Xavier Roussel und Francis Picabia) sowie in der modernen Plastik/Skulptur (z. B. Fritz Klimsch, Henri Laurens, Jean Arp, Ossip Zadkine, Alfred Hrdlicka; Gerhard Marcks auch als Graphiker). In jüngster Zeit kam es zu einer bemerkenswerten Spätblüte bei Künstlern der DDR (spez. Werner Tübke, Bernhard Heisig und Wolfgang Mattheuer), im übrigen deutschsprachigen Raum (z. B. Klaus Fussmann, Wolfgang Hoedicke, Rudolf Hausner, Ernst Fuchs, Anselm Kiefer) und in der italienischen Kunstszene (spez. *arte povera*).

Einem wichtigen thematischen Teilaspekt galt die grundlegende Monographie von Christa **Lichtenstern***, Metamorphose in der Kunst des 19. und 20. Jahrhunderts. Bd. 2. Metamorphose. Vom Mythos zum Prozeßdenken. Ovid-Rezeption, surrealistische Ästhetik, Verwandlungsthematik der Nachkriegskunst. Weinheim 1992; 425 S.: Studie zur Aktualität von Ovids *Metamorphoses* (Teil I; 7–120), zur Bedeutung der Metamorphose im Surrealismus (Teil II; 121–294; spez. André Breton, André Masson, Salvador Dalí, Max Ernst) und der Kunstszene um die Jahrhundertmitte (Teil III; 295–388).

Sonst gab es zunächst nur geringe Ansätze, sich wissenschaftlich mit diesem ‚ungehobenen Schatz' zu beschäftigen. Immerhin wurde die Bedeutung von Mythenthemen in **neuen Medien** bzw. **Karikatur** bereits zunehmend gewürdigt, teilweise auch schon im Rahmen von kleineren Ausstellungen: (1) Das triviale Nachleben der Antike. AK Kunstgewerbeschule Basel 1975; 80 S.: Einführung ins Spektrum der neuen Medien. (2) Hermann Keulen, Die Antike in der Karikatur. Langenfeld 1986; 68 S.: Sammlung tagesaktueller Karikaturen (3) Peter Arlt

(Hrsg.), ANTIKwandel. Mythos und Antike in der DDR-Karikatur. AK Schloßmuseum Gotha 1989; 48 S. (4) Max Kunze (Hrsg.), Antiken auf die Schippe genommen. Bilder und Motive aus der Alten Welt in der Karikatur. AK Winckelmann-Museum Stendal 1998; VIII, 138 S. (5) Tomas **Lochman** (Hrsg.), ‚Antico-mix'. Antike in Comics. AK Skulpturenhalle Basel 1999; 196 S.: Instruktive Einführung in die Kleingattung mit ausführlicher Bibliographie (180–193).

Die Beschäftigung mit der Frage, inwieweit Themen antiker Mythen in der Kunst der Moderne und Postmoderne noch eine Rolle spielten, setzte nicht ganz zufällig mit Arbeiten zur **DDR-Kunst** ein: (1) Max Kunze (Hrsg.), Antikerezeption heute. Protokoll eines Kolloquiums. Stendal 1985 (Beiträge der Winckelmann-Gesellschaft Stendal 13); 118 S.: Einzelbeiträge z. B. zu Ikaros und Bildern zu Ovids *Metamorphosen*. (2) Peter **Arlt**, Antikerezeption in der bildenden Kunst der DDR. Zu den Entwicklungsprozessen der antik-mythologischen Ikonographie in Malerei, Grafik und Plastik von 1945 bis 1985 und der ikonographisch-ikonologischen Methode in der Kunstwissenschaft der DDR. Diss. Erfurt/Mühlhausen (mschr.) 1987; VIII, 288 S./S. 291–381. (3) Max Kunze (Hrsg.), Antikerezeption in der Kunst der DDR. Rückblicke. AK Winckelmann-Museum Stendal in der Abgußsammlung antiker Plastik Berlin 1991; 32 S. (4) Angeli Sachs, Erfindung und Rezeption von Mythen in der Malerei der DDR. Berlin 1994 (Aus Deutschlands Mitte 27); 147 S., spez. 84 ff. (zu den siebziger Jahren).

In der DDR gab es auch eine erste Publikation zum Thema in einem Kinderbuchverlag: Peter Arlt, Der Hirt und die drei schönen Göttinnen. Griechische Sagen im Spiegel der Kunst. Berlin 1982; 79 S. In den neunziger Jahren entstanden dann erste schuldidaktische Einführungen: (1) Christiane **Freitag***, Altsprachlicher Unterricht und Moderne Kunst. Lektüreprojekte. Bamberg 1994 (Auxilia 35); 143 S. (2) Peter Arlt, Kunst und griechischer Mythos. In: Kunst+Unterricht 209, 1997, 22–34. Zwei Beiträge zu einem großen Einzelkünstler der Moderne und zur Antikenrezeption allgemein in der modernen Kunst enthielt eine Sammelschrift zur bildlichen Rezeption: Hélène Lassalle, Picasso et le mythe antique. In: Antiquités imaginaires 1996, wie S. 130, 221–242; Paul-Louis Rinuy, Les impossibles „retours à l'Antiquité" dans l'art contemporain, ebd. 243–260.

Gegen Ende der Mittelphase kamen mehrere **Ausstellungskataloge** zur Gesamtthematik oder Teilbereichen heraus: (1) Helmut Friedel (Hrsg.), Der Traum des Orpheus. Mythologie in der italienischen Gegenwartskunst 1967 bis 1984. AK Städtische Galerie im Lenbachhaus München 1984; 177 S.: Basispublikation zur italienischen *arte povera*. (2) Peter Arlt, Das Urteil des Paris in der bildenden Kunst der DDR. AK Schlossmuseum Gotha 1986; 60 S. (3) Angelika Dierichs/Hans-Werner Kalkmann (Hrsg.), Europa, besteige den Stier! AK Schloßhof Bodenburg 1998; 240 S.: Ausstellungsobjekte vorwiegend zur Kunst der Moderne/Postmoderne. (4) **AK Ombra degli dei 1998***: Eva di Stefano (Hrsg.), L'Ombra degli dei.

Mito greco e arte contemporanea. AK Civica Galleria ‚Renato Guttoso', Villa Cattolica 1998; 208 S.: Nach verschiedenen Einführungsbeiträgen (11–93; wertvoller Überblick: Eva di Stefano, La mitologia vive. Immagini del Novecento, 19–55) reich bebilderter Katalog (95–187) zu Ausstellungsobjekten vorwiegend aus der italienischen Gegenwartskunst.

Weitere Beiträge galten der Mythosrezeption bei bedeutenden **Einzelkünstlern** des 20. Jahrhunderts: (1) Gino Grassi, De Chirico e il mito. In: Angelo Calabrese (Hrsg.), Tra sogno e mito. De Chirico e Dalí. Due poli del Surrealismo europeo. Bologna 1986, 17–55: Reich bebilderter Überblick zum wichtigsten italienischen Maler des Novecento. (2) Franz Josef van der Grinten; Hauptstrom Jupiter. Beuys und die Antike. AK Glyptothek München 1993; 162 S. (3) Martina *Rudloff* u. a. (Hrsg.), Gerhard Marcks und die Antike. Bremen 1993; 117 S.: Retrospektive für den wohl mythenaffinsten deutschen Bildhauer und Graphiker der Moderne. (4) Siegfried Gohr (Hrsg.), Hans Arp und die Antike. AK Arp-Stiftung Bahnhof Rolandseck 1995; 19 S. mit Abb. (5) Marisa Vescovo (Hrsg.), Giorgio de Chirico e il mito (1920–1970). AK Aosta, Centro Saint-Bénin 1996; 125 S. (6) Fabio Benzi, De Chirico e il mito greco. In: AK Ombra degli dei 1998, wie oben, 60–66.

Zur Entwicklung dieser neuen Forschungsrichtung trug der Verfasser mit zwei grundlegenden Arbeiten bei: (1) *Vf.**, Griechische Mythen in der Bildenden Kunst des 20. Jahrhunderts (Materialien – Typologie – Dokumentation). In: Cappelletti/Huber-Rebenich 1997, wie S. 124, 190–228: Erster Gesamtüberblick zur Rezeption mythischer Standardstoffe in der Bildenden Kunst der Moderne mit breitem Belegspektrum aus unterschiedlichsten Stilen und Ansätzen einer Systematisierung von Rezeptionstypen (Grundtyp A: Alte Mythen in neuem Gewand, 193–208; Grundtyp B: Wandel der Mythen als Zeichen der Zeit, 208–216; Grundtyp C: Metamorphosen der Avantgarde, 217–223); zugleich Basisbeitrag zur konsequenten Erschließung dieses weitgehend neuen Forschungsbereichs.[25] (2) *Vf.*, Rezeptionsformen des griechischen Mythos in der Bildenden Kunst der Moderne: Fallbeispiel ‚Parisurteil'. (Vortrag Universität Mainz 1999). In: Ergänzungen 2020, 25–37: Praktische Überprüfung des für Mythenthemen in der modernen Kunst entwickelten Grundschemas (1997) an einem klassischen Standardthema mit den

---

25 Ergänzend zwei frühe Kurzbeiträge: (1) Vf., Antike als Gegenwart in der Kunst der Moderne. In: 175 Jahre Gymnasium an der Stadtmauer Bad Kreuznach 1819–1994. Dokumentation. Bad Kreuznach 1995, 62–80: Überblick zu Mythenthemen, die jeweils als ‚modern' empfunden wurden. (2) Vf., De Europa moderna plus minusve iocose delineata (Europa in der modernen Kunst, Karikatur und Werbung) In: Vox Latina 34, 1998, 2–30: Überblick zu ausgewählten Bildbelegen des mythischen Standardstoffes und seinem breiten zunehmenden Rezeptionsspektrum in der Gegenwart.

drei Rezeptionstypen und ergänzender Präsentation von jeweils exemplarischen Bildbelegen aus der Kunstszene von Moderne/Postmoderne.

3. Narratologischer Gesamtbereich 1960 – 2000

Zum Standardwerk entwickelte sich für den europäischen *folktale* und darüber hinaus das internationale Großprojekt EM (Göttingen 1977–2015; dazu S. 170). Entscheidende Fortschritte in der Motivforschung brachten die Neubearbeitung des Überblickswerks von Aarne/Thompson (1961) und das Handbuch ‚Motive der Weltliteratur' (1. Aufl. 1976; dazu S. 171) von Elisabeth Frenzel, auch dank zahlreicher Verbesserungen in den Neuauflagen.

a. Forschungen zum Mythos als Erzählkomplex

Wesentlich für die Forschungen zur Stellung antiker Mythen innerhalb des europäischen *folktale* war zunächst der längere Grundsatzbeitrag ‚Mythos' – ‚Sage' – ‚Märchen' des österreichischen Althistorikers Franz **Hampl*** (In: Ds., Geschichte als kritische Wissenschaft. Bd. 2. Althistorische Kontroversen zu Mythos und Geschichte. Darmstadt 1975, 1–50), der die verschiedenen Ansätze einer Differenzierung speziell zwischen Mythos und Sage sehr skeptisch beurteilte „mit dem Ergebnis, daß man der angestrebten Begriffsklärung keinen Schritt näher kam, dafür aber eine Babylonische Sprachverwirrung schuf" (1).

Ähnlich kritisch beurteilten verschiedene Klassische Philologen und zugleich bedeutende Mythenforscher das Problem, z.B. Geoffrey S. Kirk mit einer eher bipolaren Sichtweise beim Vergleich zwischen *myth* und *folktale* in ‚Myth' (Kirk 1970, wie S. 60, 34–41) und ‚The Nature of Greek Myths' (Kirk 1974, dt. 1987, wie S. 61, 29–36); weiterhin Fritz Graf in seinem Standardwerk (Graf 1987, wie S. 62, 12–14) mit dem Fazit zu Mythos, Sage, Legende, Märchen und Fabel: „Nicht in allen Fällen ist eine Abgrenzung nötig oder möglich" (12); schließlich Walter Burkert in einem Grundsatzbeitrag (in: Poser 1979, wie S. 74, 16–39) mit dem apodiktischen *statement*: „Die Abgrenzung gegenüber ‚folktale' im allgemeinen, Märchen, Sage, Legende kann weder in der Struktur noch im Inhalt gefunden werden" (28).

Positiver beurteilte der Märchenforscher Lutz Röhrich die Möglichkeiten der Abgrenzung eher allgemein in seiner grundlegenden Monographie ‚Sage und Märchen. Erzählforschung heute' (Freiburg 1976; 348 S.), dann zu allen drei Bereichen im Beitrag ‚Märchen – Mythos – Sage' (in: Siegmund 1984, wie unten, 11–35); schließlich, nur auf zwei Bereiche bezogen, im Beitrag ‚Märchen und

Mythen' (in: Graf 1993, wie S. 113, 295–304). An dieser positiven Beurteilung orientierten sich weitgehend auch die späteren Forschungsergebnisse von MSM 2012. Über diese Ansätze hinaus ging ein differenzierteres Abgrenzungsschema zwischen Mythen; Sagen und Märchen bei Mohn 1998, wie S. 320, 60–64.

Die wichtigste Basispublikation zum Verhältnis von Mythen und Märchen aus der Mittelphase war eine Sammelschrift: Wolfdietrich **Siegmund***' (Hrsg.), Antiker Mythos in unseren Märchen. Kassel 1984 (Veröffentlichungen der Europäischen Märchengesellschaft 6); 201 S.: Der Einführung von Lutz Röhrich (s. o.) folgten vierzehn Beiträge überwiegend zu den Verbindungen zwischen griechischen Mythen und neugriechischen Märchen und weiteren Spezialfragen (z. B. Walter Burkert, Vom Nachtigallenmythos zum ‚Machandelboom', 113–125); darunter zwei Grundsatzbeiträge, zunächst Detlev Fehling, Die alten Literaturen als Quelle der neuzeitlichen Märchen, 79–92 (zum antiken Märchen von Amor und Psyche nach Apuleius); weiterhin Leander Petzoldt, Die Geburt des Mythos aus dem Geist des Irrationalismus. Überlegungen zur Funktion des Mythischen in der Gegenwart, 148–159.

Grundlegende Ausführungen aus narratologisch-ethnologischer Sicht enthielten die Einzelbeiträge eines internationalen Sammelwerks: Alan **Dundes** (Hrsg.), Sacred Narrative Readings to the Theory of Myth. Berkeley 1984; IX, 352 S.; weiterhin ein Einführungsbeitrag von Lowell Edmunds, Greek Mythology. In: Edmunds 1990, wie S. 63, 239–249 (mit der Fallstudie: William F. Hansen, Odysseus and the Oar: A Folkloric Approach, 241–274). Aus altertumswissenschaftlicher Sicht legte Tanja Susanne Scheer in der Einleitung ihrer ersten Monographie zum Mythos (Scheer 1993, wie S. 76) einen knappen Vergleich zwischen Mythos, Sage und Märchen vor (13–20), während Claude Calame in der Einleitung seiner Monographie zum antiken Mythos (Calame 1996, wie S. 65) unter dem Titel ‚Conte, légende, mythe' (2–23) ein Vergleichsschema zu den drei Hauptbereichen ‚Mythe – Légende – Conte' präsentierte (21). Auf den Nachbarbereich ‚Märchen' bezog sich schließlich mit vielen Verweisen auf den antiken Mythos ein neues Standardwerk: Walter **Scherf***, Das Märchenlexikon. Bd. 1.2. München 1995; XXIX, 771 S./S. 773–1621. Ergänzend ist auf einen thematisch anregenden Einzelbeitrag zu verweisen: Hubert Petersmann, Homer und das Märchen. In: Wiener Studien 94, 1981, 43–68).

Eine große Bedeutung kam den zahlreichen Studien zu dem Mythenmärchen von **Amor und Psyche**[26] als der einzigen aus der Antike erhaltenen Verbindung

---

[26] Neuer Forschungsbericht: C. Schlam/E. Finkelpearl, A Review of Scholarship on Apuleius' *Metamorphoses* 1970–1998. In: Lustrum 42, 2000, 7–230, spez. 135–151. Weiteres in MSM 2012, 53–137; MSM Ntr. 2018, 25 ff.

von Mythos und Märchen zu (Auswahl): (1) Gerhard Binder/Reinhold Merkelbach (Hrsg.), Amor und Psyche. Darmstadt 1968 (Wege der Forschung 126); VIII, 437 S.: Basisbeiträge als Querschnitt zur älteren Literatur. (2) Detlev **Fehling***, Amor und Psyche. Die Schöpfung des Apuleius und ihre Einwirkung auf das Märchen, eine Kritik der romantischen Märchentheorie. Wiesbaden 1977 (Akademie der Wissenschaften und der Literatur Mainz. Abhandlungen der geistes- und sozialwissenschaftlichen Klasse 1977, 9); 110 S. (3) Maaike Zimmerman u. a. (Hrsg.), Aspects of Apuleius' Golden Ass. Vol. 2: Amor and Psyche. A Collection of Original Papers. Groningen 1998; XII; 236 S.: Themenspezifische Sammelschrift auf dem damaligen Stand der Forschung.

Der problematischen Tendenz zu einer bipolaren Betrachtungsweise im Blick auf *myth* und *folktale* bereits bei Geoffrey S. Kirk (dazu S. 168) entsprach übrigens die spätere Beurteilung des Problems im Bestseller ‚Kinder brauchen Märchen' des amerikanischen Psychoanalytikers Bruno Bettelheim (Stuttgart 1977; Ndr. München 1996; amerik. OA: The Uses of Enchantment, New York 1975) mit dem Fazit: „Die Sage [gemeint ist ‚Mythos'] endet fast immer tragisch, das Märchen geht stets gut aus. [...]. Der Mythos ist pessimistisch, während das Märchen optimistisch ist..." (dt. 1977, 39 f.). Grundsätzliche Kritik an der einseitig bipolaren Zuordnung ‚Optimismus vs. Pessimismus' in MSM 2012, 140–145.

Zu einem Meilenstein narratologischer Forschung entwickelte sich das internationale Großprojekt ‚**Enzyklopädie des Märchens.** Handwörterbuch zur historischen und vergleichenden Erzählforschung' (**EM****; begründet von Kurt Ranke. Hrsg. von Rolf Wilhelm Brednich u. a. Bd. 1–15. Berlin/New York 1977–2015) als wesentliches Organ der Stoff- und Motivforschung, das auch dank der breiten Berücksichtigung der Antikentradition zu einem unverzichtbaren Arbeitsmittel für die Einordnung des antiken Mythos in den Gesamtbereich des europäischen *folktale* (und darüber hinaus) wurde. Die nachhaltige Wirkung, die diese monumentale Aufarbeitung des narratologischen Gesamtbereichs gerade auch dank zahlreicher Lemmata zu Mythenthemen auf die Forschung der späten Mittel- und der gesamten aktuellen Phase auslöste, ist nicht hoch genug einzuschätzen. In Umfang und Intensität ist sie höchstens vergleichbar mit der Dauerwirkung der in ihrem Abschluss noch nicht absehbaren Publikationsreihe ‚Corpus Vasorum Antiquorum' (CV; Bd. 1 ff., Paris 1923 ff., wie S. 33) und des späteren LIMC (Bd. 1–8. Zürich/München 1981–97, wie S. 92) auf die archäologische und mythenikonographische Forschung. – Symptomatisch für die immer größere Bedeutung dieses Forschungsgebiets in der Mittelphase war die Neugründung der ‚Poetica. Zeitschrift für Sprach- und Literaturwissenschaft' (München Bd. 1 ff., 1967 ff.) u. a. durch den Klassischen Philologen Hellmut Flashar.

b. Forschungen zum Mythos als Erzählmotiv

Was diesen letzten Teilbereich betrifft, so boten die **Überblickswerke** der Mittelphase einen zunehmend hohen Forschungsstandard. Gleich zu Beginn erschien der ‚Klassiker' von **Aarne/Thompson*** (1928) in einer auf fast den doppelten Umfang erweiterten Neubearbeitung: The Types of the Folktale. A Classification and Biography. Antti Arne's Verzeichnis der Märchentypen (FF Communications 3). Translated and Enlarged by Stith **Thompson****. Second revision. Helsinki 1961 (FF Communications 184); 588 S., Ndr. 1964/1981. Dass der monumentale, von demselben Autor schon in der Frühphase erarbeitete ‚Motif-Index of Folk-Literature' (1. Aufl. 1932–1936, 2. erw. Aufl. 1955–1958) in der Folgezeit noch zweimal nachgedruckt wurde (Bloomington/Indiana 1975/1989), bestätigte nachhaltig seine Bedeutung als unverzichtbares Standardwerk.

Neu entstand ein in der Forschung seither grundlegendes Handbuch einer bekannten deutschen Germanistin mit komparatistischer Ausrichtung: Elisabeth **Frenzel****, Motive der Weltliteratur. Ein Lexikon dichtungsgeschichtlicher Längsschnitte. Stuttgart 1976 (Kröners Taschenausgabe 301; XIV, 807 S. (mit zahlreichen erweiterten Neuauflagen). Ergänzende Publikationen der Autorin: (1) Stoff-, Motiv- und Symbolforschung. Stuttgart 1963 (Sammlung Metzler 28); VII, 112 S., 4. Aufl. 1978. (2) Stoff- und Motivgeschichte. Berlin 1966 (Grundlagen der Germanistik 3); 170 S., 2. Aufl. 1974.

Hinter der hohen Qualität dieses lexikonartigen Handbuchs, die wie schon beim rezeptionsgeschichtlichen Pendant ‚Stoffe der Weltliteratur' (1. Aufl. Stuttgart 1962) entscheidend auf die verbesserten Neuauflagen zurückging, blieben weitere in der Mittelphase entstandene internationale Publikationen zur Stoff- und Motivforschung mehr oder weniger deutlich zurück: (1) Jean-Charles **Seigneuret*** (Hrsg.), Dictionary of Literary Themes and Motivs. 1. 2. New York 1988; XXIII; 1–690 S./692–1507 S. (2) Pierre **Brunel*** (Hrsg.), Dictionnaire des mythes littéraires. Paris 1988: 1436 S.; engl. Ausgabe: Companion to Literary Myths, Heroes, and Archetypes. London 1992; XIV, 1223 S. (3) Horst S. **Daemmrich***/Ingrid G. **Daemmrich**, Themes and Motifs in Western Literature. A Handbook. Tübingen 1987; XII, 255 S.; 2. überarb. Aufl. 1995 (UTB 8034); XXV, 410 S.: Alphabetische Liste von Themen und Motiven.

Die wichtigsten der zahlreichen im Verlauf der Mittelphase entstandenen **Spezialbeiträge zu Einzelmotiven** des europäischen *folktale* sind durch die genannten Überblickswerke und die betreffenden Lemmata in EM z.T. ausführlich erschlossen. Zu den in MSM 2012 behandelten zehn Standardmotiven (inkl. Zusatzmotive) entstanden für den Zeitraum 1960–1999 als Neuerscheinungen (Auswahl): **(Motivreihe 1)** Gerhard **Binder***, Die Aussetzung des Königskindes. Kyros und Romulus. Meisenheim/Glan 1964 (Beiträge zur Klassischen Philologie

10); 262 S.; Donald B. Redford, The Literary Motiv of the Exposed Child. In: Numen 14, 1967, 209–228; EM 1 (1977) s.v. Aussetzung, 1048–1065 (Gerhard Binder); EM 4 (1984) s.v. Findelkind, 1134–1140 (Sigurd Graf von Pfeil). **(Motivreihe 2)** EM 7 (1993) s.v. Jungfrau im Turm, 791–797 (Hans-Jörg Uther). **(Motivreihe 3)** Udo Hetzner, Andromeda und Tarpeia. Meisenheim 1963 (Beiträge zur Klassischen Philologie 8); 72 S.; EM 3 (1981) s.v. Drache, Drachenkampf, Drachentöter, 787–820 (Lutz Röhrich); Uwe Steffen, Drachenkampf. Der Mythos vom Bösen. Stuttgart 1984; 255 S.; Vf., Andromeda und Angelica. Zum Motiv *Königstochter – Held – Ungeheuer* in der literarischen und bildlichen Tradition des Abendlandes. In: Walter/Horn 1995, wie S. 124, 193–213: Überblick zur literarischen und bildlichen Gesamttradition des Standardmotivs (inkl. europäisches *folktale*) von der Antike bis zur Moderne. **(Motivreihe 4)** EM 5 (1987) s.v. Freier, Freierproben, 227–236 (Elisabeth Frenzel); Christine Goldberg, Turandot's Sisters. A Study for Folktale AT 851. New York u. a. 1993 (The Garland Folklore Library 7); XIII, 206 S. **(Motivreihe 5)** Rudolf M. Dekker/Lotte C. van de Pol, The Tradition of Female Transvestism in Early Modern Europe. London 1989; XV, 128 S., dt. Ausgabe Berlin 1990; 141 S., erw. Neuausgabe Berlin 2012 (Wagenbach Taschenbuch 678); 234 S.; Richard White (Hrsg.), King Arthur in Legend and History. London 1997, spez. 25–39 (Geburt von König Artus). **(Motivreihe 6)** Georg Doblhofer, Vergewaltigung in der Antike. Stuttgart/Leipzig 1994 (Beiträge zur Altertumskunde 46); X, 134 S., spez. 83–93 (Mythos); Susan Deacy/Karen F. Peirce (Hrsg.), Rape in Antiquity. Sexual Violence in the Greek and Roman Worlds. London 1997; XIV, 272 S., Ndr. 2012; spez. Susan Deacy, The Vulnerability of Athena. Parthenoi and Rape in Greek Myth, 43–63; J.E. Robson, Bestiality and Bestial Rape in Greek Myth, 65–96; Diane Wolfthal, Images of Rape. The ‚Heroic' Tradition and its Alternatives. Cambridge 1999; XV, 286 S. **(Motivreihe 7)** John D. *Yohannan*, Joseph and Potiphar's Wife in World Literature. New York 1968; 310 S.; J.M. Lucas de Dios, Il motivo de Putifar en la tragedia griega. In: Epos 8, 1992, 38–56; Albert S. Gérard, The Phaedra Syndrom of Shame and Guilt in Drama. Amsterdam 1993 (Texttext 2); 142 S.; M. López Salvá, El tema di Putifar en la literatura arcaica y clásica griega en su relación con la del Próximo Oriente. In: Cuadernos de Filología Clásica 4, 1994, 77–110. **(Motivreihe 8)** Uvo Hölscher, Die Odyssee. Epos zwischen Märchen und Roman. München 1988; 360 S.; Ndr. 1990; EM 6 (1990) s.v. Heimkehr des Gatten, 702–707 (Otto Holzapfel); Uvo Hölscher, Der epische Odysseus. In: Gotthard Fuchs (Hrsg.), Lange Irrfahrt – große Heimkehr. Odysseus als Archetyp – zur Aktualität des Mythos. Frankfurt/M. 1994, 29–47. **(Motivreihe 10)** EM 1 (1977) s.v. Aufgaben, unlösbare, 963–972 (Josef R. Klíma); EM 3 (1981) s.v. Drei, Dreizahl, 851–868 (Max Lüthi), spez. 853 ff. **(Inzestmotiv)** Paul G. Brewster, The Incest Theme in Folksong. Helsinki 1972 (FF Communications 212 = 90,2); 36 S.; Jean Rudhardt, De l'inceste dans la mythologie grecque. In: Revue française de psychanalyse 46, 1982, 731–

763; Rumpf 1985, wie S. 74, spez. 93–107 (Mutter-Sohn), 109–118 (Vater-Tochter).
(Uriabrief) EM 2 (1979) s.v. Brief, 784–789 (Rudolf Schenda), spez. 786 f.

C. Überblick zur aktuellen Phase der Mythosforschung

Im Verhältnis zum kürzeren Berichtszeitraum ist die für die aktuelle Phase berücksichtigte Literatur erheblich umfangreicher als für die Früh- und Mittelphase, so dass die bibliographischen Angaben jedem Benutzer eine gute Basis für weitere wissenschaftliche Recherchen bieten dürften. Unabhängig davon, dass die neueste Forschungsliteratur bereits im Gesamtprojekt des Vf.s aufgearbeitet ist, beschränken sich auch die folgenden Ausführungen vor allem auf Standardwerke und grundlegende Überblicksliteratur.

1. Altertumswissenschaftlicher Kernbereich 2000 – 2020

Nach den starken Fortschritten der altertumswissenschaftlichen Mythosforschung in der Mittelphase war eine gewisse Konsolidierung seit Beginn des neuen Millenniums unübersehbar. Voraussetzungen waren im universitären Bereich eine zunehmende Verlagerung von den Geistes- zu den Naturwissenschaften, im schulischen Bereich ein unübersehbarer Rückgang des altsprachlichen Schulzweiges, schließlich in der Öffentlichkeit ein immer stärkerer Verlust an historischem Bewusstsein. Angesichts dieser Gesamtentwicklung könnten die künftigen Möglichkeiten einer Breitenwirkung von Antiken- und Mythostradition erheblich eingeschränkt werden.

a. Klassisch-philologische Mythosforschung

In der aktuellen Phase gab es bis zur Gegenwart keine neue umfassende Gesamtdarstellung zur **Geschichte der Mythologie** mehr, die über die Ergebnisse der verdienstvollen Monographie von Jan de Vries (1961, wie S. 58) hinausgegangen wäre. Bemerkenswert war immerhin ein substantieller Abriss zur Gesamtentwicklung von der Antike bis zur Moderne und den neuesten Strömungen der Gegenwartskultur: Jan N. **Bremmer***, A Brief History of the Study of Greek Mythology. In. Dowden/Livingstone 2011, wie S. 182, 527–547 = Bremmer 2019, wie S. 191, 511–530.

Zu einer wichtigen frühen Einzelphase der Mythosforschung kam eine neue Spezialuntersuchung heraus: Anthony **Andurand***, Le mythe grec allemand. Histoire d'une affinité élective. Rennes 2013; 403 S.: Grundlegende Behandlung zum deutschen ‚Griechenmythos' mit den drei Forschungsphasen ‚Le rencontre entre le *Griechenmythos* et l'*Altertumswissenschaft* (1755–1815)', ,*Griechenmythos*: Permanences, conflits et nouvelles perspectives (1815–1890)' und ,Le *Griechenmythos*, une voie particulière pour l'Allemagne?' (1890–1945)' sowie Bibliographie (375–388), Index des Sources (389–393) und Index général (394–398) als kompetente Abrundung.

Den bisher fehlenden fundierten Überblick zu den verschiedenen **Hauptströmungen** der mythologischen Forschung im Verlauf **des 20. Jahrhunderts** bot zu Beginn der aktuellen Phase eine wichtige Neuerscheinung: Eric **Csapo****, Theories of Mythology. Malden/Mass. 2005; XIII, 338 S.; Ndr. 2012. – *Disposition:* 1. Introducing Myth (1–9). 2. Comparative Approaches (10–79; z.B. James G. Frazer). 3. Psychology (80–131; spez. psychoanalytische Ansätze der Schule von Sigmund Freud). 4. Ritual Theories (132–180; spez. Jane Allen Harrison und Walter Burkert). 5. Structuralism (181–261; spez. Ferdinand de Saussure). 6. Ideology (262–315; Sammelkapitel zu ,Poststructuralism, Postmodernism, and Ideology', mit konkretem Fallbeispiel: ,An Ideological Analysis of the Myth of Heracles', 301–315). Knappe Nachbemerkungen (316–322), Bibliographie (323–330), Index (331–338). – *Résumé:* Grundlegender Überblick zu den verschiedenen wissenschaftstheoretischen Ansätzen der neueren mythologischen Forschung; insgesamt mit Abstand die beste derartige Einführung.

Nachdem bei den **grundlegenden Handbüchern** in der Mittelphase die Publikation von Timothy Gantz (1996, wie S. 59f.) eine richtungweisende Wegmarke gesetzt hatte, legte für die aktuelle Phase der Verfasser als Ergebnis seiner langjährigen ,Arbeit am Mythos' eine in vielfacher Hinsicht grundlegende Neuerscheinung vor: Udo **Reinhardt****, Der antike Mythos. Ein systematisches Handbuch. Freiburg/Br. 2011 (Paradeigmata 14); 528 S. – *Disposition:* Kap. 1: Einführung in die Grundbegriffe (13–27; Mythos 12–22; Mythologie 22–24; Antiker Mythos 24f., Griechischer Mythos 25f., Römischer Mythos 26f.). Kap. 2: Zu Ursprüngen und Voraussetzungen des frühgriechischen Mythos (28–86; u. a. zu: Das ,griechische Wunder', 28–30; Basisvorstellungen des altorientalischen Erbes. 30–86). Kap. 3: Die konstitutiven Kategorien des frühgriechischen Mythos (87–248): a. Räumliche Fixierung (88–106). b. Zeitliche Fixierung (106–114). c. Personale Fixierung (114–161). d. Die grundlegende Bedeutung des Göttlichen (161–207). e. Integration des Geschehens in einen göttlichen Schicksalsplan (207–237). f. Das mythische Weltbild (237–248). Kap. 4: Wesentliche Zusatzkriterien bei der Realisierung des frühgriechischen Mythos (249–297). Exkurse: I. Religion/Ritus/Ritual (298–302). II. Literatur/Bildende Kunst (302–305). III. Text-Bild-Verhältnis (306–314). IV. Realhistorie (314–322). Kap. 5: Zur kulturhistorischen Gesamtentwicklung des antiken Mythos (323–415; Rezeption): a. Die große mythische Epoche (323–329). b. Aufklärung und Mythenkritik (330–352). c. Der römische Nationalmythos (352–364). d. Mythen und Mythennovellen (364–407; spez. zu

Ovids *Metamorphoses*). e. Spätantike und Mittelalter (408–413). f. Ausblick in die Neuzeit (414 f.). Exkurse: V. Alltagsnovellen (416–420; spez. zu Ovid). VI. Mythos, Sage und Märchen (420–425). Anhänge (426–528; Verweise auf Bildmaterial, Schemata, Literatur, Register). – Résumé (Rückentext): „Anders als frühere Handbücher, die den antiken Mythos primär in der Abfolge seines Geschehens darstellten, geht dieses Buch neue Wege. Aus einem fächerübergreifenden Ansatz (mit mittelalterlichen Sagen und europäischen Märchen im Hintergrund) und der Forderung von G.S. Kirk nach praktikablen Definitionen ergibt sich eine weitgehende Systematisierung. [...] So geht diese Publikation, die sowohl für die Praxis von Universität und Fachwissenschaften wie auch für ein breiteres Publikum konzipiert ist, als Handbuch und systematischer Überblick auf dem neuesten Stand der Forschung über das Standardwerk von Herbert J. Rose (1. Aufl. 1928) und Vergleichbares z.T. erheblich hinaus."

Dass das Gesamtkonzept von MH 2011 im Vergleich mit früheren Handbüchern zum antiken Mythos eine Reihe von z.T. grundlegend neuen Tendenzen verfolgte, hob bereits die begleitende Einführung (2011) hervor:[27] **(1)** *Konsequente Systematisierung des antiken Mythos als zentrales Anliegen:* Einführung in die Grundbegriffe (Kap. 1). – Die konstitutiven Grundkategorien des frühgriechischen Mythos (Kap. 3). – Wesentliche Zusatzkriterien bei der Realisierung des frühgriechischen Mythos (Kap. 4). **(2)** *Präzise Abgrenzung gegenüber wichtigen Nachbarbereichen:* Mythos und ‚Mythen der Moderne' (Kap. 1a). – Mythos und Religion/Ritus/Ritual (Exkurs I). – Mythos und Literatur/Bildende Kunst (Exkurs II). – Mythos und Realhistorie (Exkurs IV). – Mythos und Philosophie: Aufklärung und Mythenkritik ab 5./4. Jahrhundert (Kap. 5b). – Der römische Nationalmythos (Kap. 5c). – Mythen und ‚Mythennovellen' speziell aus Ovids *Metamorphoses* (Kap. 5d). – Alltagsnovellen speziell aus Ovids *Heroides* und *Metamorphoses* (Exkurs V). **(3)** *Präzise Terminologie bei den Grundbegriffen:* Problematik von ‚Mythe' statt ‚Mythos' und ‚Mythem' statt ‚Mythologem' (Kap. 1a). – ‚Mythennovellen' als Spezialbegriff für Neubildungen mit kleinen isolierten Erzählkernen spez. der hellenistisch-römischen Zeit (Kap. 1a/5bd). **(4)** *Breite Berücksichtigung der Rezeptionsgeschichte:* Zu Ursprüngen und Voraussetzungen des frühgriechischen Mythos (Kap. 2). – Grundsätzlich voraussetzbare Entwicklungsphasen eines Einzelmythos (Kap. 4e). – Zur kulturellen Gesamtentwicklung des antiken Mythos (Kap. 5). **(5)** *Starke Betonung der mythengenetischen Unterschiede:* Frühgriechische und spätere antike Mythen (Kap. 1cde). – Breites Spektrum ‚alter' und ‚neuer'

---

[27] Die im Text folgende Liste im Anschluss an Freiburger Universitätsblätter 194, 2011, 24 f. = Ergänzungen 2020, 102 f. – Hinweis auf Corrigenda: Vf., Korrekturen und kleinere Nachträge zur Erstauflage von *Der antike Mythos* (2011). Mit zwei Beilagen. Mainz 2016. 32 S. (Näheres zum möglichen Download einer Neufassung der Corrigenda zu MH/MSM auf S. IX, Anm. 4.).

Mythen speziell in der hellenistisch-römischen Phase (Kap. 5bc) und in Ovids *Metamorphoses* (Kap. 5d). **(6)** *Gleichrangigkeit der literarischen und bildlichen Zeugnisse:* Altorientalische und altägyptische Kunst (Kap. 2). – Ikonographie der frühgriechischen Heroen (Kap. 3c). – Ikonographie der antiken Gottheiten (Kap. 3d). – Literarische Anregung und bildliche Umsetzung bei Mythenthemen (Exkurs III). – Grundsätzliches zum Verhältnis von Text und Bild (Kap. 5a). – Ergänzende Verweise auf Bildmaterial (Anhang 1). – Literarische und bildliche Hauptquellen des Mythos (Anhang 2bc). **(7)** *Geistesgeschichtliche Neubewertung des frühgriechischen Mythos:* Fortschritt gegenüber der mykenisch-minoischen und altorientalischen Tradition dank der Verschiebung des Schwergewichts von Göttermythen auf Heroenmythen mit konsequenter Vernetzung des Gesamtgeschehens (Kap. 2). – Zentrales Identifikationsmodell für das frühe Griechentum (Kap. 3a-c). – Modell zur weitgehenden Integration des Geschehens in einen göttlichen Schicksalsplan mit der Göttin Themis als oberster Instanz und Verkörperung des ‚kollektiven Gewissens' (Kap. 3e). – Mythisches Weltbild mit Vorgaben für angemessenes Verhalten *(sébas/aidōs)* und eher skeptischer Weltsicht als kritisch-rationale Abkehr von der ursprünglichen Dominanz des Numinosen und erster Schritt in Richtung Aufklärung (Kap. 3f). – Dichotomie von konservativer Konstanz und progressivem Wirkungspotential sowie dialektisches Wechselspiel von Mythos und Aufklärung in der weiteren Rezeptionsgeschichte (Kap. 5).

Um die Erstauflage auf dem neuesten Stand der Forschung zu halten, wurde auch schon im Blick auf einen größeren Forschungsbericht das in der Folgezeit gesammelte Material in einer ergänzenden Publikation zusammengefasst: **Ds.***, Definitive Nachträge (2018) zur Erstauflage von *Der antike Mythos* (2011). Mit einem Einblick in die moderne Mythosforschung (ab 1920) und einem Überblick zur aktuellen Mythosforschung (1996–2018) sowie weiteren wesentlichen Ergänzungen zu mythischen Einzelaspekten. Mainz 2019; 208 S. – *Disposition:* (I.) Vorläufiger Forschungsbericht (4–103). Forschungsregister (101–103). (II.) Einzelnachträge 2018 (104–195). Teilregister zu den Nachträgen (196–208).

Eine persönliche Kurzbilanz zu MH 2011 und MH Ntr. 2018 enthält der Epilog (S. 326 ff.). Von diesem neuartigen Handbuch und seinen Nachträgen abgesehen, kam in der aktuellen Phase keine der weiteren handbuchartigen Einführungen über den bisherigen Stand der Forschung hinaus:

(1) Robin **Hard***, The Handbook of Greek Mythology, Based on H.J. Rose's *Handbook of Greek Mythology*. London u. a. 2004; XX, 753 S. – *Vergleich mit der Vorlage:* Im Text erheblich erweiterte und zusätzlich bebilderte Neubearbeitung

des klassischen Handbuchs[28], erschienen kurz nach Hard's Neuausgabe zum Mythographen Apollodor (Oxford 1997, Ndr. 2008) mit neuer Einleitung ('Sources for Greek Myth' 1–20: Alphabetische Liste der Hauptquellen anstelle der forschungsgeschichtlichen Einleitung 'History of Mythology' bei Rose, Kap. I, 1–16). Im weiteren Textverlauf durchweg Beibehaltung der traditionellen mythenchronologischen Gliederung: Frühzeit und Göttermythen (Rose, Kap. I-VII, 17–181 = Hard, Kap. 2–6, 21–224); ältere Heroenmythen (Rose, Kap. VIII/1, 182–229 = Hard, Kap. 7–12, 225–436); Troianischer Krieg, inkl. *Nóstoi* (Rose, Kap. VIII/2, 230–253 = Hard, Kap. 13–14, 437–516). Erhebliche Erweiterung des Textes von Rose nach dem genealogischen Grundsystem bei Apollodor in Hard, Kap. 15: 'The Atlantids, The Asopids, and the Arcadian Royal Family', 517–549; dafür im Schlussteil des Textes Reduzierung (Rose, Kap. IX: 'The Legends of Greek Lands', 254–285; Kap. XI: 'Italian Pseudomythology', 305–334 = Hard, Kap. 16: 'Legends of Greek Lands', 550–583, Kap. 17: 'Aeneas, Romulus and the Origins of Rome', 584–602), leider unter Verzicht auf einen für die Nachbargattung Märchen ganz wichtigen Abschnitt (Rose, Kap. X: '*Märchen* in Greek and Italy', 286–304). Im Schlussteil umfangreiche Anmerkungen zum Gesamttext (603–689), bibliographische Hinweise (690–692), genealogische Schemata (693–714) und ausführliche Indices (715–752). – *Résumé:* Die vor allem für die Behandlung der älteren Heroenmythen erheblich detailliertere Neubearbeitung folgt in der Gesamtdisposition weiterhin ihrer Vorlage (leider nicht mehr mit Fußnoten unter dem Text, sondern mit nachträglichen Anmerkungen). Entgegen dem im Titel weiterhin betonten Handbuchcharakter entspricht die Neuerscheinung (wie schon die zahlreichen Nachdrucke der Vorlage von 1928) nicht dem neuesten Stand der Forschung; nur denkbar knappe Übersicht zur Forschungsliteratur; in den Anmerkungen zwar Stellennachweise, doch kaum Verweise auf weitere Speziallitteratur. In diese Richtung gehen auch die Nichtberücksichtigung der altorientalischen Vorstufen und der späteren Rezeptionsgeschichte des Mythos, der Verzicht auf einen Abriss zur Forschungsgeschichte der Mythologie in der Moderne (vgl. Rose, Kap. I), das Fehlen jedes Ansatzes von übergreifender 'Qualifizierung' des Mythos (im Anschluss an Kirk 1970/1974) oder gar einer Systematisierung sowie das mangelnde Interesse an einem instruktiven Vergleich mit den Nachbarbereichen Sage, Märchen (vgl. Rose, Kap. X) und weiteren Kleingattungen.

(2) Mark P.O. **Morford***/Robert J. **Lenardon**, Classical Mythology. New York, Oxford 8. Aufl. 2009; XX, 820, 34; [9. Aufl. (mit Michael Sham als weiterem Autor)

---

28 Verlagsplanung seit 2012/13 für die dt. Ausgabe (München 1955): Susanne Gödde, Einführung in die griechisch-römische Mythologie. München (Beck'sche Reihe 2724); Erscheinungsdatum nach letzten Ankündigungen im Internet: 30.9.2020/ Juni 2021.

Oxford 2011; XXII, 798, 34]. – *Preface* (8. Aufl.): „This … is a thorough revision undertaken in response to the sensitive and far-reaching criticism of many readers. We remain firm in our conviction that the study of classical mythology must be rooted in the texts of the literary tradition; yet we have continued to incorporate new comparative and interpretative approaches, and to include new evidence from art and archeology. Our work continues to stand as a comprehensive study of classical mythology that will enable readers to make further explorations and comparisons of their own as they wish" (XV). – *Disposition:* Part I: The Myths of Creation. The Gods (1–393 [9. Aufl.: 1–396]). Part II: The Greek Sagas (395–659 [397–649]). Part III: The Nature of Roman Mythology (663–703 [651–689]). Part IV: The Survival of Classical Mythology (707–804 [691–780]; mit Kap. 27: ‚Classical Mythology in Literature and Art': 707–747 [693–731] und Kap. 28: ‚Classical Mythology in Music, Dance, and Film': 748–804 [732–780]). – *Résumé:* Das bedeutende anglo-amerikanische Standardwerk, erheblich erweitert gegenüber früher (1. Aufl. 1971; XVI, 498 S.; 3. Aufl. 1977; XVI, 576 S.; Näheres auf S. 58), weiterhin ergänzt durch viele SW-Abbildungen und größere Übersetzungspassagen aus klassischen Autoren (z. B. Euripides, *Mēdeia*), folgt den meisten früheren Handbüchern und Einführungen in der traditionellen Scheidung von Göttermythen (Part I) und Heroenmythen (Part II). In letzterem Abschnitt werden die Abweichungen von der üblichen mythenchronologischen Abfolge aus früheren Auflagen beibehalten; zunächst der thebanische, mykenische und trojanische Mythenkreis (mit thematisch nicht zugehörigem Anhang zur Kalydonischen Eberjagd) bis hin zu den *Nóstoi* (403–546 [403–543]), dann die Hauptheroen Perseus (mit Appendix zu Bellerophontes), Theseus und Herakles sowie die Argonautenfahrt (547–650 [544–641]), schließlich anstelle der Zusammenstellung ‚Local Legends' in früheren Auflagen als Abrundung in Kap. 15: ‚Greek and Roman Legends in Ovid's Poetry' (651–659 [642–649]). Grundsätzliche Aspekte der Mythosforschung werden behandelt einleitend in Kap. 1 (‚Interpretation and Definition of Classical Mythology': 3–25 [3–24]; mit Appendix: ‚Sources of Classical Mythology': 26–39 [25–36]) und in Kap. 2 (‚Historical Background of Greek Mythology': 40–54 [37–55] sowie in Kap. 4 im kurzen Additional Reading ‚Parallels in Myths of Greece and the Ancient Near East' (102–112 [101–111]). Der instruktive Überblick zur Rezeptionsgeschichte (Part IV) behandelt nun auch die Bildende Kunst. Die Anhänge (805 ff. [781 ff.]) enthalten Glossare zu mythologischen Namen und Begriffen sowie abschließend umfangreiche Indices. Begrenzte Literaturangaben finden sich jeweils am Kapitelende; allerdings vermisst man nach wie vor eine umfassende aktuelle Gesamtbibliographie zum Forschungsgegenstand. Weiterhin fehlen Abgrenzungen des Mythos von Religion/Ritual, Realhistorie und anderen Teilbereichen des europäischen *folktale*, eine gleichrangige Behandlung von literarischen und bildlichen Mythenbelegen sowie jeder Ansatz einer Systematisierung.

(3) Giulio **Guidorizzi*** (Hrsg.), Il mito greco. Progetto editoriale, introduzione e note di G.G. Vol. 1. Gli dèi. Milano 2009; LXXIV, 1525 S., 5. Aufl. 2013. Vol. 2. Gli eroi. Milano 2012, LV, 1759 S., 3. Aufl. 2013. – *Disposition:* Die umfangreiche Publikation bietet eine breite Zusammenstellung der wichtigsten Quellentexte zu Götter- und Heroenmythen (in ital. Übersetzung), im Textteil jeweils ergänzt durch eine Kurzeinführung zum Einzelmythos, im Anhang durch ergänzenden Kommentar zum Einzelmythos und Verweise auf Parallelstellen (Vol. 1: 1167–1358; Vol. 2: 1279–1532). Unter dem Titel ‚Percorsi bibliografici' lässt Silvia Romani jeweils einen knappen Überblick zur Forschungsliteratur folgen (Vol. 1: 1361–1374; Vol. 2: 1535–1548), dessen selektiver Grundcharakter angedeutet wird: „…solo alcuni capisaldi di questo lungo cammino, che non hanno pretesa di sistematicità" (1,1360) bzw. „…una piccola guida bibliografica che accompagna, anche se con qualche deviazione, l'ossatura del volume" (2,1534). Beide Bände beschließt Marzia Montarino mit einem gründlichen Teilindex zu den mythologischen Namen (Vol. 1: 1377–1498; Vol. 2: 1551–1733). – *Résumé:* Keine handbuchartige Darstellung zur griechischen Mythologie, sondern eine Anthologie der mythischen Hauptquellen, durch die entsprechend dem Titel der Reihe (‚Classici del Spirito') die geistesgeschichtliche Bedeutung des griechischen Mythos hervorgehoben wird, allerdings eher als selektive Materialsammlung zur Orientierung für ein breiteres Publikum. Doch wird auch der Fachspezialist das voluminöse Werk mit Nutzen zur Einzelüberprüfung heranziehen.

Eine einführende Darstellung traditioneller Prägung für ein breiteres Publikum bot die Neupublikation von Richard **Buxton***, Das große Buch der griechischen Mythologie. Stuttgart 2005; 256 S. (engl. OA London 2004). – *Disposition:* I. Kontexte, Quellen, Bedeutung (16–41; allgemeine Einführung; bildliche und textliche Quellen; Mythos und Alltag, Epos, Chorlyrik, Drama, Mythographie, Philosophie). II. Mythen des Ursprungs (44–65; spez. Kosmogonie, Gründungsmythen). III. Die Olympier (68–101). IV. Heldentaten (102–145; Perseus, Kalydonische Eberjagd, Argonauten, Theseus, Troianischer Krieg). V. Familiensagen (146–175; weitere Heroenmythen mit breitem Themenspektrum; z. B. Pelopiden/Atriden, Labdakiden; Liebe unter Ehegatten, Homosexualität). VI. Landschaft der Mythen (176–213; Berge, Flüsse, Meer; Kreta, Troia, Unterwelt). VII. Nachleben der Mythen (214–245; Rom, Mittelalter, Neuzeit, Gegenwart/Zukunft). Literatur (246–249). – *Résumé:* Reich bebilderter Überblick zum Kernbereich mit vorwiegend mythenchronologischer Abfolge (Kap. II-VI; anders Kap. V), ergänzender mythischer Topographie (Kap. VI) und knappem rezeptionsgeschichtlichem Abriss (Kap. VII).

Erhebliche Vorbehalte betreffen eine vom Verlag seinerzeit als „konkurrenzloses Handbuch zu den großen Mythen der Welt" angekündigte Neuerscheinung, die bis auf nützliche Nachträge zur neuesten Literatur im Wesentlichen einen eher konventionellen Überblick zum Gesamtthema ‚Mythen der Völker' darstellte: Christoph **Jamme***/Stefan **Matuschek** (Hrsg.), Handbuch der Mythologie. Unter Mitarbeit von Thomas Bargatzky u.v.a. Darmstadt (Zabern/WBG) 2014; 368 S.: Dass entgegen dem Titel kein ‚Handbuch' im üblichen wissenschaftlichen Sinn vorliegt, zeigt schon der begrenzte Gesamtumfang. Der erste Teil (11–51) bietet unter dem Titel ‚Welten des Mythos' eine knappe Einleitung zum Kernbegriff (inkl. Mythologie/Mythostheorien) und einigen Nachbarbereichen (Philosophie, Theologie, Ethnologie, Psychologie, Politik, Kunst); es fehlen Ausführungen zu Soziologie und Literatur (inkl. unterschiedliche Gattungen) sowie eine Abgrenzung gegenüber Sagen und Märchen. Im zweiten Teil (53–355), der unter dem Titel ‚Mythen der Welt' das Kernstück des Buches ausmacht, werden z.B. von Manfred Krebernik mit einer instruktiven Einführung zu ‚Mythen im Alten Orient' (218–235) und von Hans-Werner Fischer-Elfert mit einem Abriss zu ‚Altägyptische Mythologie' (236–248) wesentliche Vorstufen der antiken Mythentradition behandelt. Den traditionellen Zentralbereich (‚Griechische Mythologie' 54–151 bzw. ‚Römische Mythologie' 152–171) übernehmen die Herausgeber selbst unter Mitarbeit namhafter Gelehrter wie Manuel Baumbach und Kai Brodersen. Allerdings wird der antike Mythos als Ganzes weder in einer traditionell mythenchronologischen Darstellung noch mit einer systematisch-kategorialen Konzeption vorgestellt, weder mit halbwegs vollständigem Erfassen der Vielzahl wichtiger Einzelmythen (inkl. Literatur) noch mit ergänzenden Schemata oder einer repräsentativen Gesamtbibliographie. Die Ausführungen zum griechischen Mythos beschränken sich auf 27 mehr oder weniger wichtige Einzelbereiche (z.B. Troianischer Krieg, Unterweltmythen) bzw. Einzelstoffe (z.B. Achilleus, Demeter und Persephone; also z.T. mit Überschneidungen), die, vom einleitenden Abschnitt über ‚Theogonie' (57–60) abgesehen, ohne die traditionelle Trennung nach Götter- und Heroenmythen in alphabetischer Reihenfolge abgehandelt werden, teilweise mit Vermischung von antiken Grundfakten und späterer Rezeption, abschließend ergänzt durch knappe Literaturhinweise. Die sieben Einzelthemen zum römischen Mythos beziehen sich alphabetisch auf die zentralen Handlungsmythen Aeneas (1) und Romulus (6), religionswissenschaftlich interessante Gestalten wie Ceres (2), Ianus (3), Laren/Penaten (4) und Vesta (7) sowie das für Ovid spezifische Thema ‚Metamorphosen' (5). Die Zusammenstellung nach ganz disparaten Ordnungskriterien verrät einen Mangel an konzeptioneller Planung seitens der Herausgeber. – *Résumé:* Wie schon zahlreiche frühere, ähnlich reich bebilderte Übersichtswerke zum Gesamtkomplex ‚Mythen der Völker' (z.B. New Larousse Encyclopedia of Mythology. London u.a. 1959, Ndr. 1984, wie S. 20;

Sergius Golowin, Die grossen Mythen der Menschheit. Freiburg/Basel/Wien 1998; Werner Nell/Peter Kratzmeier (Hrsg.), Der Brockhaus Mythologie. Die Welt der Götter, Helden und Mythen. Gütersloh u. a. 2010) ist die Neuerscheinung nur eine weitere, eher populäre Einführung zum Gesamtkomplex ‚Mythen der Völker' [kritische Rezension des Vf.s unter www.fera-journal.eu 26, 2015, 67–71].

Einen erheblichen Fortschritt brachten zwei **größere Einführungen** zum Gesamtbereich, die sich durch ein bemerkenswert breites Spektrum von behandelten Teilbereichen der Mythosforschung insgesamt auszeichneten:

(1) Roger D. **Woodard**** (Hrsg.), The Cambridge Companion to Greek Mythology. Cambridge 2007; XVI, 536 S. – *Disposition:* Introduction (1–13). I. Sources and Interpretations (15–254). II. Response, Integration, Representation (255–381). III. Reception (383–479). Bibliography (481–510). Index (511–536). – *Résumé:* Entsprechend dem Motto der Einleitung („*Mythoi* in Continuity and Variation') drei jeweils durch kurze Zitate eingeleitete Sektionen mit insgesamt sechzehn Einzelbeiträgen verschiedener Autoren, in Part I zu Phasen und Themen der großen mythischen Periode in der Reihenfolge Lyrik (Gregory Nagy), Homer (Nagy), Hesiod (Woodard), Attische Tragödie (Richard Buxton), Mythos bei Aristophanes (Angus Bowie), Platons ‚Mythen' (Diskin Clay) und hellenistische Mythographie (Carolyn Higbie); in Part II zu Mythos/Religion (Claude Calame), Mythos als bildlichem Medium in der Antike (Jenifer Neils), mythischen Landschaften (Ada Cohen), Mythos und Politik (Jonathan M. Hall) sowie Mythos bei Ovid (A.J. Boyle); in Part III zu Frauen und Mythos (Vanda Zajko); Mythos in Mittelalter- und Renaissanceliteratur (David Brumble), späterer anglo-amerikanischer Literatur (Sarah Annes Brown) und modernem Film (Martin M. Winkler). Gewisse Defizite gibt es für altorientalische Vorlagen, römischen Mythos und christliche Spätantike sowie die spätere bildliche Rezeption. Dank dem repräsentativen Themenspektrum, größerer Bibliographie und ausführlichem Index ein überaus instruktives und ganz wichtiges aktuelles Arbeitsmittel.

(2) Ken **Dowden**/Niall **Livingstone**** (Hrsg.), A Companion to Greek Mythology. Malden/Mass. 2011 (Blackwell Companions of the Ancient World); XXVII, 643 S., Paperback 2014. – *Disposition:* Nach allgemeiner Einleitung (Ken Dowden/Niall Livingstone, Thinking through Myth, Thinking Myth Through, 3–23) in Part I (‚Establishing the Canon', 25–106; z. B. Françoise Létoublon, Homer's Use of Myth, 27–45: Ken Dowden, Telling the Mythology: From Hesiod to the Fifth Century, 47–72) und Part II (‚Myth Performed, Myth Believed', 107–208) Beiträge zu Einzelphasen der archaischen und klassischen Periode sowie des ikonographischen, philosophischen und historiographischen Hintergrunds; in Part III (‚New Traditions', 209–338) Beiträge zu Hellenismus, römischem Mythos, römischer Kaiserzeit und christlicher Spätantike; in Part IV (‚Older Traditions', 339–410) Ausblick auf indogermanische Erzähltradition, altorientalische Vorstufen

und Jenseitsvorstellungen; in Part V (‚Interpretation', 411–514) Beiträge zu weiteren Einzelaspekten (Ikonographieprobleme, Historizität des Troianischen Krieges, Frauen und Mythos, Psychoanalyse, Ritual/Initiation und Strukturalismus); Abschlussbeitrag zur Geschichte der Mythologie (527–548); Schlussteil mit vorbildlich umfangreicher Bibliographie (549–604) sowie drei gründlichen Indices (605–643). – *Résumé:* Neues Standardwerk als bisher beste und umfassendste Sammelpublikation nach dem Vorbild von Edmunds 1990 und Woodard 2007 mit repräsentativen Einzelbeiträgen zu einem in der bisherigen Mythenforschung einmalig breiten Spektrum von Teilbereichen.

Hingegen entsprach keine der kleineren Einführungen für die Universitätspraxis der Bedeutung des ‚Handbook' von Herbert J. Rose (1928), abgesehen von einer anregenden Ausnahme:[29] Barry B. **Powell***, A Short Introduction to Classical Myth. Upper Saddle River/NJ 2002; X, 229 S.; dt. Ausgabe: Einführung in die klassische Mythologie. Stuttgart/Weimar 2009; IX, 236 S. – *Disposition* (nach dt. Ausgabe): I. Definition und Theorie des Mythos (1–47; darin u.a. Begriffsentwicklung in der Antike, moderne Definitionen, historische Entwicklung in der Neuzeit, moderne Theorien). II. Entstehung des Mythos (49–80; darin u.a. kultureller Kontext in Griechenland, altorientalische Vorstufen, Mythosrezeption bis zum Hellenismus, römische Mythen). III. Themen des Mythos (81–211; Kernstück des Buches, mit bunter Abfolge von traditionellen Stoffen des griechischen Mythos, altorientalischen Rückblicken, Beziehungen zu Religion, Kunst und anderen Nachbargebieten, z.B. Märchen). Anhänge (212–221). Bibliographie (223–225). – *Résumé:* Das neue Gesamtkonzept nimmt manches von MH 2011 vorweg (wohl im Anschluss an Impulse aus Kirks Monographie 1974/87; dazu S. 61), wenn es bereits aufgrund des breiten Spektrums behandelter Einzelaspekte vom üblichen nacherzählenden mythenchronologischen Grundschema abweicht. Allerdings fehlt eine systematische Strukturierung nach konstitutiven Grundkategorien, speziell das intensive Erfassen der genealogisch-dynastischen Vernetzung bei Heroenmythen und des zentralen Schicksalsdenkens (bezeichnendes Detail: die oberste Schicksalsgöttin Themis bleibt in Powells Register unerwähnt) sowie die Behandlung wesentlicher Teilaspekte in gesonderten Exkursen und umfangreiche Literaturangaben. Es fehlt auch die dezidierte Zielsetzung, eine Geistesgeschichte des antiken Mythos von den altorientalischen Vorstufen über die große mythische Epoche bis zur weiteren Tradition bzw. Rezeption in der Antike und ansatzweise

---

[29] Wie schon Herbert J. Rose bevorzugte Barry B. Powell (geb. 1942, z. Zt. Emeritus an der University Wisconsin) universitäre Einführungen z.B. zu Homer (1995) und zur frühgriechischen Literatur: Writing and the Origins of Greek Literature. Cambridge 2002, spez. 18–20 zum Mythos.

darüber hinaus vorzulegen. Fazit: eine anregende *short introduction*, doch noch kein systematisches Handbuch.

Unter weiteren Neuerscheinungen der aktuellen Phase sind folgende ergänzende **Einführungen** zum Gesamtbereich hervorzuheben (Auswahl):

(1) Mary R. **Lefkowitz***, Greek Gods, Human Lives. What we can learn from myths. New Haven/Conn. 2003; XI; 288 S.: Neun Kapitel zum Thema, teils in literarhistorischer Abfolge (1. Ursprünge, 3–4. Ilias/Odyssee. 5–6. Attische Tragödie. 7. Hellenistische Dichtung. 8. Vergil, *Aeneis*), teils mit Sachthemen (2. Gods Among Mortals. 9. Changes). Zusammenfassung: The Gods in Our Lives (234–239). References (261–266). Insgesamt populärer Überblick mit solider wissenschaftlicher Basis.

(2) William F. **Hansen***, Handbook of Classical Mythology. St. Barbara/Calif. 2004; XIV, 394 S. – *Disposition:* 1. Introduction (1–60; Ursprünge, Geographie und Erzähltechnik des Mythos). 2. Time What Happens in Classical Mythology (61–95; kurzer Abriss zur ‚Chronologie' des Mythos von der Weltentstehung bis zum Ende der Heroenzeit). 3. Deities, Themes and Contexts (96–336; alphabetische Liste zu mythischen Personen, Objekten, Ereignissen und weiteren Schlüsselbegriffen). 4. Annotated Print and Non Print Resources (337–354). Abbreviations and Selected Reference List (355–362), Glossary/Index (363–394). – *Résumé:* Vom Konzept her ganz eigenständige Einführung in den Kernbereich (allerdings kein ‚Handbook') mit breitem Spektrum berücksichtigter Teilbereiche und eindeutigem Schwerpunkt auf dem ‚Dictionary' mythischer Kernbegriffe (96–336); im Übrigen weitgehend ohne Berücksichtigung von altorientalischen Vorlagen, Religion/Ritual/Kultus, bildlicher Tradition in der Antike und späterer Rezeptionsgeschichte.

(3) Suzanne **Saïd***, Approches de la mythologie grecque. Lectures anciennes et modernes. Paris 2008; 168 S. – *Disposition:* Introduction: Qu'est-ce qu'un mythe? (7–12). 1. Les mythes grecs: Essai de typologie (13–31; mit Dreiergliederung: Ursprungsmythen, Göttermythen, Heroenmythen). 2. Les écritures du mythe: poètes et prosateurs (33–92; chronologischer Überblick in zwei Abfolgen zu den wichtigsten Mythenautoren der griechisch-römischen Literatur). 3. Lectures du mythe en Grèce ancienne (93–102; knappe Bemerkungen zum historischen, philosophischen und allegorischen Aspekt). 4. Les interprétations des modernes (103–133; knappe Ausführungen im Anschluss an Detienne 1981 zu den wichtigsten Schulen, z.B. James Frazer, Claude Lévi-Strauss/Strukturalismus und Walter Burkert). Répertoire des écrivains de l'antiquité (135–148; ergänzende Liste zu Part 2). Bibliographie (149–168; knapper Überblick). – *Résumé:* Kurze substantielle Einführung für die Universitätspraxis, wesentlich erweitert gegenüber der 1. Aufl. Paris 1993. Kaum berücksichtigt bleiben allerdings weiterhin die altorientalischen Vorstufen, die erhebliche Bedeutung der antiken Bildtradition und nahezu die gesamte rezeptionsgeschichtliche Dimension.

(4) Matthew **Clark***, Exploring Greek Myth. Chicester 2012; 216 S. – *Disposition:* Einzelkapitel zu zwölf Teilbereichen („approaches to understanding myth"), z.T. anhand bestimmter Einzelmythen: 1. Definitions and Characteristics for the Study of Myth (1–14). 2. Greek Myth and Greek Religion (15–29). 3. The Traditions of Myth (30–42). 4. Sources for the Study of Myth (43–53). 5. Myth and Meaning (54–67; z.B. Ikaros, Aktaion). 6. Heroes in Myth and Society (68–79; z.B. Orestes). 7. Founders of Cities and Families (80–96). 8. Comparative Myth (97–110; z.B. Parisurteil). 9. Myth and Gender (111–125). 10. Myth and History (126–139). 11. Myth and Thought (140–153). 12. Philosophy and Myth (154–167; spez. Platon). 13. Conclusion (168–170). Notes, References, Index (171–216). – *Résumé:* Instruktive, doch entgegen der Verlagsankündigung („an extensive discussion of variant forms of myths") eher an der Oberfläche bleibende Einführung für die Universitätspraxis. Keine Berücksichtigung der altorientalischen Vorstufen und der rezeptionsgeschichtlichen Dimension.

(5) Claude **Calame***, Qu'est-ce que la mythologie grecque? Paris 2015 (Folio Essais 598); 736 S.: Stark ergänzte Überarbeitung der Publikation 2000 (Näheres auf S. 196) unter Übernahme des Textes zu den Themen Bellerophontes, Klytaimnestra/Orest, Io/Danaïden, Helena, Teiresias und Artemis/Hippolytos in Kap. 3–7/11; wesentliche Erweiterung der alten Einleitung in Kap. 1–2; Einfügung von drei neuen Themen (Kap. 7. Theseus, 281–320; Kap. 8. Herakles, 321–354; Kap. 9. Prometheus, 355–382). – *Résumé:* Methodisch und inhaltlich anspruchsvolle Einführung eher für Fachleute; entsprechend dem Rückentext („or, rien n'est plus instable et variable que le mythe, sans cesse récrit, selon des époques précises, des auteurs singuliers, des fins spécifiques – morales, culturelles ou politiques") zunächst theoretische, dann praktische Dokumentation des großen Funktions- und Variationsspektrums griechischer Mythen an neun exemplarischen Einzelstoffen mit Würdigung des semiotisch-linguistischen, narratologischen und anthropologischen Aspekts, ergänzt um erweiterte Zusammenfassung (493–503), umfangreiche Bibliographie (507–568), breiten Anmerkungsteil (569–694) und ausführliche Indices (695–722).

(6) Sarah Iles **Johnston***, The Story of Myth. Cambridge/Mass. 2018; X, 374 S. – *Disposition:* 1. The Story of Myth (1–33; Grundsatzfragen). 2. Ritual's Handmaid (34–64; frühere Ansätze der Mythosforschung). 3. Narrating Myths (65–120; spez. Fiktionalität und anthropologisches Substrat). 4. The Great Mythic Story World (121–146; Vernetzung der Einzelstoffe im mythischen Gesamtsystem). 5. Characters (147–176; Vorbildhaftigkeit der Protagonisten i.S. von Wohl- bzw. Fehlverhalten). 6. Metamorphoses (177–219; hohe Variabilität des Gesamtspektrums, z.B. Arachne). 7. Heroes (220–280; als herausragende Mittelschicht zwischen Gottheiten und Menschen). Epilogue, Notes, References (329–344), Indices (345–374). – *Zur Autorin:* Professor of Religion, Classics and Comparative Studies at

Ohio State University. – *Résumé:* Entsprechend dem Rückentext („the very nature of myths as stories – as gripping tales starring vivid characters – enabled them to do the most important work: to create and sustain belief in the gods and heroes who formed the basis of Greek religion") überzeugendes Herausarbeiten der zentralen religions- und gesellschaftsstiftenden Funktion frühgriechischer Mythen auf der Basis der Frühentwicklung von den Anfängen bis zum 4. Jahrhundert, allerdings ohne Berücksichtigung der weiteren Rezeption und ohne Ansätze zu einer umfassenden Systematik.

Zum Abschluss dieser Reihe ist ausführlicher auf eine aktuelle Einführung einzugehen: Lisa **Maurizio**, Classical Mythology in Context. Oxford 2016; XXI, 690 S.; Paperback 2019; 712 S. – *Disposition:* Part I. Goddesses and Gods. 1. Classical Myths and Contemporary Questions. 2. Creation. 3. Zeus and Hera: Order and Rebellion. 4. Demeter and Hades: Life and Death. 5. Aphrodite, Hephaestus and Ares: Love and Strife. 6. Athena and Poseidon: Wisdom and War. 7. Hermes and Hestia. 8. Artemis and Apollon: From Adolescence to Adulthoud. 9. Dionysos. Part II. Heroes and Heroines. 10. Achilles: The Making of a Hero. 11. Medea: The Making of a Heroine. 12. Odysseus and Quest Heroes. 13. Iphigenia and Quest Heroines. – *Zur Autorin:* Associated Professor of Classical and Medieval Studies at the Bates College Lewiston/Maine. – *Zielsetzung* (nach Verlagsankündigung): „.... encourages students to directly encounter and explore ancient myths and to understand them in broader interpretative contexts". – *Grundkategorien* (für Kap. 2–13): 1. ‚History' („Combining Ancient Resources"; spez. Ausführungen zum mythischen *plot*). 2. ‚Theory' („Theoretical Approaches"; ergänzende kultursoziologische Aspekte). 3. ‚Comparison' („with myths from the Ancient New East and Mediterranean"). 4. ‚Reception' („brief studies of ancient Greek myths in contemporary arts, whether, film, poetry, painting, theater or literature"). – *Résumé:* Beim Erscheinen mit intensiver Bewerbung einer breiteren Öffentlichkeit vorgestellt, enthält das umfangreiche ‚Textbook' neben den Ausführungen der Autorin eine Anzahl ergänzender ‚primary sources' (Übersetzungspassagen aus antiken Autoren, wohl nach Vorbild von Morford/Lenardon 2009/2011, wie S. 178; aber auch zusätzliche Auszüge anderer moderner Beiträger). Nach Einführung in die allgemeinen Voraussetzungen (Kap. 1; z. B. Definition von ‚myth' und ‚Classical Mythology') und in die mythische Frühphase (Kap. 2) werden in Part I im Wesentlichen die Olympischen Hauptgottheiten präsentiert (Kap. 3–9; überwiegend paarweise, z. B. mit der seltsamen Kombination von *trickster* Hermes und Hestia als Göttin von Haus und Herd in Kap. 7), anschließend in Part II lediglich vier exemplarische Grundtypen von Heroen/Heroinen (Kap. 10–13; nicht gerade exemplarisch Medeia als Zauberin und Iphigeneia als ‚Opferlamm'). Zu einer angemessenen Gesamtübersicht fehlt in Part I neben den kleineren Einzelgottheiten und göttlichen Gruppen vor allem eine Darstellung des zentralen Schicksalsdenkens. Gravierendere Defizite ergeben sich in Part II im Blick auf eine angemessene Würdigung des breiten hochdifferenzierten Vernetzungsspektrums von Heroen und Heroinen (z. B. Perseus, Bellephontes, Herakles, Theseus, Oidipous etc.; Aktaion, Antigone, Phaidra, Helena, Penthesileia, Kassandra etc.), in dem doch gerade einerseits der innovative Fortschritt des frühgriechischen Mythos gegenüber den altorientalischen Vorgaben besteht, andererseits seine dominierende Nachwirkung in der späteren Rezeption. Die Ausführungen zur Kategorie ‚Theory' sind von Kapitel zu Kapitel ganz heterogen und eher diffus (z. B. Sozialstruktur, Ordnungsdenken, Archetypen, Ritual, Initiationen; Heldenbild). Zur Kategorie ‚Comparison' sind die altorientalischen Vorgaben in Kap. 2–5 wertvoll, die ägyptischen Parallelen in Kap. 6–7 und Kybele/Attis in Kap. 8–9 fragwürdig, ebenso wie das Nebeneinander von Gilgamesh und Aeneas in Kap. 10/12 oder von Iphigeneia und der christlichen Märtyrerin Thekla in Kap. 13. Ganz unzureichend sind die Angaben zur Kategorie ‚Rezeption', die sich ohne Berücksichtigung der großen europäischen Kulturtradition seit dem Mittelalter nahezu völlig auf die Gegenwartskultur beschränken mit effektvollen Aufmachern von ‚Titans in Modern Art' (Kap. 2) über ‚Leda and the Swan in Modern Poetry' (Kap. 3), ‚Pygmalion in Hollywood' (Kap. 5), ‚Hermaphroditus in Pre-Raphaelitic Art' (Kap. 7) und ‚Dionysus as a God of the 1960s.' (Kap. 9) bis zu ‚Achilles and War Poetry' (Kap. 10), ‚African American Medea/Odysseus' (Kap. 11–12) bis zu ‚Ten Years of Iphigenie in New York City' (Kap. 13). Zusammenfassend zeigt diese aktuelle Einführung trotz ihrem beträchtlichen Umfang im Vergleich etwa zum frühen ‚Handbook' von Herbert J. Rose (1928; ebenfalls ursprünglich Universitätseinführung) oder zur ‚Short Introduction' von Barry B. Powell (2002/2009) eine starke Reduzierung des Wissensstoffes im Ganzen wie im Detail aufgrund eines bedenklichen Mangels an historischem Bewusstsein. Die in jeder Einführung unverzichtbare Mythenchronologie spielt mangels Gesamtdarstellung der Heroenmythen ebenso wenig eine Rolle wie die wichtige Mythengenetik (Musterbeispiel: Aineias/Aeneas), eine innovative Systematik mit konstitutiven Grundkategorien des Mythos, eine knappe Zusammenfassung zum mythischen Weltbild sowie ein angemessener Überblick zur weiteren Rezeptionsgeschichte.

Ergänzend sei noch auf die Entwicklung hingewiesen, die im zeitspezifischen Trend ‚**KulturKompakt**' zu zunehmend kürzeren Einführungen in den Kernbereich führte: (1) Reiner **Abenstein**, Griechische Mythologie. Paderborn 2005; 275 S.; 2. Aufl. 2007, 4. aktualisierte Aufl. 2016; 278 S. – *Disposition:* A. Göttergeschichten (17–112): 1. Vor der Herrschaft des Zeus. 2. Zeus. 3. Hera. 4. Die übrigen olympischen Stammgötter. 5. Hades und die Unterwelt. 6. Dionysos und sein Gefolge. 7. Helios. 8. Prometheus und andere Titanen. B. Heroengeschichten (113–238): 1. Thebanische Sagen. 2. Pelops, Atreus und die Atriden. 3. Bellerophon; Danaë, Perseus. 4. Theseus. 5. Iason, Medeia und die Argonauten. 6. Orpheus. 7.

Herakles. 8. Der Troianische Krieg. 9. Odysseus. Anhänge (239–278, z.B. Stammbäume, Literatur, Register). – *Résumé:* Rein nacherzählender Grundcharakter mit konventioneller Scheidung zwischen Göttermythen (Kap. 8 gehört sachlich zu Kap. 1; Sonderstellung des Helios unbegründet) und Heroenmythen (Orpheus in diesem Rahmen heterogen); weitgehend mythenchronologische Übersicht zu den Grundfakten (ohne Berücksichtigung von Aineias/Aeneas als Übergang zum römischen Mythos); keinerlei Ansatz von Strukturierung; keine Berücksichtigung von frühen Vorlagen bzw. späterer Rezeption. Nach drei aktualisierten Neuauflagen offenbar eine ideale Erstinformation für ein breiteres Publikum, allerdings ohne weitergehende wissenschaftliche Ambitionen. (2) Helen **Morales**, Classical Mythology. A Very Short Introduction. Oxford 2007 (Very Short Introductions 167); 144 S.: Populärer, ergänzend bebilderter Abriss mit bedenklicher Vermischung von antiker Mythentradition und Rezeptionselementen in sieben Kapiteln (5–114; darin: Gods and Heroes, 39–55; Metamorphoses of Mythology, 56–67 zur späteren Rezeption; Psychologie/Psychoanalyse; Liebschaften der Götter; Sternmythen, Mythen fürs Volk und Verwandtes); weder mythenchronologische noch ansatzweise systematische Zusammenstellung ohne wissenschaftlichen Anspruch. (3) Ulrike und Jörg **Rüpke**, Die 101 wichtigsten Fragen – Götter und Mythen der Antike. München 2010 (Beck'sche Reihe 7028) 160 S.: Positives Beispiel einer ebenso populären wie wissenschaftlich fundierten Kurzeinführung mit z.T. originellen Kapitelüberschriften. (4) Viv Croot, Mythologie in 30 Sekunden. Die 50 wichtigsten antiken Mythen, Götter, Helden und Ungeheuer. Kerkdriel 2016. 160 S.: Vorerst letzter bebilderter ‚Schnelldurchgang' für künftige Mythologen.

Der folgende Abschnitt bezieht sich auf eine ganze Anzahl von **Sammelpublikationen**, denen in der aktuellen Phase eine wesentliche Bedeutung innerhalb der Mythosforschung zukam. Zu der im Rahmen dieses Berichts notwendig begrenzten Anzahl von Autoren bzw. Herausgebern gehören neben den beiden bedeutendsten Mythologen schon der Mittelphase, Walter **Burkert** (zur Person schon S. 70) und Martin L. **West** (vgl. schon S. 70), der Niederländer Jan N. **Bremmer** (geb. 1944, 1978–1999 Alte Geschichte Universität Utrecht, 1990–2009 Religionsgeschichte Universität Groningen), der Schweizer Fritz **Graf** (geb. 1944, Schüler von Walter Burkert, 1987–1999 Latinist Universität Basel, seit 1999 Classics in Princeton bzw. Columbia/Ohio), die Deutschen Wolfgang **Kullmann** (geb. 1927, seit Habilitation 1957 Universität Freiburg/Br. 1964–1975 Gräzist Universität Marburg, 1975–1996 Universität Freiburg/Br.), Joachim **Latacz** (geb. 1934, seit Habilitation 1972 Universität Würzburg, 1978–1981 Gräzist Universität Mainz, 1981–2002 Universität Basel), Eckard **Lefèvre** (geb. 1935, seit Habilitation 1964 Dozent Universität Kiel, 1974–1977 Latinist Universität Saarbrücken, 1977–2003 Universität Freiburg/Br.), der Engländer Oliver **Taplin** (geb. 1943, 1973–2008 Tutorial Fellow/Professor Magdalen College Oxford) und der Deutsche Bernhard *Zimmermann* (geb. 1955, seit Habilitation 1988 Dozent Universität Konstanz, 1990–1992 Assistenzprofessor Universität Zürich, 1992–1997 Gräzist Universität Düsseldorf, seit 1997 Universität Freiburg/Br.).

Insgesamt scheint die Zeit der klassisch-philologischen Mythenspezialisten allmählich zu Ende zu gehen, zu denen in der aktuellen Phase auch bedeutende Fachleute wie Richard **Buxton**, Anton **Bierl**, Claude **Calame**, Ken **Dowden**, Margalit **Finkelberg**, Robert L. **Fowler**, Sarah Iles **Johnston**, Tanja Susanne **Scheer**, Christine **Schmitz**, Bernd **Seidensticker**, Suzanne **Saïd**, Roger D. **Woodard**, Vanda **Zajko** sowie Annette **Zgoll** und Christian **Zgoll** zu zählen sind. Dabei spielt neben dem verbreiteten Trend zu immer kleineren Spezialgebieten auch der Rückgang der altertumswissenschaftlichen Studiengänge an Universitäten eine wesentliche Rolle, mit der Konsequenz einer geringeren Vertrautheit mancher Fachvertreter mit einem ehemals so kulturbestimmenden Faktor wie der antiken Mythentradition und der späteren Mythenrezeption.

Zu den Sammelpublikationen der jüngsten Phase zählten zunächst eine ganze Anzahl von **Festschriften** mit überwiegend mythologischen Inhalten:

(1) Jan N. **Bremmer*** (Adr.), Myths, Martyrs and Modernity. Studies in the History of Religions in Honour of Jan N. Bremmer, Edited by Jitse Dijkstra u. a. Leiden u. a. 2010 (Studies in the History of Religions 127); LVI, 701 S. – *Disposition:* I. Greek and Roman Religion (3–328). II. Judaism and Early Christianity (329–516). III. History of Religion and Modernity (517–686). – *Résumé:* In Sektion I durchweg gehaltvolle themenspezifische Einzelbeiträge.

(2) Walter **Burkert*** (Adr.), Ansichten griechischer Rituale. Geburtstags-Symposion für Walter Burkert, Castelen bei Basel 15. bis 18. März 1996. Hrsg. von Fritz Graf. Stuttgart/Leipzig 1998. VIII, 506 S.: Näheres schon auf S. 71.

(3) Fritz **Graf*** (Adr.), Antike Mythen. Medien, Transformationen und Konstruktionen. Fritz Graf zum 65. Geburtstag. Hrsg. von Ueli Dill und Christine Walde. Berlin/New York 2009; XII, 760 S. – *Disposition:* (I.) Verbindlichkeit (23–70). (II.) Kult und Ritual (71–131). (III.) Astrologie, Magie und Mantik (133–247). (IV.) Orte (249–388). (V.) Mensch und Tier (389–449). (VI.) Protagonisten (451–562). (VII.) Literatur und Kunst (563–756; Schwerpunkt mit zehn Beiträgen). – *Résumé:* Zusammenstellung von z.T. wesentlichen fachspezifischen Einzelbeiträgen meist namhafter Fachleute zum antiken Mythos und seiner Rezeption.

(4) Wolfgang **Kullmann*** (Adr.), EPEA PTEROENTA. Beiträge zur Homerforschung. Festschrift für Wolfgang Kullmann zum 75. Geburtstag. Hrsg. von Michael Reichel und Antonios Rengakos. Stuttgart 2002; 246 S.: Sammlung z.T. wesentlicher Beiträge durchweg namhafter Fachleute zu beiden Großepen, allerdings nicht zum übrigen Epischen Kyklos.

(5) Joachim **Latacz*** (Adr.), Antike Literatur in neuer Deutung. Festschrift für Joachim Latacz anlässlich seines 70. Geburtstages. Hrsg. von Anton Bierl, Arbogast Schmitt, Andreas Willi. München/Leipzig 2004; XI, 380, XVI S.: Zusammenstellung wichtiger und durchweg gehaltvoller Einzelbeiträge verschiedener Autoren zu folgenden Rubriken: I. Homer (1–143). II. Vorsokratische Philosophie (145–181). III. Tragödie und Komödie (183–225). IV. Platon und Aristoteles (227–273). V. Hellenistische Dichtung (275–304). VI. Römische Literatur (305–349). VII. Papyrologie (351–371).

(6) Eckard **Lefèvre*** (Adr.), Dramatische Wäldchen. Festschrift für Eckard Lefèvre. Hrsg. von Ekkehard Stärk und Gregor Vogt-Spira. Hildesheim 2000 (Spudasmata 80); X, 717 S. – *Disposition:* I. Griechisches Drama: (1.) Tragödie (1–98; sechs Beiträge zu Grundsatzfragen und diversen Einzelstücken). (2.) Komödie (99–163). II. Römisches Drama: (1.) Tragödie (165–232: fünf Beiträge zu Einzelfragen). (2.) Komödie (233–513). III. Nachantikes Drama (515–573). IV. Reflexionen über das Drama (575–717; darunter vier Beiträge zur Tragödie). – *Résumé:* Neben der Komödie als Schwerpunkt Behandlung z.T. wichtiger Teilaspekte zu Tragödie und Mythos.

(7) Oliver **Taplin*** (Adr.), Performance, Iconography, Reception. Studies in Honour of Oliver Taplin. Edited by Martin Revermann and Peter Wilson. Oxford 2008; XVI, 583 S. – *Disposition:* I. Explorations (15–157). II. Epic (159–216; darin: Oswyn Murray, The *Odyssey* as Performance Poetry, 161–176; William Allan, Performing the Will of Zeus: The *Diòs boulē* and the Scope of Early Greek Epic, 204–216). III. Tragedy (217–346; darin: Bernd Seidensticker, Character and Characterization in Greek Tragedy, 333–346). IV. Comedy (347–392). V. Iconography (393–449). VI. Reception (451–547). – *Résumé:* Breites Spektrum von Beiträgen namhafter Fachleute zu wesentlichen Aspekten der ganzen Mythentradition.

(8) Martin L. **West*** (Adr.), Hesperos. Studies in Ancient Greek Poetry Presented to M.L. West on his Seventieth Birthday. Edited by Patrick J. Finglass u. a. Oxford 2007; LVI, 406 S. – *Disposition:* I. Epic (1–91; z.B. Malcolm Davies, Hesiod's *Theogony* and the Folk Tale, 66–82). II. Lyric, Elegiac, Iambic (93–142; z.B. W.B. Henry, Pindaric Accompaniments, 126–131). III. Tragic (143–293; z.B. A.S. Garvie, Greek Tragedy: Text and Context, 170–188), IV. Metre and Textual Criticism (295–355). – *Résumé:* Sammlung z.T. wesentlicher Beiträge namhafter Fachleute zur Mythentradition vor allem in der frühgriechischen Dichtung, mit umfangreicher Bibliographie (356–398) auf dem neuesten Stand der Forschung.

Ebenso wichtig in der Literatur zur antiken Mythentradition waren verschiedene **Kleine Schriften**, deren Einzelbeiträge durchweg eine hohe Qualität auf dem neuesten Stand der Forschung aufwiesen (bisher fehlen m.W. entsprechende Sammelpublikationen für Fritz Graf und Oliver Taplin):

(1) Jan N. **Bremmer***, Greek Religion and Culture, The Bible and the Ancient Near East. Leiden/Boston 2008 (Jerusalem Studies in Religion and Culture 8); XVIII, 424 S.: Fünfzehn Einzelbeiträge zum Gesamtspektrum des griechischen Mythos und Berührungen mit dem altorientalisch-alttestamentlichen Umfeld (z. B. Kosmogonie, Pandora/Eva, Paradies, Brudermord, Titanomachie, Sintflut, Seher, ‚Sündenbock', Goldenes Vlies). Wertvolle aktuelle Gesamtbibliographie (357–400).

(2ab) Jan M. **Bremmer***, Maidens, Magic, and Martyrs in Early Christianity. Collected Essays I. Tübingen 2017 (Wissenschaftliche Untersuchungen zum Alten Testament 379); XVIII, 501 S.: Zum Mythos: *Pseudo-Clementines:* Texts, Dates, Places, Authors and Magic, 235–250; Tours of Hell: Greek, Jewish, Roman and Early Christian, 313–328). – **Ds.***, The World of Greek Religion and Mythology. Collected Essays II. Tübingen 2019 (Wissenschaftliche Untersuchungen zum Neuen Testament 433); XXII, 564 S. – *Disposition:* I. God and Heroes (1–122; darin Beiträge u. a. zu Poseidon, Dionysos und Hephaistos; weiterhin: The Emergence of the Hero Cult, 85–100). II. Aspects of Greek Religion (125–300; darin: Greek Religion and the Ancient Near East, 279–300). III. Animal and Human Sacrifice (303–416; darin ein Beitrag zu Lykaon und Polyxene und drei zu Iphigeneia, darunter: The Sacrifice of Iphigeneia, 373–390). IV. Myth (419–530; spez. zu wesentlichen Teilaspekten wie Ritual, Realhistorie, Propaganda; Mythographie, Liebesroman). – *Résumé:* Vor allem in den Sektionen I und IV eine wesentliche Abrundung zu den größeren Monographien des Gelehrten.

(3) Walter **Burkert****, Kleine Schriften. I. Homerica. Hrsg. von Christoph Riedweg. 2001. IX, 281 S. – II. Orientalia. Hrsg. von M. Laura Gemelli Marciano. 2003. VIII, 298 S. – III. Mystica, Orphica, Pythagorica. Hrsg. von Fritz Graf. 2003. VIII, 329 S. – IV. Mythica, Ritualia, Religiosa 1. Hrsg. von Fritz Graf. 2011. VIII, 337 S. – V. Mythica, Ritualia, Religiosa 2. Hrsg. von Fritz Graf. 2011. VIII, 261 S. – VI. Mythica, Ritualia, Religiosa 3: Kulte und Feste. Hrsg. von Eveline Krummen. 2011. X. 322 S. – VII. Tragica et Historica. Hrsg. von Wolfgang Rösler. 2007. IX, 230 S. – VIII. Philosophica. Hrsg. von Alexander Szlezák. 2008. IX, 310 S. Göttingen u. a. 2001–2011 (Hypomnemata Supplement-Reihe 2, 1–8): Das beeindruckende Lebenswerk des Gelehrten liegt ebenso in seinen bedeutenden Monographien wie in der Vielzahl kleinerer Beiträge zur Gesamttradition des antiken Mythos (inkl. Randbereiche).

(4) Wolfgang **Kullmann***, Realität, Imagination und Theorie. Kleine Schriften zu Epos und Tragödie in der Antike. Hrsg. von Antonios Rengakos. Stuttgart 2002; 320 S. – *Disposition:* Epos (9–176), Epos/Tragödie (177–205), Tragödie (206–287), Poetische Theorie (288–304). – *Résumé:* Sammlung durchweg wichtiger Beiträge zur antiken Mythentradition, insbesondere was den Gesamtkomplex der homerischen Großepen und des übrigen Epischen Kyklos um Troia betrifft, aber auch

die Skepsis gegenüber einer Kontinuität zwischen mykenischen Vorlagen und der frühgriechischen Epik.

(5) Joachim **Latacz***, Erschließung der Antike. Kleine Schriften zur Literatur der Griechen und Römer. Hrsg. von Fritz Graf, Jürgen von Ungern-Sternberg, Arbogast Schmitt. Stuttgart/Leipzig 1994; 730 S. – *Disposition:* I. Zu Homer und Hesiod (11– 279; darin acht Beiträge zu Homer, *Ilias/Odyssee* und drei zu Hesiod/ Prometheus bzw. Epos allgemein, z. B. grundlegend: Hauptfunktionen des antiken Epos in Antike und Moderne, 257– 279). II. Zur frühgriechischen Lyrik (281– 395). III. Zur klassischen und hellenistischen griechischen Literatur (397– 498). IV. Zur lateinischen Literatur (499– 602; darin grundlegend: Ovids *Metamorphosen* als Spiel mit der Tradition, 569– 602). 5. Zur griechischen Sprachwissenschaft (603– 694). 6. Epilog (695– 702). Schriftenverzeichnis (705– 712). – *Résumé:* Kleine Schriften I schon aus der Mittelphase mit Schwerpunkt in Sektion I als zentralem Forschungsgebiet.

(6) Joachim **Latacz***, Homers Ilias. Studien zu Dichter, Werk und Rezeption (Kleine Schriften II). Hrsg. von Thierry Greub, Krystyna Greub-Fracz und Arbogast Schmitt. Berlin/Boston 2014 (Beiträge zur Altertumskunde 327); XVIII, 684 S. – *Disposition:* I. Der Dichter (1– 85; zu Homer). II. Die Vorgeschichte des Werkes (87– 188; zum literarischen Umfeld). III. Die Ilias (189– 358). IV. Der Schauplatz: Troia (359– 526). V. Rezeption (527– 667). – *Résumé:* Beeindruckendes Gesamtspektrum von wertvollen Einzelbeiträgen zum Forschungsschwerpunkt des Gelehrten.

(7) Eckard **Lefèvre***, Studien zur Originalität der römischen Tragödie (Kleine Schriften II). Berlin u. a. 2015 (Beiträge zur Altertumskunde 324); XIII, 674 S. – *Disposition:* I. Griechische und römische Tragödie (1– 92). II. Republikanische Tragödie (93– 164; Résumé 147– 164). III. Augusteische Tragödie (165– 231; Résumé 228– 231). IV. Frühkaiserzeitliche Tragödie (233– 627; Résumé 611– 627). V. Rezeption (629– 651). – *Résumé:* Beachtlich breites Spektrum von durchweg wesentlichen Beiträgen zur tragischen Mythentradition mit eindeutigem Schwerpunkt der Dramen Senecas.

(8) Martin L. **West****, Hellenica. Selected Papers on Greek Literature and Thought. 1. Epic. Oxford 2011; XII, 451 S. 2. Lyric and Drama. Oxford 2013; XII, 408 S. 3. Philosophy, Music and Metre, Literary Byways, Varia. Oxford 2013; XIII, 513 S.: Wesentliche Abrundung zu den großen Standardwerken, weiteren Monographien und zahlreichen Ausgaben/Kommentaren (inkl. neuer Gesamtkommentar zu Homers *Ilias*; Berlin u. a. 2003 ff.) im Gesamtrahmen des Lebenswerks dieses Gelehrten, in jedem Band ergänzt um eine ‚Supplementary List of Publications'. Im Einzelnen: 1. **Epic:** Insgesamt 28 durchweg innovative Beiträge sowohl zu Grundsatzfragen (z. B. The Rise of Greek Epic, 35– 73; History and Prehistory: The Troy Saga, 97– 112; The Transition from Oral to Written, 159– 175) wie auch zu Einzelaspekten bei Homer (z. B. The Date of the *Iliad*, 188– 208; *Odyssey* and *Ar-*

gonautica, 277–312), in den Homerischen Hymnen (z. B. The Fragmentary Homeric Hymn to Dionysos, 313–328), bei Hesiod (z. B. Echoes of Hesiod and Elegy in the *Iliad*, 209–232) und im Epischen Kyklos (z. B. *Iliad* and *Aethiopis*, 242–264; ‚Eumelos': A Corinthian Epic Cycle?, 277–312). 2. **Lyric and Drama:** Elf Beiträge zur frühen Lyrik (z. B. Archilochos, Alkman, Sappho, Alkaios, Simonides; Schwerpunkt: Stesichoros, 78–111) und Pindar; vierzehn z. T. grundlegende Beiträge zur Attischen Tragödie (z. B. The Chronology of Early Attic Tragedy, 151–156), vorwiegend zu Aischylos(z. B. The Religious Interpretation of Myth in Aeschylus; 157–174; Zeus in Aeschylus, 175–192; *Iliad* and *Aethiopis* in the Stage: Aeschylus and Son, 221–246), daneben auch zu Euripides (z. B. The End of *Iphigeneia in Aulis*, 318–325); schließlich fünf Beiträge zur späteren Dichtung (z. B. Corinna, Anacreontea). 3. **Varia:** Elf Beiträge zur Philosophie (1–186; z. B. Towards Monotheism, 3–23; Cosmology in Greek Tragedians, 116–133), zehn zu Musik/Metrik (187–312), vierzehn zu sonstigen Mythenaspekten (313–489; z. B. The Name of Aphrodite, 341–346).

Das renommierte ‚**Handbuch der Altertumswissenschaft**' wurde unter koordinierender Leitung des aktuellen gräzistischen Ordinarius im Freiburg/Br. um zwei Standardwerke bereichert, in denen kompetente Einzelautoren grundlegende Überblicksbeiträge zu allen wichtigen Mythenautoren der früh- und hochgriechischen bzw. spätgriechischen Periode vorlegten:

(1) Bernhard **Zimmermann**** (Hrsg.), Handbuch der griechischen Literatur der Antike. Bd. 1. Die Literatur der archaischen und klassischen Zeit […] unter Mitarbeit von Anne Schlichtmann. München 2011; XXVIII, 816 S.: Monumentaler Eröffnungsband mit durchweg sachlich fundierten Einzelbeiträgen auf dem neuesten Stand der Forschung zu frühgriechischem Epos (Homer, Hesiod, weitere Epiker des Epischen Kyklos), monodischer Lyrik (z. B. Stesichoros, Ibykos) und Chorlyrik (z. B. Pindar, Bakchylides), früher Mythographie (z. B. Hekataios, Pherekydes), Attischer Tragödie (spez. Aischylos, Sophokles, Euripides; inkl. Satyrspiel mit eigener Behandlung) sowie zu den Anfängen der griechischen Komödie (von Epicharm bis zur attischen *Archaia*, inkl. frühe Mythentravestien).

(2) Bernhard **Zimmermann****/Antonios **Rengakos** (Hrsg.), Handbuch der griechischen Literatur der Antike. Bd. 2. Die Literatur der klassischen und hellenistischen Zeit. München 2014; XXXIV, 1129 S.: Kaum weniger wichtige Fortsetzung mit weiteren grundlegenden Einzelbeiträgen zu späteren Dichtungen mit mythischen Inhalten spez. im Hellenismus (z. B. Kallimachos, Lykophron, Eratosthenes; Aratos, Nikandros; Parthenios; Apollonios Rhodios; Theokrit, Moschos, Bion), weiterhin zu Platon (Mythen in *Politeia*, Buch 2 und weiteren Dialogen), Aristoteles (spez. *Metaphysik*, *Poetik*), späterer Historiographie, späten attischen Tragikern (inkl. Satyrspiel) sowie zu Mythentravestien spez. der Mittleren Komödie *(Mesē)*.

Zu **Epos** und **Tragödie** als für den antiken Mythos konstitutiven Teilgattungen sind zwei neuere handbuchartige Zusammenstellungen zu würdigen:

(1) John Miles **Foley**** (Hrsg.), A Companion to Ancient Epic. Oxford 2005; XXV, 664 S., Paperback 2009. – *Disposition:* I. Issues and Perspectives (7–212; dreizehn Einführungsbeiträge zum allgemeinen kulturgeschichtlichen Kontext; z. B. Lowell Edmunds, Epic and Myth, 31–44; Gregory Nagy, The Epic Hero, 71–89; Bruce Louden, The Gods in Epic, or the Divine Economy; 90–104). II. Near Eastern Epic (213–288; Näheres auf S. 244). III. Ancient Greek Epic (289–414; Gesamtentwicklung von Homers Großepen *Ilias* und *Odyssee* sowie Hesiod und dem Epischen Kyklos über Apollonios Rhodios bis zu Quintus Smyrnaeus und Nonnos; Abgrenzung zu anderen Gattungen und Homerrezeption). IV. Roman Epic (415–588; Gesamtentwicklung von frühen republikanischen Epen über Vergils *Aeneis*, Ovid, Lucanus, Valerius Flaccus, Statius und Silius Italicus bis zu Claudian und spätantiken christlichen Epen; Abgrenzung zu anderen Gattungen und Vergilrezeption). Umfangreiche Bibliographie (589–650). – *Résumé:* Gesamtüberblick auf neuestem Stand der Forschung mit Beiträgen führender Fachleute zu allgemeinen Voraussetzungen, altorientalischen Vorstufen sowie dem griechischen und römischen Kernbereich mit rezeptionsgeschichtlichen Ergänzungen (Näheres unter Rezeption); als konzeptionell überzeugende Lösung Standardwerk auch der Mythosforschung.

(2) Justina **Gregory*** (Hrsg.), A Companion to Greek Tragedy. Malden/Mass. u. a. 2005; XVIII, 552 S. – *Disposition:* I. Contexts (1–118; Beiträge zu Voraussetzungen und Hintergrund). II. Elements (119–212; Beiträge zu Grundfaktoren, z. B. Michael J. Anderson, Myth, 121–136). III. Approaches (213–376; Beiträge zu Aischylos, Sophokles und Euripides und Teilaspekten wie Wertekanon, Rolle der Götter; Haupt- und Nebenfiguren sowie *gender*-Thematik). IV. Reception (377–504; vorwiegend zur griechisch-römischen Antike, Näheres zur späteren Rezeption unter Einzelperioden). Gründliche Gesamtbibliographie (505–540). – *Résumé:* Breites Überblicksspektrum mit Beiträgen führender Fachleute, unter ‚Reception' auch zur römischen Tragödie und der späteren europäischen Weiterentwicklung.

Was aktuelle Neuerscheinungen von **Lexika** betrifft, so wurde das grundlegende neue Kompendium **DNP**** (Stuttgart 1996–2003) als Nachfolge-Corpus zur RE bereits früher vorgestellt (S. 68). Den größten wissenschaftlichen Fortschritt unter den mittelgroßen Lexika brachte die Überarbeitung des alten Standardlexikons von Herbert Hunger (Wien 1. Aufl. 1953, wie S. 44): Christine **Harrauer****/ Herbert **Hunger**, Lexikon der griechischen und römischen Mythologie mit Hinweisen auf das Fortwirken antiker Stoffe und Motive in der bildenden Kunst, Literatur und Musik des Abendlandes bis zur Gegenwart. Purkersdorf 9. Aufl. 2006; VIII, 608 S.: Näheres zu diesem mit Abstand wichtigsten neueren Einzellexikon zur antiken Tradition und späteren Rezeption des Mythos in späterem Zusammenhang unter Rezeption (S. 252f.).

Bemerkenswert wegen der Breite des Ansatzes war auch ein neues Lexikon zu den Bereichen Mythologie und Religionsgeschichte: Simon **Price***/Emily **Kearns** (Hrsg.), The Oxford Dictionary of Classical Myth and Religion. Oxford 2003; Paperback 2004; XL, 599 S. – *Disposition:* Introduction (VIII-XL; Mythology: Panhellenic, Local, and Roman; Religious Pluralism; Reception of Myths, Annotated Bibliography; Thematic Index; alphabetische Lemmata (1–584: z.T. zusätzlich Belegstellen); Maps/Genealogic Tables (585–599). – *Résumé:* Ausführlicher lexikographischer Überblick zum Kernbereich und dem wichtigen Nachbarbereich mit präzisen substantiellen Angaben.

Unter zahlreichen mehr oder weniger bebilderten kleineren Lexika, die sich allein schon im deutschsprachigen Raum vorwiegend an ein breiteres Publikum richteten, sind zwei Neuerscheinungen hervorzuheben: (1) Kai **Brodersen**/Bernhard **Zimmermann** (Hrsg.), Metzler Lexikon Antike. Stuttgart u.a. 2000; VI, 703 S.; Ndr. 2006: Solide, ergänzend bebilderte Übersicht zur Antike insgesamt, koordiniert von zwei kompetenten Fachleuten und bestimmt für die gymnasiale und universitäre Praxis (ergänzende Literatur 673–679). Einen wesentlichen Bestandteil bildeten die Lemmata zu mythischen Gestalten und Ereignissen, z.T. ergänzt durch Literaturangaben. Zur verkürzten Neuausgabe unter dem Titel ‚Kleines Lexikon mythologischer Figuren der Antike' (2015) kritische Kurzrezension des Vf.s in IANUS 37, 2016, 87. (2) Guus **Houtzager**, Griechische Mythologie. Enzyklopädie. Eggolsheim 2003; 269 S.: Nach instruktiver Einleitung (7–21) ausführlicher lexikographischer Hauptteil (24–258) und knappe Anhänge; auch wegen der reichen Bebilderung mit Berücksichtigung der Mythosrezeption ein interessantes ergänzendes Arbeitsmittel.

Aus einer Vielzahl weiterer **Monographien zum Kernbereich** aus der aktuellen Phase, darunter einigen Sammelschriften, die auch schon die spätere Rezeption mit berücksichtigten, haben sich für die praktische ‚Arbeit am Mythos' des Vf.s folgende Untersuchungen spez. zu **Götter- und Heroenmythen** als wertvoll erwiesen (Auswahl):

(1) Vinciane **Pirenne-Delforge***/Emilio **Suárez de la Torre** (Hrsg.), Héros et héroïnes dans les mythes et les cultes grecs. Liège 2000 (Kernos Supplément 10); XXIII, 447 S.: Kongressakten Universität Valladolid (1999) mit dreißig Beiträgen zu diversen Aspekten der Thematik, teils grundsätzlicher Art (z.B. Katabasis, Stellung zwischen Gottheit und Mensch, *trickster*, Heroenkult, Gründerheroen), teils zu bestimmten Gattungen (z.B. Lyrik, Dithyrambos, Attische Tragödie) und Autoren (z.B. Aischylos, Euripides, Homer, Plutarch), teils zu wichtigen mythischen Einzelpersonen (z.B. Heroen um Dionysos, Achilleus, Aktaion, Herakles, Theseus, Hēro/Leandros).

(2) Claude **Calame***, Poétique des mythes dans la Grèce antique. Paris 2000; 288 S.; engl. Ausgabe: Greek Mythology: Poetics, Pragmatics, and Fiction. Cambridge 2009. IX, 275 S. – *Avant-propos:* „...essai pratique sur la poétique de ... la mythologie grecque ... réaction à l'égard d'analyses structurales... recherche d'une approche consciente de ses présupposés ... protestation enfin à l'égard du néoliberalisme" (7). – *Disposition:* 1. Créations narratives et poétiques (11–69). 1,1. Mytho-logies (14–37; Beispiel: Rapt de Perséphone). 1,2. Poétique des mythes (38–69). 2–6. Exemplarische mythische Einzelthemen (71–205; Bellerophontes, Klytaimnestra/Orestes, Io/Danaïden, Helena, Teiresias). 7. Le Panthéon de Trézène et Pausanias (207–241; zu Artemis/Hippolytos). Conclusion (243–246). – *Résumé:* Anregende Einführung für die Universitätspraxis mit allgemeiner Einleitung (Kap. 1; ohne grundlegende Systematik) und einer Zusammenstellung von Einzelstoffen aus unterschiedlichen Schichten der Heroenmythen (Kap. 2–7) mit knapper Zusammenfassung und schmaler Bibliographie (279–281).

(3) Katharina **Waldner***, Geburt und Hochzeit des Kriegers. Geschlechtsdifferenz und Initiation in Mythos und Ritual der griechischen Poleis. Berlin/New York 2000 (Religionsgeschichtliche Versuche und Vorarbeiten 46); IX, 281 S. – *Disposition:* I. Mythos und Ritual in Praxis und Theorie (4–50; Grundbegriffe). II. Kainis und Kaineus (51–81; Musterbeispiel für Geschlechterwandel). III. Achilleus und Thetis (82–101; Achill auf Skyros als Musterbeispiel für Heros in Frauenkleidern). IV-VI. Entsprechende Rituale in griechischen Poleis (102–252; z. B. Athen: Theseus und Oschophoria; Phaistos: Leukippos und Ekdysia). Literatur (256–269). Register (270–281). – *Résumé:* Im Rahmen der *gender studies* exemplarische Behandlung von mythischen Paradebeispielen für Zweigeschlechtlichkeit mit Klärung des rituellen Hintergrunds (Initiation/Androgynie).

(4) Angelika **Dierichs**, Von der Götter Geburt und der Frauen Niederkunft. Mainz 2002 (Kulturgeschichte der antiken Welt 82); 324 S.: Primär auf die *gender*-Thematik gerichtet, enthält die eher populäre, reich bebilderte Monographie als wichtige Abschnitte zum antiken Mythos einen Überblick zu den z.T. ungewöhnlichen Göttergeburten (11–48), zu monströsen mythischen Bildvorstellungen (149–164) sowie zu den Geburtsgottheiten (221–244; spez. Eileithyia, Iuno Lucina, Isis, Artemis; Asklepios).

(5) Angela **Kühr***, Als Kadmos nach Boiotien kam. Polis und Ethnos im Spiegel thebanischer Gründungsmythen. Wiesbaden 2006 (Hermes Einzelschriften 98); 377 S. – *Disposition:* 1. Einleitung (9–15; zum Thema). II. Mythos – Identität – Erinnerung (15–52; zu den Grundbegriffen). III. Boiotien zwischen Raum und Text (53–82; zu den Hauptquellen). IV. Theben (83–256). V. Das Ethnos der Boioter (257–308). VI. Polis und Ethnos im Spiegel thebanischer Gründungsmythen (309–313). Bibliographie (314–341). – *Résumé:* Nach Klärung der Grundbegriffe und Behandlung der geographischen Hauptquellen zu Boiotien

steht im Zentrum die mythische Geschichte Thebens von der Gründung (83–133) über die Zeit der Labdakiden (134–166) bis zu Herakles (167–168) mit dem Fazit ‚Theben als Erinnerungslandschaft' (199–256). Standardwerk zu den mittleren Heroenmythen.

(6) Jan N. **Bremmer***/Andrew **Erskine** (Hrsg.), The Gods of Ancient Greece. Identities and Transformations. Edinburgh 2010 (Edinburgh Leventis Studies 5); XXI, 528 S. – *Disposition:* Introduction: Jan N. Bremmer, The Greek Gods in the Twentieth Century (1–18); Albert Henrichs, What is a Greek God? (19–39). I. Systematic Aspects (41–151). II. Individual Divinities and Heroes (153–269; spez. zu den olympischen Hauptgottheiten). III. Diachronic Aspects (271–480; breites Beitragsspektrum von frühgriechischer Theologie bis zu christlicher Spätantike). IV. Historiography: Michael Konaris, The Greek Gods in Late Nineteenth- and Early Twentieth-Century German and British Scholarship (483–503). Epilog von Andrew Erskine (505–510). Index (511–528). – *Résumé:* Sammelpublikation mit z.T. wertvollen Beiträgen namhafter Einzelautoren zum griechischen Polytheismus; Abrundung zur neueren Forschungsgeschichte in Part IV; keine Gesamtbibliographie.

(7) Kurt **Roeske**, Wege in die Welt der Antike. Vorträge zu ihrem Verständnis und Fortwirken, über Dichtung und Religion, Philosophie und Politik. Würzburg 2014; 267 S.: Einführungsbeiträge zum Mythos unter (I.) Religion (11–118; z. B. Von Zeus, Poseidon und anderen Göttern: Über Mythos und Mythologie, 13–36; Die homerischen Götter, 37–65) und unter (II.) Dichtung (119–187; z. B. Achills Zorn und die Heimkehr des Odysseus. Eine Einführung in die Dichtung Homers, 121–141; knappe rezeptionsgeschichtliche Überblicke zu Antigone, 143–164, sowie zu Medea, 165–187).

(8) Gabriella **Pironti***/Corinne **Bonnet** (Hrsg.), Les dieux d'Homère. Polythéisme et poésie en Grèce ancienne. Liège 2017 (Kernos. Supplément 31); 257 S.: In den Sektionen ‚Raconter les puissances divines' (21–84), ‚Entre l'Olympe et la terre' (87–176) und ‚De la Guerre au Salut' (177–228) wird das Gesamtthema mit einem breiten Spektrum verschiedenster Aspekte in insgesamt neun Einzelbeiträgen präsentiert, abgerundet durch eine umfangreiche Bibliographie (229–242).

(9) Greta **Hawes*** (Hrsg.), Mythes on the Map. The Storied Landscapes of Ancient Greece. Oxford 2017; XV, 332 S.: Fünfzehn Beiträge zur Topographie und ‚Chronologie' spez. des griechischen Mythos, z. B. Daniel W. Berman, Cities-Before-Cities: ‚Prefoundational' Myth and the Construction of Greek Civic Space, 32–51; Richard Buxton, Landscapes of the Cyclopes, 52–64; Emma Aston, Centaurs and Lapiths in the Landscape of Thessaly, 83–105; Betsey A. Robinson, Fountains as Reservoirs of Myth and Memory, 178–203; Robert F. Fowler, Imaginary Itineraries in the Beyond, 243–260. Ausführliche Bibliographie (299–328).

(10) Renaud **Gagné***/Mugiel **Herrero de Jáuregui** (Hrsg.), Les dieux d'Homère II: Anthropomorphismes. Liège 2019 (Kernos. Supplément 33); 329 S.: Ergänzung zu Pironti/Bonnet 2017 (s. o.) mit ausführlicher Einführung (7–42), einem Basisbeitrag zu Homer von Gabriella Pironti (43–64) und neun Kapiteln zur antiken Literatur (spez. Xenophanes, Zweite Sophistik) und Kunst (z. B. Hélène Collard, Distinguer un dieu d'un homme: l'anthropomorphisme des dieux d'Homère en images, 113–134).

Als weitere Studien zu wichtigen **Teilaspekten** des Kernbereichs bzw. **neuen Trends** der aktuellen Mythosforschung sind anzuführen (Auswahl):

(1) Lillian E. **Doherty***, Gender and the Interpretation of Classical Myth. London 2001; 192 S.: Grundsatzbeitrag zu ‚Myth and Gender Systems' (15–45), ergänzt durch in der neueren Mythosforschung relevante Nachbarbereiche (vgl. Csapo 2005, wie S. 175) wie Psychologie/Psychoanalyse (46–76), Mythos und Ritual (77–99), Mythos als *charter* (100–126), Strukturalismus (127–151), Mythos, *folklore* und *popular culture* (152–169). – Aktueller Kurzbeitrag zum Thema: Sian Lewis, Women and Myth. In: Dowden/Livingstone 2011, wie S. 182, 443–458. Weitere aktuelle Literatur zur *gender*-Thematik im antiken Mythos in MH Ntr. 2018, 153–155.

(2) Vanda **Zajko***/Miriam **Leonard** (Hrsg.), Laughing with Medusa. Classical Myth and Feminist Thought. Oxford 2005, Ndr. Paperback 2008; XIV, 445 S.: Insgesamt fünfzehn Beiträge zu feministischen Aspekten der folgenden Themen: I. Myth and Psychoanalysis (z. B. Kronos-Komplex, Oidipous). II. Myth and Politics (121–186; Oberthema Antigone). III. Myth and History (189–230). IV. Myth and Science (233–294). V. Myth and Poetry (297–410; u. a. zu Hesiod, *Ēhoîai*; Helena, Daphne, Iphigeneia). Umfangreiche Bibliographie (411–436). Wichtige Neuerscheinung der *gender*-Forschung

(3) Paul **Murgatroyd***, Mythical Monsters in Classical Literature. London 2007; IX, 200 S.: Aktuelle zusammenfassende Darstellung zu einem in frühgriechischen Götter- wie Heroenmythen zentralen literarischen Aspekt in seinen wesentlichen mythischen Einzelstoffen. – Ergänzende Sach- und Literaturangaben zur Thematik: MH 2011, 50–65; MH Ntr. 2018, 117.

(4) Christine **Schmitz**/Anja **Bettenworth** (Hrsg.), Mensch – Heros – Gott. Weltentwürfe und Lebensmodelle im Mythos der Vormoderne. Stuttgart 2009; 183 S.: Sammelpublikation mit dem antiken Mythos als philologisch-archäologischem Kernbereich (z. B. Sophokles, Horaz, Ovid, Valerius Flaccus) sowie Ägyptologie, Arabistik, Indogermanistik und Mediävistik als breitem Spektrum weiterer Nachbarbereiche.

(5) Richard **Buxton***, Forms of Astonishments. Greeks Myths of Metamorphosis. Oxford 2009; XVI, 281 S. – *Disposition:* I. Narratives and their Contexts: 1. The *Odyssey* (29–48). 2. Athenian Drama (49–75). 3. Visual Arts (76–109). 4.

Hellenistic Transformations (110 – 134). 5. Post-Hellenistic Narratives (135 – 154). II. The Logic of Transformation: 6. Shapes of the Gods (157 – 190). 7. The Human Aetiology of Landscape (191 – 209). 8. Plants, Trees, and Human Forms (210 – 230). 9. Challenges in the Metamorphic Tradition (231 – 247). 10. Final Thoughts in Contexts (248 – 252). Bibliography (253 – 256). Index (269 – 281). – *Résumé:* In Part I konventioneller Überblick zur literarischen und bildlichen Tradition des Mythos in der Antike; in Part II Behandlung des speziellen Aspekts ‚Mythos und Verwandlung', auch im Anschluss an die Monographie von P.M.C. Forbes Irving (1990, wie S. 76).

(6) Martin **Zimmermann*** (Hrsg.), Extreme Formen von Gewalt in Bild und Text des Altertums. München 2009 (Münchner Studien zur Alten Welt 5); 350 S.: Zusammenstellung zu dieser neuerdings aktuellen Thematik mit einem breiten Beitragsspektrum von altorientalischen Vorgaben bis zur Spätantike, bestimmt durch zwei Grundsatzbeiträge des Herausgebers (Zur Deutung von Gewaltdarstellungen, 7 – 45; Extreme Formen physischer Gewalt in der antiken Überlieferung, 155 – 192) und ergänzt durch einen Basisbeitrag zur Mythentradition in der griechischen Vasenmalerei von Susanne Muth, Zur historischen Interpretation medialer Gewalt, 193 – 229.

(7) Anton **Bierl***/Wolfgang **Braungart** (Hrsg.), Gewalt und Opfer. Im Dialog mit Walter Burkert. Göttingen u. a. 2010 (MythosEikonPoiesis 2); VII, 434: Ergebnisse eines Kolloquiums Bielefeld 2007 zur Thematik, auch als Hommage an den großen Religionswissenschaftler, mit verschiedensten Einzelbeiträge z. B. zu Mythos und Ritual, antiken und neueren Mysterien, ‚Mädchentragödie', Religion und Gewalt, Gewalt und Trauer. – Weitere aktuelle Literatur zur Gewaltthematik: MH 2011, 269; MH Ntr. 2018, 153 – 155.

(8) Christine **Schmitz*** (Hrsg.), Mythos im Alltag – Alltag im Mythos. Die Banalität des Alltags in unterschiedlichen literarischen Verwendungskontexten. München 2010; 291 S.: Originelle Zusammenstellung von höchst unterschiedlichen Beiträgen zum Grenzbereich von Mythos und Satire/Epigrammatik/Essayistik/Parodie mit der antiken Tradition als Kernbereich (11 – 174) und wichtigen Ergänzungen aus Mittelalter (175 – 210), Neuzeit (211 – 259) und neuen Medien (261 – 277).

(9) Richard **Buxton***, Myths and Tragedies in their Ancient Greek Contexts. Oxford 2013; XII, 280 S. – *Disposition:* I. Themes in Myth (9 – 118). II. Myths in Tragedy (121 – 240): 6. Tragedy and Greek Myth (121 – 144). 7. Time, Space, and Ideology: Tragic Myths and the Athenian *Polis* (145 – 160). 8. Bafflement in Greek Tragedy (161 – 177). 9. Blindness and Limits: Sophokles and the Logic of Myth (178 – 201). 10. Euripides' *Aktaion:* Five Aspects of Interpretation (201 – 218). 11. Feminized Males in the *Bakchai:* The Importance of Discrimination (219 – 240). Bibliography (245 – 268). Index (269 – 280). – *Résumé:* Beiträge zu mythischen Ein-

zelaspekten sowie den Einzelstoffen Talos und Medeia (Part I), Grundsatzbeiträge und Aufsätze zu wichtigen Einzeltragödien (Part II).

(10) Annette **Zgoll***/Reinhard G. **Kratz** (Hrsg.), Arbeit am Mythos. Leistung und Grenze des Mythos in Antike und Gegenwart. Tübingen 2013; X, 341 S.: Bemerkenswert breites Vortragsspektrum aus der Ringvorlesung ‚Arbeit am Mythos' an Universität/Akademie Göttingen (SS 2010) mit vier Beiträgen zum Mythos allgemein (1–78; Bedeutung in Antike und Gegenwart; Schlüsselthema der Moderne; religionswissenschaftliche und narratologische Perspektive), drei Beiträgen zum griechisch-römischen und spätantiken Bereich (195–271) und sieben Beiträgen zu altorientalisch-altägyptisch-alttestamentlichen Themen bzw. dem arabisch-islamischen Bereich (79–193, 273–328).

(11) Christine **Schmitz**/Jan Telg gen. **Kortmann**/Angela **Jöne** (Hrsg.), Anfänge und Enden. Narrative Potentiale des antiken und nachantiken Epos. Heidelberg 2017 (Bibliothek der Klassischen Altertumswissenschaften 2. Reihe N.F. 154); 402 S.: Repräsentatives Spektrum von Beiträgen überwiegend deutschsprachiger Forscher; nach Einleitung (9–35) vier Themen zur Gesamttradition bzw. zum griechischen Epos (37–118), sieben zu Hauptvertretern des römischen Epos (119–291; inkl. Lucanus/Silius Italicus), zwei zum mythologischen Epos der Spätantike (293–338) und drei zur neueren Tradition von Spätmittelalter/Renaissance (339–393); abschließend Index locorum (395–402); keine Register oder Überblicksbibliographie.

(12) Anton **Bierl***/Menelaos **Christopoulos**/Athina **Parachrysostomou** (Hrsg.), Time and Space in Ancient Myth, Religion and Culture. Berlin 2017 (MythosEikonPoiesis 10); 386 S. – *Disposition:* I. Epos (1–96): Beiträge u.a. zu *Odyssee/Tēlegonía* (3–8, 9–26, 27–41) und zur Genealogie der Heroenmythen in Vergils *Aeneis* (79–96). II. Drama (97–178): Beiträge u.a. zu Sophokles, *Antigónē* (97–144) und *Oidípous* (145–164). III. Empirical and Imaginary Chronotopes (179–264): Beiträge z.B. zu Alpheios (229–238), Byblis/Kaunos (239–252) und Ovids Exildichtung (253–264). IV. Shifting Chronotopes (265–354; z.B. Françoise Létoublon, The Decisive Moment in Mythology: The Instant of Metamorphosis, 335–354). – *Résumé:* Breites Spektrum von Einzelaspekten zu Zeit und Raum als mythischen Grundkategorien, allerdings ohne grundlegende Systematik.

(13) Annette **Zgoll***/Christian **Zgoll**, Mythische Sphärenwechsel. Methodisch neue Zugänge zum antiken Mythos in Orient und Okzident. Berlin 2019 (Mythological Studies 2); 639 S.: Nach systematischer Einleitung[30] zur neuen Methodik

---

[30] Christian Zgoll, Myths as Polymorphous and Polystratic *Erzählstoffe*. A Theoretical and Methodological Foundation (9–82): Theoretische Grundlagen, z.B. Mythen als Stoffe, Rekonstruktion und Vergleich der Stoffe spez. im Blick auf anthropologische und sozialpolitische Aspekte.

(Näheres auf S. 309f. bzw. 322f.) folgt eine komparatistische Behandlung von Themenvarianten zu ‚Katabasis ins Totenreich' und ‚Apotheose' als „wichtigen Welterklärungs- und Weltbewältigungsversuchen im frühen Mythos" mit neun exemplarischen Einzelbeiträgen zur altorientalischen und antiken Mythentradition, z. B. Heinz-Günther Nesselrath, Zum Hades und darüber hinaus (161–202; Jenseitsvorstellungen von Homer bis Platon); Ulrike Engelhaaf-Gaiser, An der Schwelle zur Unterwelt (251–308; zu Vergils Polydorus-Erzählung *Aen.* 3,13–68); Tanja Susanne Scheer, Helden am Himmel – Helden im Himmel (365–446; Sternmythen bei Ps.-Eratosthenes und Hygin, *Astronomica*). Vgl. auch S. 244/246 zu altorientalischen Vorgaben.

Die in der Mittelphase relevante Forschungsrichtung des **Strukturalismus** (vgl. schon S. 66f.) fand in der aktuellen Phase nur noch eine begrenzte Beachtung: (1) Doherty 2001, wie S. 198, 127–152. (2) Csapo 2005, wie S. 175, 181–261 (spez. zu Ferdinand de Saussure), 276–284 (Poststructuralism). (3) Claude Calame, The Semiotics and Pragmatics of Myth. In: Dowden/Livingstone 2011, wie S. 182, 507–534. Dafür gab es gerade in jüngster Zeit eine bemerkenswerte ‚Renaissance' für den geistigen Mitbegründer Claude **Lévi-Strauss** (Auswahl): (1) Serena Grazzini, Der strukturalistische Zirkel. Theorien über Mythos und Märchen bei Propp, Lévi-Strauss, Meletinskij. Wiesbaden 1999; IX, 248 S., spez. 81–165. (2) Anton Fischer, Claude Lévi-Strauss – Mythen. Leipzig 2004 (Studien zum Denken von Claude Lévi-Strauss 3); 94 S.: Substantielle Interpretation zu Mythen (und Märchen). (3) Ds., Claude Lévi-Strauss – Verwandtschaftssysteme. Leipzig 2005 (Studien zum Denken von Claude Lévi-Strauss 4); 141 S. (4) Boris Wiseman, Lévi-Strauss. Anthropology and Aesthetics. Cambridge 2007 (Ideas in Context 85); XI, 243, spez. 167–216. (5) Thomas Reinhardt, Claude Lévi-Strauss zur Einführung. Hamburg 2008 (Zur Einführung 358); 187 S., unv. Ndr. 2013, spez. 41–59 (Strukturalismus), 124–153 (Mythologie). (6) Boris Wiseman (Hrsg.), The Cambridge Companion to Lévi-Strauss. Cambridge 2009; XII, 337 S.: Einzelbeiträge, spez. zum Mythos 101–216. (7) Frédéric Keck, Claude Lévi-Strauss. Une introduction. Paris 2011 (Agora 282); 378 S., spez. 77–164. (8) Philippe Descola, Claude Lévi-Strauss. Un parcours dans le siècle. (Kongressakten Paris, Collège de France 2008). Paris 2012; 302 S., spez. 113–164 (Mythologie). (9) Robert M. Doran (Hrsg.), Rethinking Claude Lévi-Strauss (1908–2009). New Haven/Conn. 2013 (Yale French Studies 123); 189 S.: Einzelbeiträge, spez. Thomas Pavel, Reflections on the Oedipus Myth, 118–128. (10) Gildas Salmon, Les structures et l'esprit. Lévi-Strauss et les mythes. Paris 2013; VI, 288 S.: Wesentliche Basisstudie zur Thematik.

Erheblich größer war die Beachtung in den letzten Jahrzehnten für die Mythen als Interpretationsbasis der **Psychologie/Psychoanalyse** (Auswahl): (1) Hartmut Zinser, Das Problem der psychoanalytischen Mytheninterpretation. In: Schlesier 1985, wie S. 120, 113–124. (2) Richard **Caldwell***, The Origin of the Gods:

A Psychoanalytic Study of Greek Theogonic Myth. Oxford/New York 1989; XVI, 206 S. (3ab) Lowell Edmunds, Psychoanalysis. In: Edmunds 1990, wie S. 63, 342–344; Richard Caldwell, The Psychoanalytic Interpretation of Greek Myth, ebd. 344–389. (4) Doherty 2001, wie S. 198, 46–76 („Psychological Approaches'). (5) Csapo 2005, wie S. 175, 80–131 (Psychology, spez. zu Freud). (6) Rachel **Bowlby***, Freudian Mythologies. Greek Tragedy and Modern Identities. Oxford 2007; 251 S. (7) Zajko/Leonard 2008, wie S. 198: Einzelbeiträge, z.B. Rachel Bowlby, The Cronus Complex: Psychoanalytic Myths of the Future for Boys and Girls, 21–44. (8) Richard H. Armstrong, Psychoanalysis: The Wellspring of Myth? In: Dowden/Livingstone 2011, wie S. 182, 471–485. (9) Jaír Hazán, Die Mythen der Psychotherapie und die Psychotherapie der Mythen. In: Christoph Jamme (Hrsg.), Aufklärung und neue Mythen. Freiburg/München 2011, 166–184 (weitere Einzelbeiträge zum Thema ebd. 106–129, 130–148). (10) Vanda **Zajko***/Ellen **O'Gorman**, Classical Myth and Psychoanalysis. Ancient and Modern Stories of the Self. Oxford 2013; IX, 374 S., spez. Sektion I („Contexts for Freud'). (11) Jamme/Matuschek 2014, wie S. 181, 32–35 („Mythos und Psychologie'). (12) Eugen **Drewermann**, Grenzgänger. Rebellen, Frevler und Heroen in antiken Mythen. Ostfildern 2015; 486 S.: Breite Ausführungen eher populärer Ausrichtung mit tiefenpsychologischer Tendenz zu bekannten Mythengestalten wie Prometheus/Pandora, Sisyphos, Tantalos, Ixion, Perseus/Andromeda, Midas, Marsyas, Arachne, Phyllis/Demophoon. (13) Christoph **Braun***/Wilhelm **Brüggen**/Andreas **Gehrlach** (Hrsg.), Dialektik des Mythos. Mythen und Mythenkritik in der Freud'schen Psychoanalyse. Frankfurt/M. 2016; 288 S.; Einzelbeiträge, z.B. Wilhelm Brüggen, Die Freud'sche Psychoanalyse des Mythos, 27–82; Wilhelm Menke, Zur Aktualität des Mythos, 135–144. (14) Jeroen Lauwers/Hedwig Schwall/Jan Opsomer (Hrsg.), Psychology and the Classics. A Dialogue of Disciplines. (Kongressakten Louvain 2015). Berlin u.a. 2018; VI, 327 S.: Breites Beitragsspektrum mit aktueller Bibliographie (293–322); spez. zum Mythos z.B. Joel Christensen, Learned Helplessness, the Structure of the Telemachy and Odysseus' Return (129–141); Marcia Dobson, Why Does Orestes Stay Mad? (158–170). (15) Andreas **Marneros**, Warum Odysseus keinen Ödipus-Komplex und Adonis keinen Schönheitswahn hatte. Psychoanalyse und griechische Mythologie. Eine Begriffsbestimmung. Berlin, Heidelberg 2018; XXIII, 260 S.: Zusammenstellung wichtiger psychologischer Komplexe, z.B. zu Iokaste, Laios, Antigone, Elektra, Orestes, Medeia, Achilleus, Midas, Prometheus, Ikaros, Persephone/Kore, Pygmalion, Adonis, Phaidra. (15) **Ds.**, Mein Bruder Sisyphos, mein Freund der Minotauros. Archetypen der griechischen Mythologie psychologisch erzählt. Berlin, Heidelberg 2018; XIII, 329 S.

Zum Grenzbereich zwischen **Mythos, Religion und Ritus/Ritual** sind aus jüngster Zeit die folgenden Monographien hervorzuheben (Auswahl):

(1) Richard **Buxton*** (Hrsg.), Oxford Readings in Greek Religion. Oxford 2000; IX, 372 S. – *Disposition:* I. Religion and Society (13–139; z.B. Jean-Pierre Vernant, From Oedipus to Periander. Lameness, Tragedy, Incest in Legend and History, 109–130). II. Archaeology of the Sacred (133–224; spez. Anthony Snodgrass, The Archaeology of the Hero, 180–190). III. Myths and Rituals (227–314; mit Spezialbeiträgen von Walter Burkert, Fritz Graf, Jan M. Bremmer und Robin Osborne). IV. Boundary Disputes (317–358; spez. C. Roberts Philipps III, Misconceptualizing Classical Mythology, 344–358). – *Résumé:* Aufsatzsammlung zum religionswissenschaftlichen Hauptthema mit z.T. wertvollen Einzelbeiträgen zum Grenzbereich des antiken Mythos.

(2) Anton **Bierl***/Rebecca **Lämmle**/Katharina **Wesselmann** (Hrsg.), Literatur und Religion. Wege zu einer mythisch-rituellen Poetik bei den Griechen. 1–2. Berlin/New York 2007 (MythosEikonPoiesis 1,1–2); XVIII, 422 S./XII, 436 S.: Sammelpublikation zum Gesamtkomplex von Mythos/Religion und Kultus/Ritual im Anschluss an die Vorarbeiten von Jane E. Harrison bis zu Walter Burkert mit einleitendem Grundsatzreferat (Anton Bierl, Literatur und Religion als Rito- und Mythopoetik, I 1–76) und einem breiten Spektrum themenrelevanter Einzelbeiträge spez. zum Zentralbereich des griechischen Mythos (I 151–409) und seiner antiken Rezeption (z.B. Katharina Waldner, Griechische und römische Aitiologie in Ovids *Metamorphosen*, II 203–237). – Aktueller Kurzbeitrag zum Thema. Ken Dowden, Initiation: The Key of Myth? In: Dowden/Livingstone 2011, wie S. 182, 487–505.

(3) Tanja Susanne **Scheer*** (Hrsg.), Natur – Mythos – Religion im antiken Griechenland. Stuttgart 2019 (Potsdamer Altertumswissenschaftliche Beiträge 67); 297 S. – *Disposition:* 1. Begriffe, Konzepte, Methoden (13–87). 2. Die Verehrung der ‚Natur' bei den Griechen (89–199; spez. Naturgottheiten). 3. Natur als Schauplatz mythischen Geschehens und religiösen Handelns (201–240). 4. Natur, Mythos und Religion in der Konstruktion von Vergangenheit (241–290). – *Résumé:* Nach dem Einleitungsbeitrag der Herausgeberin (13–28) behandeln die weiteren Einzelbeiträge vor allem religionswissenschaftlich-mythologische Gestalten, Phänomene und Aspekte im Kontext von Topographie und Natur.

Für die Weiterentwicklung des Mythos in der **antiken Tradition und Rezeption** sind die folgenden Neuerscheinungen bemerkenswert (Auswahl):

(1) Markus **Janka***/Christian **Schäfer** (Hrsg.), Platon als Mythologe. Neue Interpretationen zu den Mythen in Platons Dialogen. Darmstadt 2002; VI, 326 S.: Sechzehn Beiträge zur philosophischen Mythosrezeption, teils mit grundsätzlichen Fragen (z.B. Glenn W. Most, Platons exoterische Mythen, 7–19; Bernd Manuwald, Platons Mythenerzähler, 58–80; Michael Erler, Praesens divinum. Mythische und historische Zeit in der griechischen Literatur, 81–98; Joachim Dalfen, Platons Jenseitsmythen: Eine „neue Mythologie"?, 214–230; Arbogast Schmitt,

Mythos und Vernunft bei Platon, 290–310), teils zu einzelnen Dialogen (z. B. *Nomoi, Politikós, Symposion, Timaios, Gorgias, Phaidon*). Bibliographie (311–326). – 2. überarb. Aufl. Darmstadt 2014; VII, 462 S.: Erweiterung auf 21 Beiträge mit aktualisierter Bibliographie (439–462). – Ergänzende Literatur zur Thematik in MH 2011, 342; MH Ntr. 2018, 174 f.

(2) Elena **Pallantza***, Der troische Krieg in der nachhomerischen Literatur bis zum 5. Jahrhundert v.Chr. Stuttgart 2005 (Hermes Einzelschriften 94); 349 S. – *Disposition:* 1. Alkaios (17–57). 2. Sappho (58–89). 3. Stesichoros (90–123; substantielle Zusammenfassung). 4. Herodot (124–174; instruktiver Überblick). 5. Thukydides (175–200). 6. Die Tragödie (201–312; herausragende Übersicht mit dem Fazit ‚Panhellenismus *versus* Panbarbarismus', 293–297). – *Résumé:* Gründliche Aufarbeitung der frühen literarischen Rezeption unter Berücksichtigung der wichtigen fragmentarisch erhaltenen Dichtung und der wesentlichen Forschungsliteratur (318–338).

(3) Bernhard **Zimmermann*** (Hrsg.), Mythische Wiederkehr. Der Ödipus- und Medea-Mythos im Wandel der Zeiten. Freiburg/Br. 2009 (Paradeigmata 6); 225 S. – *Disposition:* I. Einleitung (9–40; darin: Hrsg., Zum Begriff Mythos in der frühgriechischen Literatur, 11–16; Bernd Seidensticker, Mythenkorrekturen 17–40). II. Ödipus (41–99; darin u. a.: Walter Burkert, Mythen um Oedipus: Familientragödie und Orakelsinn, 43–62; Joachim Pfeiffer, Arbeit am Mythos. Ödipus in der deutschsprachigen Literatur, 81–99). III. Medea (101–222; darin u. a.: Ludger Lütkehaus, Der Medea-Komplex. Mutterliebe und Kindermord, 121–133; Ds., Medea und einige ihrer Kinder, 135–151; Walter Burkert, Medea: Arbeit am Mythos von Eumelos bis Karkinos, 153–166). – *Résumé:* Exemplarische Sammelschrift mit Beiträgen zu zwei Hauptgestalten der Heroenmythen in der antiken Tradition und begrenzt auch der späteren Rezeption.

(4) Claudia **Michel***, Homer und die Tragödie. Zu den Bezügen zwischen *Odyssee* und Orestie-Dramen (Aischylos, *Orestie*; Sophokles, *Elektra*; Euripides, *Elektra*). Tübingen 2014 (Drama N.S. 15); 263 S. – *Disposition:* 1. Einleitung (13–21; Forschungsüberblick). 2. Epos und Drama im Kontext (23–33). 3. Zum literarischen Kontext von *Odyssee* und *Orestie*-Dramen (35–50). 4. Die *Orestie* des Aischylos (51–134). 5. Die *Elektra* des Sophokles (135–171). 6. Die *Elektra* des Euripides (173–215). 7. Zusammenfassung (217–230). Literaturverzeichnis (231–248). – *Résumé:* Gründliche Aufarbeitung dieses speziellen Teilbereichs aus den *Nóstoi* innerhalb der antiken Mythosrezeption.

(5) Greta **Hawes***, Rationalizing Myth in Antiquity. Oxford 2014; VIII, 279 S.: Grundlegende Zusammenstellung der wichtigsten Basistexte zur rationalisierenden Mythendeutung, z.B. Palaiphatos, *Perì apístōn* (37–92); Herakleitos, *Perì apístōn* (93–118); Anonymus; *Perì apístōn* (119–132); Konon, *Dihēgēseis* (133–

148), Plutarch, *Theseus* (149–174), Pausanias, *Perihēgēsis* (175–222). Ausführliche Bibliographie (249–274).

(6) Harald **Haarmann***, Myth as Source of Knowledge in Early Western Thought. The Quest for Historiography, Science and Philosophy in Greek Antiquity. Wiesbaden 2015; VIII, 282 S. – *Disposition:* 1. Myth through the Ages (9–24). 2. Myth and Knowledge (25–36; spez. zu Mythos/Logos 34 ff.). 3. Exploring the World through Myth (37–56; spez. zu Epos/Tragödie). 4. History before Writing (57–86; spez. zu Themis 83 ff.). 5. Myth-Making as Social and Political Agency (87–108). 6. Preconditions: The Interrelating of Orality and Literacy (109–140; spez. zu Vorstufen 124 ff.). 7. Conceptualizing Divinely Inspired Order (141–172; zu Vorsokratikern, spez. 157 ff.). 8. Myth into Historiography (173–208; zu Herodot, spez. 191 ff.). 9. Myth into Philosophy (209–234; Platon, spez. zu *Nómoi* 227 ff.). 10. Hellenistic Transformations (235–244). Bibliographie (253–274; neueste Literatur). – *Résumé:* Beeindruckende Gesamtdarstellung zu mythischen Voraussetzungen und antiker Mythosrezeption.

(7) Zoe **Stamatopoulou***, Hesiod and Classical Greek Poetry. Reception and Transformation in the Fifth Century BCE. Cambridge 2017; X, 279 S. – *Disposition:* 1. Hesiod and the Poetics of Lyric (17–51). 2. Hesiodic Narratives in Lyric (52–102). 3. Lyric Reception of Hesiod's Didactic Poetry (103–121; spez. zu *Érga*). 4. Hesiodic Narratives and the Tragedians (122–178). 5. Hesiod and Old Comedy (230–263). References (230–263; gründlich). – *Résumé:* Instruktiver Überblick jeweils mit knapper Introduction (1–16) und Conclusion (225–229).

(8) Hans-Joachim **Schönknecht***, Mythos – Wissenschaft – Philosophie. Zur Entstehung der okzidentalen Rationalität in der griechischen Antike. Bd. 1. Zwischen Mythos und Logos. Entstehung einer neuen Wissensform. Marburg 2017; 433 S.: Innerhalb eines bemerkenswerten Gesamtüberblicks zur Entwicklung der frühgriechischen Geistesgeschichte Bemerkungen zur Frühzeit des Mythos (Historischer Kontext: Ethnogenese – Entstehung der griechischen Identität, 23–93; spez. *Dark Ages* und Homer, 27–40) und zur grundlegenden Bedeutung von Homer und Hesiod (Mythos – Dichtung –Theorie, 235–257; spez. Anmerkungen zur Entstehung der griechischen Mythologie, 236–240; Homers Selbstbehauptung: Realistische und rationale Züge seiner Epen, 305–363; Eine Gestalt des Übergangs: der Mythopoet Hesiod; 365–396); allerdings noch ohne Berücksichtigung der Forschungsansätze in MH 2011.

(9) Michael W. **Herren***, The Anatomy of Myth, The Art of Interpretation from the Presocratics to the Church Fathers. Oxford 2017; XI, 231 S.: Gesamtdarstellung der antiken Mythosrezeption in chronologischer Abfolge von frühgriechischer Epik und Vorsokratikern bis zu spätantiken Neuplatonikern und christlicher Patristik mit Ausblick auf die mittelalterliche Mythentradition. Im Zentrum steht das Herausarbeiten der verschiedenen Interpretationsmethoden zum Mythos von

poetischer Gestaltung über Mythenkritik, Historisierung und Rationalisierung bis zur zunehmenden Allegorisierung und Symbolisierung. Wertvoller Gesamtüberblick auf dem neuesten Stand der Forschung (Bibliography 189–198).[31]

(10) Lucy **Audley-Miller***/Beate **Dignas** (Hrsg.), Wandering Myths. Transcultural Uses of Myth in Ancient World. Berlin/Boston 2018; LIV, 424 S. – *Disposition:* I. Changing Cultural and Mythical Landscapes in Anatolia (1–92; z.B. Tanja S. Scheer, Myth, Memory and the Past. Wandering Heroes between Arcadia and Cyprus, 71–92). II. Reception and Innovation of Mythological Programmes between Greece and Italy (93–262; z.B. zu apulischer Vasenmalerei, pompejanischer Wandmalerei und attischen Sarkophagen). III. Wandering East, Wandering South (263–404; Beiträge vorwiegend zu altorientalischen Vorformen). – *Résumé:* Nach wesentlicher Einführung (VII-LIV) Zusammenstellung eines recht heterogenen Materials zur kontinuierlichen Mythostradition vom Alten Orient über griechische Frühstufen bis zur italisch-römischen Kultur.

(11) David **Braund***/Edith **Hall**/Rosie **Wyles** (Hrsg.), Ancient Theatre and Performance Culture Around the Black Sea. Cambridge 2019; XXIV, 551 S. – *Disposition:* I. Approaches (3–42; drei Basisbeiträge: David Braund, Introduction, 3–13; Oliver Taplin, The Spread of Greek Theatre to the West – and to the North-East?, 14–25; Stephanie West, The Northward Advance of Greek Horizons, 26–42). II. Places (43–222; sieben Beiträge zu den wichtigsten Theaterzentren). III. Plays (223–328; fünf exemplarische Beiträge, z.B. Rosie Wyles, Fragmentary Greek Tragedies Set in the Black Sea, 252–266; Edith Hall, Black Sea Back Story: Euripides' *Medea*, 267–288; ds., Visualising Euripides' Tauric Temple of the Maiden Goddess, 305–328). IV. Performative Presences (329–469: sechs Beiträge zum kulturgeschichtlichen Hintergrund). References (490–541; erschöpfend). – *Résumé:* Kongressakten London, Kings College 2014; grundlegende Erschließung dieses bisher kaum gewürdigten Teilbereichs der griechischen Theaterkultur, der nicht weniger wichtig war als die intensiv behandelte Tradition in Großgriechenland/Sizilien, mit wesentlichen Teilergebnissen auch für die behandelten Mythenthemen und ihren rituellen Hintergrund (z.B. Iphigeneia). – Ergänzende neuere religionswissenschaftlich-mythologische Spezialstudie zur kulturgeschichtlichen Entwicklung der Region: David **Braund***, Greek Religion and Cults in the Black Sea Region. Goddesses in the Bosporan Kingdom from the Archaic Period to the Byzantine Era. Cambridge 2018; XV, 314 S.: Umfassende Aufarbeitung in sechs Kapiteln (z.B. zu den Themen Artemis Tauropolos, Artemis Ephesia,

---

31 Ergänzender Verweis: *Vf.*, Der antike Mythos und die Anfänge der europäischen Aufklärung. In: Scrinium 54,1–2, 2009, 3–24: Grundsatzbeitrag im Anschluss an Wilhelm Nestle (1940) und Spätere zu Wegmarken der Entwicklung vom Mythos zu Aufklärung mit Euripidestragödien, Herakles am Scheideweg (nach Prodikos) und Platon, *Politeia* Buch 2.

Isis, Aphrodite Ourania) im Blick auf die Funktion der Mythen als Legitimation der griechischen Kolonisation und auch auf die kulturelle Wechselbeziehung zum griechischen Mutterland (spez. Riten); breite Bibliographie (279–309).

Im Anschluss an frühere Ausführungen zur Mittelphase (S. 82f.) wenige Bemerkungen zur jüngsten Forschungsentwicklung für **Ovid** und sein Hauptwerk *Metamorphoses*. Aufgrund seiner großen Bedeutung und starken Nachwirkung wäre dieser Teilbereich erheblich breiter zu würdigen, zumal angesichts der in letzter Zeit ausufernden Forschungsliteratur. Allerdings liefe dies auf einen eigenen Forschungsbericht hinaus, der den Rahmen dieses Überblicksberichts sprengen würde. Andererseits gab es zum Thema bisher weder einen Forschungsbericht im ‚Lustrum' noch darüber hinaus eine angemessene bibliographische Aufarbeitung der neuesten Literatur.

Dieses Dilemma war wohl schon Ulrich **Schmitzer*** bewusst, als er die verdienstvolle Aufgabe übernahm, den monumentalen Werkkommentar von Franz Bömer (7 Bände, Heidelberg 1969–1986) kritisch durchzusehen und um Angaben zu neuerer Literatur zu ergänzen: Ovidius Naso; Metamorphosen. 1. Addenda und Corrigenda. Heidelberg 2006; 352 S. Ergänzend legte er vier weitere Publikationen vor: (1) Ds., Ovid. Hildesheim 2001 (Studienbücher Antike 7); 242 S.; Ndr. Darmstadt 2001, mit umfangreicher Bibliographie (217–234). (2abc) **Ds.***, Neue Forschungen zu Ovid. Teil I. In: Gymnasium 109, 2002, 143–166; Teil II. In: Gymnasium 110, 2003, 147–182. Teil III. In: Gymnasium 114, 2007, 149–179. (3) Ds., Strategie der Selbstkanonisierung bei Ovid. In: Ds. (Hrsg.), Enzyklopädie der Philologie. Themen und Methoden der Klassischen Philologie heute. Göttingen 2013 (Vertumnus 11), 51–84.

Daher muss sich dieser Überblick mit dem Hinweis auf einen künftigen Spezialbericht zu Ovid (mit Schwerpunkt *Metamorphoses*) als dringendes Desiderat und einer Kurzliste der wichtigsten Neuerscheinungen seit Beginn des neuen Millenniums begnügen: (1) Michael von **Albrecht***, Das Buch der Verwandlungen. Ovid-Interpretationen. Düsseldorf/Zürich 2000; 422 S., spez. 277–308 (Gesamtwürdigung der *Metamorphosen*). (2) Isabelle Jouteur, Jeux de genre dans les *Métamorphoses* d'Ovide. Louvain 2001 (Bibliothèque d'Études classiques 26); VII, 385 S.: Untersuchung spez. zur Gattungsmischung. (3) Philip **Hardie*** (Hrsg.), The Cambridge Companion to Ovid. Cambridge 2002; XVI, 408 S., spez. Fritz Graf, Myth in Ovid, 108–121; Alison Sharrock, Metamorphosis in the *Metamorphoses*, 163–179; Alessandro Barchiesi, Narrative Technique and Narratology in the *Metamorphoses*, 180–199. (4) Barbara Weiden **Boyd*** (Hrsg.), Brill's Companion to Ovid. Leiden u. a. 2002; XIII, 533 S., spez. Alison Keith, Sources and Genres in Ovid's *Metamorphoses* 1–5, 235–269; Gianpiero Rosati, Narrative Techniques and Narrative Structures in the *Metamorphoses*, 271–304. (5) Hartmut Erbse, Beobachtungen über die Funktion der Metamorphose bei Ovid. In: Hermes

131, 2003, 323–349. (6) Christian Zgoll, Phänomenologie der Metamorphose. Verwandlungen und Verwandtes in der augusteischen Dichtung. Tübingen 2004 (Classica Monacensia. Münchener Studien zur Klassischen Philologie 28); 409 S.: Einordnung in den literarischen Kontext. (7) Anastasios D. **Nikolopoulos**, Ovidius polytropos. Metanarrative in the *Metamorphoses*. Hildesheim 2004 (Spudasmata 98); 299 S.: Differenzierte Untersuchung zur Erzähltechnik. (8) Elaine Fantham, Ovid's *Metamorphoses*. Oxford 2004; 191 S.: Einführung zu den mythischen Grundaspekten. (9) Sarah Annes **Brown**, Ovid. Myth and Metamorphosis. London 2005; 159 S.: Beiträge zu Daphne, Aktaion, Philomela, Ariadne und Pygmalion mit Abschluss: Ovid in the Third Millennium (143–146). (10) Peter E. **Knox*** (Hrsg.), Oxford Readings in Ovid. Oxford 2006; VIII, 541 S.: Sektion III. Narrators and Narratives (263–350) zu *Metamorphoses/Fasti*, z. B. Alessandro Barchiesi, Voices and Narrative ‚Instances' in the *Metamorphoses*, 274–319; Gianpiero Rosati, Form in Motion: Weaving the Text in the *Metamorphoses*, 334–350. (11) Niklas **Holzberg***, Ovids Metamorphosen. München 2007 (Beck'sche Reihe 2421); 128 S.: Wesentliche Einführung. (12) Anthony James Boyle, Ovid and Greek Myth. In: Woodard 2007, wie S. 182, 355–381. (13) Sophia **Papaioannou**, Redesigning Achilles. ‚Recycling' the Epic Cycle in the ‚Little Iliad' (Ovid, *Metamorphoses* 12.1–13.622). Berlin 2007 (Untersuchungen zur antiken Literatur und Geschichte 89); XII, 304 S.: Spezialstudie mit Vergleich zu Lesches, *Iliàs mikrā*. (14) Philipp Fondermann, Kino im Kopf. Zur Visualisierung des Mythos in den *Metamorphosen* Ovids. Göttingen 2008 (Hypomnemata 173); 216 S.: Narratologische Untersuchung zu Anschaulichkeit und Visualisierungsstrategien bei der Darstellung des mythischen Geschehens. (15) Peter E. **Knox***, A Companion to Ovid. Malden u. a. 2009; XVIII, 534 S., Paperback 2013: Beiträge zum Gesamtwerk, darunter z. B. E.J. Kenney, The *Metamorphoses*: A Poet's Poem, 140–153; Gareth D. Williams, The *Metamorphoses*: Politics and Narrative, 154–170 [weitere Titelverweise unter Rezeption]. Umfangreiche Bibliographie (485–515). (16) József Krupp, Distanz und Bedeutung. Ovids *Metamorphosen* und die Frage der Ironie. Heidelberg 2009 (Bibliothek der Klassischen Altertumswissenschaft, 2. Reihe, N.F. 126); 200 S.: Hermeneutische Studie zur Bedeutung der Ironie als variablem Erzählprinzip bei verschiedensten Mythenstoffen. (17) Genevieve **Lively**, Ovids *Metamorphoses*. A Reader's Guide. London 2010; VII, 200 S.: Einführung zu literarischem Kontext, mythischen Themen und rezeptionsgeschichtlicher Bedeutung. (18) Barbara Weiden **Boyd***/Cora **Fox** (Hrsg.), Approaches to Teaching the Works of Ovid and the Ovidian Tradition. New York 2010; VII, 294 S.: Breites Spektrum kurzer Einzelbeiträge auch zur Rezeptionsgeschichte. (19) Dan Curley, Tragedy in Ovid. Theater, Metatheater, and the Transformation of a Genre. Cambridge 2013; XI, 275 S.: Studie zur Bedeutung des Tragischen in *Metamorphoses* und der verlorenen Tragödie Medea. (20) Wolfram Ette, Wiederholen – Erinnern – Durcharbeiten.

Präsenz und Repräsentation in Ovids *Metamorphosen*. In: Gebert/Mayer 2014, wie S. 255, 71–87. (21) Henning **Horstmann**, Erzähler – Text – Leser in Ovids Metamorphosen. Frankfurt/M. 2014; IX, 340 S.: Nach Einleitung und Methodik (1–36; mit Forschungsüberblick 4–12) narratologisch-rezeptionsästhetische Studie zur innovativen Eigenart der Erzählerfigur: A. Formale Merkmale von Erzähler und Erzähllillusion (37–134). B. Erzählerhaltung: Der Erzähler und sein Stoff (135–324). (22) Gianpiero Rosati, Ovid and the Epic Cycle. In: Fantuzzi/Tsagalis 2015, wie S. 211, 565–577. (23) Barbara Weiden **Boyd***, Ovid's Homer. Authority, Repetition, and Reception. New York, Oxford 2017; XVII, 301 S.: Vergleich zwischen den beiden Hauptautoren der Götter- und Heroenmythen (z. B. genealogische Voraussetzungen; Homer's Gods in Rome, 237–260) mit ausführlicher Bibliographie (261–288). – Weitere Hinweise auf die neuere Spezialliteratur zu Ovids *Metamorphoses* in MH 2011, 365; MH Ntr. 2018, 177 f.; neue Basisliteratur zur Rezeption von Ovids *Metamorphoses* hier auf S. 258 f./265 f. – Grundlegende Neupublikation zu Ovids *Fasti* mit wesentlichem Überblick zu den wichtigsten Mythen- und Sagenstoffen: Paul Murgatroyd, Mythical and Legendary Narrative in Ovid's *Fasti*. Leiden/Boston 2005 (Mnemosyne Supplements 263); XIII, 299 S., spez. 97–140 (‚Ovid and Vergil'), 171–205 (‚Ovid and Livy'), 235–252 (‚Doublets in the *Fasti* and *Metamorphoses*').

Eine entsprechende Kurzliste mit neuesten internationalen Publikationen zu **Vergil** und seinem Hauptwerk **Aeneis:** (1) Niklas **Holzberg**, Vergil. Der Dichter und sein Werk. München 2006; 228 S., zur *Aeneis* spez. 129–210. (2) Markus Schauer, Aeneas dux in Vergils *Aeneis*. Eine literarische Fiktion in augusteischer Zeit. München 2007 (Zetemata 128); 304 S. (3) Stefan Freund/Meinolf Vielberg (Hrsg.), Vergil und das antike Epos. Festschrift Hans Jürgen Tschiedel. Stuttgart 2008 (Altertumswissenschaftliches Kolloquium 20); XIII, 565 S.: Repräsentative Aufsatzsammlung zur neuesten Forschung. (4) Joseph **Farrell***/Michael C.J. **Putnam** (Hrsg.), A Companion to Vergil's *Aeneid* and its Tradition. Chicester 2010; XIV, 559 S. – *Disposition:* I. The *Aeneid* in Antiquity (11–120; z. B. Ralph Hexter, On First Looking into Vergil's Homer, 26–36; Sergio Casale, The Development of the Aeneas Legend, 37–51).). II. Medieval and Renaissance Receptions (121–250). III. The *Aeneid* in Music and the Visual Arts (251–350). IV. The American *Aeneid* (353–418). V. Modern Reactions to the *Aeneid* (419–481). Bibliographie (482–530). – *Résumé:* Umfassender Überblick zum Werk und seiner Rezeption. (5) Giampiero Scafoglio, Noctes Vergilianae. Ricerche di filologia e critica letteraria sull'*Eneide*. Hildesheim u.a. 2010 (Spudasmata 135); 171 S.: Ausführungen spez. zur Mythentradition. (6) Michael C.J. Putnam, The Humanness of Heroes: Studies in the Conclusion of Vergil's Aeneid. Amsterdam 2011 (The Amsterdam Vergil Lectures 1); 183 S. (7) Richard F. Thomas/Jan M. Ziolkowski (Hrsg.), The **Virgil Encyclopedia***. Vol. 1–3. Malden/Mass. u.a. 2013; LXXVIII, 468 S./S. 470–994/S. 995–

1525, 24 Bl.: Umfassendes altertumswissenschaftliches und rezeptionsgeschichtliches Arbeitsmittel. (8) Michael von **Albrecht**, Große römische Autoren. Bd. 2. Horaz, Vergil und seine Nachfolger. Heidelberg 2013, 95–178: Wesentliche Einzelbeiträge zu Vergil. (9) Nora **Goldschmidt**, Shaggy Crowns. Ennius' *Annales* and Virgil's *Aeneid*. Oxford 2014; X, 258 S.: Basisstudie zur Entstehung des römischen Nationalmythos. (10) Ursula Gärtner, Vergil and the Epic Cycle. In: Fantuzzi/Tsagalis 2015, wie S. 211, 543–564. (11) Philipp Weiß, Homer und Vergil im Vergleich. Ein Paradigma antiker Literaturkritik und seine Ästhetik. Tübingen 2017 (Classica Monacensia 52); 392 S. (12) Nils **Kircher**, Tragik bei Homer und Vergil. Hermeneutische Untersuchungen zum Tragischen im Epos. Heidelberg 2018 (Studien zu Literatur und Erkenntnis 9), spez. 189–214. (13) Fiachra **Mac Góráin***/ Charles **Martindale** (Hrsg.), The Cambridge Companion to Vergil. Cambridge 2019; XIV, 549 S.: Gegenüber der Erstauflage (1997, wie S. 81) erheblich erweiterte und aktualisierte Neubearbeitung. (14) Gerhard **Binder***, P. Vergilius Maro, Aeneis: Ein Kommentar. 1. Einleitung, zentrale Themen, Literatur, Indices. 2. Kommentar zu Aeneis 1–6. 3. Kommentar zu Aeneis 7–12: Trier 2019 (BAC 104–106); 430 S./648 S./682 S.: Grundlegender Überblick auf dem aktuellen Stand der Forschung (Literatur 380–445).

Was diese und die weitere jüngste Literatur zu Mythenthemen betrifft, etwa zu hier nur am Rande oder kaum behandelten Hauptautoren aus der griechischen Mythentradition (z. B. ‚Schulstücke' der drei großen Tragiker; Epen von Apollonios Rhodios, Quintus Smyrnaeus und Nonnos) oder aus der lateinischen Mythentradition (z. B. kaiserzeitliche Epen von Statius und Valerius Flaccus), aber auch die neueste Literatur zu weiteren wichtigen Sachthemen (vgl. die Matrix auf S. 6f.), so ist wiederum auf die ausführlichen Literaturangaben in der Gesamtdarstellung von MH 2011 bzw. die ergänzenden Angaben in den Einzelnachträgen von MH Ntr. 2018 zu verweisen. Eine gründliche Aufarbeitung der betreffenden Literatur sollte vorrangig Gegenstand künftiger aktualisierter Teilberichte anderer Berichterstatter sein.

Wesentliche Fortschritte gab es in der aktuellen Phase zu dem wichtigen Forschungsbereich der **Erweiterungen und Verbesserungen der textlichen Gesamtbasis.** Dabei könnte ein noch in den Anfängen stehendes Projekt zu diesem neuen Schwerpunkt eine zukunftweisende Perspektive darstellen: ***Submerged Literature in Ancient Greek Culture****. Berlin u. a. 2014–2016. Vol. 1. Giulio Colesanti/Manuela Giordano (Hrsg.), An Introduction. 2014; X, 229 S.: Als themenrelevante Einzelbeiträge z. B. Roberto Nicolai, The Canon and its Bounderies, 33–45; Maria Broggiato, Beyond the Canon: Hellenistic Scholars and Their Texts, 46–60; Riccardo Palmisciano, Dramatic Actions from Archaic Iconographic Sources: the Domain of the *Satyricon*, 107–127. – Vol. 2. Giulio Colesanti/Laura Lulli (Hrsg.), Case Studies. 2016; X, 396 S. – Vol. 3. Andrea Ercolani/

Manuela Giordano (Hrsg.), The Comparative Perspective. 2016; VIII, 278 S.: Wesentliche Ergänzungen zum Gesamtbereich der verlorenen Literatur vorwiegend aus der griechisch-römischen Antike.

Für die **Epici Graeci** ist zunächst eine neuere Ausgabe mit englischer Übersetzung zu nennen: Greek Epic Fragments, from the Seventh of the Fifth Centuries BC. Edited and Translated by Martin L. *West*. Cambridge/Mass., London 2003; X, 316 S. (LCL 447). Daneben erschienen jüngst mehrere **Monographien** auf dem neuesten Stand der Forschung (Auswahl):

(1) Martin L. *West**, The Epic Cycle. A Commentary on the Lost Troy Epics. Oxford 2013; IX, 334 S. – *Disposition:* (I.) Prolegomena (1–54; Einführung). (II.) Commentaries: (1.) *Cypria* (55–128). (2.) *Aithiopis* (129–162). (3.) *Little Ilias* (163–222). (4.) *Iliou Persis* (223–243). (5.) *Nostoi* (244–287). (6.) *Telegony* (288–306). Bibliography (316–319). – *Résumé:* Grundlegender Kommentar zum Zentralbereich des Epischen Kyklos auf dem letzten Stand der Forschung, z. B. zu den Hauptquellen Proklos und Apollodor (4–15), Zuweisungen und Datierungsfragen (16–40), literarischen und bildlichen Reflexen (40–47) sowie Methodischem (51–54), doch mit begrenzten neuen Einzelergebnissen.[32]

(2) Giampiero **Scafoglio*** (Hrsg.), Studies in the Greek Epic Cycle. Pisa/Roma 2014 bzw. 2015 = Philologia Antiqua 7, 2014, 1–134 bzw. 8, 2015, 1–165: Breites aktuelles Spektrum von Einzelbeiträgen internationaler Forscher zum Gesamtbereich und Spezialfragen des frühgriechischen Epischen Kyklos (inkl. Hesiod, altorientalische Vorlagen) sowie der späteren Epentradition (Apollonios Rhodios, Aristoteles/Quintus Smyrnaeus).

(3) Marco **Fantuzzi**/Christos **Tsagalis*** (Hrsg.), The Greek Epic Cycle and its Ancient Reception. A Companion. Cambridge 2015; XIII, 678 S.: Substantieller Gesamtüberblick mit fundierten Einzelbeiträgen zu Voraussetzungen (Part I. ‚Approaches to the Epic Cycle', 43–198), den Einzelteilen des Epischen Kyklos (Part II. ‚Epics', 199–404: *Theogonía/Titanomachía; Oidipódeia, Thēbaís, Epígonoi, Alkmaiōnís; Kýpria, Aithiopís, Iliàs mikrá, Ilioupérsis, Nóstoi, Tēlegonía*) sowie seiner Rezeption in der Antike (Part III. ‚The Fortune of the Epic Cycle in the Ancient World', 405–622; u. a. Lyriker, Pindar, attische Tragiker, hellenistische

---

[32] Spezialbeitrag zur Thematik: Vf., Zur Chrysalus-Monodie in den *Bacchides* der Plautus (Vortrag Université de Dijon 2005; dt. Basisfassung). In: Ergänzungen 2020, 66–75: Behandlung der mythologisch interessantesten Passage bei Plautus (*Bacchides* 925 ff.) im Blick auf die sehr spezielle Verwendung von Stoffen aus dem Troianischen Mythenkreis und die persönliche Motivation des Sprechers sowie Form und Funktion der Darstellung mit dem Ergebnis, dass der überlieferte Text im Wesentlichen sinnvoll und entgegen der traditionellen Interpolationskritik beizubehalten ist.

Dichtung, Vergil, Ovid, Statius, Liebesroman, Quintus Smyrnaeus/Nonnos). Umfangreiche Bibliographie (623–667).

(4) Christos **Tsagalis***, Early Greek Epic Fragments I: Antiquarian and Genealogical Epic. Berlin 2017 (Trends in Classics. Supplementary Volume 47); 487 S.: Neuausgabe mit Kommentierung der an Homer, Hesiod und den frühen Kyklos anschließenden epischen Tradition (z. B. Eumelos von Korinth, *Korinthiaká* u. a.; Kinaithon, *Genealogíai*; Asios, Hegesinoos, Chersias).

Solange die umfangreiche neuere Literatur zu **Homer** und seinen Großepen noch nicht Gegenstand eines weiteren Forschungsberichts ist, muss an dieser Stelle eine knappe Auswahlliste von Wegmarken aus den Neuerscheinungen der letzten beiden Jahrzehnten genügen:

(1) Robert **Fowler*** (Hrsg.), The Cambridge Companion to Homer. Cambridge 2004; 419 S. – *Disposition:* 1. The Poems and their Narrator (9–55; Beiträge zu *Ilias*, *Odyssee* und Erzähler/Publikum). 2. The Characters (57–114; Beiträge zu Gottheiten, Heroen und Heroinen). 3. The Poet's Craft (115–167; Beiträge zu Formeln/ typischen Szenen, Gleichnissen und Reden). 4. Text and Context (169–232; Beiträge zur Gattung Epos allgemein, griechischer Epentradition, Homerischer Gesellschaft und Homerischer Frage). 5. Homeric Receptions (233–375; Näheres unter Rezeptionsgeschichte auf S. 257). Ausführliche Bibliographie (378–414). – *Résumé:* Breites Spektrum von Einführungsbeiträgen zu wesentlichen Teilbereichen (allerdings ohne Berücksichtigung der altorientalischen Vorgaben).

(2) Kostas **Myrsiades*** (Hrsg.), Approaches to Homer's *Iliad* and *Odyssey*. New York u. a. 2010 (American University Studies XIX/38); XII, 262 S.: Nach Vorbemerkung des Herausgebers (IX-XII) und Einführung ‚Why Teach Homer?' (1–13) zwei Grundsatzbeiträge zu *oral poetry* (15–41) und ‚Ontology of the Homeric Self' (43–71) sowie sieben Aufsätze zu *Ilias*/Troianischer Krieg (73–194) bzw. *Odyssee* (195–253; inkl. neuere literarische Rezeption).

(3) Martin L. **West***, The Making of the Iliad. Disquisition and Analytical Commentary. Oxford 2011; X, 441 S.: Summe der wissenschaftlichen Erträge zum ersten Großepos mit der *Disposition:* I. Disquisition (1–77): 1. Aims and Assumptions (3–14). 2. The Poet: When and Where? (15–27). 3. Songs Known and Heard (28–37). 4. Troy and Achilles (38–47). 5. The Growth of the Poem (48–68). 6. Early Reception and Transmission (69–77). II. Analytical Commentary (79–430; Noten zu den 24 Einzelbüchern).

(4) Margalit **Finkelberg** (Hrsg.), The **Homer Encyclopedia****. Vol. 1–3. Oxford 2011; L, 325 S./XIV, S. 327–705/XIV, S. 707–1072: Durchweg präzise Lemmata über wesentliche Aspekte des Teilbereichs (Personen, Orte, Ereignisse, Sachbegriffe; jeweils mit Literatur) primär zum antiken Kernbereich, am Rande auch zur Rezeptionsgeschichte, verfasst von einem Team namhafter Wissenschaftler meist anglo-amerikanischer Provenienz, auch unter Berücksichtigung des verlorenen

Epischen Kyklos der Troiamythen und begrenzt der altorientalischen Vorgaben sowie der *oral poetry*; ergänzt durch sehr umfangreiche Literaturliste (955–1030) und Index (1031–1072); dank Breite des Ansatzes ein Standardwerk der Homer- und Epikforschung.

(5) Antonios **Rengakos****/Bernhard **Zimmermann** (Hrsg.), Homer-Handbuch. Leben – Werk – Wirkung. Stuttgart/Weimar 2011, VIII, 451 S. – *Disposition:* I. Dichter und Werk (1–199; elf Einzelbeiträge). II. Kontext (201–291; fünf Beiträge zu *oral poetry*, altorientalischen Vorlagen, Historizität, Status-Wirtschaft-Politik, Götterwelt). III. Nachwirkung (293–436; unter den dreizehn Beiträgen u. a. Bernhard Zimmermann, Homer in der griechischen Literatur der Antike, 293–307; Philip R. Hardie, Homer in der lateinischen Literatur der Antike, 308–322; Wim Verbaal zum lateinischen Mittelalter, 329–336; Fabio della Schiava zur Renaissance, 336–343; Klaus Junker, Ilias, Odyssee und die Bildenden Künste, 395–411 (allerdings ohne Moderne); Andreas Bagordo, Grundzüge der Homer-Rezeption, 416–436). – *Résumé:* Umfassender instruktiver Gesamtüberblick zur Homerforschung insgesamt (inkl. frühgriechisches episches Umfeld sowie antike und nachantike Rezeption).

(6) Thomas Alexander **Szlezák***, Homer oder Die Geburt der abendländischen Dichtung. München 2012; 255 S.: Umfassender Überblick zu beiden Großepen sowie auch zum übrigen Epischen Kyklos und den altorientalischen Vorstufen; Übersicht zur neuesten Literatur 249–254 [Kurzrezension des Vf.s in IANUS 35, 2014, 98–99].

(7) Martin L. **West***, The Making of the Odyssey. Oxford 2014; VIII, 315 S.: Summe der wissenschaftlichen Erträge zum zweiten Großepos mit der *Disposition:* 1. Conclusions (1–4). 2. Resourceful Odysseus (5–23). 3. The *Odyssey* in Context (24–43). 4. The Poet and his Art (44–93). 5. The Poem in the Making (92–142). 6. Proof of the Pudding (143–306; Analyse zu den 24 Einzelbüchern).

(8) Joachim **Latacz***, Homers Ilias. Studien zu Dichter, Werk und Rezeption (Kleine Schriften II). Berlin/Boston 2014: Näheres schon auf S. 192.

(9) Margalit **Finkelberg***, Homer and Early Greek Epic. Collected Essays. Berlin 2019 (Trends in Classics. Supplementary Volumes 89); XVI, 402 S. – *Disposition:* I. Language and Diction (3–110; darin: Oral Theory and the Limits of Formulaic Diction, 53–65; Oral-Formulaic Diction and the Individual Poet, 93–103). II. Homer and Heroic Tradition (113–196; darin: The End of the Heroic Age in Homer, Hesiod, and the Cycle, 150–157; Meta-Cyclic Epic and Homeric Poetry, 169–181; The Formation of the Homeric Epics, 182–196). III. Homer's Worlds and Values (199–288; darin: Royal Succession in Heroic Greece, 199–217; Odysseus and the Genus ‚Hero', 218–231; Timē and Aretē in Homer, 251–268). IV. Transmission and Reception (291–374; darin: The Cypria, The Iliad, and the Problem of Multiformity in Oral and Written Tradition, 305–317; Reception of the Homeric

Poems in Antiquity and Modernity, 353–364). References (375–388), General Index (389–398). – *Résumé:* Aufgrund der Qualität nicht nur der zitierten Beiträge ein großer Fortschritt der Forschung.

Neuerscheinungen zu den **Fragmenta Hesiodea** (Auswahl): (1) Martina **Hirschberger***, Gynaikōn Katalogos und Megalai Ēhoiai. Ein Kommentar zu den Fragmenten zweier hesiodeischer Epen. Leipzig 2004 (Beiträge zur Altertumskunde 198); 511 S. – *Disposition:* Bibliographie (9–20; gründlich). (I.) Gesamteinleitung: 1. Allgemeines (21–31). 2. *Gynaikōn Katalogos* (32–81; zu Autor und Entstehungszeit 42–51). 3. *Megálai Ēhoîai* (81–88). (II.) Texte: 1. *Gynaikōn Katalogos* (89–147). 2. *Megálai Ēhoîai* (147–151). 3. Adespota (151–161). (III.) Kommentar: 1. *Gynaikōn Katalogos* (163–439). 2. *Megálai Ēhoîai* (439–456). 3. Adespota (456–494). Textquellen (495–498), Index (499–508). – *Résumé:* Mustergültige Neuausgabe mit gründlicher Aufarbeitung des Gesamtmaterials und allen ergänzenden Arbeitsmitteln sowie dem überzeugenden Ergebnis für das Hauptwerk: „eine einheitliche Grundkonzeption und planvolle Struktur" als „das Werk eines einzigen Dichters" (47) und „eine Datierung etwa zwischen 630 und 590" (49). (2) Richard L. Hunter (Hrsg.), The Hesiodic Catalogue of Women. Constructions and Reconstructions. Cambridge 2005; X, 349 S.: Sammelpublikation mit wertvollen Einzelbeiträgen. (3) Kirk Ormand, The Hesiodic Catalogue of Women and Archaic Greece. New York, Cambridge 2014; X, 245 S.: Einordnung in die frühgriechische Literatur und Kultur.

Abschließend noch der Hinweis auf eine ganz eigenständige Monographie zu Hesiods *Theogonía* und *Érga* sowie dem homerischen Kontext: Wilhelm **Blümer**, Interpretation der archaischen Dichtung: Die mythologischen Partien der Erga Hesiods. Bd. 1. Die Voraussetzungen: Autoren, Texte und homerische Fragen. Bd. 2. Wahrheit und Dichtung: Die Verse 1–108. Bibliographie. Münster/W. 2001; 285 S./293 S.: Grundlegende Überprüfung der traditionellen *communis opinio* einer Abhängigkeit Hesiods von Homer mit dem auf neuen Kriterien basierenden Ergebnis (I 220–260), dass Hesiod der ältere der beiden Autoren ist und Homers *Ilias* erst im 7. Jhdt. entstand.

Zu den jüngsten Fortschritten auf dem Gebiet der **frühgriechischen Lyrik** ist eine aktuelle Neuausgabe von Martin L. **West*** zu vermelden: Greek Lyric Poetry: The Poems and Fragments of the Greek Iambic, Elegiac and Melic Poets (Excluding Pindar and Bacchylides) Down to 450 B.C. Oxford 2008; XXIII, 212 S. – Der größte Zuwachs an Literatur ergab sich aufgrund der weiteren Neufunde auf Papyri für **Stesichoros** und seine Gedichte mit mythischer Thematik, wozu jüngst eine erste umfangreiche Gesamtausgabe erschien: Stesichoros, The Poems. Edited with Introduction, Translation, and Commentary by Malcolm **Davies*** and Patrick J. **Finglass**. Cambridge 2014 (Cambridge Classical Texts and Commentaries 54); XIV, 691 S. Weitere Basisliteratur der jüngsten Zeit: (1) Gerson Schade, Stesichoros:

Papyrus Oxyrhynchus 2359, 3876, 2619, 2803. Leiden 2003 (Mnemosyne Supplementum 237); 239 S. (2) Pallantza 2005, wie S. 204, 90–123 (substantielle Zusammenfassung zu den Troiamythen). (3) Paul **Curtis***, Stesichoros's Geryoneis. Leiden 2011 (Mnemosyne Supplementum 333); XII, 201 S.: Erste Spezialausgabe des Einzelgedichts. (4) Marco Ercoles, Stesicoro: le testimonianze antiche. Bologna 2013 (Eikasmos. Studi 24); 773 S.: Monumentale Sammlung der zahlreichen antiken Zeugnisse. (5) Patrick J. **Finglass***/Adrian **Kelly** (Hrsg.), Stesichoros in Context. Cambridge 2015; XII, 211 S.: Sammelpublikation mit zehn z.T. grundlegenden Einzelbeiträgen in den Sektionen: I. Stesichorus and Epic (19–80). II. Stesichorean Poetics (81–108). III. Reception and Influence (109–185). Umfangreiche Bibliographie (186–204). (6) Maria Noussia-Fantuzzi, The Epic Cycle, Stesichorus and Ibycus. In: Fantuzzi/Tsagalis 2015, wie S. 211, 430–449. – Ergänzende Neuausgabe zum Lyriker **Ibykos:** The Lyric of Ibycus. Introduction; Text and Commentary by Claire Louise Wilkinson. Berlin 2013 (Sozomena 13); X, 318 S. – Neueste Publikation zur Lyrikerin **Sappho:** Anton Bierl/André Lardinois (Hrsg.), The Newest Sappho. P. Suppl. Obbink and P. GC inv. 105, frs. 1–4. Leiden 2016 (Mnemosyne Supplements 392); XV, 542 S., spez. Bibliography (493–525).

Für die **Tragikerfragmente** bedeutete der Abschluss des Gesamtprojekts *TrGF*** nach Herausgabe der **Euripidesfragmente** durch Richard Kannicht (Göttingen 2004) einen Meilenstein der Forschung. Fast gleichzeitig entstanden für den in der Antike wichtigsten Tragiker sukzessiv erste **Sammelausgaben:** (1) Euripide, Tragédies. 8. Fragments. 1. Aigeus – Autolykos. 1998. 2. Bellérophon – Protésilas. 2002. 3. Sthénébée – Chrysippos. 2002. 4. Fragments de drames non identifiés. 2003. Texte établi et traduit par François Jouan et Herman van Looy. Paris (Les Belles Lettres) 1998–2003 (jeweils mit Einleitung zum Mythos). (2) Euripides, Fragments. 1. Aegeus – Meleager. 2. Oedipus – Chrysippus. Other Fragments. Edited and Translated by Christopher Collard and Martin Cropp. Cambridge/Mass. 2008 (The Loeb Classical Library 504/506). Hinzu kamen **Spezialausgaben** zu den Einzeltragödien *Tēlephos* (Claudia Preiser; Hildesheim 2000), *Philoktētēs* (Carl Werner Müller, Berlin 2000), *Danaē/Diktys* (Ioanna Karamanou; München 2006), *Erechtheus* (Maurizio Sonnino; Firenze 2010) und *Alexandros* (Ioanna Karamanou; Berlin 2017) sowie zum Satyrspiel *Autolykos* (Ioannis Mangidis; Frankfurt/M. 2003). – Zur Thematik vgl. auch Martin Cropp, Lost Tragedies. A Survey. In: Gregory 2005, wie S. 194, 271–292.

Auch zum **Satyrspiel** gab es in der aktuellen Phase weitere wichtige Neupublikationen (Auswahl): (1) DNP 11 (2001) s.v. Satyrspiel, 125–128 (Bernhard Zimmermann), spez. 127 f. (Literatur). (2) Bernd Seidensticker, Dithyramb, Comedy and Satyr-Play. In: Gregory 2005, wie S. 194, 38–54. (3) Rebecca **Lämmle***, Poetik des Satyrspiels. Heidelberg 2013 (Bibliothek der Klassischen Altertumswissenschaften 2. Reihe N.F. 136); 530 S.: Substantielle Monographie zur gesamten

Teilgattung mit umfassendem Überblick spez. zu Voraussetzungen, Tragödienreflexion und Einzelstücken; ausführliche Bibliographie (447–494). (4) Mark Griffith, Greek Satyr Play. Five Studies. Berkeley/Cal. 2015 (California Classical Studies 3); XIII, 188 S. (5) Emanuele Dettori, I *Diktyoulkoi* di Eschilo. Testo e commento. Contributo a lingua e stile del dramma satiresco. Roma 2016 (Quaderni dei Seminari romani di cultura greca 20); 240 S.: Exemplarische Einzelausgabe mit neuester Literatur (229–238).

Für die **Komikerfragmente** kam eine Spezialstudie zur ‚Dorischen Komödie' hinzu: Rainer Kerkhof, Dorische Posse, Epicharm und Attische Komödie. München u. a.: Saur 2001 (Beiträge zur Altertumskunde 147); 194 S. Dieser Frühbereich wurde mit zwei späteren Teilbereichen aufgearbeitet im Eröffnungsband des großen Corpus: Poetae Comici Graeci [***PCG****]. Ediderunt R. Kassel et C. Austin. Vol. 1. Comoedia Dorica, Mimi, Phlyaces. Berlin/New York 2001; XXXI, 396 S. – Kleinere Forschungsberichte galten auch den frühen Mythentravestien der attischen Alten Komödie *(Archaia):* (1) Wolfgang Luppe, Kratinos 1984–2004. In: Lustrum 48, 2006, 45–72, 229–230, spez. 61f. *(Dionysaléxandros)*, 64 *(Némesis)*, 64 f. *(Odysēs)*. (2) Ian C. Storey, Eupolis 1985–2005. In: Lustrum 48, 2006, 73–108, 231–232, spez. 81 *(Autólykos)*.

Das fragmentarische Gesamtmaterial zur Gattung **Mythentravestie** wurde in der aktuellen Phase in einer weiteren Spezialstudie gründlich aufgearbeitet: Federica ***Casolari****, Die Mythentravestie in der griechischen Komödie. Münster/W. 2003 (Orbis antiquus 37); XIV, 333 S. – *Disposition:* I. Einleitung (1–26; Grundbegriffe). II. Entwicklung vom Epos zur komischen Dichtung (27–46). III. Dorische Komödie (47–60). IV. Alte Komödie (61–111). V-VI. Mittlere Komödie (127–168; Beispiel des Kyklopen; 169–180: Sondermotive). VII. Neue Komödie (181–196). VIII-IX. Gesamtentwicklung anhand von mythischen Einzelpersonen (197–226: Odysseus; 227–296: Herakles). X. Zusammenfassung (297–300). Literatur (303–310). – *Résumé:* Überblick zur antiken Entwicklung der komischen Untergattung von Epicharm bis Menander (allerdings ohne Berücksichtigung von Plautus, *Amphitruo*) auf der Grundlage der Einführung zur Mittleren Komödie von Nesselrath 1990, wie S. 88).

Wie schon begrenzt in der Mittelphase, so gab es auch in der aktuellen Phase einen beträchtlichen Zuwachs an Literatur zu den Hauptvertretern der **römischrepublikanischen Tragödie** zunächst mit neuen **Fragmentsammlungen:** (1) Die Tragödien des Pacuvius. Ein Kommentar zu den Fragmenten mit Einleitung, Text und Übersetzung von Petra ***Schierl****. Berlin, New York 2006 (Texte und Kommentare 28); XVI, 678 S.: Mustergültige Einzelausgabe; nach umfangreicher Einleitung (1–83) und Sammlung der Testimonien (85–90) gründliche Behandlung der einzelnen Tragödien inkl. Adespota (91–583) und umfassendes Literaturverzeichnis (585–611). (2ab) Tragicorum Romanorum Fragmenta. 1. Livius

Andronicus, Naevius, Tragici minores, Adespota. Edidit Marcus Schauer. 2. Ennius. Edidit Gesine Manuwald. Göttingen 2012; XLIII, 493 S./XLI, 570 S.: Neuausgaben auf dem aktuellen Stand der Forschung.

Die neueste **Sekundärliteratur** zum Teilbereich: (1) Stefan *Faller*/*Gesine *Manuwald* (Hrsg.), Accius und seine Zeit. Würzburg 2002 (Identitäten und Alteritäten 13); 354 S.: Sammlung z. T. grundlegender Einzelbeiträge zum Dichter und seinem literarischen Umfeld. (2) Gesine *Manuwald**, Pacuvius – summus tragicus poeta. Zum dramatischen Profil seiner Tragödien. München 2003 (Beiträge zur Altertumskunde 191); 189 S: Grundlegende literarische Behandlung mit neuester Literatur (149–158). (3) Beatrice **Baldarelli**, Accius und die vortrojanische Pelopidensage. Paderborn 2004 (Studien zur Geschichte und Kultur des Altertums. Reihe 1: Monographien 24); 335 S.: Studie zu wichtigem Teilbereich. (4) Vassiliki Panoussi, Polis and Empire: Greek Tragedy in Rome. In: Gregory 2005, wie S. 194, 413–427: Teilaspekte der späteren Tragödientradition bis Seneca. (5) Gesine *Manuwald**, Roman Republican Theatre. Cambridge 2011; XII 390 S.: Gesamtdarstellung; spez. zur Tragödie in Part II zu Crepidata/Praetexta (133–143) und den einzelnen Tragikern (187 ff.); umfassende Bibliographie (353–384). (6) Ds., History and Philosophy in Roman Republican Drama and Beyond. In: Roman Drama and its Context. (Kongressakten Thessaloniki 2014). Berlin/Boston 2016, 331–344.

Was den wichtigen Teilbereich der frühen **Mythographen** betrifft, so stellt die Doppelmonographie eines englischen Gelehrten den letzten Stand der Forschung dar: (1) Robert L. *Fowler**, Early Greek Mythography. I. Texts. Oxford 2000; XLVII, 428 S.: Zusammenstellung der grundlegenden Testimonia und Fragmenta in alphabetischer Abfolge der Autoren (vor allem Akusilaos von Argos; 1–28; Hekataios von Milet, 110–146; Hellanikos von Lesbos, 147–231; Pherekydes von Athen, 272–364). Gründliche Ausgabe, z.T. mit textkritischem Apparat, unter Berücksichtigung der neuesten Literatur. (2) *Ds.***, Early Greek Mythography. II. Commentary. Oxford 2013; XXI, 825 S. – *Disposition:* Introduction (XI-XXI; methodische Bemerkungen). A. Mythological Commentary (1–616; thematische Übersicht in weitgehend mythenchronologischer Reihenfolge). B. Philological Commentary (617–737; alphabetische Behandlung der Einzelautoren aus Vol. I mit wenigen *Addenda* und *Corrigenda*). Bibliography (743–799; allein schon für sich eine ‚Herkulesarbeit'). Indices (801–825). – *Résumé:* Herausragende Forschungsleistung allein schon aufgrund des bisher einmaligen aktuellen Überblicks zu den wichtigsten von frühen Mythographen behandelten Stoffen (z. B. § 1: *Theogony*, 3–83, § 2–7: Frühe Dynastien, inkl. Argonauten, 84–259; § 9–10: Herakles/Herakliden, 260–346; § 10–12: Theben/Kreta, 347–414; § 13–17: Weitere Heroendynastien, inkl. Pelopiden und attische Mythen, 415–521; § 18–19: Trojan Cycle/Migrations, 522–602), aber auch aufgrund der ergänzenden Kommentierung zu den einzelnen Autoren. Bleibendes Standardwerk über den früheren Stand von FGrHist I hinaus.

Auch zu **späteren Mythographen** gab es in der jüngsten Phase zahlreiche Neuerscheinungen (Auswahl): (1) Die Wahrheit über die griechischen Mythen. **Palaiphatos'** *Unglaubliche Geschichten.* Griechisch/Deutsch. Übersetzt und hrsg. von Kai Brodersen. Stuttgart 2002 (Reclams Universal-Bibliothek 18200); 149 S.; Ndr. 2017. (2) The *Narratives* of **Konon**. Text, Translation and Commentary of the *Diegeseis* by Malcolm Kenneth Brown. Leipzig 2002 (Beiträge zur Altertumskunde 163); VIII, 406 S.: Grundlegende aktuelle Aufarbeitung. (3) Liebesleiden in der Antike. Die ‚Erotika Pathemata' des **Parthenios**, eingeleitet, hrsg. und übers. von Kai Brodersen. Darmstadt 2000; 141 S. – Ergänzende Untersuchung: Christopher Francese, Parthenius of Nicaea and Roman Poetry. Frankfurt/M. u. a. 2001 (Studien zur Klassischen Philologie 126); 264 S. (4) Parthénios de Nicée, Passions d'amour. Texte grec établi, traduit et commenté par Michèle Biraud u. a. Grenoble 2008; 314 S. – Begleitende Untersuchung: Arnaud Zucker u. a. (Hrsg.), Littérature et érotisme dans les ‚Passions d'Amour' de Parthénios de Nicée. (Kongressakten Nizza 2006). Grenoble 2008; 225 S. (5) **Cornutus**, Die Griechischen Götter. Ein Überblick über Namen, Bilder und Deutungen, hrsg. von Heinz-Günther Nesselrath. Eingeleitet, übersetzt und mit interpretierenden Essays versehen von Fabio Berdozzo u. a. Tübingen 2009 (Sapere 14); X, 259 S. – Eine neue zweisprachige Ausgabe zu dem Standardautor **Apollodor** wurde ergänzt durch eine ebenso umfangreiche wie gründliche Kommentierung: Apollodoros. Bibliotheke. Götter- und Heldensagen. Hrsg., übers. und kommentiert von Paul Dräger. Düsseldorf/Zürich 2005; 904 S. (Text 10–335, Erläuterungen 377–690).

Ergänzend eine Kurzliste mit Neuerscheinungen zu lateinischen **mythographischen Traktaten** aus Spätantike und frühem Mittelalter: (1) **Fulgence**, Mythologies. Traduit, présenté et annoté par Étienne Wolff et Philippe Dain. Villeneuve-d'Arcq 2013; 201 S.: Übersetzung mit Kommentierung. (2) Graziana Brescia u. a. (Hrsg.), Revival and Revision of the Trojan Myth. Studies on **Dictys** Cretensis and **Dares** Phrygius. Hildesheim, Zürich 2018 (Spudasmata 177); 378 S.: Aufsatzsammlung zu den spätantiken Troiaromanen. (3) Krieg um Troia. Lateinisch und Deutsch. Dares/Dictys. Hrsg. und übers. von Kai Brodersen. Berlin, Boston 2019; 448 S.: Erste deutsche Textausgabe/Übersetzung der beiden spätantiken Troiaromane.

Schließlich erschien jüngst ein wertvoller Sammelband zur antiken mythographischen Tradition und darüber hinaus: Arnaud **Zucker***/Jacqueline **Fabre-Serris**/Jean-Yves **Tilliette**/Gisèle **Besson** (Hrsg.), Lire les mythes. Formes, usages et visées des pratiques mythographiques de l'Antiquité à la Renaissance. Villeneuve d'Ascq 2016; 335 S.: Repräsentative Beiträge internationaler Fachleute zur Gesamttradition; nach Einleitung (7–23) sieben Themen zur Antike (25–175:

frühe Mythographen, Palaiphatos, Parthenios, Hyginus, Cornutus, Ps.-Plutarch, Servius), drei zum Mittelalter (177–236: Mythographus Vaticanus III; Kommentar zu Ovids *Metamorphoses*; Conrad de Mure, *Fabularius*) und zwei zur Renaissance (237–286: Boccaccio, *Genealogiae deorum gentilium*; Conti, *Mythologiae*); abschließend ausführliche Bibliographie (287–303) und Indices (305–329).

Im Zusammenhang mit **Schicksalsdenken** als konstitutivem Bestandteil der frühgriechischen Mythen sind zur obersten Schicksalsgöttin **Themis**[33] folgende jüngste Publikationen hervorzuheben (Auswahl): (1) Emma Stafford, Worshipping Virtues. Personification and the Divine in Ancient Greece. London 2000; XIV, 274 S., spez. 45–73. (2) Carlo Pelloso, Themis e dike in Omero. Ai primordi del diritto dei Greci. Alessandria 2012 (Classica philosophica et iuridica. Saggi 1); XII, 232 S.: Beschränkung auf die juristischen Sachbegriffe. (3) Vincent Du Sablon, Le système conceptuel de l'ordre du monde dans la pensée grecque à l'époque archaïque: timē, moira, kósmos, thémis et dikē chez Homère et Hésiode. Louvain 2014 (Collection d'Études classiques 27); 351 S., spez. 135–168, 184–195, 263–271, 296–298: Substantielle Behandlung, allerdings nicht in Verbindung mit den anderen Schicksalsgöttinnen.

Ergänzende neueste Literatur zu weiteren **Schicksalsgöttinnen** wie Nemesis, Moiren und Atē (Auswahl): (1) Stafford 2000, wie oben, 75–110 (zu Nemesis). (2) Albert Henrichs in: DNP 8 (2000) s.v. Moirai, 340–343. (3) Emma Stafford, Nemesis, Hybris and Violence. In: Jean-Marie Bertrand (Hrsg.), La violence dans les mondes grec et romain. Paris 2005 (Publications de la Sorbonne. Histoire ancienne et médiévale 80), 195–212. (4) Naoko Yamagata, Ate and the Litai in Homer's *Iliad*. In: Emma Stafford/Judith Herrin (Hrsg.), Personification in the Greek World. From Antiquity to Byzantium. Aldershot 2005, 21–28. (5) Paulina Karanastassi in: LIMC Suppl. 1 (2009) s.v. Nemesis, 381–385. (6) Allen H. Sommerstein, Atē in Aeschylus. In: Douglas L. Cairns (Hrsg.), Tragedy and Archaic Greek Thought. Swansea 2013, 1–15 (auch allgemein zum Schicksalsdenken).

Auf die frühgriechische **Schicksalskonzeption** insgesamt und wesentliche weitere Sachaspekte wie Aidōs und Hybris bezogen sich verschiedene aktuelle Publikationen (Auswahl): (1) Dorothea Frede in: DNP 11 (2001) s.v. Schicksal, 156–158. (2) Louise Bruit Zaidman, Le commerce des dieux: *Eusebeia*. Essai sur la piété en Grèce ancienne. Paris 2001; 240 S.: Nach religionsgeschichtlicher Einführung („Rites, pratiques, comportements', 19–84) literaturgeschichtlicher Hauptteil (85–172; von Homer über Attische Tragödie bis zu Platon) und philosophischer Abschluss (173–209). (3) Marco Frenschkowski in: EM 11 (2004) s.v. Schicksal, 1380–1385. (4) Vf., Schicksal und Notwendigkeit im antiken Mythos. In: Philia II/

---

33 Aktuelle Ergänzungen in MH 2011, 176 f., 207–212; MH Ntr. 2018, 134 f., 143–144.

2009, 28–39: Grundsatzbeitrag zum Schicksalsdenken als zentralem geistesgeschichtlichem Aspekt des frühen Griechentums; zugleich Vorstufe zu MH 2011, 207–237.

Schließlich entstanden in jüngster Zeit zwei wichtige Neuerscheinungen zur Thematik: (1) Irene **Berti**, Gerechte Götter? Vorstellungen von der göttlichen Vergeltung in Mythos und Kult des archaischen und klassischen Griechenlands. (Diss. Heidelberg 2007). Heidelberg 2017; 358 S. – *Disposition:* Einleitung (13–28; mit Forschungsüberblick 25–28). A. Die göttliche Gerechtigkeit (29–87): I. Göttliche Strafe (29–52). II. Schuld und Unreinheit (53–72; zu schicksalsmäßiger Befleckung *(míasma)* und gottgewährter Reinigung *(hagnismós* bzw. *kátharsis)*. III. Die Suche nach der göttlichen Gerechtigkeit (73–87). B. Die Gottheiten der Gerechtigkeit (89–310): IV. Agenten der Gerechtigkeit (89–96; primär Gottheiten von Vergeltung und Reinigung). V. Semnai Theai (97–137). VI. Eumenides (138–176). VII. Erinyes (177–227). VIII. Zeus (228–262). IX. Praxidikai/Dike (263–280). X. Nemesis (281–310). C. Göttliche Gerechtigkeit im Kult und im kulturellen Diskurs (311–324). Bibliographie (331–358; ausführliche Liste ohne Erwähnung von MH 2011). Keine Register. – *Résumé:* Monographie mit althistorischer Ausrichtung weniger im Blick auf frühgriechische Poesie als auf Ritus, Kult und Heiligtümer mit dem Forschungsschwerpunkt ‚Vergeltung und Reinigung'. Ausgangspunkt der Arbeit: „Zeus als der höchste Gott und Vertreter der Gerechtigkeit"(21 bzw. 89) sowie oberste Instanz gegenüber Erinyen, Dike und Nemesis. Behandlung der thematisch relevanten Gottheiten allerdings völlig ohne Berücksichtigung von Themis[34], obwohl sie als oberste Instanz für die unverbrüchlichen Wertmaßstäbe des göttlichen Rechts zuständig ist. (2) Vf., Der antike Labdakidenmythos. In: Ergänzungen 2020, 155–162: Exemplarische Einzelstudie zu den Grundzügen des frühgriechischen Schicksalsdenkens anhand des Paradebeispiels aus dem thebanischen Mythenkreis.

Wie schon für die Mittelphase, so liegt auch für die aktuelle Phase die weitere wesentliche Forschungsliteratur zu allen Teilbereichen der klassisch-philologischen Mythosforschung im Gesamtprojekt des Vf.s vor, zusätzlich erschlossen durch die ausführlichen Register. Das gilt vor allem für weitere Monographien und kleinere Beiträge zu den diversen Einzelbereichen des Berichtsgegenstandes (vgl.

---

34 Die Einleitung nennt nur den Sachbegriff *themis* (13), als Gottheit der Gerechtigkeit regelmäßig Dike (14 ff.). Themis ist einmal beiläufig neben Nemesis erwähnt (285 f. zu Rhamnous; keine Erwähnung im Forschungsüberblick 25–28). In der Bibliographie (331–358) fehlen die grundlegenden Beiträge zu Themis von Harrison (1912/1927 bzw. 1922) und Pötscher (1960). Genannt sind die Monographie zu Themis von Vos (1956; mit Erscheinungsjahr 1959) und die Basisstudie zu Themis/Dike von Hirzel (1907), allerdings jeweils ohne Auswertung.

die Matrix auf S. 6f.). Darüber hinaus gehende Ausführungen müssen künftigen Forschungsteilberichten überlassen bleiben.

b. Klassisch-archäologische Mythosforschung

Etwa mit dem Beginn des neuen Millenniums fällt eine entscheidende Veränderung im Verhältnis der Nachbarfächer Klassische Philologie und Klassische Archäologie zusammen, was im Rahmen der gemeinsamen Forschungen eine bisher selbstverständliche Voraussetzung bei der **Text-Bild-Problematik** betrifft. Seit den grundlegenden Hauptwerken von Friedrich Gottlieb Welcker war die altertumswissenschaftliche Mythosforschung durchgehend bestimmt durch ein methodisches Prinzip, das auch der gestrenge Frank Brommer immer wieder mit Nachdruck vertrat: der bildlichen Gestaltung von Mythenthemen gehe im Regelfall eine literarische Anregung voraus. Dem widersprach keineswegs die gleichzeitige *communis opinio*, in poetischer Erzählung und künstlerischer Bilddarstellung „weitgehend gleichwertige Ausdrucksformen von Mythos" (MH 2011, 306) zu sehen; entsprechend schon das frühe archäologische *statement* von Hans Walter: „Bildwerke sind eine selbständige Quelle und ein eigener Beitrag neben den Worten der Dichter" (Walter 1971, wie S. 97, 7).

Dass eine Modifizierung dieser beiden grundlegenden Voraussetzungen schon gegen Ende der Mittelphase in der Luft lag, unterstrich Walter Burkert in seinem letzten Grundsatzbeitrag zum frühgriechischen Mythos: „Es gibt Versuche, diese Festlegung zu übersteigen oder zu hinterfragen und insbesondere der Ikonographie einen gleichberechtigten Status zu sichern; das Sprachliche muß dann transzendiert werden im Sinn einer allgemeineren ‚symbolischen' Funktion: Erzählung und Bilddarstellung als gleichwertige ‚symbolische' Formen" (Hofmann 1999, wie S. 124, 13). Für die aktuelle Entwicklung ein längeres Zitat aus MH 2011, 307:[35]

> Ein Musterbeispiel bietet ein attisch rf. Stamnos des Triptolemosmalers (um 480) mit der Darstellung jener berühmten Griechengesandtschaft vor Troja (Presbeía), die versucht, den grollenden Achilleus wieder zum Kampfeintritt zu bewegen (*Ilias* 9,182ff.). Wenn hier und auf anderen Vasenbildern der zusammengekauerte Held und der ihm provokativ lässig gegenübersitzende Verhandlungsführer Odysseus eindeutig von der in der *Ilias* vorgestellten Situation abweichen, weshalb schon Bernhard Döhle (1967) und Anneliese Kossatz-Deissmann (1978) diese Gestaltung mit der neuen literarischen Realisierung des Stoffes in den *Myr-*

---

35 Mit Wegfall bzw. Kürzung der Fußnoten, spez. des genauen Zitats von John Boardman (1976) in Anm. 1181. Noch deutlichere Zitatverweise in MH 2011, 209 auf Giuliani 2003, wie S. 223, 240, und auf Peter Blome, AK Homer 2008, wie S. 238, 200.

midónes, dem ersten Stück der Achilleis-Trilogie des Aischylos, in Verbindung brachten, so wird dies von archäologischer Seite neuerdings ganz anders gedeutet: „Am Übergang zur Klassik entwickeln die Athener Maler ein ergreifendes, seelisch wie atmosphärisch ausgereiftes Erzählmotiv" [Vinzenz Brinkmann, AK Mythos Troia 2006, 204]. – „So wird der Gegensatz zwischen Achilleus und den Gesandten, den das Epos in Rede und Gegenrede breit ausmalen kann, mit einfachen Mitteln zu einer schlüssigen bildlichen Formel verdichtet" [Luca Giuliani, AK Klassik 2002, 339]. – „Es ist in den letzten Jahrzehnten diskutiert worden, ob die Vasenbilder des eingehüllten Achilleus womöglich von dieser Fassung inspiriert worden seien. Sowohl John Boardman (The Kleophrades Painter at Troy, Antike Kunst 19 (1976) 13 f.) als auch zuletzt Luca Giuliani (Bild und Mythos (2003) 231 ff.) sprechen sich dafür aus, dass durch die Vasenbilder Aischylos zu seiner Variation angeregt wurde" [Vinzenz Brinkmann, AK Mythos Troia 2006, 423]. – „Für diese Unnachgiebigkeit hat ein attischer Maler um 500 v.Chr. das großartige Bild des sitzenden, in den Mantel gehüllten Achilleus geschaffen" [Peter Blome, AK Homer 2008, 369].

Abgesehen von diesen Detailangaben, bietet ein Überblick zur aktuellen archäologischen Mythosforschung weder Anlass, den Befund selbst und sich daraus ergebende neue Fragestellungen zu diskutieren oder gar weitergehende Schlüsse zu ziehen, etwa auf „eine gewisse ‚Emanzipation' aus dem traditionellen Gesamtkontext der Altertumswissenschaften, verbunden mit einem durchaus aktuellen Trend zu höherer Präsenz und Selbstdarstellung" (MH 2011, 309–311, spez. 311). Vielmehr bleibt bei anhaltender Entwicklung[36] einem künftigen Berichterstatter die Beurteilung überlassen, ob hinter diesem aktuellen Wandel der *communis opinio* seitens einer neuen Generation von Klassischen Archäologen auch ein grundlegender Paradigmenwechsel stehen könnte.

Die mit Abstand wichtigste archäologische Neupublikation in der jüngsten Phase war **LIMC Suppl I****: Lilly **Kahil** (Hrsg.), Lexicon Iconographicum Mythologiae Classicae (LIMC). Supplementum 2009 (Abellio-Zeus). Düsseldorf 2009; XXVII, 618 S. (Text)/295 S. (Bildteil): Dieser umfangreiche, für die praktische ‚Arbeit am Mythos' im Blick auf Text-Bild-Probleme unverzichtbare Ergänzungsband gab einerseits z.T. wichtige Nachträge zu früheren Lemmata der monumentalen Hauptreihe (Bd. 1–8; Zürich/München 1981–97), andererseits durchgehend wesentliche Aktualisierungen des letzten Standes der Forschung zu unterschiedlichen Einzelmythen.

Nach Fertigstellung des LIMC entstanden weitere **ikonographische Handbücher** zu Mythenbildern allgemein bzw. in frühgriechischer Kunst:

---

36 Vgl. Ríchard T. Neer, Kunst und Archäologie der griechischen Welt. Von den Anfängen bis zum Hellenismus. Darmstadt 2013 (engl. OA London 2012), 103: „Es ist immer gefährlich [!] anzunehmen, dass ein Bild durch einen Text inspiriert ist – es kann ebenso gut andersherum sein".

(1) Luca **Giuliani***, Bild und Mythos. Geschichte der Bilderzählung in der griechischen Kunst. München 2003; 367 S.: Grundlegendes Standardwerk spez. zur älteren griechischen Bildtradition als Ergebnis langjähriger archäologischer Vorstudien mit weitgehend chronologischer Abfolge der Darstellung jeweils in Verbindung mit instruktiven Fallstudien. Kurze forschungsgeschichtlich-methodische Einleitung (Kap. 1, 21–37, z.B. G.E. Lessing); Erarbeiten der spezifischen Entwicklungsphasen der Bildtradition vom 8. bis zum 4. Jh. als Schwerpunkt des Buches (Kap. 2–6, 39–361; z.B. früheste ‚Sagenbilder', Troianisches Pferd und Polyphemos; Beischriften 8.–6.Jh., Strategien zur Bildbetrachtung 6./5. Jh., Text und Bild 5.–4. Jh.); abschließende Würdigung der ersten textbegleitenden Illustrationen ab 2. Jh. v.Chr. (Kap. 7, 263–280). Modifizierende Gesamtwürdigung der Text-Bild-Problematik aus betont archäologischem Blickwinkel mit exemplarischer Auswahl eines begrenzten Bildmaterials.

(2) Susan **Woodford***, Images of Myths in Classical Antiquity. Cambridge 2003; 305 S. – *Disposition:* 1. Introduction (3–12; zur Text-Bild-Problematik). 2. Transforming Words into Images (13–53; zentrale Themenbereiche, z.B. Literatur im Bild, ‚fruchtbarer Augenblick', epische Breite und tragische Fokussierung). 3. Building Images (55–102; Formeln, Motive, Typen, Komposition). 4. Innovations, Developments, and Connections (103–162; dichterische und künstlerische Weiterentwicklungen, Verhältnis des Mythos zu Historie und Lebensalltag). 5. Problems (163–237; Grenzen der Darstellbarkeit, mythische Verwechslung und Missverständnisse, Restfragen der Bildinterpretation). Appendix I: Überblick zur späteren Mythosrezeption in Kunst und Literatur (253–256). Appendix II: Gesamteinordnung von Mythenbildern in die Kunstgeschichte (257–266). Appendix III: Zuordnung der Mythenbilder zu fünf zentralen Themenkreisen aus dem mythischen Gesamtgebäude (267–284). – *Résumé:* Eher konventioneller ikonographischer Überblick mehr zur griechischen als zur römischen Kunst mit gründlicher systematischer Aufarbeitung der Probleme und reichem Bildmaterial zur Veranschaulichung der Ausführungen. Wertvolle ikonographische Anhänge zur späteren Kunstentwicklung und zu den Schwerpunkten mythischer Darstellung in der antiken Kunst.

(3) Klaus **Junker***, Griechische Mythenbilder. Einführung in ihre Interpretation. Stuttgart 2005; 190 S. – *Disposition:* 1. Einleitendes Fallbeispiel (13–27; Achill und Patroklos) 2. Definitionen: Mythos/Mythenbild (13–64; grundlegende Terminologie). 3. Mythen- und Mythenbildproduktion (65–89; historischer Überblick zur literarischen und bildlichen Gesamtentwicklung). 4. Denkmälerarten und Funktionsbereiche (90–108; Differenzierung nach Teilgattungen von griechischen Vasen bis zu römischen Sarkophagen). 5. Methoden (109–139; Bildinterpretationen in Theorie und Praxis). 6. Inhalte und Intentionen (140–170; Bilanz zu römischen Sarkophagen und griechischen Vasenbildern bzw. Bauplastik). Li-

teratur (171–188; sehr differenzierte Zusammenstellung). – *Résumé:* Präziser Überblick zur griechisch-römischen Kunst mit durchgehender Tendenz zur Hervorhebung der grundsätzlichen Eigenständigkeit bildlicher Darstellung im Verhältnis zu literarischen Vorgaben; für die praktische ‚Arbeit am Mythos' eine wertvolle instruktive Systematik aus spezifisch archäologischer Sicht.

(4) Giulia **Bordignon*** (Hrsg.), Scene dal mito: iconologia del dramma antico. Rimini 2015 (Engramma 4); 383 S. – *Disposition:* (I.) Questioni del dramma antico (11–144): Grundsatzbeiträge von Oliver Taplin (13–84), Giovanni Cerri (85–102) und Alessandro Grilli (103–144). (II.) Teatro e archeologia: tra convenzione e innovazione iconografica (145–174; darin: Giulia Bordignon, Personificazioni di concetti astratti nelle rappresentazioni teatrali e nelle raffigurazioni vascolari, 163–174). (III.) Versioni testuali e versioni figurative (175–334; darin Beiträge u. a. zu Niobe; Sophokles, *Laokoon*; Gesandtschaft zu Philoktetes nach Lemnos; Medeia auf Vasen des 7.–4. Jh.s; Münchener Unterweltvase). (IV.) Ricognizione e bibliografia generale (335–383). – *Résumé:* Erstes ikonographisches Handbuch mit spezieller Ausrichtung auf das griechische Drama (spez. Attische Tragödie des 5./4. Jh.s) mit besonderer Berücksichtigung der Text-Bild-Problematik und der Bühnenkonventionen.

(5) Katharina **Lorenz***, Ancient Mythological Images and Their Interpretation. An Introduction to Iconology, Semiotics, and Image Studies in Classical Art History. Cambridge 2016; XIV, 288 S. – *Disposition:* (I.) Iconology (17–100): 1. Introduction (19–36); 2. Drei praktische Fallstudien (37–88); 3. Narratives of Sign and Signification (89–100). (II.) Semiotics (101–166): 4. Introduction (113–117); 5. Drei praktische Fallstudien (118–151); 6. Narratives of Sign and Signification (152–166). (III.) Image Studies (167–245): 7. Introduction (169–182); 8. Drei praktische Fallstudien (184–223); 9. Narratives of Space and Perspective (224–235); 10. The Study of Mythological Images (236–245; Zusammenfassung). Im Anhang sehr ausführliche Bibliographie (246–281) und knapper Index (282–288). – *Résumé:* Ikonographische Einführung mit unkonventioneller Konzeption und durchdachter Matrix, wohl im Anschluss an die Ergebnisse der grundlegenden Monographie zur pompejanischen Wandmalerei (Berlin 2008, wie S. 232).

Neben diesen größeren Überblickswerken erschien eine ganze Reihe weiterer ikonographischer **Einführungen** mit unterschiedlicher Akzentsetzung (Auswahl): (1) N. Keith **Rutter**/Brian A. **Sparkes** (Hrsg.), Word and Image in Ancient Greece. Edinburgh 2000; XIV, 258 S.: Ikonographische Einzelbeiträge von frühen ‚Sagenbildern' (z. B. Irene Lemos, Songs for Heroes: the Lack of Images in Early Greece; 11–21) bis zur Kunst der Klassik (z. B. Jennifer R. March, Vases and Tragic Drama: Euripides' *Medea* and Sophocles' Lost *Tereus*, 119–139) mit begrenzter

Berücksichtigung des Mythos.[37] (2) Françoise-Hélène **Massa-Pairault** (Hrsg.), L'image antique et son interprétation. Rome 2006 (Collection de l'école Française de Rome 371); 358 S.: Sammelschrift von Beiträgen zur antiken Ikonographie mit verschiedenen Themen aus Götter- und Heroenmythen. (3) Judith M. **Barringer**, Art, Myth, and Ritual in Classical Greece. Cambridge 2008; XV, 267 S.: Repräsentative Aufarbeitung der komplexen Thematik von drei Hauptbereichen der antiken Mythentradition an vier Kulturzentren (Zeustempel Olympia, Akropolis Athen, Agora Athen, Heiliger Bezirk Delphi). (4) Stefan Michael **Squire***, Image and Text in Graeco-Roman Antiquity. Cambridge 2009; XXVI, 516 S.: Nach breiter forschungsgeschichtlicher Einführung (I. 15–194) vorwiegend Behandlung von Belegen der römischen Bildtradition (II. 199–294: Sperlonga-Zyklus; Assisi, House of Propertius; III. 300–432: Polyphemus/Galatea, Philostrat) mit sehr umfangreicher Bibliographie (433–501). (5) Stefan **Schmidt***/John H. **Oakley** (Hrsg.), Hermeneutik der Bilder. Beiträge zur Ikonographie und Interpretation griechischer Vasenmalerei. München 2009 (Beihefte zum Corpus Vasorum Antiquorum 4); 187 S.: Drei Sektionen (Semantik 23–65; Diskurse 65–133; Formation 135–186) mit themenrelevanten Einzelbeiträgen namhafter Fachleute zur Gesamttradition von Vasenbildern (z.B. Marion Meyer, Zur Relevanz bildlicher Darstellungen mythischer Figuren, 23–32; Klaus Junker, Zur Bedeutung der frühesten Mythenbilder, 65–76; Athena Tsingarida, The Death of Sarpedon, 135–142). (6abc) Susan Woodford, Displaying Myth: The Visual Arts. In: Dowden/Livingstone 2011, wie S. 182, 157–178; Ds., Interpreting Images: Mysteries, Mistakes, and Misunderstandings, ebd. 413–423; Zahra Newby, Displaying Myth for Roman Eyes, ebd. 265–281. (7) Patrick **Schollmeyer**, Einführung in die antike Ikonographie. Darmstadt 2012; 144 S.: Überblick zum Gesamtbereich der griechisch-römischen Kunst mit relativ knapper Behandlung von Mythenbildern (19–39; Literatur 129f.). (8) Frank Hildebrandt, Antike Bilderwelten. Was griechische Vasen erzählen. Darmstadt 2017; 160 S.: Beiträge zur Privatsammlung Zimmermann/Bremen im Blick auf Vasenbilder mit Themen von Göttermythen (34–61) und Heroenmythen (62–91). (9) Amalia Avramidou/Denise Demetridou u.a. (Hrsg), Approaching the Ancient Artifact. Representation, Narrative, and Function. A Festschrift in Honor of H. Alan Shapiro. Berlin/Boston 2014; XXV, 590 S.: Einzelbeiträge zum Mythos spez. in der ersten Sektion ‚Myth into Art' (1–138) z.B. zu Troiamythen (Helena, Polyxene, Philoktetes), Herakles (Ladon, Triton, Geras) und Theseus (Aithra, Periphetes).

---

[37] Entgegen dem Titel enthält der Sammelband von Wolfgang Hübner (Hrsg.), Ikonographie und Ikonologie. Interdisziplinäres Kolloquium 2001. Münster/Westf. 2004 (Eikon 8); IX, 187 S. im Wesentlichen allgemein kulturhistorische Beiträge (z.B. Inge Nielsen, Theater und Kult im antiken Italien, 65–91).

Eine besondere Würdigung verdienen die breiten ikonographischen Initiativen einer italienischen Archäologin an der Università di Padova:

(1) Isabella **Colpo***/Irene **Favaretto** (Hrsg.), Iconografia 2001: Studi sull'immagine. (Kongressakten Padova 2001). Roma 2002 (Antenor. Quaderni 1); 560 S.: Sammelschrift mit breitem Beitragsspektrum (z. B. François Lissarrague, Iconographie grecque: aspects anciens et récentes de la recherche, 9–16) zur griechisch-römischen Kunst (spez. attische Vasenmalerei, pompejanische Malerei) mit zahlreichen Teilaspekten aus Götter- und Heroenmythen (z. B. Sabina Toso, Le cattive ragazze: Le Ammazzoni, Onfale e Medea, 289–308; weiterhin zu Heraklestaten, Orpheus und Kalydonischer Eberjagd); zehn Ergänzungsbeiträge zur italienischen Renaissancekunst.

(2) Isabella **Colpo***/Irene **Favaretto**/Francesca **Ghedini** (Hrsg.), Iconografia 2005: Immagini e immaginari dall'Antichità classica al mondo moderno (Kongressakten Venezia 2005). Roma 2006 (Antenor. Quaderni 5); 539 S.: Breites Spektrum ikonographischer Beiträge zur antiken Kunst (spez. attische Vasenmalerei, Lesche der Knidier, römische Sarkophage und Mosaiken) und begrenzt zur späteren Rezeption (,Tradizione classica e mondo moderno', 277–382) mit Mythenthemen als wesentlichem Bestandteil (z. B. Amazonen, Heraklestaten, Atalante, Eros, Neptunus). Spezielle Beiträge: Elisa Avezzù, La ricomparsa di un mostro. Il tema antico del Minotauro, 363–382; Sabina Toso, Aiace e Ulisse? Dell'ambiguità dell'immagine, 443–450; Vita Maria Soleti, Il motivo della psicostasia dall'Egitto faraonico all'Italia del Rinascimento, 497–504.

(3) Isabella **Colpo***/Irene **Favaretto**/Francesca **Ghedini** (Hrsg.), Iconografia 2006: Gli eroi di Omero (Kongressakten Taormina 2006). Roma 2007 (Antenor. Quaderni 8); 295 S.: Themenspezifische Beiträge zu antiker Kunst und späterer Rezeption mit den Sektionen ,Iconologia dei eroi homerici (19–58; z. B. Großer Aias, Hekabe/Glaukos/Diomedes, Kalypso), ,Ambivalenze storiche' (59–160; z. B. Ilioupersis, Neoptolemos in Delphi, Achilleus/Athene, Achilleus vor Troia), ,Eroi omerici nei tempi moderni' (161–194; spez. Hektor/Achilleus, Text-Bildtradition Odysseus, 167–194) und ,Poster' (Varia, 195–288; z. B. Odysseus, Rhesos, Tod Hektors, Ilioupersis).

(4) Isabella **Colpo***/Francesca **Ghedini** (Hrsg.), Il gran poema delle passioni e delle meraviglie. Ovidio e il repertorio letterario e figurativo fra antico e riscoperta dell'antico. (Kongressakten Padova 2011). Padova 2012 (Antenor. Quaderni 28); 531 S. – *Disposition:* (I.) Ovidio tra testi e immagini (9–292; vorwiegend zur antiken Kunst): Nach drei Einführungsbeiträgen (1–52) 21 Themenbeiträge z. B. zu Medusa, Io/Argus, Pentheus, Phaëthon, Raub der Proserpina, Meleager, Iphigenia, Prometheus, Aktaeon, Arachne, Narziss, Hermaphrodit, Peleus/Thetis, Orpheus (inkl. Rezeption: Roberto Nicolai, Orfeo da Virgilio a Tiziano; 265–278), Daedalus/Icarus. (II.) Testi Ovidiani nella produzione figurativa post-classica

(293–440; 13 Beiträge vorwiegend zur Rezeption in Renaissance und Barock). (III.) Tra letteratura e arte figurativa (441–476; vier Beiträge zum Grenzbereich). (IV.) Ovidio e le altre muse (477–531; neuere Rezeption, z. B. Caterina Barone, Orfeo e le Metamorfosi del Novecento tra letteratura, cinema e teatro, 493–504). – *Résumé:* Breites Beitragsspektrum zur Bedeutung von Themen aus Ovids *Metamorphoses* in antiker Kunst und späterer Rezeption.

Weitere aktuelle Kurzbeiträge der Gelehrten zur Nachwirkung Ovids in der Bildenden Kunst (Auswahl): (1) Isabella Colpo, Echi di Iconografie Ovidiane nel repertorio musivo medio- e tardo-imperiale. In: Marmoribus vestita. Studi in onore di Federico Guidobaldi. Roma 2011, 613–634. (2) Ds., Fra testo e immagine. Riflessioni ovidiane. In: Eidola 8, 2011. (3) Ds., Ovidio come fonte per la conoscenza dell'arte antica. In: Context and Meaning (Kongressakten Athen 2013). Leiden u. a. 2013, 33–38.

Unter den weiteren **Monographien** zu diversen Mythenthemen, darunter auch neuen Teilaspekten, seien wenige markante Titel hervorgehoben:

(1) Barbara E. **Borg**, Der Logos des Mythos. Allegorien und Personifikationen in der frühen griechischen Kunst. München 2002; 318 S.: Nach theoretischen Vorbemerkungen zu ‚Allegorie' und ‚Personifikation' (37–102) praktische Beispiele aus griechischer Kunst bis zum Ende des 5. Jh.s (103–208) mit knapper Zusammenfassung (209–236), reicher Bibliographie (237–252) und Register (253–267) sowie breitem Bildteil (271–315). Insgesamt eine Art Komplementärprogramm zu Shapiro 1992, wie S. 94.

(2) Günter **Fischer***/Susanne **Moraw** (Hrsg.), Die andere Seite der Klassik. Gewalt im 5. und 4. Jahrhundert v. Chr. (Kulturwissenschaftliches Kolloquium Bonn 2002). Stuttgart 2005; 328 S.: Beiträge zum Gewaltaspekt in klassischer Literatur (z. B. Andrea Ercolani, Gewalt in der griechischen Tragödie, 89–101) und bildlichen Darstellungen (z. B. Adrian Stähli, Die Rhetorik der Gewalt in Bildern des archaischen und klassischen Griechenlands, 19–44), spez. aus Vasenmalerei (z. B. Stefan Schmid, Gewalt an den Gräbern. Grausame Mythen auf Vasen aus Unteritalien und Sizilien, 167–183; Susanne Muth, Kampfdarstellungen in der attischen Vasenmalerei des 5. Jhs. v. Chr., 185–209), auch mit *gender*-Aspekt (z. B. Stefan Ritter, Eros und Gewalt: Menelaos und Helena in der attischen Vasenmalerei des 5. Jhs. v. Chr., 265–285).

(3) Susanne **Muth***, Gewalt im Bild. Das Phänomen der medialen Gewalt im Athen des 6. und 5. Jahrhunderts v. Chr. Berlin/New York 2008 (Image & Context 1); XIV, 800 S. – *Disposition:* I. Einleitung: Eine Bilderwelt voller Gewalt (1–25). II. Meisterhopliten und Helden im Kampf (25–137; spez. Herakles/Kyknos, Herakles/Geryoneus, Kämpfe vor Troia). III. Das Spektrum der Hoplitenkämpfe (139–518; spez. Gigantomachie, Amazonen, Kentauren). IV. Das Funktionieren der medialen Gewalt (519–627). Zusammenfassung/Summary (631–638/638–644). – *Résumé:*

Thematisch wegweisende Monographie mit umfassendem Erarbeiten eines erst in neuester Forschung bewusst gemachten Aspekts in Darstellungen spez. der attisch sf./rf. Vasenmalerei bis um 400 v.Chr.

(4) David **Walsh***, Distorted Ideals in Greek Vase-Painting. The World of Mythological Burlesque. Cambridge 2009, Ndr. 2014; XXIX, 420 S. – *Disposition:* 1. Introduction (3–23; Überblick u.a. zu Caeretaner Hydrien, Phlyakenvasen und Kabirenvasen). 2. Greek Humour (24–24; kulturgeschichtlicher Kontext). 3. Strange Beginnings (37–71). 4. Violating the Sanctuary (72–104). 5. Ridiculing the Gods (105–164; spez. zu Hephaistos, Zeus, Dionysos). 6. Subverting the Hero (165–242; spez. zu Monstern, Herakles, Satyrn). 7. Distorted Bodies (245–258). 8. Distribution (259–273; mythische Sonderaspekte). 9. Final Reflections (274–288; auch zu literarischen Entsprechungen, spez. Komödie). Catalogue (291–328). Bibliography (383–400). – *Résumé:* Grundlegende Aufarbeitung eines künstlerisch wie literarisch hochinteressanten Teilaspekts.

(5) Peter **Eich***, Gottesbild und Wahrnehmung. Studien zu Ambivalenzen früher griechischer Götterdarstellungen (ca. 800 v.Chr. – ca. 400 v.Chr.). Stuttgart 2011 (Potsdamer Altertumswissenschaftliche Beiträge 34); 532 S. – *Disposition:* 1. Die Entwicklung der Fragestellung (15–55; grundsätzliche Voraussetzungen). 2. Religion und Wahrnehmung (56–92; religionswissenschaftlicher Forschungsüberblick). 3. Götterbilder in archaischer und frühklassischer Zeit (93–280; Schwerpunkt, spez. zu Epos, Vorsokratikern, Lyrik, frühen Mythographen, Attischer Tragödie und Alter Komödie). 4. Gottheit und Bild in öffentlichen Ritualen (281–321; Grundaspekte, z.B. attischer Dionysoskult). 5. Vom Hellenismus in die Kaiserzeit (322–370; u.a. Plutarch, Pausanias, Zweite Sophistik, Apollodor). 6. Gefesselte Götter und kollektiver Bilderzauber (371–399). 7. Reale, imaginäre, artifizielle Präsenz (400–456; Zusammenfassung). Umfangreiche Literaturliste (457–510). – *Résumé.* Wesentliche Überblicksstudie vorwiegend zur frühgriechischen Entwicklung mit vorbildlich gleichwertiger Behandlung der archäologischen Belege und literarischen Quellen.

(6) Michaela **Stark**, Göttliche Kinder. Ikonographische Untersuchung zu den Darstellungskonzeptionen von Gott und Kind bzw. Gott und Mensch in der griechischen Kunst. Stuttgart 2012 (Potsdamer altertumswissenschaftliche Beiträge 39); 358, 32 S. – *Disposition:* I. Einleitung (13–17; Thema/Methode). II. Die Götterkinder (19–164: Apollon, Hermes, Zeus, Dionysos, Athena, Artemis, Herakles, Achill). III. Mythos und Bürgerwelt (165–210; Kind und Gott, Götterwelt als Gegenwelt). IV. Gesamtergebnisse (211–222; literarische Quellen und ikonographische Tradition). V. Katalog (223–320). Bibliographie (321–333). – *Résumé:* Basisstudie zum Thema ‚Kindheit' in literarischen und bildlichen Realisierungen zwischen Mythos und Alltagswelt.

(7) Angela **Sciarma***, I delitti religiosi nell'immaginario greco. Mito e immagini. Napoli 2012; 597 S. – *Disposition:* (I.) Sacrilegi mitici. La dimensione letteraria (9 – 62: Tod des Troilos, Tod des Priamos, Vergewaltigung der Kassandra). (II.) Nascita e affermazione delle iconografie. L'età arcaica (63 – 188). (III.) Le immagini d'età severa e (alto)classica (189 – 258). Anhänge (259 – 597), spez. Bibliografia (267 – 296), Catalogo (311 – 538), Illustrazioni (555 – 597). – *Résumé:* Methodisch vorbildliche literarisch-ikonographische Aufarbeitung zu drei Standardthemen mit Sakrilegen aus *Kýpria* bzw. *Ilioupérsis* mit ausführlicher Interpretation und akribischer Dokumentation.

(8) Dietrich **Boschung** (Hrsg.), Römische Götterbilder der mittleren und späten Kaiserzeit. Paderborn 2014 (Morphomata 22); 374 S.: Repräsentative Beitragssammlung teils zu grundsätzlichen Fragen (109 – 216; z. B. José Luis García Ramón, Götterbilder, religiöse Vorstellungen und *Epitheta deorum*, 109 – 137; Marion Euskirchen, Erotisierung weiblicher Götter in der mittleren Kaiserzeit, 197 – 216), teils zu Einzelthemen (z. B. Athena Parthenos, Zeus von Olympia, Mithras, Apollon/Bacchus), ergänzt um literarische Aspekte zu Statius (71 – 85) und Lukian (87 – 107).

(9) Lorenz **Winkler-Horaček***, Monster in der frühgriechischen Kunst, Die Überwindung des Unfassbaren. Berlin 2015 (Image & Context 4); XIV, 690 S.: Nach allgemeiner Einleitung (21 – 47) gründliche Aufarbeitung eines exemplarischen antiken Bildmaterials (inkl. altorientalische Vorgaben) zu Sphingen (76 – 181), Sirenen (182 – 206) und Greifen o. Ä. (207 – 241) sowie substantielle Ausführungen zum kulturellen Kontext (243 – 469) und ausführliche Literaturangaben (639 – 676).

Für weitere Neuerscheinungen der jüngsten archäologischen Fachliteratur zu Götter- und Heroenmythen ist auf die jeweiligen Angaben in MH 2011 und MH Ntr. 2018 zu verweisen. Zum **Troianischen Mythenkreis**, der in der Forschung und auch beim breiteren Publikum weiterhin ein besonderes Interesse fand, sind folgende Titel hervorzuheben (Auswahl): (1) Meret **Mangold***, Kassandra in Athen. Die Eroberung Trojas auf attischen Vasenbildern. Berlin 2000; 257 S.: Behandlung der ikonographischen Haupttypen (13 – 111) mit gründlicher gattungsinterner und historisch-kultureller Auswertung (112 – 152). (2) Guy **Hedreen**, Capturing Troy. The Narrative Functions of Landscape in Archaic and Early Classical Greek Art. Ann Arbor 2001; VI, 297 S. (3ab) AK Troia Stuttgart 2001/AK Troia Braunschweig 2001: Näheres auf S. 238. (4) Thomas Morard, Les Troyens à Metaponte. Étude d'une nouvelle Ilioupersis de la céramique italiote. Mainz 2002; 122, 8 S. (5) AK Troia München 2006/07: Näheres auf S. 238. (6) AK Homer Basel 2008: Näheres auf S. 238. (7) Sciarma 2012, wie S. 229. (8) Sarah P. Morris, Helen Re-Claimed, Troy Re-Visited: Scenes of Troy in Ancient Greek Art. In: Festschrift Shapiro 2014, wie S. 225, 3 – 14. (9ab) Thomas H. Carpenter, The Trojan War in Early

Greek Art. In: Fantuzzi/Tsagalis 2015, wie S. 211, 178–195; Michael Squire, Running Rings Round Troy: Recycling the ‚Epic Circle' in Hellenistic and Roman Art, ebd. 496–542 (gründliche Aufarbeitung des Bildmaterials).

Was **Hauptgattungen der antiken Kunst** in der archäologischen Mythosforschung betrifft, so ist als wichtige Ergänzung zu den unterschiedlichen Werken über frühgriechische ‚Sagenbilder' aus der Mittelphase eine neuere Monographie hervorzuheben, die sich auf ein längst verlorenes Einzelobjekt bezog: Rüdiger Splitter, Die ‚Kypseloslade' in Olympia. Form, Funktion und Bildschmuck. Eine archäologische Rekonstruktion. Mit einem Katalog der Sagenbilder in der korinthischen Vasenmalerei und einem Anhang zur Forschungsgeschichte. Mainz 2000; 173 S.

Zum zentralen Forschungsbereich von Darstellungen zu erhaltenen oder verlorenen Einzeldramen der Attischen Tragödie spez. in der attisch rotfigurigen Vasenmalerei des 5./4. Jahrhunderts (sog. ‚**Theatervasen**') bietet den besten Gesamtüberblick ein attraktiver Ausstellungskatalog (Los Angeles, Getty Museum 2007; Näheres auf S. 239). Außerdem ergaben sich zahlreiche Neuerscheinungen zum Thema (Auswahl): (1) Eliana ***Mugione*****, Miti della ceramica attica in Occidente. Problemi di transmissioni iconografiche nelle produzioni italiote. Taranto 2000; 259 S.: Nach allgemeiner Einführung zur Keramik des 5./4. Jh. (7–52) Behandlung wichtiger Mythenthemen (La circolazione dei miti in Occidente, 53–121) und Probleme der ikonographischen Tradition (122–152) Katalog der Einzelthemen (153–212) und Bibliographie (213–236). (2) Fiona ***McHardy*****/James *Robson*/ David *Harvey* (Hrsg.), Lost Dramas of Classical Athens. Greek Tragic Fragments. Reed Hall (University of Exeter) 2005; IX, 248 S.: Präsentation von literarischen Fragmenten und bildlichen Reflexen in zehn Beiträgen durchweg namhafter Fachleute (7–202; z. B. Christopher Collard, Euripidean Fragmentary Plays: The Nature of Sources and their Effect on Reconstruction, 49–62) mit ausführlicher Bibliographie (209–226) und Synopsis zum Gesamtmaterial (227–241). (3) Jocelyn Penny Small, Pictures of Tragedy? In: Gregory 2005, wie S. 194, 103–118. (4) Schmidt/Oakley 2009: Näheres auf S. 225. (5) Arthur D. ***Trendall*****, Myth, Drama and Style in South Italian Vase-Painting. Selected Papers. Edited by Ian McPhee. Uppsala 2016 (Studies in Mediterranean Archeology and Literature 182); XL, 299 S.: Sammlung der ‚Kleinen Schriften' (1977–1995) in drei Sektionen: (I.) Myth (3–82; z. B. Amymone, Kallisto, Medeia, Töchter des Anios). (II.) Drama (85–153; Attische Tragödie/Phlyakenvasen). (III.) Regional Styles and Painters (157–266). (6) Ursula Kästner/Stefan Schmidt (Hrsg.), Inszenierung von Identitäten. Unteritalische Vasenmalerei zwischen Griechen und Indigenen. München 2018 (Beihefte zum Corpus Vasorum Antiquorum 8); 166 S.: Grundsatz- und Spezialbeiträge namhafter Fachleute (z. B. Valentina Garaffa zu Mythenbildern 15–24; Luca Giuliani, Theatralische Elemente in der apulischen Vasenmalerei, 108–118; Lilian

Schönheit, Theaterbilder im Spannungsverhältnis zwischen Italioten und Italikern, 120–127). (7) Luca Giuliani, Pots, Plots, and Performance. Comic and Tragic Iconography in Apulian Vase Painting. In: Audley-Miller/Dignas 2018, wie S. 206, 125–142.

Unter den mythenspezifischen Neuerscheinungen zum Teilbereich der **etruskischen Kunst** erweisen sich für die vorwiegend literarisch ausgerichtete ‚Arbeit am Mythos' des Vf.s als besonders wertvoll (Auswahl): (1) Nancy **Thomson de Grummond***, Etruscan Myth, Sacred History and Legend. Philadelphia/Pa. 2006; XVI, 270 S.: Mythologisch-ikonographischer Überblick mit reichem Bildmaterial u. a. zu Kosmologie (41–51), Gottheiten (53–145), Dämonen (147–172), Heroen/Heroinen (173–199), Gründungsmythen (201–207) und Unterwelt (209–233). Gründliche Bibliographie (255–264). (2) Stephan **Steingräber***, Etruskische Wandmalerei. Von der geometrischen Periode bis zum Hellenismus. München 2006; 326 S.: Grundlegendes Handbuch zu der an Mythenbelegen reichen Gattung. (3) AK Etrusker 2015: Näheres auf S. 239.

Zur Bedeutung griechischer Mythen in **römischer Kunst** kam in jüngster Zeit eine mit Ausnahme der Mosaikkunst umfassende Überblicksmonographie heraus: Zahra **Newby***, Greek Myths in Roman Art and Culture. Imagery, Values and Identity in Italy, 50 BC – AD 250. Cambridge 2016; XX, 387 S. – *Disposition:* Introduction (1–31; Grundsätzliches zu griechischen Mythen in Rom). 1. Art and Power in the Public Sphere (32–79; Möglichkeiten und Grenzen mythischer Darstellungen im römischen Kontext). 2. Recreating Myth in the Roman Villa (80–136; spez. Beispiele aus Plastik/Skulptur, z. B. Sperlongazyklus, Laokoongruppe, Niobiden). 3–4. Mythological Wall-Paintings (137–163, 164–227; u. a. Vorbildcharakter des Mythos; epische und elegische Themen in pompeianischer Malerei; Mythenzyklen, z. B. Casa di Meleagro). 5. Myths in the Funerary Realm (228–272; Grabmalerei, Sarkophage und Wandreliefs). 6. Mythological Sarcophagi: Praise, Lament and Consolation (273–319; Rhetorik der Bilder; griechische Mythen und römische Tugenden; Medea-Sarkophage). 8. Epilogue: The Roman Past, the Culture of Exemplarity and a New Role for Greek Myth (320–347; u. a. ergänzende römische Themen, z. B. Mars/Rhea Silvia). Bibliographie (348–384; umfangreiche Literatur). – *Résumé:* Basisstudie zu einem breiten Gattungsspektrum römischer Kunst auf neuestem Stand der Forschung mit Herausarbeitung wesentlicher künstlerischer Grundtendenzen bei der Darstellung griechischer Mythen.

Die übrigen themenspezifischen Neuerscheinungen konzentrierten sich erneut auf die drei Einzelgattungen mit besonders vielen Mythenbildern. Ein instruktiver Gesamtüberblick zur griechisch-römischen **Wandmalerei** wurde in jüngerer Zeit vorgelegt von Stelios Lydakis, Ancient Greek Painting and its Echoes in Later Art. Los Angeles (Paul Getty Museum) 2004 (ngr. OA Athen 2002); 329 S., spez. Part II. Ancient Greek Art; Part III. Various Types of Painting. – Als umfassender Überblick zur römischen Wandmalerei von der republikanischen Frühzeit bis zur kaiserzeitlichen Spätzeit mit starker Berücksichtigung von Mythenthemen war für die praktische Forschungsarbeit förderlich: Harald **Mielsch***, Römische Wandmalerei. Stuttgart, Darmstadt 2001; 231 S.: I. Die Dekorationen als Ganzes (19 – 138; Einzelperioden). II. Einzelbilder und Motive (138 – 209), spez. 141 – 162 (Die mythologischen Bilder).

Ergänzend bieten sich auch in jüngster Zeit relativ wenige weitere Neuerscheinungen an (Auswahl): (1) Ida **Baldassare** u. a., Römische Malerei. Vom Hellenismus bis zur Spätantike. Köln 2002 (ital. OA Milano 2002); 399 S. (2) Nina Willburger, Die römische Wandmalerei in Augsburg. Augsburg 2004 (Augsburger Beiträge zur Archäologie 4); 161 S. (3) AK Roman Wall Painting 2009: Näheres auf S. 239. (4) Alix Barbet, Peintures romaines de Tunisie. Paris 2013; 335 S.: Übersicht mit Verzeichnis der wichtigsten Fundorte. (5) Elke Winkler, Wandmalerei im römischen Spanien – Überlegungen zu Datierungsfragen. Diss. Gießen 2016; 230 S. (6) Fulvia Donati (Hrsg.), Pitture murali nell'Etruria romana. Testimonianzi inedite e stato dell'arte. Pisa 2016; 142 S. (7) Markus Santner (Hrsg.), Das Haus der Medusa. Römische Wandmalerei in Enns. Horn/Wien 2017 (Fokus Denkmal 8) 207 S.

Zur **pompejanischen Wandmalerei** bietet sich als neuerer Gesamtüberblick an: Donatella Mazzoleni u. a., Pompejanische Wandmalerei: Architektur und illusionistische Dekoration. München 2005; 415 S.: Einführung und genaue Besprechung wichtiger Gemäldezyklen in diversen Einzelhäusern. Grundlegend für die Erschließung der zahlreichen Darstellungen mit mythischer Thematik sind zwei neuere Publikationen:

(1) Jürgen **Hodske***, Mythologische Bildthemen in den Häusern Pompejis. Die Bedeutung der zentralen Mythenbilder für die Bewohner Pompejis. Ruhpolding 2007 (Stendaler Winckelmann-Forschungen 6); 540 S.: Repräsentativer Überblick zum breiten Spektrum der in pompejanischer Wandmalerei behandelten Mythenstoffe mit dem Ziel, die Mythenbilder thematisch sowie von ihrer Bedeutung im Raum und für die Hausbewohner zu erfassen.

(2) Katharina **Lorenz***, Bilder machen Räume. Mythenbilder in pompejanischen Häusern. Berlin 2008 (Image & Context 5); XX, 666 S.: In der Gesamtkonzeption nicht weniger überzeugende Gesamtschau mit dem Ziel, das Bildmaterial nicht nur weitgehend zu erfassen (Konkordanz 525 – 627), sondern auch seine Grundstrukturen (z. B. in Zyklen) und seine Bedeutung im Dekorationssystem von Raum und Haus zu bestimmen.

Zu den wichtigen weiteren mythenspezifischen Arbeiten gehören: (1) Ernesto **De Carolis**, Dei ed Eroi nella Pittura Pompeiana. Roma 2000; 78 S.: Beste bebilderte Kurzeinführung. (2) Bernard **Andreae**, Aphrodite, Hera und Heroen. Adaptationen griechischer Meisterwerke der Malerei in römisch-kampanischen Wandgemälden. Stuttgart 2013 (Abhandlungen der geistes- und sozialwissenschaftlichen Klasse, Akademie der Wissenschaften und der Literatur Mainz, Jg. 2013,6); 149 S.: Grundlegende Einordnung in die Gesamttradition der antiken Malerei. (3) Peter E. Knox, Ovidian Myths on Pompeian Walls. In: Miller/Newlands 2014, wie S. 255, 36–54. (4) Katharina Lorenz, A Very Short History of Juxtaposing Myths on Pompeian Walls. In: Audley-Miller/Dignas 2018, wie S. 206, 143–168. – Näheres zu entsprechenden Ausstellungen in München (Hypo-Kulturstiftung 2013) und Hamburg (Bucerius-Kunst-Forum 2014/15) auf S. 240.

Unter den Neuerscheinungen zu **römischen Sarkophagreliefs** kam als zumindest gleichwertige Ergänzung des alten Standardwerks von Sichtermann/ Koch (Tübingen 1975) hinzu: Paul **Zanker***/Björn Christian **Ewald**, Mit Mythen leben. Die Bilderwelt der römischen Sarkophage. München 2004; 389 S.: Repräsentativer Überblick zu diesem zentralen medialen Anwendungsbereich des antiken Mythos mit wesentlichen Ausführungen zu Thematik und Funktion der Reliefs. – Weitere mythenrelevante Einzelstudien (Auswahl): (1) Ruth **Bielfeldt**, Orest auf römischen Sarkophagen. (Diss. München 2001). Berlin 2005; 362, 32 S. (2) Paul Zanker, Iconografia e mentalità. Sul cambiamento dei temi mitologici sui sarcofagi romani del II e III. sec. d.C. In: Iconografia 2005, wie S. 226, 181–194. (3) Jutta Dresken-Weiland, Pagane Mythen auf Sarkophagen des dritten nachchristlichen Jahrhunderts. In: Haehling 2005, wie S. 249, 106–131. (4) Klaus Junker, Römische mythologische Sarkophage. Zur Entstehung eines Denkmaltypus. In: RM 112, 2005/06, 163–188. (5) Zahra Newby, Myth and Death: Roman Mythological Sarcophagi. In: Dowden/Livingstone 2011, wie S. 182, 301–318. (6) Christian **Russenberger**, Der Tod und die Mädchen. Amazonen auf römischen Sarkophagen. Berlin 2015 (Image & Context 13); XV, 752 S.: Gründliche Aufarbeitung des beliebten Bildthemas. (7) Guntram **Koch** (Hrsg.), Akten des Symposions Römische Sarkophage, Marburg 2006. Marburg 2016 (Marburger Beiträge zur Archäologie 3); XI, 305 S.: Einzelbeiträge z. B. zu Amazonen, Odysseus/Sirenen, Achilleus. (8) Johanna **Jäger**, Die mythologischen Lünettenreliefs stadtrömischer Girlandensarkophage. Eine motivgeschichtliche Untersuchung. Würzburg 2017 (Bibliotheca Academica. Reihe Kunst/Altertumswissenschaft 3); XIX, 334 S. (9) Björn Christian Ewald, Myth Selection and the Heroising Tradition. In: Audley-Miller/Dignas 2018, wie S. 206, 209–262.

Einen guten Gesamtüberblick zu der an Mythenthemen reichen Großgattung **antiker Mosaiken** bot eine repräsentative neuere Monographie: Umberto **Pappalardo**/Rosaria **Ciardiello**, Griechische und römische Mosaiken. München 2012; 320 S. Gute Übersicht zum Gesamtmaterial (inkl. Mythenthemen) von makedonischen Kieselmosaiken bis zum spätantiken Zyklus von Piazza Armerina. – Eine Spezialstudie bezog sich auf ausgesuchte Mythenthemen in spätantiken Mosaiken: Glenn Warren **Bowersock**, Mosaics as History. The Near East from Late Antiquity to Islam. Cambridge/Mass. 2006 (Revealing Antiquity 16); VI, 164 S., spez. 31–64. – Eine breite Skala von Kurzbeiträgen zum Thema präsentierte eine Sammelschrift aus jüngster Zeit: Jean-Pierre **Darmon**, Mythes et images en mosaïque antique. Scripta (musi)varia. Recueil des textes (1963–2013). Paris 2018; 648 S. – Wesentliche Ergänzung zu einer Einzelregion: Lawrence Becker u. a. (Hrsg.), The Arts of Antioch. Art Historical and Scientific Approaches to Roman Mosaics and a Catalogue of the Worcester Art Museum Antioch Collection. Princeton/N.J. 2005; XV, 349 S. (Literatur 307–321).

Für die eigene ‚Arbeit am Mythos' waren verschiedene z.T. auch literarisch orientierte Arbeiten besonders wertvoll: (1) José Maria **Blázquez Martínez**/G. López Monteagudo/M.P. San Nicolás Petraz, Representaciones mitológicas, leyendas de héroes y retratos de escritores en los mosaicos de época imperial en Siria; Fenicia, Palestina, Arabia, Chipre, Grecia y Asia Menor: In: Sacralidad y arqueología (Festschrift Thilo Ulbert). Murcia 2004 (Antiguedad y cristianismo 21), 277–371: Breite Zusammenstellung mythologischer Bildbelege, präsentiert nach Einzelregionen entsprechend der im Titel vorgegebenen Reihenfolge, mit kurzen Texterläuterungen und 40 Abbildungen. (2) Damaris **Stefanou***, Darstellungen aus dem Epos und Drama auf kaiserzeitlichen und spätantiken Bodenmosaiken. Eine ikonographische und deutungsgeschichtliche Untersuchung. Münster/W. 2006 (Orbis antiquus 40); VIII, 406 S. Grundlegende archäologisch-literarische Zusammenstellung des Basismaterials zu Vergils Aeneis, Homers Ilias und Odyssee sowie Tragödien des Euripides. (3) Annette **Rieger***, Bilder zur Ilias. Ikonographische Untersuchungen zu Darstellungen des homerischen Epos in der römischen Flächenkunst. (Diss. Bonn 2009). Berlin 2014; VIII, 522 S., 13 Bl.: Umfassende archäologisch-literarische Darstellung zum bildlichen Basismaterial. (4) Vf., Amores Iovis und Verwandtes. B. Römische Mosaikzyklen. In: Vf., Arachne 2014, wie S. 260, 59–62 mit Abb. 1–5. (5) Katherine M.D. Dunbabin, The Transformations of Achilles on Late Roman Mosaics in the East. In: Audley-Miller/Dignas 2018, wie S. 206, 357–396.

Auf literarische Inhalte bezogen sich auch mehrere Neupublikationen zu einer speziellen Gattung römischer Kleinreliefs: (1) Nina Valenzuela **Montenegro***, Die Tabulae Iliacae. Mythos und Geschichte im Spiegel einer Gruppe frühkaiserzeitlicher Miniaturreliefs. Berlin 2004; 445, 46 S.: Grundlegende Überarbeitung des älteren Standardwerks von Anna Sadurska (1964, wie S. 104). (2) Michael James **Squire**, Toying with Homer in Words and Pictures: The *Tabulae Iliacae* and the Aesthetics of Play. In: Elena Walter-Karydi (Hrsg.), Myths, Texts, Images. Homeric Epics and Ancient Greek Art. (Kongressakten Ithaka 2009). Ithaca 2010, 305–340. (3) **Ds***., The *Iliad* in a Nutshell. Visualizing Epic on the *Tabulae Iliacae*. Oxford 2011; XXV, 467 S.: Neuere Spezialstudie (mit umfangreicher Bibliographie 417–451). (4) David Petrain, Homer in Stone. The Tabulae Iliacae in their Roman Context. Cambridge 2014; XIII, 260 S.: Neueste Monographie zum Thema.

1. Altertumswissenschaftlicher Kernbereich 2000–2020 — 235

In jüngster Zeit wurden verstärkt Themen der literarischen wie bildlichen Mythentradition in der Antike (und darüber hinaus) in **Ausstellungskatalogen** unter Mitwirkung namhafter Fachleute einem breiteren Publikum präsentiert. In der folgenden Auswahlübersicht mit herausragenden Einzelbeispielen sind zu den **Göttermythen** zwei wissenschaftlich bemerkenswerte Publikationen mit ausgeprägtem Überblickscharakter hervorzuheben:

(1) *AK Rückkehr der Götter 2008:* Dagmar Grassinger/Tiago de Oliveira Pinto/Andreas Scholl (Hrsg.), Die Rückkehr der Götter. Berlins verborgener Olymp. AK Antikensammlung Staatliche Museen 2008; 424 S. – *Disposition:* (I.) Archäologie und Geschichte (20–63; darin: Albrecht Dihle, Die Antike – Grundlage der europäischen Kultur, 22–39). (II.) Die griechischen Götter (64–229; darin: Walter Burkert, Die Gestaltwerdung der Götter, 66–110). (III.) Theater (230–253). (IV.) Das Heiligtum (254–305). (V.) Ritual und Fest (306–359). (VI.) Der Pergamonaltar (360–401). – *Résumé:* Repräsentative Gesamtübersicht; im Hauptteil (II) sieben Einzelbeiträge zu den olympischen Hauptgottheiten und Herakles (110–229) sowie zahlreiche ergänzende Beiträge zum religiösen Umfeld (III-V).

(2) *AK Unsterbliche 2012**:* Florian S. Knauß (Hrsg.), Die Unsterblichen – Götter Griechenlands. AK München, Staatliche Antikensammlung und Glyptothek 2012/13; 600 S. – *Disposition:* I. Einführung (12–23). II. Die unsterblichen Götter (26–299; darin: Theogonie, 26–51; Olympier, 80–271, Unterwelt, 272–279). III. Naturgottheiten und dämonische Wesen (302–347). IV. Götter und Menschen (350–389; darin: Liebschaften, Frevler, Heroen). V. Menschen und Götter (392–427; z. B. Apotheose, Glaube/Politik). VI. Kult und Verehrung (430–501). VII. Untergang des antiken Götterglaubens (504–533). – *Résumé:* Repräsentative und substantielle Darstellung des griechischen Polytheismus in wesentlichen Einzelgestalten und Teilaspekten von den frühgriechischen Anfängen über die gesamte griechisch-römische Kulturentwicklung bis zur christlichen Spätantike in beeindruckender Bebilderung.

Gemäß dem Zeitgeschmack fand unter den **Einzelgottheiten** der exzentrische Dionysos mit breitem Tätigkeitsspektrum besondere Beachtung:

(1) *AK Dionysos 2008*:* Renate Schlesier/Agnes Schwarzmaier (Hrsg.). Dionysos. Verwandlung und Ekstase. AK Antikensammlung, Staatliche Museen Berlin 2008; 223 S.: Repräsentative Übersicht zur literarischen und vor allem bildlichen Tradition mit elf Fachbeiträgen z.T. namhafter Fachleute zu wesentlichen thematischen Einzelaspekten (18–150; inkl. neuere Religionsgeschichte und moderne literarische Transformationen) sowie einem ergänzenden Katalogteil (151–205; inkl. Einzelbelege der späteren Rezeptionsgeschichte) sowie instruktiven Anhängen (207–223).

(2) *AK Dionysos 2012:* Fabio Caruso/Giuseppina Monterosso (Hrsg.), Dionysos. Mito, immagine, teatro. AK Museo Archeologico Regionale Siracusa 2012; 127

S.: Wesentlicher und reich bebilderter Überblick zur Bedeutung des Gottes in der antiken Kunst mit vier einleitenden ‚Saggi' (16–51), einem nach Einzelaspekten geordneten Katalogteil der Ausstellungsobjekte (54–116) und ausführlicher Bibliographie (118–127).

(3) **AK Dionysos 2013:** Michael Philipp (Hrsg.), Dionysos. Rausch und Ekstase. Ausstellung und Katalog. AK Bucerius Kunst Forum 2013/14; 248 S.: Populärer Überblick mit acht einleitenden Beiträgen (10–75) und repräsentativen Bildbelegen zu den Hauptaspekten des Gottes aus der antiken und neueren Kunsttradition (80–207).

Ein vergleichbar hohes Interesse von Fachwissenschaft und breiterem Publikum galt der griechisch-römischen Liebesgöttin und ihrem mythischen Umfeld: (1ab) AK Venus 2000: Näheres auf S. 268. (2) Klaus Stemmer (Hrsg.), In den Gärten der Aphrodite. AK Berlin, Abguss-Sammlung Antiker Plastik 2001; 219 S.: Kleinere Ausstellung zur Antikentradition und begrenzt zur späteren Rezeption. (3) **AK Aphrodite 2011*:** Christine Kondoleon u.a. (Hrsg.), Aphrodite and the Gods of Love. AK Museum of Fine Arts, Boston 2011/12; 223 S.: Reich bebilderter Katalog zur antiken Tradition und begrenzt zur späteren Rezeption mit fünf Überblicksbeiträgen (17–187; u.a. altorientalische und zyprische Vorstufen 17–40, Griechische Kulte 41–62, Eros 107–148, Weibliche Nacktheit in der Kunst 149–187). (4) **AK Seduzione 2018:** Federica Giacobello (Hrsg.), La seduzione. Mito e arte nell'antica Grecia. AK Vicenza, Palazzo Leoni Montanari 2018/19; 111 S.: Thematisch durchdachte Text-Bild-Konzeption mit fünf Einführungsbeiträgen (11–62; spez. von Federica Giacobello zum Gesamtthema bzw. zu Aphrodite/Eros als Hauptgottheiten und von Maurizio Bettini zu Helena) sowie kommentiertem Katalog (63–111).

Mehrere Ausstellungen bezogen sich auf **Mischwesen und Ungeheuer** als einen weniger für die Götter- als die Heroenmythen wichtigen Teilaspekt:

(1) **AK Pferdemann/Löwenfrau 2000*:** Anna Maria Schäfer-Schuchhardt u.a. (Hrsg.), Pferdemann und Löwenfrau. Mischwesen der Antike. AK Archäologische Staatssammlung München 2000/01 (Ausstellungskataloge der Archäologischen Staatssammlung 31); 176 S.: Gesamtüberblick zum Alten Orient (15–40) und Ägypten (41–52), zur griechisch-römischen Antike (53–152; spez. Chimaira, Sphinx, Medousa, Acheloos, Satyrn/Silene, Pan, Meerwesen, Skylla/Sirenen, Kentauren, Flügelwesen, Minotauros) und anhangweise zum vorgeschichtlichen Europa (153–171).

(2) **AK Centaur's Smile 2003*:** J. Michael Padgett (Hrsg.), The Centaur's Smile. The Human Animal in Early Greek Art. AK Princeton, Art Museum 2003/04; XX, 406 S.: Überblick mit drei Einführungsbeiträgen (1–104; darin: Hrsg., Horse Man, Centaurs and Satyrs in Early Greek Art, 3–46; Despoina Tsiafakis zu weiteren Fabelwesen 73–104) und breitem Katalogteil (Ägypten/Alter Orient 108–

132; antike Tradition 133–358, z. B. Kentauren, Satyrn, Sphinx, Sirenen, Gorgonen, Acheloos/Minotauros, Nereus/Triton, Typhon, Pan) sowie ausführlicher Bibliographie (365–395).

(3) **AK Sirenen 2013:** Max Kunze (Hrsg.), Vorsicht Lebensgefahr! Sirenen, Nixen, Meerjungfrauen in der Kunst seit der Antike. AK Stendal, Winckelmann-Museum 2013; 112 S.: Einführungsbeitrag vom Vf. (11–26) zu mythischen Mischwesen allgemein und zu Sirenen in Literatur und Kunst der Antike sowie in der späteren europäischen Kunsttradition; Katalog von Eva Hofstetter (27–112; sechs Sektionen mit Belegen aus der antiken Kunsttradition sowie selektiv aus Neuzeit und Moderne).

Auch der Komplex der **Heroenmythen** mit seinen diversen Teilaspekten war neuerdings Gegenstand von interessanten Ausstellungen:

(1) **AK Herakles 2003*:** Raimund Wünsche (Hrsg.), Herakles/Herkules. AK Staatliche Antikensammlungen und Glyptothek München 2003; 424 S. I. Einführung (18–43; darin: Florian Knauß, Die antiken Textquellen, 21–29). II. Geburt und Jugend (34–55). III. Dodekathlos (56–161). IV. Parerga (162–237). IV. Schicksalslinien (238–293; spez. Iole, Omphale, Deianeira, Tod und Apotheose). V. Unter Göttern – Jenseits der Taten (294–311). V. Verehrt, geliebt, verlacht (312–379). – *Résumé:* Substantielle Darstellung der Antikentradition dieses zentralen Teilbereichs der Heroenmythen mit präzisen Beitragstexten und einem in seiner Breite beeindruckenden Bildmaterial.

(2) **AK Starke Frauen 2008*:** Raimund Wünsche (Hrsg.), Starke Frauen. AK Staatliche Antikensammlungen München 2008/09; 389 S. – *Disposition:* I. Einführung (18–43; darin: Bert Kaeser, Die starken Frauen des Mythos, 32–38). II. Amazonen (46–199; Beiträge zu verschiedenen Aspekten, z. B. zu Antiope/Theseus und Penthesileia/Achilleus; Überblick von Matthias Steinhart u. a., Die Amazonen in der griechischen Literatur, 186–199). III. Andere starke Frauen (203–325; z. B. Atalante; Kirke, Omphale; Kassandra, Daphne; Aktaion, Antigone, Penelope; Klytaimnestra, Medeia, Prokne, Elektra; Niobe). IV. Grenzfälle (329–352; z. B. Mänaden). – *Résumé:* Zusammenstellung mit breitem thematischem Spektrum und umfangreichem Bildmaterial aus der Antike, begrenzt auch aus der späteren Rezeption.

(3) **AK Heroes 2009*:** Sabine Albersmeier (Hrsg.), Heroes. Mortals and Myths in Ancient Greece. Baltimore, AK Walters Art Museum 2009; 328 S.: Fundierte Ausstellung zum Themenbereich mit einleitenden Essays namhafter Beiträger (10–173; Einführung von Jorge J. Bravo III, 10–29; vier Einzelbeiträge zu Herakles, Achill; Helena und Odysseus, 30–65; John H. Oakley, Child Heroes in Greek Art, 66–87; Jenifer Neils, Beloved of the Gods: Imag(in)ing Heroes in Greek Art, 108–119) und mit breitem Katalogteil der Ausstellungsobjekte (174–301; darin: Heroes in Myth, 175–244; Heroes in Cult, 245–269). References (305–321).

(4) **AK Medea 2018:** Vinzenz Brinkmann (Hrsg.), Medeas Liebe und die Jagd nach dem Goldenen Vlies. AK Liebieghaus Skulpturensammlung Frankfurt/M. 2018/19; 208 S.: Hervorragend bebilderte Präsentation zum Argonautenmythos mit Einführungsbeitrag des Hrsg.s (Jason und Medea. Ein antikes Märchen mit verheerendem Ende, 14–37), fünf wissenschaftlichen Begleitessays (38–115; z. B. Maria Michaela Sassi, „Meine Leidenschaft ist Herr über meine Pläne". Die schrecklichen Folgen der Liebe in Euripides' *Medea*, 72–79) und gründlichem Katalog der Ausstellungsobjekte (116–199), ergänzt durch knappe Literaturangaben (202–205).

Auch die Thematik der **Troiamythen** fand in jüngster Zeit eine bemerkenswerte Beachtung in Fachwissenschaft wie breiterer Öffentlichkeit:

(1) **AK Troia 2001****: Archäologisches Landesmuseum Baden-Württemberg u. a. (Hrsg.), Troia. Traum und Wirklichkeit. AK Stuttgart, Forum der Landesbank Baden-Württemberg (u. a.) 2001; 487 S. – *Disposition:* (I.) Homer und die Ilias (24–115). (II.) Troia in griechisch-römischer Antike (116–187). (III.) Rezeption des Troiamythos vom Mittelalter bis zur Neuzeit (188–289). (IV.) Troia: Ort, Landschaft und Bedeutung in der Archäologie (290–427). (V.) Troia in der Moderne (428–463). – *Résumé:* Umfassende Aufarbeitung des Gesamtkomplexes Troia/Troianischer Krieg (mit Schwerpunkt *Ilias*; ohne Berücksichtigung der Heimkehrsagen) mit Beiträgen namhafter Fachleute zu kulturgeschichtlicher Basis (4–80), antiker Bildtradition (118–153), archäologischen Grundfakten und breiter Darstellung der europäischen Rezeption (Näheres auf S. 268). – (1a) Troia, Traum und Wirklichkeit. Ausstellungsführer. AK Braunschweigisches Landesmuseum 2001; 224 S.: Kurzfassung zu AK Troia Stuttgart 2001.

(2) **AK Troia 2006**:** Raimund Wünsche (Hrsg.), Mythos Troia. AK Staatliche Antikensammlungen und Glyptothek München 2006/07; 448 S. – *Disposition:* Einführung (12–27; spez. Ikonographie). (I.) Vor dem Krieg (28–151; spez. Vorgeschichten 31–61; Schicksalsplan bis zum Parisurteil 62–119; Vorphase des Krieges 121–139). (II.) Kampf um Troia (152–339; spez. Vor-Ilias-Handlung 179; *Ilias* 180–243; Nach-Ilias-Handlung bis zur Iliouspersis 245–339). (III.) Heimkehr (340–417; spez. *Odyssee* 346–377; Fluch der Atriden 378–395). – *Résumé:* Gründliche mythologische Aufarbeitung (spez. Beiträge von Bert Kaeser, Florian Knauß, Vinzenz Brinkmann, Clemens Schmidlin, Susanne Lorenz) als Basis einer ebenso umfassenden wie qualitätvollen Einführung in die Belege der antiken Kunst zum Gesamtkomplex; Ergänzungen zu den Aiginetengiebeln (Raimund Wünsche, 140–151) und weiteren wissenschaftlichen Fragen (396–417).

(3) **AK Homer 2008****. Der Mythos von Troia in Dichtung und Kunst. (Von) Joachim Latacz, Thierry Greub, Peter Blome, Alfried Wieczorek. AK Antikenmuseum Basel und Sammlung Ludwig (u. a.) 2008; 506 S. – *Disposition:* 1. Homer und seine Zeit (19–69). 2. Die Vorgeschichte der homerischen Dichtung (71–111). 3.

Homers Dichtung: Ilias und Odyssee (113–179). 4. Die Überlieferung der homerischen Dichtung (181–194). 5. Die Rezeption der homerischen Dichtung (195–289); Katalogteil (290–471). – *Résumé:* Aufwändige Gesamtdarstellung mit Beiträgen durchweg namhafter Fachleute zu Voraussetzungen, Kernbereich und weiterer Antikentradition mit einem instruktiven Überblick zur Gesamtrezeption (Näheres auf S. 270).

(4) **AK Laokoon 2018*:** Susanne Muth (Hrsg.), Laokoon. Auf der Suche nach einem Meisterwerk. Begleitbuch. AK Berlin, Winckelmann-Institut der Humboldt-Universität 2016/2018; 504 S.: Umfassende Übersicht zur berühmten späthellenistischen Marmorgruppe (inkl. frühere Belege aus den Troiamythen: Agnes Henning, Die Figur im Kontext der antiken Literatur und Bildkunst, 417–436) sowie zur literarisch-künstlerischen Rezeption seit der Wiederentdeckung 1506 in Renaissance, Barock, Klassizismus und Moderne.

Auf die sog. ‚**Theatervasen**' der unteritalischen Vasenmalerei des 4. Jhdt.s bezog sich ein ebenso attraktiver wie wissenschaftlich fundierter Ausstellungskatalog: **AK Pots & Plays 2013*:** Oliver Taplin (Hrsg.), Pots & Plays. Interactions between Tragedy and Greek Vase-Painting of the Fourth Century B.C. AK Los Angeles, Getty Museum 2007; X, 310 S.; Ndr. 2013. – *Disposition:* I. Setting the Scenes (1–46). II. The Pots (47–267): 1. Aeschylus (48–87). 2. Sophocles (88–107). 3. Euripides, Surviving Plays (108–165). 4. Euripides, Fragmentary Plays (166–219). 5. Unknown Tragedies (220–267). – *Résumé:* Als Fortsetzung des Standardwerks IGD (1971, wie S. 101) ebenso instruktive wie reich bebilderte Zusammenstellung mit repräsentativen Belegen aus attischer und unteritalischer Vasenmalerei zu attischen Tragödien sowie Bibliographie auf neuestem Stand der Forschung (296–301).

Unter den jüngsten Ausstellungen zu mythenspezifischen Teilbereichen der übrigen antiken Kunsttradition ist eine Präsentation zur **etruskischen Bildkunst** zu nennen: **AK Etrusker 2015:** Florian S. Knauß/Jörg Gebauer (Hrsg.), Die Etrusker. Von Villanova bis Rom. AK Staatliche Antikensammlung und Glyptothek München; 384 S.: Breite Gesamtschau in sechs Sektionen von der Frühzeit bis zur römischen Machtübernahme (und der archäologischen Ergänzung ‚Die Etrusker in München') mit zahlreichen mythologischen Aspekten (spez. im Abschnitt ‚Typisch etruskisch', 103–199; z.B. Die Götter der Etrusker, 182f.).

Auf die **römische Wandmalerei** insgesamt bezog sich ein beeindruckender Ausstellungskatalog: **AK Roman Wall Painting 2009*:** Umberto Pappalardo (Hrsg.), The Splendor of Roman Wall Painting. AK Los Angeles, J. Paul Getty Museum 2009; 240 S.: Repräsentativer Überblick zu Höhepunkten der Kunstgattung aus der Hauptstadt und zentralen Komplexen der Vesuvregion. – Zur **pompejanischen Malerei** gab es u.a. zwei Einzelausstellungen, in denen jeweils bestimmte mythische Einzelkomplexe pompejanischer Villen im Mittelpunkt standen: (1) **AK Pompeji 2013:** Roger Diederen (Hrsg.), Pompeji. Leben auf dem Vulkan. AK Kunsthalle der Hypo-Kulturstiftung München 2013; 264 S.: Einführung zum Gesamtkontext mit genauer Behandlung der Casa di Menandro durch Jens-Arne Dieckmann u. a. (118–207). (2) **AK Pompeji 2014:** Valeria Sampaolo u. a. (Hrsg.), Pompeji – Götter, Mythen, Menschen. AK Bucerius-Kunst-Forum Hamburg, 2014/15; 239 S.: Instruktive Einführung zum Thema von Andreas Hoffmann (12–31) und Behandlung der an Mythenbildern reichen Casa del Citarista im Katalogteil (spez. 131–143, 198–225).

Dass nach den bedeutenden Mythenspezialisten der Mittelphase in jüngster Zeit zunehmend weniger Fachvertreter die Bildtradition der antiken Mythen als den bzw. einen Schwerpunkt ihrer akademischen Tätigkeit betrachteten (im deutschsprachigen Raum vor allem Bernard **Andreae**, Luca **Giuliani**, Susanne **Muth** und Katharina **Lorenz**), entsprach weitgehend der Entwicklung in der Klassischen Philologie (vgl. S. 189). – Für weitere archäologische Monographien und Einzelbeiträge aus der jüngsten Phase sei wiederum verwiesen auf die Angaben in MH 2011 und MH Ntr. 2018, zusätzlich erschlossen durch differenzierte Register.

Abschließend noch der Hinweis auf drei eigene exemplarische Einzelbeiträge zur archäologischen Mythosforschung: (1) **Vf.**, Hellenistische Reliefbecher mit Szenen aus Dramen des Euripides und die antiken Anfänge textbegleitender Illustrierung. In: Wiener Studien 121, 2008, 85–102: Kulturhistorischer Basisbeitrag mit dem Ansatz, dass erst nach der alexandrinischen Fixierung der Standardtexte aus der griechischen Mythentradition (spez. frühgriechisches Epos und Attische Tragödie) ab etwa 200 v.Chr. eine Kontinuität illustrierter Klassikerausgaben einsetzte und, insgesamt fast ganz verloren, über ikonographische Vorlagen zu römischen Sarkophagen der Kaiserzeit bis zu den wenigen erhaltenen illustrierten Handschriften (Homer, *Ilias*; Vergil, *Aeneis*) in der Spätantike reichte. (2) **Vf.**, Hektoros Lytra bei Homer und Aischylos. Einige Einblicke in die Frühzeit der attischen Tragödie. In: Philia I-II/2010, 19–31: Literarhistorisch-ikonographischer Basisbeitrag zur Rekonstruktion des dritten Stücks der verlorenen Ilias-Trilogie des Aischylos (um 485 v.Chr.) aus literarischen Fragmenten und bildlichen Dokumenten über den mythischen Stoff von Homers *Ilias* hinaus, auch zur Erschließung der Anfänge der tragischen Gattung und der dramaturgischen Genialität des Archegeten. (3) **Vf.**, Der Kampf der Lapithen und Kentauren: Zur literarischen Vorlage der Saalschlachtvariante bei Ovid (*Metamorphoses* 12,210–535) in der attischen Tragödie. In: Festschrift Peter Riemer. St. Ingbert 2015, 187–208: Rückführung der erst seit der 1. Hälfte des 5. Jahrhunderts belegten Mythosversion auf eine literarische Vorlage der Attischen Tragödie (Aischylos, *Propompoí?*) durch gründliche Aufarbeitung aller noch vorhandenen literarischen und bildlichen Belege.

c. Zugehörige Sonderbereiche

Nach dem starken Forschungsaufschwung in allen drei Sonderbereichen im Verlauf der Mittelphase setzte sich diese positive Entwicklung auch in jüngster Zeit fort, mit beachtlichen Fortschritten speziell bei den altorientalischen und frühchristlichen Studien.

(1) Mythische Vorstufen (spez. Altorientalisches)

An die grundlegenden Arbeiten von Martin L. West und Walter Burkert aus der Mittelphase knüpfte der Letztgenannte an mit der schon erwähnten Publikation: I Greci e l'oriente. Walter **Burkert***, Da Omero ai magi. Venezia 1999; dt. Ausgabe: Die Griechen und der Orient. Von Homer bis zu den Magiern. München 2003; 176 S., Ndr. 2004; engl. Ausgabe Cambridge/Mass. 2004; 178 S.: Themenspezifisch sind, im Wesentlichen aufgrund der früheren Ergebnisse in der Mittelphase, neben der Einleitung (‚Das klassische Griechenland auf orientalischem Hintergrund'; dt. Ausgabe 9 – 22) vor allem Kap. I. Alphabet und Schriftkultur (23 – 37) und Kap. II. Homer als Dichter der orientalisierenden Epoche (28 – 54) sowie die aktualisierten Angaben zu Quellentexten und Sekundärliteratur (161–170).

Hinzu kamen weitere kleinere Beiträge des Gelehrten zu dieser Thematik in jüngster Zeit (Auswahl): (1) Migrating Gods and Syncretisms: Forms of Cult Transfer in the Ancient Mediterranean (2000 = KlSchr II (2003) 17–37). (2) La religione Greca all'ombra dell'oriente: I livelli dei contatti (2001 = KlSchr II (2003) 37–47. (3) Il medio oriente e l'emergere della Grecia antica (Milano 2001). (4) Hesiod in Context: Abstractions and Divinities in an Aegaean-Eastern Koiné (2005 = KlSchr II (2003) 172–191). – Wichtige Ergänzungen enthielt die Festschrift zu Burkerts 75. Geburtstag: Christoph Riedweg (Hrsg.), Grecia Maggiore. Intrecci culturali con l'Asia nel periodo arcaico. Basel 2009 (Biblioteca Helvetica Romana 30); 172 S. (z. B. Antonio Painano, Aspetti della complessità degli influssi interculturali tra Grecia ed Iran, 19 – 53; Giovanni Cassadio, Ex Oriente lux? 123 – 161).

Nachdem der international bedeutendste Vertreter dieser Forschungsrichtung seine Arbeiten mit dem aktuellen Standardwerk ‚The East Face of Helicon. West Asiatic Elements in Greek Poetry and Myth' (Oxford 1997, wie S. 109) gekrönt hatte, wandte er sich neuerdings einem erheblich komplizierteren Nachbarbereich zu: Martin L. **West***, Indo-European Poetry and Myth. Oxford 2007; XII, 525 S., Ndr. 2010. – *Disposition:* Introduction (1–25). 1. Poet and Poesy (26–74). 2. Phrase and Figure (75–119). 3. Gods and Goddesses (120–165). 4. Sky and Earth (166–193). 5. Sun and Daugther (194–237). 6. Storm and Stream (238–279). 7. Nymphs and Gnomes (280–303). 8. Hymns and Spells (304–339). 9. Cosmos and Canon (340–374). 10. Mortality and Fame (375–410). 11. King and Hero (411–446). 12.

Arms and the Man (447–503). Bibliography (505–510). Index (511–525). – *Résumé:* Umfangreiche Zusammenstellung unter recht heterogenen Aspekten (vorwiegend poetische Inhalte in Kap. 3–7, 9–10; eher poetische Gestaltungsformen in Kap. 1–2, 8), basierend auf der sehr schmalen Quellenbasis (12–19) früher literarischer Texte (etwa Hethiter in Anatolien, *Rigveda* in Indien, *Avesta* in Persien; erst später frühgriechische Mythenpoesie). Anders als im Standardwerk zu den altorientalischen Vorgaben (1997) ist mangels erhaltener indo-europäischer Epen/Hymnen die Bedeutung mythischer Dichtung in dieser Frühzeit kaum erfassbar. Die relativ breite Behandlung von höheren und geringeren Gottheiten (Kap. 3/8) betrifft eher narratologisch interessante Inhalte (etwa ‚Mythical Themes' 149 ff., z.B. Götterversammlung 150 f.), desgleichen die Darstellung von Grundkonstellationen der Welt (Kap. 4–6) und der Welt als Ganzem (Kap. 9–10) weniger mythische als menschliche Grundbefindlichkeiten (zum Schicksalsdenken immerhin 379–386). Die Ausführungen zur ‚Heroenebene' (Kap. 11–12) beschränken sich mangels literarischer Basistexte auf Standardmotive (wie Geburt und Kindheit des Heldenkindes 427 f.; ‚Freierprobe' 432–436) und weitere Erzähltypen (wie Unverwundbarkeit 444–446; Kampfsituationen 447 ff.). Insgesamt ergibt sich aus der sehr begrenzten Materialbasis vor der fundamentalen Neuerung von Heroenmythen in der frühgriechischen Epik eine vorwiegend motivisch bestimmte Gesamtdarstellung. – Aktueller Kurzbeitrag zur Thematik: Nicholas J. Allen, The Indo-European Background of Greek Mythology. In: Dowden/Livingstone 2011, wie S. 182, 341–356.

Für den größeren Rahmen ist auf eine aktuelle Publikation zu den frühesten Voraussetzungen der gesamten späteren Mythentradition zu verweisen: E. J. Michael **Witzel**, The Origins of the World's Mythologies. New York/Oxford 2012; XX, 665 S. – *Disposition:* 1. Introduction (1–36). 2. Comparison and Theory (37–104). 3. Creation Myths: The Laurasian Story Line, Our First Novel (105–186; z.B. Schöpfung und Sintflut). 4. The Contributions of Other Sciences (187–278; z.B. Linguistik, Anthropologie, Genetik, Archäologie). 5. The Conterchec (279–356; kontrastive Behandlung der Außenbereiche Australien/Afrika; darin: Gondwana Mythologies, 292–323). 6. First Tales: Pan-Gaean Mythology (357–374; darin: Beyond Laurasian and Gondwana, 359–369). 7. Laurasian Mythology in Historical Development (375–20; darin: Late Paleolithic Religion, 378–400). 8. Outlook (420–440; darin: The Meaning of Laurasian Mythology, 421–429). Bibliography (581–624). – *Résumé:* Im Wesentlichen spekulatives Überblickswerk zum vorausgesetzten Substrat für die späteren ‚Mythen der Völker' in den Anfängen der Menschheitsgeschichte. Zum Grundproblem der Konzeption vgl. MH Ntr. 2018, 161 f. (Grundsätzliches zur Bedeutung der Schriftlichkeit als entscheidender Voraussetzung für Religion, Mythos und Epik).

Die altorientalischen Vorlagen des frühgriechischen Mythos wurden für einen wichtigen Teilbereich in einem Grundsatzbeitrag weitgehend aufgearbeitet: Jean-Fabrice Nardelli, L'Orient dans le *Cycle*. In: Scafoglio 2015, wie S. 211, 11–34: Aktueller Überblick spez. zum Epischen Kyklos mit umfassender Bibliographie (35–65). Darüber hinaus gingen in jüngster Zeit zwei umfangreiche Spezialmonographien, die einem bestimmten geographischen Teilbereich bzw. einem mythisch-narratologisches Einzelmotiv galten:

(1) Mary R. **Bachvarova***, From Hettite to Homer. The Anatolian Background of Ancient Greek Epic. Cambridge 2016 (erweiterte Fassung zur Promotion Chicago 2002; XIII, 282 S.); XXXVIII, 648 S. – *Disposition:* 1. Introduction (1–19). 2–10. Epik der Hethiter (20–265; darin: *Gilgamesch-Epos* 54–110, *Song of Release* 111–165, Sargon der Große 166–198, kultureller Hintergrund 199–265). 11–14. Epischer Kulturtransfer zwischen Anatolien, Zypern und Griechenland (266–394). 15–16. Anatolien, Troia und die homerische Epentradition (395–457; darin: Einführung zu Homer 395–417, Stellung der Ilias 418–457). References (465–564). Subject Index (565–636). – *Résumé:* Substantielle Übersicht unter Hervorhebung der episch-mythischen Kontinuität von der hethitisch-hurritischen Epentradition bis zur frühgriechischen Kultur; hohe Wissenschaftlichkeit in Darstellung, Auswertung der früheren Literatur und Erschließung der Ergebnisse durch umfangreiche Indices.

(2) Hristomir **Hristov***, Griechischer Mythos und der Orient. Studien zu Ikonographie und Inhalt mythischer Überlieferung. Münster/W. 2018 (Alter Orient und Altes Testament 450); XIV, 803 S. – *Disposition:* 1. Einführung (1–58; Forschungsgeschichte, Hesiod, Theogonie/Apollodor, Importe aus dem Orient). 2. Herakles und der Nemeische Löwe (59–180; Bildtyp Löwenkampf). 3. Herakles und die Lernäische Hydra (181–278). 4. Herakles und die Stymphalischen Vögel (279–312). 5. Perseus und die Gorgo Medousa (313–404). 6. Bellerophontes und die Chimaira (405–442). 7. Zusammenfassung (443–474). 8. Exkurs: Zu den Anfängen des griechischen Sagenbildes (475–496). Literatur (497–552; sehr ausführlich). Katalog (553–630). Abbildungen (637–748). – *Résumé:* Nach instruktiver Einführung fünf Einzelmythen mit Kämpfen gegen ein Ungeheuer als Schwerpunkt (Kap. 2–6), jeweils mit den Rubriken ‚Der griechische Mythos' (literarische Quellen und Bildbelege) und ‚Die orientalischen Vorbilder' (mit breitem geographischem Spektrum). Dank Erschließung der jeweils zugehörigen orientalischen Bildbelege entsteht eine grundlegende Studie zu den Voraussetzungen frühgriechischer ‚Sagenbilder', allerdings mit der Einschränkung, dass die orientalischen Ungeheuerkämpfer überwiegend auf Göttermythen zurückgehen dürften.

Weitere aktuelle Beiträge aus der internationalen Forschung zu den **altorientalischen Vorgaben** (Auswahl): (1) William A.P. Childs, The Human Animal:

The Near East and Greece. In: AK Centaur's Smile 2003, wie S. 236, 49–72: Basisbeitrag zum breiten Spektrum altorientalischer Mischwesen. (2) Hans J. Nissen, Vorderasiatische Archäologie, I. Allgemein. In: DNP 15,3 (2003) 1049–1056. (3ab) Jack M. Sasson, Comparative Observations on the Near Eastern Epic Traditions. In: Foley 2005, wie S. 194, 215–232; Walter Burkert, Near Eastern Connections, ebd. 291–301. Den umfangreichen Abschnitt zu ‚Near Eastern Epic' (Foley 2005, 213–288) ergänzen fünf weitere Beiträge zu Vorstufen in Mesopotamien, Ugarit, bei Hethitern/Hurritern, in Persien/Iran und Israel. (4) Alasdaire Livingstone/ Birgit Haskamp, Near Eastern Mythologies. In: Dowden/Livingstone 2011, wie S. 182, 357–382. (5) Robert Rollinger, Altorientalische Einflüsse auf die homerischen Epen. In: Rengakos/Zimmermann 2011, wie S. 213, 213–227. (6) Annette Zgoll, Fundamente des Lebens. Vom Potential altorientalischer Mythen. In: Zgoll/ Kratz 2013, wie S. 200, 79–107. (7) Pascal **Attinger*** (Hrsg.), Texte aus der Umwelt des Alten Testaments, Neue Folge, Bd. 8. Weisheitstexte, Mythen und Epen. Gütersloh 2015; XIX, 534 S.: Grundlegende Übersetzungssammlung spez. in Sektion I. Texte aus Mesopotamien (1–144; z. B. Gilgamesch 26–37, Inanna 37–55, *Enûma Elish* 88–132, *Atrahâsis* 132–144), Sektion II. Texte der Hethiter (145–176; z. B. *Illuyanka* 146–149, Kumarbi-Zyklen 160–168) und Sektion III. Mythen und Epen aus Ugarit (177–302). (8) Annette Zgoll, Durch Tod zur Macht, selbst über den Tod. Mythische Strata von Unterweltsgang und Auferstehung der Inanna/Ištar in sumerischen und akkadischen Quellen. In: Zgoll/Zgoll 2019, wie S. 200 f., 83–160 (ebd. andere Beiträge zu Orientalia).

Als weitere Neuerscheinungen der immer breiteren Forschung zu Gottheiten und Mythen im **Gesamtbereich** bzw. im Kernland **Mesopotamien** sind hervorzuheben (Auswahl): (1) Manfred **Krebernik***/Jürgen van **Oorschot** (Hrsg.), Polytheismus und Monotheismus in den Religionen des Vorderen Orients. Münster/W. 2002 (Alter Orient und Altes Testament 298); 269 S.: Breites Spektrum von Ägypten bis zum Iran (z. B. Manfred Krebernik, Vielzahl und Einheit im altmesopotamischen Pantheon, 33–52). (2) Dietz Otto Edzard, Geschichte Mesopotamiens. Von den Sumerern bis zu Alexander dem Großen. München 2004; 288 S., spez. 37–120, 131–136 (Mythen). (3) Brigitte **Groneberg***, Die Götter des Zweistromlandes. Düsseldorf/Zürich 2004; 290 S.: Umfassender Überblick zum sumerisch-akkadisch-babylonischen Pantheon (z. B. Kosmogonie 49 ff., Enlil 58 ff., Enki 130 ff., Inanna/Ištar 150–189, Unterwelt 181–209, Astralgottheiten 209–231, Wettergott 232–239; Zusammenfassung 240–255). Ausführliche Literatur (270–286). (4) Ds., Aspekte der „Göttlichkeit" in Mesopotamien. Zur Klassifizierung von Göttern und Zwischenwesen. In: Reinhard G. Kratz/Hermann Spieckermann (Hrsg.), Götterbilder, Gottesbilder, Weltenbilder. I. Ägypten, Mesopotamien, Persien, Kleinasien, Syrien, Palästina. Tübingen 2006 (Forschungen zum Alten Testament Reihe 2, 17), 131–166. (5) **Ds.***, Die Welt der Götterbilder. Berlin 2007 (Beihefte zur Zeitschrift für die alttestamentliche Wissenschaft 376); VIII, 380 S.: Beiträge zum Alten Orient (Sektion I) und Griechenland bis zum Hellenismus (Sektion II). (6) Delia Shahata u. a. (Hrsg.), Von Göttern und Menschen. Beiträge zur Literatur und Geschichte des Alten Orients. Festschrift für Brigitte Groneberg. Leiden u. a. 2010 (Cuneiform Monographs 41); XVII, 500 S.: Sammlung zu Spezialfragen. (7) Manfred Krebernik, Götter und Mythen des Alten Orients. München 2012; 123 S.: Knapper instruktiver Überblick zum Gesamtbereich (spez. 79–95 zu Mythen). (8) Astrid Nunn, Der Alte Orient. Geschichte und Archäologie. Darmstadt 2012; 208 S.: Eher populäre Einführung (Literatur 187–199). (9) Johannes **Haubold***, Greece and Mesopotamia. Dialogues in Literature. Cambridge 2013; XII, 222 S.: Wichtige Vergleichsstudie zu den Haupttexten (breite Bibliographie 185–212).

Auf die mediterranen **Randbereiche und Ägypten** bezogen sich als wichtige neuere Publikationen (Auswahl): (1) Glenn E. Markoe, Phoenicians. London 2000; 224 S., dt. Ausgabe Stuttgart 2003; 228 S. (mit Literatur 209–211). (2) Richard H. **Wilkinson***, The Complete Gods and Goddesses of Ancient Egypt. London 2003; 256 S., dt. Ausgabe Stuttgart 2003; 256 S.: I. Entstehung der Götter. II. Wesen der Götter. III. Verehrung der Götter. IV. Das Königtum und die Götter. V. Katalog der Götter. (3) Izak Cornelius/Herbert Niehr, Götter und Kulte in Ugarit. Kultur und Religion einer nordsyrischen Königsstadt in der Spätbronzezeit. Mainz 2004; 92 S.: Instruktiver Überblick zu dieser für den Kulturtransfer zwischen Ost und West wichtigen Kleinzelle. (4) Izak Cornelius, The Many Faces of the Goddess. The Iconography of the Syro-Palestinian Goddesses Anat, Astarte, Qedeshet and Asherah c. 1500–1000 BCE. Fribourg 2004 (Orbis biblicus et orientalis 204); 207 S., 42 Bl. (5) Christian Marek, Geschichte Kleinasiens in der Antike. Unter Mitarbeit von Peter Frei. München 2010; 941 S.; 3. überarb. Aufl. München 2017: Monumentales Werk, spez. zur Frühgeschichte 73–184, mit Literatur 750–782. (6) Anne-Maria **Wittke*** (Hrsg.), Frühgeschichte der Mittelmeerkulturen. Historisch-archäologisches Handbuch. Stuttgart/Weimar 2015 (Der Neue Pauly. Supplemente 10); XIV, 1276 Sp.: Aktueller Gesamtüberblick, spez. 441–556 (Griechenland und griechische Inseln), 557–650 (Kleinasien), 651–742 (Östlicher Mittelmeerraum), 903–922 (Religionen des östlichen Mittelmeerraums). (7) Katja Goebs/John Baines, Functions and Uses of Egyptian Myth. In: Revue de l'histoire des religions 235, 2018, 645–681. (8) Ian **Rutherford***, Hittite Texts and Greek Religion. Contact, Interaction, and Comparison. Oxford 2020; XV, 385 S.: Religionswissenschaftliche Vergleichsstudie mit thematischer Konzentration auf das Pantheon (inkl. Göttermythen).

An eine breitere Öffentlichkeit wandte sich eine deutsch-türkische **Ausstellung** zu Beginn der aktuellen Phase: ***AK Hethiter 2002:*** Helga Willinghöfer u. a. (Redaktion), Die Hethiter und ihr Reich. Das Volk der 1000 Götter. AK Bonn, Kunst- und Ausstellungshalle der BRD 2002; 375 S.: Nach zahlreichen Beiträgen zu den allgemeinen historisch-kulturellen Voraussetzungen bezog sich Sektion IV (Ausdrucksformen der Religion und des Kultes, 100–149; z.B. Volkert Haas, Die hethitische Religion, 102–111) auf die soziokulturellen Rahmenbedingungen des Mythos und Sektion VI (Ausdrucksformen der Kunst und der materiellen Kultur, 202–279; z.B. Nimet Özgüç, Götterprozessionen, Kriegs- und Jagdszenen, 234–239) auf die wichtigen Rollsiegel und weitere archäologische Hinterlassenschaften. Ausführliches Literaturverzeichnis (362–374).

Schließlich ist noch hinzuweisen auf einige **Vergleichsstudien** aus jüngster Zeit (spez. zum ***Gilgamesch-Epos***): (1) Powell 2002/09, wie S. 183, 113–122 (Heldenbild im Vergleich zu Herakles). (2) Burkert 2003, wie S. 241, 28–54, spez. 31–36 (Epitheta, Formelhaftigkeit u.a.). (3) Thomas Alexander Szlezák, Ilias und Gilgamesch-Epos. In: Hofmann 2004, wie S. 124, 11–33 (mit früherer Literatur). (4) Eric Csapo, Comparison of the Greek and Hittite Myths of the Divine Succession. In: Csapo 2005, wie S. 175, 67–79. (5) Stefan Maul, Die altorientalischen Mythen um Gilgamesch, den König von Uruk. In: Antiker Mythos 2008, wie S. 254f., 7–18. (6) Annette Zgoll, *monumentum aere perennius*. Mauerring und Ringkomposition im Gilgameš-Epos. In: Festschrift Groneberg 2010, wie S. 245, 443–470. (7) A. Raymond George, The Epic of Gilgamesh. In: Bates 2010, wie S. 311, 1–12. (8) Thomas Alexander Szlezák, Gilgamesch und Achilleus, Gilgamesch und Odysseus. Ähnlichkeiten und Unterschiede. In: Szlezák 2012, wie S. 213, 217–239. (9) Christian Zgoll, From Wild Being to Human to Friend. Reflections on Anthropology in the *Gilgamesh Epic* and in Homer's *Odyssey*. In: Kaskal 9, 2012, 133–155 (Vergleich von Enkidu, Samhat und Gilgamesch mit Odysseus, Nausikaa und Alkinoos). (10) Bachvarova 2016, wie S. 243, 54–110 (zur hethitisch-hurritischen Tradition). (11) Stephanie Dalley, Gilgamesh and Heroes at Troy: Myth, History and Education in the Invention of Tradition. In: Susan Sherratt/John Bennet (Hrsg.), Archaeology and Homeric Epic. Oxford u.a. 2017 (Sheffield Studies in Aegaean Archeology 11), 116–134. (12) Martin L. West, Gilgāmeš and Homer. The Missing Link? In: Audley-Miller/Dignas 2018, wie S. 206, 265–280.

Schon zu Beginn des neuen Millenniums entstand eine ganz eigenständige Einführungsstudie: Alexandre **Tourraix**, Le mirage grec: L'Orient du mythe et de l'epopée. Paris 2000; 165 S. – *Disposition:* 1. L'Invention de l'Orient (25–46). 2. La guerre de Troie et l'imaginaire (47–74). 3. L'Orient civilisateur (75–106; spez. zu Europa und Kadmos). 4. L'Hellénisation de l'Orient (107–142; spez. zu Bellerophontes). Conclusion générale: Histoire et Mythologie (143–148). Bibliographie (149–164). – *Résumé:* Entwicklung der kulturgeschichtlichen Voraussetzungen des frühgriechischen Mythos aus dem realhistorischen Substrat und seiner Spiegelung in mythischen Vorstellungen.

Auf die frühgriechischen Voraussetzungen bezog sich wenig später die herausragende Basisstudie der israelischen Altertumswissenschaftlerin Margalit

Finkelberg*, Greeks and Pre-Greeks. Aegean Prehistory and Greek Heroic Tradition. Cambridge 2005; XV, 203 S.: Gründliche Aufarbeitung des Gesamtkontextes in mythologischer, sprachwissenschaftlicher, soziologischer und archäologischer Analyse; Zusammenfassung (Kap. 8: Continuities and Discontinuities, 161 ff.; spez. ‚The Myth of the Heroic Age', 167–176) mit dem ausgewogenen Fazit (166 f.): „all these were hallmark features of the new age [...] in short, the entire social texture was transformed beyond recognition [...] the Greeks were highly conscious of the fact that the religious and social developments that took place in the first centuries of the first millennium BC signalised the beginning of a new era. [...] To sum up, the fall of Mycenaean Greece brought about a radical break in cultural continuity [...]. The disastrous events at the end of the Bronze Age led to the collapse of the eastwards-oriented Mycenaean civilisation and severed the centuries-long ties between Greece and Western Asia [...]. The situation thus created resulted in that, rather than directly continuing their Bronze Age past, the Greeks of the Dark and Archaic Age laid the foundations of a new civilisation, the one known today as the civilisation of Classical Greece."

(2) Römischer Mythos

Unter den Neuerscheinungen seit Beginn des neuen Millenniums zum Komplex des römischen Nationalmythos sind zwei Wegmarken markant:

(1) Hans Jürgen **Hillen***, Von Aeneas zu Romulus. Die Legenden von der Gründung Roms. Mit einer lateinisch-deutschen Ausgabe der Origo gentis Romanae. Düsseldorf/Zürich 2003; 302 S.: Im Hauptteil ‚Von Aeneas zu Romulus' (14–155) präziser Überblick zu allen wesentlichen Mythenvarianten von der Westfahrt des troianischen Helden bis zur Apotheose des Stadtgründers (inkl. weitere Stadtgründungen von Troiahelden in Italien; Erweiterungen der Gründungssage ab dem 4. Jh.; frühe literarische Hauptquellen in Rom: Fabius Pictor; Naevius, Ennius, Cato), ergänzt um z.T. wesentliche Anmerkungen (156–191; mit Stellennachweisen und Spezialliteratur) sowie eine umfangreiche Bibliographie zur früheren Forschungsliteratur (192–196).

(2) Timothy P. **Wiseman***, The Myths of Rome. Exeter 2004; XXII, 310 S.; Paperback 2008: Nach kunstgeschichtlichem Einstieg (‚The Triumph of Flora', 1–10) umfassende kulturhistorische Darstellung der Thematik von den mythischen Ursprüngen im eigentlichen Sinn des Titels (Troianischer Krieg, Aeneas, Hercules/Euander, Romulus/Remus, Tarpeia) über die Königszeit und Sagenhelden der frühen Republik wie Camillus bis zur späten Republik, Caesar und Augustus sowie der römischen Kaiserzeit, durchgehend mit starker Berücksichtigung der späteren literarischen und bildlichen Rezeption, ergänzt durch

eingehende Anmerkungen (309–358) mit Textstellen und weiterer Literatur sowie eine aktuelle Bibliographie (359–372).

Weitere Beiträge zur literarischen und bildlichen Tradition (Auswahl): (1) Matthew Fox, The Myth of Rome. In: Dowden/Livingstone 2011, wie S. 182, 243–263: Instruktiver einführender Überblick. (2) Fred C. **Albertson**, Mars and Rhea Silvia in Roman Art. Bruxelles 2012 (Collection Latomus 336); 241, XXXIII S.: Aufarbeitung der Bildbelege in römischer Kunst. (3) Jaimie Lee **Kultscher**, Aeneas – Rhea Silvia – Lupa Capitolina. Untersuchungen zu römischen Gründungsmythen auf antiken Mosaiken. Magisterarbeit Frankfurt/M. 2015; 220, III S.: Erste archäologische Spezialstudie zum Thema. (4) Vf., Mythen und Sagen aus Königszeit und früher Republik im Geschichtswerk des Livius. In: IANUS 36, 2015, 54–68: Basisbeitrag zur genauen Abgrenzung im Übergangsbereich zwischen römischen Mythen (polytheistisches Substrat) und pseudohistorischen Sagen der frühen Republik (pseudohistorische Tendenz, nahezu ohne Beteiligung von Gottheiten).

Zu den weiteren Neuerscheinungen zählen eine Spezialstudie über spezifisch römische Mythen und ein größeres Überblicks- und Quellenwerk:

(1) Laura **Aresi****, Nel giardino di Pomona. Le *Metamorfosi* di Ovidio e l'invenzione di una mitologia in terra d'Italia. Heidelberg 2017 (Bibliothek der klassischen Altertumswissenschaften 2. Reihe N.F. 155); 354 S. – *Disposition:* I. Circe, Pico e Canente (25–124). II. Pomona e Vertumno (125–222). III. Ippolito ed Egeria (223–308). Bibliographie (321–340). – *Résumé:* Umfassende Spezialstudie (unter Ausklammerung des römischen Nationalmythos) zu weiteren in Italien lokalisierten Mythen spez. aus Ovids *Metamorphoses* bzw. *Fasti* und anderen antiken Quellen.

(2) Jaclyn **Neel***, Early Rome. Myth and Society. A Sourcebook. Hoboken/N.J. 2017; XIII, 318 S. – *Disposition:* 1. Introducing Early Rome (1–16; Mythos und weitere Voraussetzungen). 2. Rome Before the City (17–54; von Aeneas bis Alba Longa). 3. Founding Rome (55–96; Romulus/Remus). 4. Images and Text (97–124; ergänzende Aspekte). 5. Rome's Kings (125–178). 6. Italy Outside Rome (179–202). 7. Rome's Women (203–236; von Tarpeia bis Verginia). 8. Rome's Heroes (237–278; von Brutus bis Camillus). Anhänge (283–318). – *Résumé:* Überblick auch für ein breiteres Publikum, allerdings ohne genaue Scheidung zwischen früheren Mythen und späteren Sagen.

(3) Heidnische Mythen und christliche Spätantike

Die Intensivierung der wissenschaftlichen Forschungen in diesem Sonderbereich dokumentierte die Gesamtübersicht von Alan Cameron, The Last Pagans of Rome, Oxford 2011; X, 878 S.: Sammlung früherer Einzelbeiträge zum Thema (z. B. Pagans and Polytheists, 14–32; Classical Revival and ‚Pagan' Art, 691–743; umfassende Bibliographie 809–854). Das breite Spektrum behandelter Teilaspekte in jüngsten Monographien belegt z. B. die umfangreiche Publikation von Peter **Brown** u. a. (Hrsg.), Pagans and Christians in the Roman Empire. The Breaking of the Dialogue (IVth-VIth Century A.D.). Wien 2011 (Christianity and History 9); 639 S. Bemerkenswert waren auch die ersten Spezialstudien zum antiken Mythos bei wichtigen christlichen Einzelautoren: (1) Roswitha **Simons**, Dracontius und der Mythos, Christliche Weltsicht und pagane Kultur in der ausgehenden Spätantike. Leipzig 2005 (Beiträge zur Altertumskunde 186); 430 S. (2) Karsten C. **Ronnenberg**, Mythos bei Hieronymus. Zur christlichen Transformation paganer Erzählungen in der Spätantike. Stuttgart 2015 (Hermes Einzelschriften 108), 386 S., spez. 65 ff. Als aktuelle Belege für das besondere Interesse der Forschung an der Gesamtthematik sind zwei **Sammelpublikationen** hervorzuheben:

(1) Raban von **Haehling*** (Hrsg.), Griechische Mythologie und frühes Christentum. Darmstadt 2005; XIII, 399 S.: Zusammenstellung wichtiger kulturgeschichtlicher Einzelbeiträge, z. B. Jan N. Bremmer, Myth and Ritual in Ancient Greece: Observations on a Difficult Relationship, 21–43; Walter Burkert, Kritiken, Rettungen und unterschwellige Lebendigkeit griechischer Mythen zur Zeit des frühen Christentums, 173–193 (= Kleine Schriften IV (2011), 135–154); Benedikt Oehl, Mythos und Häresie, 311–338; Raban von Haehling, Voraussehung und Willensfreiheit: Die geistige Auseinandersetzung der frühen Christen mit dem Erzählgut der griechischen Tragödie, 339–358; Jörg Rüpke, Bilderwelten und Religionswechsel, 359–376.

(2) Hartmut **Leppin*** (Hrsg.), Antike Mythologie in christlichen Kontexten der Spätantike. Berlin 2015 (Millennium-Studien 54); VIII, 318 S.: Sammlung mit ähnlichem Themenspektrum, z. B. Winrich Löhr, Christliche Bischöfe und klassische Mythologie in der Spätantike, 115–137; Ando Clifford, Mythistory. The Pre-Roman Past in Latin Late Antiquity, 207–220; Sarah Barrett, ‚Curious Art'. Myth, Sculpture, and Christian Response in the World of Late Antiquity, 239–261; weitere Einzelbeiträge zu Nonnos, Claudianus, Herakles, Orpheus, Mythographi.

Wichtige **kürzere Einzelbeiträge** in Sammelpublikationen: (1) Marie-Odile Bruhat, Formes et enjeux de la critique du mythe dans la pensée des auteurs chrétiens du IIe siècle. In: Aygon u. a. 2009, wie S. 255, 99–112. (2) Vf., Zodiacus – Nimbus – Aureola – Mandorla. Ein Überblick, ausgehend von einem römischen Mosaik aus Sentinum = Sassoferrato. In: Studi Umanistici Piceni 29, 2009, 411–454: Basisbeitrag zu Hoheitsattributen der heidnisch-christlichen Bildtradition mit der Sonderstellung der Mandorla als Gestaltungsmittel der mittelalterlich-christlichen Kunst (Christus als Maiestas Domini im Jüngsten Gericht). (3) Lautaro Roig Lanzillotta, Christian Apologists and Greek Gods. In: Bremmer 2010, wie S. 189, 442–464. (4) Fritz Graf, Myth in Christian Authors. In: Dowden/Livingstone

2011, wie S. 182, 319–337: Substantieller Überblicksbeitrag. (5abc) Christian Gliwitzky, Aufstrebendes Christentum und heidnische Tradition. In: AK Unsterbliche 2012, wie S. 235, 504–509; Ds., Zerstörung von Heiligtümern und Zerschlagung der Götterbilder, ebd. 510–525; Ds., Interpretatio christiana, ebd. 526–533. (6) Peter Gemeinhardt, „Nicht Mutige, sondern Flüchtlinge bedürfen des Mythos". Distanzierungen und Annäherungen an den Mythos im spätantiken Christentum. In: Zgoll/Kratz 2013, wie S. 200, 249–271. (7) Jan N. Bremmer, God Against the Gods. Early Christians and the Worship of Statues. In: Boschung 2014, wie S. 229, 139–158. (8) Ian Fielding, A Poet Between Two Worlds: Ovid in Late Antiquity. In: Miller/Newlands 2014, wie S. 255, 100–113. (9). Vf., Amores Iovis und Verwandtes. c. Christlich-apologetische Literatur. In: Vf., Arachne 2014, wie S. 260, 62–77.

Die Erforschung der **interpretatio Christiana** (dazu Johann Konrad Eberlein, DNP 14 (2000) s.v., 620–635) wurde zu Hauptgestalten des Mythos spez. für Odysseus, Orpheus und Herakles weitergeführt (Auswahl): (1) Laurence **Vieillefon**, La figure d'Orphée dans l'antiquité tardive. Les mutations d'un mythe: du héros païen au chantre chrétien. Paris 2003; X, 268 S.: Exemplarische Einzelstudie. (2) Christoph Markschies, Odysseus und Orpheus christlich gelesen. In: Vöhler/Seidensticker 2005, wie S. 254, 69–92 = Haehling 2005, wie S. 249, 227–253. (3) Miguel Herrero de Jáuregui, Orphism and Christianity in Late Antiquity. Berlin u. a. 2010 (Sozomena 7); XIII, 442 S. (4) Henrike Maria **Zilling***, Jesus als Held. Odysseus und Herakles als Vorbilder christlicher Heldentypologie. Paderborn 2011; 269 S.: Grundlegende Aufarbeitung zur spätantiken und mittelalterlichen Entwicklung der Thematik (zu Odysseus 79–117, zu Herakles 119–152). (5) Alexandra **Eppinger**, Hercules in der Spätantike. Die Rolle des Heros im Spannungsfeld von Heidentum und Christentum. Wiesbaden 2015 (Philippika 89); XIV, 408, 14 S., spez. 256–322. (6abcd) Claudia Schindler, Pagane Mythen – christliche Herrscher. Mythos und Mythologie in den christlichen Dichtungen Claudians. In: Leppin 2015, wie S. 249, 19–42; Henrike Maria Zilling, Die Mimesis des Heros. Pagane Helden in christlicher Deutung, ebd. 139–166; Mischa Meier, Herakles – Herakleios – Christus. Georgios Pisides und der *kosmorhýstes*, ebd. 167–192; Fabienne Jourdan, Orpheus and ‚Orphism' in the Christian Literature (in Greek) of the First Five Centuries, ebd. 193–206.

Schließlich präsentierte jüngst eine **Ausstellung** die Zusammenhänge zwischen heidnischen Vorgaben und der Zentralfigur des christlichen Glaubens: **AK Imperium der Götter 2013:** Claus Hattler (Redaktion), Imperium der Götter. Isis, Mithras, Christus. Kulte und Religionen im Römischen Reich. AK Badisches Landesmuseum Karlsruhe 2013; 480 S.: Repräsentativer Überblick, spez. 84–197 (Magna Mater/Isis), 200–275 (Mithras), 308–417 (Christus). – Nachträge zur Katakombenmalerei: (1) Leonella de Santis, I segreti di Roma sotterranea. Roma 2008 (Tradizioni Italiane 58); 415 S. (2) Gianni Carrù/Fabrizio Bisconti, Le catacombe cristiane. Un percorso di fede e storia. Città del Vaticano 2010 (Catacombe di Roma e d'Italia 9); 83 S. – Nachtrag zur spätantiken Buchillustration: David H. Wright, Der Vergilius Romanus und die Ursprünge des mittelalterlichen Buches. Stuttgart 2001 (engl. OA London 2001); 71 S.

2. Rezeptionsgeschichtlicher Ergänzungsbereich 2000–2020

Die rezeptionsgeschichtliche Mythosforschung entwickelte sich auch in jüngster Zeit in bemerkenswertem Umfang weiter, unabhängig von der Tatsache, dass in den an der Rezeptionsforschung beteiligten Universitätsfächern die Wissenschaftler, die von der Ausbildung her durch die Antikentradition geprägt waren, in letzter Zeit weniger und Veranstaltungen zu Themen der Antikentradition bzw. Arbeitsprojekte mit altertumswissenschaftlicher Ausrichtung in den betreffenden Einzelfächern seltener wurden.

a. Mythosrezeption insgesamt

Die breite rezeptionsgeschichtliche Forschungsliteratur in der aktuellen Phase, zurückgehend auf zahlreiche philologische, kunstgeschichtliche und sonstige Einzelfächer, wurde im Gesamtprojekt des Vf.s nur ganz am Rande berücksichtigt. Da eine forschungsgeschichtliche Erschließung bisher nicht einmal ansatzweise erfolgte, ist diese erste Zusammenstellung eine Art Pionierarbeit. Dank der mit dem Bericht gegebenen Literaturbasis und den darin enthaltenen bibliographischen Angaben sollte es immerhin künftig möglich sein, auch zu weitergehenden Einzelfragen eigenständig zu recherchieren.

Übergreifende Projekte, eine rezeptionsgeschichtliche Gesamtbibliographie entweder in einem größeren Corpus vorzulegen oder auch in einem jährlich erscheinenden Publikationsorgan (nach dem altertumswissenschaftlichen Vorbild von Marouzeau, L'Année philologique), hat es bisher nicht gegeben. Einen Ansatz mit vorerst ganz selektivem Material machten in der aktuellen Phase Bernhard **Kreuz***/Petra **Aigner**/Christine **Harrauer** (Hrsg.), Bibliographie zum Nachleben des antiken Mythos. Wien 2003/2012/2015 (erste Online-Version: 18.5.2015). Den rezeptionsgeschichtlichen Gesamtbereich erfassten immerhin in jüngster Zeit zwei wertvolle **Handbücher** mit ausgeprägtem Überblickscharakter:

(1) ***DNP Supplement 5*****: Maria **Moog-Grünewald** (Hrsg.), Mythenrezeption. Die antike Mythologie in Literatur, Musik und Kunst von den Anfängen bis zur Gegenwart. Stuttgart, Weimar 2008 (Der Neue Pauly. Supplemente 5); IX, 749 S.: Wichtiges Überblickswerk zur Rezeption mythischer Einzelthemen, allerdings nur

begrenzt unter Heranziehung namhafter Fachleute, ohne allgemeine Einleitung und ohne Berücksichtigung wichtiger Einzelthemen wie Aineias = Aeneas (außer Aeneas bei Dido), Bellerophontes (inkl. Pegasos, Chimaira), Hekabe, Hermaphroditos, Laokoon, Meleagros (inkl. Kalydonische Eberjagd), Myrrha, Pasiphaë, Philemon/Baukis, Philoktetes, Polyxene, Romulus/Remus, Sabinerinnen (Raub), Troilos sowie Vertumnus/Pomona; nur ein einziger Satz zum Arachnestoff im Beitrag zu Athene (171).

(2) **DNP Supplement 7***: Die Rezeption der antiken Literatur. Kulturhistorisches Werklexikon. In Verbindung mit Brigitte Egger hrsg. von Christine **Walde**. Stuttgart/Weimar 2010 (Der Neue Pauly. Supplemente 7); XVIII S., 1276 Sp.: Wesentliche Fachbeiträge zu den wichtigsten Dichtern mit mythischen *plots* aus Epos, Lyrik und Drama, z. B. zu Apollonios Rhodios; Hesiod; Homer; Kallimachos; Ovid (jedoch ohne Sonderbehandlung der *Metamorphoses*); Philostrat; Pindar; Quintus Smyrnaeus; Seneca (von den Tragödien nur *Oedipus* und *Medea*); Statius; Tragödie, griechische (jedoch ohne Lemmata zu den drei großen Tragikern); Valerius Flaccus; Vergil (spez. *Aeneis*).

Das wichtigste rezeptionsgeschichtliche **Lexikon** wurde das in einer völligen Neubearbeitung vorgelegte Standardwerk von Herbert Hunger, das bereits seit seiner 1. Auflage (Wien 1953, wie S. 44) neben dem altertumswissenschaftlichen Kernbereich auch die spätere Rezeptionsgeschichte des Mythos mitberücksichtigte: Christine **Harrauer****/Herbert **Hunger**, Lexikon der griechischen und römischen Mythologie mit Hinweisen auf das Fortwirken antiker Stoffe und Motive in der bildenden Kunst, Literatur und Musik des Abendlandes bis zur Gegenwart. Purkersdorf 9. Aufl. 2006; VIII, 608 S.: Die Neubearbeitung behält im Wesentlichen das Ordnungssystem des Vorgängerwerks bei, so dass jedes Lemma mit einer kurzen Einführung zum mythischen *plot* (M), religionsgeschichtlichen und wissenschaftlichen Erläuterungen zu bestimmten Teilaspekten (R) und nun zusätzlich einem Überblick zum archäologischen Belegmaterial (A) beginnt; abschließend folgen jeweils knappe Angaben zur Forschungsliteratur. Im Zentrum steht das Nachleben des jeweiligen mythischen Stoffes (N) mit wertvollen, doch weiterhin lückenhaften Einzellisten, wobei für die große Spanne von der Antike bis zur Gegenwart zu den Untergattungen der drei Teilbereiche Bildende Kunst (Plastiken – Gemälde, ggfs. Buchmalerei, Lithographien u. a.), Literatur (Dramen – Dichtungen – Epen – Romane – Erzählungen u. a.) und Musik (Symphonie – Chorwerke – Kantaten – Opern – Ballette u. a.), z.T. auch zum Film o.Ä., jeweils ein einfacher Katalog mit Kurztitel, Autor und Jahresangabe vorgelegt wird. Insgesamt handelt es sich dank Breite des Ansatzes und hoher Qualität im Detail um das mit Abstand wichtigste neuere Einzellexikon zur antiken Mythostradition und -rezeption.[38]

Nicht nur auf mythische Inhalte beschränkte sich ein in zahlreichen Neuauflagen immer weiter verbessertes Standardwerk: Elisabeth **Frenzel****, Stoffe der Weltliteratur. Ein Lexikon dichtungsgeschichtlicher Längsschnitte. Unter Mitarbeit von Sibylle Grammetbauer. Stuttgart 10. Aufl. 2005 (Kröners Taschenausgabe 300); XX, 1144 S.: Bisher letzte Auflage des für die Mythosforschung unverzichtbaren Standardwerks (1. Aufl. 1962), insbesondere was die Erschließung der rezeptionsgeschichtlichen Dimension betrifft. Erfasst werden unter den wichtigsten literarischen Stoffen auch die Hauptgestalten des antiken Mythos; jedes Lemma bietet eine kurze Einführung zur literarischen Grundform sowie die aktualisierten Literaturangaben. Im Zentrum steht jeweils eine ebenso knappe wie fundierte Darstellung der literarischen Rezeptionsgeschichte des Stoffes (inkl. Musiktheater). Ergänzungen ergeben sich im Einzelfall auch aus dem motivgeschichtlichen Pendant (Frenzel 2008, wie S. 313).

Das bemerkenswerteste unter den kleineren Lexika in jüngster Zeit war entgegen dem Untertitel kein vollständiges Lexikon: Lutz **Walther** (Hrsg.), Antike Mythen und ihre Rezeption. Ein Lexikon. Leipzig 2003 (Reclam Bibliothek 20051; 255 S.): Serie von 34 Einzelbeiträgen verschiedener Autoren über Gottheiten und Heroen/Heroinen als Protagonisten im antiken Mythos; jeweils nach kurzen Sachangaben (inkl. Hauptstellen aus antiker Literatur) teils recht eingehende Behandlung ihrer rezeptionsgeschichtlichen Bedeutung; am Ende jedes Stichworts ergänzende knappe Literaturhinweise, jedoch ohne eine umfassende Bibliographie zu weiteren rezeptionsgeschichtlichen Standardwerken; gleichwohl ein praktisches Hilfsmittel.

Erheblich breiter war in jüngster Zeit das Spektrum von wichtigen neuen **Überblicksmonographien** und **Sammelpublikationen** (Auswahl):

(1) Luba **Freedman***/Gerlinde **Huber-Rebenich** (Hrsg.), Wege zum Mythos. Berlin 2001 (Ikonographische Repertorien zur Rezeption des antiken Mythos in Europa. Beiheft 3); 214 S.: Im Anschluss an die von Hermann Walter angeregten früheren Tagungsbände (S. 124) Sammelpublikation mit z.T. wichtigen Einzelbeiträgen zur Mythosrezeption weniger in Literatur als in Bildender Kunst (spez. im Anschluss an Ovids *Metamorphoses*) von der Renaissance bis zum 19. Jahrhundert, spez. zu Einzelkünstlern wie Pollaiuolo, Tizian, Rembrandt, Luca Giordano und Edward Burne-Jones.

---

38 Würdigung als Arbeitsmittel für die Praxis seitens des Vf.s. in: mythos no. 3: Mythos in Medien und Politik. Würzburg 2011, 274–279.

(2) Joachim **Dalfen***/Christine **Harrauer** (Hrsg.), Antiker Mythos, erzählt und angewandt bis in die Gegenwart. (Symposion Wien November 2001). Wien 2004 (Wiener Studien. Beiheft 28); 344 S.: Wichtige Sammelpublikation mit breitem Spektrum von dreizehn Beiträgen zur literarischen und bildlichen Mythosrezeption von der Antike (z. B. Mythos bei Artemidor) über Mittelalter, Renaissance und den Schwerpunkt Barock (z. B. Evelyn Krummen, Bildprogramm von Schloss Eggenberg bei Graz, 181–236, mit reichem Bildmaterial) bis zur Moderne (u. a. Mythenthemen bei Picasso und in der antifaschistischen Kunst zur Zeit des ‚Dritten Reiches').

(3) Annette **Simonis***/Linda **Simonis** (Hrsg.), Mythen in Kunst und Literatur. Tradition und kulturelle Repräsentation. Köln u. a. 2004; IX, 458 S.: Rezeptionsgeschichtliches Sammelwerk mit unterschiedlichsten Fallstudien unter den Rubriken ‚Überlieferung im Medium der Schrift und im kulturellen Gedächtnis' (27– 202), ‚Adaptionen in Text und Bild' (203–246; z. B. Monika Schmitz-Emans, Dädalus zwischen den Künsten. 205–232) sowie ‚Transformationen in Theater und Oper' (247–292), ‚Mythologie und Erzählung' (293–344) und ‚Mythos und Medialität' (345–453).

(4) Martin **Vöhler***/Bernd **Seidensticker** (Hrsg.): Mythenkorrekturen. Zu einer paradoxalen Form der Mythenrezeption. Hrsg. in Zusammenarbeit mit Wolfgang Emmerich. Berlin/New York 2005 (spectrum Literaturwissenschaft 3); VIII, 486 S.: Nach Einleitung der Herausgeber zum bemerkenswerten Sachaspekt (1–18) vier Beiträge namhafter Fachleute zum Variantenreichtum schon in der antiken Mythentradition (19–92; Pindar, Attische Tragödie, römischer Mythos, christliche Spätantike); acht Beiträge zu Mittelalter und Neuzeit (93–261; z. B. Dante, Elisabethaner, deutscher Idealismus, Hölderlin, Heine); zwölf Beiträge zur Moderne (263–463; von Hugo von Hofmannsthal und Kafka über Cocteau und Camus, Dürrenmatt und Elfride Jelinek bis zu den ‚neuen Medien'). Insgesamt breite Palette von Einzelaspekten mit rezeptionsgeschichtlichem Schwerpunkt [selektive Titelnachweise unter den Einzelperioden].

(5) Charles **Martindale***/Richard F. **Thomas** (Hrsg.), Classics and the Uses of Reception. Oxford 2006; XIII, 335 S.: Unter Part I. Reception in Theory (21–137) zehn vorwiegend theoretische Beiträge (Mythenthemen: z. B. Timothy Saunders, Discipline and Receive, or, Making an Example out of Marsyas, 32–43; Vanda Zajko, Hector and Andromache: Identification and Appropriation, 80–91); unter Part II. Studies in Reception (139–293) elf eher praktische Beiträge (z. B. Pantelis Michelakis, Reception, Performance, and the Sacrifice of Iphigenia, 216–226; Elizabeth Prettejohn, Reception and Ancient Art: The Case of the Venus de Milo, 227–249). Bibliography (294–324).

(6) Württembergischer Verein zur Förderung der humanistischen Bildung (Hrsg.), **Antiker Mythos.** Geislingen 2008 (Humanistische Bildung 23); 179 S.:

Themenspezifische Publikation der Vortragszyklen 2003/2004 mit breitem Themenspektrum von Altorientalischem (7–37) und Griechisch-Römischem (39–90; Theseus, Achilleus, Ovids *Metamorphosen*) bis zur Rezeption mythischer Themen in der DDR-Kunst (91–133).

(7) Dorothea **Klein***/Lutz **Käppel** (Hrsg.), Das diskursive Erbe Europas. Antike und Antikerezeption. Frankfurt/M. 2008 (Kulturgeschichtliche Beiträge zum Mittelalter und der frühen Neuzeit 2); VIII, 380 S.: Sammelschrift mit sechzehn Beiträgen, von denen sich zehn auf die Rezeption des antiken Mythos vom Mittelalter bis zur Gegenwart beziehen, teils auf klassische Mythenautoren wie Homer, Vergil und Ovid, teils auf traditionelle Standardstoffe wie Dido, Narziss, Atriden, Oidipous/Antigone und Unterwelt [selektive Titelverweise unter den Einzelperioden].

(8) Jean-Pierre **Aygon** u. a. (Hrsg.), La mythologie de l'antiquité à la modernité. Appropriation – adaptation – détournement. (Kongressakten Toulouse 2008). Rennes 2009; 419 S.: In der Forschung kaum beachtete Sammlung mit insgesamt siebenundzwanzig überwiegend auf Einzelaspekte der Mythentradition gerichteten Beiträgen (Antike 17–112; Mittelalter 113–220; Neuzeit 221–322; Moderne 325–382).

(9) Jean-Louis **Backès**, Le mythe dans les littératures d'Europe. Paris 2010; 206 S.: Einleitung (9–27; Mythos-Definitionen). (I.) Überblick: Homer bis Romantik (29–71; Grundbegriffe, z. B. Epos, Göttermythen/Heroenmythen; Tragödie; Euhemerismus, Allegorisierung, Moralisierung). (II.) Überblick: Romantik bis Gegenwart (73–99). Zwischenstück (101–112). (III.) ‚Évaporation des mythes' (113–137). (IV.) ‚Résistance des mythes' (139–172). Schlussbemerkungen (193–202). Eigenständige substantielle Gesamtdarstellung mit methodologisch-kulturhistorischem Gesamtkonzept.

(10) Bent **Gebert***/Uwe **Mayer** (Hrsg.), Zwischen Präsenz und Repräsentation. Formen und Funktionen des Mythos in theoretischen und literarischen Diskursen. (Kongressakten Freiburg/Br. 2009). Berlin/Boston 2014 (Linguae & Litterae 26); 358 S.: Sammelpublikation zum Gesamtbereich ‚Mythos und Literatur' mit drei Beiträgen zur antiken Mythostradition (25–87; Attische Tragödie, Aristoteles, Ovids *Metamorphoses*), zwei Beiträgen zur mittelalterlichen Rezeption (88–144) und neun z.T. grundsätzlichen Beiträgen zu Neuzeit und Moderne/Postmoderne (145–355) als rezeptionsgeschichtlichem Schwerpunkt [selektive Titelverweise unter den Einzelperioden].

(11) John F. **Miller***/Carole E. **Newlands** (Hrsg.), A Handbook to the Reception of Ovid. Chichester/W.S. 2014; XV, 498 S.: Sammelschrift von 31 Beiträgen in weitgehend chronologischer Reihenfolge von der Antike bis zur Gegenwart: (I.) Kaiserzeit bis Spätantike (8–113; Beiträge 1–7, u. a. zu pompejanischer Malerei, kaiserzeitlicher Epik und Apuleius). (II.) Mittelalter (114–201; Beiträge 8–13; u. a.

zu Allegorisierung, Mythographie; Dante, Chaucer). (III.) Neuzeit (202–400; Beiträge 14–26; u. a. zu Barockkunst, Oper; Ariosto, Shakespeare, Spenser). (IV.) Moderne (401–484; Beiträge 27–31; u. a. zu moderner Dichtung und Film). Insgesamt anregende Neuerscheinung; aus Vielzahl und unterschiedlichen Interessen der Beiträger ergeben sich Defizite in der Gesamtkonzeption, wie sie einem ‚Handbook' nicht gemäß sind [selektive Titelverweise unter den Einzelperioden].

(12) Vanda **Zajko***/Helena **Hoyle** (Hrsg.), A Handbook to the Reception of Classical Mythology. Hoboken/N.J. 2017; XIII, 482 S. – *Disposition:* I. Mythography (13–120; sieben Beiträge zu den Rezeptionsphasen von der Antike bis zur Gegenwart). II. Approaches and Themes (121–228; zu ganz diversen Einzelaspekten). III. Creativity and the Mind (229–284; Beiträge vorwiegend zu Moderne/Postmoderne). IV. Iconic Figures and Texts (285–474; wissenschaftlicher Schwerpunkt, z. B. Orpheus/Eurydike, Narkissos/Echo, Prometheus/Pygmalion/Helena, Amor/Psyche, Marsyas; Bruegel, *Ikarus*; Monteverdi, *Ritorno di Ulisse*; weiterhin Shelley, Shaw, Camus, Lars von Trier). Index (475–482). – *Résumé:* Repräsentative Sammlung von insgesamt 32 Einzelbeiträgen zu diversen Teilaspekten der Mythosrezeption von Antike und Mittelalter bis zur Gegenwart spez. in Part IV (Literatur/Bildende Kunst/Musik); für die praktische Arbeit wesentliche Neuerscheinung, allerdings ohne der Titelvorgabe eines ‚Handbook' zu entsprechen [selektive Titelverweise unter den Einzelperioden].

Abschließend sind zwei umfangreiche Sammelschriften zur literarischen Mythosrezeption aus wichtigen Regionalbereichen des europäischen Kulturraums vorzustellen: (1) Pietro **Gibellini*** (Koordination), Il mito nella letteratura Italiana. (Verschiedene Herausgeber). Vol. 1–4. Brescia 2003–2007: Umfangreiche Aufsatzsammlung; Näheres zu den Einzelbänden unter den rezeptionsgeschichtlichen Einzelperioden. (2) David **Hopkins**/Charles **Martindale** (Koordination), The Oxford History of Classical Reception in English Literature [**OHCREL***]. (Verschiedene Herausgeber). Vol. 1–5. Oxford 2012–2019: Beeindruckendes Corpus mit repräsentativer Übersicht zum nationalen Erbe des britischen Kulturraums im Blick auf die literarische Antikenrezeption (inkl. Mythos); nähere Spezifizierung zu den Einzelbänden unter den Einzelperioden vom Mittelalter bis zur Gegenwart.

Unter weiteren Neuerscheinungen zur **Literaturrezeption** galten einige Titel einzelnen Nationalliteraturen bzw. deren Einzelphasen (Auswahl): (1) Henry **Thorau***/Hartmut **Köhler** (Hrsg.), Inszenierte Antike. Die Antike, Frankreich und wir. Neun Beispiele zur Antikerezeption in der Gegenwart. Frankfurt/M. 2000 (Trierer Studien zur Literatur 33); VI, 258 S.: Dreizehn Beiträge zur Dramentradition von Corneille bis zu Cocteau und André Gide mit den Schwerpunktthemen Elektra und Ödipus sowie Antigone, Medea und Amphitryon. (2) Volker **Riedel***, Antikerezeption in der deutschen Literatur vom Renaissance-Humanismus bis zur Gegenwart. Eine Einführung. Stuttgart, Weimar 2000; VIII, 515 S.: Beeindruckende

Übersicht mit wesentlichen Ausführungen zu den Einzelperioden und ausführlichen Literaturangaben (407–484). (3) José Maria **Nieto Ibáñez**, La novela en la literatura Española. Estudios sobre mitología y tradición clásicas (siglos XIII-XVIIII). León 2004; 400 S. (4) Sarah Annes Brown, ‚Hail, Muse! *et cetera*'. Greek Myth in English and American Literature. In: Woodard 2007, wie S. 182, 425–452.

Im Blick auf die **Hauptautoren der antiken Mythentradition** hatte auch die rezeptionsgeschichtliche Forschung auch in jüngster Zeit vor allem drei Schwerpunkte, auf die in diesem Überblicksbericht kurz einzugehen ist. Zu den wichtigsten neuen Referenzen zur Gesamtrezeption von **Homer** gehören folgende Einzeltitel (Auswahl): (1) Robert **Fowler*** (Hrsg.), The Cambridge Companion to Homer. Cambridge 2004; 419 S. (vgl. schon S. 212), spez. Part 5: Homeric Receptions (233–375; z.B. Richard L. Hunter, Homer and Greek Literature, 235–253; Joseph Farell, Roman Homer, 254–271; weitere sechs Beiträge zur späteren Rezeption ab Augustan Age, z.T. vermerkt unter Einzelperioden). (2) Casey Dué, Homer's Post-Classical Legacy. In: Foley 2005, wie S. 194, 397–414: Kurzüberblick vom Mittelalter über Renaissance und Klassizismus bis zur Gegenwart, mit ergänzenden Angaben zu Bildender Kunst und Oper. (3abc) DNP Suppl. 5 (2008), wie S. 251f., s.v. Achilleus, 1–14 (Susanne Gödde); s.v. Hektor, 303–307 (Robert Cramer); s.v. Odysseus, 485–499 (Eckhard Lobsien). (4) Bernd Seidensticker, Die literarische Rezeption Homers in der Neuzeit. In: AK Homer 2008, wie S. 238, 276–282. (5) Edith **Hall***, The Return of Ulysses. A Cultural History of Homer's Odyssey. Baltimore 2008; 296 S.: Aufarbeitung der Gesamtrezeption des epischen Standardwerkes und seiner mythischen Hauptthemen bis zur aktuellen Gegenwartskultur in einer klaren Disposition mit drei Teilbereichen (I. Generic Mutations, 1–71; II. World and Society, 73–143; III. Mind and Psyche, 145–216) und insgesamt fünfzehn *key themes*; ergänzende gründliche Bibliographie (243–279). (6) DNP Suppl. 7 (2010), wie S. 252, s.v. Homer, 323–372 (Andreas Bagordo). (7) Heinz Ludwig **Arnold** (Hrsg.), Homer und die deutsche Literatur. München 2010; 303 S.: Sammelschrift mit Überblick von Volker Riedel (‚Ilias' oder ‚Odyssee'? Unterschiede in der Rezeption der zwei homerischen Epen, 44–58) und breitem Spektrum von Einzelbeiträgen vom 16. Jahrhundert über Grimmelshausen, Klopstock, Goethe, Wilhelm von Humboldt, Gustav Schwab und Nietzsche bis zur Gegenwart. (8) Achim Hölter, Homer. In: Peter von Moellendorf u.a. (Hrsg.), Historische Gestalten der Antike. Rezeption in Literatur, Kunst und Musik. Stuttgart 2013 (DNP Supplement 8), 499–514. (9) Joachim Latacz, Homer und Europa, Höhepunkte Homerischen Einflusses auf Europas Kulturentwicklung. In: Latacz 2014, wie S. 192, 641–667. (10) Athanasios **Efstathiou***/Ioanna **Karamanou** (Hrsg.), Homeric Receptions Across Generic and Cultural Contexts. (Kongressakten Kerkyra 2011). Berlin 2016 (Trends in Classics. Supplementary Volumes 37); X, 495 S.: Nach allgemeiner Einführung (Lorna Hardwick, Homer, Repetition and

Reception, 15–27) breites Beitragsspektrum zur antiken Rezeption (Part II-IV: Archaik bis Hellenismus; Part V-VI: Rom/Spätantike) sowie einige Aufsätze zur alt- und neugriechischen Rezeption in Part VII: Homer on the Ancient and Modern Stage (329–389) und Part VIII: Refiguring Homer in Film and Music (391–434). Umfangreiche Bibliographie (435–473).

Eine wesentliche Ergänzung bieten einige umfangreiche Lemmata zu den literarischen Teilbereichen im Handbuch **The Homer Encyclopedia**** (2011; wie S. 212), spez. s.v. Reception, III 706–729: Entwicklung von der griechisch-römischen Antike über Byzanz (717–719; Antony Makrinos), Lateinisches Mittelalter (720–722; Katherine Callen King), Renaissance bis Barock (722–723; Margalit Finkelberg), Aufklärung/19. Jahrhundert (723–726; James I. Porter) bis zum 20. Jahrhundert (726–729; Constanze Güthenke); vgl. auch s.v. Scholarship, III 764–776 (Antike bis Moderne).

Bei der umfangreichen Rezeption der beiden großen römischen Mythenautoren ergeben sich für **Vergil** und sein Hauptwerk **Aeneis** folgende Verweise: (1) Craig Kallendorf, Virgil's Post-Classical Legacy. In: Foley 2005, wie S. 194, 574– 588. (2) DNP Suppl. 5 (2008), wie S. 251f., s.v. Dido und Aineias, 216–229 (Philipp Theisohn). (3) DNP Suppl. 7 (2010), wie S. 252, s.v. Vergil. D. Aeneis, 1108–1130 (Andrew Laird). (4) Achim Hölter/Eva Hölter, Vergil. In: DNP Suppl. 8 (2013), wie S. 257, 1021–1034.

Außerdem ist auf die rezeptionsgeschichtlichen Lemmata zu den literarischen Teilbereichen im aktuellen Handbuch **The Virgil Encyclopedia*** (2013; wie S. 209) sowie die ergänzenden Literaturangaben zu verweisen, spez. unter Byzantine Literature (I 215–216; Silvio Bär), Medieval Literature (II 802–806; Ingrid D. Rowland), Renaissance Literature (III 1072–1075; Craig Kallendorf), English Literature (I 424–433, Literatur 432f.; Veronica Roven-Matasy), French Literature (II 503–510, Literatur 509f.; Philipp John Usher), German Literature (542–550, Literatur 549f.; Albrecht Classen, Geoffrey Atherton, Theodore Ziolkowski), Italian Literature (II 674–680; Lino Pertile), Spanish Literature (III 1199–1203; Paul Carranza, Donald Gilbert-Santamaría).

Für den ‚Klassiker' **Ovid** und sein Hauptwerk **Metamorphoses** sind als wichtige neuere Titel zur Gesamtrezeption zu nennen (Auswahl): (1) DNP Suppl. 7 (2010), wie S. 252, 557–575 (Ovid allgemein; Ulrich Schmitzer), 576–584 (*Heroides*; Mirjam Vischer), 585–608 (Exildichtung; Ralph J. Hexter). (2) Henriette **Harich-Schwarzbauer***/Alexander **Honold** (Hrsg.), Carmen perpetuum. Ovids *Metamorphosen* in der Weltliteratur. Basel 2013; 324 S.: Repräsentative Auswahl von dreizehn Beiträgen zur Rezeption des Werkes von der Antike über Mittelalter und Neuzeit bis zur Gegenwart [selektive Titelverweise unter den Einzelperioden]. (3) Annette Simonis, Ovid. In: DNP Suppl. 8 (2013), wie S. 257, 721–734. (4) Sarah Annes **Brown**, The Metamorphosis of Ovid. From Chaucer to Ted Hughues. London 2014. VIII, 246 S.: Nach knapper Einleitung (Ovid and Ovidianism: Influence, Reception, Transformation, 1–22) Überblick zur englischen Tradition von Chaucer über Spenser, Shakespeare, Marvell, Milton, Samuel Garth, Keats, Beddoes bis zu Virginia Woolf und kurzem Ausblick (Carmen perpetuum: Ovid today, 217–228).

Im Anschluss an die Kurzliste zur Mittelphase (S. 125 f.) mit mythischen **Standardthemen**, die in der aktuellen Forschung ein starkes rezeptionsgeschichtliches Interesse fanden, sind im Folgenden wenige weitere exemplarische Einzelstudien zu entsprechenden Themen aus der aktuellen Phase zusammengestellt (Auswahl):

(1) Christine **Mundt-Espín*** (Hrsg.), Blick auf Orpheus. 2500 Jahre europäischer Rezeptionsgeschichte eines antiken Mythos. Tübingen, Basel 2003 (Mainzer Forschungen zu Drama und Theater); 263 S.: Nach Einleitung (7–22) und Präsentation der Basisversionen von Vergil und Ovid (23–33) neun Beiträge zur Rezeption von der griechischen Antike bis zum modernen Spielfilm mit Schwerpunkt der Kunsttradition (spez. Vf., „prendique et prendere certans". Orpheus' und Eurydikes Trennung: Bilder von der Antike bis zum Fin de siècle, 77–108; Elisabeth Schröder, Orpheus in der Kunst des Mittelalters und der Renaissance. Eine vorläufige Untersuchung, 109–157).

(2) Natalia **Agapiou***, Endymion au carrefour. La fortune littéraire et artistique du mythe d'Endymion à l'aube de l'aire moderne. Berlin 2004 (Ikonographische Repertorien zur Rezeption des antiken Mythos in Europa 4); 285 S. – *Disposition:* Introduction (11–16). 1. Les vestiges antiques (17–49; zur antiken Mythentradition). 2. Une psychomachie pour l'homme de la Renaissance (54–82; Zuordnung zu den ‚trois genres de vie'). 3. Endymion, Il vago de la Luna (83–138; Zuordnung zu Venus). 4. Endymion sive Gratiosus (139–191; Zuordnung zu Juno). 5. Endymion „au chemin de long estude" (193–239; Zuordnung zu Pallas). Ausführliche Bibliographie (251–272). – *Résumé:* Gründliche Basisstudie zum Thema in Antike und neuerer Tradition (spez. Renaissance/Barock).

(3) Thomas **Kailuweit***, Dido – Didon – Didone. Eine kommentierte Bibliographie zum Dido-Mythos in Literatur und Musik. Frankfurt/M. 2005; 600 S. – *Disposition:* 1. Einleitung (11–31; darin: Die Forschung im Überblick, 22–26). 2. Literatur (33–34), unterteilt nach Belegen in Einzelgattungen der Dichtung (33–258) und Prosa (259–349). 3. Musik (351–423; inkl. Belege in Oper und Ballett). 4. Andere Gattungen (425–435; lediglich als Kurzfassung). 5. Sekundärliteratur (437–541). – *Résumé:* Weitgehende Aufarbeitung der literarischen und musikalischen Belege ohne Berücksichtigung der Vielzahl von Bildbelegen; Auflistung der Forschungsliteratur nicht chronologisch, sondern alphabetisch nach Autoren. Als materialreiches Arbeitsmittel von Nutzen für die praktische Forschungsarbeit. – Ergänzende Publikation: Philip R. Hardie, The Last Trojan Hero. A Cultural History

of Virgil's Aeneid. London u. a. 2014; XI, 249 S.: Beiträge zur Rezeption, z. B. The many Faces of Aeneas, 77–92.

(4) Hans-Joachim **Gehrke***/Mirko **Kirschkowski** (Hrsg.), Odysseus. Irrfahrten durch die Jahrhunderte. Freiburg/Br. 2009 (Paradeigmata 7); 128 S.: Ebenso knappe wie repräsentative Aufsatzsammlung zum Thema in Antike und Rezeption mit sieben Beiträgen zu verschiedenen Teilaspekten (z. B. Bernhard Zimmermann, Am Anfang der Irrfahrten durch die Jahrhunderte: Odysseus in Homers *Odyssee*, 11–18; Ralf von der Hoff, Odysseus in der antiken Bildkunst, 39–64; Stefanie Lethbridge, Weibliche Versionen des Odysseusmythos, 91–110).

(5) Udo **Reinhardt***, Arachne und die Liebschaften der Götter. Eine Mythennovelle aus Ovids *Metamorphoses* mit ihrer literarischen und bildlichen Rezeption bis zur Gegenwart. Freiburg/Br. 2014 (Paradeigmata 22); 224 S. – *Disposition:* Teil A (10–51): Neuinterpretation von *Metamorphoses* 6,1–147[39] mit Parallelen zum ‚Agonschema' (17–19) und spätantiken Quellen zur hellenistischen Vorform (43–47); Rezeptionsdokumente zum Nebenmotiv ‚Liebschaften der Götter' (52–77). Teil B (78–94): Bildzyklus im Arachnezimmer der Landshuter Stadtresidenz und Entsprechungen zum Nebenmotiv im Cinquecento (95–109; z. B. Perino del Vaga, Correggio, Giulio Romano). Teil C (110–174): Literarisch-bildliche Rezeption des Stoffes (z. B. *Ovide moralisé*, Spenser, Fénelon, Goethe, Wordsworth, Meredith, Agnes Miegel, Christoph Ransmayr; Druckgraphik zu Ovids *Metamorphoses*, Zyklus von Johann Ulrich Krauss 1690; Einzelbilder von Tintoretto, Zuccari, Rubens, Velázquez, Luca Giordano, Houasse, Peter von Cornelius u. a.). – *Résumé:* Überblick zur Gesamtrezeption; Nachträge in: MH Ntr. 2018, 180 f.; Ergänzungen 2020, 136; weiterhin: Gemma Sena Chiesa, La tela di Aracne. In: Colpo/Ghedini 2012, wie S. 226, 195–210; Maria Elisa Micheli, La sfida al telaio, ebd. 211–222.

(6) Eva Miriam **Simon***, Literarische Bearbeitungen des Phaedra-Mythos von Euripides bis A.W. Schlegel. Würzburg 2014 (Epistemata. Reihe Literaturwissenschaft 822); 364 S.: Gründliche Behandlung des Themas bei Euripides (19–51), Ovid (53–75; *Heroides/Metamorphosen*), Seneca (77–100), Racine (101–177), Schiller (179–255; Übersetzung von Racines *Phèdre*) und Schlegel (257–306; Vergleich zwischen Euripides und Racine). Umfangreiche Anhänge (319–339). Bibliographie (341–364).

---

[39] Ergänzender philologischer Beitrag: **Vf.***, Neptun, Enipeus und Tyro. Ein alter Textfehler in Ovids *Metamorphosen* (6,116–117). In: Rheinisches Museum N.F. 153, 2010, 43–53: Philologische *emendatio* eines seit dem Mittelalter in allen Ausgaben enthaltenen Textfehlers mit dem auch textkritisch eindeutigen Ergebnis, dass in Met. 6,117 statt *gignis Aloidas* künftig wieder *gignis et Aeolidas* zu schreiben ist.

(7) Günter **Peters***, Prometheus. Modelle eines Mythos in der europäischen Literatur. Weilerswist 2016, 580 S.: Nach aktueller Einleitung (9–46) Gesamtüberblick zur breiten literarischen und geistesgeschichtlichen Tradition und Rezeption von Hesiod (47–799; Aischylos (80–121) und Platon (164–186) über die Phase der Mythenallegorie (187–209), Francis Bacon (210–232), Calderon (233–262), Voltaire und Rousseau (263–294), Goethe (295–344; inkl. Cassirer/Simmel), Herder/Liszt/Nietzsche (345–396), die englische Romantik (397–407) inkl. Shelley (408–427) bis zu Spielarten der Moderne und Postmoderne (428–535) mit umfassender Bibliographie (538–579).

Für die wichtigsten mythischen Lieblingsstoffe der Moderne sind literarische Quellentexte in jüngster Zeit zusammengestellt in einer aktuellen Taschenbuch-Serie (Leipzig, Stuttgart: Reclam 1995ff.), z.B. zu Antigone (2004), Aphrodite (2000), Dionysos (2008), Elektra (2010), Europa (2003), Herkules (2005), Ikarus (1998), Iphigenie (2006), Kassandra (2006), Medea (2001), Odysseus (2005), Orpheus (1997), Pandora (2002), Prometheus (1995), Pygmalion (2003), Sirenen (2007) und Sisyphos (2001).

Was schließlich das schon zur Mittelphase (S. 126 f.) exemplarisch behandelte Spezialthema ‚**Mythos und Musiktheater**' betrifft, so dokumentiert sich auch für die aktuelle Phase eine hohe Intensität rezeptionsgeschichtlicher Forschungen in folgenden größeren Monographien und kleineren Einzelbeiträgen (Auswahl): (1) Corinna Herr, Medeas Zorn. Eine „starke Frau" in Opern des 17. und 18. Jahrhunderts. Herbolzheim 2000 (Beiträge zur Kultur- und Sozialgeschichte der Musik 2); 305 S. (2) Peter Csobádi u. a. (Hrsg.), Europäische Mythen von Liebe, Leidenschaft, Untergang und Tod im (Musik-)Theater: Der Trojanische Krieg. (Symposion Salzburg 2000). Anif/Salzburg 2002 (Wort und Musik 51); 725 S., spez. Beiträge 417ff. (3) Wolfgang Osthoff, Daphnes Metamorphose in der frühen italienischen Oper. Festschrift Guthmüller 2002, wie S. 278, 141–161. (4) Marie-Theres Schmetterer, Orpheus. Mythos, Dichtung und Oper. In: Circulare 4/2003, 16–19. (5) Reinhard Wiesend, Der gesungene Gesang. Implikationen und Wandlungen eines Orpheus-Motivs in der Oper. In: Mundt-Espín 2003, wie S. 259, 223–240. (6) Heinz Hofmann, Troia im Musiktheater: Von Lodovico Dolce und Claudio Merulo, *Le Troiane*, bis zu Hector Berlioz, *Les Troyens* (und darüber hinaus). In: Ds., Troia. Von Homer bis heute. Tübingen 2004, 143–185. (7) Andrea Sommer-Mathis, Antiker Mythos auf dem Wiener Theater. Der Wandel des Herakles-Bildes in den musikdramatischen Werken des 17. und 18. Jahrhunderts. In: Dalfen/Harrauer 2004, wie S. 254, 237–263. (8) Oswald Georg Bauer, Mythos versus Historismus. Der Mythos der Literatur in Richard Wagners „Der Ring der Nibelungen". In: Festschrift Lichtenstern 2004, wie S. 291, 143–164. (9) Linda Simonis, Orpheus-Opern der frühen Neuzeit. Monteverdi – Telemann – Gluck. In: Simonis/Simonis 2004, wie S. 254, 249–272. (10) Marianne McDonald, The Dramatic Legacy of Myth: Oedipus in Opera, Radio,

Television and Film. In: Ds. (Hrsg.), The Cambridge Companion to Greek and Roman Theatre. Cambridge 2007, 303–326. (11) Jürgen Kühnel u. a. (Hrsg.), Die ‚Schaubühne' in der Epoche des *Freischütz*. Theater und Musiktheater der Romantik. (Symposion Salzburg 2007). Anif/Salzburg 2009 (Wort und Musik 70); 632 S., z. B. Vf., Alkestis und Leonore. Zu einem romantischen Archetyp in Theater und Musiktheater, 356–374. (12) Andrea Sommer-Mathis, *Musica, Pittura e Poesia*. Musikalische Mythen aus der Antike in den Libretti des Wiener Kaiserhofes. In: Haag/Helke 2009, wie S. 265, 129–153. (13) Vf., Der Stoffkomplex um Pyrrhos, Andromache, Hermione und Orest. Text – Bild – Tradition. In: Rossini und das Libretto, Tagungsband. Leipzig 2010 (Schriftenreihe der Deutschen Rossini-Gesellschaft 6), 185–208 (zu Rossini, *Ermione* 1819). (14) William Fitzgerald, Vergil in Music. In: Farrell/Putnam 2010, wie S. 209, 341–352. (15) Simon Goldhill, Music and Cultural Politics. In: Goldhill 2011, wie S. 291, 87–152 (zur Entwicklung der mythologischen Oper von Gluck bis Wagner). (16ab) Alexander Honold, Ariadne und Orpheus. Verwandlungen in Text und Klang. In: Harich-Schwarzbauer/Honold 2013, wie S. 258, 165–206; Volker Mertens, Gesungene Verwandlungen. Ovids *Metamorphosen* auf dem Musiktheater, ebd. 207–225. (17) Helen Lovatt, Operatic Visions: Berlioz Stages Vergil. In: Ds./Caroline Vout (Hrsg.), Epic Visions. Visuality in Greek and Latin Epic and its Reception. Cambridge 2013, 60–77. (18) Gian Mario Benzing, Metamorfosi, scomparse et riemersioni del mito di Psiche in musica del Barocco al tardo Ottocento. In: AK Psiche 2013, wie S. 266, 453–462. (19) John Solomon, The Influence of Ovid in Opera. In: Miller/Newlands 2014, wie S. 255, 371–385. (20) George Burrows, Ancient and Modern Re-Sounding: Monteverdi's *Il ritorno d'Ulisse in patria*. In: Zajko/Hoyle 2017, wie S. 256, 391–405. (21) Alessandra **Origgi***, Die mythologischen Musikdramen des frühen 17. Jahrhunderts. Eine gattungshistorische Untersuchung. (Diss. FU Berlin 2018). Berlin 2019; 340 S.: Standardwerk zu den zahlreichen Mythenstoffen in den Anfängen der Barockoper. (22) Wendy Heller, Performing Homer. The Voyage of Ulysses from Epic to Opera. London 2020; XXIII, 197 S.: Stoffentwicklung bis zu Monteverdi. (23) Florian Mehltretter, Orpheus und Medusa. Poetik der italienischen Oper 1600–1900. Baden-Baden 2020 (Litterae 247); 438 S.: Überblick mit begrenzter Berücksichtigung der Mythenstoffe.

b. Mythosrezeption in der Bildenden Kunst

Auch für diesen erst etwa ab 1970 ausgeprägten kunstgeschichtlichen Sonderbereich der Mythosrezeption fehlten bisher Spezialbibliographien oder ein Überblick zur Forschung. Dafür setzte sich die Tendenz fort, auch ein breiteres Publikum verstärkt in die Forschungen einzubeziehen. Im Folgenden zunächst zwei wichtige neuere mythologisch-ikonographische **Überblickswerke** mit lexikographischen Ansätzen:

(1) Hans-Karl **Lücke***/Susanne **Lücke**, Antike Mythologie. Ein Handbuch. Der Mythos und seine Überlieferung in Literatur und bildender Kunst. Reinbek 1999 (Rowohlts Enzyklopädie 55600), Ndr. Wiesbaden 2005; 768 S. – Repräsentative Auswahl ausführlicher Lemmata zu wichtigen mythischen Einzelstoffen mit jeweils vier Basisabschnitten: (A) Einführung des mythischen Stoffes „in seinen wesentlichen Zügen"; (B) Abriss zur literarischen Rezeptionsgeschichte des Stoffes; (C) Einführung zur Ikonographie des Stoffes mit Angaben zu Bildtyp, Attributen und Charakter der Darstellung; (D) Katalog der zum Stoff in der Bildenden Kunst auftretenden Darstellungstypen mit ergänzenden Angaben zu mythographischen und literarischen Quellen, z.T. auch mit kurzen Bildbeschreibungen; abschließend jeweils eine alphabetische Kurzliste zur Forschungsliteratur. Abbildungsblock in der Buchmitte; im Anhang allgemeine Auswahlbibliographie (728–735), Quellenliste (736–753) und detailliertes Register 757–768). – *Résumé:* Die Lemmata unterschiedlicher Qualität bieten mit reichen Einzelangaben spez. zur Bildtradition im Vergleich mit anderen rezeptionsgeschichtlichen Überblickswerken wertvolle ergänzende Informationen.

(2) Hans-Karl **Lücke***/Susanne **Lücke**, Helden und Gottheiten der Antike. Ein Handbuch. Der Mythos und seine Überlieferung in Literatur und bildender Kunst. Reinbek 2002 (Rowohlts Enzyklopädie 55641), Ndr. Wiesbaden 2006; 765 S.: Umfangreiche Ergänzung mit weiteren wichtigen Einzelstoffen aus Götter- und Heroenmythen in identischem Gliederungsschema. – *Résumé:* Wie schon Teil I (1999) eine ganz eigenständige Informationsquelle speziell zum Bildmaterial.

Zwei weitere Publikationen boten einen mehr oder weniger breiten Gesamtüberblick zu Mythenthemen in der europäischen Kunsttradition (spez. Malerei), allerdings eher als Ergebnis von Sammeltätigkeit denn als wissenschaftliche Aufarbeitung:

(1) José Maria **Blázquez***, Cristianismo y mitos clásicos en el arte moderno. Madrid 2009; 400 S.: Entsprechend dem Titel bilden christliche und mythische Bildthemen zwei unterschiedliche Schwerpunkte. Auf Darstellungen von Mythen in der älteren Kunsttradition beziehen sich die ersten drei Kapitel mit Gemälden am spanischen Hof Philipps II. (19–30), in der Kasseler Gemäldegalerie als Zentrum der Barockmalerei (31–62) und einem Querschnitt zum Thema ‚Leda mit Schwan' von römischen Mosaiken bis zur neueren Bildtradition (63–76). Im Mittelpunkt des mythologischen Teils steht eindeutig die Kunst der Moderne (Näheres zu Kap. 4–5, 11–13, 15–16 und 19 sowie ein Résumé zum Gesamtwerk auf S. 303).

(2) Karl **Kilinski***, Greek Myth in Western Art. The Presence of the Past. Cambridge 2013; XXII, XXXII, 281 S. – *Disposition:* I. The Nature and Origins of

Greek Myth (1–25; Einführung, inkl. altorientalische Vorgaben). II. Survival and Revival: Motives for and Means of Myth Transmission (26–93; spez. zu Rezeptionsformen und medialen Medien). III. Form and Fashion of Myth in Art (94–160; spez. zu Visualisierung, Funktionalität und Variabilität (inkl. moderne Medien wie TV und Film). IV. Iconography and Iconology: The Metamorphosis of Greek Myth (161–212; Schwerpunkt des Buches mit den Fallstudien Danaë, Ikaros, Kirke, Perseus/Andromeda, Aktaion; Conclusion: Continuity an Change, 209–212). Ausführliche Bibliographie (241–268). – *Résumé:* Umfassender Überblick zur Nachwirkung griechischer Mythen im Gesamtbereich der neueren Kunsttradition (inkl. moderne Medien); grundlegendes Arbeitsmittel, bisher allerdings in Deutschland kaum bekannt.

Für ein interessiertes breiteres Publikum gab es in jüngster Zeit neben dem bis auf den Titel unveränderten Nachdruck der Publikation zum Thema ‚Die Mythen der Antike in der bildenden Kunst' von Angelo Walther (2003; 1. Aufl. Leipzig 1993; vgl. schon S. 130) verschiedene weitere z.T. bebilderte **Einführungen** (Auswahl): (1) Lucia **Impelluso**, Götter und Helden der Antike. Berlin 2003 (ital. OA Milano 2002); 384 S.: Reich bebilderte populärwissenschaftliche Lexikonübersicht zu Hauptwerken der neueren Bildtradition mit mythischen Themen von Adonis bis Zeus/Jupiter (9–255), ergänzt um einen Anhang zu den homerischen Dichtungen (257–297) sowie den Sektionen ‚Sagen und Gestalten der griechischen Antike' (299–321) und ‚Sagen und Gestalten der römischen Antike' (323–375). (2) Malcolm Day, 100 Characters from Classical Mythology As Seen in Western Art. London 2007; 160 S. (3) Lars Olof **Larsson**, Antike Mythen in der Kunst. 100 Meisterwerke. Stuttgart 2009 (Reclams Universal-Bibliothek 18592); 247 S.: Nach einer instruktiven Einführung (Antike Mythologie in der bildenden Kunst vom Mittelalter bis heute, 9–32) und Hinweisen zu Quellentexten (33–36) folgt ein teilweise bebilderter Katalogtext (37–236) zu mehr oder weniger bekannten Gemälden aus den verschiedenen Einzelperioden der neueren Kunsttradition von der Frührenaissance bis zur Postmoderne. In den Anhängen u. a. knappe Literaturhinweise (237–240). (4) Sarah **Carr-Gomm**, Die geheime Sprache der Kunst. Die Bedeutung von Symbolen und Figuren in der abendländischen Malerei. München 2013 (engl. OA London 2001); 256 S.: Wie schon bei Krauss/Uthemann 1987 (wie S. 127) Überblick zu antiken Mythen, biblischen Themen, Heiligenlegenden, Themen aus Geschichte, Literatur und Kunst sowie Symbole und Allegorien, jeweils mit einführender Rubrik ‚Schlüsselwerke' und abschließendem Fazit ‚Thematischer Leitfaden'. Der Abschnitt ‚Mythen und Sagen der Antike' (8–79) präsentiert 23 Einzelgemälde (ohne thematische Systematik oder chronologische Reihenfolge) und neun spezifische Themenbereiche (Hauptgottheiten, kleinere Gottheiten; Helden und Ungeheuer; Heraklestaten, Troianischer Krieg; Liebschaften, Verwandlungen, Unterwelt, Torheiten/Verbrechen). (5) Gérard **De-**

nizeau, Klassische Mythen in Bildern erzählt. Meisterwerke der Malerei von Goya bis Picasso. Darmstadt 2018 (frz. OA: La mythologie expliquée par la peinture, Paris 2017); 221 S.: Entgegen dem deutschen Untertitel populärer Gesamtüberblick zur Darstellung von Mythen in der europäischen Malerei von der Renaissance bis zum 20. Jahrhundert mit umfangreichem Katalog (12–211) von 54 Werken, die für ein breiteres Publikum mehrheitlich bekannt sein dürften.

Die eindeutige Kontinuität bei aller Unterschiedlichkeit in der Darstellung göttlicher Wesen im Verlauf der europäischen Kunsttradition behandelte eine reich bebilderte Monographie: Friederike Wappenschmidt, Metamorphosen. Antike Götter im Wandel von Glaube und Kunst. Mainz 2004; 151 S. – Auf die Bedeutung des Mythos in der neueren Kunsttradition bezog sich eine ausstellungsbegleitende Sammelpublikation: Sabine **Haag***/Gabriele **Helke** (Hrsg.), Mythos der Antike. Mainz 2009 (Jahrbuch des Kunsthistorischen Museums Wien 11); 211 S.: Elf Einzelbeiträge eines internationalen Symposions vorwiegend zur Kunsttradition zwischen Renaissance und Klassizismus [selektive Titelverweise unter den Einzelperioden].

Dem Gesamtbereich galt auch ein wissenschaftlicher Überblicksvortrag des Verfassers beim DAV-Kongress Erfurt 2012, jeweils mit weiterführenden Literaturangaben: **Vf.**, Der antike Mythos in der europäischen Kunst von der Renaissance bis zur Gegenwart. In: IANUS 34, 2013, 39–49; 35, 2014, 39–53: Teil I mit Bildbelegen zu ‚Raub der Europa' (Gesamttradition) und ‚Parisurteil' (Mittelalter und Renaissance); Teil II mit exemplarischen Bildbelegen aus Renaissance/Manierismus, Barock/Rokoko und Klassizismus sowie einem kurzen Ausblick aufs 19./20. Jahrhundert.

Dem Teilbereich der Gesamtrezeption von **Ovids Metamorphoses** in der späteren Bildenden Kunst galt eine längst überfällige Einzelpublikation: Gerlinde **Huber-Rebenich***/Sabine **Lütkemeyer**/Hermann **Walter**, Ikonographisches Repertorium zu den Metamorphosen des Ovid. Die textbegleitende Druckgraphik. Bd. 2. Sammeldarstellungen. Berlin 2004; 232 S.: Auf Initiative von Hermann Walter entstandener Überblick zur rezeptionsgeschichtlich zentralen bildlichen Ovid-Nachwirkung von der ersten illustrierten Ausgabe Venezia 1497 bis zu letzten großen Illustrationszyklen um 1800.

Weitere wichtige Monographien zur Ovid-Rezeption aus jüngster Zeit (Auswahl): (1) Karl **Kilinski**, The Flight of Icarus Through Western Art. Lewiston u. a. 2002 (Studies in History 4); XIV, 508 S.: Gründliche Aufarbeitung spez. der neueren Bildtradition des mythischen Standardthemas. (2) Christopher Allen, Ovid and Art. In: Hardie 2002, wie S. 207, 336–367. (3) Bruce Redford, Speaking Pictures: Ovid and the Visual Arts. In: Boyd/Fox 2010, wie S. 208, 23–27. (4) Paul **Barolsky***, Ovid and the Metamorphoses of Modern Art from Botticelli to Picasso. New Haven 2014; 250 S.: Überblick für Fachleute wie ein breiteres Publikum zur

Bedeutung von Mythenthemen aus Ovid in der Kunsttradition von der Renaissance bis zur Moderne (behandelte Künstler: z. B. Botticelli, Brueghel, Dalí, Correggio, Michelangelo, Picasso, Poussin, Rembrandt, Rubens, Tizian, Velázquez, Veronese; Heroen/Heroinen: z. B. Adonis, Aktaion, Andromeda, Arachne, Argos, Daphne, Europa, Eurydike, Ganymed, Io, Kallisto, Keyx, Narziss, Orpheus, Perseus, Phaëthon, Philemon/Baukis, Pygmalion; Salmakis). – Zur weiteren neueren Beiträgen über die bildliche Rezeption von Mythenthemen aus Ovids *Metamorphoses* und Homers Großepen ist auf die Veröffentlichungen Iconografia 2006 und Colpo/Ghedini 2012 zu verweisen (vgl. S. 226).

Was die fast ebenso umfangreiche Tradition illustrierter Ausgaben zu **Vergil** (spez. *Aeneis*) von der Renaissance bis ins 19. Jahrhundert betrifft, so legte ein Münchener Latinist und Vergilforscher als Alterswerk eine überaus verdienstvolle Publikation vor: Werner **Suerbaum***, Handbuch der illustrierten Vergil-Ausgaben 1502–1840. Geschichte, Typologie, Zyklen und kommentierter Katalog der Holzschnitte und Kupferstiche zur Aeneis in alten Drucken. Hildesheim 2008; 684 S.

Außerdem ist auf die zahlreichen Lemmata zu Teilbereichen der Bildenden Kunst im aktuellen Corpus **The Virgil Encyclopedia*** (2013; wie S. 209) sowie die ergänzenden Literaturangaben zu verweisen, spez. unter Medieval Art (II 798–802, Literatur 801 f.; Danielle B. Joyner), Dutch Art (I 289–391; Danielle B. Joyner), English Art (I 421–424; Michael Liversidge), German Art (II 539–541; Danielle B. Joyner), Italian Art (II 670–674; Ingrid D. Rowland) und Neoclassicism in Art (II 890–892; Andrei Pop).

Besondere Beachtung fand in jüngster Zeit die Bildtradition des Märchens von **Amor und Psyche** nach Apuleius (Auswahl): (1) Sonia **Cavicchioli***, The Tale of Cupid and Psyche. An Illustrated History. New York 2002 (ital. OA Milano 2002); 256 S.: Herausragende Monographie zur gesamten Bildtradition des einzigen aus der Antike erhaltenen ‚Mythenmärchens'. (2) **AK Psiche 2012:** Maria Grazia Bernardini u. a. (Hrsg.), La favola di Amore e Psiche. Il mito nell'arte dell'antiquità à Canova. AK Roma, Museo Nazionale di Castel Sant'Angelo 2012; 326 S.: Nach einleitenden Essays (1–126; u. a. zu Maestro del Dado; Perino del Vaga und Antonio Canova, z. B. Maria Grazia Bernardini, Il fregio di Perin del Vaga a Castel Sant'Angelo e la favola di Psiche nell'arte del Rinascimento, 83–96; Sonia Cavicchioli, La ripresa romantica del mito in età neoclassica, 97–106) Katalog in drei Sektionen (127–300) mit breiter Bibliographie (301–326). (3) **AK Psiche 2013:** Elena Fontanella, Amore e Psiche. La favola dell'anima. AK Mantova, Palazzo Te 2013; 482 S.: Begleitband mit großem literarisch-ikonographischem Beitragsspektrum (55–462; z. B. Sonia Cavicchioli, Da Raffaello a Canova, 171–196).

Unter den zahlreichen aktuellen Monographien zur Bildrezeption weiterer Hauptautoren des antiken Mythos präsentierte eine reich bebilderte Monographie einen Überblick zur Homerrezeption in der europäischen Kunst für ein interessiertes breiteres Publikum: Paul Demont, L'Iliade et l'Odyssée d'Homère. Paris 2004, dt. Ausgabe: Ilias und Odyssee. Homers Welt in Bildern. München 2005; 256 S. Ein knapper fachwissenschaftlicher Überblick findet sich im Handbuch **The Homer Encyclopedia*** (2011; wie S. 212) s.v. Reception in Visual Arts (III 729–733; K. Janet Watson). Vgl. auch Casey Dué, Homer in Art. In: Foley 2005, wie S. 194, 404–409.

Eine fachdidaktische Sammelschrift bezog sich auf die Bildrezeption von drei ‚Klassikern' der antiken Mythentradition: Peter **Grau**/Hans-Ludwig **Oertel**, Carmina illustrata. Zur Veranschaulichung von Odyssee, Aeneis und Metamorphosen. Bamberg 2004 (Auxilia 42); 142 S., 20 Tf.: (a) Vf., Bilder zur Odyssee als visuelle Ergänzung für die Schullektüre, 9–48: Repräsentative Auswahl von ergänzenden Bildbelegen der europäischen Kunsttradition für die Unterrichtspraxis. (b) Peter Grau, Text und Bild. Bilder zur Interpretation der Metamorphosen Ovids, 59–76. (c) Ds., Bildexkursionen zur Lektüre. Ovidbegegnungen zwischen München und Hamburg, 77–95: Zusammenstellung von Material aus deutschen Museen. (d) Hans-Ludwig Oertel, Argumentum Aeneidos imaginibus illustratum, 96–138: Präsentation zum umfassenden Holzschnittzyklus Straßburg 1502.

Zu einer bekannten Episode aus Homers *Odyssee* erschien jüngst eine eigene rezeptionsgeschichtliche Einzelstudie: **Vf.**, Odysseus auf Ogygia. Die Kalypso-Episode der *Odyssee* in der Bildenden Kunst von der Antike bis zur Moderne (Vortrag Université de Dijon 2005; dt. Neufassung 2019). In: Ergänzungen 2020, 76–95: Zusammenstellung repräsentativer Bildbelegen mit Erstellung einer ikonographischen Typologie und dem Ergebnis, dass Klassizismus (z. B. Angelika Kauffmann), Symbolismus (z. B. Arnold Böcklin) und Moderne (z. B. Max Beckmann, Gerhard Marcks) eine hohe Aufmerksamkeit für das Mythenthema zeigen. – Ergänzender neuerer Beitrag: Mauro Menichetti, Calypsò, una donna fatale? In: Iconografia 2006, wie S. 226, 49–58.

Wie schon in der Mittelphase, so gab es auch in den letzten zwei Dezennien für ein interessiertes breiteres Publikum mehrere spektakuläre **Ausstellungen** mit durchweg attraktiven **Katalogen** zunächst allgemein zur bildlichen **Gesamtrezeption** antiker Mythen in der neueren Kunsttradition:

(1) **AK Mythos/Figur 2001:** Peter Arlt (Hrsg.), Mythos und Figur. Doch das Antike find ich zu lebendig. AK Schlossmuseum Gotha Schloss Friedenstein 2001; 160 S.: Kleinere Ausstellung als Einführung in die Thematik mit Rückblick auf die Sammlungen von Schloss Friedenstein (10–43) und den Schwerpunkt der neuesten Bildtradition (44–136; z. B. Peter Arlt, Mythos und Figur in zeitgenössischer Kunst, 44–46).

(2) **AK Mythologica/Erotica 2005*:** Ornella Casazza/Riccardo Gennaioli (Hrsg.), Mythologica et Erotica. Arte e Cultura dall'antichità al XVIII secolo. AK Firenze, Palazzo Pitti, Museo degli Argenti 2005/06; 352 S.: Attraktiver anregender

Gesamtüberblick zu einem reizvollen Thema; nach zwölf Einführungsbeiträgen (10–123; z. B. Mario Labate, Amore che transforma: Dinamiche dell'eros nelle *Metamorfosi* di Ovidio, 28–39; Fabrizio Paolucci, L'immagine di Afrodite nel mondo antico, 40–47; Ernesto De Carolis, Gli inquieti amori degli Dei, 48–57) material- und bildreicher Katalogteil (125–334) mit Kunstobjekten aus einem breiten Gattungsspektrum mit Schwerpunkt der italienischen Kunst in Renaissance und Barock.

(3) **AK Mythos der Antike 2008:** Wilfried Seipel (Hrsg.), Vom Mythos der Antike. AK Kunsthistorisches Museum Wien 2008/09; 135 S.: Nach zwei einleitenden Kurzbeiträgen (13–23) Katalogteil (25–125) mit breitem Spektrum von Objekten der europäischen Kunst (Schwerpunkte: Renaissance und Barock) vorwiegend aus dem Bestand des KHM zu ganz unterschiedlichen Mythen. Knappe Literaturliste (129–134).

(4) **AK Ovidio 2018:** Francesca Ghedini (Hrsg.), Ovidio, Amori, miti, e altre storie. AK Roma, Scuderie del Quirinale 2018/19; 310 S.: Thematisch begrenzte Ausstellung mit umfangreichem Querschnitt zu Bildthemen aus Ovid (spez. *Metamorphoses*) in der europäischen Kunsttradition.

Weitere deutschsprachige und internationale Ausstellungen bezogen sich auf einige beim breiten Publikum bekannte und besonders beliebte mythische **Einzelthemen** (Auswahl):

(1ab) **AK Venus 2000**:** Ekkehard May (Hrsg., unter Mitarbeit von Ursula Weber-Woelk), Faszination Venus. Bilder einer Göttin von Cranach bis Cabanel. AK Köln, Wallraf-Richartz-Museum 2000/2001 u. a.; 527 S.: Breite Materialbasis von Darstellungen zur antiken Liebesgöttin mit ergänzenden Beiträgen namhafter Fachleute zu ihrer bildlichen, z.T. auch literarischen Rezeption von der griechisch-römischen Antike (z. B. Erika Simon, Über Astarte, Aphrodite und Venus, 35–47) über Mittelalter (Berthold Hinz, Venus im Norden, 81–92), Renaissance (z. B. Bodo Guthmüller, Venus in der Mythologie der italienischen Renaissance, 49–56), Manierismus (z. B. Ekkehard Mai zu den Schulen von Fontainebleau und Haarlem, 93–104; Thomas DaCosta Kaufmann zur rudolfinischen Kunst, 105–114) und Barock (z. B. Fiona Healy zur niederländischen Kunst, 115–130; Thomas W. Gaethkens zur französischen Kunst des 18. Jh.s, 147–160) bis zu 19. Jahrhundert und Moderne/Postmoderne (Vf., Das Neueste von Venus. Bilder der Liebesgöttin als Spiegel der Zeit in der Kunst des 20. Jahrhunderts, 206–221). – Venus. Bilder einer Göttin. AK München, Alte Pinakothek 2001; 326 S.: In Präsentation und Katalog verkürzte Fassung der Kölner Ausstellung 2000/01. – Zur Ausstellung Gärten der Aphrodite 2001 Näheres schon auf S. 236.

(2) **AK Troia 2001**:** Näheres zu Gesamtdisposition und den altertumswissenschaftlichen Sequenzen schon auf S. 238. Rezeptionsgeschichtliche Sequenz: ‚Der Troiamythos vom Mittelalter bis in die Neuzeit' (188–289) mit Beiträgen

vorwiegend zur Kunst in Mittelalter und Renaissance [Titelverweise unter Einzelperioden] sowie der Folgezeit (Nils Büttner, Troia in der Kunst von der Spätrenaissance bis zur Aufklärung, 257–279); in der abschließenden Sequenz ‚Troia – ein Thema des 20. Jahrhunderts (428–463) ein Überblick zur Moderne (spez. Gerd Biegel, Mythenwandel. Troiarezeption im 20. Jahrhundert in Theater, Literatur und Kunst, 440–454).

(3) **AK Pygmalion 2001:** Barbara Eschenburg, Pygmalions Werkstatt. Die Erschaffung des Menschen im Atelier von der Renaissance bis zum Surrealismus. Hrsg. von Helmut Friedel. AK München, Lenbachhaus 2001; 367 S.: Nach drei Einführungsbeiträgen (13–79; z.B. Barbara Eschenburg, Die Erschaffung des Menschen im Atelier, 13–54) reich bebilderter Katalog (80–361) in sieben Sektionen mit Ausstellungsobjekten zum Thema aus der neueren Kunsttradition mit den Schwerpunkten Barock und Moderne.

(4) **AK Europa 2002*:** Claudio Pescio (Hrsg.), Il mito di Europa. Da fanciulla rapita a continente. Firenze, Galleria degli Uffizi 2002/03; 344 S.: Breite Übersicht zum europäischen Standardmythos; nach drei ‚Introduzioni' (17–38; z.B. Cristina Acidini Luchinat zum Leitthema 17–28) und sechzehn ‚Saggi' (z.B. Antonella Romualdi, Il mito di Europa nell'antichità, 39–50; Elena Capretti, Europa nella grande decorazione italiana del Cinquecento, 66–84; weitere Beiträge zu Seicento, Settecento, Ottocento und Novecento) umfangreicher Katalog (201–335); gründliche Bibliographie (336–344).

(5) **AK Venere 2003*:** Omar Calabrese (Hrsg.), Venere svelata. La Venere di Urbino di Tiziano. AK Bruxelles, Palais des Beaux-Arts 2003/04; 328 S.: Ausgehend von Tizians *chef d'oeuvre*, eindrucksvolle Präsentation von bildlichen Hauptbelegen zur antiken Liebesgöttin als Lieblingsthema in der Kunst der Neuzeit mit Einzelbeiträgen wichtiger Fachleute zur Entwicklung des Themas spez. in der Kunst der Renaissance.

(6ab) **AK Homère 2004*:** Emmanuel Schwartz/Anne-Marie García (Hrsg.). Dieux et mortels. Les thèmes homériques dans les collections de l'École nationale superieure des beaux-arts de Paris: AK Paris, École Nationale Supérieure des Beaux-Arts 2004; 469 S.: Nach drei Einleitungsbeiträgen (21–77; z.B. Emmanuel Schwartz, Le poète: L'art de lire Homère, 23–52) umfangreiche erste Sektion ‚Catalogue des peintures et sculptures' (79–320) mit dreizehn Kapiteln vom Hintergrund der homerischen Welt und homerischen Göttern über Achilles, Iliasthemen, Philoktetes, Ilioupersis, Oresteia, Irrfahrten und Heimkehr des Odysseus, Telemachie, Aeneis und Epischem Kyklos bis zum Schlusskapitel ‚Rire avec Homère'; kürzere zweite Sektion ‚Catalogue des estampes' (232–422) mit entsprechenden Inhalten. In den Anhängen (425–469) ein Kurzbeitrag zur Galerie d'Ulysse in Fontainebleau (427–438) und Bibliographie (431–439). – (6b) AK Homer 2005: Emmanuel Schwartz (Hrsg.) The Legacy of Homer. AK Princeton, Art

Museum 2005; 337 S.: Kurzfassung des Katalogs ohne die zweite Sektion. – Spätere Ausstellungsvariante: Emmanuel Schwartz (Hrsg.), Gods and Heroes. Masterpieces from the École des Beaux-Arts, Paris. AK Oklahoma, City Museum of Art u. a. 2014; 240 S.

(7) **AK Homer 2008****: Näheres zur Gesamtdisposition und den altertumswissenschaftlichen Sequenzen schon auf S. 238. Rezeptionsgeschichtliche Sequenz: ‚Die Rezeption der homerischen Dichtung' (195–289) mit sechs Beiträgen zur literarischen und bildlichen Rezeption bei Griechen, Etruskern und Römern (196–250) und fünf Beiträgen zur weiteren Entwicklung in Byzanz und Mittelalter (251–264; Hinweise unter den Einzelperioden) sowie in der Neuzeit (265–289; z. B. Thierry Greub, Nähe und Ferne zu Homer: Die künstlerische Rezeption Homers in der Neuzeit, 265–275).

(8) **AK Launen des Olymp 2008:** Vinzenz Brinkmann (Hrsg.), Launen des Olymp. Der Mythos von Athena, Marsyas und Apoll. AK Liebieghaus Skulpturensammlung, Frankfurt 2008; 183 S.: Instruktive Ausstellung zum bekannten Einzelmythos, ausgehend von der antiken Literatur- und Bildtradition (ausführliche Einführung zum Mythos von Vinzenz Brinkmann, 18–71), mit rezeptionsgeschichtlichem Ausblick (Jochen Sander, Apoll und Marsyas. Der Mythos in Renaissance und Barock, 86–99).

(9) **AK Actaeon 2008*:** Beat Wismer (Hrsg.), Diana und Actaeon. Der verbotene Blick auf die Nacktheit. AK Düsseldorf, Museum Kunst-Palast 2008/09; 316 S.: Fundierter Einblick in den aus Ovids *Metamorphoses* präsenten Einzelmythos (Basisbeitrag von Maria Moog-Grünewald, 24–29) und seine weitere Rezeption von der Renaissance bis zur Postmoderne (z. B. Tizian, Rubens, Rembrandt, Klossowski) sowie das grundsätzliche Spannungsverhältnis zwischen Lust und Zurückhaltung.

c. Mythosrezeption in den kulturellen Einzelperioden

Angesichts des bisher fast völligen Fehlens von themenspezifischen Forschungsberichten stellt der gesamte folgende Abschnitt einen ersten Vorstoß in Neuland dar. Dabei dürften auch hier wieder die Recherchen nach weiteren Standardwerken und herausragender mythenspezifischer Überblicks- und Einzelliteratur durch das Heranziehen der allgemeinen bzw. speziellen Bibliographien in der hier berücksichtigten Literatur gefördert werden.

Was die Mythosrezeption in den Einzelperioden betrifft, so ergibt sich in der aktuellen Phase eine leichte Abnahme der Forschungen zur byzantinischen Kultur, für das Westliche Mittelalter eine relative Stabilisierung, für Renaissance/Manierismus eine begrenzte Aufwärtsentwicklung, für die Barockforschung eine gewisse Stagnation, hingegen für die literarische bzw. künstlerische Entwicklung vom *Fin de siècle* bis zu Moderne und Postmoderne eine beachtliche Erhöhung der Forschungsintensität.

(1) Byzantinische Kultur
Für die byzantinischen Mythentradition, deren Erforschung die bahnbrechenden Arbeiten von Kurt Weitzmann prägten (Näheres auf S. 44/133), gab es in letzter Zeit zwei aktuelle **Überblickswerk**e: (1) Elizabeth Jeffreys u. a. (Hrsg.), The Oxford Handbook of Byzantine Studies *[OHBS*]*. Oxford 2008; 1021 S.: Umfassende Gesamtdarstellung; zum Thema z. B. Panagiotis A. Agapitos, Literary Criticism, 77–85; Anthony Cutler, Ivory, Steatite, Enamel, and Glass, 452–461; John Lowden, Book Production, 462–472. (2) Falko **Daim*** (Hrsg.), Byzanz. Historisch-Kulturwissenschaftliches Handbuch. Stuttgart/Weimar 2016 (DNP Supplemente 11); XIV S., 1268 Sp., spez. 861–924 (Kunst und Architektur), 925–1017 (Sprache, Literatur und Bildung).

Aktuelle Beiträge zur **Homerrezeption** in der byzantinischen Literatur: (1) Felix Budelmann, Classical Commentary in Byzantium: John Tzetzes on Ancient Greek Literature. In: Roy K. Gibson/Christina S. Kraus (Hrsg.), The Classical Commentary: Histories, Practices, Theory. Leiden 2002 (Mnemosyne Supplementum 232), 141–169. (2) Filippo Maria Pontani, The First Byzantine Commentary on the Iliad: Isaac Porphyrogenitus and his Scholia. In: Byzantinische Zeitschrift 99, 2006, 551–596. (3) Carolina Cupane, Die Homer-Rezeption in Byzanz. In: AK Homer 2008, wie S. 238, 251–258.

Schließlich ist auf eine aktuelle **Ausstellung** zu verweisen: *AK Byzanz 2011:* Benjamin Fourlas/Vasiliko Tsamakda (Hrsg.), Wege nach Byzanz. AK Mainz, Römisch-Germanisches Zentralmuseum 2011/12; 354 S.: Unter den einleitenden Beiträgen themenspezifisch z. B. Benjamin Fourlas, Das antike Erbe in der byzantinischen Kunst, 30–40. Umfassender Katalog (191–337) und ausführliche Bibliographie (338–353).

Auf die **koptische Kunst**, die schon in der Mittelphase wegen der Mythenbilder auf Seidenstoffen o.Ä. einige Beachtung fand, bezogen sich folgende Neuerscheinungen (Auswahl): (1) Mahmoud Zibawi, Koptische Kunst. Das christliche Ägypten von der Spätantike bis zur Gegenwart. Regensburg 2004 (ital. OA Milano 2003); 240 S. (2) Peter Noever (Hrsg.), Verletzliche Beute. Spätantike und frühislamische Textilien aus Ägypten. Ostfildern 2005 (MAK Studies 5); 199 S. (3) Siegfried G. Richter, Das koptische Ägypten. Schätze im Schatten der Pharaonen. Darmstadt 2019; 136 S.

(2) Westliches Mittelalter
Während das neue Handbuch von Charlotte Bretscher-Gisiger (Hrsg.), Lexikon Literatur des Mittelalters. 1. Themen und Gattungen. 2. Autoren und Werke. Stuttgart/Weimar 2002, wenig Interesse am Nachleben der antiken Mythen zeigte, spielte dieser Faktor in einem weiteren Handbuch der aktuellen Phase immerhin eine gewisse Rolle: Ralph J. **Hexter***/David **Townsend** (Hrsg.), The Oxford Handbook of Medieval Latin Literature. Oxford 2012; XIX, 636 S: Darstellung der Gesamtthematik in sieben Sektionen mit gründlichen Bibliographien zu den Einzelabschnitten, beginnend mit Grundsatzfragen (Part I, 1–144; Part II, 145– 148) und endend mit ‚Periodizations' (Part VII, 507– 613); spez. zur Mythosrezeption: Andrew Hicks, Martianus Capella and the Liberal Arts, 307– 334; Winthorp Wetherby, Learned Mythography: Plato and Martianus Capella, 335– 355. – Auf mythenaffine Einzelphasen der mittelalterlichen Rezeption bezogen sich zwei Einzelartikel: (1) DNP 14 (2000) s.v. Karolingische Renaissance. II. Kunst, 821– 827 (Christine Jakobi-Mirwald). (2) DNP 15,3 (1003) s.v. Staufische Renaissance, 272– 282 (Jürgen Strothmann).

Vorwiegend mit Grundsatzfragen und den komplexen Zusammenhängen zwischen **Mythos, Literatur, Philosophie und Kultur** in dieser Einzelperiode beschäftigten sich u. a. folgende **Monographien** (Auswahl): (1) Manfred **Kern***/ Alfred **Ebenbauer** (Hrsg.), Lexikon der antiken Gestalten in den deutschen Texten des Mittelalters. Berlin 2003; XCI, 722 S.: Unverzichtbares Arbeitsmittel zur Erschließung der deutschen Mythentradition im Mittelalter. (2) Udo **Friedrich**/ Bruno **Quast** (Hrsg.), Präsenz des Mythos. Konfigurationen der Denkform in Mittelalter und Früher Neuzeit. Berlin 2004 (Trends in Medieval Philology 2); XXVII, 343 S., spez. IX-XXXVII (‚Mediävistische Mythosforschung'; grundsätzliche Vorbemerkungen). (3) Pietro **Gibellini**, Il mito classico nella letteratura italiana. 1. Gian Carlo Alessio (Hrsg.), Dal Medioevo al Rinascimento. Brescia 2005; 678 S.: Breite Sammlung von thematisch spezifischen Einzelbeiträgen. (4) Francine **Mora-Lebrun***, „Metre en romanz". Les romans de l'antiquité du XIIe siècle et leur postérité (XIIIe – XIVe siècle). Paris 2008; 608 S.: Grundlegende Spezialstudie zu den großen altfranzösischen Epen *Roman de Troie, Roman de Thèbes* und *Roman d'Énéas*. (5) Rembrandt **Duits***/François **Quiviger**, Images of the Pagan Gods. (Kongressakten London 2004 zur Erinnerung an Jean Seznec). London 2009 (Warburg Institute Colloquia 14); XIV, 443 S.: Sammelschrift mit Einzelbeiträgen zum Weiterleben der Antikentradition in Mittelalter und Renaissance [selektive Titelnachweise unter Mittelalter bzw. Renaissance]. (6) David Hopkins/Charles Martindale, **OHCREL***. **Vol. 1** (800 – 1558). Edited by Rita Copeland. Oxford 2016; VII, 758 S.: Breites Beitragsspektrum zu den antiken Voraussetzungen (z. B. Mythography 121– 150, Virgil 165– 185, Ovid and Ovidianism 187– 208, Statius 227– 250, Trojan Itineraries and the Matter of Troy 251– 268); weiterhin: Alistair Minnis,

Other Worlds: Chaucer's Classicism, 413–434; Robert R. Edwards, John Lydgate and the Remaking of Classical Epic, 464–486. Bibliography (625–717; grundlegend). (7) Ulrich **Rehm*** (Hrsg.), Mittelalterliche Mythenrezeption. Paradigmen und Paradigmenwechsel. Wien u. a. 2018 (Sensus 10); 268 S.: Sammlung mit neun Einzelbeiträgen zu durchweg wichtigen Themen der bildlichen und literarischen Nachwirkung im Mittelalter (z. B. Rebecca Müller, Mythenrezeption in karolingischer Zeit – Bilder, Texte und Bilder in Texten, 81–103; Susanne Moraw, Der *miles christianus* als Sirenen- und Skyllatöter. Die *Odyssee* in den monastischen Diskursen des Mittelalters, 105–125; Stefan Trinks zu Parallelismen zwischen alttestamentlichen und mythischen Stoffen, 127–155, spez. 141–145 ‚Eva als neue Arachne'; Ronny F. Schulz, Modifikation und Neuschöpfung des Mythos in der deutschsprachigen Literatur an der Wende vom 13. zum 14. Jahrhundert, 223–240); eindrucksvoller Bildteil als wesentliche Ergänzung (241–264).

Eine entsprechende Auswahlliste mit **kleineren Beiträgen** zur Thematik: (1) Marc-René Jung, Die Vermittlung historischen Wissens zum Trojanerkrieg im Mittelalter. Fribourg 2001; 43 S. (2ab) Elisabeth Lienert, Deutsche Troiadichtungen des 12. bis 14. Jahrhunderts. In: AK Troia 2001, wie S. 238, 204–211; Horst Brunner, Deutsche Troialiteratur des Spätmittelalters und der frühen Neuzeit, ebd. 212–225. (3) Manfred Kern, Die geharnischte Venus. Antike Mythologie in der deutschen Literatur des Mittelalters am Beispiel der Liebesgötter. In: Dalfen/Harrauer 2004, wie S. 254, 103–131. (4) Andreas Kablitz, Dantes Odysseus. In: Völher/Seidensticker 2005, wie S. 254, 93–122. (5) Herbert David Brumble, Let Us Make Gods in Our Image: Greek Myth in Medieval and Renaissance Literature. In: Woodard 2007, wie S. 182, 407–424: Wichtiger Überblick zur relativen Kontinuität in beiden Perioden. (6) Franco Montanari, Die Rezeption der Homerischen Dichtung im lateinischen Mittelalter. In: AK Homer 2008, wie S. 238, 259–264. (7) Udo Kühne, Der Kampf des Helden: ein klassisches Thema im mittellateinischen Epos. In: Klein/Käppel 2008, wie S. 255, 241–258. (8) Anthony Kaldellis, The Great Medieval Mythogenesis: Why Historians Should Look Again at Medieval Heroic Tales. In: Festschrift Graf 2009, wie S. 189, 356–371: Instruktiver Überblick zur mittelalterlichen Mythographie. (9) Jan-Dirk Müller, Mythos und mittelalterliche Literatur. In: Mythos – Sage – Erzählung. Gedenkschrift Alfred Ebenbauer. Göttingen/Wien 2009, 331–349: Prägnante Einführung in die Grundlagen. (10) Daniel W. Lacroix, Aspects de l'héritage mythologique latin dans les récits de Saxo Grammaticus. In: Aygon u. a. 2009, wie S. 255, 129–142: Beitrag zu einer wichtigen Textquelle. (11) Nikolaus Staubach, Zwischen Mythenallegorie und Idolatriekritik. Bischof Theodulf von Orléans und die heidnischen Götter. In: Schmitz/Bettenworth 2009, wie S. 198, 149–165: Basisstudie zu einem Hauptvertreter des allegorischen Mythenverständnisses. (12ab) Karl Reichl, Heroic Epic Poetry in the Middle Ages. In: Bates 2010, wie S. 311, 55–75; John Freccero, Dante and the Epic of Transcendence,

76–92. (13) Wim Verbaal, Homer im lateinischen Mittelalter. In: Rengakos/Zimmermann 2011, wie S. 213, 329–336. (14) Bent Gebert, Wissensordnungen, Wissbares und das Unbehagen der literarischen Repräsentation: Gibt es einen Mythosdiskurs des Mittelalters? In: Gebert/Mayer 2014, wie S. 255, 88–121. (14) Jamie C. Fumo, Commentary and Collaboration in the Medieval Allegorical Tradition. In: Miller/Newlands 2014, wie S. 255, 114–128. (15ab) James G. Clark, Myth and the Medieval Church. In: Zajko/Hoyle 2017, wie S. 256, 43–57; Kathryn McKinley, Constructing a Mythic City in the *Book of the City of Ladies:* A New Space for Women in Late Medieval Culture, ebd. 353–366.

Ergänzend einige Angaben zum Grenzbereich von **Literatur und Buchmalerei** (Auswahl): (1) Dieter **Blume***, Regenten des Himmels. Astrologische Bilder in Mittelalter und Renaissance. Berlin 2000 (Studien aus dem Warburg-Haus 3); X, 486 S.: Basisstudie zu Sternmythen. (2) Rembrandt Duits, The Survival of the Pagan Sky: Illustrated Constellation Cycles in Manuscripts. In: Duits/Quiviger 2009, wie S. 272, 97–129. (3) Elly Dekker, The Provenance of the Stars in the Leiden Aratea Picture Book. In: Journal of the Warburg and Courtauld Institutes 73, 2010, 1–37. (4) Marian Bleeke, Versions of Pygmalion in the Illuminated „Roman de la Rose" (Oxford, Bodleian Library, Ms. Douce 195). In: Art History 33, 2010, 28–53. (5) Françoise **Clier-Colombani**, Image et imaginaire dans l'Ovide moralisé. Paris 2017 (Essais sur le Moyen Âge 63); 327 S., 16 Tf.: Ikonographische Basisstudie. (6) Fabio Guidetti; A Sky Without Myths? Pagan Imagery in Early Medieval Astronomy. In: Rehm 2018, wie S. 273, 57–80.

Wie in jüngster Zeit die rezeptionsgeschichtliche Forschung zu **Ovids Metamorphoses** in vollem Umfang einsetzte (vgl. S. 258 f./265 f.), so galten auch weitere neue Arbeiten dem Nachleben spez. dieses Hauptwerkes in Mittelalter und Renaissance (Auswahl): (1) Jemery Dimmick, Ovid in the Middle Ages: Authority and Poetry. In: Hardie 2002, wie S. 207, 264–287. (2) Ralph Hexter, Ovid in the Middle Ages: Exile, Mythographer, Lover. In: Boyd 2002, wie S. 207, 413–432. (3) Gian Mario **Anselmi** (Hrsg.), Le metamorfosi di Ovidio nella letteratura tra Medioevo e Rinascimento. Bologna 2006; XIII, 257 S.: Sammelschrift zum breiten literarischen Nachleben. (4ab) Bardo Maria Gauly, Ovid, Boccaccio und die ,Metamorphosen'. Rezeption in der lateinischen Literatur des Mittelalters. In: Klein/Käppel 2008, wie S. 255, 139–158; Dorothea Klein, Metamorphosen eines Dichters: Zur Ovid-Rezeption im deutschen Mittelalter, ebd. 159–178. (5) Laurence **Harf-Lancner** (Hrsg.), Ovide metamorphosé. Les lecteurs médiévaux d'Ovide. Paris 2009; 244 S.: Beiträge spez. in der Sektion ,Les *Métamorphoses* et L'*Ovide moralisé*' (107–238). (5) John M. Fyler, The Medieval Ovid. In: Knox 2009, wie S. 208, 411–422. (6) Gerlinde Huber-Rebenich, A Lecture with Consequences: Tracing a Trecento Commentary on the Metamorphoses. In: Duits/Quiviger 2009, wie S. 272, 177–198. (7) Rachel Jacoff, Vergil in Dante. In: Farrell/Putnam 2010, wie S. 209, 147–157. (8)

An **Faems*** u. a. (Hrsg.), Les translations d'Ovide au Moyen Âge. Turnhout 2011 (Publications de l'Institut d'Études mediévales: Textes, études, congrès 26); VI, 294 S.: Beiträge zur mittelalterlichen Rezeption insgesamt, spez. in *Ovide moralisé* und Umfeld. (9) Stephen Wheeler, Von der Lüge zur Wahrheit. Die Verwandlungen von Ovids *Metamorphosen* im Mittelalter. In: Harich-Schwarzbauer/Honold 2013, wie S. 258, 89–110. (10abc) Gregory Hays, The Mythological Tradition after Ovid. In: Miller/Newlands 2014, wie S. 255, 129–143; Diskin Clay, The Metamorphosis of Ovid in Dante's *Divine Comedy*, ebd. 174–186; Andrew Galloway, Ovid in Chaucer and Gower, ebd. 187–201. (11) Pierluigi Leone **Gatti**, Ovid in Antike und Mittelalter. Geschichte der philologischen Rezeption. Stuttgart 2014 (Hermes Einzelschriften 106); 260, 15 S.: Schwerpunkte: II/1. Philologische Kritik zu Ovids Werken (27–52; spez. frühmittelalterliche Kommentare). II/2. Ovid in der Schule (53–86). (12) Sebastian Möckel, Metamorphosen des Zorns. Ovids Racheerzählungen in Mittelalter und früher Neuzeit. In: Martin Baisch u. a. (Hrsg.), Rache – Zorn – Neid. Zur Faszination negativer Emotionen in der Kultur und Literatur des Mittelalters. Göttingen 2014 (Aventiuren 8), 101–131, spez. zu Aktaion 108–113, Philomela 114–119 und Myrrha 119–121. (13) Frank T. Coulson, Myth and Allegory in the Vulgate Commentary on Ovid's *Metamorphoses*. In: Zucker u. a. 2016, wie S. 218, 199–223. (14) Franca Ela **Consolino** (Hrsg.), Ovid in Late Antiquity. Turnhout 2018 (Studi e testi tardoantichi 16); 506 S.: Breites Rezeptionsspektrum von Spätantike bis Frühmittelalter.

Zahlreiche weitere Neuerscheinungen bezogen sich auf die christlich dominierte **Bildende Kunst** des Westlichen Mittelalters (Auswahl): (1) Félix-Pierre **Fornas**, Le Béstiaire roman et son symbolisme. Châtillon-sur-Chalaronne 2001; 64 S.: Übersicht zu Mythenthemen und ihrer Bedeutung in der Bauplastik (spez. Kapitellen) der Romanik. (2) Ursula Düriegl, Die Fabelwesen von St. Jakob in Kastelaz bei Tramin. Romanische Bilderwelt antiken und vorantiken Ursprungs. Wien u. a. 2003; 152 S.: Spezialstudie zu einem exemplarischen Bilderzyklus der Spätromanik. (3) Veronika **Wiegartz**, Antike Bildwerke im Urteil mittelalterlicher Zeitgenossen. Weimar 2004 (Marburger Studien zur Kunst- und Kulturgeschichte 7); 415 S. (4) Jacqueline Leclercq-Marx, Le centaure dans l'art préroman et roman. Sources d'inspiration et modes de transmission. In: Les Cahiers de Saint-Michel de Cuxa 37, 2006, 33–42. (5) Erika Zwierlein-Diehl, Antike Gemmen im Mittelalter. Wiederverwendung, Umdeutung, Nachahmung. In: Dietrich Boschung/Susanne Wittekind (Hrsg.), Persistenz und Rezeption. Wiesbaden 2008 (Schriften des Lehr- und Forschungszentrums für die Antiken Kulturen des Mittelmeerraums 6); 237–284. (6) Ulrich Rehm, Diachrone Dialoge. Zur Interpretation antiker Gemmen mit mythologischen Motiven im Mittelalter. In: Wolfgang Augustyn (Hrsg.), Dialog – Transfer – Konflikt. Passau 2014, 71–88. (7) Laurence **Terrier Aliferis**, L'imitation de l'antiquité dans l'art médiéval (1180–1230). Turnhout 2016 (Répertoire iconographique de la littérature du Moyen Âge 7); 343 S.: Überblick zu den kulturhistorischen Voraussetzungen der Normannisch-Staufischen ‚Renaissance'. (8) Jacqueline **Leclercq-Marx***, Iconographie mediévale entre antiquité et art roman. D'acanthes et d'écailles. Turnhout 2019 (Répertoire iconographique de la littérature du Moyen Âge 9); 470 S.: Sammlung von Beiträgen der Gelehrten mit z.T. wesentlichen Forschungserträgen zum Themenbereich.

Schließlich dürften zwei aktuelle Publikationen zur Kunstentwicklung in Mittelalter und Renaissance künftige Standardwerke sein:

(1) Dieter **Blume***/Mechthild **Haffner**/Wolfgang **Metzger**, Sternbilder des Mittelalters und der Renaissance. Der gemalte Himmel zwischen Wissenschaft und Phantasie. Bd. 1,1–2. 800–1200. 2,1–3. 1200–1500. Berlin 2012–2016; 651 S./ 403 S. Abbildungen, 544 S./S. 554–1031/ 629 S. Abbildungen: Grundlegendes umfangreiches Corpus zur gesamten nachantiken Bildtradition der Sternbilder mit breiter textlicher Einführung, gründlichem Katalogteil und zahlreichen Abbildungen. Die ausführlichen Literaturverzeichnisse zur früheren Forschung (I,1,581–640; II,1,980–1018) eignen sich als Ausgangsbasis für einen künftigen Teilforschungsbericht.

(2) Ulrich **Rehm****, Klassische Mythologie im Mittelalter: Antikenrezeption in der bildenden Kunst. Wien u.a. 2019; 486 S.: Nach instruktiver Einleitung (1. Zugänge, 15–64; breite Exposition zu Grundbegriffen und Voraussetzungen) ebenso umfangreiche wie repräsentative und reich bebilderte Materialsammlung (2. Artefakte und visuelle Konzepte, 65–397) zu Karolingischer und Ottonischer Renaissance (65–124), Staufischer Renaissance (125–233) sowie Spätmittelalter und Italienischer Renaissance (235–398), ergänzt durch Quellenverzeichnis (403–410), Literatur (411–454) und Register (473–484). Das ausführliche Literaturverzeichnis bietet die Basis für einen ausführlicheren Teilbericht zur Mittelalterrezeption insgesamt.

(3) Renaissance/Humanismus und Manierismus

Auch für diese Einzelperiode blieben die Forschungsziele, die in der Mittelphase durch die grundlegenden Untersuchungen z.B. von Erwin Panofsky, Ernst H. Gombrich und Edgar Wind, das Standardwerk über antike Skulptur und Renaissancebildhauer von Bober/Rubinstein (1986, wie S. 130) sowie die ‚Studien zur antiken Mythologie in der italienischen Renaissance' von Bodo Guthmüller (1986, wie S. 140) vorgegeben waren, weitgehend dieselben mit der Wiederentdeckung der antiken Mythen und ihres poetischen Grundcharakters nach der langen mittelalterlich-christlichen Phase von Historisierung und Allegorisierung.

Wichtige Akzente setzte ein neues Handbuch als gründliche Zusammenfassung der früheren Forschungsergebnisse: Manfred **Landfester***/Helmuth

Schneider (Hrsg.), Renaissance – Humanismus, Lexikon zur Antikerezeption. Stuttgart/Weimar 2014 (Der Neue Pauly. Supplemente 9); XV S., 1182 Sp.: Einleitung IX-XIV, spez. IX-XII zu Epochen- und Kulturbegriff bzw. Periodisierung, 657– 670 s.v. Mythos/Mythologie (Jörg Jochen Berns), Literatur 668 f. (Quellen), 669 f. (Sekundärliteratur). – Auf die mythenaffine Grundeinstellung dieser Einzelperiode bezogen sich zwei Einzelartikel: (1) DNP 14 (2000) s.v. Humanismus, I. Renaissance, 540–554 (Manfred Hinz). (2) DNP 15,2 (2002) s.v. Renaissance, 702–714 (Andreas Tönnesmann).

Ein starkes Interesse galt weiterhin **Boccaccio** un seinem großen mythographisches Basiswerk (Auswahl): (1) Jon Solomon, Gods, Greeks, and Poetry *(Genealogia deorum gentilium)*. In: Victoria Kirkham u. a. (Hrsg.), Boccaccio. A Critical Guide of the Complete Works. Chicago 2013, 235–244. (2) Peter Roland ***Schwertsik*****, Die Erschaffung des heidnischen Götterhimmels durch Boccaccio. Die Quellen der Genealogia deorum gentilium in Neapel. Paderborn 2014 (Humanistische Bibliothek. Reihe I: Abhandlungen 63); 610 S.: Beeindruckender Forschungsertrag, ausgehend von Boccaccios Fabula-Theorie (39–80; zu Buch 14), mit der Erschließung der fünf mythographischen Hauptquellen des Werkes (81–558). Umfassende Bibliographie (571–600). (3ab) Bodo Guthmüller, Boccaccios Konzept der Mythographie in der *Genealogia deorum gentilium*. In: Ralph Häfner (Hrsg.), Mythographie in der Neuzeit. Modelle und Methoden in Literatur, Kunst und Wissenschaft. Heidelberg 2016 (Myosotis. Forschungen zur europäischen Traditionsgeschichte 2), 21–36 (mit weiterer Literatur); Thomas Leinkauf, Boccaccios *Genealogiae deorum gentilium* und die poetologische Debatte der Frühen Neuzeit, ebd. 37–74. (4) Consuelo Álvarez Morán/Rosa Iglesia Montiel, La *Genealogia deorum* y las prácticas mitográficas de Boccaccio. In: Zucker u. a. 2016, wie S. 218, 237–262.

Unter den weiteren Publikationen zu **Geistesgeschichte, Literatur und Kunst** im Anschluss an die große Tradition der Mittelphase seien hervorgehoben (Auswahl): (1) Lorenz ***Dittmann*****, Die Wiederkehr der antiken Götter im Bilde. Versuch einer neuen Deutung. Paderborn u. a. 2001; 310, VIII S.: Nach Einleitung (Zur Eigenart der olympischen Götter, 9–23) Beiträge zu Mythenthemen bei wichtigen Einzelkünstlern von Renaissance (Botticelli, Correggio, Tizian) und Barock (Rubens, Poussin) mit Exkurs zu Venus in der Kunst der Neuzeit (47–50) und Schlussbetrachtung (Die Wiederkehr der antiken Götter im Bilde und Schellings ‚Philosophie der Mythologie und der Offenbarung', 255–281) sowie Literatur (285–303). (2) Eric M. Moormann, Tussen Olympus en Merwede: Griekse Goden en Helden in de Culturele Erfenis van de Nederlanden in de Late Middeleeuwen en de Renaissance. In: AK Goden/Helden 2001, wie S. 290, 15–33. (3) Heidi Marek u. a. (Hrsg.), Metamorphosen. Wandlungen und Verwandlungen in Literatur, Sprache und Kunst von der Antike bis zur Gegenwart. Festschrift für

Bodo **Guthmüller*** zum 65. Geburtstag. Wiesbaden 2002; XVIII, 393 S.: Breites Beitragsspektrum von Festgaben zu diversen Themen von der Antike über Boccaccio, bildliche und literarische Aspekte von Renaissance und Barock, Hölderlin, Jacques Offenbach sowie einige Schlaglichter bis zur Moderne. Schriftenverzeichnis (385–393). (4) Joscelyn Godwin, The Pagan Dream in the Renaissance. Boston 2002; VI, 292 S., Paperback 2005: Überblick zur Renaissancekultur von der Wiederentdeckung der Sinnlichkeit ('Seduction by the Gods', 1–20) bis zur Entstehung der Oper im Übergang zum Barock. (5) Luba **Freedman***, The Revival of the Olympian Gods in Renaissance. Cambridge 2002. XV, 301 S.: Studie zum Fortleben der Antike in der Darstellung der heidnischen Götter (im Anschluss an die Vorarbeiten von Seznec und Panofsky). (6) Salvatore Di Maria, Italian Reception of Greek Tragedy. In: Gregory 2005, wie S. 194, 428–443: Übersicht mit Schwerpunkt Ludovico Dolce. (7) Malcolm **Bull***, The Mirror of the Gods. Classical Mythology in Renaissance Art. London 2006; 464 S. – *Disposition:* 1. Sources. 2. Objects. 3–8: Hauptgottheiten: Hercules, Jupiter, Venus, Bacchus, Diana, Apollo. 9. The Mirror. Appendix: Principal Illustrated Translations of Ovid. – *Résumé:* Wiederentdeckung der antiken Gottheiten mitsamt ihren Skandalgeschichten als Identifikationsfiguren der Herrschenden; Entwicklung des Götterbildes von Renaissance bis zu Barock (Objekte von Botticelli, Tizian, Bernini, Rembrandt). (8ab) Françoise Graziani, Les Dieux en images. Représenter, décrire, interpréter à la Renaissance. In: Duits/Quiviger 2009, wie S. 272, 367–386; Elizabeth McGrath, Artists and Mythographic Handbooks: Some Evidence of Use and Ownership, 389–420. (9) Claudio Gigante, Figures du mythe dans la poésie de la Renaissance italienne. In: Van der Velde 2009, wie S. 286, 71–94. (10) Giuseppe Mazzotti, Italian Renaissance Epic. In: Bates 2010, wie S. 311, 93–118. (11) Luba **Freedman***, Classical Myth in Italian Renaissance Painting. Cambridge 2011; XVI, XIV, 292 S.: Nach allgemeiner Einleitung ('The Fascination with Classical Myths', 23–35) Überblick zur Bedeutung der Mythologie in der Renaissancekunst (inkl. Plastik); gründliche Bibliographie (249–270). (12) Sergio Casali, Ovidian Intertextuality in Ariosto's *Orlando Furioso*. In: Miller/Newlands 2014, wie S. 255, 306–323. (13) John Malryan, The Renaissance Mythographers. In: Zajko/Hoyle 2017, wie S. 256, 59–74.

Nicht nur die Wiederentdeckung von Ovid und Vergil, sondern auch von **Homer** und seinen Großepen war Gegenstand von mehreren Neupublikationen der jüngsten Renaissanceforschung (Auswahl): (1) Jochen Luckhardt, Moralische Bilder und antike Gestalt. Troianische Mythen in der Kunst der Renaissance. In: AK Troia 2001, wie S. 238, 245–256. (2) Philip **Ford***, De Troie à Ithaque. Réception des épopées homériques à la Renaissance. Genève 2007; X, 411 S.: Kulturgeschichtliche Aufarbeitung der französischen Homerrezeption: I. La tradition homérique jusqu'en 1540 (15–90). II. L'Âge d'or homérique 1541–1570 (91–140). III. Le crépuscule des dieux homériques 1571–1600 (141–166). IV. La génération de Budé (167–210). V. La génération de Dorat (211–274). VI. Homère à l'ombre de Scaliger (275–312). Bibliographie homérique (321–378), Bibliographie secondaire (379–398). (3) Luisa **Capodieci*** u. a. (Hrsg.), Homère à la Renaissance. Mythe et Transfigurations. (Kongressakten Roma, Villa Medici 2008). Paris 2011 (Collection d'histoire de l'art de l'Académie de France à Rome 13); 469 S.: Breites Beitragsspektrum in drei Sektionen: (I.) Métamorphoses d'Homère (25–126; z. B. Marianne Pade, Boccaccio; Leonzio, and the Transformation of the Homeric Myths, 27–40). (II.) Ulysse ‚Polytropos' (127–298; z. B. Piero Boitani, L'Ulysse d'Homère et de Dante à la Renaissance, 129–146; Giancarlo Fiorenza, Homer's Odyssey and the Image of Penelope in Renaissance Art, 223–240). (III.) L'Iliade entre mythe et allégorie politique (299–426). (4) Fabio della Schiava, Homer in der Renaissance. In: Rengakos/Zimmermann 2011, wie S. 213, 336–343. (5) Silvia **D'Amico**/Sabine **Lardon** (Hrsg.), Homère en Europe à la Renaissance. Traductions et réécritures. (Kongressakten Chambéry 2013). Chambéry 2017; 170 S.: Sammelschrift zur Nachwirkung vorwiegend in Frankreich, Italien und Spanien. (6) Patrick **Morantin**, Lire Homère à la Renaissance. Genève 2017 (Travaux d'humanisme et Renaisssance 575); 407 S.

Auf zwei Einzelgattungen der **Bildenden Kunst** in der **Frührenaissance** mit einer Häufung von Mythenbelegen bezogen sich in der aktuellen Phase einige Basispublikationen: (1) Claudia **Däubler-Hauschke**, Geburt und Memoria. Zum italienischen Bildtyp der *deschi da parto*. Berlin, München 2003 (Kunstwissenschaftliche Studien 102); 388 S.: Aufarbeitung der Mythenbilder in dieser Kleinkunstgattung. (2) Alain Erlande-Brandenburg u. a. (Hrsg.), Les Cassoni peints du Musée National de la Renaissance. Paris 2005 (Les cahiers 4); 94 S. (3) Patricia Lurati, Doni nuziali del Rinascimento nelle collezioni svizzere. Locarno 2007; 253 S. (4) Cristelle Louise **Baskins** (Hrsg.), The Triumph of Marriage. Painted Cassoni of the Renaissance. AK Boston, Stewart Gardner Museum 2008; VIII, 182 S. (5) Caroline **Campbell** (Hrsg.), Love and Marriage in Renaissance Florence. The Courtauld Wedding Chests. AK London, Courtauld Gallery 2009; 119 S. (6) Claudio **Paolini** u. a. (Hrsg.), Virtù d'amore. Pittura nuziale nel Quattrocento fiorentino. AK Firenze, Galleria dell'Accademia – Museo Horne 2010; 287 S.: Einleitende Beiträge und Katalog. (7) Mattia **Vinco**, Cassoni. Pittura profana rinascimentale a Verona. Milano 2018; 512 S.: Spezialstudie mit ausführlicher Bibliographie (455–498). (8) Jerzy **Miziolek***, Renaissance Weddings and the Antique. Italian Domestic Paintings from the Lanckoroński Collection. Roma 2018; 496 S.: Verdienstvolle Teilpublikation mit der Perspektive (auch aufgrund von kleineren Beiträgen des Autors zum Thema), dass die seit dem Standardwerk von Paul Schubring (1923, wie S. 47) bestehende Forschungslücke in absehbarer Zeit geschlossen werden könnte.

Die meisten **Werkverzeichnisse** u. Ä. als Basis zur Erstellung von Listen zu Kunstobjekten mit mythischer Thematik bei mythenaffinen Einzelkünstlern entstanden in der Mittelphase; eine Kurzliste der jüngsten Ergänzungsliteratur: **(Italienische Kunst)** Baccio *Bandinelli*. Scultore e Maestro (1493–1560). AK Firenze, Museo Nazionale del Bargello 2014 (mit Spezialbeiträgen zu *Orfeo*, *Laocoonte* und *Ercole e Caco*); Luca *Cambiaso*. Un Maestro del Cinquecento europeo. AK Genova, Palazzo Ducale 2007; *Giambologna*. Triumph des Körpers. Hrsg. von Wilfried Seipel. AK Wien, Kunsthistorisches Museum 2006; *Pontormo e Rosso Fiorentino*, Divergenti vie della „maniera". AK Firenze, Palazzo Strozzi 2014; Laurence B. Kanter/Tom Henry, Luca *Signorelli*. München 2002 (ital. OA Milano 2001). **(Deutsch-niederländische Kunst)** Kristina Herrmann Fiore (Hrsg.), *Dürer e l'Italia*. AK Roma, Scuderie del Quirinale 2007; Der frühe Dürer. AK Germanisches Nationalmuseum Nürnberg 2012; Ariane Mensger, Jan *Gossaert*. Die niederländische Kunst zu Beginn der Neuzeit. Berlin 2002; Renate Eikelmann (Hrsg.), Conrat *Meit*. Bildhauer der Renaissance. AK Bayerisches Nationalmuseum München 2006/07.

Was **Einzelkünstler** der Renaissance angeht, so galten in jüngster Zeit mehrere Beiträge Mythenthemen bei dem Frührenaissance-Maler Sandro **Botticelli** (Auswahl): (1) Cristina **Acidini Luchinat***, Botticelli. Allegorie mitologiche. Milano 2001; 248 S.: Basismonographie zum Thema. (2) Lorenz Dittmann, Botticelli. In: Dittmann 2001, wie S. 277, 25–45. (3) Horst **Bredekamp**, Sandro Botticelli, Primavera. Florenz als Garten der Venus. Berlin 2. Aufl. 2009 (Wagenbachs Taschenbuch 446); 123 S. (4) **AK Botticelli 2009*:** Andreas Schumacher (Hrsg.), Botticelli. Bildnis, Mythos, Andacht. AK Frankfurt/M., Städel Museum 2009/10; 372 S.: Nach einleitenden Essays (z. B. Cristina Acidini, Für ein blühendes Florenz. Botticellis mythologische Allegorien, 73–96) repräsentativer Katalogteil (zum Mythos 213–252) mit abschließender Literatur (359–369). (5) Cristina Acidini/ Elena Capretti (Hrsg.), Botticelli agli Uffizi. Torino 2012; 239 S.: Hauptwerke der Sammlung. (6) Ulrich Rehm, Abgründe der Herrschaft Amors in Gemälden Sandro Botticellis. In: Jörn Steigerwald/Valeska von Rosen (Hrsg.), Amor sacro e profano. Modelle und Modellierungen der Liebe in Literatur und Malerei der italienischen Renaissance. Wiesbaden 2012, 63–84. (7) Berthold Hinz, Botticelli, Sandro. In: Landfester/Schneider 2014, wie S. 276 f., 170–175. (8) Ulrich Rehm, *La Primavera* von Sandro Botticelli. Annäherung an ein Bildkonzept im historischen Kontext. In: Kristin Marek/Martin Schulz (Hrsg.), Kanon Kunstgeschichte. Einführung in Werke, Methoden und Epochen. Bd. 2. Neuzeit. Paderborn 2015, 149–169.

Auffallend viel Interesse fanden auch die Mythenbilder seines florentinischen Zeitgenossen **Piero di Cosimo:** (1) Claudia Cieri Via, Un artista intellettuale: Piero di Cosimo e il mito di Prometeo. In: Festschrift Guthmüller 2002, wie S. 278, 95– 109. (2) Dennis **Geronimus**, Piero di Cosimo – Visions Beautiful and Strange. New

Haven/Conn. 2005; 366 S., spez. Kap. 3: The Fabulist Smiles. Piero as Storyteller in his Mythological Fantasies, 77–122. (3) Maria **Tazartes**, Piero di Cosimo: „Ingegno astratto e difforme". Firenze 2010 (Gli artisti raccontati nel loro tempo 2); 155 S.: Monographie u. a. zu den Mythenzyklen. (4) Elena **Capretti**, Venere, Marte e Cupido e altri dipinti da camera con „storie di favole". In: Ds. u. a. (Hrsg.), Piero di Cosimo 1462–1522. Pittore eccentrico fra Rinascimento e Maniera. AK Firenze, Galleria degli Uffizi 2015, 90–105. (5) Dennis Geronimus/Michael Kwakkelstein (Hrsg.), Piero di Cosimo. Painter of Faith and Fable. Leiden/Boston 2019 (Niki Studies in Netherlandish-Italian Art History 12); XXVI, 319 S.: Sammelschrift mit Beiträgen zu verschiedenen Mythenthemen.

Ebenso beachtet blieb in der jüngsten Forschung **Tizian** (Auswahl): (1) Lorenz Dittmann, Tiziano. In Dittmann 2001, wie S. 277, 75–164 (breiter Überblick). (2) David Rosand; Tizian, Diana im Bade von Actaeon überrascht. In: AK Actaeon 2008, wie S. 270, 50–55. (3) Heiner Borggrefe, Tizian. In: Landfester/Schneider 2014, wie S. 276 f., 968–974. (4) Marie **Tanner**, Sublime Truth and the Senses. Titian's „Poesie" for King Philip II. of Spain. London, Turnhout 2018; 232 S.

Weitere Studien zu anderen **italienischen Renaissancekünstlern** (Auswahl): (1) Marcin **Fabiański**, Correggio, Le mitologie d'amore. Cinisello Balsamo 2000 (Quaderni della Fondazione Il Correggio 2); 191 S.: Basisstudie zum Zyklus Amori di Giove. (2) Edward J. Olszewski, Framing the Moral Lesson in Pollaiuolo's Hercules and Antaeus. In: Freedman/Huber-Rebenich 2001, wie S. 253, 71–88. (3) Lorenz Dittmann, Correggio. In: Dittmann 2001, wie S. 277, 51–74; (4) Franca Falletti u. a. (Hrsg.), Venere e amore. Michelangelo e la nuova bellezza ideale. AK Firenze, Galleria dell'Accademia 2002; 265 S. (auch zu Pontormo). (5) Rosalia **Varoli Piazza**, La Loggia di Amore e Psiche alla Farnesina. Cinisello Balsamo 2002; 431 S. (Basisstudie zu Raffaello). (6) David Davies, Troy and Toledo. El Greco's Laocoon. In: Ds. (Hrsg.), El Greco. AK New York, The Metropolitan Museum of Art 2003/04, 239–247. (7) **AK Veronese 2005:** Patrizia Nitti u. a. (Hrsg.), Veronese. Miti, ritratti, allegorie. AK Venezia, Museo Correr 2005; 192 S.: Einführung von Stefania Mason, Cieli degli dei e amori umani: Paolo Veronese e la pittura mitologica, 23–30; im Katalogteil zahlreiche Mythenthemen. (8) Stephen John **Campbell**, The Cabinet of Eros. Renaissance Mythological Painting and the „Studiolo" of Isabella d'Este. New Haven/Conn. 2006; VIII, 402 S. (zu Mantegna, Perugino und Lorenzo Costa). (9) Sergio Risaliti/Francesco Vossilla, Il Bacco di Michelangelo. Il dio della spensieratezza e della condanna. Firenze 2007 (Tandem 1); 119 S.: Einzelstudie zum Hauptwerk. (10) Philip Ford, Homére et les Beaux-Arts. In: Ford 2007, wie S. 278, 266–272 (spez. zu Primaticcio/Fontainebleau). (11) **AK Correggio 2008*:** Anna Coliva (Hrsg.), Correggio e l'antico. AK Roma, Galleria Borghese 2008; 191 S.: Verschiedene Hauptwerke mit Mythenthemen; Einzelaspekt: Claudio Franzoni, Tra Correggio e la Grecia. Antonio Allegri e l'arte classica,

46–57. (12) Claudia Kryza-Gersch, Anticos Antikenrezeption: ein unterschätztes Phänomen. In: Haag/Helke 2009, wie S. 265, 57–73: Mythenthemen bei dem wichtigen italienischen Kleinkünstler um 1500. (13ab) Vera Fortunati, Il mito di Ulisse nei dipinti murali di Pellegrino Tibaldi a Palazzo Poggi. Iconografia e stile tra civiltà dell'emblema e scienza enciclopedica. In: Capodieci u. a. 2011, wie S. 279, 161–174; Luisa Capodieci, De l'antre de Polyphème aux bras de Pénélope. Écarts entre texte et image dans la galerie d'Ulysse à Fontainebleau, ebd. 197–222 (zu Primaticcio). (14) Giancarlo Malacarne, Labyrinthos. La Sala di Amore e Psiche tra divertissement et simbolismo. In: AK Psiche 2012, wie S. 266, 197–206 (zu Giulio Romano). (15) Vf., Bildzyklen zu ‚Amori degli Dei' bzw. ‚Amori di Giove' im Cinquecento. In: Vf., Arachne 2014, wie S. 260, 95–109 (spez. zu Perino del Vaga/ Caraglio 95–98, Correggio 98–101, Giulio Romano 101–105). (16) Ilona **Wolff**, Der Bacchus von Michelangelo. Aspekte des Paragone oder: Ein Wettstreit mit der Antike. Saarbrücken 2016; 304 S.: Einzelinterpretation des Hauptwerks. (17) Ugo Bazzotti/Giuseppe Civitarese, Psiche nasce nella stanza di Amore. Nuove lettere per la Camera di Amore e Psiche di Palazzo Te. Mantova 2018; 75 S. (18) Claudia La Malfa, Raphael and the Antique. London 2020; 304 S.

Entsprechende Literatur zu Einzelkünstlern aus dem Bereich der **Deutschflämischen Renaissance** (Auswahl): (1) Christian **Vöhringer**, Pieter Bruegels d.Ä. Landschaft mit pflügendem Bauern und Ikarussturz: Mythenkritik und Kalendermotivik im 16. Jahrhundert. München 2002; 206, 8 S.: Studie zum bekannten Einzelwerk. (2) **AK Cranach 2003***: Werner Schade (Hrsg.), Lucas Cranach. Glaube, Mythologie und Moderne. AK Bucerius Kunst Forum Hamburg 2003; 192 S.: Repräsentatives Belegspektrum zur Thematik. (3) Werner **Ebermeier**, Antike in Landshut. Antike Mythologie und Geschichte in der Bilderwelt der Landshuter Stadtresidenz. Landshut 2010; 256 S. (spez. zum mythenaffinen niederländischen Manieristen Herman Posthumus und seinen Landshuter Künstlerkollegen). (4) **AK Gossaert 2010***: Maryan W. Ainsworth u. a. (Hrsg.), Man, Myth, and Sensual Pleasures – Jan Gossart's Renaissance. The Complete Works. AK New York, The Metropolitan Museum of Art 2010/11; XII, 484 S. (spez. ‚Mythological Themes' 217–235). (5) Vf., Das Arachnezimmer der Landshuter Stadtresidenz. In: Vf., Arachne 2014, wie S. 260, 78–91. (6) Elena Filippi, Dürer, Albrecht. In: Landfester/Schneider 2014, wie S. 276f., 270–278. (7) Jeanne Nuechterlein, Pieter Brughel the Elder's *Landscape with the Fall of Icarus*. In: Zajko/Hoyle 2017, wie S. 256, 378–390.

Die jüngsten Forschungen zum Sondergebiet **Manierismus** kulminierten in zwei bedeutenden neuen Ausstellungskatalogen: (1) Claire Stoullig u. a. (Hrsg.), L'Automne de la Renaissance d'Arcimboldo à Caravage. AK Nancy, Musée des Beaux-Arts 2013; 383 S. (2) Bastian Eclercy (Hrsg.), Maniera. Pontormo, Bronzino und das Florenz der Medici. AK Frankfurt am Main, Städel Museum 2016; 303 S. –

Mythenspezifischer Einzelbeitrag zum deutsch-flämischen Manierismus: Thomas DaCosta Kaufmann, Im Bann der Venus? Das Bild der Venus in der rudolfinischen Kunst. In: AK Venus 2000, wie S. 268, 104–113. – Bedeutende Einzelmonographie: Michael **Thimann**, Jean Jacques Boissard. Ovids Metamorphosen 1556. Die Bildhandschrift 79 C 7 aus dem Berliner Kupferstichkabinett. Berlin 2005 (Ikonographische Repertorien zur Rezeption des antiken Mythos. Beiheft 5); 228 S.: Erstpublikation einer ganz eigenständigen manieristischen Bildhandschrift zu Ovids Hauptwerk. Das für die weitere Kunstentwicklung in Manierismus und Barock wichtige mythologisch-ikonographische Handbuch von Vincenzo **Cartari** wurde neuerdings zum Gegenstand eines wissenschaftlichen Kongresses mit wesentlichen neuen Spezialergebnissen: Sonia **Maffei** (Hrsg.), Vincenzo Cartari e le direzioni del mito nel Cinquecento. Roma 2013 (Collana arti 15); 341 S.: Breites Spektrum von Spezialbeiträgen.

Im Anschluss an frühere Literaturangaben zur Mittelphase (S. 148) eine aktuelle Auswahlliste zu den rezeptionsgeschichtlich wichtigen **italienischen Majoliken** für die aktuelle Phase: (1) Silvia Glaser, Majolika. Die italienischen Fayencen im Germanischen Nationalmuseum Nürnberg. Bestandskatalog. Nürnberg 2000; XVIII, 329 S. (2) Rainer **Richter** (Hrsg.), Götter, Helden und Grotesken. Das goldene Zeitalter der Majolika. AK Dresden, Kunstgewerbemuseum Schloss Pillnitz 2006; 320 S.: Einführungsbeitrag von Claudia Brink, Was Teller erzählen. Mythologische Themen auf italienischen Majoliken, 15–21. Bibliographie (309–314). (3) Elisa Paola Sani, Italian Renaissance Maiolica. London 2012; 191 S. (4) Catherine Hess, Italian Maiolica. Catalogue of the Collections of the Getty Museum. Malibu/Calif. 2013; XIII, 127 S. (5) Timothy **Wilson**, Maiolica. Italian Renaissance Ceramics in the Metropolitan Musum of Art. New York 2016; XI, 380 S. (6) Françoise Barbe, Majolique. L'âge d'or de la faïence italienne au XVIe siècle. Paris 2016; 271 S. (7) Timothy **Wilson***, The Golden Age of Italian Maiolica Painting. Catalogue of a Private Collection, Torino 2018; 512 S. (Bibliography 484–503). (8) Giulio **Busti** u. a. (Hrsg.), La maiolica Italiana del Rinascimento. Studi e Ricerche. (Kongressakten Assisi 2016). Turnhout 2019; 405 S. (Bibliografia 363–392). (9) Timothy **Wilson***/Cristiana **Maritano** (Hrsg.), L'Italia del Rinascimento. Lo splendore della maiolica. Torino 2019; 287 S. (Bibliografia 268–280).

Schließlich noch der Hinweis auf zwei exemplarische Einzelbeiträge des Verfassers mit neuen Ergebnissen zu zwei bedeutenden Mythenobjekten der Renaissancekultur: (1) **Vf.**, Der Renaissancebrunnen von Schloss Tanzenberg (1563) auf dem Hauptplatz in Friesach. In: S(PR)ING.BRUNNEN. Mnemosyne & Vergegenwärtigung. Tanzenberg 2002, 36–59: Neubehandlung eines wichtigen Kunstobjekts der Spätrenaissance aus Kärnten mit dem Forschungsergebnis, dass die Anordnung der einzelnen Mythenthemen bei einer späteren Neuaufstellung verändert wurde und sich kunsthistorisch für die Brunnenanlage eine enge Verbindung mit der italienischen Hochrenaissancetradition ergibt (spez. zu Montorsoli, *Fontana di Nettuno* 1555 – 57 in Messina). (2) **Vf.***, Eustazio, Benedetto Lampridio e Giulio Romano. La scena centrale del soffitto nella Sala di Troia nel Palazzo Ducale di Mantova. In: Studi Umanistici Piceni 27, 2007, 233 – 250: Ikonographisch-ikonologische Neuinterpretation des bedeutenden Freskenzyklus der Hochrenaissance mit dem Forschungsergebnis, dass die zentrale Deckenszene als Schlüssel für das Gesamtverständnis des Bildprogramms als mythischen Ausgangspunkt des Troianischen Krieges den Beschluss des Zeus *(Diòs Boulē)* darstellt, die Klagen der Erdgöttin Gaia (im Fresko Demeter/Ceres) über die große Last der Menschen zu erhören. Diese Szene aus einem verlorenen frühgriechischen Epos (Stasinos, *Kýpria*), in der alexandrinischen und byzantinischen Homerphilologie (Eustathios, Tzetzes) noch bekannt, wurde durch den Byzantinisten und neuen Prinzenerziehers in Mantova (ab 1536), Benedetto Lampridio, an die ausführenden Künstler um Giulio Romano weitervermittelt.

(4) Barock und Rokoko

Die Erschließung der Bedeutung des antiken Mythos in Literatur, Kunst und Kultur des Barock setzte sich neuerdings eher begrenzt fort; Bibliographien oder Forschungsberichte gab es bisher kaum. Eine kritische Revision der vorliegenden Handbücher zeigte, dass die Aufarbeitung in der umfangreichen **Barockliteratur** zu wünschen übrig ließ, weniger in England bei den ‚Klassikern' von der Spätrenaissance bis zum Augustan Age wie Edmund Spenser, *The Faerie Queen* (1590), William Shakespeare, John Milton, *Paradise Lost* (1667/74), John Gay und Alexander Pope, oder in Frankreich bei Größen wie Racine, Corneille oder François de La-Mothe-Fénelon, *Les Aventures de Télémaque* (1699) als im deutschsprachigen Raum bei Andreas Gryphius oder Martin Opitz oder in Spanien bei den großen Literaten des *siglo de oro*.

Immerhin gab es einige mythenspezifische Monographien: (1) Ralph **Häfner***, Götter im Exil. Frühneuzeitliches Dichtungsverständnis im Spannungsfeld christlicher Apologetik und philologischer Kritik (ca. 1590 – 1736). Tübingen 2003 (Frühe Neuzeit 80); 716 S.: Breites Beitragsspektrum spez. zur deutschsprachigen Barockliteratur. (2) Pietro **Gibellini**, Il mito classico nella letteratura italiana. 2. Fabio Cossuta (Hrsg.), Dall' Barocco all' Illuminismo. Brescia 2006; 495 S.: Sammlung von thematisch wichtigen Beiträgen. (3) Isabel **Torres**, The Polyphemus Complex. Rereading the Baroque Mythological Fable. Liverpool 2006 (Bulletin of Hispanic Studies 83,2); 177 S.: Literarische Spezialstudie. (4) **Ds.**, (Hrsg.), Rewriting Classical Mythology in the Hispanic Baroque. Woodbridge 2007 (Colección Támesis, Serie A, Monografias 233); 210 S.: Beiträge vorwiegend zu Literatur (inkl. Theater). (5) Rosa **Romojaro**, Lope de Vega y la teoria de las funciones del mito. Barcelona 2019 (Autores, textos y temas. Literatura 52); 527 S.: Spezialstudie zum *Siglo de oro*.

Ergänzend drei Kurzbeiträge zur Mythosrezeption in der spanischen Barockliteratur: (1) Frederick A. de Armas, Captured in Ekphrasis: Cervantes and Ovid. In: Boyd/Fox 2010, wie S. 208, 241–249. (2) Harm den Boer, Ovid und die verspotteten Götter des spanischen Barock. In: Harich-Schwarzbauer/Honold 2013, wie S. 258, 129–148. (3) Frederick A. de Armas, *Don Quixote* as Ovidian Text. In: Miller/Newlands 2014, wie S. 255, 277–290. – Die Barockgattung des mythenreichen Jesuitendramas behandelte u. a. ein Kurzbeitrag: Yasmin Haskell, Practicing What They Preach? Vergil and the Jesuits. In: Farrell/Putnam 2010, wie S. 209, 203–216.

Ein bemerkenswerter Forschungsschwerpunkt bezog sich auf die **Hochblüte der englischen Literatur** in Spätrenaissance und Barock (Auswahl): (1) Charles **Martindale*** /A.B. **Taylor** (Hrsg.), Shakespeare and the Classics. Cambridge 2004; XIII, 319 S., spez. zu Ovid (33–85), Vergil (89–106) und Attischer Tragödie (241–257). (2) Linda Simonis, Mythos und Epos in Miltons *Paradise Lost*. In: Simonis/Simonis 2004, wie S. 254, 295–317. (3) Penelope Wilson, Homer and English Epic. In: Fowler 2004, wie S. 257, 272–286 (spez. zu Pope). (4) Manfred Pfister, „Merry Greeks". Die Spiele der Elisabethaner mit den antiken Mythen. In: Völler/Seidensticker 2005, wie S. 254, 123–138. (5) Craig Kallendorf, Allusion as Reception: Virgil, Milton, and the Modern Reader. In: Martindale/Thomas 2006, wie S. 254, 67–79. (6ab) Heather James, Ovid in Renaissance English Literature. In: Knox 2009, wie S. 208, 423–441; Gordon Braden, Ovid and Shakespeare, ebd. 442–455. (7) Cora Fox, Teaching the Ovidian Shakespeare and the Politics of Emotion. In: Boyd/Fox 2010, wie S. 208, 133–141. (8ab) Philip Hardie, Spenser's Vergil: The *Fairie Queen* and the *Aeneid*. In: Farrell/Putnam 2010, wie S. 209, 173–185; Henry Power, The *Aeneid* in the Age of Milton, ebd. 186–202. (9) Catherine Bates, *The Fairie Queen:* Britain's National Monument. In: Bates 2010, wie S. 311, 133–145 (zu Spenser). (10) Tania Demetriou, George Chapman's *Odyssey*. Translation and Allegory. In: Capodieci u. a. 2011, wie S. 279, 281–298. (11) Ina Habermann, Wann denkt Shakespeare an Ovid? In: Harich-Schwarzbauer/Honold 2013, wie S. 258, 149–163. (12) Colin **Burrow**, Shakespeare and Classical Antiquity. Oxford 2013; 281 S., spez. 92–132. (13ab) Sean Keilen, Shakespeare and Ovid. In: Miller/Newlands 2014, wie S. 255, 232–246; Philip Hardy, Spenser and Ovid, ebd. 291–305. (14ab) David Hopkins/Charles Martindale, **OHCREL***. **Vol. 2** (1558–1660). Edited by Patrick Cheney and Philip Hardie. Oxford 2015; XIV, 788 S.: Einteilung in drei Sektionen: I. Institutions and Contexts (27–198). II. Genre (199–483). III. Authors (485–655; z.B. Homer 487–502, Vergil/Ovid 517–538; weiterhin: Spenser, Marlowe, Shakespeare, Milton). Ausführliche Literaturangaben: Craig Kallendorf, An Annoted Bibliography (657–741; grundlegend). – **Vol. 3** (1660–1790). Edited by

David Hopkins and Charles Martindale. Oxford 2012; XI, 735 S.: Beiträge u. a. von Charles Martindale, Milton's Classicism, 53–90; Tom Mason, Dryden's Classicism; 91–131; weiterhin zu Latin Epic, Homer, Ovid u. a. Bibliography (647–700; grundlegend).

Da sich die Forschungstätigkeit des Verfassers vorwiegend auf die **Bildende Kunst** (spez. im Verhältnis zur zeitgenössischen Literatur) richtete, konzentrieren sich die folgenden Ausführungen weitgehend auf diesen Bereich. Hervorzuheben sind zunächst einige **Überblickswerke** zur Barockkunst insgesamt bzw. zu wesentlichen Teilbereichen (Auswahl): (1) Andrea Battistini, Il Barocco. Cultura, miti, immagini. Roma 2000 (Sestante 4); 330 S.: Allgemeine Übersicht zu Kunst und Kultur. (2) Christiane *Lauterbach*, Gärten der Musen und Grazien. Mensch und Natur im niederländischen Humanistengarten 1522–1655. Berlin 2004 (Kunstwissenschaftliche Studien 111); 327 S. (3) Carl *Van der Velde** (Hrsg.), Classical Mythology in the Netherlands in the Age of Renaissance and Baroque. (Kongressakten Antwerpen 2005). Louvain u. a. 2009 (Travaux ... pour l'Étude de la Renaissance et de l'Humanisme 14); 394 S.: Beiträge zu Kunst und Literatur mit Schwerpunkt der flämisch-niederländischen Barockkunst (z. B. Elisabeth McGrath, Artists, their books and subjects from mythology, 301–322). (4) Silke *Kurth*, Das Antlitz der Agonie. Körpersprache im Mythos und ihre barocke Rezeption. Weimar 2009; 373 S.: Basisstudie zum Verhältnis von antikem Mythos und barockem Pathos. (5) Manfred *Berberich*, Spaziergänge mit den Göttern. Antike Mythologie in historischen Gärten. Ubstadt-Weiher 2013; 176 S. (6) Paul Barolsky, Ovid's *Metamorphoses* and the History of Barock Art. In: Miller/Newlands 2014, wie S. 255, 202–216: Grundsatzbeitrag zur konstitutiven Bedeutung von Ovids Hauptwerk für die Barockkunst insgesamt. (7) Michael A. Brown (Hrsg.), Divine Desire. Printmaking, Mythology, and the Birth of Baroque. AK San Diego, Museum of Art 2015; 45 S. (8) Anna Heinze (Hrsg.), Götter und Helden. Mythologische Malerei im Barock und von Michael Ramsauer. AK Oldenburg, Landesmuseum für Kunst und Kulturgeschichte 2019/20; 159 S.

Zur **Basisliteratur** für Barock/Rokoko (inkl. Werkverzeichnisse zu wichtigen Künstlern) zunächst eine Kurzliste mit Ergänzungen in der aktuellen Phase für die **Barockkunst Italiens** (Auswahl): Dwight C. Miller, Marcantonio *Franceschini*. Presentazione di Alberto Cottino. Torino 2001; Luca *Giordano* 1634–1705. AK Kunsthistorisches Museum Wien 2001; Luigi A. Ronzoni, Giovanni *Giuliani* (1664–1744). Bd. 1. Essays. Bd. 2: Katalog. AK Liechtenstein Museum Wien 2005; Maria Giulia Aurigemma (Hrsg.), Carlo *Saraceni* 1579–1620. Un Veneziano tra Roma e l'Europa. AK Roma, Palazzo di Venezia 2013/14: Erste Werkschau des mythenaffinen venezianischen Malers; Filippo Pedrocco, *Tiepolo*, The Complete Paintings. New York 2002 (ital. OA Milano 2002): Neuestes Werkverzeichnis für den wichtigsten Vertreter des italienischen Spätbarock.

2. Rezeptionsgeschichtlicher Ergänzungsbereich 2000 – 2020

Seit Beginn des neuen Millenniums erfolgte eine beachtliche Wiederentdeckung weiterer großer Vertreter der **deutsch-niederländisch-flämischen Malerei und Plastik/Skulptur** mit teilweise hoher Affinität zum antiken Mythos (Auswahl): Joachim Jacoby, Hans von *Aachen* 1552–1615. München/Berlin 2000; Die Masken der Schönheit. Hendrick *Goltzius* und das Kunstideal um 1600. AK Hamburger Kunsthalle 2002; *AK Goltzius 2003:* Hendrick Goltzius (1558–1617). Drawings, Prints and Paintings. AK The Metropolitan Museum of Art, New York 2003, 352 S.; Norbert Michels (Hrsg.), Hendrick Goltzius (1558–1617). Mythos, Macht und Menschlichkeit. Aus den Dessauer Beständen. Petersberg 2017; Pieter *Lastman*. In Rembrandts Schatten? AK Hamburger Kunsthalle 2006; Hans *Rottenhammer*, begehrt – vergessen – neu entdeckt. AK Weserrenaissance-Museum Schloß Brake 2008; *AK Vries 2000:* Adriaen de *Vries*. Augsburgs Glanz, Europas Ruhm. AK Maximiliansmuseum Augsburg 2000; 430 S.: Millennium-Katalog für den bedeutendsten Bildhauer im Übergang zwischen Manierismus und Barock. – Eine wichtige Ergänzung brachte eine Basismonographie zu diesem Teilbereich: Eric Jan **Sluijter***, De „Heydensche fabulen" in de schilderkunst van de Gouden Eeuw. Schilderijen met verhalende onderwerpen uit de klassieke mythologie in der Noordelijke Nederlanden, circa 1590–1670. Leiden 2000; 519 S.

Gleichbleibend hoch blieb das Interesse von Mythenforschung und Publikum für den bedeutendsten Einzelvertreter der deutsch-flämischen Barockmalerei, Peter Paul **Rubens** (Auswahl von Ausstellungskatalogen): (1) Peter Paul Rubens. A Touch of Brilliance. Oil Sketches and Related Works from The State Hermitage Museum and the Courtauld Institute Gallery. AK London, Courtauld Institute of Art 2003/04; 127 S. (2) Piero Boccardo (Hrsg.), L'Età di Rubens. Dimore, committenti e collazionisti genovesi. AK Genova, Palazzo Ducale u. a. 2004; 591 S. (3) Sophie Aurand/Alain Tapié (Hrsg.), Rubens. AK Lille, Palais des Beaux-Arts 2004; 320 S. (4) Klaus Albrecht Schröder/Heinz Widauer (Hrsg.), Peter Paul Rubens. AK Wien Albertina 2004; 531 S. (5) Gerhard Finckh (Hrsg.), Peter Paul Rubens. AK Von der Heydt-Museum Wuppertal 2012/13; 367 S.: Breite Werkschau; darin u. a.: Christiane Pikartz, Rubens' Aufenthalt in Italien, 160–175. (6) Blaise Ducos (Hrsg.), L'Europe de Rubens. Musée du Louvre-Lens 2013; 359 S.: Repräsentativer Überblick zum Gesamtwerk; grundlegender Beitrag: David Jaffé, Rubens et l'Italie, 185–204.

Folglich gab es neue Spezialpublikationen zu mythenaffinen **Einzelkünstlern** für den **niederländisch-flämischen Bereich** vor allem zu **Rubens:** (1) Lorenz Dittmann, Rubens. In: Dittmann 2001, wie S. 277, 165–219. (2) Eveliina *Juntunen*, Peter Paul Rubens' bildimplizite Kunsttheorie in ausgewählten mythologischen Historien (1611–1618). Petersberg 2005 (Studien zur internationalen Architektur- und Kunstgeschichte 39); 187 S. (3) Aneta **Georgievska-Shine**, Rubens and the Archaeology of Myth (1610–1620). Visual and Poetic Memory.

Farnham 2009; XIII, 223 S. (3abc) Karolien de Clippel, Rough Bacchus, neat Andromeda. Rubens' Mythologies and the Meaning of Manner. In: Van der Velde 2009, wie S. 286, 95–112; Bert Schepers, Mythological Scenes by Rubens in their Intellectual Context, ebd. 129–180; Fiona Healy, In Unusual Company: Allegorical Adaptations of the Judgement of Paris, ebd. 351–384. (4) Collette Nativel, Peter Paul Rubens, „l'Homère de la peinture"? In: Capodieci u. a. 2011, wie S. 279, 399–426. (5) Christopher D.M. **Atkins** (Hrsg.), The Wrath of the Gods. Masterpieces by Rubens, Michelangelo and Titian. AK Philadelphia, Museum of Art 2015; 111 S. (6) Elisabeth **McGrath*** u. a. (Hrsg.), Rubens, Mythological Subjects. 1. Achilles to the Graces: 1.2. London 2016; 469 S./470 S. (Corpus Rubeniamum 11,1,1–2): Im Rahmen eines neuen ‚Illustrated Catalogue raisonnée' zum Gesamtwerk ein Fortschritt gegenüber dem älteren Werkverzeichnis von David Jaffé (1989; wie S. 152).

Auch zu **Zeitgenossen** von P.P. Rubens entstanden in der jüngsten Forschung verschiedene mythologische Spezialbeiträge (Auswahl): (1) Stefan Grohé, Rembrandt en de Klassieke Mythologie. In: AK Goden/Helden 2001, wie S. 290, 87–105: Résumé zu seiner Monographie (1996, wie S. 153). (2) Amy Golahny, Rembrandt's *Europa*, in and out of Pictorial and Textual Tradition. In: Freedman/Huber-Rebenich 2001, wie S. 253, 39–56. (3) Lobomir Konecný, Hans Rottenhammer und die Antike. In: AK Rottenhammer 2008, wie S. 287, 45–48. (4) Duco van Krugten, Rembrandt, Diana mit Aktäon und Kallisto. In: AK Actaeon 2008, wie S. 270, 56–65. (5) Eric-Jean Sluijter, Rembrandt, Rubens and Classical Mythology: The Case of Andromeda. In: Van der Velde 2009, wie S. 286, 25–66. (6) Ursula **Zeller** u. a. (Hrsg.), Johann Heinrich Schönfeld – Welt der Götter, Heiligen und Heldenmythen. AK Friedrichshafen, Zeppelin-Museum 2009/10; 279 S. (7) Christian Tico **Seifert**, Pieter Lastman. Studien zu Lehre und Werk. Mit einem kritischen Verzeichnis der Werke mit Themen aus der antiken Mythologie und Historie. Petersberg 2011 (Studien zur internationalen Architektur- und Kunstgeschichte 88); 368 S. (8) **AK Jordaens 2012*:** Jost Vander Auwera u. a. (Konzeption), Jordaens et l'Antiquité. AK Musées Royaux des Beaux-Arts de Belgique, Bruxelles, 2012/13; 320 S.: Nach kurzer Einführung (‚Le mythe du peintre et le peintre du Mythe', 9–12) repräsentative Werkschau mit beeindruckend breitem Spektrum von Bildthemen des antiken Mythos.

Spezialstudien zu Mythenthemen für die **italienische Barockkunst** (Auswahl): (1) Henry Keazor, „I beneficio delle statue". Antikenrezeption in Guido Renis ‚Herkules'-Zyklus. In: Artibus et Historiae 43, 2001, 137–160. (2) Hermann Walter, Luca Giordano und die Illustrierung der Metamorphosen des Ovid in der Druckgraphik des 16. und 17. Jahrhunderts. In: Freedman/Huber-Rebenich 2001, wie S. 253, 163–182. (3) Giorgio **Busetto**, Dei ed eroi del barocco Veneziano. Dal Padovanino a Luca Giordano e Sebastiano Ricci. AK Catania, Museo Civico di Castello Ursino 2004; 207 S. (4) Eckard **Leuschner**, Antonio Tempesta. Ein

Bahnbrecher des römischen Barock und seine europäische Wirkung. Petersberg 2005 (Studien zur internationalen Architektur- und Kunstgeschichte 26); 640 S.: Basispublikation zum bedeutenden Graphiker (z. B. größter Illustrationszyklus zu Ovids *Metamorphosen* Amsterdam 1606). (5) *Vf.**, Tiepolos Freskenzyklus zu Vergils Aeneis in der Villa Valmarana. In: Der Altsprachliche Unterricht 50/2, 2007, 62–71; überarb. ital. Fassung mit reicher Bebilderung in: Studi Umanistici Piceni 28, 2008, 295–317: Ikonographische Neuinterpretation zur stofflichen und künstlerischen Konzeption des Zyklus mit dem Ergebnis, dass ein Bozzetto von Giambattista Tiepolo mit Didos Ohnmacht nach dem letzten Gespräch mit Aeneas (Puschkin-Museum Moskau; nach Vergil, *Aeneis* 4,388–392; bisherige Fehldeutung: Selbstmord der Dido) der Vorentwurf für das vierte Wandbild des Raumes war (Szenen aus *Aeneis*, Buch 1 bzw. 4). Nach dem Tod des Auftraggebers (1757) veränderte Domenico Tiepolo das Konzept über dem Kamin mit einer Grisaille-Szene aus *Aeneis*, Buch 7 (Besuch der Venus bei Vulcanus). (6) Uta Grünberg, Potestas amoris. Erotisch-mythologische Dekorationen um 1600 in Rom. Petersberg 2009 (Studien zur internationalen Architektur- und Kunstgeschichte 72); 256 S. (zu Cavalier d'Arpino, Annibale Carracci u. a.).

Mythologische Arbeiten zur **französischen Barockkunst** (Auswahl): (1) Lorenz Dittmann, Poussin. In: Dittmann 2001, wie S. 277, 221–253. (2) **AK Lorrain 2001:** Jean-Claude Boyer (Hrsg.), Claude le Lorrain et le monde des dieux. AK Épinal, Musée Départemental d'Art Ancien et Contemporain 2001; 111 S.: Nach zwei einführenden Essays (15–34; spez. Emmanuel Bury, Les pouvoirs de la Fable entre poésie et peinture, 19–34) Katalog der Ausstellungsobjekte (35–103) und Bibliographie (107–111). (3) Alain Mérot, Virgile et Poussin. Questions de style. Autour du *Vénus et Énée* de Rouen. In: Marc Bayard/Elena Fumagalli (Hrsg.), Poussin et la construction de l'antiquité. (Kongressakten Roma, Villa Medici 2008). Roma 2011 (Collection d'histoire de l'art de l'Academie de France à Rome 14), 365–388. (4) Eva Hofstetter, Das Parisurteil von der Antike bis Watteau. In: Das Urteil des Paris. Grafik und Exlibris aus der Sammlung Dr. Peter Labuhn. Ruhpolding 2015, 11–26. (5) Pierre **Rosenberg**, Nicolas Poussin, Les tableaux du Louvre. Catalogue raisonné. Paris 2015; 431 S.: Interpretation zahlreicher Mythenbilder.

Entsprechende Angaben für den **spanischen Bereich** (Auswahl): (1) **AK Velázquez 2007*:** Javier Portús Pérez (Hrsg.), Velázquez's Fables. Mythology and Sacred History in the Golden Age. AK Madrid, Museo Nacional del Prado 2007; 375 S. (2) Javier Portús, Velázquez: Mitología e identidad artística. In: Haag/Helke 2009, wie S. 265, 89–101. (3) Diego Angulo *Iñiguez**, La mitologia en el arte español: Del Renaciemento a Velázquez. Madrid 2010; 347 S., darin 161–347 ältere Aufsätze zu Velázquez (z. B. Velázquez y la mitologia [1961], ebd. 327–347). (4) Karin **Hellwig**, Aby Warburg und Fritz Saxl enträtseln Velázquez. Ein spanisches

Intermezzo zum Nachleben der Antike. Berlin, Boston 2015; 169 S.: Forschungsgeschichtliches zu den Beiträgen der Warburg-Schule zu Velázquez, Rembrandt und Rubens. (5) Victor I. Stoichita, „Les fileuses" de Velázquez. Textes, textures, images. Paris 2018; 52 S.

Schließlich entstanden auch im neuen Millennium weitere ebenso fachkompetente wie populäre **Ausstellungskataloge** zu Mythenthemen im Barock mit z.T. beachtlichem Niveau (Auswahl):

(1) *AK Gärten Rubenszeit 2000**: Ursula Härting (Hrsg.), Gärten und Höfe der Rubenszeit im Spiegel der Malerfamilie Brueghel und der Künstler um Peter Paul Rubens. AK Gustav-Lübcke-Museum Hamm 2000/01; XVIII, 466 S.: Eindrucksvoller Überblick zum ‚Goldenen Zeitalter' der Deutsch-flämischen Kunst mit einer Vielzahl von Mythenobjekten. – Tagungsband zur Ausstellung in: Die Gartenkunst N.F. 14,1 (2002); VIII, 191 S.

(2) *AK Goden/Helden 2001**: Peter Schoon/Sander Paarlberg (Redaktion), Griekse Goden en Helden in de Tijd van Rubens en Rembrandt. AK Dordrechts Museum, Dordrecht 2001; 392 S.: Grundlegende Zusammenstellung speziell zu Mythenthemen in Malerei und Kunst des flämischen Barock; darin ergänzende Einzelbeiträge zu wichtigen Teilaspekten, z.B. Eric Jan Sluijter, Over Prestige, Wedijver, Erotiek en Moraal: Mythologie en Naakt in de Hollandse Schilderkunst van de 16de en 17de Eeuw, 35–63; Nora de Poorter, Van Olympische Goden, Homerische Helden en een Antwerpse Apelles. Opmerkingen over Funktie en ‚Betekenis' van de Mythologische Thematiek in Rubens' Tijd (1600–1650), 65–85; Ilja M. Veldman, Griekse goden en helden in prent, 129–147.

(3) *AK Pfälzer Apoll 2007*: Max Kunze (Hrsg.), Der Pfälzer Apoll. Kurfürst Carl Theodor und die Antike an Rhein und Neckar. AK Winckelmann-Museum Stendal 2007; 232 S. Basispräsentation zu Kunst und Kultur des deutschen Spätbarock/ Rokoko mit zahlreichen Mythenobjekten.

(5) Aufklärung, Klassizismus, Romantik und 19. Jahrhundert
In jüngster Zeit ging parallel zu einem zunehmenden Defizit an historischem Bewusstsein in Schule, Universität und Gesellschaft neben dem Interesse am antiken Mythos auch die Vertrautheit mit den früheren kulturgeschichtlichen Epochen kontinuierlich zurück zugunsten einer immer stärkeren Fokussierung auf die neueste Entwicklung seit der Aufklärung oder erst seit Ende des 19. Jahrhunderts. Andererseits ergab sich für die beiden letzten kulturgeschichtlichen Perioden ein zunehmender Verlust an Geschlossenheit und Einheitlichkeit des kulturellen Gesamtkontextes. Während seit Beginn der Neuzeit im Wesentlichen zwei große Stilphasen (mit zwei Subvarianten) die Gesamtentwicklung bestimmt hatten, folgte seit Mitte des 18. Jahrhunderts bis zur Gegenwart ein neuer Stil auf

den anderen, was auch in der modernen Mythosforschung eine immer uneinheitlichere Gesamtlinie bedingte.

Zur **Geschichte der Mythologie** ergab sich für den Berichtszeitraum 1750 – 1900 eine bemerkenswerte Neuerscheinung mit der Monographie von Anthony Andurand, Le mythe grec allemand. Histoire d'une affinité élective. Rennes 2013 (Näheres schon auf S. 174). – Die **allgemeinen Voraussetzungen** bis zur Mitte des 19. Jahrhunderts wurden vor allem in einem kulturgeschichtlichen Überblickswerk behandelt: Joachim **Jacob***/Johannes **Süßmann** (Hrsg.), Das 18. Jahrhundert. Lexikon zur Antikenrezeption in Aufklärung und Klassizismus. Stuttgart/Weimar 2018 (DNP Supplemente 13); XVI, 1208 Sp., mit mythenspezifischen Ausführungen spez. 16 – 23 (Altertumswissenschaft) 331– 334 (Mythologie), 334 – 344 (Historienmalerei), 604 – 612 (Mythologie), 700 – 705 (Polytheismus). – Der besonders mythenaffinen Frühphase galt ein Einzelartikel: DNP 14 (2000) s.v. Klassizismus, I. Kunst, 954 – 960 (Werner Busch). II. Literatur, 960 – 978 (Raimund Borgmeier).

Als mythenspezifische Einzelwerke zu **Literatur und Geistesgeschichte** sind für den Berichtszeitraum hervorzuheben (Auswahl): (1) Pietro **Gibellini**, Il mito classico nella letteratura italiana. 3. Raffaella Bertazzoli (Hrsg.), Del Neoclassicismo al Decadentismo. Brescia 2003; 545 S.: Zusammenstellung spezifischer Einzelbeiträge. (2) Timothy Webb, Homer and the Romantics. In: Fowler 2004, wie S. 257, 287– 310 (zu Angelika Kauffmann, Flaxman, Füssli und Chapman). (3) Mythen – Symbole – Metamorphosen in der Kunst seit 1800. Festschrift für Christa **Lichtenstern*** zum 60. Geburtstag. Berlin 2004; 607 S.: Zusammenstellung wichtiger, z.T. auch mythenspezifischer Einzelbeiträge, z.B. Petra Maisak, Die Parzen: Mythos und ästhetische Form, 69 – 88; Christa Michel, „Luxe de Croyance"? Goethe und die Mythen, 89 – 108. (4) Christian Iber, Mythenbildende Phantasie im Kontext des deutschen Idealismus: Dionysos, Christus. In: Vöhler/Seidensticker 2005, wie S. 254, 201– 220. (5) Albert Henrichs, Nietzsche on Greek Tragedy and the Tragic. In: Gregory 2005, wie S. 194, 444 – 458. (6) Lucas Marco **Gisi**, Einbildungskraft und Mythologie. Die Verschränkung von Anthropologie und Geschichte im 18. Jahrhundert. Berlin u. a. 2007 (Spektrum Literaturwissenschaft 11); X, 482 S., spez. 4,3. Die Mythologie als Ausdrucksweise des ‚mythischen Denkens' der Frühzeit, 191– 234 (Entwicklung vom Barock bis zu Heyne und Herder); 7. Einbildungskraft und Mythologie, 392 – 426 (Entwicklung von Schelling bis zu Creuzer und Karl Otfried Müller). (7) Jan-Oliver Decker, Die Atriden. Zur Meta-Metaphorik eines Mythos in der Goethezeit. In: Klein/Käppel 2008, wie S. 255, 63 – 99. (8) Michael O'Neill, Romantic Re-Appropriations of the Epic. In: Bates 2010, wie S. 311, 193 – 210. (9) Simon **Goldhill***, Victorian Culture and Classical Antiquity. Art, Opera, Fiction and the Proclamation of Modernity. Princeton/N.J. 2011; VIII, 352 S. (10) Christoph **Jamme***, Mythos als Aufklärung. Dichten und

Denken um 1800. München u.a. 2013; 273 S.: Grundlegend: II. Aufgeklärter Mythos, 163–270 (z.B. Positionen der Mythenkritik in Klassik und Romantik, 167–184). (11) David Hopkins/Charles Martindale, **OHCREL***. *Vol. 4* (1790–1880). Edited by Norman Vance and Jennifer Wallace. Oxford 2015; XIV, 746 S.: Einteilung in zwei Sektionen: (I.) Contexts and Genres (29–323; darin: Norman Vance, Classical Authors, 1790–1880, 29–55; ds., Myth and Religion, 185–202; Fiona MacIntosh, Shakespearean Sophocles: (Re)-dicovering and Performing Greek Tragedy in the Nineteenth Century, 299–323). (II.) Authors (325–668). Bibliography (669–701; grundlegend). (12) Michael O'Neill, Shelley *Prometheus Unbound*. In: Zajko/Hoyle 2017, wie S. 256, 407–417.

Für die **Bildende Kunst** sind aus der umfangreichen Literatur zum **Klassizismus** als Monographien, Ausstellungskataloge und kürzere Beiträge hervorzuheben (Auswahl): (1) Fernando **Mazzocca** u.a. (Hrsg.), Il neoclassicismo in Italia. Da Tiepolo a Canova. AK Milano, Palazzo Reale 2002; 542 S.: Überblicksbeiträge, z.B. Alessandro Morandotti, La riforma dello stile: la storia, la mitologia e l'epica classica, 97–132. (2) Bettina **Haben** (Hrsg.), Antike in Wien. Die Akademie und der Klassizismus um 1800. AK Gemäldegalerie der Akademie der bildenden Künste Wien 2002/03; 127 S.: Nach sechs Einführungsbeiträgen (13–84) kompetenter Katalog mit zahlreichen Mythenthemen (85–127). (3) Vf., Homerübersetzungen des 18. Jhs., insbesondere der Ilias, als Basis der Bildenden Kunst des europäischen Frühklassizismus. In: Wolfgang Kofler/Florian Schaffenrath/Karlheinz Töchterle (Hrsg.), Pontes V. Übersetzung als Vermittlerin antiker Literatur. Innsbruck u.a. 2009 (Comparanda 11), 152–166: Hervorhebung der engen Zusammenhänge zwischen Text und Bild für die europäische Kunst im Vorfeld des Klassizismus (bis hin zu Tiepolos Freskenzyklus in der *Stanza dell'Iliade* der Villa Valmarana zu Vicenza). (4) Winckelmann-Gesellschaft Stendal (Hrsg.), Homer im 18. Jahrhundert. (Kolloquium 1999). Stendal 2012 (Schriften der Winckelmann-Gesellschaft 29); 220 S.: Breites Spektrum von sechzehn Beiträgen, darin u.a.: Volker Riedel, „Der Beste der Griechen" – „Achill das Vieh". Antikerezeption im 18. und im 20. Jahrhundert, 11–24; Klaus Langenfeld, Homerische Sprache und homerischer Geist in den Idyllen von Johann Heinrich Voß, 45–71; Vf., Themen aus Homers Ilias in Bildern von Angelika Kauffmann, 143–159. (5) **AK Klassizismus 2013*:** Maraike Bückling (Hrsg.), Schönheit und Revolution. Klassizismus 1770–1820. AK Frankfurt/M., Städel Museum/Liebieghaus, Skulpturensammlung 2013; 360 S.: Opulente Gesamtschau zu dieser mythenaffinen Einzelperiode. (6) Martin Disselkamp, Winckelmanns Mythen. Vorläufige Überlegungen. In: Aufklärung 27, 2015, 31–54.

Gegenüber der starken Erweiterung des Basismaterials in der Mittelphase gab es immerhin in jüngster Zeit eine begrenzte Anzahl neuer **Basisliteratur** wie Werkkataloge, Monographien und Ausstellungskataloge (Auswahl): **(Klassizis-**

mus) *Canova*. AK Bassano del Grappa, Museo Civico/Possagno, Gipsoteca 2003/ 04; Angelika *Kauffmann:* AK Bregenz, VLM 2006; Petra Zudrell (Hrsg.), Angelika Kauffmann, Zwischen Musik und Malerei/Heimat Schwarzenberg/Blütezeit London/Residenz Rom. AK Schwarzenberg, Angelika-Kauffmann-Museum 2012/2013/ 2014/2015; Bettina Baumgärtl (Hrsg.), Angelika Kauffmann. Unbekannte Schätze aus Vorarlberger Privatsammlungen. AK Kulturstiftung Dessau-Wörlitz/Bregenz, Vorarlberger Landesmuseum 2018; Steffi Roettgen, Anton Raphael *Mengs* 1728 – 1779. Bd. 1. Das malerische und zeichnerische Werk. Bd. 2. Leben und Wirken. München 1999 – 2003; Steffi Roettgen (Hrsg.), Mengs. Die Erfindung des Klassizismus. AK Padova, Palazzo Zabarella 2001. **(Romantik)** Tom Dunne (Hrsg.), James *Barry* 1741–1806. „The Great Historical Painter". AK Cork, Crawford Art Gallery 2005; Stéphane Guégan u. a. (Hrsg.), *Chassériau*. Un autre romantisme. AK Galeries nationales du Grand Palais Paris 2002. **(Präraffaeliten)** Rosemary J. Barrow, Lawrence *Alma-Tadema*. London 2001; Edmund Swinglehurst; Laurence Alma-Tadema. London 2002; Christopher Conrad (Hrsg.), Edward *Burne-Jones* – das irdische Paradies. AK Stuttgart, Staatsgalerie 2009/10; Margot Th. Brandlhuber u. a. (Hrsg.), Frederik Lord *Leighton* 1830 – 1896. Maler und Bildhauer der Viktorianischen Zeit. AK München, Museum Villa Stuck 2009; Julian Treuherz (Hrsg.), Dante Gabriel *Rossetti*. AK Liverpool, Walker Art Gallery 2002; Peter Trippi, J.W. *Waterhouse*. London 2002, Ndr. 2004; Elizabeth Prettejohn (Hrsg.), J.W. Waterhouse, The Modern Pre-Raphaelite. AK London, Royal Academy of Arts 2009.

Unter den aktuellen Beiträgen zu Mythenthemen bei **Einzelkünstlern** des Klassizismus gab es zuletzt ein auffallend starkes Interesse für den bedeutenden italienischen Bildhauer Antonio **Canova:** (1) Jan ***Woratschek***, Antonio Canovas mythologische Statuen. Zur Frage der Ansichtigkeit. Frankfurt/M. u. a. 2005 (Ars faciendi 13); 186 S. (2) Johannes ***Myssok****, Antonio Canova: Die Erneuerung der klassischen Mythen in der Kunst um 1800. Petersberg 2007 (Studien zur internationalen Architektur- und Kunstgeschichte 48); 355 S.: Vorbildliche gehaltvolle Gesamtstudie zu den zahlreichen Mythenthemen des Früh-, Mittel- und Spätwerks (z. B. Orpheus/Eurydike, Dädalus/Ikarus, Theseus/Minotauros, Amor/Psyche, Venus/Adonis, Reliefs zu Troiamythen, Herkules/Lichas, Mars, Perseus, Napoleon als Mars, Theseus/Kentaur, Paolina Borghese als Venus), verbunden mit wichtigen Ergänzungen zu Canovas literarischen Quellen (Homer, *Ilias/Odyssee*, inkl. Übersetzungen von Alexander Pope; Pausanias) und künstlerischen Vorlagen (z. B. Flaxman). (3) Anna ***Coliva*** u. a. (Hrsg.), Canova e la Venere Vincitrice. AK Roma, Galleria Borghese 2007/08. 269 S. (4) Johannes Myssok, Canovas Theseus – ein kolossales Missverständnis. In: Haag/Helke 2009, wie S. 265, 169 – 185 (zur Gruppe *Teseo e Centauro* KHM 1804 – 1819). (5) Mario ***Guderzo***, „Un godimento artistico di grande bellezza": Amore e Psiche di Antonio Canova. In: AK Psiche

2012, wie S. 266, 107–114. (6) Ds., Antonio Canova: „Imitare un'imitazione". In: AK Psiche 2013, wie S. 266, 219–228. (7) Johannes Myssok, Antikes Pathos und modernes Gefühl. Antonio Canova und die Erfindung der neoklassizistischen Skulptur. In: AK Klassizismus 2013, wie S. 292, 120–127. (8) Mario Guderzo (Hrsg.), Venere nelle terre di Antonio Canova. Crocetta del Montello 2015; 191 S. (Beiträge zu *Venere Italica*).

Einige weitere Spezialbeiträge bezogen sich auf andere mehr oder weniger bedeutende Einzelkünstler des **Klassizismus** (Auswahl): (1) *Vf.**, Angelika Kauffmann und Homer. In: Jahrbuch Vorarlberger Landesmuseumsverein – Freunde der Landeskunde 144, 2000, 131–198: Grundlegende Zusammenstellung und Einzelinterpretation der zahlreichen Bildentwürfe zu *Ilias* und *Odyssee* mit dem Ergebnis, dass ihre thematische Auswahl durch den ikonographischen Traktat des Comte de Caylus (1757) bestimmt ist, während in der künstlerischen Gestaltung eine spezifisch weibliche Betrachtungsweise seitens der hochkultivierten Künstlerin zum Ausdruck kommt. – Späterer Teilbeitrag: Themen aus Homers *Ilias* in Bildern von Angelika Kauffmann. In: Homer im 18. Jahrhundert. Ein Kolloquium der Winckelmann-Gesellschaft [1999]. Stendal 2012 (Schriften der Winckelmann-Gesellschaft 29), 143–159 (Text), 205–210 (Abb.). (2) Vf., Themen griechischer Mythen in Bildwerken der ersten und zweiten Cauer-Generation. In: Klaus Freckmann u. a. (Hrsg.), Die Bildhauerfamilie Cauer. Künstlerische Gestaltungen und gesellschaftliche Vorgaben. Bonn 2000, 99–142: Spezialbeitrag zu Mythenthemen bei einer Bildhauerdynastie des Spätklassizismus. (3) Max Kunze (Hrsg.), Antike zwischen Klassizismus und Romantik. Die Künstlerfamilie Riepenhausen. AK Winckelmann-Museum Stendal 2001; VIII, 246 S. (4) Georges Vigne, *L'Apothéose d'Homère* ou l'Antiquité apprivoisée. In: Pasquale Picard-Cajan (Hrsg.), Ingres et l'Antique. L'illusion grecque. AK Montauban, Musée Ingres 2006, 180–188. (5) Almudena Negrete Plano (Hrsg.), Anton Raphael Mengs y la Antiguedad. AK Madrid, Real Academia de Bellas Artes 2013; 277 S.

Auf zwei herausragende klassizistische Illustratoren von Homers Epen bezogen sich in der aktuellen Phase folgende mythenspezifische Publikationen: (1) David **Bindman** (Hrsg.), John Flaxman 1755–1826. Master of the Purest Line. AK Sir John Soane's Museum and University College London 2003; 64 S. (2) Homer, Ilias und Odyssee. Deutsch von Johann Heinrich Voss mit Bildern von Bonaventura Genelli. Ndr. Köln 2002; 853 S.: Vollständige Wiedergabe des großen Illustrationszyklus zu den homerischen Epen (Stuttgart: Cotta 1844). (3) Eva **Nielsen**, Bonaventura Genelli. Werk und Kunstauffassung. Ein Beitrag zur Kunst des späten Klassizismus in Deutschland. Diss. München 2005; 229 S./133 S. (4) Anja Grebe (Hrsg.), Homer, Ilias und Odyssee. Die Zeichnungen von John Flaxman. Darmstadt 2012; 160 S. (5) Manuel Heinl, Griechische Götter und Helden. Nach Homers Ilias und Odyssee. Linz 2013 (Kataloge der Oberösterreichischen Landesmuseen

N.S. 147); 28 S. (zu Flaxman). – Zu Mythenbildern bei einem bedeutenden Einzelkünstler der Romantik: Eva **Reifert**/Claudia **Blank** (Hrsg.), Füssli. Drama und Theater. München u. a. 2018; 239 S., spez. Alexander Hunold, Handlung, Szene und Momentum. Johann Heinrich Füssli und die Literatur, 37–58; im Tafelteil: Antike und Mittelalter, 81–102.

Verschiedenen Einzelkünstlern des **Symbolismus** galten folgende Spezialbeiträge zu Mythenthemen (Auswahl): (1) J.A. Schmoll gen. Eisenwerth, Metamorphose-Motive und physiognomische Doppelgänger im Werk Rodins. In: Festschrift Lichtenstern 2004, wie S. 291, 195–210: Spezialstudie zum bedeutendsten Bildhauer des Symbolismus. (2) Christian Drude, Von Proteus zu Prometheus. Mythos als bricolage und Synkretismus im Werk Max Klingers In: Simonis/Simonis 2004, wie S. 254, 233–246. (3) Ds., Historismus als Montage. Kombinationsverfahren im graphischen Werk Max Klingers. Mainz 2005; VII, 200 S., spez. ‚Ikonographie am Beispiel des Mythos' (11–43). (4) Gerd **Blum**, Hans von Marées. Autobiographische Malerei zwischen Mythos und Moderne. München/Berlin 2005 (Kunstwissenschaftliche Studien 128); 360 S.: Ausführungen u. a. zu Hesperidenbildern und Parisurteil (131–155). (5) Frank **Zöllner** (Hrsg.), Griffelkunst. Mythos, Traum und Liebe in Max Klingers Grafik. AK Leipzig, Institut für Kunstgeschichte 2007; 83 S.: Einblick in die mythenreiche Graphik des Künstlers. (6) Kerstin **Borchhardt**, Böcklins Bestiarien. Mischwesen in der modernen Malerei. Berlin 2017; 310 S., 17 Bl.: Basisbehandlung dieses für Kultur und Malerei des fin-de-siècle wichtigen Aspekts. – Zum Mythos im Symbolismus insgesamt: Natasha Grigorian, European Symbolism. In Search of Myth (1860–1910). Frankfurt/M. u. a. 2009 (Le romantisme et apres en France 14); 286, 25 S.

Die entsprechende aktuelle Liste zu den nicht weniger zahlreichen Mythenbildern bei den **Präraffaeliten** (Auswahl): (1) Rosemary J. **Barrow**, Lawrence Alma-Tadema. London 2001; 208 S. (2) Liama de Girolami Cheney, Edward Burne-Jones' *Cupid and Psyche*. The Enchantment of an Ancient Tale. In: Freedman/Huber-Rebenich 2001, wie S. 253, 57–70. (3) Andrew Bolton **Marvick**, The Art of John William Waterhouse. Eclecticism in Late Nineteenth-Century British Painting. Ann Arbor 2003; 449 S. (4) **AK Alma-Tadema 2007*:** Eugenia Querci/Stefano De Caro (Hrsg.), Alma-Tadema e la nostalgia dell'antico. AK Napoli, Museo Archeologico Nazionale 2007/08; 208 S. (5) Fabian **Fröhlich**, Frau im Spiegel. Der Perseus-Zyklus von Edward Burne-Jones. (Diss. Kassel 2002). Heidelberg 2009; 510 S. (6) Simon Goldhill, J.W. Waterhouse and the Painting of Desire in Victorian Britain. In: Goldhill 2011, wie S. 291, 23–64. (6) Liama de **Girolami Cheney***, Edward Burne-Jones' Mythical Paintings: The Pygmalion of the Pre-Raphaelite Painters. New York u. a. 2014; XXXVII, 279 S.: Basisstudie zu den Mythenthemen im Gesamtwerk. (7) Anne **Anderson**, Edward Burne-Jones. The Perseus Series. Bristol 2018; 64 S.: Spezialstudie zu dem Bildzyklus.

(6) Moderne und Postmoderne
Im Blick auf die neueste Mythosforschung zu Moderne und Postmoderne macht die zunehmende Auflösung des traditionellen kulturgeschichtlichen Kontextes in voneinander unabhängige Einzelbereiche allein schon in den großen Teilbereichen Literatur und Bildende Kunst eine angemessene Erfassung des Gesamtmaterials ebenso schwierig wie die immer engere und verwirrendere Abfolge neuer Stilvarianten, Strömungen, Gruppierungen und kurzfristiger Einzeltrends. Als interessanter Teilaspekt kommt hinzu die starke Erweiterung des Spektrums im Blick auf neue Forschungsbereiche wie Mythenthemen in Kinder- und Jugendliteratur, Spielfilmen und Fernsehspielen, Zeichentrickserien und Cartoons, Karikatur und Werbung.

Wie heterogen und zunehmend unübersichtlich sich der ganze Bereich dank zunehmender Entfernung vom traditionellen antiken Mythosbegriff und immer weitergehender Aufsplitterung in kleine Einzelspezialgebiete darstellt, zeigt als Spiegelbild der jüngsten Mythosforschung eine nicht ganz zufällig zusammengestellte Sequenz höchst unterschiedlicher Einzeltitel zur aktuellen Mythosrezeption: (1) Bernd **Seidensticker***/Martin **Vöhler** (Hrsg.), Mythen in nachmythischer Zeit. Die Antike in der deutschsprachigen Literatur der Gegenwart. Berlin 2002; XIII, 378 S.: Beiträge zu Thomas Brasch, Volker Braun, Hubert Fichte, Erich Fried, Durs Grünbein, Peter Hacks, Gisbert Haefs, Peter Handke, Walter Jens, Michael Köhlmeier, Günter Kunert, Heiner Müller, Christoph Ransmayr, Stefan Schütz, Botho Strauß und Christa Wolf. (2) Yasmin **Hoffmann***/Walburga **Hülk**/Volker **Roloff** (Hrsg.), Alte Mythen – Neue Medien. Heidelberg 2006 (Reihe Siegen. Beiträge zur Literatur-, Sprach- und Medienwissenschaft 149); 283 S.: Breites Spektrum von Einzelbeiträgen vorwiegend zum stark erweiterten Gesamtbereich der Bildenden Kunst im Blick auf die Aktualität antiker Mythen (z. B. Narziss, Prometheus, Pygmalion, Venus, Ariadne), aber auch neuerer ‚Mythen' (z. B. Carmen, Salome und Dracula), jeweils in z.T. völlig neuen medialen Transformationen. (3) Johann **Chapoutot**, Le national-socialisme et l'antiquité. Paris 2008; 523 S.; dt. Ausgabe: Der Nationalsozialismus und die Antike. Darmstadt 2014; 500 S.: Behandlung der Thematik in drei Sektionen: I. Die Annexion der Antike (dt. Ausgabe 29–164; z. B. Der Arier als ‚Prometheus der Menschheit', 42–44; Apoll und Dionysos: Zusammenstoß zweier Rassen, 71–73). II. Die Nachahmung der Antike (165–296; z. B. Olympiade 1936). III. Nachhall der Antike (297–400; spez. zu den ideologischen Voraussetzungen). Umfangreiche Bibliographie (469–493). (4) Stefan **Matuschek***/Christoph **Jamme** (Hrsg.), Die mythologische Differenz. Studien zur Mythostheorie. Heidelberg 2009; Näheres auf S. 321. (5) Matthias **Bauer**/Maren **Jäger** (Hrsg.), Mythopoetik in Film und Literatur. München 2011 (Projektionen. Studien zu Natur, Kultur und Film 5); 261 S.: Ausgewählte Fallstudien zu moderner Literatur und aktueller Filmszene mit nur noch begrenzter

Anbindung an traditionelle Themen des antiken Mythos (z.B. Achill, Narziss, Antigone, Herakles, Labyrinth, Odysseus). (6) Harm-Peer **Zimmermann**, Lust am Mythos. Kulturwissenschaftliche Neuzugänge zu einem populären Phänomen. Marburg 2015 (Zürcher Schriften zur Erzählforschung und Narratologie 1); 319 S.: Einzelbeiträge unter den Sektionen: I. Zur Theorie und Wissensgeschichte des Mythos (17–122). II. Zur Empirie des Mythos: Tradierte Mythen (123–208). III. Zur Empirie des Mythos: Neomythen (209–316). Basis der Publikation ist ein erweiterter Mythosbegriff in der Nachfolge von Roland Barthes, fast ohne Rückgriffe auf traditionelle Themen des antiken Mythos.

Voraussetzung für die jüngste Gesamtentwicklung war die Tatsache, dass mit der schwindenden Bekanntheit antiker Mythen bei der mittleren und jüngeren Generation in Gymnasium, Universitäten und allgemein in der Öffentlichkeit auch das Bewusstsein für ihre grundlegende Bedeutung als eine der tragenden Säulen abendländischern Kultur- und Bildungstradition immer weiter abnahm. So bieten neuerdings im Universitätsbereich zunehmend weniger Dozenten noch Veranstaltungen zum antiken Mythos und seiner Rezeption an (dafür umso mehr zur modernen Mythostheorie, dazu S. 320ff.) und bringen, wie es kontinuierliche bibliographische Basisrecherchen der letzten Jahre ergaben, von Jahr zu Jahr weniger für den antiken Mythos spezifische Titel heraus.

Immerhin ist eine wichtige übergreifende **Basisbibliographie** zur literarischen Rezeption der Antikentradition hervorzuheben: Michael von **Albrecht*** / Walter **Kißel** / Werner **Schubert** (Hrsg.), Bibliographie zum Fortwirken der Antike in den deutschsprachigen Literaturen des 19. und 20. Jahrhunderts. Frankfurt/M. u.a. 2005 (Studien zur klassischen Philologie 149); 277 S.: Materialreiches Arbeitsmittel zum Themenbereich mit modernen Autoren in alphabetischer Reihenfolge (1–167; antike Autoren in *Kursive*) und Gattungen in alphabetischer Reihenfolge, Epochen in chronologischer Reihenfolge, Allgemeines (169–236) sowie ergänzenden Indices (237–272).

Die folgende Liste gibt zur **Literatur der Moderne** seit Beginn des neuen Millenniums eine Auswahl aktueller **Monographien:** (1) Ioana *Craciun*, Die Politisierung des antiken Mythos in der deutschsprachigen Gegenwartsliteratur. Tübingen 2000 (Untersuchungen zur deutschen Literaturgeschichte 102); IX, 349 S.: Überblick zu einem wesentlichen Rezeptionsfaktor. (2) Philip **Ward**, Hofmannsthal and Greek Myth. Expression and Performance. Oxford u.a. 2002 (Britische und Irische Studien zur deutschen Sprache und Literatur 24); 295 S. (3) Rémy **Poignault*** (Hrsg.), Présence de l'antiquité grecque et romaine au XXe siècle. (Kongressakten Tours 2000). Tours 2002 (Collection Caesarodunum 34–35bis); 566 S.: Breites Spektrum von Beiträgen vorwiegend zur literarischen Rezeption. (4) Seidensticker/Vöhler 2002, wie S. 296, passim. (5) Kai **Merten**, Antike Mythen – Mythos Antike. Posthumanistische Antikerezeption in der englischsprachigen Lyrik der Gegenwart. München 2004 (Münchner Studien zur neueren englischen Literatur 14); 353 S. (6) Thorsten **Wilhelmy**, Legitimitätsstrategien der Mythosrezeption. Thomas Mann, Christa Wolf, John Barth, Christopher Ransmayr, John Banville. Würzburg 2004 (Saarbrücker Beiträge zur Vergleichenden Literatur- und Kulturwissenschaft 24); 419 S.: Spezialstudie zu aktuellen Musterbeispielen der Mythosrezeption. (7) Theodore **Ziolkowski***, Ovid and the Moderns. Ithaca/NY 2005; XVI, 262 S.: Neueste Aspekte und Trends der Rezeption. (8) Eva **Huller**, Griechisches Theater in Deutschland. Mythos und Tragödie bei Heiner Müller und Botho Strauß. Köln 2007; 506 S.: Grundlegende Spezialstudie. (9) Claudia **Junke**/Mechthild **Albert** (Hrsg.), Unausweichlichkeit des Mythos. Mythopoiesis in der europäischen Romania nach 1945 (Kongressakten Romanistentag Saarbrücken 2005). München 2007 (Romania Viva 3); 289 S.: Breites Beitragsspektrum spez. zur neueren literarischen Mythosrezeption. (10) Pietro **Gibellini**, Il mito classico nella letteratura italiana. 4. Mariella Cantelmo (Hrsg.), L'età contemporanea. Brescia 2007; 715 S.: Breite Sammlung von Beiträgen zur aktuellen Mythosrezeption in Italien. (11) Monika **Schmitz-Emans***/Manfred **Schmeling** (Hrsg.), Fortgesetzte Metamorphosen. Ovid und die ästhetische Moderne. Würzburg 2010 (Saarbrücker Beiträge zur Vergleichenden Literatur- und Kulturwissenschaft 48); 268 S.: Breites Beitragsspektrum zur literarischen Rezeption in der Gegenwartskultur. (12) Bauer/Jäger 2011, wie S. 296, passim. (13) Johanna **Sprondel**, Textus – Contextus – Circumtextus. Mythos im Ausgang von Joyce, Aristoteles und Ricoeur. Berlin u.a. 2013 (Narratologia 38); XII, 197 S.: Spezialstudie zum philosophisch-literarischen Gesamtbereich. (14) Justine **McConnell***/Edith **Hall** (Hrsg.), Ancient Greek Myth in World Fiction since 1989. London 2016; X, 273 S.: Überblick zu Reflexen des antiken Mythos in der neuesten internationalen Literatur (z.B. Brasilien, Japan, Russland, Australien) in 15 Kapiteln mit durchweg speziellen Mythenthemen (spez. Odysseus/Odyssee, Telemachos; weiterhin Minotauros, Narkissos); bemerkenswert: Lorna Hardwick, Translating Myth, Translating Fictions, 75–90; Helen Eastman, Young Female Heroes from Sophocles to the Twenty-First Century, 211–224. (15) Alberto **Comparini** (Hrsg.), Ovid's *Metamorphoses* in Twentieth Century Italian Literature. Heidelberg 2017 (Bibliothek der Klassischen Altertumswissenschaften 2. Reihe N.F. 156); 362 S. (16) Wenwen **Oin**, Mythos und Gender. Medea-Adaptionen in der deutschen Gegenwartsliteratur. Tübingen 2017; 442 S.: Instruktive Einzelstudie. (17) David Hopkins/Charles Martindale, **OHCREL***. **Vol. 5** (after 1880). Edited by Kenneth **Haynes**. Oxford 2019; XV, 711 S.: 21 Beiträge, u.a. Cathy Gere, Myth and Ritual, 200–225; Ronald Bush, *Ulysses:* Joyce's Museum of Homer, 322–357; Fiona MacIntosh, ‚Euripides our Contemporary': Dialogues between Shakespeare and the Greeks, 400–418; Bibliography als Abrundung (609–674; grundlegend). (18) Steffen **Hannig**, Dionysos im expressionistischen Jahrzehnt. Ewiger Trieb,

Künstlertum und Gemeinschaftsvision bei Georg Heym, Franz Kafka und Franz Werfel. Würzburg 2020 (Epistemata Literaturwissenschaft 929); ca. 480 S.

Entsprechende **kleinere Beiträge** zur breiten Mythosrezeption in der Literatur der Moderne (Auswahl): (1ab) Henning Rischbieter, Antiken-Inszenierungen auf dem deutschen Theater seit 1945. In: Thorau/Köhler 2000, wie S. 256, 113–122; Jürgen Grimm, Cocteaus Antikendrama *Antigone:* Aktualisierung und Aktualität des Mythos, ebd. 207–220. (2ab) Vanda Zajko, Homer and *Ulysses.* In: Fowler 2004, wie S. 257, 311–323 (zu James Joyce); Lorna Hardwick, ‚Shards and Suckers': Contemporary Receptions of Homer, ebd. 344–362. (3) Heinz-Peter Preußer, Zerstörung, Rettung des Mythos im Trivialen. Über die Travestie der Tradition in Literatur und Film, in Fernsehen und Comic. In: Vöhler/Seidensticker 2005, wie S. 254, 449–463. (4) Herman Altena, The Theater of Innumerable Faces. In: Gregory 2005, wie S. 194, 472–489: Querschnitt zu Tragödienvarianten im modernen Theater. (5) Rainer Zaiser, Der Ödipus-Mythos im französischen Theater – klassisch und modern. In: Klein/Käppel 2008, wie S. 255, 100–117 (zu Racine, Cocteau und Anouilh). (6) Theodore Ziolkowski, Ovid and the Twentieth Century. In: Knox 2009, wie S. 208, 455–468. (7) Karl Kirchwey, Vergil's *Aeneid* and Contemporary Poetry. In: Farrell/Putnam 2010, wie S. 209, 465–481. (8) John Whittier-Ferguson; Ezra Pound, T.S. Eliot, and the Modern Epic. In: Bates 2010, wie S. 311, 211–233. (9) Monika Schmitz-Emans, Variationen über Ovid. Die Ovid-Romane von Vintila Horia, David Malouf, Christoph Ransmayr und Marin Mincu. In: Harich-Schwarzbauer/Honold 2013, wie S. 258, 275–291. (10ab) Volker Riedel, Iphigenie in Freiheit – Medea in Korinth. Zur Rezeption griechischer Mythen nach dem Ende der DDR. In: Krüger/Stillmark 2013, wie S. 321, 249–277; Marion George, Erlebte Zeit – historische Zeit – mythische Zeit. Zum französischen Umgang mit dem griechischen Mythos am Beispiel von Jean Anouilh, ebd. 309–323. (11) Annette Simonis, Repräsentation als literarische und ästhetische Reflexionsform: Mediale Transformationen von antiker Mythologie in der Moderne und Gegenwart. In: Gebert/Mayer 2014, wie S. 255, 274–297. (12) Helen Slaney, George Bernhard Shaw, *Pygmalion.* In: Zajko/Hoyle 2017, wie S. 256, 415–431.

Dabei konzentrieren sich **Spezialbeiträge zu Einzelmythen** vom Themenspektrum her mehr und mehr auf einige wenige ‚Lieblingsthemen der Moderne', so etwa zum Standardstoff **Odysseus:** (1) Bernd Seidensticker, Aufbruch zu neuen Ufern. Transformationen der Odysseus-Gestalt in der literarischen Moderne. In: Urgeschichten der Moderne. Stuttgart, Weimar 2001, 249–270 = Weltbild und Weltdeutung. München 2002 (Dialog Schule/Wissenschaft. Klassische Sprachen und Literaturen 36), 153–183. (2) Alexander Honold, Odysseus in korrigierter Haltung. Entstellungen des Mythos bei Kafka, Brecht, Benjamin und Adorno/Horkheimer. In: Vöhler/Seidensticker 2005, wie S. 254, 317–329. (3) Renger 2006, wie S. 309, 141 ff.

Ähnlich ist der Befund für **Sisyphos** als weiteren Standardstoff der Moderne (spätestens seit Camus 1953): (1) Mythos Sisyphos. Texte von Homer bis Günter Kunert. Hrsg. von Bernd Seidensticker und Antje Wessels. Leipzig 2001 (Reclam-Bibliothek 738). (2) Helmut Hühn, Revolte gegen das Absurde: Sisyphos nach Camus. In: Völler/Seidensticker 2005, wie S. 254, 345–368. (3) Kurt Lampe, Camus and the Myth of Sisyphus. In: Zajko/Hoyle 2017, wie S. 256, 433–445. – Einen instruktiven Überblick zur sprichwörtlichen Verwendung mythischer Figuren in Vergangenheit und Gegenwart bietet als aktuelle Zusammenstellung: Christoph *Müller*, Ikarus fliegt weiter. Ursprung und Rezeption geflügelter Worte und Sprachbilder. Mainz 2001 (Kulturgeschichte der antiken Welt 76); 232 S.

Zum neuen rezeptionsgeschichtlichen Sonderbereich der **Kinder- und Jugendliteratur** eine Auswahlliste mit Titeln aus allerjüngster Zeit: (1) Michael *Stiersdorfer**, Mythologie in der Kinder- und Jugendliteratur der Gegenwart. Unsterbliche Götter- und Heldengeschichten. (Diss. Regensburg 2016). Frankfurt/M. u. a. 2017 (Kinder- und Jugendkultur, -literatur und -medien 107); 495 S. (2) Markus *Janka**/Michael *Stierstorfer* (Hrsg.), Verjüngte Antike. Griechisch-römische Mythologie und Historie in zeitgenössischen Kinder- und Jugendmedien. Heidelberg 2017 (Studien zur europäischen Kinder- und Jugendliteratur 5); 392 S., zur Mythosrezeption spez. 67 ff., 137 ff., 245–312. (3) Otmar Kampert, Auf dem Weg zu sich selbst. Die Antike in der fantastischen Kinder- und Jugendliteratur. In: Der Altsprachliche Unterricht 1/2017, 2–5 (mit weiteren Beiträgen zum Thema). (4) Brett M. *Rogers*/Benjamin Eldon *Stevens* (Hrsg.), Classical Tradition in Modern Fantasy. New York/Oxford 2017; VII, 367 S.: Sammelschrift mit vierzehn Beiträgen (zur Mythosrezeption spez. in Part I, III und IV). (5) Sheila Murnaghan/Deborah H. Roberts, Myth Collections for Children. In: Zajko/Hoyle 2017, wie S. 256, 87–103. (6) Ika Willis, Contemporary Mythography: In the Time of Ancient Gods, Warlords, and Kings, ebd. 105–120. (7) Joanna Paul, The Half-Blood Hero: Percy Jackson and Mythmaking in the Twenty-First Century, ebd. 229–242.

Eine immer größere Aufmerksamkeit kam in der jüngsten Phase der Mythenrezeption im neueren und aktuellen **Film** zu (Auswahl): (1) Martin M. *Winkler** (Hrsg.), Classical Myth & Culture in the Cinema. Oxford 2001; IX, 350 S. (2) Ulrich *Eigler* (Hrsg.), Bewegte Antike. Antike Themen im modernen Film. Stuttgart/Weimar 2002 (Drama. Beiheft 17); 90 S., darin u. a.: Anja Wieber, Auf Sandalen durch die Jahrtausende – eine Einführung in den Themenkreis „Antike und Film", 4–40. (3) Linda C. Ehrlich, Orpheus on Screen. Open and Closed Forms. In: S. Brent Plate (Hrsg.), Representing Religion in World Cinema. Filmmaking, mythmaking, culture making. London 2003, 67–87. (4) Thomas Koebner, Der Mythos von Orpheus und Eurydike im Film. In: Mundt-Espín 2003, wie S. 259, 241–258. (5) Gisela Febel, Mythen-Bricolage in Film und Theater Frankreichs – das Beispiel Jean Cocteau. In: Völler/Seidensticker 2005, wie S. 254, 331–343. (6)

Monica Salvadori, Reflessi dell'epos omerico nel cinema: I ‚ritorni' di Ulisse. In: Iconografia 2006, wie S. 226, 185–194. (7) Mischa Meier, Troia im Film. In: Martin Zimmermann (Hrsg.), Der Traum von Troia. Geschichte und Mythos einer ewigen Stadt. München 2006, 179–193. (8) Martin M. Winkler, Greek Myth on the Screen. In: Woodard 2007, wie S. 182, 453–479. (9) Joachim Latacz, Das Troia Homers, das Troia der Geschichte und das Troia Wolfgang Petersens [engl. 2007]. In: Latacz 2014, wie S. 192, 621–640. (10) Tomas **Lochman*** (Hrsg.), Antike im Kino: Auf dem Weg zu einer Kulturgeschichte der Antikenfilme. AK Basel, Skulpturenhalle 2008; 268 S. (11) Martin M. Winkler, Nenne mir, Muse, den Vater der Massenkultur: Homer in Kommerz und Kino. In: AK Homer 2008, wie S. 238, 283–289. (12) Irene **Berti***/Marta García **Morcillo** (Hrsg.), Hellas on Screen. Cinematic Receptions of Ancient History, Literature and Myth. Stuttgart 2008 (Heidelberger Althistorische Beiträge und Epigraphische Studien 45); 266 S., darin u. a.: Martin Lindner, Colourful Heroes: Ancient Greece and the Children's Animation Film, 39–55; Luigi Spina, By Heracles! From Satyr-Play to *Peplum*, 57–64; Herbert Verreth, Odysseus' Journey through Film, 65–73; Pantelis Michelakis, The Legend of Oedipus, 75–87. (13) Claudia Liebrand, Mythos im Film. Pasolinis Medea. In: Zimmermann 2009, wie S. 204, 199–222. (13) Barbara Korte, *O Brother, Where Are You?* Eine Odyssee in der Filmwelt. In: Gehrke/Kirschkowski 2009, wie S. 260, 111–128. (14) Martin M. Winkler, Ovid in the Cinema. In: Miller/Newlands 2014, wie S. 255, 469–484. (15) Ds. (Hrsg.), Return to Troy. New Essays on the Hollywood Epic. Leiden/Boston 2015 (Metaforms 5); X, 284 S.: Spezialbeiträge zu Wolfgang Petersen, *Troy*. (16) Vincent **Fröhlich***/Annette **Simonis** (Hrsg.), Mythos und Film. Mediale Adaption und Wechselwirkung. Heidelberg 2016 (Beiträge zur neueren Literaturgeschichte 345); 343 S.: Spezialstudie zur Mythenbildung in diesem ‚neuen Medium' mit Einzelbeispielen von modernen ‚Synkretismen' und Anwendung eines sehr weiten Mythosbegriffs. (17) Marc William **Padilla**, Classical Myth in Four Films of Alfred Hitchcock. Lanham u. a. 2016; XVII, 295 S. (18ab) Pantelis Michelakis, The Reception of Homer in Silent Film. In: Efstathiou/Karamanou 2016, wie S. 257, 393–404; Anastasia Bakogianni, Homeric Shadows on the Silver Screen: Epic Themes in Michael Cacoyannis' Trilogy of Cinematic Receptions, ebd. 405–416. (19) Janka/Stierstorfer 2017, wie S. 300, spez. 245–312. (20) Martin M. **Winkler***, Classical Literature on Screen. Affinities of Imagination. Cambridge 2017; XII, 410 S. (21) Patricia B. **Salzmann-Mitchell***/Jean **Alvares**, Classical Myth and Film in the New Millennium. New York/Oxford 2018; XVIII, 412 S.: Bisher breitester Überblick zur aktuellen Thematik. (22) Martin M. **Winkler***, Ovid on Screen. A Montage of Attractions. Cambridge 2020; XXI, 444 S. – Auf die differenzierte Mythenrezeption in Musik/Musiktheater der Moderne bezog sich die Neuerscheinung: Birgit Johanna **Wertenson**, Mythos & Neue Musik. Die Faszination am Mythos als Ort kulturellen

Wissens. Würzburg 2018; 305 S.: Verbindung von Philosophie, Kultur- und Musikwissenschaft spez. zu den Themen Orpheus und Kassandra.

Was die Mythosrezeption in der **Bildenden Kunst** der Moderne angeht, so ist in dem weitgehend durch breite Öffentlichkeit und allgemeinen Zeitgeist bestimmten Teilbereich von **Karikatur, Cartoons, Werbung** die Reduzierung auf wenige Einzelthemen besonders ausgeprägt. So finden sich in Karikaturen fast nur noch ‚Europa auf dem Stier' (meist mit dem EU-Cover-Girl), seltener Sisyphos und sein Stein, Laokoon (nach der bekannten Gruppe im Vatikan) und Troianisches Pferd; kaum noch etwas (mit Ausnahme von Horst Haitzinger) zu Ikarus, Herkules (z. B. Augiasstall), Kentauren, Labyrinth, Abenteuer des Odysseus (z. B. Sirenen) und Lupa Capitolina (als Symbol für ‚italienische Verhältnisse').

Zu den ‚neuen Gattungen' insgesamt folgende Literaturhinweise (Auswahl): (1) Inke **Jensen** u. a. (Hrsg.), Dino, Zeus und Asterix. Zeitzeuge Archäologie in Werbung, Kunst und Alltag heute. Mannheim 2002 (Publikationen der Reiss-Engelhorn-Museen 4); 436 S.: Sammelpublikation mit wesentlichen Einzelbeiträgen zur griechisch-römischen Antikentradition in der zeitgenössischen Bildenden Kunst (113–153)[40] und in der zeitgenössischen Alltagswerbung (295–336). (2) Blázquez 2009, wie S. 263, 285–336: Zwei Beiträge zu spanischen Karikaturen des 20. bzw. 21. Jahrhunderts. (3) Tomas **Lochman** (Hrsg.), Antike Statuen auf Briefmarken. AK Skulpturenhalle Basel 2011; 96 S. (4) Jana **Magdanz***, Spuren des Geistigen. Die Macht des Mythos in Medien und Werbung. Wiesbaden 2012; 484 S.: Spezialstudie mit mythentheoretischen Vorüberlegungen spez. zum Wirkungspotential des Mythos als medialem Anwendungsbereich (Teil A, 19–248); gründliche Aufarbeitung des Sektors ‚Mythos in der Werbung' mit eingehender Auswertung des Analysematerials (Teil B, 249–458).

Im Blick auf Plastik/Skulptur und Malerei als die beiden traditionellen **Kernbereich** der Bildenden Kunst auch noch in der Moderne ist zunächst auf einen instruktiven Überblicksartikel hinzuweisen: DNP 15,1 (2001) s.v. Moderne, 497–515 (Gabriele Huber), spez. 500–515 zur Entwicklung von der ‚Klassischen Moderne' bis zur *arte povera*. Zu einzelnen marginalen Aspekten antiker Mythen

---

[40] Darin Vf., Zu Themen antiker Mythen in der Karikatur der Gegenwart, 143–153: Zusammenfassender Überblick zu Moderne und Postmoderne. – Weitere Beiträge des Vf.s zur jüngsten Karikaturtradition: (1) Antike Mythen in der Karikatur der Gegenwart. Ausstellungskatalog Österreichische Akademie der Wissenschaften, Symposion ‚Erzählter und angewandter Mythos', Wien November 2001 (Begleitheft); 52 S.: Basisbeitrag zur Tradition mythischer Stoffe in der neueren Entwicklung der Gattung Karikatur mit repräsentativem Überblick zu den aktuell behandelten Einzelthemen. (2) Themen antiker Mythen in der Karikatur der jüngsten Gegenwart. In: Martin Korenjak/Stefan Tilg (Hrsg.), Pontes IV. Die Antike in der Alltagskultur der Gegenwart. Innsbruck/Wien/Bozen 2007 (Comparanda 9), 191–204: Aktuell ergänzende Abrundung.

in der Kunst der Moderne: Francis Gooding, Myth and Meaning in Modern Painting. Malden/Mass. 2009; 118 S.: Vier Essays zu Manet und Perseus/Medusenhaupt, Matisse und Oidipous, Ceri Richards sowie Andy Warhol und Prometheus.

Ein erheblich breiteres Spektrum erfasste eine im Blick auf die ältere Kunsttradition schon zuvor (S. 263) besprochene Sammelschrift: José Maria **Blázquez***, Cristianismo y mitos clásicos en el arte moderno. Madrid 2009; 400 S. – *Disposition:* Diverse themenspezifische Inhalte in verschiedenen Einzelkapiteln: 4. Mitos clásicos en la pintura moderna (77–108; Belege zu Romantik, Symbolismus, Surrealismus und Impressionismus; Einzelkünstler: Delvaux, Masson und Sassu). 5. Mitos griegos en la pintura espresionista (109–126; Anordnung nach Themen mit Berücksichtigung einiger Hauptwerke spez. von Max Beckmann und Otto Dix). 11. El mundo clásico en Picasso (221–236). 12. Temas del mundo clásico en el arte moderno espanol (237–246; knappe regionale Ergänzung). 13. Temas del mundo clásico en el arte del siglo XX (247–268; berücksichtigt sind USA/UK, Deutschland, Russland, Frankreich und Italien). 15–16. Übersicht zu aktuellen spanischen Karikaturen (285–336). 18. Mythenthemen des spanischen Malers Carlo Franco (359–378). 19. Il mundo clásico en Dalí (379–398). – *Résumé:* Präsentation eines ganz disparaten Bildmaterials in sehr heterogenen Einzelbeiträgen, insgesamt allerdings ohne eigenständige wissenschaftliche Aufarbeitung (z. B. nur kurze Teilbibliographie zum Expressionismus 125–126) oder gar Ansätze einer Systematik verschiedener Rezeptionstypen.

Aktuelle Beiträge zu Mythenthemen bei wichtigen Einzelkünstlern der Moderne galten vor allem dem ‚Jahrhundertgenie' Pablo **Picasso**: (1) Lisa Carol **Florman**, Myth and Metamorphosis. Picasso's Classical Prints of the 1930s. Cambridge/Mass. 2000; XVIII, 263 S. (2) **AK Picasso 2002***: Laursen Steingrim (Hrsg.), Picasso und die Mythen. AK Bucerius Kunst Forum Hamburg 2002/03 (Publikationen des Bucerius-Forums 1); 263 S.: Instruktive Werkschau mit verschiedenen themenspezifischen Einführungsbeiträge; z. B. Heinz Spielmann, Mythos und Moderne, 19–23; Lisa Florman, Mythos und Metamorphose in Picassos klassizistischer Druckgraphik, 68–75. (3) Günther Brucher, Mythos bei Picasso. In: Dalfen/Harrauer 2004, wie S. 254, 265–277. (4) Christopher **Green**/ Jens M. **Daehner** (Hrsg.), Modern Antiquity. Picasso, De Chirico, Leger, Picabia. AK Malibu, Paul Getty Museum 2011; XI, 104 S. (5) Fundación Picasso (Hrsg.), Picasso: El minotauro en su laberinto. AK Malaga, Fundación Picasso 2014; 108 S. (6) Claudio **Spadoni** (Hrsg.), La seduzione dell'antico. Da Picasso a Duchamp, da De Chirico a Pistoletto. Firenze 2016; 237 S. (7) John Richardson (Hrsg.). Picasso – Minotaurs and Matadors. London 2017; 247 S. (8) Pascale **Picard** (Hrsg.), Picasso – Metamorfosi. Milano 2018; 295 S.: Themenspezifische Beiträge, z. B. Ds., Arianna. Fra il Minotauro et i fauni, 24–47; Annie Maïllis, L'Antichità delle Metamorfosi. Il ratto di Europa, 200–209. Bibliografia generale (290–295). (9) B. Nicholas Chr.

Stampolidis/Olivier **Berggruen** (Hrsg.), Picasso and Antiquity. AK Athen, Museum of Cycladic Art 2019; 336 S., spez. ‚Bibliography on the Antiquities' (325–329).

Ein weiterer Schwerpunkt des Interesses war die *pittura metafisica* von Giorgio de **Chirico** als Keimzelle des **Surrealismus** (Auswahl): (1) Didier ***Ottinger***, Surréalisme et mythologie moderne. Les voies du labyrinthe d'Ariane à Fantômas. Paris 2002; 159 S. (2) ***AK Chirico 2002:*** Michael R. Taylor (Hrsg.), Giorgio de Chirico and the Myth of Ariadne. AK Philadelphia, Museum of Art 2002/03; 216 S.: Exemplarische Präsentation eines für den Künstler zentralen Einzelmythos. (2) A. Jonsson, La mythologie gréco-romaine, source d'inspiration chez les peintres surréalistes: R. Magritte et P. Delvaux. In: Poignault 2002, wie S. 297, 337–344. (3) ***AK Masson 2007:*** Kyriakos Koutsomallis u. a. (Hrsg.), André Masson and Ancient Greece: AK Andros, Goulandris Foundation, Museum of Contemporary Art 2007; 139 S., spez. Didier Ottinger, André Masson's Mythological Revolution, 21–30. (4) ***AK Chirico 2013:*** Renato Miracco u. a. (Hrsg.), Giorgio de Chirico: Myth and Archaeology. AK Washington, The Phillips Collection 2013; 103 S. – Ergänzende Beiträge zu anderen Einzelkünstlern: (1) Raymond Chevallier, Matisse et l'antique. In: Poignault 2002, wie S. 297, 317–324. (2) Lisa Salzmann, Regarding the Pain of Others with Marsyas: On Tortures Ancient and Modern. In: Zajko/Hoyle 2017, wie S. 256, 463–473 (u. a. zu Alfred Hrdlicka).

Schließlich ist noch ein Blick auf sonstige **Ausstellungskataloge** zu werfen, in denen zunächst eine alte Tradition der Kestner-Gesellschaft (1950, wie S. 50) wieder aufgenommen wurde: ***AK Götter/Helden 2011:*** Karin Orchard (Hrsg.), Götter und Helden. Nachleben und Eigenleben antiker Mythen in der Grafik. AK Sprengel-Museum Hannover 2011/12 (Beiträge zur Sammlung 4); 39 S. Weitere Ausstellungen bezogen sich auf in der Rezeption beliebte Standardthemen des Mythos (Auswahl): (1) ***AK Ikarus 2004:*** Max Kunze (Hrsg.), Ost-Westlicher Ikarus. Ein Mythos im geteilten Deutschland. AK Winckelmann-Museum Stendal 2004; 240 S.: Instruktiver Überblick im Anschluss an frühere DDR-Ausstellungen (Magdeburg 1981, Berlin 1985, Mühlhausen 1987) mit kulturpolitischer Tendenz (z. B. Bernd Seidensticker, Zur Ikarus-Gestalt in der ostdeutschen Kunst, 27–29; Wolfgang Mattheuers Ikarusvariationen, 31–39). (2) Peter Arlt (Hrsg.), Daphne. Mythos und Metamorphose. AK Bremen, Gerhard-Marcks-Haus 2009/2010; 72 S.

Nach grundlegenden Vorarbeiten des Vf.s zu einer typologischen Systematik gegen Ende der Mittelphase (vgl. S. 164) entstanden, auch im Blick auf eine geplante größere Monographie zu Themen antiker Mythen spez. in der ‚Klassischen Moderne', zwei weitere Basisstudien zur Aufarbeitung der **Text-Bild-Problematik** bei Mythenthemen in der Bildenden Kunst der Moderne:

(1) ***Vf.****, Griechische Mythen in der Bildenden Kunst des 20. Jahrhunderts. Highlights zu Homers Odyssee und Ovids Metamorphosen In: Gymnasium 107, 2000, 25–71 (urspr. Vortrag DAV-Kongress Heidelberg 1998): Basisbeitrag mit

ausgewählten Bildbelegen zu den beiden wichtigsten Textquellen für die Mythenrezeption in der modernen Kunst, für Homers Großepos zu den Einzelthemen Polyphem, Sirenen (z. B. Max Beckmann), Kalypso (Böcklin, G. de Chirico, Beckmann), Penelope (Delvaux) und Rudolf Hausners Bild *Die Arche des Odysseus* (1956), für Ovids Hauptwerk zu den Einzelthemen Daphne, Europa, Narziss, Ikarus, Orpheus/Eurydike und Pygmalion.

(2) *Vf.**, Ovids Metamorphosen in der modernen Kunst. Eine visuelle Ergänzung für die Schullektüre. Bamberg 2001 (Auxilia 48); 164 S., Bildteil S. 1–32: Erster Gesamtüberblick zur bildlichen Nachwirkung der unbestrittenen Hauptquelle der antiken Mythentradition in der Bildenden Kunst der Moderne, mit z.T. eingehenden Bildinterpretationen spez. zu den Einzelstoffen Daphne (z. B. Paul Delvaux), Europa (z. B. Max Beckmann, Gerhard Marcks), Narziss (z. B. André Masson, Salvator Dalí), Ikarus (u. a. Bedeutung in der DDR-Kunst, z. B. Bernhard Heisig und Wolfgang Mattheuer), Orpheus (z. B. Ker-Xavier Roussel, Jean Cocteau, Marc Chagall) und Pygmalion (z. B. René Magritte, Paul Delvaux, André Masson, Salvador Dalí, Alfred Hrdlicka).[41]

Weitere Kurzbeiträge des Vf.s konzentrierten sich auf zwei ebenso interessante wie kulturpolitisch brisante Teilbereiche der Mythenrezeption in der Kunst der Moderne: (1) Vf., Griechische Mythen in der Bildenden Kunst des Dritten Reiches. Tradition – Faschismus – Widerstand. (Teil 1/2). In: International Scandinavian and Medieval Studies [Festschrift für Gerd Wolfgang Weber]. Trieste 2000, 391–419: Basisbeitrag zu den Voraussetzungen einer Mythentradition in der Kunst des ‚Dritten Reiches' und ihrer Rolle in Plastik und Skulptur (z. B. Arno Breker). – Maschinenschriftliche Originalkopie des vollständigen Textes von Teil 1–5 (ohne Abbildungen): UB Mainz, Teilbibliothek Klassische Philologie, Signatur MYTH Gk 746; 85 S. (2) *Vf.*, Themen griechischer Mythen als Ausdruck künstlerischen Widerstands im Dritten Reich (Vortrag Wien 2001). In: Dalfen/ Harrauer 2004, wie S. 254, 279–307: Basisbeitrag zur beeindruckenden Ernsthaftigkeit der Mythentradition in der antifaschistischen Kunst während des ‚Dritten Reiches' (z. B. substantielle Einzelinterpretationen zu Werken mit mythischer Thematik von Max Beckmann, Richard Oelze, Karl Hofer, Alfred Kubin und Gerhard Marcks). (3) Vf., Prometheus in der Bildenden Kunst des ‚Dritten Reiches' und der frühen Nachkriegszeit 1933–1949 (Vortrag Bremen, Marcks-Stiftung 2002). In: Ergänzungen 2020, 55–65: Ein mythisches Standardthema als Musterbeispiel zur Unterscheidung von Ikonographie und Ikonologie (Erwin Pa-

---

[41] Ergänzungsbeitrag zu zwei weiteren Mythenthemen: Vf., Hermaphrodit und Ganymed in der modernen Kunst. In: Peter Neukam u. a. (Hrsg.), Weltbild und Weltdeutung. München 2002, 131–152.

nofsky) in der Kunst der Moderne. Disposition: (a) Historische und ideologische Voraussetzungen (Entstehung des Mythos; Ideologisierung in der NS-Zeit). (b) Prometheus als Feuerbringer (z. B. Plastik/Skulptur von Arno Breker und Josef Thorak). (c) Prometheus als Leidensmann (z. B. Max Beckmann, Gerhard Marcks). (4) *Vf.*, Themen griechischer Mythen in der Bildenden Kunst der DDR: Parisurteil – Sisyphus – Kassandra – Ikarus (Vortrag Stuttgart 2003). In: Antiker Mythos 2008, wie S. 254 f., 91–134: Basisbeitrag zu den Hauptthemen der Mythentradition in der DDR-Kunst (spez. bei Wolfgang Mattheuer, Bernhard Heisig, Werner Tübke und Willi Sitte), mit interessanten Entsprechungen und Unterschieden zu nicht weniger politischen Mythenthemen in der NS-Zeit. – Aktuelle Neuerscheinung zu derselben Thematik: Peter Arlt, Die Flucht des Sisyphos. Griechische Mythen und Kunst. Eine europäische Bildtradition, ihre Aktualität in der DDR und heute. Wechmar 2008; 213 S. (5) Vf., Griechische Mythen in der Malerei des Dritten Reiches. In: Anagnorismos [Festschrift für Hermann Walter]. Turnhout 2009, 405–444: Aufarbeitung des nur noch rudimentär erhaltenen Bildmaterials aus der ‚offiziellen' NS-Kunstszene, auch als Kontrastprogramm zum Beitrag Nr. 2 dieser Teilliste.

3. Narratologischer Gesamtbereich 2000–2020

Im Vergleich zu den begrenzten Forschungen der Frühphase und der allmählichen Intensivierung in der Mittelphase gewann die narratologische Gesamtwürdigung des antiken Mythos in der aktuellen Phase eine beträchtliche Bedeutung schon aufgrund der Vermehrung spez. von aktuellen Überblickswerken sowohl für die Erzähl- wie auch die Motivforschung. Dabei legte der Verfasser in unmittelbarem Anschluss an sein systematisches erstes Handbuch zum antiken Mythos (MH 2011; vgl. schon S. 175 ff.) mit einer weiteren Neuerscheinung ein nicht weniger **grundlegendes Handbuch** zum narratologischen Gesamtbereich vor: Udo **Reinhardt****, Mythen – Sagen – Märchen. Eine Einführung mit exemplarischen Motivreihen. Freiburg/Br. 2012 (Paradeigmata 17); 592 S. – *Disposition:* **A.** *Mythen, Sagen, Märchen und verwandte Bereiche* (15–239): Kap. 1. ‚Märchenelemente' im Mythos (16–52; darin als Zusammenfassung von MH 2011: Grundvoraussetzungen des Mythos, 16–21). Kap. 2. Das mythologische Kunstmärchen von Amor und Psyche (53–137, mit Exkurs I zur ikonographischen Tradition, 122–137). Kap. 3. Verwandte fiktionale Bereiche und deren Definition (138–232; mit Überblick zum Stand der Forschung, 138–150): a. Sage und Mythos (150–170). b. Grundelemente des Märchens (170–209). c. Nachbarbereiche wie Fabel, Legende, Novelle (210–239, mit Exkurs II: Motive des Mythos in christlichen Legenden, 232–239). **B.** *Exemplarische Motivreihen aus Mythos und anderen Bereichen* (240–518): *Motiv-*

reihe 1: Königskind (241–284). *Motivreihe 2:* Mädchen im Turm (285–303). *Motivreihe 3:* Prinz-Prinzessin-Ungeheuer (303–327). *Motivreihe 4:* Freierprobe (327–359). *Motivreihe 5:* Verwandlung/Verstellung/Verkleidung (359–396). *Motivreihe 6:* Frauennötigung (396–434). *Motivreihe 7:* Verleumdung (434–453). *Motivreihe 8:* Heimkehr im letzten Augenblick (453–469). *Motivreihe 9:* ‚Das erste Wesen, das…' (469–478). *Motivreihe 10:* Dreierschema der gestellten Aufgaben (478–503). Exkurs 3: Ergänzende Motivdetails (503–518; z. B. Inzest, Uriabrief, Apotheose). Anhänge: Bildmaterial, Literatur, Register (519–589). – *Résumé* (Rückentext): „Ergänzend zum Mythoshandbuch (2011) gilt die neue Publikation der weiteren fiktionalen Erzähltradition *(folktale)*. […] Wissenschaftlich dominiert die Intention, im Anschluss an die Ergebnisse des Mythoshandbuchs einige Teilaspekte der kontinuierlichen Gesamtentwicklung der europäischen Erzähltradition noch präziser zu erfassen, als dies in der bisherigen Sagen- und Märchenforschung geschah."

Dass das Konzept von MSM 2012 im Vergleich mit früheren narratologischen Handbüchern eine Reihe von z. T. grundlegend neuen Tendenzen sowohl für die Erzähl- wie für die Motivforschung verfolgte, hob bereits die sich auf beide Handbücher beziehende Ankündigung (2011) hervor:[42] **(1)** *Vertretbare Systematisierung mit deutlicher Abgrenzung der Teilkomplexe als Hauptanliegen:* Einführung in Mythen, Sagen und Märchen als Kernbereiche von *folktale* mit Herausarbeitung wesentlicher Unterscheidungskriterien speziell zu frühgriechischen Mythen, mittelalterlichen Sagen und Grimms Märchen (Kap. 3ab). – Einführung in die Kleingattungen Fabel, Legende und Novelle unter Hervorhebung wesentlicher Grundzüge und Unterscheidungskriterien (Kap. 3c). **(2)** *Sachgemäße Terminologie in den Grundbegriffen:* Strengere Scheidung von ‚Mythos' und ‚Sage' (Kapitel 3a). – Reduzierung von ‚Legende' auf den religiösen Kernbereich (Kap. 3c, Abschnitt 2). – Mischformen wie ‚Mythennovellen' und ‚Mythenmärchen' (Kap. 2a-d), ‚Märchenlegenden' und ‚Märchennovellen' (Kap. 3bc) sowie ‚Mythenfabeln' (Kap. 3c, Abschnitt 1). **(3)** *Einblicke in wichtige Teilbereiche der Sagen- und Märchenforschung:* Problematik der Existenz einer Gattung Märchen in der Antike (Kap. 1b). – Forschungsüberblick speziell zu Mythen und Märchen in bipolarer Betrachtungsweise (Kap. 3, Einleitung 3). – Modifizierung von Max Lüthis ‚Märchenästhetik' mit der Trias ‚Eindimensionalität – Nivellierung – Reduzierung' (Kap. 3b). **(4)** *Substantielle Ergänzungen zum Ausgangspunkt des antiken Mythos:* ‚Märchenelemente' im Mythos als Basispotential der späteren Erzähltradition

---

42 Die im Text folgende Liste im Anschluss an Freiburger Universitätsblätter 194, 2011, 30 f. = Ergänzungen 2020, 106 f. – Näheres zum möglichen Download einer Neufassung der Corrigenda zu MH/MSM (urspr. Mainz 2016) auf S. IX, Anm. 4.

(Kap. 1c-f). – Das mythologische Kunstmärchen von Amor und Psyche nach Apuleius mit wesentlichen Mythenparallelen (Kap. 2ab). – Mythenthemen in antiker Fabel, christlichen Legenden und modernem Roman (Kap. 3c/Exkurs II). – Mythenbelege als Vorgaben für weitere Rezeptionsglieder in den exemplarischen Motivreihen (Teil B). **(5)** *Weitgehende Berücksichtigung der rezeptionsgeschichtlichen Dimension:* Vorgaben im antiken Mythos für die Sagen- und Märchentradition (Ka. 1c-f). – Überblick zur literarischen (und bildlichen) Rezeptionsgeschichte des Märchens von Amor und Psyche. – Überblicke zur historischen Entwicklung des Sagenkomplexes und der Gattungen Märchen, Fabel, Legende und Novelle (Kap. 3a-c). – Eingehende diachrone Behandlung von Kernmotiv(en) in den exemplarischen Motivreihen (Teil B). **(6)** *Gleichrangigkeit der literarischen und bildlichen Zeugnisse:* Zur ikonographischen Tradition des Märchens von Amor und Psyche sowie zum Verhältnis von Literatur und Bildender Kunst in der Kultur der Gegenwart (Exkurs I). – Begrenzte ergänzende Verweise auf Bildmaterial (Anhang 1). **(7)** *Hervorhebung von geistesgeschichtlichen Aspekten der europäischen Erzähltradition:* Relative Kontinuität von ‚Märchenelementen' im antiken Mythos und der späteren Sagen- und Märchentradition (Kap. 1c-f). – Die Rezeptionsglieder zum Märchen von Amor und Psyche auch als Äußerungen des jeweiligen Zeitgeistes (Kap. 2e). – Versuch einer Fixierung spezifischer Zentralbegriffe in der Mythen-, Sagen- und Märchentradition (Kap. 3ab). – Latentes christliches Substrat in Grimmschen Märchen (Kap. 3b). – Mythos und Legende zwischen Polytheismus und Monotheismus (Kap. 3c, Abschnitt 2). – Höchst unterschiedliche Zusammensetzung und gattungsmäßige Ponderierung bei den Einzelbelegen der exemplarischen Motivreihen auch als Ausdruck des jeweiligen Zeitgeistes (Teil B).

Um die Erstauflage auf dem neuestem Stand der Forschung zu halten, wurde das nachträglich gesammelte Material in einer ergänzenden Publikation zusammengefasst: **Ds.***, Definitive Nachträge (2018) zur Erstauflage von Mythen – Sagen – Märchen (2012). Mit weiteren wesentlichen Ergänzungen aus europäischen Volksmärchen und der europäisch-orientalischen Erzähltradition. Mainz 2019; 192 S. – Disposition: 1. Grundsätzliches zu Orientmärchen und europäischer Erzähltradition (4–17): a. Orientmärchen, inkl. persisches Königsbuch (4–10). b. Europäische Novellen und Märchentradition (11–14). c. Aktuelles zur Abgrenzung von Mythen, Sagen und Märchen (14–17). 2. Weitere Einzelnachträge zur Erstauflage (18–178). Teilregister (179–192). – Eine Kurzbilanz zu MSM 2012 und MSM Ntr. 2018 im Epilog (S. 330 ff.).

a. Forschungen zum Mythos als Erzählkomplex

Als aktuelle Standardwerke und/odeer wichtige Wegmarken zur neuen Gesamtdarstellung der Thematik ‚Mythen – Sagen – Märchen' in MSM 2012, Teil A seien aus der jüngsten Forschungsliteratur folgende Titel hervorgehoben:

(1) **Enzyklopädie des Märchens [EM**]**. Handwörterbuch zur historischen und vergleichenden Erzählforschung. Bd. 1–15. Berlin, New York 1977–2015: Umfassendes Spektrum von verschiedensten, durchweg qualitätvollen Artikeln zur Erzählforschung; als aktuelles Arbeits- und Forschungsmittel unverzichtbar.

(2) Pierre **Brunel**, Mythopoétique des genres. Paris 2003. 302 S.: Konventionelle Beschränkung auf die Scheidung der drei schon für den frühgriechischen Mythos konstitutiven Hauptgattungen Lyrisme (29–126), Épopée (127–222) und Drame (223–288) in fünfzehn Kapiteln und Epilogue mit sehr knapper Bibliographie (295–297).

(3) Dieter **Lamping*** (Hrsg.), Handbuch der literarischen Gattungen. In Zusammenarbeit mit Sandra Poppe, Sascha Seiler und Frank Zipfel. Stuttgart 2009; XXVI, 772 S.: Umfassendes Standardwerk mit wesentlichen mythenspezifischen Lemmata u.a. zu Drama, Epos, Komödie, Lyrik, Tragödie und Parodie/Tragikomödie (statt der nicht eigens berücksichtigten Untergattung Mythentravestie).

(4) Almut-Barbara **Renger***, Zwischen Märchen und Mythos. Die Abenteuer des Odysseus und andere Geschichten von Homer bis Walter Benjamin. Eine gattungstheoretische Studie. Stuttgart/Weimar 2006; XX, 441 S.: – *Disposition:* I. Gattungstheoretische Überlegungen. Märchen und Mythos im Vergleich (1–141). II. Von Homer zu Apuleius: Märchen und Mythos im Altertum (143–277). III. Von der Antike zur Moderne: Märchen und Mythos bei Kafka und Benjamin (279–383). – *Résumé:* Wichtiger Vergleichsüberblick mit theoretischen Abgrenzungen, die von der Sicht des Verfassers z.T. erheblich abweichen (Näheres zum bipolaren Schema ‚Mythos = Terror vs. Märchen = Spiel' in MSM 2012, 141–145).

(5) Michael **Neumann***, Die fünf Ströme des Erzählens. Eine Anthropologie der Narration. Berlin u.a. 2013 (Narratologia 35); VIII, 703 S.: Eigenständige Behandlung des Mythos als Gesamtkomplex (326–380) im Vergleich mit Märchen (189–274) und Sagen (275–325), ergänzt um die Bereiche ‚Ander-Welt' (391–46; = Transzendenz) und ‚Schwank' (427–508; = Komik) als weitere Grundtypen der Erzähltradition, abgerundet um einige ‚Fallskizzen' (511–629; ‚Variationen im Strom'). Gesamtdarstellung mit wichtigen, von der Sicht des Verfassers z.T. abweichenden Ergebnissen; ausführliche Rezension unter www.fera-journal.eu 29, 2016, 118–123 = Ergänzungen 2020, 125–128.

(6) Christian **Zgoll**, Stoffarten: Mythos, Märchen, Sage. In: Ds., Tractatus mythologicus 2019, wie S. 322, 205–231: Auch im Anschluss an MSM 2012 (allgemeiner Verweis bei Zgoll 2019, 205) ergänzende Ausführungen in drei Ab-

schnitten: Unterscheidung von Stoffen und ihren Konkretionen in Texten bestimmter literarischer Gattungen (206 ff.) vier grundlegende Kategorien für die Unterscheidung von Stoffarten (212 ff.); Abhängigkeit der Differenzierung von Stoffarten vom Konkretions- und Determinationsgrad der Hyleme [= Stoffe] (219 ff.). Weiteres zum grundlegenden Werk auf S. 322 ff.

Ergänzend sind aus jüngster Zeit weitere **Überblicksbeiträge** und **Spezialstudien** zur Erzähltradition als grundlegend anzuführen (Auswahl):

(1) Georg **Heldmann***, Märchen und Mythos in der Antike? Versuch einer Standortbestimmung. Leipzig 2000 (Beiträge zur Altertumskunde 137); 158 S. – *Disposition:* 1. Begriff und Wesen des Märchens (13 – 23). 2. Das antike Märchen: Forschungsüberblick (24 – 73). 3. Der soziale Ort des Märchens: der neuzeitliche Befund (74 – 83). 4. Der soziale Ort des „Märchens" in der Antike (84 – 132). 5. Rückblick und Ausblick (133 – 141). Bibliographie (142 – 155). – *Résumé:* Aufarbeitung der gattungsgeschichtlichen Voraussetzungen mit dem Hauptergebnis, dass die literarische Einzelgattung ‚Märchen' in der Antike weitgehend durch den Komplex ‚Mythos' absorbiert wurde und als „Volkserzählgattung ... weitgehend erst ein neuzeitliches Rezeptionsphänomen antiker, mittelalterlicher und auch neuzeitlicher Literatur und ihrer Motive und Handlungsstrukturen darstellt" (141).

(2) Graham **Anderson***, Fairytale in the Ancient World. London/New York 2000; IX, 240 S.: Übersicht zu wesentlichen Einzelstoffen (z. B. Cupid and Psyche; Ares and Aphrodite) und Teilmotiven (z. B. Cinderella, Snow White, Beauty and Beast) in der antiken Literatur und auch Mythentradition.

(3) Jack **Zipes*** (Hrsg.), The Oxford Companion to Fairy Tales. Oxford 2000; 601 S., 2. Aufl. 2015; XV, 720 S.: Nach literarhistorischer und forschungsgeschichtlicher Einführung lexikographischer Hauptteil mit Lemmata verschiedenster Beiträger zu Autoren/Werken (z. B. Andersen), Forschern (z. B. Propp) und einem breiten Spektrum von Sachaspekten zur Gesamtthematik, z. B. ‚Myth/Mythology and Fairy Tales' (1. Aufl. 330 – 334; John Stephens), jeweils ergänzt durch aktuelle Literaturangaben; insgesamt als Überblick zum Gesamtbereich ein Standardwerk.

(4) Manfred **Fuhrmann***, Mythen, Fabeln, Legenden und Märchen in der antiken Tradition. Mit einer Einleitung: Das Märchen von Amor und Psyche im „Goldenen Esel" des Apuleius. In: Haehling 2005, wie S. 249, 1 – 20: Grundsätzliches zum Verhältnis der Nachbrbereichea in der antiken Literatur.

(5) Carl Werner **Müller***, Legende – Novelle – Roman. Dreizehn Kapitel zur erzählerischen Prosaliteratur der Antike. Göttingen 2006; IX, 509 S.: Wesentliche Grundbeiträge zu diesen Kleingattungen in der antiken Tradition.[43]

---

[43] Thematischer Ergänzungsbeitrag: Vf., Antike Mythen? Geschichten aus Ovids *Heroides* und

(6) Graham **Anderson***, Folktale as a Source of Graeco-Roman Fiction. The Origin of Popular Narrative. Lewiston u. a. 2007; III, 261 S.: Übersicht zu literarischen Einzelgliedern des antiken *folktale* (spez. Liebesroman, inkl. Longos, Apuleius, Lukian) mit Ausnahme der Mythentradition.

(7) Catherine **Bates*** (Hrsg.), The Cambridge Companion to the Epic. Cambridge 2010; XIV, 279 S.: Drei Beiträge zur frühen Epik (1–24; Gilgamesch-Epos, Griechische Epik, Römische Epik), elf Beiträge zur weiteren Epentradition vom Mittelalter bis zur Gegenwart (76–263) [selektive Berücksichtigung unter Einzelperioden der Rezeption].

(8) Katharina **Wesselmann**, Mythische Erzählstrukturen in Herodots Historien. Berlin 2011 (MythosEikonPoiesis 3); XI, 450 S.: Historiographische Studie mit mythisch-ritueller und narratologischer Zielsetzung (spez. zu den Motiven Frevel in Kap. 2, Wahnsinn in Kap. 3, *trickster* in Kap. 4 und ‚Geburt/Aussetzung des Königskindes' in Kap. 5.

(9) Regina **Bendix**, Woran erkennt man Mythen? Kulturanthropologische Narratologie und das Genre-Problem. In: Zgoll/Kratz 2013, wie S. 200, 59–78: Aktueller Überblick, spez. 71 („Mythe – Sage – Märchen'), 77 f. (Literatur).

Drei aktuelle Publikationen gelten den narratologischen Zusammenhängne zwischen antikem **Mythos** und **Liebesroman:** (1) Marilia P. Futre **Pinheiro** u. a. (Hrsg.), Intende, lector. Echoes of Myth, Religion and Ritual in the Ancient Novel. Berlin 2013 (MythosEikonPoiesis 6); X, 322 S.: spez. zu Apuleius, *Metamorphoses* (inkl. Amor/Psyche); Heliodoros, *Aithiopiká*; Petronius, *Satyricon*. (2) Anna **Lefteratou**, Mythological Narratives. The Bold and Faithful Heroines of the Greek Novel. Berlin 2018 (MythosEikonPoiesis 8); 369 S., spez. zur Rezeption von Iphigeneia, Phaidra, Penelope und Helena in verschiedenen griechischen Liebesromanen. (3) Vf., Die neugriechische Märchennovelle ‚Der Königssohn und die Paschatochter', auch im Verhältnis zu antikem Liebesroman und orientalischer Erzähltradition (urspr. 2018). In: Ergänzungen 2020, 214–220: Vergleich des Volksmärchens von der Insel Karpathos mit den *Aithiopiká* des Heliodoros von Emesa und der orientalischen Märchennovelle um die schöne kluge Aruja *(Märchen aus 1001 Tag).*

Schließlich entstanden in jüngster Zeit zwei eigene Grundsatzbeiträge zur Stellung des Mythos im Gesamtbereich der europäischen Erzähltradition: (1) **Vf.***,

---

Metamorphosen. In: mythos no. 3: Mythos in Medien und Politik. Würzburg 2011, 238–251: Grundsätzliche Bemerkungen zur literarischen Einordnung einiger Standardstoffe aus Ovid mit kleinem isoliertem Erzählkern als Mythennovellen (z. B. Arachne, Philemon-Baukis, Pygmalion) bzw. Alltagsnovellen (z. B. Hēro-Leandros, Pyramos-Thisbe). – Kurzfassung für die Schulpraxis: Vf., Mythen und Mythennovellen in Ovids *Metamorphosen*. Eine typologische Übersicht für die Unterrichtspraxis. In: IANUS 33, 2012, 59–61.

Mythen, Märchen, Sagen – Was sie uns heute noch zu sagen haben. In: FORUM CLASSICUM 2/2018, 81–98; erweiterte Fassung: IANUS 39, 2018, 76–94; Ndr. in: Ergänzungen 2020, 137–152: Aktuelle Bilanz mit der Disposition: (a) Einleitung: Standardmythos ‚Danaë und der Goldregen' (als Prototyp zu MSM 2012, Motivreihe 2) und weitere Rezeptionsglieder der europäisch-orientalischen Erzähltradition bis zum Grimmschen Märchen *Rapunzel* (KMH 12). (b) Mittelteil: Überblick zu wichtigen Eckdaten der europäischen Märchen- und Sagentradition. (c) Schlussteil: Mythische Einzelstoffe ‚Troianischer Krieg', ‚Parisurteil' und ‚Herakles am Scheidewege' als Basis von grundsätzlichen Bemerkungen zur kulturgeschichtlichen Aktualität, die sich in der europäischen Erzählforschung für den antiken Mythos ergibt: einerseits die Qualität seines polytheistischen Substrats im Vergleich zum dominierenden Erbe der drei großen monotheistischen Religionen Judentum, Christentum und Islam, andererseits seine unverwechselbare ‚Wahrheit', mit kritisch-skeptischer Weltsicht und spezifisch dialektischem Denken ein Höchstmaß an Offenheit zu bieten; Offenheit als erster Schritt zur Aufklärung. (2) *Vf.**, Schicksalsdenken, Erlösungshoffnung, Glückserwartung und islamischer ‚Fatalismus' in vier Musterbeispielen aus der Erzähltradition (urspr. 2017). In: Ergänzungen 2020, 153–193: Eingehende Interpretation des antiken Labdakidenmythos, der mittelalterlichen Sagenlegende von Gregorius (nach Hartmann von Aue), des Grimmschen Märchens *Der Teufel mit den drei goldenen Haaren* (KHM 29) und des Orientmärchens *Die Kaufmannstochter und der Prinz von Irak* (Zusatzmaterial zu *Märchen aus 1001 Nacht*), auch als Belege des Standardmotivs ‚Geburt und Aussetzung des Königskindes', im Blick auf die zugrunde liegende Schicksalskonzeption, ergänzt um einige kulturhistorische Folgerungen mit abschließender Einordnung spez. von Mythen und Märchen.

Weitere eigene Kurzbeiträge bezogen sich speziell auf **neugriechische und türkische Volksmärchen** als Bindeglieder zwischen europäischer und orientalischer Erzähltradition: (1) Vf., Das neugriechische Volksmärchen ‚Der Herzenskundige', auch als Beleg für das übernatürliche Wissen der Vögel speziell in Zaubermärchen (urspr. 2018). In: Ergänzungen 2020, 208–213: Volksmärchen aus Skyros bzw. Lesbos; Erschließung der ursprünglichen Märchenfassung anhand von zwei türkischen Volksmärchen. (2) Vf., Die neugriechische Märchenlegende ‚Das Goldknäuel' zwischen ‚Marienkind' (KHM 3) und dem Märchen von Aschenputtel (urspr. 2019). In: Ergänzungen 2020, 221–224: Volksmärchen aus Patmos; Ergänzung durch die Grimmsche Märchenlegende und die ‚Brautprobe' aus Aschenputtel. (3) *Vf.*, Die türkische Märchennovelle ‚Die Geschichte vom schönen Halwaverkäufer' oder Über Verleumdung unschuldiger Mädchen durch Kleriker und andere (urspr. 2019). In: Ergänzungen 2020, 225–230: Volksmärchen in der Tradition der großen orientalischen Erzählcorpora, zugleich einer aufgeklärten gesellschaftskritischen Novelle nahe kommend, mit der Leidensgeschichte einer jungen Frau, die nach der Verleumdung durch einen abgewiesenen Muëzzin ihre Heimat verlassen muss und nach der Ermordung ihrer Kinder durch einen übergriffigen Vezir und Verleumdung bei ihrem Gatten bei ihrem Gatten in noch größeres Unglück gerät, ehe sie, in Männerkleidern in ihre Heimat zurückgekehrt, als Halwaverkäufer die beiden Übeltäter zur Rechenschaft zieht. Zum Erzähltyp ‚Verleumdung' (ATU 383 A; Variante zu ATU 318) Ergänzung durch zwei Nachfolgeversionen des Stoffs von der Insel Skyros und aus Süditalien, zur Erzähltechnik (spez. im Finale) durch ein qualitätvolles Einzelstück aus der Ergänzungssammlung der *Märchen aus 1001 Nacht*.

b. Forschungen zum Mythos als Erzählmotiv

Als aktuelle Standardwerke und z.T. auch als wichtige Orientierungspunkte auf dem Weg zur exemplarischen Darstellung der Thematik ‚Mythen – Sagen – Märchen als Erzählmotive' in MSM 2012, Teil B seien aufgeführt (Auswahl):

(1) *Enzyklopädie des Märchens [EM**]*. Handwörterbuch zur historischen und vergleichenden Erzählforschung. Bd. 1–15. Berlin, New York 1977–2015: Umfassendes Spektrum von verschiedensten, durchweg qualitätvollen Artikeln zur Motivforschung; als aktuelles Forschungsmittel für die wissenschaftliche Arbeit unverzichtbar.

(2) Elisabeth **Frenzel***, Motive der Weltliteratur. Ein Lexikon dichtungsgeschichtlicher Längsschnitte. Stuttgart 6. Aufl. 2008 (Kröners Taschenausgabe 301); XVIII, 941 S.: Bisher letzte Auflage des für die Mythos- und Erzählforschung sowie für die Erschließung der Rezeptionsgeschichte gleichermaßen wertvollen Handbuchs (1. Aufl. 1976; wie S. 171). Als Standardwerk zu den wichtigsten Motiven unverzichtbar.

(3) Hans-Jörg **Uther**, The Types of International Folktales *[ATU**]*. A Classification and Bibliography, Based on the System of Antti Aarne and Stith Thompson. Part I-III. Helsinki 2004 (Folklore Fellows Communications 284–286), Ndr. 2011; 619 S./536 S./285 S. – *Disposition:* I. Animal Tales, Tales of Magic, Religious Tales, and Realistic Tales, with an Introduction. II. Tales of the Stupid Ogre, Anecdotes and Jokes, and Formula Tales. III. Appendices. – *Résumé:* Bisher umfassendste Zusammenstellung von ‚Erzähltypen' in der narrativen Tradition, die ursprünglich (Aarne, Helsinki 1910) von der Erforschung der ‚Zaubermärchen' ausging, doch inzwischen auch die Mythentradition weitgehend berücksichtigt. Standardwerk der Erzählforschung.

(4) Hans-Jörg **Uther***, Deutscher Märchenkatalog. Ein Typenverzeichnis. Münster/W., New York 2015; 757 S.: Grundlegende Zusammenstellung des um-

fangreichen Gesamtmaterials im Rahmen der Märchenforschung mit weitgehenden Aufschlüssen auch für die Mythentradition.

Zu den in MSM 2012, Teil B, exemplarisch behandelten **Standardmotiven** der europäischen Erzähltradition gab es auch in der jüngsten Phase ab 2000 einige neue Publikationen, die durchweg schon in MSM 2012, 240 ff. und MSM Ntr. 2018, 77 ff. verzeichnet sind: **(Motivreihe 1)** Karin Graf, Findlinge. Kindes-Aussetzungen in der antiken Realität und Mythologie. Zürich (Universität) 2006; Vf., Schicksalsdenken 2020, wie S. 312, passim. **(Motivreihe 2)** Vf., Danae e Santa Barbara. Mito classico e leggenda cristiana. In: Studi Umanistici Piceni 25, 2005, 125–136: Überblick zur früheren Entwicklung des Kernmotivs; Barbara Gobrecht, Verführung im Turm. Rapunzel und ihre Schwestern. In: Harlinda Lox (Hrsg.), Der Vater in Märchen, Mythos und Moderne. Krummwisch 2008 (Veröffentlichungen der Europäischen Märchengesellschaft 33), 135–154: Märchentradition zum Kernmotiv; Vf., Einführung in den antiken Mythos und spätere Traditionsglieder am Beispiel des Einzelthemas ‚Danae und der Goldregen'. In: Die Salentiner. Jahrbuch 2009/2010 (Kurfürst-Salentin-Gymnasium Andernach). Koblenz 2010, 70–77: Einordnung des Stoffes im mythischen Gesamtsystem und als Prototyp der Motivreihe; Michael Neumann, Danae, Rapunzel und ihre Schwestern. In: Bierl/Braungart 2010, wie S. 199, 317–341; Uther, Märchenkatalog 2015, wie S. 313, 77 (Typ 310: Jungfrau im Turm); Vf., Vom Danaë-Mythos zum Märchen La Principessa del Sole. Zur literarischen Einordnung einiger süditalienischer Volksmärchen. In: Märchenspiegel 2/2016, 17–34: Behandlung des antiken Stoffes im Vergleich mit zwei süditalienischen Volksmärchen Erzähltyp ATU 898, ergänzt um Belege zum Perseus- und Polyphem-Mythos als Belege zum unmittelbaren Weiterwirken mythischer *plots* mit Provenienz wohl aus griechischen Sprachinseln in Unteritalien. **(Motivreihe 3)** Luba Freedman, The *Poesia*: Ovid, Ariosto, and Titian on ‚the Heroic Liberation of the Maiden'. In: Freedman/Huber-Rebenich 2001, wie S. 253, 13–38; Gerd Kaminski/Claudia Peschel-Wacha, Der Drache. Eine Legende erwacht. Trautenfels 2002 (Kleine Schriften des Landschaftsmuseums in Schloss Trautenfels 28); 108 S.; Vf., Andromeda und Jaffa. In: Jaffa. Tor zum Heiligen Land. Migration und Toleranz am Beispiel einer historischen Hafenstadt. AK Frankfurt/M., Bibelmuseum 2013, 77–82: Beitrag zur fiktiven Lokalisierung des Andromeda-Mythos in Phoinikien, Einordnung mit den Motivparallelen Herakles/Hesione und Jona/Walfisch im Kontext des Kernmotivs. Weitere Literatur zu Drachen in MSM Ntr. 2018, 94 zu S. 303. **(Motivreihe 4)** Charlotte Bretscher-Gisiger (Hrsg.), Lexikon Literatur des Mittelalters. 1. Themen und Gattungen. Stuttgart/Weimar 2002, 65–68 s.v. Brautwerbeepos; Frenzel, Motive 2008, wie S. 313, 181–192; Vf., „Ach wie gut, dass niemand weiß…". Vom großen Rätselraten in Mythen, Sagen und Märchen. In: die waage 49, April 2010, 20–27: Belege zur Verbindung mit dem Kernmotiv im europäischen *folktale*; Uther, Märchenkatalog 2015, wie S. 313, 219 f.

(ATU 851); *Vf.*, Drei außergewöhnliche Freierproben auf einmal im neugriechischen Volksmärchen ‚Das goldene Kästchen' (urspr. 2018). In: Ergänzungen 2020, 194–207: Würdigung des bisher kaum beachteten Volksmärchens und seiner motivischen Besonderheiten (Standardmotiv: *Freierprobe:* ATU 851ff.; Nebenmotive: *Die kunstfertigen Brüder* ATU 653; *Die außerordentlichen Begleiter* ATU 513 u. a.) sowie der hohen erzählerischen Qualitäten (Freierprobe der Rahmenerzählung; drei Binnenmärchen als Erzählungen des sprachbegabten Titelobjekts, darunter das dritte Märchen mit zwei weiteren Freierproben); Nachträge 2019 mit zwei wesentlichen Ergänzungen aus türkischen Volksmärchen, darunter zur vermutlichen orientalischen Vorlage. **(Motivreihe 5)** EM 14,1 (2011) s.v. Verkleidung, 59–66 (Susanne Friede)/s.v. Verstellung, 141–145 (Klaus Roth); *Vf.*, Das Motiv Verkleidung/Verstellung, speziell mit erotischer Motivation und klerikalem Hintergrund, in repräsentativen Belegen von Boccaccio bis Madame d'Aulnoy. In: Fabula 58, 2017, 343–371: Zusammenstellung von Belegen in Renaissancenovellen sowie Machiavellis Komödie *Mandragola* und einer ‚spanischen Novelle' von Madame d'Aulnoy mit dem Ergebnis, dass eine hohe Affinität zu den literarischen Gattungen Novelle, Komödie und Satire besteht. **(Motivreihe 6)** Frenzel, Motive 2008, wie S. 313, 167–181; Georg Wöhrle, Sexuelle Aggression als Motiv in den homerischen Epen. In: Festschrift Kullmann 2002, wie S. 189, 231–238; Gesa Dane, ‚Zeter und Mordio'. Vergewaltigung in Literatur und Recht. Göttingen 2005; 312 S.; Marylène Possamaï-Pérez, Comment raconter et interpréter au Moyen Âge les récits d'aggression sexuelle de la mythologie antique? In: Aygon u. a. 2009, wie S. 255, 183–198; EM 13 (2010) s.v. Verführung, 1432–1440 (Rainer Wehse); EM 14,1 (2011) s.v. Vergewaltigung, 15–21 (Bea Lundt); Albrecht **Classen**, Sexual Violence and Rape in the Middle Ages. A Critical Discourse in Premodern German and European Literature. Berlin 2011 (Fundamentals of Medieval and Early Modern Culture 7); VI, 272 S.; Ds. (Hrsg.), Violence in Medieval Courtly Literature. A Casebook. New York. 2014; VI, 352 S. **(Motivreihe 7)** Frenzel, Motive 2008, wie S. 313, 157–167 (‚Frau, Die verschmähte'); EM 14 (2014) s.v. Verleumdung, 68–73 (Manouela Katrinaki); Vf., Das ‚Potipharmotiv' – weit verbreitet in der Erzähltradition, doch auffallend selten in europäischen Märchen. In: Märchenspiegel 4/2016, 20–38: Überblick zu Erzähltyp ATU 318 in der europäischen Erzähltradition mit drei der seltenen Märchenbelege, in denen Verkleidung als Ergänzungsmotiv hinzukommt; Vf., Das ‚Potipharmotiv' und Verwandtes in der orientalischen Erzähltradition. In: Märchenspiegel 3/2017, 11–35: Überblick zu Erzähltyp ATU 318 in der orientalischen Erzähltradition mit Belegen aus Firdousis *Königsbuch* und den *Märchen aus 1001 Nacht,* inkl. Ergänzungsmaterial. **(Motivreihe 8)** Frenzel, Motive 2008 s.v. Heimkehrer, wie S. 313, 320–333 (mit Lit.); Vf., Die Heimkehr des Gatten im letzten Augenblick. Von Homers *Odyssee* zu Boccaccios Novelle von Messer Torello (*Decameron* 10,9). In: Studi Umanistici Piceni 31, 2011, 403–418:

Überblick zur früheren Tradition des europäischen Standardmotivs; Neumann 2013, wie S. 309, 216–222; Uther, Märchenkatalog 2015, wie S. 313, 269 (ATU 974). **(Motivreihe 9)** Mikael **Sjöberg**, Wrestling with Textual Violence. The Jephthah Narrative in Antiquity and Modernity. Sheffield 2006 (The Bible in Modern World 4); 251 S.; Vf., Die Sage vom Rheingrafenstein (mit Motivparallelen aus Mythos, Sage und Märchen). In: Bad Kreuznacher Heimatblätter Nr. 5/2010, 1–3; Nr. 6/2010, 1–3: Zuordnung einer Lokalsage zum Kernmotiv. Weitere Literatur zu Jephthahs Tochter in MSM Ntr. 2018, 158. **(Inzestmotiv)** Elisabeth **Archibald**, Incest and the Medieval Imagination. Oxford 2001, spez. 54–65 (Antike), 70 ff. (Mittelalter), 267–282 (Lit.); Frenzel, Motive 2008, wie S. 313, 391–410. Weitere neuere Literatur in MSM Ntr. 2018, 173 f. **(Uriabrief)** EM 13 (2010) s.v. Uriasbrief, 1262–1267 (Christine Shojaei Kawan); Vf., Schicksalsdenken 2020, wie S. 312, spez. 175–182.

Exkurs: Mythos und moderne Mythostheorie

Die Ausgangsthematik dieses Exkurses würde einen eigenen Teilbericht verdienen: die verschiedenen Bedeutungen des griechischen Grundworts **mŷthos**; seine **Bedeutungsentwicklung** in Antike und späterer Entwicklung bis zu Neuzeit und Gegenwart; schließlich die Frage, inwieweit angesichts zunehmender terminologischer Unschärfe in der Mythosforschung eine knappe **Definition der Grundbegriffe** ‚Mythos', ‚antiker Mythos' und ‚griechischer Mythos' überhaupt noch möglich scheint.

Im Rahmen einer immer stärkeren Systematisierung und Terminologisierung des Forschungsgegenstandes entstanden im Berichtszeitraum zahllose **Einzelbeiträge zur definitorischen Thematik** (Auswahl): (1) Erich *Hofmann*, Qua ratione ΕΠΟΣ, ΜΥΘΟΣ, ΑΙΝΟΣ, ΛΟΓΟΣ et vocabula ab eisdem stirpibus derivata in antiquo Graecorum sermone (usque ad annum fere 400) adhibita sint. Diss. Göttingen 1922, 28–48, spez. 36–38 *(mŷthos/fabula)*. (2) Lotte **Müller**, Wort und Begriff *mŷthos* im klassischen Griechisch. Diss. Hamburg 1953; 93, 3 S. (3) Walter Burkert, Mythisches Denken. Versuch einer Definition an Hand des griechischen Befundes. In: Poser 1979, wie S. 74, 16–39. (4) Ds., Mythos und Mythologie. In: Propyläen Geschichte der Literatur. Bd. 1. Die Welt der Antike 1200 v.Chr. – 600 n.Chr. Berlin 1981, 11–35. (5) Ada B. Neschke-Hentschke, Griechischer Mythos: Versuch einer idealtypischen Beschreibung. In: Zeitschrift für philosophische Forschung 37, 1983, 119–138. (6) Walter Burkert/Axel Horstmann, Mythos, Mythologie. In: Historisches Wörterbuch der Philosophie 6, Basel 1984, 280–310. (7) Jan N. Bremmer, What is a Greek Myth? In: Bremmer 1986, wie S. 63, 1–9. (8) Fritz Graf, Ein Definitionsversuch. In: Graf 1987, wie S. 62, 7.14. (9) Ada B. Neschke-Hentschke, Mythe et traitement littéraire du mythe en Grèce ancienne. In: Studi Classici e Orientali 37, 1987, 29–60. (10) Tanja Susanne Scheer, Mythos, Sage und Märchen. Probleme der Begrifflichkeit. – Griechische Mythen. – Wortbedeutung und Bedeutungswandel. In: Scheer 1993, wie S. 76, 13–24. (11) Walter Burkert, Mythos – Begriff, Struktur, Funktionen. In: Graf 1993, wie S. 113, 9–24. (12) Claude Calame, Mythe et mythologies en substances. In: Calame 1996, wie S. 65, 12–20. (13) Walter Burkert, Antiker Mythos – Begriff und Funktion. In: Hofmann 1999, wie S. 124, 11–26. (14) Heinz-Günther Nesselrath, Mythos – Logos – Mytho-logos. Zum Mythosbegriff der Griechen und ihrem Umgang mit ihm. Form und Funktion des Mythos. In: Peter Rusterholz/Rupert Moser (Hrsg.), Form und Funktion des Mythos in archaischen und modernen Gesellschaften. Bern/Stuttgart 1999 (Berner Universitätsschriften 43), 1–26. (15) Fritz Graf in: DNP 8 (2000) s.v. Mythos, I. Theorie des Mythos, 633–635. (16) Katharina Waldner, Zur Lektüre griechischer Mythen. In: Waldner 2000, wie S. 196, 4–11. (17) Gero von Wilpert, Mythos. In: Ds.,

Sachwörterbuch der Literatur. Stuttgart 8. Aufl. 2001 (Kröners Taschenausgabe 231), 541–543. (18) Synnøve des Bouvrie, The Definition of Myth. In: Ds. (Hrsg.), Myth and Symbol I: Symbolic Phenomena in Ancient Greek Culture. (Kongressakten Tromsø 1998). Bergen 2002 (Papers From the Norwegian Institute at Athens 5), 11–70. (19) Reinhard Brandt, Mythos und Mythologie. In: Ds./Steffen Schmidt (Hrsg.), Mythos und Mythologie. Berlin 2004, 9–22. (20) Almut Barbara Renger, Mythen, Mythos, mythisch. In: Renger 2006, wie S. 309, 3–7. (21) Angela Kühr, ‚Mythos' – ein Definitionsversuch. In: Kühr 2006, wie S. 196, 15–19. (22) Johannes Breuer, Was ist ein Mythos? In: Breuer 2008, wie S. 337, 27–30. (23) Bernhard Zimmermann, Zum Begriff Mythos in der griechischen Literatur. In: Zimmermann 2009, wie S. 204, 11–16. (24) Vf., Was ist Mythos? – Was ist Mythologie? – Was ist antiker Mythos? – Was ist griechischer Mythos? – Was ist römischer Mythos? In: MH 2011, 13–27 (mit weiterer Literatur). (25) Zgoll 2019, wie S. 322, 557–563, 582 (Zitat S. 323).

Der **Ausweitung des Mythosbegriffs** galt in der aktuellen Phase ein größerer Überblicksbericht: Peter **Tepe***, Mythos überall. In: Ds., Mythos und Literatur. Aufbau einer literaturwissenschaftlichen Mythosforschung. Würzburg 2001, 14–75. Diesen Trend realisierte exemplarisch eine von demselben Gelehrten herausgegebene Reihe von Sammelschriften: (1) mythos no. 1: Mythen in der Kunst. Würzburg 2004; 346 S. (2) mythos no. 2: Politische Mythen, Würzburg 2006; 371 S. (3) mythos no. 3: Mythos in Medien und Politik. Würzburg 2011; 316 S. (4) mythos no. 4: Philologische Mythosforschung. Würzburg 2016; 250 S.

Ebenfalls einen eigenen Forschungsbericht verdient die allgemeine **Mythostheorie**, die sich parallel zur Ausweitung des Mythosbegriffs entwickelte und gerade in jüngster Zeit zunehmend verselbständigte. Zu ihren Erstansätzen in der Frühphase gehörten verschiedene Werke eines deutschen Philosophen: (1) Ernst **Cassirer***, Begriffs- und Klassenbildung im mythischen und religiösen Denken [1921]. In: Ernst Cassirer, Mythos, Sprache und Kunst. Hrsg. von Jörn Bohr und Gerald Härtung. Hamburg 2011 (Nachgelassene Manuskripte und Texte 7), 37–91. (2) Ds., Philosophie der symbolischen Formen. Zweiter Teil: Das mythische Denken. Berlin 1925; XVI, 320 S., 2. Aufl. Darmstadt 1953 (mit Nachdrucken). (3) Ds., Die Philosophie der Aufklärung. Tübingen 1932, XVIII, 191 S. (mit mehreren Nachdrucken).

Die Fortsetzung bildeten gegen Ende der Frühphase zwei ganz unterschiedliche Publikationen: (1) Max **Horkheimer***/Theodor W. **Adorno**, Dialektik der Aufklärung. Philosophische Fragmente. Amsterdam 1947; 310 S.; Ndr. mit einem Nachwort von Jürgen Habermas. Frankfurt/M. 1969; Näheres zur Bedeutung der Publikation in MH 2011, 414 f.; MH Ntr. 2018, 185. (2) Roland **Barthes***, Mythologies. Paris 1957; 267 S.; dt. Ausgabe: Mythen des Alltags. Frankfurt M. 1964 (Edition Suhrkamp 92); 150 S.: In Teil I (dt. Ausgabe, 9–81) zahlreiche praktische

‚Fallstudien' von Billy Graham und Albert Einstein bis zu ‚Guide Bleus' und dem neuen Citroën; in Teil II (83–151) theoretische Ausführungen zum Grundbegriff ‚Mythos' und spezifisch neuen Erscheinungsformen.

In der Mittelphase wurde der neue Ansatz im deutschsprachigen Raum zum ersten Mal thematisiert in einer frühen forschungsgeschichtlichen Monographie: Berndt **Ostendorf***, Der Mythos in der Neuen Welt. Eine Untersuchung zum amerikanischen Myth Criticism. Frankfurt/M. 1971 (Anglistik und Amerikanistik 2); X, 207 S.: Nach methodischer Vorbemerkung (V-X) unter ‚Die Theorie' (1–38) Darlegung der Entwicklungslinie des Mythos von Homer über Platon, Aristoteles, Schelling; Cassirer und C.G. Jung bis zu Malinowski; im Hauptteil ‚Die Kritik' (39–145) Präsentation eines Systems von Grundbegriffen (39–50; spez. Mythos, Mythisch, Mythologem, Mythopoiesis, Mythologie), dann Einführung in die Entfaltung des New Criticism mit Archegeten wie T.E. Hulme, T.S. Eliot, Ezra Pound, James Joyce und D.H. Lawrence.

Weitere Monographien und Einzelbeiträge in der **deutschsprachigen Forschung** (Auswahl): (1) C.G. Jung, Der Mensch und seine Symbole. Olten, Freiburg/Br. 1968, Ndr. 1988; 320 S. (amer. OA: Man and His Symbols. Garden City/N.Y. 1964; 320 S.). (2) Hans **Blumenberg**, Wirklichkeitsbegriff und Wirklichkeitspotential des Mythos. In: Fuhrmann 1971, wie S. 119, 11–66. (3) **Ds.***, Arbeit am Mythos. Frankfurt/M. 1979, 699 S. (mit Nachdr.). Vgl. auch Almut Barbara Renger, Hans Blumenbergs ‚Arbeit am Mythos'. Verschiebung von Terror zu Spiel. In: Renger 2006, wie S. 309, 7–9. (4) Kurt Hübner, Mythische und wissenschaftliche Denkform. In: Poser 1979, wie S. 74, 75–92. (5) Karl-Heinz Bohrer (Hrsg.), Mythos und Moderne. Begriff einer Rekonstruktion. Frankfurt/M. 1983 (Edition Suhrkamp 1144); 612 S. (6) Kurt **Hübner***, Die Wahrheit des Mythos. München 1985; 465 S. (mit Nachdr., zuletzt Freiburg/München 2011). (7) Carl-Friedrich Geyer, Rationalitätskritik und ‚neue Mythologien'. In: Philosophische Rundschau 33, 1986, 210–241. (8) Georg Picht, Kunst und Mythos. Stuttgart 1986; XIX, 639 S.: Vorlesungen und Schriften zum Verhältnis von Bildender Kunst, mythischem Denken und christlichem Glauben. (9) Christoph Jamme, „Gott hat an ein Gewand". Grenzen und Perspektiven philosophischer Mythostheorien der Gegenwart. Frankfurt/M. 1991; 328 S. (10) Andreas Cesana, Zur Mythosdiskussion in der Philosophie. In: Graf 1993, wie S. 113, 305–323. (11) Kurt Hübner, Mythos (philosophisch). In: Theologische Realenzyklopädie 23, Berlin/New York 1994, 597–608. (12) Carl-Friedrich Geyer, Mythos. Formen – Beispiele – Deutungen. München 1996 (Beck'sche Reihe 2032); 99 S.: Kurzeinführung in den Gesamtbereich. (13) Christoph Jamme, Geschichten und Geschichte. Mythos in mythenloser Gesellschaft. (Antrittsvorlesung Jena 1997). Erlangen 1997 (Jenaer Philosophische Vorträge und Studien 22); 30 S. (14) Aleida und Jan Assmann, Mythos. In: Hubert Cancik u.a. (Hrsg.), Handbuch religionswissenschaftlicher Grundbegriffe. Bd. 4, Stuttgart

1998, 179–200 (Lit. 198–200). (15) Christoph Jamme, Mythos. In: Christoph Auffahrt u. a. (Hrsg.), Metzler-Lexikon Religion. Gegenwart – Alltag – Medien. Bd. 2. Stuttgart/Weimar 1999, 515–521.

Entsprechende Publikationen in der **internationalen Forschung** (Auswahl): (1) Joseph Campbell, Myths to Live by. New York 1972; X, 276 S. (2) Leszek Kolakowski, Die Gegenwärtigkeit des Mythos. München 1973 (Serie Piper 49); 168 S. (3) Joseph Campbell, The Mythic Image. Princeton 1974 (Bollingen Series 100); XII, 552 S. (4) Jaan Puhvel, Comparative Mythology. Baltimore 1987; X, 302 S. (5) Caldwell 1989, wie S. 201f., passim. (6) Richard Caldwell, The Psychoanalytic Interpretation of Greek Myth. In: Edmunds 1990, wie S. 63, 344–389. (7) Robert Alan Segal (Hrsg.), Literary Criticism and Myth. New York u. a. 1996; X, 373 S. (8) Ds., Theorizing about Myth. Amherst/Mass. 1999; 184 S. (9) Bruce Lincoln, Theorizing Myth. Narrative, Ideology, and Scholarship. Chicago 1999; XV, 298 S.

Kurz vor dem neuen Millennium präsentierte eine instruktive Monographie einen markanten Forschungsrückblick: Jürgen **Mohn***, Mythostheorien. Eine religionswissenschaftliche Untersuchung zu Mythos und Interkulturalität. München 1998; 299 S.: Forschungsüberblick mit den Sektionen ‚Theorie: Mythos-Forschung und das Problem der Interkulturalität' (19–161) und ‚Historie: Mythische Konstituierung von Fremdwahrnehmungen in Religionsgeschichtsschreibung und Mythosforschung' (163–236) sowie dem Fazit ‚Der offene Diskurs über den Mythos' (237–239); umfangreiches Literaturverzeichnis (245–273) auf dem Stand der Forschung.

In der aktuellen Phase erschien zunächst eine instruktive Sammlung wichtiger Basistexte zum Thema: Wilfried **Barner*** u. a. (Hrsg.), Texte zur modernen Mythentheorie. Stuttgart 2003 (Reclams Universal-Bibliothek 17642); 317 S., Ndr. 2007. Weitere ebenso knappe wie prägnante **Überblicksbeiträge** zur Thematik insgesamt und wesentlichen Teilaspekten (Auswahl): (1) Joachim Jacob, Arbeit am Mythos als Ästhetik des Widerstands. Zur Rhetorik des Mythos bei Hans Blumenberg und Peter Weiss. In: Simonis/Simonis 2004, wie S. 254, 331–344. (2) Robert A. Segal, From Nineteenth- to Twentieth-Century Theorizing about Myth in Britain and Germany. In: Görner/Nicholls 2010, wie S. 5, 41–64, spez. 53–64 zu Hans Blumenberg. (3ab) Annette Zgoll/Reinhard G. Kratz, Von Blumenbergs ‚Arbeit am Mythus' zu Leistung und Grenze des Mythos in Antike und Gegenwart. In: Zgoll/Kratz 2013, wie S. 200, 1–12; Axel Horstmann, Faszination und Herausforderung: Mythos als Schlüsselthema der Moderne, ebd. 13–33. (4) Anja Schwennsen, Kunst und Mythos zwischen Präsenz und Repräsentation: Cassirers Begriff des mythischen Denkens in literaturwissenschaftlicher Perspektive. In: Gebert/Mayer 2014, wie S. 255, 205–225.

Aus der weiteren aktuellen Literatur zur Mythostheorie (vorläufige Zusammenstellung in MH Ntr. 2018, 105 f.) sind ergänzend im Folgenden zwei exemplarische Einzelfälle hervorzuheben:

(1) Stefan **Matuschek***/Christoph **Jamme** (Hrsg.), Die mythologische Differenz. Studien zur Mythostheorie. Heidelberg 2009 (Jenaer Germanistische Forschungen N.S. 28); 261 S.: Sammelschrift mit neun Beiträgen zu verschiedensten Aspekten der aktuellen Mythostheorie (21–261; z. B. Philosophie, Theologie; Mythos/Ritual/Symbol; literarische Mythosrezeption; Roland Barthes). Die Einleitung der Arbeitsgruppe unter dem Titel ‚Zur Heuristik der mythologischen Differenz' (9–20) geht aus von der Tatsache, „dass Mythos häufig im Spannungsfeld spezifischer Oppositionen thematisch wird, von denen der Gegensatz Mythos/Logos nur der prominenteste ist" (9). Anschließend wird unter der Voraussetzung, „dass Differenz auf unterschiedlichen Ebenen von Mythosdiskursen untersucht werden kann" (10) der Kernbegriff definiert einerseits „in der Beschreibung einer Theorie" als „diejenige Grundentscheidung, die ein Mythosdiskurs trifft, wenn Mythos einem Begriff gegenübergestellt bzw. im Spannungsfeld von zwei Begriffen verortet wird", also „die vorliegende oder konstruierte Leitdifferenz eines Mythosdiskurses, die für diesen konstitutiv ist"; andererseits „im Verhältnis von Mythosdiskursen zueinander" als „Unterscheidungen, die zwischen diesen Diskursen bestehen", mit den drei Varianten „a. hinsichtlich ihrer *Leitdifferenz*, d. h. derjenigen Differenz, die für das konstitutiv ist, was Mythos in dem jeweiligen Diskurs heißt; b. hinsichtlich ihres *Explikationskontextes*, d. h. der Begriffe, in denen eine Leitdifferenz theoretisch entfaltet, der Sachzusammenhänge oder literarischen Texte, in welche die Leitdifferenz eingebracht wird; c. hinsichtlich der Voraussetzungen und Konsequenzen, die in diesen Explikationen thematisiert werden können oder impliziert sind." Anschließend werden die weiteren Beiträge des Bandes insgesamt eingeordnet unter dem Oberthema: „Zur Praxis der mythologischen Differenz" (11).

(2) Brigitte **Krüger***/Hans Christian **Stillmark** (Hrsg.), Mythos und Kulturtransfer. Neue Figurationen in Literatur, Kunst und modernen Medien. Bielefeld 2013 (Metabasis. Transskriptionen zwischen Literaturen, Künsten und Medien 14); 368 S. – *Disposition:* I. Mythosbegriff und moderne Mythostheorie (17–57; z. B. Christoph Jamme, Mythos – Kulturphilosophische Zugänge, 19–28; Peter Tepe, Terminologische Sensibilisierung im Umgang mit dem Mythos: Das Konzept der komplexen Mythosforschung, 29–44). II. Repräsentation und Inszenierung des Mythos in der Bildenden Kunst und den neuen Medien (59–140; z. B. Heinz-Peter Preußer, Mythos als Meta- und Konnotationsnarrativ – Antikenrezeption und Popkultur im Kino seit dem Jahr 2000, 61–106). III. Mythische Denkfiguren und narrative Strategien in der Literatur des 20. und 21. Jahrhunderts (141–234; z. B. Christoph Jamme, Aufgeklärte Mythologie. Thomas Mann und der Mythos, 143–

153). IV. Mythos im Spannungsfeld von Politik und Geschichte (235–361; z.B. Stephanie Wodianka, Moderne Mythen – Organisationsformen eines inflationären Phänomens, 325–344). – *Résumé:* Bei teilweise nur schwierig nachvollziehbarer Terminologie in den Sektionen II-IV neben wenigen Grundsatzbeiträgen vorwiegend Einzelbeiträge mit Anwendung eines unkonventionellen und denkbar weiten Mythosbegriffs (z.B. ‚Kleist-Mythos', ‚Wiedervereinigungs-Mythos', ‚Petersburg-Mythos'; Thomas Manns Werk *Joseph und seine Brüder* wird als Mythos eingeordnet, nicht als Sage: 146–151).

Nach jahrelanger ‚Arbeit am Mythos' hat der Verfasser mit derartigen neueren Untersuchungen zur Mythostheorie teilweise erhebliche, nach seiner Einschätzung nicht nur generationsbedingte Probleme, einerseits im Blick auf ihre Verständlichkeit angesichts einer Terminologie, bei der einem externen Leser keine andere Möglichkeit bleibt als zu ihrer ‚Aufschlüsselung' selbst erst einmal ein Glossar der verwendeten Grundbegriffe zu erstellen, etwa bei den Explizierungen der „Heuristik der mythologischen Differenz" von Matuschek/Jamme 2009, andererseits aufgrund eines denkbar breiten Mythosbegriffs, der bei zunehmender inhaltlichen Entfernung von der traditionellen Basis des griechisch-römischen Mythos oft ein ganz uneinheitliches Themenspektrum präsentiert, etwa in der Zusammenstellung der bei Krüger/Stillmark 2013 behandelten Beiträge.

Die bemerkenswerte Ausnahme bietet eine umfangreiche Neupublikation aus jüngster Zeit, die wegen ihrer herausragenden Bedeutung abschließend ausführlicher zu behandeln ist: Christian **Zgoll****, Tractatus mythologicus. Theorie und Methodik zur Erforschung von Mythen als Grundlegung einer allgemeinen, transmedialen und komparatistischen Stoffwissenschaft. (Habil. Göttingen 2016). Berlin/Boston 2019 (Mythological Studies 1); XXIV, 627 S. – *Disposition:* 1. Grundsätzliches (1–24). 2. Stoffe und ihre Konkretionen (25–41; z.B. Freier der Penelope). 3. Stoffbegriff = ‚Hylem' und Stoffwissenschaft = ‚Hylistik' (42–52; z.B. Gründung Troias/Stoffe in Ovids *Metamorphosen*). 4. Die Suche nach dem Stoff: Niobes Hybris (53–86). 5. Stoffvarianten als ‚Hylemsequenzen' (87–118; Motive und Funktionen). 6. Definition und Differenzierung des Stoffbegriffs (119–134; z.B. Gründung Troias/Sintflut). 7. Stoff und Stoffschema (135–152; z.B. Sintflut). 8. Stoffgrenzen (153–163; z.B. Oidipous). 9. Stoffvergleiche (64–204; z.B. Medeias Kindermord). 10. Stoffarten: Mythos, Märchen, Sage 205–231; Grundkategorien). 11. Was ist ein mythischer Stoff? (232–245; z.B. Katabasis des Odysseus). 12. Mythen im Wandel (247–269). 13. Mythen und der Tod des Autors (270–288; z.B. Eteokles/Polyneikes). 14. Stoff-Stoff-Interferenzen (289–299). 15. Die Merkwürdigkeit der Mythen (300–315). 16. Inkonsistenzen (316–339). 17. Inkonsistenzen in einzelnen mythischen Stoffvarianten (340–369; Beispiele). 18. Brisanz des Mythos (370–439; z.B. Erechtheus/Geburt des Dionysos). 19. Wertungen und Hierarchisierungen (440–447; Mythos und Macht). 20. Erzähltaktiken in Mythen

(448–500; z. B. Marduk/Tiamat). 21. Mythenschichten (501–519; Analyse, Synthese, historische Verortung). 22. Zusammenfassung (520–543; zu mythischen Figuren). 23. Ergebnisse im Überblick (544–563). 24. Ausblick und Rückblick (564–578). Literatur (585–614; sehr umfangreich), Register (615–651). – *Überblick* (Begleittext): „Die vom Autor entwickelten Methoden der Hylemanalyse und der Stratifikationsanalyse stecken den Rahmen einer neuen Mythosforschung ab. Auf der Grundlage eines präzisierten Stoffbegriffs, der Stoffe als Sequenzen kleinster Stoffbausteine (Hyleme) begreift, die nicht auf bestimmte mediale Konkretionen festgelegt sind, werden Mythen durch Hylenmanalysen nicht als Texte oder Bilder, sondern als Stoffe erforschbar. Mythen, so zeigt der theoretische Zugriff, sind durch vielfältige Einflüsse und Überarbeitungen umkämpfte und daher komplex geschichtete Stoffe. Stratifikationsanalysen eröffnen die Möglichkeit, dieser Vielschichtigkeit durch einen entsprechend differenzierten Interpretationsansatz gerecht zu werden. Darüber hinaus werden qualitativ und quantitativ objektivierbare Kriterien für Mythenvergleiche erarbeitet. Theorie und Methodik werden durch exemplarische Untersuchungen v. a. anhand griechisch-römischer und altorientalischer Mythen veranschaulicht. Mit einer wegweisenden Arbeit wird hier das Fundament gelegt für die Ausarbeitung einer Mythostheorie auf der Basis einer neu aufgestellten allgemeinen, transmedialen und komparatistischen Stoffwissenschaft (Hylistik)." – *Grundbegriffe* (Auswahl aus dem Glossar 579–583): „Hylem: Logisch und sprachlich standardisierte, kleinste handlungstragende Einheit einer Stoffvariante; diese Einheit ist aus einer medialen oder einzelsprachlichen Konkretion rekonstruierbar, auf diese aber nicht festgelegt" (579). „Hylemanalyse: Methode der Rekonstruktion einer Stoffvariante in ihrer natürlichen chronologischen Abfolge aus einer vorliegenden medialen Konkretion" (580). „Mythos: Ein Mythos läßt sich [...] verstehen als ein aufgrund der Varianten polymorpher und je nach Variante polystrater Erzählstoff mit implizitem Anspruch auf Relevanz für die Deutung und Bewältigung menschlicher Existenz, in der sich transzendierende Auseinandersetzungen mit Erfahrungsgegenständen zu einer Hylemsequenz verdichten" (582). „Stoff/Erzählstoff: Nicht abgeschlossene Menge von Varianten einer durch spezifische Protagonisten, Örtlichkeiten, Gegenstände und nur ungefähr umschreibbaren, polymorphen Handlungssequenz" (582). „Stoffart: Gruppe von Stoffen, die durch bestimmte Merkmale gewisse „Familienähnlichkeiten" (Wittgenstein) aufweisen, wie bspw. die Gruppe mythischer Stoffe oder die Gruppe märchenhafter Stoffe" (582). „Stoffwissenschaft/Hylistik: Wissenschaft, die sich mit der Bestimmung und Unterscheidung von Erzählstoffen, ihrer Erforschung und ihrem Vergleich *(comparative hylistics)* befaßt" (583). „Stratifikationsanalyse: Methode der Identifikation und Rekonstruktion verschiedener Schichten in einer (mythischen) Stoffvariante" (ebd.). – *Résumé:* Programmatische Grundlage der Göttinger Mythosforschung; komplexe

Verbindung von Altertumswissenschaft und Mythostheorie mit beträchtlicher narratologischer Bedeutung (vgl. schon S. 322f.). Ausgehend von der traditionellen Gleichsetzung Mythos = Stoff, wird zum Stoffbegriff eine differenzierte, doch dank Glossar gut nachvollziehbare Systematik von Stoffvarianten und Stoffarten vorgelegt mit zwei Hauptzielen: (1) Systematische Verwendung der (auch für komparatives Arbeiten grundlegenden) ‚Hylemanalyse' als spezifischer stoffwissenschaftlicher Methodik zur Extraktion und Sequenzierung von ‚Hylemen'[44] als kleinsten handlungstragenden Bausteinen von Erzählstoffen. (2) Konsequente Verwendung des Instruments der ‚Stratifikationsanalyse' zum Erfassen von historisch gewachsenen stofflichen Schichten und spez. zum Erforschen der Komplexität von Mythenvarianten. Fazit: „Um solche und andere Mythen systematisch und komparatistisch fundiert zu erfassen, bedarf es einer umfassenden Rahmentheorie sowie einer kulturspezifisch und kulturvergleichend applizierbaren Methodik. [...] Die hier eingeschlagene neue Forschungsrichtung gibt Einblick in die dynamischen Überlieferungsprozesse zentraler Mythen aus alten Kulturen und überrascht mit dem Nachweis verschiedener Strata in den untersuchten Stoffen, die ein Nebeneinander mehrerer Bedeutungsebenen generieren" (nach Rückentext Zgoll/Zgoll 2019, wie S. 200f.).

Angesichts der Begrenztheit des Exkurses und der Fachkompetenz des Verfassers in Fragen der Mythostheorie sollte eine genauere Aufarbeitung dieses zugegeben wichtigen Teilbereichs ebenso einem künftigen Berichterstatter überlassen bleiben wie eine detaillierte Würdigung der gehaltvollen Neuerscheinung den aktuellen und künftigen Rezensenten. Dafür liegt es nahe, hier noch kurz auf das Verhältnis von Zgolls ‚Tractatus' zum Gesamtprojekt des Verfassers einzugehen.

Während sich MH 2011 primär auf den frühgriechischen Mythos, das System seiner konstitutiven Grundkategorien und das ihm zugrunde liegende Weltbild mit der zentralen Schicksalskonzeption als erstem Schritt zur Aufklärung richtete, geht es für Zgoll 2019 nicht vorwiegend um Rekonstruktionen mythischer Weltbilder, sondern um die Entwicklung einer umfassenden Erzählstoff-Theorie, die Mythen und andere Erzählstoffe als medial nicht festgelegte Sequenzen von kleinsten handlungstragenden Bausteinen (‚Hylemen') versteht, um eine Abgrenzung verschiedener Stoffarten, um die Spezifika mythischer Stoffe und um die Entwicklung entsprechender Methoden, Stoffe aus medialen Konkretionen zu

---

44 Während das Substantiv *hýlēma* nach Liddell/Scott/Jones nur in der Bedeutung ‚Gebüsch, Gesträuch' belegt ist (entsprechend das Adjektiv *hylistikós*), wird es bei Zgoll 2019 im Sinn des Grundworts *hýlē* (‚Holz, Gehölz, Stoff') zur Unterscheidung kleinerer Stoffbausteine gegenüber dem Oberbegriff ‚Stoff' verwendet.

extrahieren (,Hylemanalyse') und speziell in mythischen Stoffen verschiedene Schichten aufzudecken (,Stratifikationsanalyse').[45] MSM 2012 konzentrierte sich in Teil A auf die Unterschiede zwischen Mythen, Sagen und Märchen vor allem als Bestandteilen der fiktionalen Erzähltradition (mit Bestätigung der gewonnenen Ergebnisse in den zehn exemplarischen Motivreihen von Teil B) und beschränkt sich im zusammenfassenden Schema (202/203) auf die speziell literarischen Teilbereiche ,Frühgriechische Mythen', ,Mittelalterliche Sagen' und ,Grimms Märchen'. Hingegen behandelt Zgoll 2019 Mythen, Sagen und Märchen vorwiegend als unterschiedliche Arten von transmedialen Stoffen und hält darüber hinaus „eine bis in konkrete stoffarten-spezifische Merkmale hineingehende, eher phänomenbeschreibende als abstrakt definierende Differenzierung" für „unumgänglich".[46]

Zusammenfassend resultiert aus der unterschiedlichen Akzentuierung beider Projekte ein gewisses Komplementärprogramm, das sich in wesentlichen Punkten ergänzt. Das Gesamtprojekt des Vf.s versucht zum ersten Mal, mit nahezu vollständiger Präsentation der wichtigsten Einzelmythen Tradition und Rezeption des antiken Mythos (inkl. narratologische Bedeutung) möglichst systematisch zu erfassen. Zgolls ,Tractatus' stellt das neueste Handbuch zur Mythostheorie dar mit einer ebenso selektiven wie repräsentativen und substanziellen Behandlung einer Vielzahl von griechisch-römischen und auch altorientalischen Einzelmythen im Rahmen eines präzisierten Stoffbegriffs.

---

[45] Entsprechende Einordnung beider Werke bei Zgoll 2019, 29–30.
[46] Zgoll 2019, 228 (mit Anm. 55 zum Schema MSM 202/203); vgl. schon Zgoll 2019, 205 Anm. 1 zu MSM Teil A. Wesentlicher Überblick zur modernen Motivforschung bei Zgoll 2019, 90–97.

Epilog aus persönlicher Sicht: Bilanz und Perspektiven

Der erste Teil des Epilogs ergänzt den Forschungsbericht um eine kurze Zusammenfassung zum Gesamtprojekt des Verfassers.[47] Ausgehend von dessen bisheriger ‚Arbeit am Mythos', gibt der zweite Teil einige persönliche Anregungen für künftige Aufgaben der Mythosforschung.

1. Nachlese zum Gesamtprojekt des Verfassers

Beim Versuch, zehn Jahre nach Erscheinen von **MH 2011** (Basisangaben schon auf S. 175 ff.) eine gewisse Bilanz zu ziehen, ist auszugehen von der zentralen Zielvorgabe, „den strukturalistischen und rezeptionsgeschichtlichen Aspekt in den Mittelpunkt zu stellen" (24). Der Begriff ‚strukturalistisch' meinte Strukturierung und Systematisierung des Forschungsgegenstandes nach konstitutiven Grundkategorien, auch unter Berücksichtigung der ethnologischen und magisch-rituellen Dimension (290–302). Für den Begriff ‚rezeptionsgeschichtlich' spielten die altorientalischen Vorgaben (30–86) ebenso eine Rolle wie die zunehmenden Spannungen zwischen Mythos und Aufklärung/Mythenkritik ab 6./5. Jahrhundert und sein weiteres Nachleben in der griechischen bzw. römischen Kultur (330–352 bzw. 352–407), ansatzweise auch in römischer Spätantike und christlichem Mittelalter (408–413) sowie in der neueren europäischen Tradition (414 f.).

Eine weitere Zielvorgabe enthielt der Satz: „Daher ist es ein besonderes Anliegen dieser Untersuchung [...], dass griechischer Mythos eben nicht gleich griechischer Mythos ist, sondern es entscheidend darauf ankommt, welcher der genannten Phasen ein Einzelmythos von seiner Entstehungszeit her zugehört" (26). Dieser mythengenetische Aspekt fand besondere Aufmerksamkeit in der Systematik (87–297) wie auch im rezeptionsgeschichtlichen Abriss zur Antikentradition (323–415). So wurde zur Einordnung wichtiger Einzelmythen bei Ovid betont (365): „Als entscheidendes Kriterium, gleichsam als Prüfstein (básanos) [...], dienen im Folgenden immer wieder die fünf konstitutiven Grundkategorien des frühgriechischen Mythos (Kapitel 3a-e)." Diese Methodik bestätigte sich bei späteren Mythenbildungen des Hellenismus, beim römischen Nationalmythos (352–364) und dem ganz disparaten Material aus Ovids *Metamorphoses* und *Heroides* (365–407), etwa mit der mythengenetischen Abgrenzung gegenüber

---

47 Vgl. schon die Angaben in der Redaktionellen Vorbemerkung auf S. IX (mit Anm. 4).

kleinkernigen ‚Mythennovellen' (z. B. Philemon/Baukis mit Legendencharakter; Pygmalion/Statue mit Märchencharakter) oder auch ‚Alltagsnovellen' (wie Pyramos/Thisbe und Hērō/Leandros: 416–420); schließlich bei der Behandlung von Mythen zum Kernmotiv ‚Frauennötigung' aus Ovids Hauptwerk (MSM 2012, 400– 414) und der Würdigung von Ovids Arachneversion als eigenständiger Variation einer hellenistischen Mythennovelle in der Monographie (2014).

Noch nicht zu den expliziten Zielvorgaben zählte die **Berücksichtigung neuer Fragmentsammlungen** zu wichtigen Teilbereichen der antiken Mythentradition, speziell zum Epischen Kyklos bzw. einzelnen Lyrikern (spez. Stesichoros und Pindar), zu attischen Tragikern (TrGF 1–5, Göttingen 1977–2004) und griechischen Komikern (PCG 1–8, Berlin 1993–2001), zu frühen Mythographen (FGrHist I, Leiden 1957; Monographie von Fowler 2000–2013) sowie zur römisch-republikanischen Tragödie (spez. Ennius, Pacuvius, Accius). Diese Arbeitsmittel wurden konsequent ausgewertet entsprechend der Einsicht, dass eine Forschungsarbeit ohne volle Berücksichtigung der Fragmentsammlungen undenkbar ist: Wenn man sich z. B. bei der zentralen Frage, welche Gottheit für die frühgriechische Schicksalskonzeption verantwortlich ist, nur auf Homers Großepen beschränken würde, ohne auch die literarischen Zeugnisse des Epischen Kyklos und ergänzende Bildbelege heranzuziehen, so würden die Ergebnisse nur Stückwerk bleiben.

Dem Aspekt der Bildbelege galt eine weitere Zielvorgabe, die vor allem mit Blick auf die Lebensleistung von Frank Brommer erfolgte: „Ein zentrales Anliegen bleibt die weitgehend **gleichrangige Berücksichtigung der literarischen und bildlichen Quellen**" (6). Nach Fertigstellung des LIMC (1981–1997; Supplementum I 2009) und erheblichen Fortschritten in den wesentlichen archäologischen Teilbereichen steht heute eine solche Fülle archäologischer Arbeitsmittel zur Verfügung, wie es zu Zeiten von John Beazley, T.B.L. Webster oder Frank Brommer noch unvorstellbar war. Wünschenswert wäre als Entsprechung bzw. Fortführung von LIMC für die spätere bildliche Rezeption ein weiteres Corpus internationalen Zuschnitts, wie es der Verfasser schon früher anregte.[48]

Die Hypothese zum ersten Sieg des Aischylos 485/84 mit der Achilleistrilogie als stofflicher Neufassung zu Homers *Ilias* (310 f.) bietet einen Musterbeleg für das **methodologische Fazit,** dass eine umfassende Behandlung des antiken Mythos nur realisierbar ist bei **Berücksichtigung der verschiedenen Einzelfächer** (im Kernbereich auch Alte Geschichte, inkl. Epigraphik; Rezeption: Neuere Geschichte und Kunstgeschichte (inkl. Byzantinistik/Mediävistik), Neuere Philologien, Komparatistik, Narratologie; ergänzend z.B. Religionswissenschaft, Eth-

---

48 In: mythos no. 3: Mythos in Medien und Politik. Würzburg 2011, 79. Näheres auf S. 334 f.

nologie, Anthropologie, Soziologie) mit einer **Kombination der unterschiedlichen Forschungsansätze** (z. B. strukturalistische, komparatistische, ritualistische oder psychologisierende Methode; vgl. Csapo 2005).

Ein wichtiger Neuansatz bei der Erstpublikation waren Zweifel an Martin P. Nilssons alter These ‚**The Mycenaean Origin of Greek Mythology**' (1932). Die vorgetragene Kritik (28–30) lief auf folgende Punkte hinaus: (1) Weder in den altorientalischen Vorgaben (von wenigen halbgöttlichen Helden wie Gilgamesch und Enkidu abgesehen) noch in der spärlichen Hinterlassenschaft der mykenisch-minoischen Zeit gibt es Anhaltspunkte für eine breite Heroenwelt, ganz zu schweigen von einer literarischen Epentradition mit Mythenzyklen wie Heraklestaten oder Troianischem Krieg. (2) Die Kultanlagen in mykenisch-minoischen Zentren lassen ohne Schriftzeugnisse keine Rückschlüsse auf einen dort praktizierten Heroenkult zu. (3) Die Bildzeugnisse aus dieser Zeit bieten keine Anhaltspunkte für ‚Sagenbilder', wie sie ab 740/720 v.Chr. kontinuierlich in der frühgriechischen Bildkunst vorliegen. (4) Die mykenisch-minoischen Schauplätze im frühgriechischen Mythos sind reale Anknüpfungspunkte für ein fiktives Geschehen auf Götter- und Heroenebene, mehr nicht. (5) Schließlich sprechen die vier langen ‚dunklen Jahrhunderte', die im späteren griechischen Raum ohne Alphabet und Schriftlichkeit blieben, entschieden gegen die von Nilsson vorausgesetzte Kontinuität zwischen mykenisch-minoischen Vorlagen und den Heroenmythen in frühgriechischen Epen zur Zeit Homers.

Das bisherige Forschungskonzept (‚Mycenaean Origin of Greek Mythology' mit einer über mehrere Jahrhunderte als *oral poetry* im Ägäisraum bestehenden Mythentradition) schien nur schwer vereinbar mit dem allgemein als Anfang der abendländischen Geistesentwicklung angesehenen ‚griechischen Wunder' (und den neuartigen Heroenmythen als Hauptbestandteil). Nach MH 2011 war dieser kulturgeschichtliche Prozess eher kurz- bis mittelfristig „das Ergebnis eines multikulturellen Glücksfalls, einer ersten Sternstunde der europäischen Geistesgeschichte" (30), zugleich gegenüber der früheren Entwicklung in Orient und Okzident eine Art geistesgeschichtlicher Quantensprung mit den folgenden, in einem neueren Grundsatzbeitrag zusammengefassten Teilaspekten:[49]

> (a) Die neuartigen Heroenmythen kamen mit ihrer spezifischen „Mischung aus Aktualität, Realität und Fiktion" (MH 2011, 246) als weiterer Schritt in der kulturgeschichtlichen Gesamtentwicklung inhaltlich wie strukturell der konkreten menschlichen Lebenswirklichkeit ungleich näher als die Summe aller früheren Götter-, Sintflut- und Ungeheuermythen. Mit

---

[49] Vf., Das Problem der vorgriechischen *oral poetry* angesichts der Sonderstellung der frühgriechischen Heroenmythen. In: fera-journal 32, 2017, 43–47 = IANUS 38, 2017, 51–55; Ndr. in: Ergänzungen 2020, 129–132, die zitierte Passage 131 f.

der **Verschiebung des Schwerpunkts von Götter- zu Heroenmythen** rückte nun immer mehr ein vorwiegend halbgöttlich-menschlicher Kontext ins Zentrum des mythischen Weltbilds [...]. Dies war ein entscheidender Schritt auf dem Weg zur **Gesamtentwicklung von Mythos zu Ethik** in der antiken und weiteren europäischen Kultur.

(b) Das in den Heroenmythen erstmals voll ausgeprägte **Schicksalsdenken** (207–237) mit seinen drei anthropologisch-soziokulturellen Basisfaktoren – kollektivem Gewissen, verantwortlichem Entscheiden zwischen Wohlverhalten/Belohnung oder Fehlverhalten/Bestrafung und persönlicher Rechenschaft – relativierte völlig das mythisch-religiöse Denken früherer Zeiten, „weil nun das Irrationale weitgehend begreifbar und auch halbwegs beherrschbar erscheint. Die nicht mehr primär pessimistisch-fatalistische, sondern eher skeptische Weltsicht, die dieser neuen Mythenkonzeption zugrunde liegt, erweist sich in ihrer kritisch-rationalen Grundhaltung zugleich als **ein erster Schritt zur Aufklärung**" (248).

(c) Wie das menschliche Leben, seither Hauptgegenstand des Mythos, einem ständigen Wechsel von Konstanz und Veränderung unterworfen ist, so entwickelten sich auch die Heroenmythen von Anfang an dank ihrer grundsätzlichen strukturellen Offenheit für alternative erzählerische Varianten und ihrem kritischen, zunehmend aufgeklärten Bewusstsein: „Dieses dialektische Verhältnis von **Konstanz und Veränderung, Konvention und Innovation** bestimmt in besonderem Maße die inneren Gesetzmäßigkeiten mythischer Tradition und Rezeption, das fast unbegrenzte ‚Wirkungspotential' (Hans Blumenberg) des jeweiligen Einzelmythos und auch des Mythos als Gesamtkomplex" (22). Ihr progressiver Grundcharakter prägte die weitere Rezeption des Mythos in der Antike [...] und auch die weitere Geistesgeschichte bis zur Gegenwart. Auf diese ersten Ansätze gehen letztlich das durchgehend konstitutive **Spannungsverhältnis zwischen Mythos und Aufklärung** und die konsequente **Gesamttendenz von Mythos zu Philosophie** in der antiken und weiteren europäischen Kultur zurück (248, 330–352, 414 f.).

In der Erstpublikation wurde das traditionelle ‚mythenchronologische' Dispositionsschema ersetzt durch eine strukturierende Systematisierung des frühgriechischen Mythos in fünf konstitutiven Grundkategorien (88–248), darunter als letzte die weitgehende Integration des mythischen Geschehens in einen göttlichen Schicksalsplan (207–237). Die Zusammenfassung ‚Das mythische Weltbild' (237–248) führte u. a. zu dem neuen kulturgeschichtlichen Teilergebnis, dass der frühgriechische Mythos nach den ‚dunklen Jahrhunderten' eine Art von **Identifikationsmodell** bei der Herausbildung eines neuen panhellenischen Gemeinschaftsbewusstseins dargestellt haben dürfte (106, 115, 247 f.).

Neue Perspektiven in ethnologisch-ritualistischer Hinsicht eröffnete die auf literarischem und bildlichem Material zum Aktaionmythos basierende Erarbeitung eines Vier-Phasen-Modells für die grundsätzlich voraussetzbaren Entwicklungsphasen eines Einzelmythos (290–294) mit einer magisch-rituellen Frühphase (im konkreten Fall: Jagdriten von Naturvölkern; vgl. schon Burkert 1972, wie S. 71, 127–129), einer religiös-theologischen Hauptphase (Aktaions Hybris in Aischylos' verlorener Tragödie *Toxotídes*), einer aufgeklärt-säkularisierenden

Weiterentwicklung (Aktaion als *voyeur par hasard* in der Ovidversion) und einer trivialisierenden Spätstufe (z. B. Aktaion in der Bildkunst der Postmoderne).[50]

Schließlich war die Bemühung um genaue Terminologie eine entscheidende Voraussetzung zur präziseren Unterscheidung von antiken Nachbarbereichen wie Religion/Ritus/Ritual, Literatur/Bildender Kunst und Realhistorie (298–322) sowie ansatzweise auch schon zur Abgrenzung von Sage und Märchen (420–425). Bei der Breite des Ansatzes wurde die Ausweitung des Blicks auf die weiteren Hauptbestandteile des europäischen *folktale* der konsequent nächste Schritt in Richtung der Erfassung des Gesamtbereichs.

In der späteren Publikation **MH Ntr. 2018** (vgl. schon S. 177)[51] enthalten die Nachträge, vom einleitenden Erstentwurf eines Forschungsberichts abgesehen, neben vielen Sachdetails und Ergänzungen zur Forschungsliteratur auch weitere Ausführungen zu **Grundsatzfragen der Mythenforschung**, z. B. Polytheismus und Monotheismus (110–113); altorientalisches Mythensubstrat im AT (115 f.); Zusammenhang von Kosmogonie und Gründungsmythen (123–125); Problem der ‚gesunkenen Gottheiten' (141); Schicksalsdenken im frühgriechischen Mythos mit der Modifizierung „*weitgehende* Integration" (141–144, 146); Teilaspekte der Troiamythen, inkl. *Ilias/Odyssee* (145, 148 f., 155–160); aktuelle Themen wie Gewalt und *gender* als neue Forschungstrends (153–155), Bedeutung der Schriftlichkeit als Voraussetzung für Religion, Mythos und Epik (161 f.); Problem der verlorenen literarischen Hauptquellen des antiken Mythos (164 f.); Inhalt, Dauer und Voraussetzungen der *oral poetry* (167–169); Ergänzungen zur Mythenrezeption (182–185).

Zunehmende Bedeutung innerhalb des Gesamtprojekts gewann der **narratologisch-motivgeschichtliche Aspekt.** Das Ausgehen von den mythischen Grundkategorien aus MH 2011 führte in **MSM 2012** (Basisangaben schon auf S. 306 ff.) unter Ausweitung auf die Nachbarbereiche Sage und Märchen zu einer frühere Forschungsansätze z.T. revidierenden Gesamtsicht (Teil A). Zu den Hauptergebnissen zählten das Gesamtschema für die Bereiche ‚Frühgriechische Mythen', ‚Mittelalterliche Sagen' und ‚Grimms Märchen' (202 f.) sowie dessen Ergänzung für die Kleingattungen Fabel, Legende und Novelle (228).

Die Behandlung der mythischen Einzelstoffe in MH 2011 hatte so viele stoffliche Parallelen im mythischen Kernbereich und darüber hinaus ergeben, dass eine Strukturierung nach übergeordneten Kernmotiven nur folgerichtig war. Der begrenzte Umfang des Gesamtprojekts legte eine Beschränkung auf wenige exemplarische Standardmotive nahe entsprechend der methodischen Vorgabe:

---

50 Differenzierende und z.T. kritische Beurteilung bei Zgoll 2019, wie S. 322, 510, Anm. 29.
51 Näheres zum Download einer verbesserten Fassung der Publikation auf S. IX, Anm. 4.

"Hauptziel der Zusammenstellung ist die Überprüfung der schon im Mythoshandbuch und anschließend hier vorgelegten Definitionen [...] und ihre praktische Ergänzung durch ein repräsentatives Basismaterial" (240).[52] Die Bestätigung der Definitionen in den Reihen zu zehn Standardmotiven der europäischen Erzähltradition (Teil B, 240–503) brachte zugleich neue Impulse für die gesamte Stoff- und Motivforschung. Wie weit man über das Corpus der EM (Göttingen 1977–2015), die Standardwerke von Elisabeth Frenzel (‚Stoffe der Weltliteratur' 1962, 10. Aufl. 2005; ‚Motive der Weltliteratur' 1976, 6. Aufl. 2008) und vergleichbare Handbücher im Einzelfall hinauskommen kann, belegen jüngste Arbeitsergebnisse zu Forschungsthemen wie Freierprobe[53] oder Potipharmotiv[54], aber auch zu dem in MSM 2012, 359–396 erstmals erschlossenen Motiv ‚Verwandlung/Verstellung/Verkleidung aus Liebe'.[55]

Bei den in MH 2011/MSM 2012 realisierten terminologischen **Abgrenzungen** für den Kernbereich des antiken Mythos und die wichtigsten Nachbarbereiche sowie weitere Einzelgattungen scheint ihr Wert allein schon durch die Tatsache bestätigt, dass sich die Mythos- und Erzählforschung insgesamt in jüngster Zeit immer weniger auf die Zielvorgabe richtete, eine halbwegs präzise Terminologie für die zentralen Forschungsgegenstände anzustreben, zumindest was die Möglichkeiten der Unterscheidung zwischen den drei narratologischen Hauptbereichen angeht.

Allerdings fand das Gesamtschema zu frühgriechischen Mythen, mittelalterlichen Sagen und Grimms Märchen (202f.), in der Forschung ebenso singulär wie das Ergänzungsschema zu Fabel, Legende und Novelle (228), kaum Beachtung.[56] Zudem dürfte sich die Tendenz zu terminologischer Unschärfe und neuen Begriffsbildungen wie ‚Mythem' oder ‚Motifem' eher noch verstärken durch die mit der Ausweitung des Mythosbegriffs unvermeidliche Aufsplitterung der Forschung in viele kaum noch miteinander kommunizierende Einzel- und Spezialdisziplinen (bis hin zur Reduzierung des Forschungsgebiets z. B. ausschließlich auf aktuelle Kinder- und Jugendliteratur mit Mythenthemen).[57]

In der späteren Publikation **MSM Ntr. 2018** (vgl. schon S. 308)[58] ergibt sich die verbreitete Materialbasis zunächst aus der weiteren **Erschließung der europäischen Erzähltradition:** (1) Mittelalterliche Sagen (z. B. *Gesta Romanorum*)

---

52 Näheres in MSM Ntr. 2018, 77 f.
53 Näheres in MSM Ntr. 2018, 103–117 und in Ergänzungen 2020, 194–207.
54 Näheres in MSM Ntr. 2018, 143–153 (auch zu eigenen Spezialbeiträgen 2016 bzw. 2017).
55 Näheres in MSM Ntr. 2018, 117–139 (auch zum eigenen Spezialbeitrag 2017).
56 Differenzierende Beurteilung bei Zgoll 2019, wie S. 322, 228, Anm. 55.
57 Näheres zu diesem Spezialgebiet in MH Ntr. 2018, 96 und im Bericht auf S. 300.
58 Näheres zum Download einer verbesserten Fassung der Publikation auf S. IX, Anm. 4.

und italienische Renaissancenovellen (Boccaccio, *Decameron*; Giovanni Fiorentino, Pecorone; begrenzte Auswahl aus Bandello, *Le Novelle* und Straparola, *Piacevoli Notti*). (2) Italienische, französische und deutsche Kunstmärchen von Basile und Madame d'Aulnoy bis Musäus, Bechstein und Andersen. (3) Britannische und skandinavische Volksmärchen (auch mit Blick auf germanisch-keltisches Substrat), neugriechische und türkische Volksmärchen (auch mit Blick auf deren Mittelstellung zwischen europäischer und orientalischer Erzähltradition).

Andererseits resultiert der Zuwachs aus der Einbeziehung der orientalischen Märchentradition (spez. Märchen aus 1001 Nacht, Märchen aus 1001 Tag; Firdousis mittelpersisches Königsbuch). Dadurch erscheinen die Ergebnisse der Erstauflage zum europäischen folktale in einem umfassenderen Gesamtrahmen. Auch in den Einzelnachträgen stehen diese beiden Hauptbereiche im Vordergrund. Ihr Vergleich ergibt für die exemplarisch behandelten Standardmotive z.T. signifikante Unterschiede in Häufigkeit und Verwendung. Dieses Kriterium ermöglicht zugleich weitergehende Rückschlüsse auf das jeweils spezifische kulturelle Substrat, das beiden großen Traditionsströmen zugrunde liegt.

Die Einleitung (4–17) bietet knappe Einführungen in die großen orientalischen Erzählcorpora und Firdousis *Königsbuch* sowie in Teilbereiche der europäischen *folktale* bis hin zu Volksmärchen aus den nördlichen und südöstlichen Randzonen. Die Einzelnachträge zu Teil A beziehen sich z.B. auf die Rahmenhandlung von Basiles *Pentamerone* (50–52) und türkische Volksmärchen (66–68), auf die Versnovelle vom Bel Gherardino (29), den Vergleich von *Der Teufel mit den drei goldenen Haaren* (KHM 29) mit dem englischen Volksmärchen *Der Fischer und der Ring* und Parallelen (43f.), weitere Märchenparallelen zu *Der Arme und der Reiche* (KHM 87) und die Orientnovelle um die schöne Aruja (74).

Das Ergänzungsmaterial zu Teil B enthält wertvolle Nachträge zu den Standardmotiven: **(Motivreihe 1)** Belege aus Firdousis *Königsbuch* und weiteren Orientmärchen, 82–85; Madame d'Aulnoy, *La Princesse Carpillon* (CdF 5,1), 85f. **(Motivreihe 4)** Die Geschichte von *Prinz Bahram und Prinzessin ed-Datma* aus *Märchen aus 1001 Nacht*, 105; das türkische Volksmärchen *Die goldene Ziege*, 105f.; Sondervarianten aus europäischen Volksmärchen mit Erlösung der rätselstellenden Braut, 113–115; das neugriechische Volksmärchen *Das goldene Kästchen*, 115–117. **(Motivreihe 5)** Die Geburt von König Artus als Variante zum Amphitryon-Mythos, 118f.; weitere Belege von italienischen Renaissancenovellen bis zu Madame d'Aulnoy, z.B. Bandello, *Novelle* 2,36 als Vorlage zu Shakespeare, 127–129; Alamannis Novelle *La Contessa di Tolosa* als Vorstufe zu *König Drosselbart* (KHM 52), 134–136. **(Motivreihe 7)** Das Potipharmotiv in Firdousis *Königsbuch*, 144f.; Marie de France, *Lanval* und Varianten von *Die Kastellanin von Vergy*, 145–148; Madame d'Aulnoy, *Belle Belle ou Le Chevalier Fortuné* (CdF 6,3) mit Parallelen, 150–152. **(Motivreihe 8)** Das Volksmärchen von der Heimkehr des

Ratsherrensohnes nach Edinburgh, 157 f. **(Motivreihe 10)** Parallelen zu *Der Trommler* (KHM 193) und *Rumpelstilzchen* (KHM 53), 165–168.

Abschließend noch ein kurzer Blick auf die **Ergänzungen 2020**,[59] deren durchweg schon im Forschungsbericht berücksichtigte Beiträge sich auf die vier vorangehenden Teile des Gesamtprojekts beziehen: **Vf.***, Ausgewählte Kleinere Schriften. Ältere unpublizierte Beiträge zum antiken Mythos (1992–2005), ergänzende Beiträge und Rezensionen spez. zu MH und MSM (2011–2019) sowie aktuelle Beiträge zur Erzählforschung (2017–2019). Mit kommentierter Gesamtliste der Publikationen des Autors zu Mythologie, Ikonographie und Narratologie (1971–2020). Mainz 2020; 256 S. – *Disposition:* A. Mythologische Ergänzungen (5–95; sechs unpublizierte literarische bzw. ikonographische Vorträge). B. Nachdrucke/Ergänzungen spez. zu MH/MSM (96–152; bis auf Nr. 8 zur Entwicklung bis zu MH/MSM Ntr. 2018 schon publiziert; Nr. 13 zur Arachne-Monographie 2014 mit Nachtrag 2019). C. Narratologische Ergänzungen (153–230; sechs unpublizierte aktuelle Beiträge). Register (231–243). Publikationen des Verfassers (244–256).

2. Anregungen zur künftigen Mythosforschung

Zu einem Bericht über hundert Jahre Mythosforschung gehört nach Einschätzung des Verfassers auch ein Ausblick auf die Möglichkeiten künftiger ‚Arbeit am Mythos', zumal angesichts der starken Veränderungen in den aktuellen soziokulturellen Voraussetzungen. Denn der antike Mythos, seit Ende des 18. Jahrhunderts bis weit ins 20. Jahrhundert unbestritten ein konstitutiver Bestandteil der europäischen Kultur, hat in den letzten Jahrzehnten entscheidend an Gewicht und Bedeutung verloren. Die Gründe für diese Entwicklung reichen vom Ende des traditionellen Bildungsbürgertums bis zum merklichen Abbrechen der geistesgeschichtlichen Kontinuität im universitären Bereich, wo selbst kulturgeschichtliche Kernfächer eine Krise des Selbstverständnisses aufweisen. Diese Entwicklung könnte, auf Dauer gesehen, auch die Möglichkeiten künftiger Mythosforschung beeinträchtigen. Umso mehr stellt sich die Frage, was in Zukunft noch zu tun bleibt.

Dabei bestimmen die speziellen Interessen der einzelnen Mythosforscher(innen) ebenso deren Vorstellungen von künftigen Forschungsaufgaben, wie die folgenden Ausführungen weitgehend dem Erfahrungshorizont des Verfassers entsprechen. Insgesamt gibt es schon im altertumswissenschaftlichen Kernbe-

---

[59] Näheres zum Download einer verbesserten Fassung der Publikation auf S. IX, Anm. 4.

reich dank der begrenzten Neuerschließung von literarischen Texten (z. B. ägyptische Papyri), aufgrund des starken archäologischen Materialzuwachses (z. B. griechische Vasenbilder) und im Zusammenhang mit der weiteren Erarbeitung von vorwiegend altorientalischen Vorstufen des Mythos einige innovative Forschungsnischen, ganz zu schweigen vom weiten Feld der Rezeptionsforschung und der bisher nur ansatzweise erarbeiteten Einordnung des antiken Mythos in den Gesamtbereich der europäischen Erzähl- und Motivforschung.

a. Hauptaufgaben

Im Forschungsbericht wurde mehrfach auf die Notwendigkeit hingewiesen, die vorgelegte Übersicht durch weitere Spezialberichte zu den einleitend genannten Einzelsektionen zu ergänzen, etwa zu Göttermythen, älteren Heroenmythen und Troianischem Mythenkreis, aber auch z. B. zur Ausweitung des Mythosbegriffs in der Moderne und zur neuesten Entwicklung der Mythostheorie. Darüber hinaus stellen sich einige Hauptaufgaben[60] vor allem in rezeptionsgeschichtlicher und narratologischer Hinsicht:

(1) Das Vorbild des LIMC legt nahe, ein weiteres großes internationales **Corpus** zu initiieren, in dem für den **Teilbereich der Bildenden Kunst** ein repräsentatives Belegspektrum zur nachantiken Entwicklung bei den Hauptthemen des antiken Mythos lexikographisch dokumentiert werden sollte. Die bisherigen Arbeitsmittel zur neueren Mythosrezeption sind noch recht unzureichend für die praktische ‚Arbeit am Mythos' wie auch zu den Einzelmythen.[61] Im Blick auf die Realisierung bietet sich zugunsten der Überschaubarkeit des neuen Corpus die sukzessive Aufteilung in drei Einzelsektionen an: (a) Mittelalter (inkl. Byzanz) vom 6. bis zum 14./15. Jahrhundert; (b) Renaissance bis Barock/Rokoko vom 14./15. bis zum Ende des 18. Jahrhunderts; (c) Jüngere Neuzeit/Moderne/Postmoderne vom beginnenden 19. Jahrhundert bis zur Gegenwart.

(2) Nach Vorbild von OGCM und weiteren Handbüchern (vgl. S. 117 f.) sollten die bisher erarbeiteten **Listen** für den Bereich **Literatur** (inkl. Theater, Musiktheater o. Ä.) in einem kleineren **Corpus** kontinuierlich vervollständigt werden mit dem Ziel, ein erheblich erweitertes Belegspektrum für die nachantike literarische Entwicklung bei den wichtigsten Einzelthemen des antiken Mythos als Basis der künftigen Forschungsarbeit vorzulegen.

---

60 Zu den aktuellen Ansätzen zählt als Kurzbeitrag (allerdings mit stark erweitertem Mythosbegriff): Peter Tepe, Wie lässt sich die philologische Mythosforschung besser organisieren? In: mythos no. 4: Philologische Mythosforschung. Würzburg 2016, 233–246.
61 Kritik im Forschungsbericht auf S. 117 f./127 f. (Mittelphase) bzw. S. 252 f./263 (aktuelle Phase).

(3) Nach ersten Ansätzen etwa in der Publikation von Kreuz/Aigner/Harrauer 2015 ff. (vgl. S. 251) sollte eine **Gesamtbibliographie** der wissenschaftlichen Beiträge zur literarischen und ikonographischen **Rezeptionsgeschichte des antiken Mythos** zumindest für die jüngste Zeit erstellen werden, in der die wichtigsten Personen- und Sachbegriffe als Stichwörter berücksichtigt werden, auch als verlässliche Erstinformation über Möglichkeiten und Berechtigung künftiger wissenschaftlicher Arbeitsvorhaben.

(4) Nach Vorbild der Sammelschriften von Pietro Gibellini zu Mythenthemen in der italienischen Literatur und dem in jüngster Zeit entstandenen Corpus OHCREL zu Mythenthemen in der englischen Literatur (vgl. S. 256) sollten für die **Rezeptionsgeschichte** des antiken Mythos **in europäischen Nationalliteraturen** auch für die französischsprachige und deutschsprachige Literaturtradition Sammelpublikationen in Form von Überblickswerken als Forschungsprojekte ins Auge gefasst werden.

(5) Nach Vorbild von ATU (vgl. S. 313) wäre für die philologisch-narratologische Forschung ein **handbuchartiger Katalog** zu den wichtigsten **Hauptmotiven des antiken Mythos** wünschenswert, um eine verlässliche Informationsbasis für künftige Projekte zum Verhältnis der Nachbarbereiche Mythos, Sage und Märchen zu erstellen.

Außerdem stellt sich die Aufgabe einer Ausweitung der Forschungen zu den literarischen und ikonographischen **Beziehungen zwischen dem antiken Mythos und dem Gedankengut des späteren Christentums.** Für diesen speziellen Bereich bietet sich aufgrund der begrenzten Vorarbeiten des Verfassers die folgende Gesamtdisposition an: [62]

a. Mythosrezeption bei den **Hauptgestalten des christlichen Glaubens:** (1) Gottvater (vgl. Jupiter). (2) Christus (vgl. Jupiter; Sol Apollo; Attribute: z. B. Viergespann; Nimbus, Kreismedaillon, Achtergloriole; *imago clipeata*; Minos als Unterweltrichter; Aion in Zodiakus – Christus in Mandorla; Merkur Kriophoros – Orpheus unter Tieren – Christus als Guter Hirte. (3) Maria (vgl. Juno; Ceres/Proserpina; Minerva, Venus, Diana Luna; Epiphanie- bzw. Orantengestus; Schwarze Göttin/Schwarze Madonna, Attribute: z. B. Kreismedaillon, *imago clipeata*, Rundoval, Mandorla; Sonne und Mond bei Apollo Sol/Diana Luna bzw. Christus/Maria; Mondhorn/Mondsichel, Strahlenkranz, Sternenkrone. Nox/Maria mit nachtblauem Gewand, Sternenmantel, Einzelsternen. (4) Maria mit Kind (vgl. Isis mit Horusknabe/Venus mit Amor; Attribute: z. B. Ähren/Ährenkleid, Weintraube/

---

[62] Disposition und Stichwörter aus Vorlesungsmanuskript ‚Das kulturelle Erbe der antiken Mythen in der christlichen Tradition' des Vf.s (U 3 L Universität Frankfurt, SS 2006).

Weinrebe; Granatapfel, Rose, Lilie; Kaninchen, Vögel; Muschel, Ei. (5) Christusknabe (vgl. Amor).

b. **Engel und Dämonen** in antiker und christlicher Tradition. (1) Himmelreich: Engel (vgl. Amor, Iris/Victoria); Erzengel (z.B. Michael: vgl. Merkur/Minerva; Engelsturz, Apokalyptischer Drache, Psychostasie). (2) Höllenreich: Teufel (vgl. Vulcanus, Faun); heidnische Ungeheuer als christliche Höllendämonen; Hölle und Fegefeuer.

c. Mythische **Motivparallelen in christlicher Tradition:** (1) Biblisches (Mariä Verkündigung; Christuskind: Geburt/Waschung, Wunderzeichen; Gottessohn: Taufe, Versuchung; Erlöser: Kreuzigung, Grablegung, Katabasis; Apotheose: Auferstehung, Himmelfahrt; apokalyptischer Weltenrichter. (2) Nachbiblisches (Maria: Geburt/Waschung, Himmelfahrt/Krönung; Hl. Barbara im Turm mit Hl. Geist (vgl. Danaë mit Goldregen); Georg und Drache (vgl. Perseus/Herakles); weitere Heiligenlegenden (MSM 2012, 232–238).

b. Weitere Teil- und Einzelaufgaben

Ausgehend von seiner bisherigen ‚Arbeit am Mythos', erscheinen dem Verfasser für den **Altertumswissenschaftlichen Kernbereich** die künftigen Möglichkeiten im Blick auf die **klassisch-philologische Mythosforschung** eher begrenzt, zumal wenn er die geringen neuen Forschungsergebnisse aus umfangreichen jüngsten Studien zu bisher noch wenig oder überhaupt nicht behandelten Einzelmythen wie Narkissos (Otto-Hubert Kost 2012), Daphnis (Walter Scholl 2014) und Athamas (Manuel Caballero González 2016) in Betracht zieht.[63]

Immerhin bietet sich aufgrund langjähriger Erfahrungen eine künftige Aufarbeitung von folgenden interessanten **Einzelthemen** an (Auswahl): (1) Eine grundlegende neue Monographie zur Gerechtigkeits- und Schicksalsgöttin *Themis* (MH 2011, 176f./211f.; MH Ntr. 2018, 143f.). (2) Eine Basisstudie zu Unterweltvorstellungen wie *Styx* (mit altorientalischen Vorstufen wie Ereškigal: MH Ntr. 2018, 123) und *Tartaros* (MH 2011, 233–235; spez. in Verbindung mit den Grundkategorien des Schicksalsdenkens bei den Hauptfrevlern). (3) Eine Übersicht zu *Inkongruenzen* zwischen den größeren Mythenkomplexen (dazu MH 2011, 250f.) und den Ursachen ihres Entstehens. (4) Ergänzende Arbeiten zu weiteren mythischen Einzelfiguren, etwa aus der Frühzeit zu *Orion* (MH 2011, 77f.; MSM 2012,

---

[63] Aktuelle Rezensionen des Vf.s: FORUM CLASSICUM 3/2013, 233–235 = IANUS 35, 2014, 96–97 (Kost); Anzeiger für Altertumswissenschaft 67, 2014, 112–115 (Scholl); 70, 2017, 23–27 (Caballero González).

335; auch mit Blick auf die altorientalische Tradition), aus den späteren Heroensagen zum Aiakiden *Peleus* (MH 2011, 139 f.) und zum Tydiden *Diomedes* (MH 2011, 158 f.). (5) Eine grundsätzlich positive Revision zur alten Problematik ‚*Gesunkene Gottheiten*' (Näheres in MH Ntr. 2018, 141). (6) Eine umfassende Aufarbeitung der epischen, lyrischen und dramatischen Quellen zum Gesamtkomplex *Tantaliden – Pelopiden – Atriden* (vgl. MH 2011, 218–224). (7) Eine Studie zur Bedeutung von *Orakeln in Troiamythen*, spez. ihrer Seltenheit in Homers *Ilias* und ihre Häufigkeit im Epischen Kyklos insgesamt (vgl. MH Ntr. 2018, 145). (8) Eine Untersuchung zum Thema *Großer Aias und Odysseus* im Blick auf Heldenbild und Erzählstruktur in der *Iliàs mikrā́* des Lesches.

Diese vorläufige Liste ließe sich durch eine Vielzahl weiterer Einzelthemen zur Mythentradition insgesamt ergänzen. Wesentlicher ist die folgende Kurzliste von Desideraten zu größeren **Teilphasen** der antiken Mythentradition (Auswahl): (1) Eine Zusammenstellung der wichtigsten Mythenbelege bei *monodischen Lyrikern* (z. B. Alkaios, Alkman, Archilochos, Ibykos, Sappho; mit Ausnahme von Stesichoros) und *frühen Chorlyrikern* (z. B. Simonides; mit Ausnahme von Pindar/Bakchylides). (2) Eine Gesamtdarstellung bzw. Einzelmonographien zu den vier großen *frühen Mythographen* (Hekataios, Akusilaos, Pherekydes, Hellanikos) über das von Felix Jacoby und Robert L. Fowler gesammelte Material hinaus. (3) Eine gründliche mythengenetische Aufarbeitung zu den in Ovids Hauptwerken *Metamorphoses*, *Fasti* und *Heroides* jeweils herangezogenen Mythenstoffen mit systematischer Unterscheidung von Grundtypen wie frühgriechischen Mythen, hellenistischen Mythennovellen und römischen Neubildungen (vgl. MH 2011, 364 ff.; Kurzfassung: Vf., IANUS 33, 2012, 59–61). (4) Aktuelle Aufarbeitungen zu Bedeutung und Funktion *mythologischer Beispiele* in den Elegien des *Properz* bzw. in Ovids Frühwerken *Amores/Ars amatoria* nach dem Vorbild der jüngsten grundlegenden Monographie von Johannes **Breuer***, Der Mythos in den Oden des Horaz. Praetexte, Formen, Funktionen. Göttingen 2008 (Hypomnemata 178); 444 S. (5) Eine gezielte Zusammenstellung von *Spätbelegen singulärer Mythenvarianten* bei griechischen und lateinischen Kirchenvätern, im Vergilkommentar des Servius und in spätantiken Traktaten wie *Mythographus Vaticanus I/II*.

Weitere Arbeiten könnten sich auf **neue Trends** der Forschung wie *gender* sowie ‚Terror und Gewalt' bei wichtigen Autoren und Teilbereichen der Mythentradition beziehen (vgl. schon MH 2011, 269; MH Ntr. 2018, 153–155); aber auch auf bisher noch nicht oder schon länger nicht mehr in einer eigenen Monographie behandelte **Hauptautoren** im Blick auf die spezifische Verwendung des Mythos (z. B. Stesichoros, Pherekydes, Lykophron, Diodor Buch 4–6, Lukian; Hygin, Claudianus, Prudentius, Fulgentius).

Schließlich gibt es vielfach **Desiderate bei aktuellen Forschungsberichten** selbst zu Hauptautoren der antiken Mythentradition, wie eine Liste der bisherigen

Lustrum-Artikel zeigt, z. B. Hesiod: Lücke seit 1984/85; Stesichoros: Lücke seit 1994; Fragmente des Aischylos: Lücke seit 1977; Fragmente des Euripides: Lücke seit 1983; Fehlanzeigen für Fragmente des Epischen Kyklos und des Sophokles sowie für Mythographen (spez. Apollodor, Diodor, Hygin, aber auch für spätantike Traktate), schließlich für Vergil (spez. *Aeneis*) und Ovid (spez. *Metamorphoses*). Selbst der verdienstvolle Bericht von Edzard Visser, Homer 1977–2000. In: Lustrum 52, 2012, 209–343/54, 2014, 108–284 verzichtete im ersten Teil unter ‚Überblicksdarstellungen und Einführungen' (322–331) auf spezielle Angaben zur Bedeutung des Mythos. Ähnlich verhält es sich mit Berichten in anderen Periodicals oder Institutionen z. B. zu Homer, Mythographen, Vergil und Ovid.

Für die **klassisch-archäologische Mythosforschung** bieten sich allein schon aufgrund des beträchtlichen Materialzuwachses erhebliche neue Möglichkeiten, auch in Zusammenarbeit mit der klassisch-philologischen Seite: (1) Im Anschluss an T.B.L. Webster weitere Intensivierung der *Text-Bild-Forschung* mit vergleichenden Interpretationen von erhaltenen literarischen Fragmenten und dokumentierten bildlichen Darstellungen, z. B. im Blick auf verlorene Teile des Epischen Kyklos (etwa eine Monographie zur *Troilosepisode* aus Stasinos, *Kýpria*, vgl. MH 2011, 274 f.; MH Ntr. 2018, 155 f.), auf verlorene attische Tragödien (etwa eine Gesamtmonographie zur *Achilleis-Trilogie des Aischylos*; vgl. MH 2011, 307–311; Vf., Philia I-II/2010, 19–31; lohnend wäre weiterhin eine Text-Bild-Spezialstudie zu Euripides, *Hippolytos I/II*), aber auch zur Text-Bild-Erschließung von weiteren *Satyrspielen* und *Mythentravestien* von der Dorischen Komödie Epicharms[64] bis zur attischen *Mesē*. (2) Eine umfassende Studie zur Bedeutung von *Flügelwesen* im antiken Mythos (inkl. altorientalische und etruskische Vorgaben: MH Ntr. 2018, 119 f.). (3) Der Ansatz einer Unterscheidung zwischen übernommenen griechischen Elementen und einem hypothetischen altorientalischen Substrat in *älteren etruskischen Mythenbildern* (z. B. Argos/Ianus: MH 2011, 52; Turan: MH Ntr. 2018, 120). (4) Eine Spezialstudie zu den *Anfängen der antiken Buchillustration* in Texten mit mythischen Inhalten bzw. Mythenbildern bis zu römischen Sarkophagen und spätantiken Codices (vgl. Vf., Wiener Studien 121, 2008, 85–102).

Weitaus größere Möglichkeiten ergeben sich für den **rezeptionsgeschichtlichen Ergänzungsbereich**, unabhängig von der Entwicklung, dass in Universitätsveranstaltungen Boccaccio und Petrarca, Ronsard und Fénelon, Milton und Spenser, Opitz und Gryphius neuerdings immer seltener behandelt werden, ganz zu schweigen von Spezialstudien zur literarischen Mythentradition zwischen Spätmittelalter und europäischem Barock. So fehlt z. B. ein *Überblickswerk zu Ovid*

---

[64] Entsprechend Beitrag des Vf.s in Thetis 3, 1996, 21–42. Näheres auf S. 85, Anm. 18.

nach Vorbild von ‚The Homer Encyclopedia' (2011; vgl. S. 212) und ‚The Virgil Encyclopedia' (2013; vgl. S. 209) ebenso wie ein neuer *Überblick zur mythologischen Oper* (spez. von Monteverdi bis Metastasio) mit systematischer Scheidung nach Stoffen aus Ovid und weiteren Autoren der Antikentradition, bzw. aus späteren Rezeptionsphasen (z. B. Ariosto, Tasso, Fénelon).

Aufgrund der begrenzten Kompetenz des Verfassers beschränkt sich die folgende Liste von **Einzelaufgaben** vor allem auf den Teilbereich **Bildende Kunst** (Auswahl): (1) Ein Gesamtüberblick zum bisher nur unzureichend behandelten Standardstoff *Danaë und Goldregen* (MSM 2012, 285 ff.; MH Ntr. 2018, 133/162). (2) Ein Pendant zum nicht weniger reizvollen Standardstoff *Leda und Schwan* (MH 2011, 231; MH Ntr. 2018, 133). (3) Ein ikonographischer Vergleich zwischen den z. T. verwechselbaren Bildtypen *Zeus/Semele, Zeus/Danaë und Zeus/Aigina* (MH Ntr. 2018, 162). (4) Eine Untersuchung zur unterschiedlichen Ponderierung bei den heidnischen und christlichen *Kardinaltugenden* (spez. Gerechtigkeit/Stärke bzw. Liebe/Glaube) in literarischen und bildlichen Belegen (MH 2011, 205; MH Ntr. 2018, 140 f.). (5) Eine Basisstudie zum Thema *Mythos und Politik/Macht* in Verbindung mit Gestalten und Themen antiker Mythen in der europäischen Kunstgeschichte, z. B. für realhistorische Gestalten wie Alexander d. Gr., Caesar, Augustus, Karl d. Gr., Friedrich II., Karl V., Henri V., Louis XIV. und Napoleon I. mythische Identifikationsfiguren wie Zeus, Apollon, Poseidon, Ares, Athene, Herakles, Achilleus und Aeneas.

Zu den rezeptionsgeschichtlichen **Einzelperioden** der Mythentradition ergaben sich aus der praktischen Arbeit des Verfassers folgende Anregungen (Auswahl): (1) Ein aktualisierter Überblick zu bildlichen Darstellungen in den verschiedenen mythenaffinen *Gattungen der byzantinischen Kunst* (z. B. Reflexe auf seinerzeit noch bekannte attische Tragödien in mittelbyzantinischen Elfenbeinreliefs). (2) Eine Studie zur rezeptionsgeschichtlichen *Bedeutung byzantinischer Homerkommentare* (z. B. Ioannes Tzetzes, Eustathios; vgl. Vf., Studi Umanistici Piceni 27, 2007, 233–250, spez. 238–241). (3) Eine Zusammenstellung des mythischen Bildmaterials der *Protorenaissance* von der Kunst und Kultur unter Friedrich II. bis zu den Anfängen der italienischen Renaissance (z. B. Gentile da Fabriano, Pisanello). (4) Eine repräsentative Sammlung von *Simultanbildern mit Mythenthemen* (spez. aus Ovids Metamorphoses) in Spätgotik und Frührenaissance (Cassoni, Deschi da parto), auch im Blick auf das noch fehlende neuere Standardwerk zu Cassone-Bildern. (5) Eine ikonographisch-ikonologische Monographie auf neuestem Stand der Forschung zu Tizians *Metamorphosen-Zyklus* für Philipp II. (1553–1562; vgl. Wethey 1975, wie S. 145, III 71–84). (6) Eine ergänzende Studie zum Thema ‚*Flora – Ceres – Pomona*. Zum mythologischen Programm in Gärten der Rubenszeit' im Anschluss an die Erträge von AK Gärten Rubenszeit 2000 (wie S. 290). (7) Eine Monographie auf neuestem Stand der

Forschung zu Rubens' großem Zyklus mit Mythenthemen für *Torre della Parada* (1636–1638; Jaffé 1989, wie S. 152, 353–365 No. 1232–1336; Vorarbeit von Hans-Joachim Raupp, AK Bonn 1999/2000, wie S. 153, 66–75). (8) Eine Basisstudie zu dem für G.B. Tiepolo wegweisenden Zyklus von *Quattro storie mitilogiche* (1720–22; vgl. Werkverzeichnis von Piovene/Pallucchini, CdA 25, Milano 1968, 87 No. 19 ABCD). (9) Eine Zusammenfassung zum Thema ‚Repräsentation, Aufklärung und *Karikierung* in Mythenbildern von G.B. Tiepolo und Zeitgenossen' (im Anschluss an den Beitrag des Vf.s in Studi Umanistici Piceni 28, 2008, 295–316, spez. 315, Anm. 45). (10) Ergänzungsbeiträge zu (a) Mythenstoffen aus Attischer Tragödie und (b) Mythenstoffen aus Vergils *Aeneis* und Ovids *Metamorphoses* im Gesamtwerk von *Angelika Kauffmann* (vgl. Vf., Jahrbuch Vorarlberger Landesmuseumsverein 144, 2000, 131–198). (11) Eine archäologisch-kunsthistorische Einführung zum Thema *Mythologische Zitate aus der Kunst der Antike in der Bildenden Kunst der Moderne* (z.B. Hauptwerke wie Apollon vom Belvedere, Venus von Milo, Laokoongruppe in aktueller Plastik/Skulptur, Malerei, Karikatur und Werbung). (12) Eine zusammenfassende Monographie zum Thema *Antike Mythen in der Bildenden Kunst des 20. Jahrhunderts,* spez. zu den ‚Klassikern der Moderne' in Kubismus, Strukturalismus, *pittura metafisica*, Surrealismus und Expressionismus (inkl. Kunstszene im ‚Dritten Reich'), sowie der weiteren Entwicklung nach 1945 (inkl. Kunstszene in BRD und DDR, spez. Wolfgang Mattheuer), u.U. in Verbindung mit einer ersten Ausstellung über diesen gesamten Komplex etwa unter dem Titel ‚*Der antike Mythos und die Klassische Moderne*'.

Vorarbeiten des Vf.s für Vorträge[65] in den letzten Jahrzehnten ergaben, dass die Bedeutung des antiken Mythos bei wichtigen **Einzelkünstlern** der neueren Kunsttradition bisher nur unzureichend aufgearbeitet ist (im vorliegenden Bericht immerhin Verweise auf Monographien z.B. zu Botticelli°, Tizian°, Lucas Cranach, Rubens°, Rembrandt, Jacob Jordaens, Thorvaldsen, Canova°, Böcklin, Picasso°, de Chirico°). So gibt es Defizite in Renaissance/Manierismus z.B. für Giulio Romano°, Benvenuto Cellini, Giambologna, Hendrick Goltzius und Adriaen de Vries, in Barock/Rokoko für Gian Lorenzo Bernini, Luca Giordano, François Boucher und G.B. Tiepolo°, in Klassizismus/19. Jahrhundert für Jacques-Louis David, J.A.D. Ingres, Eugène Delacroix, William Turner, Gustave Moreau° und Auguste Rodin°, in Moderne/Postmoderne für Salvador Dalí, André Masson, Paul Delvaux°, Max Beckmann°, Wolfgang Mattheuer° und Zeitgenossen sowie für die Künstler aus der Wiener Schule des Phantastischen Realismus (z.B. Rudolf Hausner°, Ernst Fuchs).

---

[65] In der Liste sind die vom Vf. in unpublizierten Überblicksvorträgen behandelten Künstler mit ° bezeichnet.

Für den **narratologischen Gesamtbereich** ergeben sich die größten Möglichkeiten aus der breiten Materialbasis einerseits und der bisher geringen Aufarbeitung im Ganzen wie im Detail andererseits. Die grundlegende Behandlung dieser Thematik in MSM 2012 und insbesondere in MSM Ntr. 2018, 4–17 (Einleitung) legt folgende Primäraufgaben nahe:

(1) Bei **europäischen Volks- und Kunstmärchen** sollte sich das Interesse vor allem auf bestimmte ‚Verwerfungszonen' in kulturellen Randbereichen konzentrieren, z.B. auf keltisches Substrat in Irland/Schottland, germanisches Substrat in Island/Skandinavien, antikes Mythensubstrat im neugriechischen Bereich (inkl. Sprachinseln in Süditalien) sowie auf Bindeglieder zwischen europäischer und orientalischer Erzähltradition in neugriechischen und türkischen Volksmärchen (Musterbeispiele: Ergänzungen 2020, 194–230).

(2) Da die antike Mythentradition polytheistisch bestimmt war, hingegen die spätere europäische und **orientalische Erzähltradition** monotheistisch, ergibt der Vergleich zwischen beiden Traditionsströmen interessante Aufschlüsse für das jeweilige kulturelle Substrat, ebenso wie der Vergleich zwischen christlich-europäischer und islamisch-orientalischer Erzähltradition, was z.B. Häufigkeit bzw. Seltenheit bestimmter Standardmotive in beiden Bereichen betrifft (vgl. MSM Ntr. 2018, 8 mit Einzelverweisen).

(3) Die im Blick auf eine Systematik erarbeiteten **Abgrenzungsschemata** zu frühgriechischen Mythen, mittelalterlichen Sagen und Grimms Märchen (MSM 2012, 202/203) bzw. zu den kleineren Gattungen Fabel, Legende und Novelle (ebd. 228) sollten an zusätzlichem Basismaterial überprüft und noch weiter differenziert werden.

(4) Über das in MSM 2012, spez. 214–518 und MSM Ntr. 2018, spez. 77–178 zu den exemplarischen **Motivreihen** vorgelegte Basismaterial hinaus sollten weitere Kernbelege aus den narratologischen Teilbereichen ermittelt und ausgewertet werden (z.B. aus der spanischen Hoch- und Volksliteratur), mit dem Ziel, in späteren Studien einerseits eine genauere **Typologie** für jedes Standardmotiv zu erarbeiten (besonders lohnend beim Motiv ‚Freierprobe'; vgl. MSM 2012, 327–359; MSM Ntr. 2018, 103–117), andererseits über das bisher Erarbeitete hinaus **weitere Standardmotive** nach demselben methodischen Grundschema zu untersuchen.

Den Abschluss dieses Überblicks bildet eine Kurzliste zu weiteren **Einzelaufgaben** im narratologischen Gesamtbereich (Auswahl): (1) Eine Aufarbeitung von christlichen *Legenden der Ostkirche* mit Motivübernahmen aus antiken Mythen (vgl. MSM 2012, 235–238). (2) Eine vergleichende Zusammenstellung zu *Amazonen* in antikem Mythos, mittelalterlichen Sagen und der orientalischen Erzähltradition (vgl. MH Ntr. 2018, 121f.; MSM Ntr. 2018, 132/140/151). (3) Eine Parallelstudie zu *Zauberinnen* in antikem Mythos (Medea, Kirke), mittelalterlichen (Ritter-)Sagen (z.B. Alcina, Angelica, Armida) und europäischen Zaubermärchen. (4) Eine Studie zu *Vögeln mit übernatürlichem Wissen* und Verstehen der Vogelsprache in antikem Mythos (z. B. Melampous) und der übrigen Erzähltradition (vgl. MSM Ntr. 2018, 32f.; Ergänzungen 2000, 208–213). (5) Eine Spezialmonographie mit vollständigerer Zusammenstellung des Gesamtmaterials zum Motiv *Uriabrief* in Mythen/Sagen/Märchen sowie europäischer und orientalischer Erzähltradition (vgl. MSM 2012, 510–514; MSM Ntr. 2018, 177f.). (6) Eine kritische Studie zur narratologisch-terminologischen Differenzierung zwischen *Motiv und Motifem* (vgl. MSM Ntr. 2018, 72f.).

Insgesamt dürften diese Anregungen ausreichend dokumentiert haben, welche Möglichkeiten, ganz abgesehen von den Fortschritten der neuesten Mythostheorie[66], sich für die traditionelle Mythosforschung in Zukunft eröffnen. Dabei sollte die künftige Arbeit, ausgehend von einer eher begrenzten und möglichst konkreten Materialbasis, vorrangig das Ziel verfolgen, fachübergreifend durch Querverbindungen jeder Art zunehmend zu größeren Strukturen und einem weiteren Blickfeld sowie letztlich zu einer sachgemäß vertretbaren Systematisierung zu kommen. Es gibt also noch viel zu tun für aktuelle und künftige Mythenforscher...

---

[66] Vgl. schon die Ausführungen auf S. 322ff.

Register

Die Register dienen der effektiven Benutzung des Forschungsberichts. Wichtige Stichwörter sind durch **Dickdruck** hervorgehoben, durch ***Dickdruck/Kursive*** zentrale Textpassagen zum Stichwort. Auf Fußnoten verweist bei der Seitenzahl der Zusatz. Das Forschungsregister konzentriert sich vorwiegend auf die im Berichtstext durch Dickdruck und zusätzliche Sternchen herausgehobenen Literaturtitel. Die ergänzenden Register zielen auf eine weitgehende Erfassung des im Bericht berücksichtigten Gesamtmaterials; lediglich das Teilregister ‚Künstler/Kunstwerke' beschränkt sich auf die wichtigen mythenspezifischen Stichwörter.

1. Forschungsregister

Aarne, Antti   54, 313
Aarne/Thompson   *54*, 168, *171*, 313
Abenstein, Reiner   187
Acidini Luchinat, Cristina A.   269, **280**
Acidini/Capretti   280
Adhémar, Jean   *47*
Agapiou, Natalia   *259*
Aghion, Irène u.a.   *128*
Agosti, Giovanni u.a.   146
Ahlberg-Cornell, Gudrun   *99*
Aichholzer, Peter   113
AK Actaeon 2008   *271*
AK Alma-Tadema 2007   *295*
AK Amore 1992   131
AK Amours des Dieux 1991   *155*
AK Antike in Wien 2002/03   292
AK Aphrodite 2011   *236*
AK Arp und die Antike 1995   167
AK Automne de la Renaissance 2013   282
AK Berlin und Antike 1978   159
AK Beuys und die Antike 1993   167
AK Botticelli 2009   *280*
AK Byzanz 2011   271
AK Centaur's Smile 2003   *236*
AK Chirico e il mito 1996   167
AK Chirico 2002   304
AK Chirico 2013   304
AK Correggio 2008   *281*
AK Cranach 2003   *282*
AK Dionysos 1997   106f.
AK Dionysos 2008   *235*
AK Dionysos 2012   235f.
AK Dionysos 2013   236

AK Eros 1999   132
AK Ethos/Pathos 1990   159
AK Etrusker 1988   83
AK Etrusker 1992/93   *83*
AK Etrusker 2015   239
AK Europa 1998   166
AK Europa 2002   *269*
AK Gärten Rubenszeit 2000   *290*
AK Goden/Helden 2001   *290*
AK Goethe/Kunst 1994   160
AK Götter 1998   *155*
AK Götter/Helden 1999   *160*
AK Götter/Helden 2011   304
AK Götter/Römer 1985   131
AK Goltzius 2003   287
AK Gossaert 2010   *282*
AK Grenzenlos weiblich 1999   156
AK Herakles 2003   *237*
AK Herkules 1997   152
AK Heroes 2009   *237*
AK Hethiter 2002   245
AK Homer 2008   *238*, *270*
AK Homère 2004   *269*
AK Ikarus 2004   304
AK Immagini degli dei 1997   *149*
AK Imperium der Götter 2013   250
AK Jordaens 2012   *288*
AK Klassizismus 2013   *292*
AK Laokoon 2018   *239*
AK Lastman 2006   287
AK Launen des Olymp 2008   270
AK Lieben der Götter 1992   *155*
AK Lorrain 2001   289

AK Maniera 2016   282
AK Masson 2007   304
AK Medea 2018   238
AK Medusa 1987   *149*
AK Mengs y la Antiguedad 2013   294
AK Mythologica/Erotica 2005   *267*
AK Mythos der Antike 2008   268
AK Mythos Europa 1988   *131*
AK Mythos/Figur 2001   267
AK Nachleben der Antike 1975   165
AK Odysseus 1999   *107*
AK Ombra degli dei 1998   *166f.*
AK Ovidio 2018   268
AK Pandora 1996   *107*
AK Pegasus 1993   *132*
AK Pferdemann/Löwenfrau 2000   *236*
AK Picasso 2002   *303*
AK Pompeji 2013   240
AK Pompeji 2014   240
AK Pots & Plays 2013   *239*
AK Psiche 2012   266
AK Psiche 2013   266
AK Pygmalion 2001   269
AK Renaissance 1986   *141*
AK Roman Wall Painting 2009   *239*
AK Rottenhammer 2008   287
AK Rubens 2004   287
AK Rubens 2012/13   287
AK Rubens 2013   287
AK Rückkehr der Götter 2008   235
AK Schwäbischer Klassizismus 1994   *160*
AK Sculpture 1986   159
AK Seduzione 2018   236
AK Sirenen 2013   237
AK Spätantike 1983   *116*
AK Spirituality 1977   *116*, 133
AK Starke Frauen 1997   155
AK Starke Frauen 2008   *237*
AK Traum des Orpheus 1984   166
AK Triumph/Tod 1987/88   159
AK Troia 2001   *238*, *268*
AK Troia 2006   *238*
AK Ulisse 1996   *107*
AK Unsterbliche 2012   *235*
AK Velázquez 2007   *289*
AK Venere 2003   *269*
AK Venus 2000   *268*

AK Verführung Europa 1988   131
AK Virgilio 1981   *132*
AK Veronese 2005   281
AK Vries 2000   287
Albertson, Fred C.   248
Albouy, Pierre   163
Albrecht, Michael von   82, 156, 161, **207**, 210, 2*97*
Albrecht/Kißel/Schubert   *297*
Alföldi, Andreas   113
Allen, Christopher   265
Altena, Herman   299
Altheim, Franz   40
Aly, Wolf   51
Anderson, Anne   295
Anderson, Graham   *310*
Anderson, Michael J.   **98**, 194
Andreae, Bernard   *107*, 108, 131°, 232f., 240
Andromède   *130*
Andurand, Anthony   *174*, 291
Anselmi, Gian Mario   274
Antike und Abendland   42
Antiker Mythos   254f.
Antiquités imaginaires   *130*
Archaeologia Homerica   34, 99
Archibald, Elisabeth   316
Aresi, Laura   *248*
Arlt, Peter   165, 166, 267, 304, 306
Arnold, Heinz Ludwig   257
ASR   *13, 33, 104*
Assmann, Aleida/Jan   319
Aston, Margaret   140
Atkins, Christopher D.M.   288
Attinger, Pascal   *244*
ATU   *313*, 335
Audley-Miller/Dignas   *206*
Austin, Colin   86, 88, 216
Aycock, Wendell M.   163
Aygon, Jean-Pierre u.a.   255

Bachvarova, Mary R.   *243*, 246
Backès, Jean-Louis   255
Badawy, Alexander   135
Baldarelli, Beatrice   217
Baldassare, Ida   232
Baldini, Umberto   145
Ballardini, Gaetano   148

Balty, Janine 106
Barbe, Françoise 283
Barbet, Alix 232
Barner, Wilfried 157, *320*
Barolsky, Paul *265*, 286
Barringer, Judith M. 161f., 225
Barringer/Prettejohn 161f.
Barrow, Rosemarie J. 293, 295
Barthes, Roland 2°, 297, *318*, 321
Baskins, Cristelle Louise 143, 279
Basto, R.G. 113
Bate, Alan Keith 90
Bates, Catherine 285, *311*
Battistini, Andrea 286
Bauer/Jäger 296, 298
Baumbach, Manuel 4, 68, 181
Beazley, John D. 27, *34*, 36, 94, *100*, 108, 327
Beck/Schulze *149*
Becker, Lawrence 234
Beckwith, John 134
Béguin, Sylvie *148*
Bell, Robert E. 69, 70
Beller, Manfred 122
Bellingham, David 129
Belting/Blume 141
Beltz, Walter 111
Bendix, Regina 311
Bérard/Vernant 94
Berberich, Manfred 286
Bergmann, Bettina 104
Berlioz, Jacques 90
Bernabé, Albert *84*
Bernen/Bernen 130
Bernhardt, Rüdiger 163
Berti, Irene 220, *301*
Berti/Morcillo *301*
Beschorner, Andreas 89
Bethe, Ernst *28*, 30, *50*, 52
Bettelheim, Bruno 170
Bezold, Friedrich von 45
Bianchi, Ugo 32
Bianchi Bandinelli, Ranuccio 41
Binder, Gerhard *75*, 114, 170, 171, *210*
Binder/Effe *75*
Binder/Merkelbach 170
Bindman, David 294

Bielfeldt, Ruth 233
Biering, Ralf 103
Bierl, Anton 189, 190, *199*, *200*, *203*, 215
Bierl/Braungart *199*
Bierl/Christopoulos u.a. *200*
Bierl/Lämmle/Wesselmann *203*
Bierl/Landinois 215
Bindman, David 294
Biraud, Michel 218
Bischoff, Uwe 146
Black/Green 111
Blattner, Evamarie 143
Blázquez, José Maria 105, 234, *263*, 302, *303*
Blázquez/Monteagudo/Petraz 234
Bleicher, Thomas *122*
Blümer, Wilhelm 214
Blum, Gerd 295
Blume, Dieter 141, *274*, *276*
Blume/Haffner/Metzger *276*
Blumenberg, Hans 11, 119, *319*, 329
Blumenfeld-Kosinski, Renate 136
Boardman, John 94, *99*, *100*, 221, *222*
Bober/Rubinstein *129*, 277
Boccardo, Piero 287
Bock-Lindenbeck, Nicola 164
Bömer, Franz 40, *82*, 207
Boer, C. de 45
Boer, Harm den 284
Böschenstein, Renate 122, 126
Bohrer, Karl-Heinz 319
Boeselager, Dela von 105
Bonnard, André 18, 23
Bonnefoit, Regine 154
Bonnefoy, Yves *69*, 111
Borchhardt, Kerstin 295
Bordignon, Giulia *224*
Borg, Barbara E. 227
Boriaud, Jean-Yves 89
Boschung, Dietrich 229, 275
Bothmer, Dietrich von 36
Bouvrie, Synnøve des 318
Bowersock, Glenn Warren 233
Bowlby, Rachel *202*
Bowra, Cecil M. 23, *27*, 43, 53
Boyd, Barbara W. *207*, *208*, *209*
Boyd/Fox *208*

Boyer, Jean-Claude   155
Brandt, Heiner   318
Braun/Brüggen/Gehrlach   *202*
Braund, David   *206*
Braund/Hall/Wyles   *206*
Bredekamp, Horst   141, 145, 149, 280
Brelich, Angelo   *19*, 23
Bremmer, Jan N.   *63*, *76*, *113*, *174*, 188, *189*, *191*, *197*, 203, 249, 250, 317
Bremmer/Erskine   *197*
Bremmer/Horsfall   *113*
Brescia, Graziana u.a.   218
Bretscher-Gisiger, Charlotte   314
Breuer, Johannes   X, 318, *337*
Brewster, Paul G.   172
Brize, Philip   85
Brodersen, Kai   93, 181, 195, 218
Brodersen/Zimmermann   195
Brommer, Frank   14, 19, 34, *35*, *36*, 55, *92*, 98, 99, 108, 221, 327
Brosi, Sibylle   160
Brown, Malcolm Kenneth   218
Brown, Michael A.   286
Brown, Peter u.a.   249
Brown, Sarah Annes   182, 208, 257, 258
Brucker, Charles   136
Brumble, Herbert D.   *136*, 182, 273
Brunel, Pierre   *121*, *171*, 309
Buchthal, Hugo   46, *137*
Budelmann, Felix   271
Büttner, Frank   161
Bull, Malcolm   *278*
Bullen, J.B.   160
Burdorf/Schweickardt   *156*
Burkert, Walter   3, 14, 63, *70-72*, 74, *109f.*, 112, 114, 124, 168, 169, 175, 185, 188, *189*, *191*, 199, 203, 204, 221, 235, *241*, 244, 246, 249, *318*, 330
Burn, Lucilla   63°
Burrow, Colin   137, 150, 262, 285
Busch, Werner   153f.
Busetto, Giorgio   288
Bush, Douglas   47, 49
Busti, Giulio u.a.   283
Buxton, Richard   63, *65*, *77*, *180*, 182, 189, 197, *198*, *199*, *203*

Cairns, Douglas L.   91
Calame, Claude   63, *65*, *75*, 169, 182, *185*, 189, *196*, 201, 317
Caldwell, Richard   *201f.*, 320
Cambitoglou, Alexander   *100*
Cambridge Ritualists   18, 23
Cameron, Alan   248f.
Campbell, Caroline   279
Campbell, David A.   85
Campbell, John   281
Campbell, Joseph   320
Campbell, Sheilah   105
Campbell, Stephen John   281
Capodieci, Luisa u.a.   *279*, 282
Cappelletti, Francesca   *124*, 141
Cappelletti/Huber-Rebenich   *124*
Capretti, Elena   281
Carpenter, Thomas H.   *93*, 229
Carr-Gomm, Sarah   264
Casolari, Federica   *216*
Cassirer, Ernst   74, 261, *318*, 319
Cast, David   145
Cavallaro/Parlato   146
Cavalli-Björkman, Görel   145, 147
Cavallius, Gustaf   155
Cavallo, Gugliemo   134
Cavicchioli, Sonia   *266*
Cerulli Irelli, Giuseppina   104
Cesana, Andreas   319
Chapoutot, Johann   296
Chevallier, Raymond   123, 304
Cieri Via, Claudia   145, *149*, 280
Clark, Matthew   *185*
Clarke, Howard   *123*
Classen, Albrecht   258, 315
Clier-Colombani, Françoise   274
Colella, Renate L.   154
Colesanti, Giulio   210
Coliva, Anna u.a.   281, 293
Colpo, Isabella   *226*, 227
Colpo/Favaretto   *226*
Colpo/Favaretto/Ghedini   *226*
Colpo/Ghedini   *226*
Comparini, Alberto   298
Consolino, Franca E.   275
Cook, Arthur B.   *22*, 23
Cornelius, Izak   245

Cornelius/Niehr 245
Cornell, Tim J. **114**
Corsano, Marinella 90
Cotterell, Arthus 129
Coulson, Frank T. 275
Coupe, Laurence 65
Cox-Rearick, Janet **147**
Craciun, Ioana 297
Crass, Hans Michael 162
Creuzer, Friedrich 14, 15, 291
Cromwell's Handbook 69
Croot, Viv 188
Crossett, John M. 90
Csapo, Eric 2, 58, **175**, 198, 201, 202, 246, 328
Csobádi, Peter 127, 261
CSE **102**
Cupane, Carolina 271
Curley, Dan 208
Curtis, Paul **215**
Curtius, Ludwig 48
CV **33**, 170

D'Alfonso, Francesca 85
D'Amico/Lardon 279
D'Anna, Giovanni 113
Daemmrich/Daemmrich **171**
Däubler-Hauschke, Claudia 279
Daim, Falco **271**
Dain, Philippe 90
Dalfen, Joachim 203, **254**
Dalfen/Harrauer **254**
Dalley, Stefanie 246
Dane, Gesa 315
Darmon, Jean-Pierre 234
Davies, David 146, 281
Davies, Malcolm **84**, 85, 191, **214**
Davies/Finglass **214**
Davreux, Juliette 35f.
Day, Malcolm 264
De Angelis/Muth **95**
De Carolis, Ernesto 232, 268
De Franciscis, Alfonso 104
De Poorter, Nora 151
Deacy/Peirce 172
Debidour, V.-H. **138**
Decharme, Paul **12**

Delmas, Christian 150
Demerson, Guy 140
Demisch, Heinz **130**
Demont, Paul 267
Dempsey, Charles 154
Demus/Hutter 134
Denizeau, Gérard 264f.
Detienne, Marcel **66**, 69, 120, 184
Dettori, Emanuele 216
Di Maria, Salvatore 278
Diakonoff, Igor M. **111**
Dickinson, Hugh 163
Dierichs, Angelika 166, 196
Dietrich, Bernard Clive 91
Diggle, J. 86
Dimmick, Jeremy 274
Dinter, Annegret 122
Dirat, Maurice 91
Dittmann, Lorenz **277**, 280, 281, 287, 289
DNP 4, 20, **68**, **194**
DNP Suppl. 5 **251f.**
DNP Suppl. 7 **252**
Doblhofer, Georg 172
Dodds, Eric R. **32**
Döhle, Bernhard 93, 221
Dörrie, Heinrich 3, 112, 120
Doherty, Lillian E. **198**
Doob, Penelope Reed 136
Doran, Robert M. 201
Dornseiff, Franz 31, **37**
Dowden, Ken **63f.**, **182f.**, 189, 203
Dowden/Livingstone **182f.**
Doyle, Richard E. 90
Dräger, Paul **78**, 85, 89, 218
Dresken-Weiland, Jutta 233
Drewermann, Eugen 202
Dronke, Peter 135
Drude, Christian 295
Du Sablon, Vincent 219
Duchemin, Jacqueline 37, 86, **91**, **111**
Dué, Casey 257, 267
Düriegl, Ursula 275
Duits/Quiviger 272, 274
Dunbabin, Katherine M.D. **105**, 106, 234
Dundes, Alan 169

EAA **36**

Ebenbauer, Alfred   137, *272*, 273
Ebermeier, Werner   282
Ebert, Hans   162
École de Paris   66
Edmunds, Lowell   2, *63*, 112, 169, 183, 194, 202
Edzard, Dietz Otto   111, 244
Efstathiou/Karamanou   *257*
Eich, Peter   *228*
Eigler, Ulrich   78, 300
Eigler/Lefèvre   78
Éléments orientaux   *38*
Ellinger, Paul   4
EM   168, *170*, 171, *309*, 313, 331
Ennen, Jörg   156
Epos greco in Occidente s. L'epos
Eppinger, Alexandra   250
Epple, Thomas   *125*
Ercoles, Marco   215
Esselborn, Karl B.   163
Evans, Arthur B.   165

Faber/Schlesier   120
Fabiański, Marcin   281
Fabre-Serris, Jacqueline   83, 114, *218*
Fabula   54
Faems, An u.a.   *275*
Faetti/Oberhuber   146
Faller/Manuwald   *217*
Falletti, Franca u.a.   281
Fantham, Elaine   82, 208
Fantuzzi/Tsagalis   *211*
Farrell/Putnam   *209*
Feder, Lillian   163
Fehling, Detlev   169, *170*
Feldman/Richardson   *58*
Fermor, Sharon   146
Ferrua, Antonio   117
FGrHist   *30*, 89, 218, 327
Field, D.M.   68
Fielding, Ian   250
Finglass, Patrick J.   190, *214*, 215
Finglass/Kelly   *215*
Fink, Gerhard   70
Fink/Asamer   117
Finkelberg, Margalit   189, *212*, *213*, *247*, 258
Finsler, Georg   122

Fischer/Moraw   *227*
Fisher, Nicolas R.E.   *91*
Fittschen, Klaus   *98*
Flashar, Hellmut   107, *122*, 170
Fleming, John V.   137
Flemming, Victoria von   154
Florman, Lisa Carol   303
Foley, John M.   *194*
Fondermann, Philipp   208
Fontenrose, Joseph   *23*, 37, 55, *110*
Forbes Irving, P.M.C.   *76*, 199
Ford, Philip   278, 281
Fornas, Félix-Pierre   275
Fowler, Robert L.   30, 189, 197, *212*, *217f.*, *257*, 327, 337
Fox, Cora   *208*, 285
Fox, Matthew   *114*, 248
Fränkel, Hermann   78, 82
Francese, Christopher   218
Franz, Kurt   IX°
Frazer, James G.   23, 175, 184
Freedman, Luba   *253*, *278*, 314
Freedman/Huber-Rebenich   *253*
Freitag, Christiane   *166*
Frenzel, Elisabeth   *118*, 119, 168, *171*, 172, *253*, *313*, 314, 315, 316, 331
Frick, Werner   163
Friedman, John Block   136
Friedrich, Wolf-Hartmut   119
Friedrich/Quast   *272*
Friis Johansen, Holger   87
Friis Johansen, Knud   *98*
Fritz, Kurt von   119
Fröhlich, Fabian   295
Fröhlich/Simonis   *301*
Froitzheim-Hegger, E.-M.   151
Fromm, Erich   54
Fuhrmann, Manfred   10, 14, *119*, 163, *310*
Furtwängler/Reichhold   33

Gärtner, Hannelore   69
Gagné/Herrero de Jáuregui   *198*
Galinsky, Karl   82, *120*
Gantz, Timothy   14, 57, *59f.*, 175
Gardner, Jane F.   114
Gatti, Pierluigi Leone   275
Gatz, Bodo   *72*

Gaylay, Charles Mills   43
Gebert/Mayer   *255*
Gehrke/Kirschkowski   *260*
Geißler, Friedmar   *55*
Gentili, Augusto   145
Gentili, Bruno   *73*, *125*
Gentili/Paioni   *73*
Gentili/Pretagostini   *125*
Georgievska-Shine, Aneta   287
Gérard, Albert S.   172
Gerber, Douglas E.   85, 86
Geronimus, Dennis   280f., 281
Geronimus/Kwakkelstein   281
Geyer, Angelika   117
Geyer, Karl-Friedrich   319
Ghali-Kahil s. Kahil
Ghedini, Francesca   *226*, 268
Gibellini, Pietro   163, *256*, 272, 284, 291, 298
Girolami Cheney, L. de   *295*
Gisi, Lucas Marco   291
Giuliani, Luca   95, 221°, 222, *223*, 230, 240
Glaser, Silvia   283
Gliwitzky, Christian   250
Gobrecht, Barbara   314
Gockel,, Heinz   156
Godwin, Joscelyn   278
Gödde, Susanne   178°
Göll, Hermann   12
Golahny, Amy   288
Goldberg, Christine   172
Goldhill, Simon   *95,* 262, *291*, 295
Goldhill/Osborne   *95*
Goldschmidt, Adolph   44
Goldschmidt, Nora   210
Golowin, Sergius   182
Gombrich, Ernst H.   10, 42, *139*, *144f.*, 145, 149, 276
Gonzenbach, Victorine von   105
Gooding, Francis   303
Graf, Fritz   4, *62*, 63, 64, 68, 71, 75, 77, 79, 83, *113f.*, 123, 168, 169, 188, *190*, 191, 192, 203, 207, 250, 318
Graf, Karin   314
Gramaccini, Norberto   138, 154
Grande, Carlo del   32
Granobs, Roland   114

Grant, Michael   57, *69*
Grant/Hazel   *69*
Grassi, Gino   167
Grau, Peter   154, 267
Grau/Oertel   267
Graziani, Françoise   278
Grebe, Anna   294
Green, Christopher   303
Green, G. Richard   87°, *101*
Green, William C.   32
Green/Daehner   303
Green/Handley   *101*
Greenhalgh, Michael   130, 138
Gregory, Justina   *194*
Griffith, Marc   216
Grigorian, Natasha   295
Grimal, Pierre   20, 23, 112
Grimminger/Hermann   163
Grohé, Stefan   *153*, 288
Groneberg, Brigitte   *244f.*
Gruber, Joachim   90
Grünberg, Uta   289
Gruppe, Otto   VI, *1*, 10, *13*, *15*, 30, 41, 58, 60
Guderzo, Mario   293, 294
Güterbock, Hans Gustav   37
Guidorizzi, Giulio   *180*
Guillaume, Jean   148
Guratzsch, Herwig   162
Guthmüller, Bodo   4, 68, *140*, 141, 142, 143, 146, 164, 268, 276, 277, *278*
Guthmüller/Kühlmann   *140*

Haag/Helke   *265*
Haarmann, Harald   *205*
Haben, Bettina   292
Häfner, Ralph   277, *284*
Haehling, Raban von   *249*
Haffner, Mechthild   *138*, *276*
Hall, Edith   *75*, *206*, *257*, *298*
Hamann, Richard   *138*
Hamburger, Käte   119
Hampe/Simon   86, 102
Hampl, Franz   *168*
Hannig, Steffen   298
Hansen, William F.   169, *184*
Hard, Robin   18, *177f.*
Harder, Ruth E.   75

Hardie, Colin   137
Hardie, Philip R.   82, *83*, *207*, 213, 259, 285
Harf-Lancner, Laurence   136, 274
Harich-Schwarzbauer/Honold   *258f.*
Harrauer, Christine   *194*, *252*, *254*, 335
Harrauer/Hunger   *194*, *252*
Harrison, Jane E.   18, *22*, 23, 31, 175, 203, 220°
Hart, George   111
Hartland, Edwin Sidney   *22*
Hartmann, Jorgen B.   *160*
Haskell/Penny   *129*
Haskins, Charles H.   46
Haubold, Johannes   *245*
Hausmann, Ulrich   33, 102
Haussig, Hans W.   *111*
Hawes, Greta   *197*, *204*
Hawthorne, Nathaniel   12
Haynes, Kenneth   298
Healy, Fiona   153, 268, 288
Hedreen, Guy   229
Hege, Brigitte   142
Heidel, Alexander   37
Heinemann, Karl   42f.
Heinl, Manuel   294
Heinrich, Klaus   72, 120, *121*, 145
Heldmann, Georg   *310*
Heller, Wendy   262
Hellwig, Karin   49°, 289f.
Hemelrijk, Jaan M.   *101*, 101°
Henkel, Max Dietmar   46
Henkel/Schöne   150
Herbig   33, 96, 102
Herder, J.-G.   15, 53, 261, 291
Herr, Corinna   261
Herren, Michael W.   *205*
Herrero de Jáuregui, Miguel   250
Herrmann/Herbig   33
Herter, Heinz   23, 32, 38, 68
Hetzner, Udo   172
Heubeck, Alfred   38, *79*
Hexter, Ralph   210, 259, *272*, 274
Hexter/Townsend   *272*
Heyne, Christian Gottlob   VI, 10, 15, 291
Highet, Gilbert   *43*
Hildebrandt, Frank   225
Hillen, Hans Jürgen   *247*

Himmelmann, Nikolaus   137
Hinz, Berthold   268, 280
Hirschberger, Martina   *214*
Hocke, Gustav René   146
Hodske, Jürgen   *232*
Höckmann, Ursula   102
Höfig, Willy   IX°
Hölscher, Tonio   95, 103, 114
Hölscher, Uvo   26, 78, 79, 172
Hoffmann/Hülk/Roloff   *296*
Erich Hofmann   *317*
Hofmann, Heinz   *224*, 261
Hofmann, Werner   *149*, 162
Holzapfel, Otto   70
Holzberg, Niklas   83, *208*, 209
Homer Encyclopedia   *212*, *258*, *267*, 339
Honold, Alexander   *259*, 262, 299
Hope Moncrieff, A.R.   129
Hopkins/Martindale   *256*, 272, 285, 286, 292, 298
Horkheimer/Adorno   74, 299, *318*
Horn/Walter   *124*
Horstmann, Axel   320
Horstmann, Henning   209
Houtzager, Guus   195
Hristov, Hristomir   *243*
Huber, Wolfgang   131
Huber-Rebenich, Gerlinde   *124*, 137, *253*, *265*, 274
Huber-Rebenich/Lütkemeyer/Walter   *265*
Hübner, Brigitta   105
Hübner, Kurt   74, *319*
Hübner, Wolfgang   225°
Hughes, Graham   *143*
Huizinga, Johan   45
Huller, Eva   298
Humboldt, Wilhelm von   10, 257
Hunger, Herbert   5, 14, 20, 23, *44*, 118, 119, *194*, *252*
Hunter, L. Richard   78, 214, 257

IGD   *101*, 239
Immisch, Otto   42
Impelluso, Lucia   264
Iñiguez, Diego Angulo   48f., *289*
Ittershagen, Ulrike   161

Jacob, Joachim   320
Jacob/Süßmann   *291*
Jacobs, Michael   *130*
Jacobsthal, Paul   33
Jacoby, Felix   *30*, 32, 337
Jacoby, Joachim   287
Jäger, Johanna   233
James, Heather   285
Jamme, Christoph   156, *181f.*, 202, *291f.*, 296, 319, 320, 321, 322
Jamme/Matuschek   *181f.*
Janka/Schäfer   *203*
Janka/Stiersdorfer   *300*
Jauss, Hans R.   135
Jeffrey, Lloyd N.   3
Jenkyns, Richard   160
Jens, Walter   124, 296
Jensen, Inke u.a.   302
Jesnick, Ilona Julia   106
Jocelyn, H.D.   88, 142, 230
Johnston, Sarah I.   *185f.*, 189
Jolles, André   11, *51f.*, 54
Jones-Davies, Marie-Thérèse   *140*, 141, 150
Jongste, Peter F.B.   104
Joukovsky, Françoise   140
Jullian, Philippe   160
Jung, C.G.   55, 319
Jung, Marc-René   135, 136, 137
Junke/Albert   298
Junker, Klaus   213, *223*, 225, 233
Juntunen, Evaliina   287

Kämmerer, Annette u.a.   *126*
Kästner/Schmidt   230
Kahil, Lilly   36, *92*, 94, 108, 222
Kailuweit, Thomas   *259*
Kaldellis, Anthony   273
Kallendorf, Craig   258, 285
Kaminski/Peschel-Wacha   314
Kannicht, Richard   *86*, 98, *215*
Kassel, Rudolf   88, 216
Kazhdan, Alexander   133
Keazor, Henry   288
Keller, Harald   145
Keller, Peter   150
Kemp, Wolfgang   115
Kenner, Hedwig   103

Kerényi, Karl   *19*, 24, 55, *58*
Kerkhof, Rainer   216
Kern, Manfred   136, *272*, 273
Kern/Ebenbauer   *272*
Kestner, Joseph A.   *160*
Keulen, Hermann   165
Keuls, Eva C.   *94*, 101, 102, 153
Kilinski, Karl   131, *263*, 265
King, Katherine Callen   *123*, 136, 258
Kingsley, Charles   12
Kircher, Nils   210
Kirchwey, Karl   299
Kirk, Geoffrey S.   2, 14, *60*, *61*, 125, 168, 170, 176, 178, 183
Klein/Käppel   *255*
Klingender, Francis D.   138
Kluge-Pinsker, Antje   138
Knauer, Georg N.   *80*
Knell, Heiner   *99*
Knittlmayer, Brigitte   98
Knox, Peter E.   *208*, 233
Koch, Guntram   *104*, 233
Koepplin/Falk   146
Kolakowski, Leszek   320
Konstantinou, Evangelos   163
Koortbojian, Michael   104f.
Korn/Tschiedel   78
Kossatz-Deissmann, A,   93, 101, 221
KP   *68*
Kräubig, Jens   132
Kramer, Samuel N.   111
Krause, Martin   135
Krauskopf, Ingrid   *102*, 125
Krauss/Uthemann   *127*, 264
Kray/Oettermann   *125*
Krebernik, Manfred   181, 244, 245
Krebernik/Oorschot   *244*
Kreuz/Aigner/Harrauer   *251*, 335
Krüger/Stillmark   *321*
Krumeich/Pechstein/Seidensticker   *87*
Krumme, Michael   114
Kryza-Gersch, Claudia   282
Kühn, Werner   80f.
Kühr, Angela   *196*, 318
Kullmann, Wolfgang   30, 79, *83f.*, 83°, 188, *189*, *191*
Kultscher, Jaimie Lee   248

Kunze, Emil 33
Kunze, Max 160, *166*, 237, 290, 294, 304
Kurth, Silke 286
Kurz, Gebhard X, 84°
Kytzler, Bernhard 70, 120, 164

L'epos greco in Occidente *99*
La Malfa, Claudia 282
Ladner, Gerhart B. 115
Lämmle, Rebekka *203, 215*
Lafaye, Georges *22*
Lamping, Dieter *309*
Landfester/Schneider *276f*
Lapp, John C. 150
Larousse s. New Larousse
Larsson, Lars Olof 264
Latacz, Joachim *79*, 111, 157, 188, *190, 192*, 213, 238f., 257, 301
Lauterbach, Christiane 286
Lauwers/Schwall/Opsomer 202
Lavadan, Pierre 20°
LAW *68*
Le Boeuffle, André 89
Leclercq-Marx, Jacqueline 139, 275, *276*
Lefèvre, Eckard 78, 188, *190, 192*
Lefkowitz, Mary R. *184*
Lefteratou, Anna 311
Lehmann, Stefan *104*
Leinkauf, Thomas 277
Lendle, Otto 89
Leppin, Hartmut *249*
Lesky, Albin 3, 23, *24f.*, 24°, 28, 30, 31, *38f.*, 40
Lessing, Erich 67
Lessing, G.E. s. Autorenregister
Lessmann, Johanna 148
Leube, Eberhard 122
Leuschner, Eckard 288f.
Lévêque/Mactoux *74*
Lévi-Strauss, Claude 60, 121, 184, *201*
Leyen, Friedrich von der 54
LFE *85*
Lichtenstern, Christa 159, *165, 291*
Liebeschütz, Hans 45
Lightfoot, Jane L. 89
LIMC 16, 36, 37, 57, 60, *92f.*, 94, 95, 99, 118, 170, *222*, 223, 327, 334

Lincoln, Bruce 320
Ling, Roger 103
Linnebach, Andrea *161*
Lippold, Georg 33
Liveley, Genevieve 208
Liversidge, H.J.H. 132
Llewellyn, Nigel 132
Lloyd-Jones, Hugh 71, *90*
LM 135
Lochman, Tomas 166, *301*, 302
Löcher, Kurt 161
López Torrijos, Rosa 151
Lorandi, Marco *148*
Lord, Albert Bates 40
Lorenz, Katharina *224, 232*, 233, 238, 240
Lorimer, Hilda L. 34, 40
Luchinat s. Acidini-Luchinat
Lücke/Lücke *263*
Luppe, Wolfgang 216
Lurati, Patricia 279
Lydakis, Stelios 231f.

Mac Góráin/Martindale *210*
Mackensen, Lutz 52
Maehler, Herwig 85, 86
Maffei, Sonia 283
Magdanz, Jana *302*
Mangold, Meret *229*
Manuwald, Bernd 203
Manuwald, Gesine *88, 217*
March, Jennifer R. 74, 224
Marek, Christian 245
Marek, Heidi 277
Marek, J. Michaela 142
Marg, Walter 30, 31, 84°
Markoe, Glenn E. 245
Markschies, Christoph 250
Marneros, Andreas 202
Marshall, Peter K. 89
Martelli, Marina ·102
Martin, René 70
Martindale, Charles *82, 123*, 150, *210, 254*, 256, 272, *285*, 286, 292, 298, 211, 216
Martindale/Martindale 150
Martindale/Taylor *285*
Martindale/Thomas *254*
Marvick, Andrew Bolton 295

Marzik, Iris 154
Massa-Pairault, Françoise-Hélène **115**, 225
Massing, Jean-Michel 145
Matijević, Krešimir IX°
Mattes, Josef 72
Matuschek/Jamme 296, **321**, 322
Maurizio, Lisa **186f.**
Mayer/Neumann **126**
Mayerson, Philip 67
Mazzocca, Fernando u.a. 292
Mazzoleni, Danilo 117
Mazzoleni, Donatella 232
McCall, Henrietta 111
McConnell/Hall **298**
McGrath, Elisabeth 278, 286, **288**
McHardy/Robson/Harvey **230**
McTighe, Sheila 155
Mehltretter, Florian 262
Merkelbach, Reinhold 84, 170
Merkelbach/West 84
Merten, Kai 297
Mertens, Volker 262
Mette, Hans Joachim 1, **30**, 85, **87**, **89**, 93
Metzger, Henri **35**
Meuli, Karl 51, 53
Michel, Claudia **204**
Mielsch, Harald 104, **232**
Miles, Geoffrey 122
Millen/Wolf 153
Miller/Newlands **255**
Miziolek, Jerzy 143, **279**
Mohn, Jürgen 169, **320**
Montanari, Franco 273
Montenegro, Nina V. **234**
Moog-Grünewald, Maria **122**, 164, **251f.**, 270
Moon, Warren G. 94
Moormann, Eric M. 44, **118**, 277
Moormann/Uitterhoeve 44, **118**
Mora-Lebrun, Francine 136, **272**
Morales, Helen 188
Morantin, Patrick 279
Morard, Thomas 229°
Moraw, Susanne **227**, 273
Moreau, Alain **66**, 121
Moret, Jean Marc 97
Morford/Lenardon 58f., **178f.**, 186

Moritz, Karl Philipp 10, 156
Mosino, Franco 85
Moss, Ann 140
Müller, Carl Werner 86, 215, **310**
Müller, Christoph 300
Müller, Jan-Dirk 273
Müller, Karl Otfried VI, 12, 51, 291
Müller, Lotte 317
Müller, Markus 138
Müller, Wolfgang G. 150
Müller Hofstede, Ulrike 161
Mugione, Eliana **230**
Mullett/Scott 134
Munding, Heinz 31, 31°
Mundt-Espín, Christine **259**
Murgatroyd, Paul **198**, 209
Muth, Robert **75**
Muth, Susanne 95, **106**, 199, 200, **227**, 239, 240
Myrsiades, Kostas **212**
Myssok, Johannes **293**, 294

Nagy, Gregory **73**, 75, 112, 182, 194
Nardelli, Jean-Fabrice 243
Nash, Jane C. 145
Nativel, Collette 288
Neal, David S. 105
Nebendahl, Dorte 151
Neel, Jaclyn **248**
Negrete Plano, Almudena 294
Nell/Kratzmeier 182
Néraudau, Jean-Pierre 150, **151**
Neschke-Hentschke, Ada B. 317
Nesselrath, Heinz-Günther **88**, 201, 218, 317
Nestle, Wilhelm **20f.**, 22, 23, 77, 206°
Nestori, Aldo 116
Neumann, Gerhard **126**, 157
Neumann, Michael **309**, 314
Neumann-Hartmann, Arlette 86
New Larousse 20, 183
Newald, Richard 1
Newby, Zahra 225, **231**, 233
Nicholson, Kathleen 161
Niebergall, Volker 40
Nielsen, Eva 294
Nieto Ibáñez, José Maria 257

Nikolopoulos, Anastasios D.   208
Nilsson, Martin P.   *1*, 23, 27, 38, *39*, 40, 112, *328*
Norman/Ling   103
Norton/Rushdon   43
Nunn, Astrid   245

Oakeshott, Walter   46f.
Oberhuber, Konrad   146, 154
OGCM   44, *117f.*, 334
OHBS   *271*
OHCREL   *256*, 272, 285f., 292, 298, 335
Oin, Wenwen   298
Oltrogge, Doris   137
Origgi, Alessandra   *262*
Orlowsky/Orlowsky   *125*
Ormand, Kirk   214
Ortner, Alexandra   143
Ostendorf, Berndt   163, 164, *319*
Otis, Brooks   82
Ottinger, Didier   304
Otto, Walter F.   *18*, 23

Paar, Ilse   104
Packard/Meyers   *79*
Padilla, Marc William   301
Pallantza, Elena   *204*
Pallottino, Massimo   108
Panofsky, Erwin   10, *42*, *46*, *47*, *48*, *139*, 276, 278
Panofsky/Saxl   *46*
Paolini, Claudio u.a.   279
Papadakis, Manuela   98
Papaioannou, Sophia   208
Pappalardo/Ciardiello   233
Parlaska, Klaus   33
Parry, Adam   39
Parry, Milman   27, 31, *39*
Paul, Joanna   300
PCG   *88*, *216*, 327
Pelloso, Carlo   219
Penglase, Charles   110
Peradotto, John   *3*
Perowne, Stewart   113
Perret, Jacques   *40*
Peters, Günter   *261*
Petersen, Leiva   32

Petersen, Uwe   156
Petersmann, Hubert   169
Petrain, David   234
Peyre, Henri   43
Pfiffig, Ambros Josef   102
Pfister, Friedrich   19, 23
Pfister, Manfred   285
Philippson, Paula   23
Picard, Pascal   303
Picht, Georg   319
Picone/Zimmermann   123
Pietsch, Christian   78
Pigler, Andreas   44, *49*, 149
Pinheiro, Marilia P. Futre u.a.   311
Pinsent, John   68
Pirenne-Delforge/Suárez de la Torre   *195*
Pironti/Bonnet   *197*
Pistorio, Concetto B.   32
Poduska, Donald M.   127
Pöschl, Viktor   *77*, 80, *81*
Poetica   170
Poetter, Jochen   161
Poignault, Rémy   *297*
Pontani, Filippo Maria   271
Poser, Hans   *74*
Possamaï-Pérez, Marylène   315
Poucet, Jacques   *113*
Powell, Barry B.   *183f.*, 183°, 187, 246
Preimersberger, Rudolph   154
Preller, Ludwig   *12*, 13, 15, 17, 40, 60
Pressly, William L.   161
Preston, Percy   77, *93*
Price/Kearns   *105*
Priebatsch, Hans   55
Priess, Karl Anton   84°
Prinz, Friedrich   *73*
Propp, Vladimir   11, 201, 310
Puhvel, Jaan   320
Putnam, Michael C.J.   *209*

RAC   *41*, 115
Radermacher, Ludwig   *52*
Radke, Gerhard   *113*
Radt, Stefan   *86*
Raeck, Wulf   *115*
Rahner, Helmut   *41*, 115
Rank, Otto   55

… Register — 355

Ranke, Kurt   54, 170
Ranke-Graves, Robert von   *16f.*, 23
Raupp, Hans-Joachim   153, 340
RDK   43
RE   *19f.*, 20, 23, 24, *33*, 41, 57, *68*, 69, 194
Reckermann, Alfons   154
Redford, Donald B.   172
Rehm, Ulrich   145, *273*, 275, *276*
Reid, Jane Davidson   117
Reifert/Blank   295
Reinach, Salomon   33
Reinhardt, Karl   23, *26*, 26°, 28, 30, 31
Reinhardt, Thomas   201
Reinhardt, Udo   *X*, 5, 10, 115°, 127, 129, 141, 142, *167*, 172, *175-177*, 206°, 211°, 219, *240*, 248, 249, 259, *260*, 260°, 262, *265*, 267, 268, *283f.*, *289*, 292, *294*, 302°, 304-306, *306-308*, 311-313, 314-316, 318, 324f., *326-333*
Reiser, Rudolf   116
Rengakos, Antonios   189, 191, *193*, 213
Rengakos/Zimmermann   *213*
Renger, Almuth-Barbara   160, 299, *309*, 318, 319
Reynolds/Wilson   134
Richard, Godfrey   162
Richardson, John   303
Richardson, Robert D.   *58*
Richter, Rainer   283
Richter, Siegfried G.   271
Riedel, Volker   121, 160, 164, *256*, 257, 292, 299
Rieger, Annette   *234*
Riemer, Peter   VI, IX°, 240
Risaliti/Vossilla   281
Ristow, Günter   115
RML   *19*, 20, 24, *33*
Robert, Carl   VI, 10, *13*, 14, *15*, 16, 17, 23, 33, 60
Roberts, Helene E.   *128*
Roberts, Morgan J.   130
Rochelle, Mercedes   *128*
Roeder, Günther   111
Röhrich, Lutz   168f., 169, 172
Roeske, Kurt   197
Roettgen, Steffi   143, 293
Rogers/Stevens   300

Rollinger, Robert   *112*, 244
Romano, Vincenzo   45
Romojaro, Rosa   150, 284f.
Ronnenberg, Carsten C.   249
Roscher, Wilhelm Heinrich   VI, 10, *13*, 17, *19*
Rose, Herbert J.   1, 14, *17f.*, 23, 31, 40, 51, 62, 176, *177f.*, 183, 187
Rosen, Jean   149
Rosenberg, Pierre   155, 289, 290
Rowland Jr., Benjamin   *129*
Rudhardt, Jean   172
Rudloff, Diether   138
Rudloff, Martina u.a.   167
Rücker, Brigitte   136
Rüpke, Ulrike/Jörg   188
Rumpf, Andreas   33
Rumpf, Ewald   74
Russenberger, Christian   233
Rutherford, Ian   *245*
Rutter/Sparkes   224

Sachs, Angeli   166
Sadurska, Anna   *104*, 234
Saïd, Suzanne   *64*, *90*, *184*, 189
Salzmann, Siegfried   131, 138
Salzmann-Mitchell/Alvares   *301*
Santis, Leonella de   250
Saxl, Fritz   42, *46*, 289
Scafoglio, Giampiero   209, *211*
Schadewaldt, Wolfgang   23, *25*, 25°, 28, 30, 83°
Schauenburg, Konrad   36, 37, *95*, 102, 109
Schauer, Markus   209, 216f.
Scheer, Tanja Susanne   *76*, 169, 189, 201, *204*, 206, 317
Schefold, Karl   *35*, 36, 57, 68, 79, *95*, 97, 98, 103, 108
Schepers, Bert   288
Scherer, Margaret S.   *120*
Scherf, Walter   *169*
Schick, Joseph   56
Schierl, Petra   *216*
Schindler, Claudia   250
Schindler, Wolfgang   97
Schlesier, Renate   *120*, 126, 235
Schmidt, Ernst August   83
Schmidt, Margot   104

Schmidt/Oakley **225**
Schmitt, Arbogast 91, 190, 192, 203
Schmitt-von Mühlenfels, Franz 122
Schmitz, Christine 189, 198, **199**, 200
Schmitz/Bettenworth 198
Schmitz/Kortmann/Jöne 200
Schmitz-Emans, Monika 254, **298**, 299
Schmitz-Emans/Schmeling **298**
Schmitzer, Ulrich 82, **207**, 258
Schmoll gen. Eisenwerth, J.A. 295
Schönknecht, Hans-Joachim **205**
Schollmeyer, Patrick 225
Schrenk, Klaus 162
Schubring, Paul **47**, 279
Schwab, Gustav **12**, 257
Schwabl, Hans 23, 38, 68
Schwartz, Emmanuel **269**, 270
Schwennsen, Anja 320
Schwertsik, Peter Roland **277**
Sciarma, Angela **229**
Secci, Lia 163
Séchan, Louis **34f.**, **72**
Séchan/Levêque **72**
Segal, Robert Alan 4, 320
Seidensticker, Bernd **87**, 164, 189, 190, 204, 215, **254**, 257, **296**, 297, 299, 300, 305
Seidensticker/Vöhler **296**, 297
Seifert, Christian Tico 288
Seigneuret, Jean-Charles **171**
Severyns, Albert **28**, 30
Seznec, Jean **47**, 272, 278
Shapiro, Harvey A. 90, **94**, 225, 227, 230
Sichtermann, Hellmut **104**, 116
Sichtermann/Koch **104**
Siefert, Helge 159
Siegmund, Wolfdietrich **169**
Simon, Erika 36, 37, 68, **96**, **89**, 102, 108, **114**, 126, 268
Simon, Eva Miriam **260**
Simonis, Annette 254, 258, 299, **301**
Simonis, Linda **254** 261, 285
Simonis/Simonis **254**
Simons, Roswitha 249
Simson, Otto von 153
Sinn, Ulrich **102**
Sjöberg, Mikael 316

Skrodzki, Karl Jürgen 162
Slaney, Helen 299
Sluijter, Eric Jan **287**, 288, 291
Snell, Bruno 23, **26**, 26°, 28, 29, 38, 42, 85, 87
Snoddy, Stephan 161
Solodow, Joseph B 82f.
Solomon, John 262
Spadoni, Claudio 303
Spahlinger, Lothar **83**
Splitter, Rüdiger 230
Sprondel, Johanna 298
Squire, Stefan M. **225**, 230, **234**
Stafford, Emma 219
Stallmach, Josef 90
Stamatopoulou, Zoe **205**
Stampolidis/Berggruen 304
Stanford, William Bedell **120**
Stark, Michaela 228
Starnes/Talbert 49
Staubach, Nikolaus 273
Stechow, Wolfgang 43
Stefanou, Damaris **234**
Steffen, Uwe 172
Steiner, Gerd 38
Steingräber, Stephan 102, **231**
Stemplinger, Eduard 52
Stephan, Inge 163
Steuernagel, Dirk 102
Stiersdorfer, Michael **300**
Stoichita, Victor I. 290
Stoschek, Jeannette 148
Storey, Ian C. 216
Stützer, Herbert Alexander 116f.
Submerged Literature **210**
Sühnel, Rudolf 49
Suerbaum, Werner **82**, 88, 150, **266**
Sutton, Dana F. 86, 87
Swanson, Vern G. 158, 161
Symmons, Sarah 162
Szlezák, Alexander 191, **213**, 246

Tanner, Marie 281
Taplin, Oliver **101**, 121, 188, **190**, 206, 224, **239**
Tazartes, Maria 281
Tepe, Peter **318**, 321, 334°

Terrier Aliferis, Laurence   275
Tervarent, Guy de   43
Tetzlaff, Ingeborg   138
Thierfelder, Andreas   1
Thimann Michael   283
Thomas, Renate   103
Thomas, Richard F.   209
Thompson, Stith   11, *54*, *55*, 168, *171*, 313
Thomson de Grummond, Nancy   *231*
Thorau/Köhler   *256*
Tiegel-Hertfelder, Petra   161
Torres, Isabel   284
Touchefeu-Meynier, Odette   *98*
Tourraix, Alexandre   246
Tradler, Marion   90
Trencsényi-Waldapfel, Imre   67
Trendall, Arthur D.   *34*, 36, 96 *100*, *101*,108, *230*
TrGF   27, 30, *86*, 87, 93, *215*, 327
Tripp, Eduard   69
Tsagalis, Christos   *211*, *212*
Tschiedel, Hans Jürgen   78, 209
Türr, Karina   159
Turyn, Alexander   44

Uhl, Alfons   89
Ulf, Christoph   *112*
Untersteiner, Mario   *21f.*, 23, 77
Uther, Hans-Jörg   11, 72, *313f.*, 314, 316

Van der Velde, Carl   *286*
Van Keuren, Frances   *4*, 97
Vance, Norman   156
Varoli Piazza, Rosalia   281
Vellay, Charles   *28*, 30
Verheyen, Egon   145f.
Vernant, Jean-Pierre   *66*, 69, 94, 120, 203
Veyne, Paul   *74*
Viarre, Simone L.   82
Vidal-Naquet, Pierre   66
Vieillefon, Laurence   250
Vigne, Georges   294
Vinco, Mattia   279
Vinti, Francesca   146
Viré, Ghislaine   89
Virgil Encyclopedia   *209f.*, *258*, *266*, 339
Visser, Edzard   *79*, *80*, 336

Visser, Tamara   126°
Vöhler/Seidensticker   *254*
Vöhringer, Christian   282
Vollkommer, Rainer   *97*
Volpi, Caterina   148
Vos, Harm   31, 220°
Vos, Mariette de   106
Voß, Johann Heinrich s. Autorenregister
Vries, Jan de   15, *53*, *58*, 175

Walcot, Peter   38, *109*
Walde, Christine   190, *252*
Waldner, Katharina   *196*, 203, 317
Walsh, David   85°, *228*
Walter, Hans   *97*, 221
Walter, Hermann   *124*, 253, *265*, 288
Walter/Horn   *124*
Walther, Angelo   *130*, 264
Walther, Helmuth G.   127
Walther, Lutz   253
Wappenschmidt, Friederike   265
Warburg, Aby   42, 289
Warburg-Schule   *42*, *46*, 49°, 290
Ward, Philip   297
Waterhouse/Costello   49
Wathelet, Paul   *79f.*
Wattel-de Croizant, Odile   106
Webb, Timothy   291
Webster, T.B.L.   14, 23, *27*, 28, 34°, 36, 40, 93, *101*, 101°, 108, 327
Weiler, Ingomar   *73*
Weinrautner, Ina   161
Weiß, Philipp   210
Weitzmann, Kurt   19, *44*, *116*, *133*, 271
Weitzmann-Fiedler, Josepha   138
Welcker, Friedrich Gottlieb   VI, 10, *12*, 27, 28, 30, 231
Wertenson, Birgit Johanna   301f.
Wessel, Klaus   134, 135
Wesselmann, Katharina   *203*, *311*
West, Martin L.   14, 57, *70*, *85*, *109*, 110, 188, *191*, *192*, *211*, *212*, *213*, *214*, *241*, 246
Wethey, Harold E.   144, *145*, 340
Wheeler, Stephen   275
Whitbread, Leslie George   89
Wiebensohn, Dora   159

Wiegartz, Veronika   275
Wiesner, Joseph   19, 23
Wilamowitz-Moellendorff, Ulrich von   16, 16°
Wilhelmy, Thorsten   298
Wilkinson, Claire Louise   215
Wilkinson, Lancelot P.   82
Wilkinson, Richard H.   *245*
Wilpert, Gero von   317f.
Wilson, Nigel Guy   134
Wilson, Timothy   148f., *283*
Wilson/Maritano   *283*
Winckelmann, J.J. s. Autorenregister
Winckelmann-Gesellschaft   292
Wind, Edgar   *48*, 276
Winkler, Elke   232
Winkler, Martin M.   182, *300*, *301*
Winkler-Horaček, Lorenz   *229*
Wiseman, Boris   201
Wiseman, Timothy P.   114, *247f.*
Wittke, Anne-Maria   *245*
Witzel, E.J. Michael   242
Wlosok, Antonie   80, *81*, 137, 138, 141
Wörle, Georg   315
Wolff, Ilona   282
Wolfthal, Diane   172
Woodard, Roger D.   *182*, 183, 189
Woodford, Susan   *98*, *223*, 225
Woratschek, Jan   293
Wright, David H.   *117*, 251
Württembergischer Verein   254f.
Wyss, Beat   146f.

Yacoub, Mohamed   105f.

Yamagata, Naoko   219
Yohannan, John D.   172

Zaidman, Louise Bruit   *76*, 219
Zaidman/Schmitt-Pantel   *76*
Zaiser, Rainer   299
Zajko, Vanda   182, 189, *198*, *202*, 254, *256*
Zajko/Hoyle   *256*
Zajko/Leonard   *198*
Zajko/O'Gorman   *202*
Zanker, Paul   105, *233*
Zanker/Ewald   *233*
Zeller, Dieter   116
Zeller, Ursula u.a.   288
Zerner, Henri   147, 148
Zgoll, Annette   X, 189, *200*, *200f.*, 244, 246
Zgoll, Christian   X, 189, *200f.*, 200°, 208, 246, 309, 318, *322ff.*, 324°, 325°, 330°, 331°
Zgoll/Kratz   *200*
Zgoll/Zgoll   *200f.*
Zibawi, Mahmoud   271
Zilling, Henrike Maria   *251*
Zimmerman, Maaike   170
Zimmermann, Bernhard   X, 123, 189, *193*, 195, 204, *213*, 215, 301, 318
Zimmermann, Harm-Peer   297
Zimmermann, Martin   *199*, 217
Ziolkowski, Theodore   209, 258, *298*, 299
Zipes, Jack   *310*
Zöllner, Frank   145, 295
Zucker, Arnaud u.a.   *218*
Zwierlein-Diehl, Erika   275

2. Ergänzungsregister

a. Personen, Orte und Ereignisse vorwiegend des antiken Mythos

Acheloos 82, 236
Achilleus/Achilles 15, 25, 28, 67, 74, 92, 93, 98, 104, 106, 116, 124, 128, 136, 161, 181, 186, 187, 195, 196, 202, 208, 212, 221f., 223, 226, 228, 234, 237, 246, 255, 257, 269, 288, 292, 297, 339
Admetos 25, 95
Adonis 35, 71, 104, 105, 122, 264, 266, 293, 202, 32, 58, 81, 94, 148, 192, 193, 212
Aias (Großer) 73, 96, 119, 226, 337
Aidōs 32, 90, 91, 177, 219
Aigeus 215
Aigina 73, 339
Aineias/Aeneas 41, 67, 74, 99, 104, 113, 122, 141, 178, 181, 187, 188, 209, 247, 252, 258, 260, 289, 339
Aion 335
Aktaion 71, 104, 107, 119, 124, 125, 145, 154, 185, 187, 195, 199, 108, 237, 264, 266, *271*, 275, 288, 329, 330
Alba Longa 248
Alcina (Ariosto) 341
Alexander d.Gr. 51, 136, 244, 339
Alexandros s. Paris
Alkestis-Admetos 24, 25, 67, 75, 95, 104, 262
Alkinoos 246
Amazonen 36, 64, 104, 107, 226, 227, 233, 237, 341
Amor s. Eros
Amphitryon 75, 121, 125, 141, 216, 256, 332
Amyklai 19
Amymone 107, 230
Andromache 25, 29, 254, 262, 185, 190
Andromeda 16°, 27°, 86, *130*, 145, 155, 172, 202, 264, 266, 288, 317
Angelica (Ariosto) 172, 341
Anios 231
Antaios 73

Antigone 67, 119, 124, 125, 165, 187, 197, 198, 200, 202, 237, 255, 256, 261, 297, 299
Antiope (Epopeus) 71
Antiope (Theseus) 237
Aphrodite/Venus 18, 35, 36, 38, 75, 81, 96, 105, 121, 137, 145, 161, 186, 193, 207, 122, 129, 232, *236*, 254, 259, 261, *268*, *269*, 273, 277, 278, 280, 281, 283, 289, 293, 294, 296, 310, 335, 340
Apollon/Apollo 18, 23, 45, 43, 67, 72, 73, 82, 97, 104, 120, 128, 129, 186, 228, 229, 278, 335, 339, 340
Arachne 10, 73, 82, 84, 185, 202, 226, 236, 250, 252, *260*, 266, 273, 282, 311°, 327, 333
Ares/Mars 72, 104, 186, 231, 248, 281, 293, 310, 339
Argo 59, 78
Argonauten/Iason 7, 8, 15, 17, 19, 43, 50, 52, 59, 67, 73, *78*, 95, 119, 179, 180, 187, 217, 238
Argos (Landschaft) 15, 73, 98
Argos (Riese) 71, 266, 338
Ariadne 35, 208, 292, 296, 304
Aristaios 71
Arkadien 76
Armida (Tasso) 341
Artemis/Diana 19, 72, 75, 107, 145, 154, 185, 186, 196, 206, 228, 270, 278, 281, 288, 335
Artus (König) 172, 332
Aruja 311, 333
Asklepios 72, 196
Astyanax 98
Atalante 16°, 73, 96, 107, 115, 226, 237
Atē 31, 32, 90, 219
Athamas 336
Athen/Attika 15, 19, 64, 98, 196, 225, 227, 229
Athene/Minerva 18, 72, 73, 226, 252, , 335, 336, 339
Atreus 187
Atriden (s. auch Pelopiden, Tantaliden) 124, 180, 187, 238, 255, 291, 337

Aug(e)ias   302
Augustus   128, 247, 339
Autolykos   215, 216
Aurora s. Eos

Bacchus s. Dionysos
Barbara (Hl.)   314, 336
Belle Belle (Aulnoy)   332
Bellerophon(tes)   7, 60, 51, 92, 93, 95, 99, 104, 115, 180, 185, 187, 196, 215, 243, 246, 252
Boiotien   *196*
Brutus   248

Cacus   280
Caesar   247, 339
Camillus   248
Canens   248
Ceres s. Demeter
Chariten s. Grazien
Chimaira/Chimäre   115, 236, 243, 252
Christus   41, 116, 249, 250, 291, ***335f.***
Cupido s. Eros/Amor

Daidalos (s. auch Ikaros)   15, 104, 123, 226, 252, 293
Danaë   107, 187, 215, 264, 312, ***314***, 336, 339
Danaïden   119, 185, 196
Daphne   43, 198, 208, 237, 266, 304, 305
Daphnis   227
Deianeira   74, 237
Delphi   23, 63, 225, 226
Demeter/Ceres   18, 67, 71, 72, 74, 107, 181, 186, 284
Deukalion   59, 126
Diana s. Artemis
Dido   25, 81, 122, 141, 155, 252, 255, 258, ***259***, 289
Dike   11, 90, 94, 219, 220, 220°
Diomedes   15, 29, 99, 226, 337
Dionysos/Bacchus   18, 24, 35, 67, 72, 74, 106, ***107***, 120, 146, 186, 187, 191, 193, 195, 228, 229, ***236f.***, 261, 278, 281, 282, 288, 291, 296, 298, 322
Dioskuren   72
Drosselbart (König)   332

Echo   154, 256
Egeria   248
Eileithyia   196
Elektra   74, 75, 119, 124, 125, 164, 202, ***205***, 237, 256, 261
Endymion   104, 105, ***259***
Enipeus   260°
Enkidu   246, 328
Eos/Aurora   107, 154
Epopeus   71
Erechtheus   75, 215, 322
Ereškigal   336
Erichthonios   107
Erinyen   18, 91, ***220***
Eris   94
Eros/Amor (s. auch Psyche)   18, 25, 35, 48, 67, 108, ***132***, 146, 154, 161, 162, 169, 226, 236, 256, 266, 280, 281, 293, 306, 308, 310, 311, 335f.
Eteokles   25, 26, 121, 322
Euander   247
Europa   73, 108, 123, 124, ***132***, 164, 166, 167°, 246, 261, 265, 266, ***269***, 288, 302, 303, 305
Eurydike (s. auch Orpheus)   67, 125, 126°, 256, 259, 266, 293, 300, 305

Faun s. Pan/Faunus
Flora   154, 247
Friedrich II   339

Gaia   284
Galatea (Polyphem)   145, 225
Galatea (Pygmalion)   120
Ganymedes   104, 266, 305°
Georg (Drache)   336
Geryoneus   85, 94, 215
Gherardino, Bel   332
Giganten   51, 64, 104, 146, 227
Gilgamesch   110, 112, 243, 244, ***246***, 311, 328
Glaukos   226
Gorgonen   18, 107, 237
Gott(vater)   335
Grazien   104, 161, 286
Gregorius   312
Greifen   229

Hades   18, 19, 24, 72, 186, 187, 201
Haimon   119
Harpalyke   15
Hekabe   75, 226, 252
Hektor   25, 28, 98, 226, 254, 257
Helena   15, 28, 43, 98, 119, 127, 157, 185, 187, 196, 198, 225, 227, 236, 237, 256, 311
Helios/Sol   26, 36, 95, 187, 188, 335
Henri V   339
Hephaistos/Vulcanus   72, 93, 191, 228, 289, 336
Hera/Iuno   18, 72, 186, 187, 196, 232, 259, 336
Herakles/Hercules   7, 8, 15, 17, 19, 23, 25, 35, 39, 59, 64, 67, 71, 73, 74, 76, *92*, 93, 95, 97, 99, 110, 104, 115, 119, 121, *125*, 132, 141, 155, 179, 185, 187, 188, 195, 197, 216, 217, 225, 226, 227, 228, 235, *237*, 243, 246, 247, 249, 250, 261, 264, 278, 280, 281, 288, 293, 297, 302, 314, 328, 336, 339
Herakles am Scheideweg   42, 206°, 312
Herakliden   73, 76, 217
Hermaphroditos   187, 226, 252, 305°
Hermes/Mercurius   18, 71, 72, 186, 228, 335, 336
Hēro-Leandros   67, 195, 311°, 327
Hestia/Vesta   18, 19, 72, 181, 186
Himeros   94
Hippolytos (s. auch Phaidra)   71, 105, 185, 196, 248, 338
Hippomenes   73
Horatius   67
Hybris   32, 91, 219
Hydra   243
Hygieia   94

Ianus   181, 338
Iapetiden   19
Iason (s. auch Argonauten, Medea)   52, 60, 73, 121, 187, 238
Ikaros/Icarus   74, 123, 147, 166, 185, 202, 226, 256, 261, 264, 265, 282, 293, 300, 302, *304*, 305, 306
Ilioupersis   29, *98*, 99, 211, 228, 229, 238, 269

Illuyankas   109
Io   185, 196, 226, 266
Iokaste   202
Iole   237
Iphigeneia/Iphigenie   75, 119, 125, 186, 187, 191, 193, 198, 206, 226, 254, 261, 299, 311
Iris   336
Isis   106, 186, 207, *250f.*, 335
Iuno s. Hera
Iuppiter/Jupiter s. Zeus
Ixion   96, 202

Jephthahs Tochter   56, 316
Judith   155

Kadmos   7, 15, 23, 51, 76, 95, *196*, 246
Kallisto   154, 230, 266, 288
Kalydonische Eberjagd   7, 179, 180, 181, 226, 252
Kalypso   226, *267*, 305
Karl d.Gr.   339
Karl V.   339
Kassandra   35, 68, 98, *125*, 164, 187, 229, 237, 261, 302, 306
Kentauren   15, 64, 93, 146, 227, 236, 237, 240, 293, 302
Kekrops/Kekropiden   15, 71
Keyx   266
Kilix   76
Kirke   107, 237, 248, 264, 341
Kleopatra   155
Klytaimnestra   74, 119, 182, 185, 196, 237
Korinth   16, 98, 299
Kreta   15, 19, 59, 180, 217
Kronos   37, 63, 198
Kumarbi   37, 38, 109, 244
Kyknos   23, 227
Kyros   51, 171

Labdakiden   180, 197, 220
Labyrinth   136, 147, 297, 302, 304
Laios   202
Lakonien   15
Laokoon   129, 146, 224, 231, *239*, 252, 280, 302, 340
Lapithen   15, 93, *240*

Leandros/Leander s. Hēro
Leda 187, 263, 339
Lemnierinnen 71
Leto 72
Louis XIV. 339
Lucina 196
Lucretia 128, 155
Luna s. Selene
Lykaon 71, 191

Makareus 15
Marduk-Tiamat 109, 323
Maria *335f.*
Mars s. Ares
Marsyas 73, 82, 97, 202, 254, 256, *270*, 304
Medeia/Medea 15, 24, 75, 78, 96, 104, 107, 119, 125, *126*, 127, 138, 164, 165, 179, 186, 187, 197, 200, 202, *204*, 206, 208, 224, 226, 230, 231, 237, *238*, 252, 256, 261, 298, 299, 301,322, 341
Medousa 107, 121, 145, 149, 198, 226, 232, 236, 243, 262, 303
Meilanion 73
Melampous 16, 342
Meleagros/Meleager 15, 16°, 74, 96, 104, 115, 215, 226, 231, 252
Mercurius/Merkur s. Hermes
Messenien 15, 59
Michael (Erzengel) 336
Midas 202
Minerva s. Athene
Minos 15, 59, 335
Minotauros 202, 236, 237
Moiren/Parzen 31, 90, 91, 121, 130, 219, 291
Mykene 40, 71
Myrrha 82, 252, 275
Napoleon I. 339

Narkissos/Narziss *125*, 126, 130, 141, 154, 226, 255, 256, 266, 296, 297, 298, 305, 336
Nausikaa 246
Nemesis 31, 32, *90f.*, 94, 216, *219f.*, 220°
Neoptolemos s. Pyrrhos
Neptunus s. Poseidon

Nereus 237
Nestor 15
Niobe/Niobiden 24, 26, 74, 101, 161, 224, 231, 237
Nox 335

Odysseus/Ulixes 25, 26, 29, 41, 43, 55, 67, 71, 73, 74, *92*, 98, *107*, 115, 124, 131°, 147f., 163, 169, 172, 186, 187, 188, 197, 202, 213, 216, 221, 226, 233, 237, 246, 250, 257, *260*, 261, 267, 269, 273, 282, 297, 298, *299*, 301, 302, 305, 309, 322, 337
Oidipous/Ödipus 15, 17, 25, 51, 63, 67, 73, 74, 119, 122, 124, *125*, 127, 165, 187, 198, 200, 201, 202, 203, *204*, 215, 252, 255, 256, 261, 299, 301, 303, 322
Oineus 15
Oinomaos 15
Omphale 95, 226, 237
Orestes/Orestie 24, 29, 67, 74, 99, 101, 119, 125, 185, 196, 202, *204*, 233, 262, 269
Orion *110*, 336
Orpheus 15, 16, 50, 63, 67, 71, 73, 83, 106, 115, 122, 124, 125, 126°, 127, 136, 155, 166, 187, 188, 226, 227, 249, 250, 256, *259*, 261, 262, 266, 280, 293, 300, 302, 305, 339

Palamedes 28, 86
Palladion 29, 71
Pan/Faunus 83, 236, 237, 303, 336
Pandareos 15
Pandora 42, 94, *107*, 109, 124, 191, 202, 261
Paris/Alexandros 26, 127, 215
Parisurteil 26, 36, 43, 43, 115°, *139*, 153, 167f., 185, 238, 265, 289, 295, 306, 312
Parzen s. Moiren
Pasiphaë 252
Pegasos 108, *132*, 252
Peleus 15, 24, 25, 74, 107, 139, 226, 337
Pelopiden 24, 180, 217, 337
Pelops 71, 187
Penelope 26, 237, 279, 282, 305, 311, 322
Penthesileia 187, 237

Pentheus 73, 226
Persephone/Proserpina 107, 181, 196, 202, 226, 335
Perseus 7, 13, *23*, *36*, 51, 60, 73, 93, 95, 99, 100, *161*, 179, 180, 187, 202, 243, 264, 266, 293, 295, 303, 314, 33643, 49, 59, 73, 74, 75, 77, 110, 121, 132, 133, 137, 138, 148, 177, 192, 193, 212, 214, 219, 226, 252
Phaëthon 24, 74, 86, 130, 226, 266
Phaidra 187, 202, 172, *260*, 311
Philemon-Baukis *122*, 252, 266, 311°, 327
Philoktetes 86, 99, 215, 224, 225, 252, 269
Philomela s. Prokne
Phyllis-Demophoon 202
Picus 248
Pieriden 83
Pisa/Elis 15
Polyneikes 322
Polyphemos 223, 225, 284, 305, 314, 162, 164, 206, 220, 226
Polyxene 98, 191, 225, 252
Pomona-Vertumnus *248*, 252, 339
Poseidon/Neptunus 18, 72, 186, 191, 197, 226, 260°, 339
Pothos 94
Potiphars Frau 172, *315*, 331, 332
Priamos 50, 98, 229
Prokne-Philomela 208, 237, 275
Prometheus 20, 26, 59, 67, 72, 99, 115, 125, 161, 163, 185, 187, 192, 202, 226, 256, *261*, 280, 292, 295, 296, 303, *305f.*
Proserpina s. Persephone
Protesilaos 71
Proteus 295
Psyche-Amor 44, 67, 141, 161, 162, *169f.*, 256, *266*, 293, 295, 306, *308*, 310, 311
Pygmalion 82, 83, 120, *122*, 123, 125, *126*, 127, 137, 150, 164, 187, 202, 208, 256, 261, 266, 269, 274, 295, 296, 299, *305*, 311°, 327
Pylos 15
Pyramos-Thisbe *122*, 311°, 327
Pyrrhos/Neoptolemos 226, 262
Python *23*, 34

Rapunzel 312, *314*

Remus 113, *114*, 247, 248, 252
Rhea Silvia 231, *248*
Rhesos 226
Romulus 67, 113, 171, 178, 181, *247*, 248, 252
Rumpelstilzchen 333

Sabiner(innen) 113, 252
Salmakis 266
Salmoneus 15
Samhat 246
Samos 19
Sarpedon 76
Satyrn/Silene 153, 228, 236, 237
Selene/Luna 105, 259, 335
Semele 339
Semiramis 155
Sieben gegen Theben (s. auch Eteokles, Polyneikes) 7, 8, 25, 26, 110
Sintflut 74, 191, 242, 322, 328
Sirenen 43, 107, 160, 229, 233, 236, *237*, 261, 273, 302, 305
Sisyphos 15, 202, 261, *300*, 302, 306
Skylla (Odyssee) 236, 273
Skyros 106, 196
Sol s. Apollon, Helios
Sparta 63
Sphinx/Sphingen 24, 38, 96, *130*, 160, 229, 236, 237
Styx 336

Tantaliden 17, 19, 59, 337
Tantalos 59, 202
Tarpeia 147, 172, 248
Tarquinia 67
Tartaros 336
Teiresias 185, 196
Tereus 71, 224
Teukros 15
Thamyris 16
Theben 7, 8, 15, 19, 25, 26, 64, 73, 95, 102, 110, 179, 187, *196f.*, 197, 217, 220
Themis 7, 11, 16°, 18, *22*, 23, 26, *32*, *90*, 91, 94, 177, 183, 205, *219*, 220, 220°, 336
Theseus 7, 8, 15, 17, 19, 52, 59, 68, 73, 74, *92*, 93, 95, 97, 99, 179, 180, 185, 187, 195, 196, 205, 225, 237, 255, 293

Thessalien 15, 24, 197
Thestios 59
Thetis 25, 107, 139, 196, 226
Thrakien 15
Thyestes 24, 71
Titanen 8, 51, 72, 187, 191, 211
Triton 225, 237
Troia/Troianischer Krieg 7, 8, 15, 17, 19, 28, 29, 35, 40, 43, 59, 64, 74, 79, 93, 94, 95, **97f.**, 99, 107, 120, 147, 178, 180, 181, 183, 188, 191, 192, 211°, 212, 213, 215, 225, 226, 227, **238-239**, 243, 247, 261, 264, **268f.**, 278, 284, 293, 301, 312, 322, 328, 330, 334, 337
Troianisches Pferd 71, 223, 302
Troilos 24, 93, 98, 229, 252, 338
Turan 338
Turandot 172
Tyche 94
Typhon 23, 37, 237
Tyro 260°

Ulixes s. Odysseus
Ullikummi 37, 109, 110
Uria 56, 173, 307, 316, 342

Verginia 248
Vergy, Kastellanin von 332
Venus s. Aphrodite
Vertumnus s. Pomona
Victoria 336
Vulcanus s. Hephaistos

Zeus/Jupiter 18, **22f.**, 32, 35, 37, 67, 68, 72, 82, 90, 100, 167, 186, 187, 190, 191, 197, 220, 225, 228, 229, 264, 278, 284, 302, 335, 339

b. Autoren/Werke (inkl. anonyme Werke)

Accius 88, 217, 327
Aischylos 13, 21, 24, 25, 26, 29, 30, 31, 35, 59, 86, **87**, 93, 94, 96, 101, 109, 162, 193, 194, 195, 204, 219, 222, 239, 240, 261, 327, 329, 338

Aithiopís (Epos, Arktinos) 29, 83, 99, 193, 211
Akusilaos 30, 217, 337
Alamanni, Luigi 332
Alexanderroman 136
Alkaios 193, 204, 337
Alkmaiōnís (Epos) 211
Alkman 193, 337
Altes Testament 37, 110, 200, 244, 273
Andersen, Hans Christian 310, 332
Anouilh, Jean 126, 299
Antoninus Liberalis 29, **89**
Apollodor *(Bibliothēkē)* 24, 29, 59, 178, 211, 218, 228, 243, 338
Apollonios Rhodios *(Argonautiká)* **78**, 126, 193, 194, 210, 211, 252
Apollonius von Tyrus 136
Apuleius 67, 162, 169, 169°, 170, 255, **266**, 308, 309, 311
Aratos/*Aratea* 137, 138, 192, 274
Archilochos 74, 193, 337
Ariosto 141, 256, 278, 314, 339
Aristophanes 75, 88, 182
Aristoteles 77, 88, 119, 120, 190, 193, 211, 255, 298, 319
Arktinos s. *Aithiopís* bzw. *Ilioupérsis*
Arnobius 124
Asklepiades von Tragilos 30
Atrahásis (Epos) 110, 244
Aulnoy, Madame d' 315, 332
Avesta 242

Bacon, Francis 261
Bakchylides 21, 26, 29, **85f.**, 94, 193, 337
Bandello, Matteo *(Novelle)* 332
Banville, John 298
Barth, John 298
Basile, Giambattista *(Pentamerone)* 332
Bechstein, Ludwig 332
Beddoes, Thomas Lovell 259
Benjamin, Walter 299, 309
Benoît de Sainte-Maure s. *Roman de Troie*
Berchorius/Bersuire 45, 124, 141
Bernardus Silvestris 45
Bion 193

Register — 365

Boccaccio *(Decameron* bzw. *Genealogiae)* 15, 45, 48, 123, 136, 140, 141, 142, 219, 274, **277**, 278, 279, 315, 332, 338
Brasch, Thomas 296
Braun, Volker 296
Brecht, Berthold 163, 299
Breton, André 165
Buonsignori 141

Calderon 261
Camus, Albert 254, 256, 300
Camões, Luis de 43
Cartari, Vincenzo 48, 124, **148**, 283
Cato maior 247
Chapman, George 285, 291
Chaucer 136, 256, 258, 259, 275
Cicero, M. Tullius 114
Claudianus 249, 337
Cocteau, Jean 254, 256, 299, 300
Conti, Natale 15, 48, 219
Corneille, Pierre 119, 256, 284
Cornutus 218

Dante Alighieri 122, 123, 124, 137, 140, 141, 254, 256, 273, 274, 275, 279
Dares 89, 218
Dictys 89, 218
Diodor 29, 337, 338
Dionysios von Halikarnass 114
Dolce, Ludovico 140, 261, 278
Dracontius 123, 249
Dryden, John 150, 286
Dürrenmatt, Friedrich 254

Eliot, T.S. 299, 319
Ennius **88**, 210, 217, 247, 327
Enûma Elish (Epos) 37, 244
Epicharm 21, 30, 85°, 88, 193, 216, 338
Epígonoi (Epos) 211
(Ps.-)Eratosthenes 193, 201
Erra (Epos) 110
Eumelos 192, 204, 212
Eupolis 216
Euripides 3, 22, 24, 25, 26, 27, 27°, 29, 35, 44, 71, 75, **86f.**, 90, 94, 119, 126, 133, 134, 156, 157, 179, 193, 194, 195, 199, 204, 206, 206°, **215**, 224, 234, 238, 239, 240, 260, 298, 338
Eustathios 284, 339
Excidium Troiae 90

Fabius Pictor 247
Fénelon 150, 260, 284, 338
Fichte, Hubert 296
Firdousi *(Königsbuch)* 315, 332
Fried, Erich 296
Fulgentius 89, 115, 115°, 337
Fulgentius Metaforalis 45

Garcilaso s. Vega
Garth, Samuel 259
Gay, John 284
Gesta Romanorum 331
Gide, André 256
Gilgamesch (Epos) 110, 112, 243, 244, **246**, 311
Giovanni Fiorentino *(Pecorone)* 332
Gladstone, William E. 123
Gleim, J.W.L. 122
Goethe, J.-W. von 122, 123, 156, 157, **160**, 257, 260, 261, 291
Gongara, Luis de 151
Grillparzer, Franz 119, 157
Grimmelshausen, H.J.C. von 257
Grimms Märchen (KHM) 15, 51, 52, 307, 312, 325, 330, 331, 341
Grünbein, Durs 296
Gryphius, Andreas 284, 338
Guido de Columnis 45

Hacks, Peter 163, 296
Haefs, Gisbert 296
Handke, Peter 296
Hartmann von Aue 312
Heine, Heinrich 254
Heinrich von Veldeke *(Eneit)* 45
Hekataios 30, 89, 193, 217, 337
Heliodoros 311
Hellanikos 30, 217, 337
Herder, J.-G. 15, 53, 261, 291
Herodot 21, 51, 204, 205, 311
Hesiod X, 21, 22, 23, 24, 25, 28, 30, 31, 31°, 37, 38, 72, 73, 74, **80**, 85, 94, 107,

109, 110, 182, 190, 192, 193, 194, 198, **205**, 211, 212, 213, **214**, 241, 243, 252, 261, 338
-*Ēhoîai* 28, 30, **84**, 198, **214**
-*Theogonía* 1, 23, 28, 30, 37, 38, 80, 111, 211, 214, 243
Heym, Georg 299
Hieronymus 249
Histoire Ancienne 45, 137, 162
Hölderlin, Friedrich 254
Hoffmann, E.T.A. 156
Hofmannsthal, H. von 163, 254, 297
Homer X, 13, 17, 20f., 22, 25, 27, 28, 30, 31, 32, 34, 34°, 39, 40, 41, 73, **79**, 80, 83°, 85, 90, 91, 94, 99, 101°, 110, 113, 120, **122f.**, 133, 134, 136, 153, **160**, 161, 162, 169, 182, 183°, 184, 190, **192**, 193, 194, 195, 198, 201, 204, 205, 209, 210, **212f.**, 214, 219, 234, **238f.**, 241, 243, 246, 252, 255, **257f.**, 267, **269f.**, 271, 273, 274, **278f.**, 285, 291, 293, 294, 299, 301, 319, 330, 338
– *Hymnen* 75, 110, 193
– *Ilias* 25, 26, 30, 31, 41, 50, 51, 53, **79f.**, 83f., 84°, 98, 159, **192**, 212, 214, 221, 234, 238, 240, 243, 246, 292, 327, 337
– *Odyssee* 25, 26, 29, 50, 51, 53, 78, 79, 80, **98**, 103, **107**, 120, 124, 131°, 147f., 161, 164, 172, 200, 204, 213, 260, 262, 267, 273, 298, 299, 304, 309, 315
Horaz 198, 210, **337**
Horia, Vintila 299
Hughues, Ted 258
Hulme, T.E. 319
Humboldt, Wilhelm von 10, 257
Husserl, Edmund 74
Hygin 17, 29, 59, **89**, 201, 337, 338

Ibykos 29, 193, 217, 337
Iliàs mikrá (Epos; Lesches) 29, 99, 208, 211, 337
Ilioupérsis (Epos; Arktinos) 211
Iscanus, Iosephus 45

Jelinek, Elfride 254
Jens, Walter 124, 296
Johann von Salisbury 15

Joyce, J. *(Ulysses)* 50, 123, 164, 298, 299, 319

Kafka, Franz 123, 254, 299, 309
Kallimachos 59, 193, 252
Kazantzakis, Nikos 123, 164
Keats, John 259
Kleist, Heinrich von 156, 322
Klopstock, F.G. 49, 257
Köhlmeier, Michael 164, 296
Konon 30, 204, **218**
Konrad von Würzburg *(Trojanerkrieg)* 45
Kratinos 75, 216
Kunert, Günter 296
Kýpria (Epos; Stasinos) 7, 29, 31, 99, 211, 229, 284, 338

Lefèvre, Raoul 45
Lesches s. *Iliàs mikrá*
Lessing, G.E. 120, 122, 157, 223
Lawrence, D.H. 319
Livius 114, 248
Livius Andronicus 216f.
Longos 311
Lope de Vega s. Vega
Lucanus 194, 200
Lukian 75, 229, 311, 337
Lykophron 87, 193, 337

Machiavelli 315
Märchen aus 1001 Nacht 312, 313, 315, 332
Märchen aus 1001 Tag 311, 332
Malouf, David 299
Mann, Thomas 298, 322
Marie de France 332
Marlowe, Christopher 285
Marvell, Andrew 259
Menander 88, 216
Meredith, George 260
Merkel, Inge 164
Metastasio 339
Miegel, Agnes 260
Milton, John 27, 43, 137, 150, 259, 284, 285, 286, 338
Mincu, Marin 299
Moschos 193
Müller, Heiner 164, 296, 298

Musäus, J.K.A.   332
Musaios   67
Mythographi Vaticani   **89,** 219, 337

Nadolny, Stan   164
Naevius   217, 247
Neues Testament   336
Nibelungenlied   50
Nick, Dagmar   164
Nietzsche, Friedrich   74, 163, 257, 261, 293
Nikandros   193
Nonnos   194, 210, 212, 249
Nóstoi (Epos)   7, 17, 29, 73, 77, 59, 93, 99, 178, 179, 204, 211

Oidipódeia (Epos)   99, 211
Opitz, Martin   284, 338
Ovid   X, 59, 67, 79, 81, **82f.**, 94, 104, 114, 115, 122, **123f.**, 126, 127, 132, 136, 137, 142, 143, 147, 150, 156, 161, 165, 176, 181, 182, 194, 198, **207-209**, 212, 240, 250, 252, 255, **258f.**, **260**, 262, **265f.**, 268, 272, **274f.**, 278, **285**, 286, 288, 298, 299, 301, **305**, 311°, 314, 326, 337 (Am./Ars), 338f.
– *Fasti*   82, 114, 115, 208, **209**, 248, 337
– *Heroides*   82, 136, 150, 176, 258, 260, 310°, 326, 337
– *Metamorphoses*   22, 46, 75, 76, **82f.**, 93, 115, 120, 121, 122, **123f.**, 126, 126°, 132, 136, 137, 138, 140, 143, 154, 155, 165, 166, 176, 177, 181, 192, 203, **207-209**, 219, 227, 240, 248, 252, 253, 255, **258f.**, **260** (6,1-147), 260° (6,116f.), 262, **265f.**, 267, 268, 270, **274f.**, 283, 286, 288, 289, 298, 304, **305**, 311°, 322, 326, 337, 338, 339, 340
Ovide moralisé   **45**, 135, 136, 137, 138, 139, 260, 275

Pacuvius   88, **216f.**, 327
Palaiphatos   204, 218
Parthenios   29, 193, **218**, 219
Pausanias   95, 196, 205, 228, 293
Petrarca   142, 147, 338
Petronius   24, 311
Pherekydes   30, 59, **89**, 193, 217, 337

Philostrat   95, 225, 252
Pico, Giovanni   15
Pindar   22, 26, 27, 29, 31, 52, 74, 78, **85f.**, 94, 190, 193, 211, 252, 254, 327, 337
Pizan, Christine de   45, 124, 136, 137
Platon   26, 64, 65, 75, 77, 184, 190, 193, 201, **203f.**, 205, 206°, 219, 261, 272, 319
Plautus   75 (*Amph.*), 211°(*Bacch.*), 216 (*Amph.*)
Plutarch   195, 205, 219, 228
Pope, Alexander   123, 284, 285, 293
Pound, Ezra   299, 319
Pratinas   87
Properz   114, 338
Prudentius   124, 337

Quevedo, F. Gomez de   150
Quintus Smyrnaeus   194, 210, 211, 212, 252

Racine, Jean   260, 284, 299
Ransmayr, Christoph   164, 260, 296, 298, 299
Regius, Raphael   141
Ricoeur, Jan Paul   298
Ridevall, Johannes   45
Rigveda   242
Roman d'Énéas   45, 272
Roman de la Rose   45, 136, 137, 274
Roman de Thèbes   45, 272
Roman de Troie   45, 136, 272
Ronsard, Pierre de   338
Rousseau, J.J.   261

Sappho   193, 204, 215, 337
Sartre, Jean Paul   119
Schiller, Friedrich   125, 157, 260
Schlegel, A.W.   260
Schlegel, Friedrich   122
Schütz, Stefan   296
Seneca   3, 24, 88, 125, 126, 192, 217, 252, 260
Servius   219, 337
Shakespeare, William   43, **150**, 256, 259, 284, **285**, 292, 298, 332
Shaw, G.B.   164, 256, 299
Shelley, P.B.   256, 261, 292
Silius Italicus   194, 200

Simmel, Georg 261
Simonides 21, 27, 85, 193, 337
Sophokles 3, 21, 24, 25, 37, 35, 71, 86, 87, 94, 119, 120, 125, 193, 194, 198, 199, 200, 204, 224, 239, 292, 298, 338
Spenser, Edmund 150, 256, 259, 260, 284, 285, 338
Stasinos s. *Kýpria*
Statius 194, 210, 212, 229, 252, 272
Stesichoros 29, 30, *85*, 85°, 94, 99, 193, 204, *214f.*, 327, 337, 338
Straparola *(Piacevoli notti)* 332
Strauß, Botho 164, 296, 298

Tasso, Torquato 43, 141, 339
Tēlegonía (Epos) 211
Tennyson, Alfred 123
Thēbaís (Epos) 99, 211
Theokrit 193
Thukydides 21, 75, 204
Titanomachía (Epos) 211 154
Troiaromane 17, 123, 139, 218
Tzetzes, Ioannes 124, 271, 284, 339

Valerius Flaccus *78*, 194, 198, 210, 252
Varro 75
Vega, Garcilaso de la 151
Vega, Lope de 151, 284
Vergil *(Aeneis)* X, 43, 72 *(ecl.)*, 79, *80-82*, 113, 114, 117, 120, 122, 126°, 127, 132, 137, 138, 147, 184, 194, 200, 201, *209f.*, 212, 234, 240, 251, 252, 255, *258*, 259, 262, 266, 274, 278, 285, 289, 299, 337, 338, 340
Volksmärchen 51, 55, 308, *312f.*, *314f.*, *332*, 341
Voltaire 261
Voß, Johann Heinrich 122, 292

Werfel, Franz 299
Winckelmann, J.J. 122, 130, 292
Wolf, Christa 125, 126, 164, 296, 298
Wolf, F.A. 123
Woolf, Virginia 259
Wordsworth, William 260

Xenophanes 31°, 198

c. Künstler/Kunstwerke (inkl. Musiktheater/Film)

Albani, Francesco 152, 154
Alma-Tadema, L. 158, 161, 293, *293*
Antico (Bonacolsi) 282
Apollon vom Belvedere 129, 340
Arp, Jean 165, 167
Bandinelli, Baccio 48, 280
Baur, J.W. 154

Beckmann, Max 50, 165, 267, 303, *305*, 306, 340
Berlioz, Hector (Oper) 90, 127, 261
Bernini, G.L. 129, 152, *154*, 278, 340
Beuys, Joseph 159, 167
Böcklin, Arnold 158, *161*, 267, 305, 340, 295
Boissard, J.J. 283
Botticelli, Sandro 129, 142, 143, *144f.*, 266, 277, 278, *280*, 341
Boucher, François 151, 153, 155, 340
Breker, Arno 305
Breton, André s. Autorenregister
Brueghel (Dynastie) 147, 152, 266, 290
Burne-Jones, E. 158, *161*, 253, 293, *295*

Cabanel, Alexandre 268
Canova, Antonio 129, 143, 157, 266, 292, *293f.*, 340
Carracci, Annibale 129, 131, 151, *154*, 289
Caraglio, Gian Jacopo 282
Cauer (Dynastie) 157, 294
Cellini, Benvenuto 143, 340
Chagall, Marc 156, 305
Chirico, Giorgio de 50, 129, 165, *167*, 303, *304*, 305, 340
Cocteau, Jean (Film/Kunst) 50, 165, 300, 305
Corinth, Lovis 50, 165
Cornelius, Peter von 260
Correggio 143, 146, 260, 266, 277, *281*, 282
Costa, Lorenzo del 146, 281
Cranach d.Ä., L. *146*, 268, *282*, 340

Dalí, Salvador 165, 167, 266, 303, 305, 340
Daumier, Honoré 13, 162

David, J.L.   155, 157, 159, 340
Delacroix, Eugène   157, 158, 159, 340
Delvaux, Paul   165, 303, 304, *305*, 340
Dix, Otto   165, 303
Dürer, Albrecht   48, 129, 144, 280, 282

El Greco   129, 146, 281
Ernst, Max   165

Feuerbach, Anselm   157, 159
Flaxman, John   13, *162*, 291, 293, *294f.*
Fragonard, J.H.   151, 153, 155
Francia, Jacopo   146
Fuchs, Ernst   166, 340
Füssli, J.H.   157, 291, 295
Fussmann, Klaus   166

Galerie d'Ulysse   *147f.*, 269, 282
Genelli, Bonaventura   13, 162, 294
Gentile da Fabriano   339
Ghisi, Giorgio   149
Giambologna   144, 280, 340
Gillray, James   13, *162*
Giordano, Luca   152, 253, 260, 286, 288, 340
Giulio Romano   139, 144, 146, 147, 149, 260, 282, *284*, 340
Gluck, Chr.W. (Oper)   127, 261, 262
Goltzius, Hendrick   152, *287*, 340
Gossaert, Jan   280, *282*

Haitzinger, Horst (Karikatur)   332
Hamilton, Gavin   161
Hausner, Rudolf   166, 305, 340
Heisig, Bernhard   165, 305, 306
Hitchcock, Alfred (Film)   201
Hoedicke, Wolfgang   165
Holzer, Johann E.   154
Houasse, R.A.   260
Hrdlicka, Alfred   165, 304, 305

Ingres, J.A.D.   130, 157, 159, 295, 340

Jordaens, Jacob   152, *289*, 340

Kauffmann, Angelika   123, 157, 267, 291, 292, *293f.*, 340

Kiefer, Anselm   165
Klimsch, Fritz   165
Klinger, Max   158, 162, *295*
Klossowski, Pierre   270
Krauss, J.U.   260
Kypseloslade   230

Laokoongruppe   129, 231, *239*, 302, 340
Lastman, Pieter   287, 288
Laurens, Henri   165
Leighton, Frederick   158, 162, 293
Lemoyne, François   155
Lorrain, Claude   151, 153, *289*
Lupa Capitolina   248, 302

Maestro del Dado   260
Magritte, René   165, 304, 305
Maillol, Aristide   129
Mantegna, Andrea   129, 143, 145, *146*, 281
Marcks, Gerhard   165, *167*, 267, *305*, 306
Marées, Hans von   158, 295
Masson, André   50, 165, 303, *304*, 305, 340
Matisse, Henri   165, 303, 304
Mattheuer, Wolfgang   165, 304, 305, 340
Mengs, A.R.   129, 293, 294
Michelangelo   48, 143, 144, 266, 281, 282, 388
Mignard, Pierre   155
Monteverdi, C. (Oper)   256, 261, 262, 339
Montorsoli, G.A. da   144, 284
Moore, Henry   129
Moreau, Gustave   123, *158*, 161, 340

Natoire, Charles-Joseph   288

Padovanino   209
Pasolini, P.P. (Film)   165, 301
Perino del Vaga   144, 260, 266, 282
Perugino   143, 146, 281
Petersen, Wolfgang (Film)   301
Picabia, Francis   165, 303
Picasso, Pablo   129, 165, 166, 254, 265, 266, *303f.*, 340
Piero di Cosimo   48, 143, 144, 146, 147, *280f.*
Pisanello   143, 144, 146, 339
Pollaiuolo, Antonio del   253, 281

Posthumus, Herman 282
Poussin, Nicolas 49, 129, 151, 153, *154f.*, 266, 277, **289**
Preller d.Ä., Friedrich 161
Primaticcio 147, 281, 282
Primavera (Botticelli) 142, **145**, 280

Raffaello Santi 130, 143, 144, 145, 146, 266, 281, 282
Raimondi, Marcantonio 146, 149
Rembrandt 49°, 94, 151, *153f.*, 253, 266, 270, 278, 287, **288**, 290, 340
Reni, Guido 151, 152, 288
Ricci, Sebastiano 151, 288
Riepenhausen (Dynastie) 294
Rodin, Auguste 129, **158**, 161, 295, 340
Rossini, Gioacchino (Oper) 262
Roussel, K.X. 165, 305
Rowlandson, Thomas 13
Rubens, P.P. 49, 49°, 129, 145, 147, 151, 152, **153**, 159, 260, 266, 270, 277, **287f.**, 290, 339, 340

Sala di Troia (Mantova) 1423, 147, **284**
Sassu, Aligi 393
Schnorr von Carolsfeld, L. F. 13
Sitte, Willi 306
Slevogt, Max 50, 165
Sperlongazyklus 231

Stuck, Franz von 50, 165
Telemann, G.Ph. (Oper) 261
Tempesta, Antonio 254, **288**
Terwesten, Augustin/Matthäus 154
Thorak, Joseph 306
Thorvaldsen, Bertel 158, 160f., 340
Tibaldi, Pellegrino 282
Tiepolo, Domenico 289
Tiepolo, Giambattista 151, 152, 286, **289**, 292, 340
Tintoretto, Jacopo 143, 144, 260
Tischbein d.Ä., J.H. 161
Tiziano 48, 124, 131, 144, **145**, 226, 253, 266, 269, 270, 277, 278, **281**, 288, 314, 340
Torre della Parada 153, 340
Trier, Lars von (Film) 256

Tübke, Werner 165, 306
Turner, William W. 157, 160, 161, 340

Vaga, Perino del 282
Vallotton, Félix 165
Vasari, Giorgio 131
Velázquez, Diego 49, 49°, 153, 260, 266, **289**
Venere di Urbino 269
Venus von Milo 129, 254, 340
Veronese, Paolo 131, 144, 266, **281**
Vien, Joseph M. 159
Villa Valmarana (Vicenza) **289**, 292
Vries, Adriaen de 287, 340

Wagner, Richard (Oper) 49, 124, 127, 261, 262
Waterhouse, John 293, 295
Watteau, Antoine 151, 153, 155, 289
Wtewael, Joachim 131, 153

Zadkine, Ossip 165
Zeus von Olympia 35, 100, 225, 229
Zuccari, Taddeo 260
Zurbarán, F. de 152, 153, 155, 114, 115, 116f.

d. Ausgewählte Sachbegriffe

Ägypten **111**, 134f., 177, 181, 187, 189, 200, 236, 244, **245**, 271, 334
Akkader 37, 40, 109, 111, 244
Allegorisierung 6, 9, 12, 21, 26, 31, **62**, 77, 84, 95, 97, **115**, 115°, 123, **136f.**, 137, 139, 140, 141, 184, 206, 227, 255, 256, 261, 264, 273, 274,276, 280, 288
Alter Orient 1, 5, 6, 7, 8, 9, 10, 14, 23, 31, 36, **37f.**, 40, 57, 61, 62, 63, 70, **109-112**, 155, 175, 177, 178, 182, 183, 187, 191, 194, 199, 200, 201, 206, 212, 213, 229, 236, **241-246**, 255, 264, 323, 325, 326, 328, 330, 334, 336, 337, 338
Anthropologie (Mythos) 3, **65f.**, 185, 200°, 201, 242, 246, 291, 309, 311, 328, 328
Apotheose (Motiv) 160, 201, 235, 237, 247, 307, 336

Archäologie, Klassische (Antike) VII, VIII, 5, 6, 12, 14, 16, 27, *32-36*, 57, 60, 68, *92-108*, 112, 112, 114, 170, *221-240*, 248, 252, 327, 334, *338*, 340
- Caeretaner Hydrien 85°, 101, 102°, 228
- Katakombenmalerei *116f.*, 250f.
- Mosaiken 33, *105f.*, 108, 123, 226, *233f.*, 248, 263
- ‚Sagenbilder' 36, 57, 78, 79, *95*, *99*, 223, 230, 243, 328
- Sarkophagreliefs 4, *33*, *104f.*, 206, 226, 231, *233*
- Tabulae Iliacae 104, *234*
- ‚Theatervasen' 34, 96, *101*, *230f.*, *239*
- Wandmalerei *103f.*, 206, 224, *231-233*, 239f.

Aufklärung (Mythos) 6, 7, 9, 11, 21, 77, 120, 121, 175f., 177, 206°, 291, 312, 318, 324, 329

Aufklärung (Periode) s. Klassizismus

Barock/Rokoko 6, 15, 43, 44, *49*, 49°, 122f., 129, 130, *149-156*, 161, 227, 254, 256, 258, 262, 263, 268, 269, 270, 277, 278, 283, *284-290*, 291, 334, 338, 340

Byzanz 6, *44*, *133f.*, 142, 270, *271f.*, 334, 339

Christentum 5, 6, 7, 8, 37, *41*, 44, 51, 58, *115-117*, 127, 129, 135, 137, 138, 139, 182, 187, 194, 197, 205, 233, 235, 241, *248-251*, 254, 263, 271, 275f., 277, 284, 291, 306, 308, 312, 319, 326, *335f.*, 339, 341

DDR 163, 164, 165, *166*, 255, 299, 304, 305, *306*, 340

Dreieraufgabe (Motiv) 172, 307, 333

‚Drittes Reich' 14, 254, *305*, 306, 340

Engel 138, *336*

Epos (insgesamt) 7, 10, 15, 22, 24, 25, 26, 28, 30, 31, 32, 37, 40, 51, 53, 62, 64, 75, 78, 80, 81, 82, *84f.*, 97, 98, *99*, *110*, 112, 116, 136, 147, 162, 172, 180, 191, 192, 193, *194*, *200*, 204, 205, 209, 210, 211, 212, 213, 214, 216, 228, 234, 240, 242, 243, 244, 246, 252, 255, 272, 273, 285, 301, 309, *311*, 314, 328, 331
- **Epischer Kyklos** 8, *28f.*, 30, 74, 80, *83-85*, 83°, 84°, 99, 189, 191, 193, 194, *211-213*, 243, 269, 284, 309, 327, 337, 338

Erstes Wesen (Motiv) 55, 307, 309, 316

Erzählforschung s. Narratologie

Ethik *329*

Ethnologie (Mythos) 2, 6, 73, 169, 181, 326, 329

Etrusker 4, 33, 34, 36, 96, *102*, 103, 107, *108*, 114, 115, *231*, *239*, 270, 338

Fabel 50, 51, 52, 53, 168, 306, 307, 308, 310, 330, 331, 341

Film 9, 50, 59, 132, 163, *164f.*, 179, 182, 186, 252, 256, 258, 259, 262, 264, 296, 297, *300f.*

Flügelwesen 236, 338

folktale s. Narratologie

Fragmentsammlungen VIII, 26, 27, *28f.*, 37, 30, 31, 37, 73, 80, *83-89*, 92, 101, 113, *210-212*, *214-218*, 230, 240, *327*, 338

Frauennötigung (Motiv) 173, 229, 307, 315, 327

Freierprobe (Motiv) 55, 172, 242, 307, *314f.*, 331, 332, 341

gender 70, 72, 164, 185, 194, 196, *198*, 227, 298, 330, 337

Gewalt 7, 72, *199f.*, *228f.*, 330, 337

Gottheiten (Griechen/Römer) 8, *18f.*, 23, 40, 46, *47f.*, 49, 62, 67, *72*, 74, 75, *76f.*, 80, *95*, *97*, *113*, *114*, 116, 120, 128, *129*, *130*, 131, *149*, *155*, 155f., *160*, *177*, *180*, *186*, 195, *197*, 218, 220, 229, *235*, 250, 260, *263*, 264, 265, *268*, 277, 278, 290, 329
- Gesunkene G. 51, 330, 337

Gründungsmythen 8, *73*, 180, *196f.*, 231, 247, 330

Heimkehr (Motiv) 25, 56, 107, 172, 197, 238, 269, 307, *315f.*, 332f.

Hellenismus 7, 8, 22, 33, 78, 95, 102, 105, 176f., 182, 183, 184, 190, 192, 193, 211,

222°, 228, 231, 232, 239, *240*, 245, 258, 260, 326, 327, 338
Heroen/Heroinen (Griechen/Römer) 6, 7, 8, 13, *15f.*, 16f., *19*, *59f.*, 67, *69*, 70, *73*, 79f., *92*, *95*, *107*, *117f.*, *118*, 125f., 128, 129, 130, *160*, *180*, 185, *195*, 196f., 226, *237-239*, 251f., *252*, *253*, 263, 264, *269f.*, 290, 329
– Heroenkult 53, 64, 76, 78, 112, 195, 328
Hethiter/Hurriter 37, 40, *111*, *242-244*, 246f.
Historisierung 6, 9, 45, 46, 64, 137, 139, 163, 206, 276
Hölle *336*
Humanismus s. Renaissance
Hurriter s. Hethiter

Indogermanisches 36, 63, 112, 182, *241f.*
Initiation 64, 183, 196, 203
interpretatio Christiana 115f., *250*
Inzest (Motiv) 55, 74, 172f., 307, 316

Jugendliteratur (Mythos/Moderne) 296, *300*, 331

Kardinaltugenden 339
Karikatur (Mythos/Moderne) 9, *162*, *165*, 167°, 296, *302*, 302°, 340
Klassizismus/19. Jahrhundert 6, 12, 16, 31, 37, 41, 43, 45, *49*, 58, 123, 129, 150, *156-162*, 253, 257, 253, 258, 265, 266, 267, *290-296*, 334, 340
Königskind (Motiv) 55, 171f., 307, 311, 312, *314*, 332
Komödie 141, 190, 309, 316
– Attische K. 21, 75, *88*, 101, 190, 193, *216*, 228, 338
– Dorische K. 30, 75, 85°, 88, 183, *216*, 228, 338
Kosmogonie/Kosmologie 7, 38, 76, 77, 180, 191, 231, 244, 330
Kunst (Rezeption) 5, 6, 7, 9, 10, 42-50, 117-127, *127-132*, 133-168, 251-262, *262-270*, 270-306
– *arte povera* 132, 165, 166, 302
– Buchmalerei 44, 46, 126, 133, 135f., *137f.*, 252, *274*
– Cassoni 47, *142f.*, *279*, 339

– Deschi da parto 143, 279, 339
– Koptische K. 133, *134f.*, 271
– Majoliken *148f.*, *283*

Legende 2, 50, *51f.*, 55, 111, 168, 264, *306-308*, *310*, 327, 330, 332, 336, 341
Liebesroman (Antike) 191, 212, *311*
Lyrik 7, 8, 29, 79, 80, *85*, 85°, 136, 182, 192, 193, 195, 211, *214f.*, 228, 252, 298, 309, 327, 337
– Chorlyrik 8, 21, 26, 28, *29*, 80, 85f., 180, 192, 337

Mädchen im Turm (Motiv) 172, 307, *312*, 314, 336
Märchen IX, 5, 9, 17, 18, *50-52*, *53f.*, 73, 78, *168-170*, 172, 176, 178, 181, 183, 201, *306-308*, *309f.*, 311, *312f.*, 313, 314, 315, 316, 317, 322, *325*, 330, 331, 332, 335, 341, 342
– Orientmärchen *308*, 309, 311, 312, 313, 315, 332
– Volksmärchen s. Autorenregister
Manierismus 6, 43, 47, 129, 143f., *147f.*, 149, 265, 268, 270, *282f.*, 287, 340
Medien (Mythos/Moderne) 5, 6, 9, *165f.*, 199, 253°, 254, 264, 300, *302*, 318, 320, 321, 340
Mesopotamien 23, 60, *110f.*, *244*, 246
Minoisches s. Mykenisch-Minoisches
Mittelalter, Westliches 5, 6, 17, 43, *44-47*, 48, 51, 52, 58, 81, 82, 115°, 117, 123, 124, 126, 127, 131, 134, *135-139*, 141, 176, 180, 182, 187, 199, 205, 213, 218, 219, 238, 249, 250, 251, 254, 255, 256, 258, 260°, 264, 265, 268, 269, 270, *272-276*, 307, 310, 311, 312, 316, 325, 326, 330, 331, 334, 338, 341
Moderne/Postmoderne 2, 3, 6, 9, 10, 11, 43, *49f.*, 62, 82, 91, 108, 117, 119, 123, 124, 125, 130, 131, 132, 159, *162-168*, 172, 174, 176, 192, 200, 237, 238, 239, 254, 255, 256, 261, 263, 264, 266, 267, 268, 269, 270, 271, 278, 282, 295, *296-306*, 309, 314, 319, 320, 330, 334, 340
Monotheismus s. Polytheismus
Motiv/Motifem 331, 342

Motivforschung VIII, 5, 6, 9, *54-56*, 168, 170, *171-173*, 306, 307, *313-316*, 325, 331, 334
Musiktheater/Oper *126f.*, 253, *261f.*, 301, 334
Mythenburleske 7, *76*, 85°, 102° , 110
Mythenmärchen (Apuleius) 67, 162, 169f., 266, 306, *307*, 308, 310
Mythennovelle 7, 175, 177, 260, *307*, 311°, 327, 337
Mythenrezeption s. Rezeption (Nachantike)
Mythentravestie 7, 30, 34, 75, *88*, 101, 193, *216*, 309, 338
Mythographie 7, 9, 16°, *29f.*, 44, 45, 62, 63, 64, 67, 75, 79, 80, *89f.*, 142, 180, 182, 191, 193, *217-219*, 228, 256, 263, 273, 277, 327, 338
Mythologie (Forschungsgeschichte) 14f., *58*, *174f.*, 179, 183, 291
Mythosdefinition *317f.*
Mythostheorie 2, 6, 66, 163, 181, 296, 297, *317-325*, 342
Mykenisch-Minoisches 22, *38-40*, 64, 70, 80, 91, 110, 112, 177, 179, 192, *328*

Narratologie VIII, IX, 2,3, 5, 6, 9, 10, 11, *50-56*, 57, 66, 79, *168-173*, 185, 200, 207, 208, 209, 242, 243, 297, *306-316*, 311, 324, 325, 327, 329, 331, 333, 334, 335, *341*, 342
19. Jahrhundert (s. auch Klassizismus) 12, 16, 31, 37, 41, 43, 45, *49*, 58, 123, 129, 150, *156*, 162, 253, 258, 266, *290-296*, 334, 340
Novelle 51, 52, 67, 178, *306-308*, *310*, 312, 315, 327, 330, 331, 332, 341

oral poetry 30, 31, *39f.*, 67, 79, 212, 213, *328f.*, 328°, 330
Orientmärchen s. unter Märchen

Patriarchat 7, *11*
Philologie, Klassische VII, VIII, 5, 6, *14-32*, 52, 57, *58-91*, 92, 112, 114, 168, *174-221*, 240, *326-328*, 335, *336-338*
Philosophie (Mythos) 6, 7, 9, 21, 22, 67, 72, *74*, 126, 134, 135, 176, 180, 181, 190, 193, 197, 205, 272, 302, 318, 319, 321, 329
Phoiniker 38, 40, 111, 314
Politik/Politologie (Mythos) 6, 75, 150, 162, 181, 182, 197, 235, 322, *339*
Polytheismus/Monotheismus 51, 53, 70, 72, 74, 76, 197, 225, 244, 248, 249, 291, 308, 312, 330, 341
Postmoderne s. Moderne
Potipharmotiv s. Verleumdung
Präraffaeliten 158, **160-162**, 293, *295*
Prinz-Prinzessin-Ungeheuer (Motiv) 55, 130, *172*, 307, *314*
Psychologie (Mythos) 2, 6, 9, 25, 55, 61, 62, 63, 64, 66, 124, 125, 181, 183, 188, 198, *201f.*
Psychostasie 336

Religion (Mythos) 2, 3, 7, 8, 12, 16°, 18, 19, 22, 23, 38, 40, 42, 62, 64, 65, 66, 67, *70f.*, 72, 73, 74, 75, *76*, 77, 78, 79, 86, 95, 103, 109, 111, 120, 121, 130, 175, 176, 179, 181, 182, 183, 184, 185, 186, *189*, *191*, *195*, 197, 199, 200, *202f.*, 203, 206, 228, 242, 245, 246, 292, 300, 311, 320, 327, 330
Renaissance/Manierismus 6, 43, 45, 46, *47-49*, 118, 123, 124, 125, 126°, 129, 130, 131, 132, 134, 136, 138, *139-149*, 150, 154, 162, 182, 200, 209, 213, 218, 229, 226, 227, 239, 253, 254, 256, 257, 258, 259, 264, 265, 266, 268, 269, 270, 272, 273, 274, *276-284*, 285, 286, 287, 315, 332, 334, 339, 340
Rezeption (Nachantike) VIII, IX, 2, 3, 4, 5, 6, 8, 9, 10, 11, 13, 14, 15, 18, 20, 27, *41-50*, 57, 59, 60, 62, 63°, 64, 65, 67, 68, 70, 76, 80, 81, 82, 94, 96, 106, 108, 110, 115°, *117-168*, 171, 175, 176f., 178, 179, 180, 181, 182, 183, 187, 188, 189, 192, 194, 195, 197, 204, 208, 209, 210, 212, 223, 226, 227, 235, 236, 237, 238, 239, 247, *251-306*, 308, 310, 311, 312, 313, 321, 325, 326f., 329, 330, 334, *335*, *338-340*
Ritus/Ritual 7, 9, 18, 53, 60, 61, 63, 64, *71f.*, 75, 76, 77, 78, 135, 175, 176, 179,

183, 184, 185, 187, 189, 191, 196, 198, 200, *202f.*, 206, 220, 225, 235, 249, 298, 311, 321, 326, 329, 330

Römischer Mythos 6, 7, 10, 12, 13, 37, *40f.*, 60, 67, 75, 79, 80, *112-115*, 131, 175f., 181, 182, 183, 188, *247f.*, 254, 318, 326

Rokoko s. Barock

Roman 78, 136, 150, 172, 252, 308, *310*

Romantik 6, 156, 157, 158, *161*, 255, 261, 262, 290, 292, 293, 294, 295, 303

Sage IX, 5, 9, 16°, *50-52*, 55, 56, 67, 78, 93, 114, 128, 155, *168*, 169, 170, 176, 178, 181, 248, 273, *306-308*, 309, 311, *312*, 313, 314, 316, 317, 322, *325*, 330, 331, 335, 341, 342

– ‚Heldensage' 13, 15, 16°, 34, 50f., 53f., 92

Satyrspiel 8, *35*, 75, 86, *87*, 87°, 96, 101, 193, *215f.*, 338

Schicksalsdenken VIII, 7, 18, 22, *31f.*, 73, *90f.*, 175, 177, 183, 186, *219f.*, 238, 242, *312*, 314, 316, 324, 327, *329f.*, 330, 336

Schriftlichkeit 25, 40, 112, 242, 328, *330*

Soziologie (Mythos) 2, 6, 66, 112, 181, 247, 328

Spätantike, Christliche 5, 6, 7, 37, *41*, 46, 89, *115-117*, 129, 133, 134f., 139, 176, 182, 184, 199, 200, 218, 232, 233, 235, 240, *248-251*, 254, 255, 258, 260, 271, 275, 326, 337, 338

Sternmythen 46, 188, 201, 274

Strukturalismus 2, 6, 58, 61, 62, 63, 64, *66f.*, 73, 183, 184, 198, 201, 326, 340

Submerged Literature s. Fragmentsammlungen

Sumerer 109, 244

Surrealismus 60, 165, 269, 303, *304*, 340

Symbolismus 50, 158, *160*, *162*, 257, *295*, 303

Teufel 312, 332, 336

Theogonie 7, 13, 38, 76, 181, 235

Tragödie (insgesamt) 119, 121, *122*, 140, 151, 157, 163, 164, 190, 192, 204, 285, 298, 299, 309

– **Attische T.** X, 7, 8, 10, 12, 21, 24, 27, 28, *29*, 31, 35, 62, 67, 71, 73, 75, 80, *86f.*, 87°, 91, 92, 94, 96, 98, 101, 119, 151, 157, 163, 164, 182, 184, 190, 191, 192, 193, *194*, 195, 199, 200, 204, 205, 210, 211, *215f.*, 219, 224, 227, 228, 230, 239, 240, 249, 252, 254, 255, 285, 298, 299, 338, 339, 340

– Römische T. 29, *88*, *190*, *192*, 208, *216f.*, 252, 327

Ungeheuer 7, 23, 51, 55, 130, 172, 188, 229, *236f.*, 243, 264, 307, 328, 336

Unterwelt 180, 187, 201, 231, 235, 244, 255, 264

Uriabrief (Motiv) 56, 173, 307, 316, 342

Verleumdung (Motiv) 56, 172, 307, 312f., 313, *315*, 331, 332

Verstellung (Motiv) 172, 307, *315*, 331, 332

Vögel 76, *312*, 336

Wahnsinn *72f.*, 311

Weltalter *72*

Weltbild (Mythos) 7, 163, *175*, 177, 187, 324, *329*

Werbung (Mythos/Moderne) 9, 167°, 296, *302*, 340

Zauberinnen 108, 341

Zum Abschluss ein Blick zurück

Bei der Arbeit an diesem Forschungsbericht ist dem Verfasser noch einmal bewusst geworden, wieviel er für seine langjährige Tätigkeit den prägenden Impulsen der folgenden Wegbegleiter verdankte, teils durch persönliche und/oder fachliche Kontakte, teils im intensiven Dialog mit ihren Publikationen zum Mythos:

Siegfried Beßlich, Jürgen Blänsdorf, Heinrich Bredt (Studienstiftung),
Jan N. Bremmer, Frank Brommer, Walter Burkert, Joachim Dalfen,
Robert Fleischer, Hans Forster (Gymnasium), Elisabeth Frenzel,
Manfred Fuhrmann, Konrad Gaiser, Timothy Gantz, Fritz Graf,
Bodo Guthmüller, Christine Harrauer, Ursula Höckmann,
Hildebrecht Hommel, Gerlinde Huber-Rebenich, Herbert Hunger,
Geoffrey S. Kirk, Karlheinz Klauk (Gymnasium),
Wolfgang Kullmann, Gebhard Kurz, Albin Lesky, Walter Marg,
Hans-Joachim Mette, Maria Moog-Grünewald, Walter Nicolai,
Renate Oswald, Hubert Petersmann, Wolfgang Pietsch,
Karl Reinhardt, Peter Riemer, Lutz Röhrich, Herbert J. Rose,
Wolfgang Schadewaldt, Karl Schefold, Willy Schetter,
Siegfried Schumacher (Gymnasium), Martin Sicherl, Erika Simon,
Andreas Spira, Andreas Thierfelder, Hans-Jörg Uther, Hermann Walter,
T.B.L. Webster, Martin L. West, Antonie Wlosok, Bernhard Zimmermann

www.ingramcontent.com/pod-product-compliance
Lightning Source LLC
Chambersburg PA
CBHW050046230526
45470CB00004B/1421